Paul R. La Monica

Rupert Murdochs kleines Weißbuch

Für Beth. Für alles.

Paul R. La Monica

Rupert Murdochs

Kleines Weißbuch

Die Management-Geheimnisse des erfolgreichsten Medienmoguls

FinanzBuch Verlag

Bibliografische Information der Deutschen Nationalbibliothek
Die Deutsche Nationalbibliothek verzeichnet diese Publikation in der Deutschen Nationalbibliografie.
Detaillierte bibliografische Daten sind im Internet über **http://d-nb.de** abrufbar.

Original edition copyright © Paul R. La Monica, 2009. All rights reserved
Die Originalausgabe erschien 2009 unter dem Titel „Inside Rupert's Brain" bei Portfolio.
All rights reserved including the right of reproduction in whole or in part in any form.
This edition published by arrangement with Portfolio, a member of Penguin Group (USA) Inc.

Übersetzung: Almuth Braun
Layout und Satz: Jürgen Echter, Landsberg am Lech
Druck: GGP Media GmbH, Pößneck

La Monica • Rupert Murdochs kleines Weißbuch
1. Auflage 2009
© 2009
FinanzBuch Verlag GmbH
Nymphenburger Straße 86
80636 München
Tel.: 089 651285-0
Fax: 089 652096

Alle Rechte vorbehalten, einschließlich derjenigen des auszugsweisen Abdrucks
sowie der fotomechanischen und elektronischen Wiedergabe. Dieses Buch will keine
spezifischen Anlageempfehlungen geben und enthält lediglich allgemeine Hinweise.
Autor, Herausgeber und die zitierten Quellen haften nicht für etwaige Verluste,
die aufgrund der Umsetzung ihrer Gedanken und Ideen entstehen.

Die Autoren erreichen Sie unter:
lamonica@finanzbuchverlag.de

ISBN 978-3-89879-496-1

Weitere Infos zum Thema
www.finanzbuchverlag.de
Gerne übersenden wir Ihnen unser aktuelles Verlagsprogramm

INHALTSVERZEICHNIS

Einleitung		7
1.	Auf- und Ausbau des Zeitungsgeschäfts	21
2.	Gerissen wie ein Fuchs	45
3.	Besessen von Kabel-TV	71
4.	Der Himmel ist die Grenze	95
5.	Die umtriebigen Geschäfte eines unermüdlichen Medienmoguls	113
6.	Rupert 2.0	145
7.	Die Schlacht um Dow Jones	167
8.	Bleibt das Zepter in der Familie?	201
Nachwort		225
Danksagung		239
Anmerkungen		241
Stichwortverzeichnis		257

EINLEITUNG

„Wir ventilieren die Idee, Dow Jones & Company zu kaufen. *The Wall Street Journal* ist auf alle Fälle eine großartige Marke. Aber ich glaube nicht, dass wir sie jemals bekommen, oder dass sie je verkauft werden wird."[1]

Dies sind die Worte, die Rupert Murdoch, Chairman und CEO von News Corp., im Rahmen einer von dem New Yorker Verlagskonzern McGraw-Hill ausgerichteten Konferenz an ein Publikum aus Topmanagern aus der Medienwelt richtete, als er sich über die Möglichkeit äußerte, sein Medienkonzern könne das ehrwürdige Verlagshaus des *Journal* akquirieren. Das war am 8. Februar 2007.

Kaum drei Monate später lancierte Murdochs News Corp. eine ungebetene Übernahmeofferte für Dow Jones in Höhe von 5 Milliarden Dollar. Dieses Angebot bedeutete für das Verlagshaus, das aufgrund der massiven Abwanderung von Werbekunden und Lesern ins Web in der Krise steckte, ein atemberaubendes Preispremium von 65 Prozent über seinem Marktwert bei Börsenschluss vor Verkündung der Offerte.

News Corp. gab sein Übernahmeangebot am 1. Mai 2007 bekannt. Zwar dauerte es anschließend noch drei Monate, bis Murdoch der Familie Bancroft, Mehrheitseignerin des Verlagshauses, die Zustimmung zum Verkauf abgerungen hatte, aber letztlich herrschte kaum Zweifel daran, dass er am Ende Erfolg haben würde. Denn obwohl sich einige Medienexperten am Kopf kratzten und fragten, was

7

Murdoch wohl dazu veranlasst haben konnte, eine derart exorbitante Summe für Dow Jones zu bieten, wussten viele andere Medienbeobachter, das diese Offerte ein perfekter Schachzug war.

Der Grund für das hohe Angebot war, dass Murdoch mögliche Mitbieter von Beginn an abschrecken wollte. Wie sich herausstellte, ging seine Rechnung auf.

Fünf Milliarden Dollar waren selbst für milliardenschwere Investoren wie Ron Burkle, der ein Vermögen mit dem Kauf und Verkauf von Supermarktketten gemacht hatte, und Brian Tierney, Eigentümer der Zeitungen *Philadelphia Inquirer* und *Philadelphia Daily News*, zu hoch. Und auch börsennotierte Konzerne mit prall gefüllter Kriegskasse, wie zum Beispiel General Electric, Pearson und Microsoft, winkten ab.

Murdochs Übernahmeangeobt, das so prompt auf seine öffentliche Äußerung folgte, dass ein Angebot eher unwahrscheinlich sei, ist ein perfektes Beispiel für seine Einzelkämpfernatur. Murdoch hatte News Corp. von einem regionalen Zeitungsverlag zu einem globalen Medienkonzern mit führender Präsenz im TV- und Filmgeschäft und inzwischen auch im Internet gemacht.

„Sehen Sie sich Murdoch und seine Geschichte an. News Corp. hat sich von einem australischen Zeitungsverlag in einen US-Medienkonzern und ein globales Satellitenunternehmen verwandelt. Wenn irgendjemand die DNA für Veränderung und Wandel besitzt, dann Murdoch", sagte Alan Gould, ein Analyst, der News Corp. für die Wall-Street-Investmentbank Natixis Bleichroeder beobachtet.[2]

Doch hat Murdoch mit der Akquisition von Dow Jones am Ende eine Entscheidung getroffen, die ihn wie ein Fluch verfolgen wird? Es ist leicht nachvollziehbar, warum Kritiker den Kauf eines wachstumsschwachen Zeitungsverlags für einen Fehler halten. Immerhin gibt es viele Stimmen, die angesichts stetig sinkender Einnahmen aus Printwerbung sowie der massiven Abwanderung von Zeitungslesern zu Blogs und anderen Online-Nachrichtenquellen, den Tod der Verlagsbranche prognostizieren.

Einige glauben, Murdoch werde schnell das Interesse an Dow Jones verlieren, wenn es nicht die ambitionierten Wachstumszahlen erreicht, die Murdoch unzweifelhaft verlangen wird. Schließlich ist das Kennzeichen seiner Strategie eine schier unersättliche Kauf- und Verkaufslust. Und Murdoch ist dafür bekannt, dass er seiner Akquisitionen schnell überdrüssig wird. Während seiner Amtszeit als CEO von News Corp. hat er zum Beispiel so prestigeträchtige Publikationen wie *TV Guide*, *New York Magazine* und *Village Voice* übernommen und wieder versilbert.

1998 kaufte er das Baseballteam L.A. Dodgers, um es 2004 wieder zu verkaufen. Im Jahr 2003 erwarb er einen Anteil an dem US-Satelliten-TV-Geschäft von DirecTV, nur um ihn drei Jahre später wieder an Liberty Media loszuschlagen – den Konzern, dessen Eigentümer John Malone ein Medienrivale und gelegentlicher Dorn im Fleische Murdochs ist.

Einige sind der Meinung, Murdoch sei extrem clever, weil er Unternehmen stets zum richtigen Zeitpunkt kaufe und wieder veräußere und in der Zwischenzeit den maximalen Gewinn aus ihnen herauspresse. Andere halten dagegen, Murdochs Akquisitionswut sei ein Beispiel für einen Menschen, der aggressive Offerten für bestimmte Unternehmen abgebe, ohne sich genau zu überlegen, ob sie eine sinnvolle Ergänzung für sein vorhandenes Portfolio darstellen. Dieses Vorgehen weist zumindest auf seine Impulsivität hin.

Es ist zweifellos richtig, dass Murdoch eine Reihe kurioser Geschäftsentscheidungen getroffen hat – strategische Schritte, die nicht immer zu den Ergebnissen führten, die er beziehungsweise die Aktionäre von News Corp. sich erhofft hatten. Ein weiteres Markenzeichen seiner Karriere ist jedoch seine ausgeprägte Risikobereitschaft, die weitaus größer ist, als die der meisten anderen Unternehmensführer aus der Medienindustrie. Seine Entscheidungen wurden von Analysten, Investoren und Insidern der für ihre Skepsis berühmten Medienindustrie genauestens seziert und häufig auch kritisiert. Meistens war es jedoch Murdoch, der zuletzt lachte.

„In der Vergangenheit waren die Investoren mit der überwältigenden Mehrheit seiner Akquisitionen/Investments – beziehungsweise den Entscheidungen von News Corp. – zunächst alles andere als einverstanden", schrieb Richard Greenfield, Analyst des Researchunternehmens Pali Research an der Wall Street, in einem Bericht, kurz nachdem News Corp. seine Absicht, Dow Jones zu übernehmen, bekannt gegeben hatte. „Allerdings hat die überwältigende Mehrheit seiner Deals für die Aktionäre von News Corp. erheblichen Wert generiert."

Als News Corps TV-Sendernetz Fox Broadcast Company 1986 debütierte, glaubten nur wenige, dass ein vierter Primetime-Sender in einer Welt überlebensfähig sein würde, die seit Jahrzehnten von ABC, CBS und NBC dominiert wurde. Aber Fox Broadcast, das am Markt als FOX beziehungsweise Fox Network auftritt, überlebte nicht nur, sondern gedieh prächtig und ist für einige der herausragendsten Medienphänomene der Popkultur der letzten beiden Jahrzehnte verantwortlich gewesen, darunter der Comic-Dauerbrenner *Die Simpsons*, die Teenager-Seifenoper *Beverly Hills 90210* und der Gesangswettbewerb *American Idol*.

Die letztgenannte Show ist seit ihrer Erstausstrahlung im Jahr 2002 ein derartiger Zuschauermagnet, dass die Topmanager anderer Sender offen über die Vergeblichkeit sprechen, mit Konkurrenzprogrammen dagegenzuhalten, und Idol beinahe ehrfürchtig als Todesstern der Hauptsendezeit bezeichnen.

Murdoch forderte auch das Schicksal heraus, als er gegen Ted Turner das Rennen um Kabelnachrichten aufnahm. Als News Corp.

1996 Fox News Channel startete, glaubten nur wenige daran, dass dieser Kanal genügend Zuschauer gewinnen würde, um die Existenz eines zweiten 24-Stunden-Nachrichtensenders zu rechtfertigen.

Aber auch dieses Mal zahlte sich Murdochs Risikofreude aus. Fox News, das kühn behauptet, der Sender lasse einfach seine Nachrichtenredakteure berichten und die Zuschauer entscheiden, erzielt inzwischen regelmäßig höhere Einschaltquoten als sein Erzrivale CNN. Einige Medienexperten und demokratische Politiker werfen Fox News immer wieder vor, es fungiere als Sprachrohr der Republikanischen Partei. Auf jeden Fall hat dieser Sender das Bedürfnis konservativer Fernsehzuschauer nach einer konservativeren Berichterstattung erfüllt, so wie sich auch viele politisch konservative Radiotalkshows großer Beliebtheit erfreuen.

Murdoch hat zudem drastische Schritte unternommen, um sicherzustellen, dass News Corp. im digitalen Medienrennen nicht ins Hintertreffen gerät, zu deren bemerkenswertesten die Akquisition von MySpace zählt. Im Juli 2005 beschloss News Corp., für 580 Millionen Dollar Intermix Media, die Muttergesellschaft des populären sozialen Netzwerks, zu kaufen. Zu dem Zeitpunkt befürchteten einige Analysten, Murdoch bezahle eine viel zu hohe Summe für ein Unternehmen, das sich erst noch beweisen müsse. MySpace war nicht nur gerade erst zwei Jahre zuvor gegründet worden, es gab auch viele Diskussionen darüber, ob diese Networking-Site jemals in der Lage sein würde, Werbeumsätze in einer Höhe zu erzielen, die den Kaufpreis rechtfertigen würden.

Andere befürchteten, News Corp. würde genau das kaputt machen, was MySpace so große Popularität eingebracht hatte, nämlich das unkonventionelle Forum, das MySpace Jugendlichen und jungen Erwachsenen bot, um miteinander und mit Sängern und Bands in Kontakt zu treten, die ihre Musik über diese Site bewarben. Die Kritiker glaubten, die Nutzer von MySpace würden aus Protest gegen die Tatsache, dass ihr „Platz für Freunde" nicht mehr länger ein mutiger Newcomer, sondern nurmehr ein Rädchen im Getriebe eines Massenmedienkonzerns war, zu denen auch Leute wie der berühmt-berüchtigte Moderator Bill O'Reilly und die *New York Post* als Konzerncousins zählten, in Scharen zu anderen Social-Networking-Sites überlaufen.

Die befürchtete Rebellion der Teenager gegen MySpace blieb jedoch aus. Tatsächlich wurde diese Site unter Murdochs Ägide noch erfolgreicher. Im Januar 2008 zählte MySpace fast 300 Millionen registrierte Nutzer, durchschnittlich 68,6 Millionen Einzelbesucher („Unique Visitors") pro Monat und 43,3 Milliarden Seitenaufrufe. Das sind ganz erheblich mehr als die 34 Millionen registrierten weltweiten Nutzer, die MySpace hatte, als News Corp. die Networking-Site im November 2005 offiziell übernahm. Zu dem Zeitpunkt kam MySpace laut der Webtraffic-Researchfirma comScore nur auf durchschnittlich 12,5 Millionen Einzelbesucher pro Monat in den Vereinigten Staaten und 26,7 Milliarden Seitenaufrufe.

„Sie alle haben mich ausgelacht, als ich MySpace kaufte", sprach Murdoch zu den Investoren während einer von Goldman Sachs ausgerichteten Medienkonferenz im September 2007. „Und was ist es heute wert? Mehr als 20 Mal so viel, wie wir damals für MySpace bezahlt haben."[3]

Zu dem Zeitpunkt, an dem er diese Bemerkung machte, schien das nur ein weiteres Beispiel für seinen Stolz darüber zu sein, dass er wieder einmal bewiesen hatte, dass die Skeptiker Unrecht hatten. Mehrere Analysten hatten jedoch Zweifel an Murdochs Behauptung, der Wert von MySpace sei in nur zwei Jahren von 580 Millionen auf 11,6 Milliarden Dollar gestiegen.

Allerdings sah Murdochs Einschätzung nur zwei Monate später schon wesentlich realistischer aus, als Microsoft einen kleinen Anteil an Facebook kaufte, dem größten Konkurrenten von MySpace, und zwar zu einem Preis, der Facebooks Marktwert auf beachtliche 15 Milliarden Dollar hochschnellen ließ.

Vergleichbar mit MySpace könnte sich Dow Jones also durchaus als ein weiterer Erfolg erweisen – ein Vermögenswert, den Murdoch mit erheblicher Marketingpower ausstatten könnte, um dessen Umsatz- und Gewinnpotenzial zu steigern. Und selbst wenn sich der Kauf von Dow Jones für News Corp. nie zu einer Gewinnmaschine entwickelt, könnte der Besitz des *Wall Street Journal* Murdoch etwas geben, das sich auf keiner Gewinn-und-Verlust-Rechnung findet; etwas, wonach Murdoch vielen Stimmen zufolge seit Jahrzehnten lechzt: journalistische Glaubwürdigkeit und Integrität.

Murdochs Regenbogenpresse, zum Beispiel *The New York Post*, das englische Skandalblatt *Sun* und die wöchentliche *News of the World* sind nicht gerade für seriöse, faktenbasierte Nachrichten bekannt. Das *Journal* gilt dagegen weithin als eine der besten Publikationen der Welt und mit Sicherheit als eine der angesehensten Quellen für Wirtschaftsnachrichten. Einige vermuten daher, bei der Akquisition von Dow Jones gehe es mehr um Murdochs Ego als um den finanziellen Wert und die Sinnhaftigkeit der Transaktion.

„Diesen Deal hatte er seit zwanzig Jahren im Blut. Das ist eine Frage der Leidenschaft und keine Frage von Zahlenkolonnen", sagte Steven Rattner, Managing Principal der Private-Equity-Gesellschaft Quadrangle Group im Oktober 2007 auf einer Medienkonferenz in New York.[4]

Zuvor war Rattner in den 80er-Jahren als Investmentbanker bei Morgan Stanley tätig gewesen und hatte Murdoch beraten, als News Corp. sich bei dem britischen Medienkonzern Pearson einkaufte, dem die *Financial Times* gehört, eine Zeitung, die weithin als globaler Hauptkonkurrent des *Journal* gilt. Laut Rattner bestand der vorrangige Grund für Murdochs Interesse an Pearson in der Tatsache, dass der Konzern Eigentümer der *Financial Times* war.[5]

Murdochs Kaufangebot für Dow Jones kam jedoch zu einer Zeit, in der sich in der Zeitungsindustrie umwälzende Veränderungen vollzogen und noch immer vollziehen. Der Anzeigenverkauf und die Umsätze aus dem Zeitungsverkauf sind stetig gesunken, da immer weniger Leser Printpublikationen am Zeitungskiosk kaufen oder sie sich per Abonnement nach Hause oder ins Büro liefern lassen. Aus diesem Grund sind einige Analysten und Investoren, die News Corp. beobachten, der Auffassung, dass jetzt der Zeitpunkt ist, um Beteiligungen an Zeitungsverlagen zurückzufahren, anstatt aufzustocken.

Am 1. August 2007 stimmte Dow Jones & Company der Offerte von News Corp. schließlich zu. Zu diesem Zeitpunkt prognostizierten Analysten für 2008 lediglich einen Umsatzanstieg von 2,4 Prozent gegenüber 2007. News Corp. war also im Wesentlichen dabei, ein Unternehmen zu erwerben, das in der unmittelbaren Zukunft nur sehr geringe Wachstumschancen bot.

Natürlich hatte Murdoch einen Plan. Die Akquisition von Dow Jones, so sein Argument, habe nichts mit dem Verkauf von Zeitungen zu tun, sondern mit einer Steigerung der Umsätze aus Internetwerbung. Murdoch behauptete, Dow Jones sei nun, da es ein Rädchen in der News-Corp.-Maschinerie sei, wesentlich besser in der Lage, online zu expandieren, als zu der Zeit, da es noch ein kleines, familiengesteuertes, unabhängiges Unternehmen war.

Außerdem zielte die Akquisition eindeutig darauf ab, die Erfolgschancen von News Corps Neugründung Fox Business Network zu erhöhen, einem Kabelsender für Wirtschaftsnachrichten, der mit dem Sendernetz CNBC konkurriert, das zu General Electric gehört und das Nachrichtengeschäft im Kabelfernsehen beherrscht, sowie mit dem kleineren Sender Bloomberg Television.

TV-Insider hatten seit Jahren darüber spekuliert, dass Murdoch irgendwann beschließen könnte, seinen eigenen Sender für Wirtschaftsnachrichten zu gründen. Die Gerüchteküche verstärkte sich noch, nachdem CNN seinen Sender CNNfn im Jahr 2004 schloss. Im Februar 2007 gab Murdoch seine Entscheidung schließlich öffentlich bekannt. Tatsächlich ließ News Corp. den Beschluss, Fox Business Network zu gründen, an demselben Tag verlauten, an dem Murdoch auf der McGraw-Hill-Konferenz erwähnte, man „ventiliere" die Idee, Dow Jones zu kaufen.

Im Rückblick lässt sich die Entscheidung, Dow Jones zu kaufen also gar nicht von der Entscheidung trennen, CNBC unmittelbar Konkurrenz zu machen. Obwohl CNBC einen Vertrag über die gemeinsame Nutzung von Nachrichtenquellen mit der Redaktion des *Wall Street Journal* hat, der noch bis 2011 läuft, haben Analysten die Vermutung geäußert, Murdoch hege die Hoffnung, die loyalen Leser des *Wall Street Journal* würden nun zu loyalen Zuschauern von Fox Business werden oder zumindest ihre Fernseher während der Börsenstunden sowohl auf CNBC als auch auf Fox Business programmieren.

An dem Tag, an dem Murdoch die Gründung des Wirtschaftsnachrichtensenders bekannt gab, prahlte er bereits damit, sein Sender Fox Business werde eines Tages CNBC als Wirtschaftssender mit den höchsten Einschaltquoten verdrängen. Er scherzte, er würde die Programmdetails für seinen neuen Sender streng geheim halten, aus Sorge, CNBC würde Fox Business „sofort nachahmen".

Allerdings betonten Murdoch und andere Topmanager von News Corp. vor Sendestart im Oktober 2007 wiederholt, Fox Business würde sich deutlich von CNBC unterscheiden, das sich auf Day-Trader und spezielle Finanznachrichten für Börsenjunkies konzentriere. Fox Business hingegen würde seine Inhalte stärker auf die Allgemeinheit ausrichten.

Im August 2007 teilte Murdoch Aktionären und Analysten im Rahmen eines Conference Calls zur Gewinnberichterstattung mit, er gehe davon aus, dass Fox Business Network „in kürzester Zeit" rund 4 Milliarden Dollar Wert sei, eine Summe, die nach seiner Aussage ungefähr dem Wert entsprach, den CNBC für GE darstellte.

Diese Aussagen sind ein klares Signal, dass Murdoch keine Herausforderung scheut. Sie zeigen außerdem, dass er offensichtlich glaubt, jeder neue Vermögenswert der Medienindustrie, den News Corp. erwerbe oder gründe, sei nicht nur dazu bestimmt, in seiner jeweiligen Kategorie zum Marktführer zu werden, sondern in kurzer Zeit vom Wettbewerb hemmungslos kopiert zu werden. Das ist ein interessantes Paradox. Murdoch erinnert Brancheninsider oft daran, wie häufig seine Pläne bezweifelt wurden und wie oft man ihn für „verrückt" gehalten hatte. Damit begibt er sich in eine gewisse Verteidigungshaltung – das Gefühl, er müsse sich in der Medienindustrie immer noch behaupten. Gleichzeitig demonstriert er ein unerschütterliches Ego. Obwohl er immer wieder meint, man nehme ihn nicht ernst, erwartet er ebenso ernsthaft, dass seine Rivalen ihn irgendwann nachahmen, um seinen Erfolg zu kopieren.

Mit der Zeit wird sich zeigen, ob jemals irgendjemand Fox Business kopieren wird. Der Start des Senders war holprig. Laut den vorläufigen Zahlen von Nielsen Media Research waren die Einschaltquoten in den ersten zwei Sendemonaten vom 15. Oktober bis 14. Dezember so niedrig, dass Nielsen die genauen Zahlen gar nicht bekannt gab.

Nielsen veröffentlicht keine offiziellen Zahlen, solange ein Sender die Mindestschwelle von 35.000 Zuschauern pro Tag an einem beliebigen Wochentag nicht überschreitet. Einem Bericht der *New York Times* zufolge, der im Januar 2008 erschien und Quellen zitierte, die Einblick in die tatsächlichen Zahlen hatten, erreichte Fox Business durchschnittlich magere 6.300 Zuschauer am Tag, verglichen mit 283.000 Zuschauern von CNBC.[6]

Natürlich verfügt CNBC über den Vorteil eines etablierten Sendernetzes, das von mehr als 90 Millionen Haushalten empfangen werden kann, während Fox Business nur rund 30 Millionen Haushalte erreicht. Dennoch sind die niedrigen Einschaltquoten im Lichte des Erfolgs der Muttergesellschaft überraschend.

Sowohl Fox News Channel als auch Fox Broadcast hatten durch intensive Beiträge im September und Anfang Oktober 2007 tüchtig die Werbetrommel für den bevorstehenden Sendestart von Fox Business gerührt. Die Presse berichtete in ihrer unnachahmlichen Weise lang und breit über das Debüt des Nachrichtenkanals. Nichts lieben die Mainstream-Medien mehr als Nabelbeschau und Berichterstattung über andere Medienunternehmen ... selbst wenn der durchschnittliche Fernsehzuschauer überhaupt kein Interesse an solchen Insiderthemen hat.

Das Magazin *Fortune* brachte in seiner Ausgabe vom 29. Oktober 2007 eine lange Titelgeschichte über Fox Business, in der es hieß, Murdoch sehe „FBN als ersten Schritt in seiner Strategie zur Beherrschung des globalen Finanzjournalismus".[7]

Es ist natürlich noch zu früh für die Behauptung, Fox Business sei gescheitert. Und während einer Telefonkonferenz zur Gewinnberichterstattung im Februar 2008 sagten sowohl Murdoch als auch der weithin sehr angesehene Präsident und COO von News Corp., Peter Chernin, sie seien mit den bisherigen Einschaltquoten zufrieden. Es sei ein gutes Zeichen, dass der Sender in den ersten Monaten weniger Verlust gemacht habe, als man kalkuliert habe.

Nichtsdestotrotz fragen sich einige Murdoch-Beobachter aufgrund der schwachen Zuschauerreaktion auf Fox Business und der wachsenden Skepsis über die Akquisition von Dow Jones (und vor allem den Kaufpreis), ob Murdoch Dow Jones nicht doch am Ende wieder abstoßen und sich auch von Fox Business trennen wird, wenn sich seine Erwartungen nicht erfüllen sollten.

17

Werden Dow Jones und Fox Business letztlich das gleiche Schicksal erleiden wie TV Guide und die L.A. Dodgers, oder werden sie wie Fox Broadcast und Fox News blühen und gedeihen und sich zu gewinnträchtigen Aushängeschildern für den ständig expandierenden Medientitan entwickeln?

„Dow Jones besitzt bestimmte Vermögenswerte, die Murdoch ausschöpfen möchte, um sein Imperium auszudehnen, vor allem auf den Gebieten TV, Kabel und Satellit, und nicht zuletzt im Internet", so John K. Hartmann, Professor für Journalismus an der Central Michigan University. „In zwei oder drei Jahren könnte er allerdings zu der Entscheidung gelangen, dass er nicht mehr das gesamte Unternehmen braucht. So ist es bei ihm immer gewesen."[8]

Der Aktienkurs von News Corp. ist zwischen dem Zeitpunkt der Bekanntgabe der Akquisition im Juli 2007 und Mai 2008 um 40 Prozent gesunken. Aufgrund der wachsenden Sorge über eine Abkühlung der US-Konjunktur, die zu einem Rückgang des Anzeigenverkaufs und sinkenden Konsumausgaben führten, mussten alle Medienunternehmen in dieser Zeit Federn lassen. Die Behauptung, News Corp. würde von der Wall Street für die Akquisition von Dow Jones abgestraft, wäre also nicht ganz fair.

Es lohnt sich aber, einen Blick auf den Aktienkurs eines der beiden größten Wettbewerber von News Corp. – Walt Disney – zu werfen. Disney hat sich mit einem Kursverlust von rund 10 Prozent im selben Zeitraum wesentlich besser gehalten als News Corp.

Sollte der Aktienkurs von News Corp. weiter sinken, wäre ein Eingreifen Murdochs keine große Überraschung. Es liegt in seiner Natur, Unternehmenskäufe und -verkäufe einzufädeln. Aber es ist gewiss noch zu früh für die abschließende Feststellung, der Dow-Jones-Deal sei ein Flop, oder von Murdoch ein Eingeständnis seiner Niederlage im Hinblick auf seine Ambitionen im Finanznachrichtengeschäft zu erwarten.

„Die Geschichte von Geschäftsleuten, die versuchen, sich mit Rupert anzulegen, deutet darauf hin, dass das keine gute Idee ist", sagt Larry Haverty, Portfoliomanager und Analyst von GAMCO Investors, einem institutionellen Investor, der mehr als 14 Millionen Aktienanteile an News Corp. besitzt.[9]

Murdoch hat bisher noch keine Auseinandersetzung gescheut. Und seine Erfolgsbilanz spricht für sich. Er hat aus News Corp. als reiner Holdinggesellschaft für die australische Zeitung *Adelaide News*, die er nach dem Tod seines Vater Sir Keith Murdoch im Jahr 1952 geerbt hatte, ein globales Medienimperium mit einem Jahresumsatz von 28 Milliarden Dollar und einem Marktwert von 60 Milliarden Dollar gemacht. Dies und mehr zeigt, dass eine Wette gegen Murdoch keine weise Entscheidung ist.

KAPITEL 1

Auf- und Ausbau des Zeitungsgeschäfts

Um wirklich zu verstehen, warum Murdoch so versessen auf die Akquisition des Verlagshauses Dow Jones war, muss man zurück zu den Anfängen der Geschichte von News Corp. gehen. Heute ist das Unternehmen in erster Linie für Fox-TV, Kabelfernsehen und Filmstudios bekannt. Aber News Corp. ist immer ein Zeitungsverlag gewesen und Murdoch hat sich ungeachtet der Äußerungen seiner zahlreichen Kritiker selbst stets als Zeitungsverleger alter Schule gesehen.

Trotz der Tatsache, dass die Umsätze vieler Zeitungsverlage aus Anzeigenverkauf und Zeitungsauflage ständig weiter zurückgehen, weil immer mehr Leser und Marketingmanager auf das Web zurückgreifen, ist das Zeitungsgeschäft für News Corp. nach wie vor von zentraler Bedeutung.

In den ersten drei Quartalen des Fiskaljahres 2008, das im März 2008 endete, trug die Zeitungssparte von News Corp. mit beinahe 18 Prozent zum Konzernumsatz und mit rund 13 Prozent zum Betriebsgewinn bei. Die Bedeutung des Zeitungsgeschäfts für die finanzielle Gesamtsituation von News Corp. ist nun, da Dow Jones in die Konzernergebnisse einfließt, sogar noch gestiegen. Die Akquisition wurde Mitte Dezember 2007 abgeschlossen.

Rupert Murdoch hat nicht den geringsten Hinweis darauf gegeben, dass er sich jemals vom Zeitungsgeschäft trennen würde, obwohl er zugibt, dass die Zeitungsindustrie vor zahlreichen gewaltigen Herausforderungen steht. Oft hat er wehmütig von den alten Zeiten geschwärmt und freimütig eingestanden, dass die größte Herausforderung die Gewinnung junger US-Leser ist, die ihre Nachrichteninformationen zum großen Teil ausschließlich aus dem Internet oder aus Comedy-Nachrichtenshows wie der populären *Daily Show with John Stewart* und *The Colbert Report* beziehen.

Murdoch betrachtet sich eindeutig immer noch als Zeitungsmann. Das liegt ihm im Blut, nachdem er in diesem Geschäft aufgewachsen ist und das Zeitungsgeschäft von seinem verstorbenen Vater geerbt hat.

In seiner Rede auf der Medientagung von McGraw-Hill im Februar 2007 beklagte Murdoch die Tatsache, dass „der alte Lebensstil der Zeitungslektüre am Frühstückstisch Geschichte ist" und er fügte hinzu, dass „Zeitungen immer größere Wirtschaftlichkeitsprobleme haben". In einer Rede vor der American Society of Newspaper Editors (Amerikanische Gesellschaft der Zeitungsverleger) im April 2005, illustrierte Murdoch die größten demografischen Probleme, von denen Zeitungsverlage bedroht sind, und gestand ein, der einzige Weg, um als Zeitungsverlag zu überleben, sei die Anpassung an die neuen Gewohnheiten junger Leser.

„Ich bin ein digitaler Immigrant. Ich bin nicht im Web gesurft und habe nie stundenlang vor dem Computer verbracht. Vielmehr bin ich in einer stark zentralisierten Welt aufgewachsen, in der die Nachrichten und Informationen von einigen wenigen Verlegern kontrolliert wurden, die darüber entschieden, was wir wissen sollten und durften. Meine zwei jungen Töchter dagegen werden in der digitalen Welt zu Hause sein. Eine Welt ohne uneingeschränkten Zugang zu Breitbandinternet werden sie nie kennenlernen", sagte er mit Hinweis auf seine beiden Töchter Grace und Chloe aus dritter Ehe, die zu dem Zeitpunkt noch im Kindergartenalter waren.

Die Nachrichtenindustrie hat sich in eine Industrie verwandelt, in der individuelle Blogger und Leser genauso großen, wenn nicht sogar noch größeren Einfluss auf die Nachrichtenberichterstattung haben als Redakteure, Verleger und große Medienkonzerne. Zwischen der heutigen Situation und der Funktionsweise der Medienindustrie Anfang der 50er-Jahre liegen Welten.

Im Jahr 1949 machte Rupert Murdoch eine Lehre beim *Melbourne Herald*, und während seines Studiums an der britischen Universität von Oxford arbeitete er in den Sommerferien bei verschiedenen Zeitungen in der Fleet Street im Londoner Zeitungsviertel.

Nach dem Tod seines Vaters Sir Keith Murdoch im Jahr 1952, wurde ein Großteil des Unternehmens verkauft, um Schulden zu begleichen. Rupert übernahm jedoch das Zepter bei *Adelaide News*, deren Leitung er 1954 übernahm, und baute in den folgenden Jahren ein Portfolio aus australischen Zeitungen und Fernsehstationen auf, mit dem er sein Unternehmen mit dem damaligen Namen News Limited in einen wichtigen Marktteilnehmer im Mediengeschäft seines Heimatlandes verwandelte. (News Limited firmierte 1980 in News Corporation um.)

Im Jahr 1960 hatte Murdoch sich bei der *Sunday Times* in Perth eingekauft, Anteile am TV-Sender Channel 9 in Adelaide, an der Frauenzeitschrift New Idea und vor allem am *Daily Mirror* in Sydney erworben. 1964 brachte Murdoch seine erste Publikation heraus, die nationale Zeitung *Australian*. Außerdem erwarb News Limited Anteile an Wellington Publishing, dem in jenem Jahr größten Medienunternehmen Neuseelands.

Doch das war ganz offensichtlich erst der Anfang, denn Murdoch warf bald begehrliche Blicke auf zwei Märkte mit einem wesentlich größeren Wachstumspotenzial als dem australischen Markt – England und USA.

1969 unternahm Murdoch einen ersten Schritt, um sich ein Standbein in Großbritannien zu verschaffen, indem er den Medientitan tschechischer Herkunft, Robert Maxwell, in einem Bietergefecht um *News of the World* ausstach. Diese Zeitung, eine mehr als 100 Jahre alte, beliebte englische Wochen-Boulevardzeitung, die für ihre frechen Artikel über Skandale und Verbrechen bekannt war, wurde von beiden Mogulen heiß begehrt.

Und mit diesem Kauf scheint Murdochs Akquisitionswut erwacht zu sein, die vor allem immer dann angestachelt wurde, wenn er mehr Geld auf den Tisch legen konnte als ein Konkurrent.

„Er wollte schon immer auf Einkaufstour gehen. Das ist sein Lebenszweck. Murdoch hat eine Reihe bemerkenswerter und überaus erfolgreicher Konkurrenten ausgetrickst und sogar Maxwell bei *News of the World* aus dem Feld geschlagen. Murdoch hat einen ausgeprägten Akquisitionsdrang und er ist ein Visionär", sagt Richard Dorfman, Managing Director von Richard Alan Inc., einer auf die Medienindustrie fokussierten Investmentgesellschaft mit Sitz in New York.[1]

Zu einem späteren Zeitpunkt desselben Jahres erwarb Murdoch die britische Boulevardzeitung *Sun*. Unter Murdoch wurde das Blatt schnell zu einem äußerst umstrittenen Thema der britischen Medienszene. Im Jahr 1969 hatte die *Sun* damit begonnen, Fotos weiblicher Modelle auf der dritten Seite abzubilden, um mit seinem Erzkonkurrenten *Daily Mirror* mitzuhalten, der typischerweise Pinup-Fotos von Frauen in Bikinis oder Dessous abdruckte. Aber nach einigen Monaten toppte die *Sun* mit dem ersten Oben-ohne-Foto eines weiblichen Modells auf Seite drei – ein aufmerksamkeitsstarker Schachzug, der umgehend zu einem Anstieg der Absatzzahlen der *Sun* führte. Da war der Beginn eines Murdoch-Trends, der ihn zur Zielscheibe vieler in der Medienindustrie machte, die seinen journalistischen Stil ablehnten. Murdoch hatte jedoch nichts anderes getan, als einen Wettbewerber zu kopieren und anschließend noch einen Schritt weiter zu gehen. Das war ein ausgezeichnetes Beispiel für Murdochs Strategie, Sensationslust und Unterhaltung mit Nachrichten zu verknüpfen, um den Zeitungsabsatz anzukurbeln – eine Taktik, die er bis heute beibehalten hat. Das „Mädchen von Seite drei" ist ein fester Bestandteil der *Sun*, die nach wie vor Oben-ohne-Fotos abdruckt.

Murdoch und die *Sun* wurden in England von vielen für diese Fotos kritisiert, die als sexistisch eingestuft wurden. Dennoch verteidigte die derzeitige Chefredakteurin der *Sun*, Rebekah Wade, das „Mädchen von Seite drei" in ihrer Aussage vor dem Kommunikationsausschuss des britischen Oberhauses „Select Committee on Communications of the House of Lords" im Januar 2008 als Teil der andauernden Parlamentsuntersuchung über die Eigentumsverhältnisse in der britischen Medienlandschaft. Wade, die seit 2003 Chefredakteurin der *Sun* ist und zuvor Chefredakteurin der *News of the World* war, sagte, ihrer Meinung nach seien die Fotos nicht sexistisch.

„Unsere *Sun*-Leser lieben sie, und zwar sowohl die männlichen als auch die weiblichen Leser", erklärte sie im Rahmen ihrer Aussage und fügte später hinzu, es könne „nicht viele Menschen in diesem Land geben, die nicht wissen, dass die Mädchen von Seite drei täglich auf Seite drei der *Sun* erscheinen."[2]

Auf die Frage, ob sie glaubte, der Absatz würde sinken, wenn die Zeitung keine Fotos von halbnackten Frauen mehr abdruckt, antwortete Wade: „Das ist eine interessante Frage. Ich habe keine Ahnung, was passieren würde. Ich liebe die Seite drei, also möchte ich nie auf diese Fotos verzichten, aber ich weiß nicht, was passieren würde."[3]

Der Aufstieg der *Sun* zu Prominenz in Großbritannien – dank der Attraktion nackter weiblicher Brüste – markierte einen Wendepunkt in der Nachrichtenindustrie, und alle Zeitungen unter Murdochs Ägide weltweit folgten diesem Trend. Alle warben mit Sex und dem Schmuddelfaktor, um die Auflage und die Verkaufszahlen zu erhöhen.

Mitte der 70er-Jahre versuchte Murdoch seinen Erfolg in England in den USA zu wiederholen. 1972 kaufte News Limited mit dem *San Antonio Express* und *San Antonio News* von dem US-Medienunternehmen Harte-Hanks seine ersten amerikanischen Zeitungen. Die Zeitung *San Antonio News* hatte einen ähnlichen Stil wie eine klassische Boulevardzeitung, bis beide Zeitungen 1984 zu einem Blatt mit dem Namen *San Antonio Express-News* verschmolzen wurden.

Die Schaffung eines Standbeins in der US-Printlandschaft war für Murdoch ein zentraler Schritt, der ihm dabei helfen sollte, in den USA weiter zu expandieren. 1974 brachte News Limited ein wöchentliches Supermarkttabloid mit dem Namen *National Star* heraus, das direkt mit dem Marktführer in dieser Nische, dem *National Enquirer*, konkurrieren sollte. Der *National Star*, der später einfach als *Star* bezeichnet wurde, wurde oft auf denselben Pressen gedruckt, wie die Zeitung *San Antonio Express-News*. Und es gelang dem *Star*, trotz des ungleichen Kampfes gegen den dominanten Marktführer, sich schnell auf gleicher Augenhöhe mit dem *National Enquirer* zu behaupten. Anfang der 80er-Jahre war die Auflage des *Star* laut einer Analyse der Organisation Project for Excellence in Journalism, die mit Pew Charitable Trusts verbunden ist, fast genauso hoch, wie die des *National Enquirer*.

Es war jedoch Murdochs Kauf der *New York Post*, der ihm weit über die Grenzen Australiens und Großbritanniens hinaus zu breiter Bekanntheit verhalf. 1976 kaufte News Limited die *Post*, die auf ihrer Titelseite stolz die Prägung ihres Gründers Alexander Hamilton trug. Die Zeitung war für ihre extrem liberale Ausrichtung unter Führung der langjährigen Eigentümerin Dorothy Schiff berühmt. Nach ihrem Verkauf an Murdoch wurde die Berichterstattung der Post zur Konsternierung nicht weniger Demokraten wesentlich konservativer.

Außerdem entwickelte sie wie ihre britischen Geschwister einen Geschmack für Sensationslüsternheit. Ob zum Guten oder zum Schlechten – und viele Stimmen in der Medienindustrie würden vehement Letzteres behaupten – die *New York Post* und Murdochs britische Boulevardblätter haben das Zeitungsgeschäft unwiderruflich verändert. Die aufmerksamkeitsstarken Schlagzeilen und pikanten Storys in der *Sun* und der *New York Post* trugen dazu bei, das Feld für die unaufhörliche Klatschpresse über Promis in der zweiten Hälfte des 20. Jahrhunderts und den ersten Jahren des 21. Jahrhunderts zu bereiten.

Die berühmte Schlagzeile der *New York Post* aus dem Jahr 1982, „Headless Body in Topless Bar" (etwa: Oben-ohne-Körper in Obenohne-Bar, A.d.Ü.) wurde zu einem derart populären Bestandteil des kulturellen Zeitgeistes, dass sie in vielen Redaktionen heute noch mit einem gemischten Gefühl aus Abscheu und widerwilligem Respekt erwähnt wird. Diese Schlagzeile wurde 1995 sogar Futter für einen schmierigen Low-Budget-Film mit demselben Titel.

TV-Shows wie Inside Edition und Access Hollywood sowie Websites wie PerezHilton.com und TMZ.com verdanken Murdoch so einiges, da sich durchaus darüber streiten lässt, ob es ohne die allgegenwärtige Seite sechs der *New York Post* überhaupt so etwas wie eine Promi-Klatschpresse gäbe.

Die *New York Post* ist für News Corp. nie ein großer Gewinnbringer gewesen. Tatsächlich glauben die meisten Analysten, dass sie bis heute tiefrote Zahlen schreibt. 1988 musste Murdoch die Zeitung unter dem Druck der US-Regierung verkaufen. Einige Politiker beäugten ihn misstrauisch, weil er in demselben Markt eine Zeitung und einen Fernsehsender besaß. Murdoch gelang es jedoch, die unabhängige US-Regulierungsbehörde Federal Communications Commission (Die FCC wurde von US-Kongress eingerichtet und regelt u.a. die Kommunikationswege für Radio, TV, Kabel und Satellit. A.d.Ü.) dazu zu bewegen, News Corp. 1993 eine neue Genehmigung zu erteilen, die es dem Unternehmen erlaubte, sowohl die *New York Post* als auch einen lokalen New Yorker Fernsehsender und die Fox-Tochter WNYW zu betreiben. Auf diese Weise konnte Murdoch die Zeitung, die kurz vor ihrer Schließung stand, vor dem Untergang bewahren.

Das sollte jedoch nicht Murdochs letzte Initiative in den USA gewesen sein. 1977 kaufte er die für ihren alternativ-liberalen Stil berühmte Wochenzeitung *Village Voice*, das Boulevardblatt *Boston Herald American*, das 1982 in *Boston Herald* umbenannt wurde, und 1983 das Boulevardblatt *Chicago Sun-Times*.

Dank ihrer Präsenz in der Welthauptstadt New York war es jedoch die *New York Post*, die Murdoch selber zu Berühmtheit verhalf. Mit seinem wachsenden Ruhm stand er jedoch auch zunehmend unter Beobachtung. Murdochs Imperium wuchs, und so wuchs auch die Zahl seiner Kritiker. Es schien, als befinde sich Murdoch, der als eine Art Blitzableiter für jede Art von Kontroverse fungierte, aus dem einen oder anderen Grund ständig unter Beschuss, und die Medien ließen selten eine Gelegenheit aus, um sich auf ihn einzuschießen.

Zwar hatte der dreiste Ton der Klatschblätter von News Corp. für einiges Stirnrunzeln über deren zweifelhaften Geschmack gesorgt, das ritualisierte Hochjubeln und der anschließende Verriss von Prominenten in Publikationen wie der *Sun* oder der *New York Post* galt dagegen als relativ harmlos. Was jedoch einen Ruck durch die Reihen der Medienbeobachter, vor allem der liberal gesinnten, gehen ließ, war die Tatsache, dass Murdoch seine Nachrichtenmedien häufig zur Beeinflussung der Politik nutzte.

„Wenn Murdoch ein Unternehmen übernimmt und seine Leute dort einsetzt, vor allem im Verlagsgeschäft, dann hat er sofort einen schlechten Ruf als konservativ-voreingenommenes Monster. Dabei kauft er die Medien nicht nur, um seine konservative Botschaft in die Welt zu tragen", erklärte Dorfman. „Ja, er hat eine konservative Ideologie. Viele Leute waren aufgebracht, als Murdoch die *New York Post* übernahm, und es stimmt, dass er aus dieser einigermaßen seriösen Zeitung ein Klatschblatt gemacht hat. Aber wahr ist auch, dass diese Zeitung heute finanziell besser dasteht. Wenn sich die Kritiker auf ihn stürzen und ihm vorwerfen, er missbrauche seine Medien zur Verbreitung seiner persönlichen Ideologie, und ihn als Ungeheuer bezeichnen, ist das meiner Meinung nach völlig unfair. Murdoch kauft die Zeitungen schließlich, um Geld damit zu verdienen."[4]

Nichtsdestotrotz lässt sich kaum leugnen, dass sich in Murdochs Zeitungen nicht selten seine persönliche Ideologie widerspiegelt. Es ist zum Beispiel zwar richtig, dass die *New York Post* unter Murdoch finanziell besser dasteht als im Jahr 1976, als Murdoch die Zeitung zum ersten Mal erwarb, sie ist jedoch nie eine wichtige Gewinnquelle gewesen. Das wirft folgende Fragen auf: Was hat Murdochs Leidenschaft für Printpublikationen angesichts der Realitäten dieses Geschäftsmodells so lange aufrechterhalten? Warum kauft er seit Jahren eine Zeitung nach der anderen, obwohl die Leserzahlen beständig zurückgehen?

Diese Fragen wurden umso lauter, als Murdoch eine britische Zeitung mit einer wesentlich solideren redaktionellen Reputation als *News of the World*, *Sun* und *New York Post* kaufte. 1981 erwarb er die *Times* und die Sonntagsausgabe *Sunday Times* von Thomson Corp. Diese Publikationen galten als zwei der anspruchsvollsten Zeitungen Großbritanniens, die mit anderen „seriösen" Zeitungen wie dem *Observer* und dem *Guardian* konkurrierten. Die Berichterstattung über die englische Politik in Murdochs Zeitungen, vor allem die loyale Unterstützung für Margaret Thatcher und die Konservative Partei in den 80er-Jahren sowie die Kritik an der Europäischen

Wirtschafts- und Währungsunion in den 90er-Jahren wurden routinemäßig von all denen angegriffen, die das Gefühl hatten, Murdochs Redakteure und Journalisten seien gezwungen, seine Überzeugungen nachzuplappern.

In einer Sitzung mit den Mitgliedern des Select Committee on Communications of the House of Lords im September 2007 in New York äußerte sich Murdoch zu diesen Vorwürfen. Dabei bot er eine ganz offene, um nicht zu sagen unverblümte Perspektive über seine Rolle in Bezug auf die Färbung der Berichterstattung in seinen Zeitungen. Laut Sitzungsprotokoll sagte Murdoch, nach seiner Auffassung bestehe die Hauptrolle der Medien darin „zu informieren". Aus dem Protokoll geht aber auch hervor, dass Murdoch „die Tatsache nicht verschleierte, dass er sowohl wirtschaftlich als redaktionell Einfluss nimmt". Murdoch ließ die Parlamentsabgeordneten wissen, „das Gesetz" verbiete ihm, den Redakteuren der *Times* und *Sunday Times* redaktionelle Vorgaben zu machen, und er fügte hinzu, es gebe mit dem Editorial Board ein internes Aufsichtsgremium, um sicherzustellen, dass er die Berichterstattung nicht beeinflusse.[5]

Murdoch gab jedoch zu, dass er seinen Redakteuren zwar nie konkrete Anweisungen erteile, aber oft frage, „Was machen Sie da?" Er ergänzte, er sehe einen Unterschied zwischen seiner Rolle bei der *Times* und *Sunday Times* und einer möglichen Beeinflussung der redaktionellen Inhalte der Boulevardblätter *Sun* und *News of the World*. Und er setzte hinzu, dieselben Unterschiede sehe er in seiner Rolle bei der bestehenden Führung der *New York Post* und der möglichen Führung des *Wall Street Journal*, sobald dieses zu News Corp. gehöre.[6]

Mit Bezug auf seine Boulevardblätter bezeichnet sich Murdoch selbst als „traditionellen Eigentümer". Im Sitzungsprotokoll wurde festgehalten, Murdoch übe „eine redaktionelle Kontrolle über alle wichtigen Themen aus, wie zum Beispiel welche Partei bei Wahlen unterstützt werden soll, oder Fragen der europäischen Politik."[7]

Aktuelle und ehemalige hochrangige Redakteure seiner britischen Zeitung bestätigten seinen starken Einfluss auf redaktionelle Entscheidungen sowohl bei den Boulevardzeitungen als auch den renommierteren Zeitungen *Times* und *Sunday Times*.

Im Rahmen ihrer Aussage vor dem britischen Oberhaus im Januar 2008 ging Wade nicht so weit, zu sagen, Murdoch habe ihr konkrete Anweisungen zur Berichterstattung in der *Sun* und *News of the World* gegeben. Aber sie machte kein Geheimnis aus der Tatsache, dass sie einige seiner politischen Ansichten teilte, was wahrscheinlich ein wichtiger Grund für ihre Ernennung zur Chefredakteurin beider Zeitungen gewesen war. Dieses Eingeständnis bietet sicher einige Erkenntnisse darüber, wie die Politik Murdochs Denken beeinflusst, wenn es darum geht, eine redaktionelle Personalentscheidung zu treffen. Ganz eindeutig ist es ihm wichtig, Menschen einzustellen, die seine politischen Ansichten teilen. Somit erübrigt sich der Zwang, offen Einfluss auf die Berichterstattung nehmen zu müssen, da er weiß, dass seine handverlesenen Redakteure Schlagzeilen und Berichte liefern, die mit Sicherheit seinen Vorstellungen entsprechen.

Rebekah Wade führt diesen Punkt weiter aus: „Man kann sagen, dass ich seit 18 Jahren für Mr. Murdoch arbeite, und zwölf davon bin ich entweder stellvertretende Chefredakteurin oder leitende Chefredakteurin gewesen. Ich denke, man kann sagen, er wusste, wer ich bin – bevor er mich in eine ranghohe Position berief. Er kannte meine Ansichten, und zwar meine sozialen, kulturellen und politischen Ansichten", so Wade.[8]

In diesem Zusammenhang gab Wade auch an, dass sowohl sie als auch Murdoch vehemente Gegner eines vereinigten Europas und der Idee eines Beitritts Großbritanniens zur EU waren. Murdoch wurde in Europa von vielen Seiten heftig dafür kritisiert, dass er seine antieuropäische Gesinnung in seinen Zeitungen zum Ausdruck brachte.

„Nehmen Sie zum Beispiel Europa – das ist ein ziemlich gutes Beispiel. Mr. Murdoch kannte meine Meinung zu Europa ganz genau. Ich denke, er kannte sie bereits, bevor ich Chefredakteurin von *News of the World* wurde, vielleicht sogar schon, bevor ich stellvertretende Chefredakteurin war. Ich bin ein ausgesprochener Gegner eines föderalen Europas und der Bürokratie, die damit entsteht. Und ich bin der Überzeugung, dass sich beides ausgesprochen schädlich auf die Leben unserer Leser auswirkt. In diesem Punkt vertrete ich wirklich eine unverrückbare Auffassung; in gewisser Hinsicht ist meine Meinung sogar unverrückbarer als die Meinung von Mr. Murdoch. Die antieuropäische Kampagne stammt also aus meiner Feder", sagte Wade.[9]

Sie ergänzte, sie habe sich im Jahr 2005 mit Murdoch über die Berichterstattung zu den britischen Wahlen im selben Jahr in der *Sun* beraten. Das Blatt unterstützte schließlich den Premierminister und Führer der Labour Party, Tony Blair. „Natürlich habe ich mit Mr. Murdoch gesprochen. Mr. Murdoch ist sein ganzes Leben ein Zeitungsmann gewesen. Und er hat den politischen Wandel sowohl hier als auch in den USA und in Australien miterlebt. Sein Rat ist immer vorbildlich und gut", erklärte Wade.[10]

Nach einer Reihe von Fragen über die Involvierung Murdochs in den redaktionellen Alltag der *Sun* spielte sie ihren Kontakt zu ihm jedoch herunter. „Mr. Murdoch führt ein globales Medienunternehmen mit sehr breit gespannten weltweiten Interessen. Er ist ständig auf Reisen. Er ist sehr zupackend, und beschränkt sich nicht auf seine formale Rolle als ‚Eigentümer'; er ist zupackend in der Art, wie er sein Unternehmen führt. Aus diesem Grund ist es so erfolgreich. Die Vorstellung, ich würde jedes Detail mit ihm besprechen, ist aber völlig abwegig", so Wade.[11]

Der ehemalige Chefredakteur der *Sunday Times*, Andrew Neil, der diese Position elf Jahre inne hatte, gab jedoch an, Murdoch habe auch eine sehr zupackende Art, was die Berichterstattung in den renommierteren Zeitungen angehe, und zwar trotz der Tatsache, dass es ein unabhängiges Editorial Board gebe, das verhindere, dass Murdoch Redakteuren konkrete „Anweisungen" darüber erteilte, was sie zu tun und zu lassen hätten.

„Ich glaube, das Schlüsselwort in Mr. Murdochs Satz ist ‚Anweisung'. Er erteilt keinem Redakteur der seriösen, renommierten Zeitungen *The Times* und *The Sunday Times* Anweisungen, aber das heißt nicht, dass er keinen Einfluss nimmt und ihnen nicht seine Ansichten mitteilt. Es gibt vielfältige Wege, Einfluss auf eine Zeitung zu nehmen, ohne konkrete Anweisungen zu erteilen. In den elf Jahren, in denen ich Chefredakteur der *Sunday Times* war, habe ich nie eine konkrete Anweisung über eine bestimmte Form der Berichterstattung erhalten; ich habe auch nie eine Anweisung erhalten, einen bestimmten Aufmacher zu bringen, und ich kann mich auch nicht erinnern, jemals die Anweisung erhalten zu haben, eine Nachricht nicht zu drucken, aber ich wurde auch nie im Zweifel darüber gelassen, was er wollte", sagte Neil.[12]

Auf die Bitte, näher zu erläutern, wie Neil genau erfuhr, was Murdoch wollte, sagte er: „Weil man regelmäßige Telefonanrufe erhält. Manchmal kamen sie schnell und mit viel Nachdruck, und manchmal hörte man gar nichts von ihm, aber in jedem Gespräch mit Murdoch teilte er einem seine Ansichten mit. Ich kannte seine Meinung über alle wichtigen Geschehnisse und jede wichtige Persönlichkeit aus Politik und Wirtschaft. Ich wusste, was er dachte, und als Redakteur wusste man, dass man seine Position nicht „besaß", sondern auf Zeit „gepachtet" hatte, und dass dieser Pachtvertrag davon abhing, dass man sich meistens an seine Ansichten anpasste, wenn auch nicht immer. Und ich erinnere mich, dass wir einige ziemlich ernste Auseinandersetzungen hatten; dennoch habe ich als Chefredakteur überlebt. Ich habe immer gesagt, um bei

Rupert Murdoch zu überleben – aber das gilt eigentlich für alle Verlagseigentümer –, muss der Chefredakteur vom selben Planeten sein. Sie müssen nicht unbedingt vom selben Kontinent und auch nicht immer aus demselben Land stammen, aber grundsätzlich müssen Sie auf einer Wellenlänge sein. Ansonsten funktioniert diese Beziehung nicht."[13]

Genau wie Wade erwähnte Neil, er habe ähnliche Ansichten wie Murdoch, was wahrscheinlich der Grund dafür war, dass er so viele Jahre für ihn gearbeitet hatte. Während seiner Aussage sagte Neil scherzhaft, Murdoch habe bei seiner Einstellung gewusst, dass er „kein Anhänger der Revolutionären Sozialistischen Arbeiterpartei" sei.[14]

Allerdings zeichnete Neil ein Bild von Murdoch, das darauf hindeutete, dass er ein wesentlich größerer Kontrollfreak und Mikromanager war, als Rebekah Wade es dargestellt hatte. „Er betrachtet sich nicht als Chefredakteur der *Times* oder der *Sunday Times*, aber er sieht sich als jemand, der mehr Einfluss auf diese Zeitungen haben sollte, als alle anderen. Und ein Teil des Prozesses, Sie wissen zu lassen, was in seinem Kopf herumgeht, besteht darin – neben Anrufen und persönlichen Gesprächen – Leitartikel auszuschneiden, vor allem aus *The Wall Street Journal*, weil er *The Wall Street Journal* liebte und jetzt, da es ihm gehört, noch viel mehr lieben wird, und diese Artikel per Fax – als man noch Faxgeräte benutzte – in die Redaktion zu senden. Das war ein klarer Hinweis, dass es keine schlechte Idee war, dieselbe redaktionelle Linie zu verfolgen. Ich habe diese Zeitungsausschnitte über die atomare Aufrüstung, Reagan, den Kalten Krieg und alle möglichen weiteren Themen erhalten, und manchmal hat man das übernommen, und manchmal auch nicht", erklärte Neil.[15]

Neil widersprach auch Wades Charakterisierung von Murdoch als jemand, der sich nicht so furchtbar dafür interessierte, was in der *Sun* oder anderen Boulevardblättern über Klatsch und Unterhaltung hinaus geschrieben wurde. Wade zufolge bestand eine der größten Auseinandersetzungen, die sie mit Murdoch hatte, darin, dass „Mr. Murdoch oft über den Umfang der Berichterstattung über Prominente irritiert ist, die ich in meiner Zeitung bringe, vor allem über *Big Brother*", sagte Wade mit Hinweis auf die beliebte britische Reality-TV-Show. „Er versteht nicht, warum ich *Big Brother* so viele Seiten widme", erklärte Wade, bevor sie auf die bohrenden Fragen nach weiteren größeren Konfliktthemen hinzusetzte: „*Ich bin ein Star, holt mich hier raus* kann auch oft Probleme verursachen. Dagegen sind wir absolut einer Meinung, was *Pop Idol* betrifft, und er findet das sehr gut. Wissen Sie, das ist ein ernstes Thema!"[16]

In anderen Worten, Wade versuchte, ein Bild von Murdoch als seriösem Zeitungsmacher zu zeichnen, dessen einzige Sorge darin bestand, dass seine Boulevardblätter zu viele Storys über alberne Reality-Shows wie *Ich bin ein Star, holt mich hier raus* und *Pop Idol* drucken. Sie leugnete, dass Murdoch die politische Berichterstattung diktieren wollte.

Neil sagte jedoch Folgendes: „Zwar ist er der Form nach nicht der Chefredakteur der *Sun* oder der *News of the World*, aber in Wirklichkeit ist er genau das. Die *Sun* wird bei keinem wichtigen politischen Thema – sei es der Euro oder der EU-Vertrag oder der Politiker, der bei den nächsten Wahlen unterstützt wird – eine Position vertreten, ohne dass Rupert Murdoch sich nicht dazu geäußert hätte." Neil wies außerdem darauf hin, als er bei der *Sun* gearbeitet habe, habe der Chefredakteur „täglich Anrufe erhalten. Ich hatte Glück, mich hat er nur ein bis zwei Mal pro Woche angerufen, manchmal auch nur ein Mal pro Monat, aber als Kelvin McKenzie noch Chefredakteur war, sprachen sie jeden Tag miteinander; nicht um die Schlagzeile auf der Titelseite zu bestimmen, sondern um sicherzugehen, dass die Artikel über jedes wichtige Thema – und damals hatte die *Sun* noch einen wesentlich größeren Einfluss auf die Politik dieses Landes, als heute – Rupert Murdochs Linie entsprachen."[17]

Und vielleicht in Bestätigung dessen, was die meisten Murdoch-Kritiker befürchtet hatten, erklärte Neil in seiner Aussage weiterhin, die *Sun* habe seit der Übernahme durch News Limited im Jahr 1969 „bei keiner einzigen Wahl eine Position vertreten, die nicht die uneingeschränkte Unterstützung, und zwar aufgrund des uneingeschränkten Einflusses von Rupert Murdoch, genoss."[18]

Sowohl aus Neils als auch aus Wades Äußerungen wird deutlich, dass Murdoch sehr leicht die Art der Berichterstattung in seinen Zeitungen durchsetzen kann, die er sehen will. Gelegentlich muss er möglicherweise eher als Mikromanager auftreten, direkte Anrufe tätigen und konkrete Anweisungen erteilen. Aber sehr oft scheinen die Redakteure bereits genau zu wissen, was Murdoch lesen will. Die redaktionellen Entscheidungen werden also so getroffen, dass die Redakteure keinen Anruf erhalten, in dem Murdoch sie fragt: „Was machen Sie da?" Doch egal ob Murdoch durch konkrete Anweisungen explizit dazu beiträgt, eine bestimmte Form der Berichterstattung durchzusetzen, oder ob die Redakteure einfach so handeln, wie sie glauben, dass er es von ihnen erwartet, um seinem Zorn zu entgehen, die Ergebnisse sind dieselben. Die Berichterstattung in Zeitungen, die Murdoch gehören, tragen unverkennbar den Stempel seiner persönlichen politischen Ansichten.

Doch obwohl Neil sich mit Murdoch überwarf und die *Sunday Times* 1996 verließ, um für den Rivalen *Daily Mail* zu schreiben, verteidigte er in seiner Aussage letztlich Murdochs Recht, so zu handeln, wie er es all die Jahre getan hat. Neil ist inzwischen Chairman der Press Holdings Media Group, der die konservative Zeitschrift *The Spectator* verlegt.

„Wenn diese Art Debatte in England geführt wird, geht dem die meiner Meinung nach eher bizarre Annahme voraus, dass die Person, der die Zeitung gehört, das Kapital aufbringt, um die betreffende Zeitung zu kaufen, das gesamte Risiko auf sich nimmt, alle Rechnungen bezahlt und für alle negativen Konsequenzen der Arbeit eines Redakteurs aufkommt, einschließlich massiver Verleumdungsklagen, die einzige Person sein soll, die kein Mitspracherecht über den Inhalt der Zeitungen hat. Das kommt mir ein wenig bizarr vor", sagte Neil. „Das ist etwas ganz anderes als zu sagen, der Eigentümer solle die Zeitung redaktionell gestalten; das ist ein völlig anderes Thema. Die Vorstellung, der Eigentümer solle kein Mitspracherecht über die inhaltliche Ausrichtung seiner Zeitungen haben, erscheint mir verrückt. Ganz offen gesagt, bin ich der Meinung, dass diese Person mehr Mitspracherecht hat, als jeder andere im Land, abgesehen vom Chefredakteur."[19]

Selbst wenn also die Versuchung bestehen sollte, Neils Äußerungen als Schmähungen eines verärgerten ehemaligen Angestellten zu werten, wäre es unklug, das zu tun. Vielmehr sollten seine Äußerungen zusammen mit Wades Aussage und Murdochs eigenen Bemerkungen im Rahmen seiner Unterredung mit dem britischen Oberhaus als die vielleicht aufschlussreichsten Erkenntnisse über den Gedankenprozess hinter Murdochs Anstrengungen zum Aufbau eines Imperiums sowie über seine wahren Motive interpretiert werden. Diese Untersuchung seiner zugegebenermaßen aktiven Rolle im Zeitungsbetrieb kommt für News Corp. zu einem ungünstigen Zeitpunkt, da sie mit dem Vollzug der Akquisition des Dow Jones zusammentrifft. Aufgrund dieser Akquisition nehmen viele Medienexperten Murdoch noch genauer unter die Lupe, vor allem in Bezug auf irgendwelche Versuche der Einflussnahme auf die Berichterstattung des *Wall Street Journal* über China, einem Markt, der – wie später noch ausführlicher dargelegt wird – zum Brennpunkt der Aufmerksamkeit von Murdoch und News Corp. geworden ist.

Eine noch größere Sorge für Murdoch und News Corp. sollte jedoch nicht die Frage sein, ob Dow Jones' Vermächtnis Gefahr läuft, durch die negative Assoziation mit Murdoch getrübt zu werden, sondern ob News Corp. wirklich weiterhin ein derart gewichtiger Player in der Zeitungsindustrie sein sollte. Wie Murdoch erwähnt hat, sind

Zeitungen längst keine wachstumsstarke Branche mehr. Und obwohl News Corp. wagemutig beschlossen hat, mit der Akquisition von Dow Jones eine noch stärkere Betonung auf das Zeitungsgeschäft zu legen, ist die Bedeutung dieses Geschäftsfeldes für News Corp. in den letzten Jahrzehnten stetig gesunken.

News Corp. hat fast alle seine US-basierten Publikationen abgestoßen, entweder, um Wachstumschancen in anderen Geschäftsfeldern zu finanzieren, oder als Reaktion auf die Finanzkrise Anfang der 90er-Jahre, die News Corp. fast das Genick gebrochen hätte.

1985 verkaufte Murdoch *Village Voice* und 1986 *Chicago Sun-Times*. Zu jener Zeit bereitete News Corp. den Start des TV-Sendernetzes FOX in den USA vor. Außerdem verkaufte der Konzern 1989 zahlreiche seiner Reisezeitschriften, die er 1984 für 350 Millionen Dollar von Ziff Davis übernommen hatte, für 825 Millionen Dollar an Reed International.

1990, als der Konzern mit großen Schuldenproblemen zu kämpfen hatte, verkaufte News Corp. den *Star* und die Muttergesellschaft des *National Enquirer*. 1993 trennte sich News Corp. von dem fusionierten *San Antonio Express-News* und ein Jahr später vom *Boston Herald*.

2006 realisierte News Corp. jedoch zwei kleinere Übernahmen, um die *New York Post* zu ergänzen. Murdoch kaufte *Times Ledger* und *Courier-Life* – zwei lokale Zeitungsketten, die Wochenzeitungen herausbrachten, und zwar vornehmlich für die New Yorker Stadtviertel Brooklyn und Queens. Abgesehen von diesen Zukäufen hielt sich News Corp. im Großen und Ganzen zurück – bis zur Akquisition von Dow Jones.

Wie lange kann Murdoch noch an seiner ersten geschäftlichen Liebe festhalten? Das Zeitungsgeschäft hat sich stark verändert; in einer zunehmend fragmentierten Medienwelt haben die Leser eine immer größere Auswahl und auch mehr Macht.

Viele junge Leser, die vermehrt das Internet nutzen, wollen ihre Nachrichten nicht mehr länger aus konventionellen Medienquellen beziehen – eine Entwicklung, die Murdoch mit seinen Äußerungen vor den Mitgliedern des Ausschusses des britischen Oberhauses im September 2007 widerwillig eingestand.

„Sie müssen alle Register ziehen und der Öffentlichkeit vertrauen. Wer sind wir, dass wir uns anmaßen könnten, zu sagen, was sie auswählen dürfen?", sagte er über die zunehmende Verbreitung von Blogs als weiterem Element der „absolut chaotischen Masse an Material, die heute geboten wird."[20]

Doch neben den demografischen Problemen gibt es noch andere große Probleme, die die Zeitungsindustrie plagen.

„Die Fixkosten sind immens hoch, zum Beispiel die Benzinpreise. Das hat Auswirkung auf die Distributionskosten, die kein Zeitungsverlag kontrollieren kann", sagte John Hartman, Professor für Journalismus an der Central Michigan University, und fügte hinzu, dazu kämen noch die ebenfalls sehr hohen Kosten für Papier und Zeitungsdruck.[21]

Murdoch hat Schritte unternommen, um das Kostenproblem in den Griff zu bekommen. Im Jahr 2004 folgte die *Times of London* dem Beispiel anderer prominenter britischer Zeitungen und wechselte vom Großformat, das üblicherweise mit prestigeträchtigen Zeitungen in Verbindung gebracht wird, zum kompakteren Tabloidformat, in dem Murdochs andere britische Zeitungen gedruckt wurden. Diese Veränderung trug dazu bei, die Druckkosten zu senken und führte außerdem zu einer Absatzsteigerung.

Doch Murdoch gab auf der Medienkonferenz von McGraw-Hill im Februar 2007 zu, dass sich Kostensenkung nur begrenzt zur Gewinnsteigerung einsetzen ließ, und ergänzte, in einer Zeit, in der immer neue kostenlose Nachrichtenquellen im Web entstünden, könnten Zeitungen keine Preiserhöhung durchsetzen, um die Gewinnmargen anzuheben.

„Eine Preiserhöhung wirkt sich negativ auf die Auflage aus, und weitere Kostensenkungen sind nicht der richtige Ansatz", so Murdoch.

Und um die Sache weiter zu verkomplizieren, falls Murdoch plötzlich seine Meinung ändern und beschließen sollte, für News Corp. sei der Zeitpunkt für einen teilweisen Rückzug aus dem Zeitungsgeschäft oder sogar eine völlige Abkehr von seinen Wurzeln und einen kompletten Ausstieg aus diesem Geschäftsfeld gekommen, würde der Konzern wahrscheinlich gar nicht ohne Weiteres einen willigen Käufer für seine Zeitungen finden.

„Wir betrachten eine Menge Fusionen und Übernahmen im Zeitungsgeschäft, aber die sind nicht leicht zu realisieren", sagte Steven Rattner von Quadrangle im Oktober 2007 über das Interesse seines Unternehmens und anderer Private-Equity-Investoren an der Zeitungsindustrie. „Diese Industrie steht unter einem erheblichen operativen Druck. Es ist riskant, in Unternehmen zu investieren, die sich im Abwärtstrend befinden."[22]

Murdoch scheint das zu erkennen und hat in diesem Zusammenhang geäußert, die Zeitungsindustrie müsse möglicherweise irgendwann den „Papierteil" des Nachrichtengeschäfts eliminieren. Bei seiner jährlichen Ansprache vor der prominenten Handelsorganisation Worshipful Company of Stationers and Newspaper Makers im März 2006 in London, sagte Murdoch, dass er zwar daran glaube, dass die „traditionellen Zeitungen noch viele Lebensjahre vor sich haben ... dass die Zeitung in der Zukunft aber nur einer von vielen Kanälen sein wird, über den wir unsere Leser erreichen."[23]

Er zog daraus den Schluss, „Was geschieht mit dem Zeitungsjournalismus in einem Zeitalter, in dem den Verbrauchern eine wachsende Auswahl an On-demand- und interaktiven Services, Nachrichten, Unterhaltung, Sport und Kleinanzeigen per Breitband auf ihre Computerbildschirme, TV-Bildschirme, Mobiltelefone und Handcomputer geboten wird? Die Antwort lautet, dass herausragender Journalismus immer Leser anziehen wird. Die Worte, Bilder und Grafiken, die den Journalismus ausmachen, müssen brillant verpackt sein; sie müssen den Kopf erreichen und das Herz bewegen. Und vor allem müssen Zeitungen den Lesern die Wahl lassen, ob sie ihren Journalismus auf gedrucktem Papier oder über eine Website, wie zum Beispiel Times Online, oder – und das ist wichtig – über jede andere Plattform beziehen, die sie für attraktiv befinden, seien es Mobiltelefone, Handcomputer, iPods oder was auch immer. Wie ich schon gesagt habe, müssen sich Zeitungen unter Umständen in Nachrichten-Sites verwandeln."[24]

Vor diesem Hintergrund sagen Branchenbeobachter, Murdochs nächster Schritt im Nachrichtengeschäft nach Dow Jones könnte der Kauf einer stärker nachrichtenbezogenen Website und ein Verzicht auf weitere Printpublikationen sein.

„Es herrscht durchaus Angst, was die Zukunft des Printjournalismus angeht. Bisher können die digitalen Umsätze die Verluste aus den Printanzeigen nicht wettmachen. Das wahrscheinlichste Szenario für News Corp. ist, dass sie sich hinknien und mehr Online-Assets kaufen. Das *Journal* ist wahrscheinlich die letzte Zeitung, die Murdoch in nächster Zeit kaufen wird", vermutete Reed Phillips, Managing Partner von DeSilva & Phillips, einer Medieninvestmentbank mit Sitz in New York.[25]

Aber News Corp. verkündete im Jahr 2004 auch, dass es in England in den nächsten vier bis fünf Jahren neue Druckerpressen für Farbdruck anschaffen wollte – ein Zeichen, dass Murdoch die totgesagte Variante des Nachrichtenverkaufs nicht völlig aufgegeben hat.

„Wir bei News Corporation sind schon immer ein langfristiger Investor an der Spitze der technologischen Innovation gewesen. Dieses aufregende neue Projekt demonstriert aufs Neue unser uneingeschränktes Bekenntnis zur Zukunft des Printjournalismus", sagte Murdoch damals.[26]

Nichtsdestotrotz könnte Murdoch den Druck der Aktionäre zu spüren bekommen, ganz aus dem Zeitungsgeschäft auszusteigen, sollten die Zeitungen weiter Leser verlieren, die Anzeigenumsätze weiter sinken und die Gewinne mager bleiben.

Viele institutionelle Investoren an der Wall Street machen wegen des geringen Wachstums inzwischen einen Bogen um Zeitungsverlage und Unternehmen, die in erheblichem Umfang von der moribunden Zeitungsindustrie abhängig sind. In den letzten Jahren haben die Aktienkurse von Zeitungsverlagen massiv nachgegeben, und trotzdem halten viele clevere Investoren nicht den Zeitpunkt für gekommen, sich mit Zeitungsaktien einzudecken.

Die Aktien mögen „billig" erscheinen, aber nur, weil sie bereits massiv an Wert verloren haben, heißt das nicht, dass sie nicht noch weiter an Wert verlieren können. „Unter Umständen erwägen wir den Kauf einer Zeitungsaktie als Value Stock, aber üblicherweise investieren wir dort, wo Action im Markt ist, und in dieser Branche ist nicht viel Action geboten", erklärt Craig Hodges, Co-Manager des Hodges Fund mit Sitz in Dallas, im September 2007.[27]

Darüber hinaus sind andere Zeitungsverleger bereits zu der Einschätzung gelangt, dass der Zeitpunkt gekommen ist, ihre Zeitungsaktivitäten in eigene börsennotierte Unternehmen auszugliedern. Im Februar 2008 gründete der Eigentümer eines lokalen Fernsehsenders, Belo Corp., die Sparte A. H. Belo aus, der die Zeitungen *Dallas Morning News*, das *Providence Journal* sowie mehrere andere Zeitungen gehören.

Und E. W. Scripps plant ähnliche Schritte. Das Unternehmen, dem Zeitungen wie die *Rocky Mountain News* in Denver und der *Commercial Appeal* in Memphis sowie lokale TV-Stationen, das Kabelnetz Food Network und HGTV und die Online-Preissuchmaschine Shopzilla gehören, verkündete im Oktober 2007, es plane die Gründung eines neuen Unternehmens mit dem Namen Scripps Networks Interactive und werde alle Kabel-TV- und Internet-Assets von Scripp unter seinem Dach vereinen.

Das Unternehmen mit der Bezeichnung E. W. Scripps wird die Zeitungen, lokalen TV-Stationen und United Media behalten, das populäre Comics wie die Peanuts und Dilbert syndiziert. E.W. Scripps COO, Richard Boehne, der nach der Aufspaltung des Unternehmens CEO der Zeitungs- und TV-Sparte wurde, sagte bei der Bekanntgabe des Spinoffs, die letzten 24 Monate hätten aufgrund des wachsenden Wettbewerbs durch das Internet zu den härtesten Monaten in der Geschichte der Zeitungsindustrie gehört.

Trotz alledem hat Murdoch bisher kein Zeichen dafür gegeben, dass er seine Zeitungsaktivitäten zurückfahren will. Seinen Worten zufolge verfügt er über die richtige Mischung an Zeitungen für einen erfolgreichen Übergang ins Web.

„Unser Printgeschäft und vor allem die Zeitungen – das historische Herzstück des Unternehmens – erwirtschaften weiterhin Wert für unser Unternehmen und unsere Aktionäre, und zwar zum Teil durch die Generierung riesiger Geldsummen, mit denen wir unsere Strategie umsetzen und finanzieren. Derzeit haben unsere Printmedien insgesamt mehr Leser als je zuvor, und das dank des Internets. Die Unterscheidung, die heute zwischen ‚alten' und ‚neuen' Medien stattzufinden scheint, wird sich mit der Zeit als illusorisch erweisen. In der Zwischenzeit investieren wir in die Zukunft dieser Geschäftsfelder", teilte Murdoch im Oktober 2006 auf der Jahreshauptversammlung seinen Aktionären mit.[28]

Viele Medien- und Börsenexperten teilen seine Vision jedoch nicht.

„Die friedliche Zeitungsära ist lange vorbei", stellte Scott Black, President von Delphi Management, einem institutionellen Investor mit Sitz in Boston, im September 2007 fest. Black hält Anteile an News Corp. und der *Washington Post* Company, aber er sagt, er sei ein weitaus größerer Fan der anderen Assets von News Corp. und er betrachte die *Washington Post* Company nicht einmal mehr als Zeitungsverlag, da sie einen erheblichen Teil ihres Umsatzes und ihrer Gewinne mit den Bildungstest-Services von Kaplan Education erwirtschafte.[29]

Zum Glück für News Corp. ist der Konzern weitaus mehr als ein Zeitungsverlag. Folglich ist er nicht so stark von den seismischen Verschiebungen in der Medienindustrie bedroht, wie reine Printkonkurrenten, zum Beispiel Gannett und McClatchy, Eigentümer der *New York Times*. Trotz seiner sentimentalen Bindung an das Zeitungsgeschäft ist Murdoch bisher clever genug gewesen, um einen klaren Schnitt zu vollziehen und sich von Zeitungen zu trennen, wenn er das Geld für andere Dinge brauchte. Und selbst als News Corp. in den 80er-Jahren damit beschäftigt war, sich in der Madison Avenue und der Fleet Street einen Namen zu machen, verlor Murdoch nie ein noch größeres Unternehmensziel aus den Augen – die Hollywood-Elite zu knacken. Mitte der 80er-Jahre realisierte News Corp. eine Akquisition, die zu dem Zeitpunkt zweifellos eine der bedeutendsten in der Unternehmensgeschichte war und zwei Jahrzehnte später wahrscheinlich immer noch der cleverste Schachzug ist, den Murdoch je gemacht hat.

KAPITEL 2

Gerissen wie ein Fuchs

Man kann sich nur schwer vorstellen, wie News Corp. heute aussehen würde, wenn Murdoch im Jahr 1985 nicht beschlossen hätte, TCF Holdings, die Muttergesellschaft des ehrwürdigen Filmstudios 20th Century Fox, zu kaufen.

Diese Akquisition ebnete News Corp. den Weg, um zu einem der führenden Marktteilnehmer in der Unterhaltungsindustrie zu werden, einem wesentlich exaltierteren, um nicht zu sagen lukrativeren Mediensegment als Zeitungs- und Buchverlage, die „traditionellen" Geschäftsfelder von News Corp.

In den ersten neun Monaten des Fiskaljahres 2008 realisierte die Sparte Filmunterhaltung einen operativen Gewinn von 20 Prozent, und die Fernsehsparte 19 Prozent. Zum Vergleich: Der konzerneigene Buchverlag HarperCollins erwirtschaftete einen Betriebsgewinn von 13 Prozent; dagegen betrugen die Gewinne der mörderischen Zeitungssparte nur 11 Prozent. Insgesamt betrug der operative Gewinn des Konzerns in den ersten drei Quartalen des Fiskaljahrs 2008 16 Prozent.

Und dieser Trend setzt sich fort. Während der ersten neun Monate des Fiskaljahrs 2008 erwirtschaftete News Corp. 21 Prozent seiner

Gesamtumsätze und mehr als ein Viertel seines operativen Gewinns mit seiner Sparte Filmunterhaltung, und 18 Prozent des Umsatzes und 20 Prozent des Betriebsgewinns mit seiner Fernsehsparte, zu der neben Fox Broadcast in den USA auch das asiatische Sendernetz STAR gehört.

Heute lässt sich leicht sagen, dass der Kauf des Fox-Filmstudios eine brillante Entscheidung und ein riesiger Erfolg für Murdoch gewesen sei. Das Filmstudio hat mehrere der größten Kassenschlager der letzten zwei Jahrzehnte produziert, darunter alle drei Folgen von *Krieg der Sterne* und die Filme *Independence Day*, *Kevin – Allein zu Haus* und *Nachts im Museum*. Außerdem war das Filmstudio gemeinsam mit Paramount Co-Produzent des Kinofilms *Titanic*, dem erfolgreichsten Film aller Zeiten in den USA. Dank überaus erfolgreicher Serien wie *Dr. House* und *24*, des Dauerbrenners *Die Simpsons* und des absoluten Zuschauermagneten *American Idol* hatte das Sendernetz FOX zwischen 2004 und 2008 zudem die höchsten Einschaltquoten in der Zielgruppe der Zuschauer zwischen 18 und 49 Jahren, also der Altersgruppe, die für Werbemanager am interessantesten ist.

Als Murdoch 1985 zum ersten Mal über seine Pläne sprach, sich in einen Hollywood-Mogul zu verwandeln, war die Skepsis jedoch sehr groß, und viele fragten sich, ob Murdoch den Verstand verloren habe. Im März 1985 verkündete News Corp. seine Absicht, für 250 Millionen Dollar 50 Prozent des Filmstudios 20th Century Fox von dem amerikanischen Ölbaron Marvin Davis zu kaufen. Diese Transaktion wurde zu einem Zeitpunkt besiegelt, als das Fox-Studio nach mehreren Kassenflops ins Taumeln geraten war. Darüber hinaus war Fox schwer verschuldet. Tatsächlich erklärte sich Murdoch bereit, als Teil der Investition in das Filmstudio einen Vorauszahlung von 88 Millionen Dollar an 20th Century Fox zu leisten, die zur unmittelbaren Schuldentilgung verwendet werden sollten.

Die Akquisition des Filmstudios verschaffte Murdoch ein Standbein im Film- und TV-Vertrieb sowie Zugriff auf Programminhalte für seine jungen Fernsehstationen in Australien und Großbritannien. Es war jedoch nicht das erste Mal, dass Murdoch versuchte, sich in den Film- und Fernsehmarkt einzukaufen. 1984 drohte er mit einem feindlichen Übernahmeangebot, um sich die Kontrolle über Warner Communications zu sichern. Murdoch hielt bereits 5,6 Prozent an Warner und wollte seine Beteiligung auf 50 Prozent aufstocken. Am Ende verzichtete er jedoch auf einen Stellvertreterkampf und erklärte sich bereit, seinen Anteil für 173 Millionen Dollar an Warner zurückzuverkaufen. 1989 fusionierte Warner Communications mit Time Inc. zu Time Warner, das seinerseits 1996 Turner Broadcasting Systems übernahm. Im Jahr 2000 fusionierte Time Warner dann mit AOL zu AOL Time Warner. Inzwischen wurde AOL aber wieder aus dem Konzernnamen gestrichen.

Murdochs Übernahme eines Anteils von 50 Prozent an Fox fand außerdem zu einem Zeitpunkt statt, zu dem die gesamte Medienindustrie von einer Konsolidierungswelle erfasst wurde, vor allem im Bereich Film und Fernsehen. Erst wenige Tage zuvor hatte der Eigentümer mehrerer Fernseh- und Radiostationen, Capital Cities Communications Inc., seine Absicht bekannt gegeben, American Broadcasting Company, Eigentümerin des TV-Sendernetzes ABC, für 3,5 Milliarden Dollar zu kaufen. (Capital Cities wurde seinerseits später von Disney aufgekauft.) Murdoch erkannte eindeutig, dass Fox Wert besaß, dennoch waren viele Medienbeobachter darüber irritiert, dass Murdoch ein Unternehmen kaufen wollte, dass offensichtlich in der Krise steckte.

„Dies ist für News Corp. eine bedeutende Investition", erklärte Murdoch in einem Kommentar. „Twentieth Century Fox (TCF) ist eines der wenigen herausragenden Film- und Fernsehunternehmen, und … ist dabei, sich für signifikantes Wachstum zu positionieren."

Dieser Kauf war ein weiteres Beispiel für Murdochs Erkenntnis, dass er über die schwerfällige Zeitungswelt hinaus expandieren musste, um ein wirklich globaler Marktteilnehmer zu werden. Der Inhalt ist König lautet das einigermaßen abgedroschene Sprichwort der Medienindustrie. Murdoch wusste, dass News Corp. den anderen Medienkonzernen des Kalibers von Disney und Warner Communications keine echte Konkurrenz machen konnte, solange er keine substanziellen Anteile an einem Hollywood-Studio hielt.

Lee Isgur jedoch, Analyst der Börsenfirma Paine Webber, die später von der Schweizer Bank UBS übernommen wurde, sagte nach der Bekanntgabe der Akquisition gegenüber der *New York Times*, Murdoch gefalle „die Vorstellung, eine Filmbibliothek und eine Produktionsfirma zu besitzen", und es sei „nicht schlecht, wenn Murdoch die Filmbibliothek und die Vertriebsrechte von 20th Century besitzt." Zudem glaubte er, Murdochs Motivation sei noch von anderen Dingen als Finanzen getrieben. „Er hat auch ein ziemlich ausgeprägtes Ego und will unbedingt dieses Geschäftsfeld erobern", fügt Isgur hinzu.[1]

Allerdings war diese Akquisition nur ein bescheidener Auftakt für das, was später folgen sollte. Murdoch würde sich nicht mit einem Anteil von lediglich 50 Prozent an einer Film-und Fernsehproduktionsgesellschaft zufriedengeben. Um seinen Kampf um Inhalte zu einem Erfolg zu machen, brauchte er außerdem mehr Kapazitäten zu deren Ausstrahlung. News Corp. war Eigentümer von Nine Networks in Australien, eines der größten TV-Sendernetze des Landes, und hatte 1983 das populäre Sky Network in England gekauft. News Corp. begann mit der Idee zu experimentieren, in Großbritannien und den USA ein voll entwickeltes Satelliten-TV-Netz zu starten. Allerdings verfügte Murdoch nach wie vor nicht über genügend Vertriebskanäle, um den Kauf der Fox-Filmstudios zu rechtfertigen. Das sollte sich allerdings bald ändern.

Weniger als zwei Monate nach der Bekanntgabe der 50-prozentigen Beteiligung an Fox schlug Murdoch erneut zu. Im Mai tat er sich mit Marvin Davis zusammen, um für 1,5 Milliarden Dollar sechs lokale US-Fernsehstationen von dem amerikanischen Medienunternehmen Metromedia zu kaufen. Um diese Transaktion realisieren zu können, musste Murdoch seine australische Staatsbürgerschaft aufgeben und US-Bürger werden, damit er die Auflagen der Federal Communications Commission erfüllen konnte, nach denen kein Ausländer eine US-Fernsehstation besitzen durfte.

Der Kauf der Metromedia-Stationen wurde von einigen als Schaffung des ersten globalen Medienimperiums gepriesen, da sie Murdoch die Eigentümerschaft an TV-Gesellschaften auf drei Kontinenten verschaffte. Diese Transaktion löste Spekulationen darüber aus, dass Murdoch zusammen mit dem hochrangigen Hollywood-Veteran Barry Diller, der 1984 zu Fox kam, um die Fernsehstudioprogramme zu leiten, die Kombination aus dem Fox-Filmstudio und den lokalen Fernsehstationen dazu nutzen könnte, neben den etablierten Sendernetzen ABC, CBS und NBC ein viertes Sendernetz zu gründen.

Das war eine verblüffend kühne Idee, und Murdoch und Diller sollten nur wenige Monate später bestätigen, das dies ihr Plan war. Zuvor fragten sich jedoch einige Medienkonkurrenten, ob Murdoch nicht zu viel für Metromedia bezahlt hatte. Im Rückblick sind diese Zweifel amüsant, wenn man bedenkt, was für eine Goldgrube FOX für News Corp. ist.

Über die nächsten Jahrzehnte bezahlte Murdoch auch weiterhin große Summen für weitere Medienunternehmen. Und trotz seiner zahlreichen Erfolge hörten die Skeptiker nicht auf, sich zu fragen, ob diese Transaktionen nicht übertreuert waren. Ein Rückblick auf die große Zahl an Medienexperten, die Murdoch für übergeschnappt hielten, weil er für Metromedia so viel Geld auf den Tisch gelegt hatte, ist also durchaus interessant.

„Das ist eine äußerst kostspielige Transaktion", sagte ein Topmanager der Medienindustrie, der es vorzog, anonym zu bleiben, im Mai 1985 gegenüber der *Washington Post*. „Es ist nicht leicht, diese Transaktion mit handfesten Zahlen zu rechtfertigen. Ihre Größenordnung lässt vermuten, dass hier ein gewaltiges Premium bezahlt wurde – implizit für das Potenzial als auch für den Cashflow. Das Potenzial besteht in erster Linie in der Chance, ein viertes Sendernetz zu gründen. Auf dem Papier ist das eine nette Idee, aber dafür müsste Murdoch erhebliche zusätzliche finanzielle Verpflichtungen eingehen, was eine noch viel höhere Kreditaufnahme erfordert. Aus strategischer Perspektive ist es eine nachvollziehbare Akquisition, aber was die Zahlen angeht ... egal, welche Zahlen Sie verwenden, das Ganze ergibt einfach keinen Sinn."[2]

Ein Topmanager aus dem Fernsehgeschäft, der ebenfalls anonym mit der *Washington Post* sprach, spottete offen über den Preis von 1,5 Milliarden Dollar, weil Murdoch damit lediglich eine Handvoll Fernsehstationen erworben hatte, während Capital Cities für 3,5 Milliarden Dollar das gesamte Sendernetz von ABC erhalten hatte.

„Murdoch hat zwei Drittel des Preises bezahlt, für den Capital Cities ein gesamtes bereits bestehendes Sendernetz gekauft hat", so der Topmanager. „Nach meiner Einschätzung haben die beiden wahrscheinlich einen schlechten Deal gemacht." Und er fügte hinzu: „Murdoch ist der Typ, der die *New York Post* bei einem jährlichen Verlust von 10 Millionen Dollar verlegt, nur weil er eine Zeitung in New York besitzen will."[3]

Es ist keine Überraschung, dass Murdoch von dieser Kritik völlig unbeeindruckt blieb und den Kaufpreis verteidigte, weil diese Transaktion ihm Fernsehstationen in drei der größten US-Märkte verschaffte: New York, Chicago und Los Angeles.

„Wenn man sich die Märkte ansieht, ist der Preis keineswegs übertrieben. Natürlich haben wir ein Premium bezahlt. Aber denken Sie daran, dass wir auf einen Schlag einige der größten Märkte der Welt bekommen haben", erklärte Murdoch in einem Interview mit der *Washington Post*.⁴

Das Risiko, das Murdoch mit Metromedia eingegangen war, sollte bald darauf noch steigen und noch mehr Fragen darüber aufwerfen, ob News Corp. mit dem Versuch, etwas zu tun, was niemand in Amerika für eine kluge Idee hielt, nicht einen abenteuerlichen Kampf führte, der die Zukunft des Konzerns arg belastete. Es hatte den Anschein, als versuche Murdoch sich am Tisch der Fernsehgrößen aufzuplustern und seine Portion an den Umsätzen aus der lukrativen Fernsehwerbung einzufordern, anstatt sich mit den Krümeln zu begnügen, die die etablierten Giganten übrig ließen.

Murdochs Partnerschaft mit Davis hielt nicht lange, nachdem sie sich auf den gemeinsamen Kauf von Metromedia verständigt hatten. Das bedeutete, dass News Corp. nun den gesamten Kaufpreis von 1,5 Milliarden Dollar allein schultern musste. Und nicht nur das: Murdoch erklärte sich bei Abschluss der Akquisition im September 1985 darüber hinaus bereit, Davis auszuzahlen und seinen Anteil von 50 Prozent an TCF für 325 Millionen Dollar zu übernehmen. Das Ende der Geschäftsbeziehung zu Davis war sicher keine Überraschung, da Murdoch einfach nicht der Typ Mensch ist, der mit der Position als Miteigentümer eines Joint Ventures zufrieden ist. Wenn er ein Unternehmen nicht ganz in seinen Besitz bringen kann, will er zumindest einen Mehrheitsanteil besitzen. Und nachdem Davis ausbezahlt war, konnte Murdoch nun ganz alleine von den Früchten profitieren, die Fox und Metromedia hervorbringen sollten. Allerdings bedeutete das auch, dass er eine wesentlich größere finanzielle Verpflichtung einging.

Mit dem Abschluss der Akquisition von TCF hatte Murdoch innerhalb von nur sechs Monaten 2,075 Milliarden Dollar ausgegeben, für die er Fox und ein halbes Dutzend lokale Fernsehstationen erhalten hatte. Da die Bekanntgabe der Gründung des TV-Networks

Fox zu diesem Zeitpunkt erst noch bevorstand, fragten sich konsternierte Analysten, was das Endziel all dieser Akquisitionen sein sollte. Viele bezweifelten, dass es gerechtfertigt war, mehr als 2 Milliarden Dollar auszugeben, nur damit Murdoch sich als echten globalen Medienbaron bezeichnen konnte. Oder existierte tatsächlich ein Plan, wie Murdoch von seinem neuen Einfluss in Hollywood profitieren würde? Die Industrie sollte noch einige Wochen auf die Antwort warten müssen.

Am 9. Oktober 1985 gab Murdoch offiziell Pläne bekannt, nach denen die Fernsehstationen von Metromedia als Fundament für den Start eines vierten Sendernetzes in den USA dienen sollten, und veränderte damit die TV- und Medienlandschaft der USA für immer. Die Fox Broadcasting Company, wie diese Neugründung heißen sollte, die in der Kurzform auch FOX genannt wurde, würde von Diller geführt wurden, den Murdoch zum Chairman und CEO von TCF ernannte, indem er ihm die Führung der Film- und Fernsehstudios und der sechs lokalen Fernsehstationen übertrug, die News Corp. von Metromedia erwarb.

Murdoch gab am Tag der Bekanntgabe wenig Kommentare dazu ab, aber seit dem Erwerb der ersten 50 Prozent an FOX, hatte er immer wieder Hinweise darüber fallen lassen, dass er irgendwann einen vierten Fernsehsender gründen wollte. In der Beschreibung seiner Gründe für den Kauf von Anteilen am Film- und Fernsehgeschäft im Rahmen eines Interviews, das er zu einem früheren Zeitpunkt desselben Jahres mit dem Magazin *Folio* geführt hatte, sagte er, es sei einfach der richtige Zeitpunkt, um auf den rasanten Wandel in der Medienindustrie zu reagieren. In anderen Worten: Anstatt viel Zeit darauf zu verwenden, die Figuren auf dem Medienschachbrett anzustarren und bis ins Detail die langfristigen Konsequenzen eines jeden möglichen Schachzugs zu analysieren, hatte Murdoch das Gefühl, dass schnelles, entschlossenes Handeln gefragt war.

„Viele Leute behaupten, sie hätten Zehnjahrespläne oder Fünfjahrespläne oder so etwas Ähnliches. Die erfolgreichsten Unternehmen sind allerdings eher opportunistisch, und Chancen ergreift man, wenn sie sich präsentieren", befand Murdoch in seinem Interview mit *Folio*.[5]

Nach diesem Motto sollte Murdoch auch weiterhin leben, während er in den folgenden Jahren und Jahrzehnten ständig neue Akquisitionen tätigte. Gelegentlich gereichte dieser impulsive Handlungsdrang News Corp. und seinen Aktionären zum Schaden, aber meistens profitierten sie und auch er selbst davon, wie die Akquisition des Fox-Filmstudios deutlich machte.

Dennoch war die Reaktion der Industrie auf die Ankündigung der Gründung der Fernsehstation Fox zu jenem Zeitpunkt verhalten – um es milde auszudrücken. Die *Chicago Sun-Times*, die im Oktober 1985 noch zu News Corp. gehörte, schrieb in einem Artikel über diesen Neustart, die Idee eines vierten Sendernetzes sei „in der Vergangenheit als eine derart abstrakte Vorstellung erschienen, dass Reporter diesen Begriff meistens in Anführungszeichen setzen, wenn sie ihn verwenden, so als wollten sie damit deutlich machen, dass ein Wettbewerber von ABC, NBC und CBS wahrscheinlich keine Ähnlichkeit mit dem Konzept eines Fernsehsenders haben würde, wie es von Zuschauern verstanden wird."[6]

In einem Artikel in der *Los Angeles Times* hieß es, dieser Schritt käme zu einem ungünstigen Zeitpunkt, da die großen TV-Sendernetze im vergangenen Jahrzehnt stetig Zuschauer verloren hätten.

„Vor zehn Jahren rivalisierten die drei großen Sender ABC, CBS und NBC um 91 Prozent der Fernsehzuschauer. Inzwischen sind es nur noch 77 Prozent, und die Zahl geht weiter zurück. Die Fernsehzuschauer wechseln zunehmend vom kommerziellen Fernsehen zu alternativen Video- und Entertainmentquellen – Videokassetten und Rekorder – oder Satellitenreceivern", so der Wortlaut des Artikels in der *Los Angeles Times*.[7] Weiter hieß es in dem Artikel, Murdochs Chancen auf einen „gewissen Erfolg" mit Fox und Metromedia im internationalen Markt seien jedoch ziemlich groß, da ihm der Kauf der beiden Stationen Zugriff auf mehrere sehr erfolgreiche TV-Serien verschaffe.

Mehrere Analysten drückten dagegen ihre unverhohlene Skepsis darüber aus, ob der neue Sender im Fernsehmarkt überhaupt Überlebenschancen haben, geschweige erfolgreich sein würde. „Es wird lange dauern, bis Fox Network ein Erfolg wird. Wahrscheinlich lässt sich das nicht in Jahren, sondern in Jahrzehnten messen", schätzte Tony Hoffman, unabhängiger Medienanalyst aus New York in einem Bericht der *Associated Press* im Oktober 1985.[8]

Diese Zweifel wurden zusätzlich von der Geheimniskrämerei um den neuen Sender genährt. Als Murdoch die Gründung von Fox Broadcast bekannt gab, hatten nur wenige Menschen eine Vorstellung über die programmatische Ausrichtung des neuen Sendernetzwerks. Die einzigen TV-Shows, die FOX zu dem Zeitpunkt in Produktion hatte, wurden alle auf anderen Sendern ausgestrahlt – das *M.A.S.H.*-Spinoff *Trapper John M.D.* lief auf CBS, so wie auch die kurzlebige Sitcom *Charlie & Co* als Antwort von CBS auf den NBC-Hit *Die Bill Cosby Show*, während die Sitcom *Mr. Belvedere* und die Action Show von Lee Majors *Ein Colt für alle Fälle* auf ABC ausgestrahlt wurde. Fox behauptete zwar, andere Shows seien in der Entwicklung, aber viele davon würden wahrscheinlich auch an andere Fernsehsender verkauft werden und nicht auf dem eigenen Sender laufen.

„Das wird hart. FOX verfügt derzeit über keinerlei Programminhalte vom Kaliber *Dallas* oder *Dynasty* (deutscher Serientitel: *Denver Clan* A.d.Ü.)", meinte Harold „Hal" Vogel, Analyst von Merrill Lynch, im Oktober 1985 mit Bezug auf die beiden überaus erfolgreichen Primetime-Seifenopern zur Mitte der 80er-Jahre, die von CBS beziehungsweise ABC ausgestrahlt wurden.[9] Vogel besitzt inzwischen sein eigenes Medieninvestmentunternehmen in New York.

Doch was viele in der Medienindustrie ganz offensichtlich nicht bedacht hatten, war, dass Murdoch keineswegs vorhatte, einfach ABC, CBS und NBC zu imitieren. Anstatt ein Nachahmersender zu sein, erwies sich Fox mit seinen Programmentscheidungen oft als innovativ, auch wenn viele der Shows – ähnlich den reißerischen Schlagzeilen und Artikeln in Murdochs Klatschpresse – die Empfindlichkeiten anspruchsvollerer Zuschauer verletzten.

„Momenten sind wir bei FOX intensiv dabei, ein originelles Programm zusammenzustellen. Das werden Shows ohne äußere Grenzen sein. Die einzigen Regeln, die wir für diese Shows aufstellen, lauten, dass sie nicht geschmacklos sein dürfen, dafür aber fesselnd, unterhaltsam und originell sein müssen", ließ Murdoch im Januar 1986 über FOX verlauten.[10] Wie bei seinen Zeitungen auch, verlangte Murdoch von einer weiteren Sparte des News-Corp.-Konzerns wieder einmal, sie solle im Namen der „Originalität" große Risiken eingehen. Er würde sich nicht damit zufriedengeben, ein neues TV-Sendernetz zu gründen, das einfach ABC, CBS und NBC kopierte. Wie er es so oft mit seinen Joint Ventures anstrebt, wollte er auch diesmal etwas schaffen, das seine Wettbewerber eines Tages kopieren würden.

Zum Zeitpunkt des offiziellen Sendestarts im Oktober 1986 hatte Murdoch Vereinbarungen mit zahlreichen anderen unabhängigen lokalen Fernsehstationen – sogenannten „Affiliates" (US-Sendernetze wie ABC, CBS und NBC verfügten über keine eigenen Ausstrahlungskapazitäten, sondern strahlen ihre Programminhalte über ‚Affiliates' aus – lokale Sender bzw. Partnerstationen, die zu festen Zeiten das von Sendernetz angelieferte Mantelprogramm senden und die übrige Sendezeit mit Eigenproduktionen oder syndizierten Programmen (Erst- oder Zweitverwertung) füllen. A.d.Ü.) in den USA unterzeichnet. Anstatt also nur über die sechs von News Corp. akquirierten Metromedia-Stationen ausstrahlen zu können, war FOX sofort auf 96 Stationen verfügbar und erreichte rund 80 Prozent aller US-Haushalte. Diese Reichweite war eher dazu angetan, FOX zu einem Herausforderer für ABC, CBS und NBC zu machen, anstatt zu einem „Netlet" („kleine Station"), wie einige Experten aus dem Fernsehgeschäft FOX herablassend genannt hatten.

Dennoch dauerte es mehrere Jahre (aber nicht Jahrzehnte), bis FOX sich als legitime Alternative zu den großen Drei des Fernsehgeschäfts positionieren konnte. Das erste nationale Programm des Senders, eine Talkshow mit der Komikerin Joan Rivers, war ein Flop. Zudem ging der Sender das kalkulierte Risiko ein, sein Programm zur Hauptsendezeit, das zunächst im April 1987 begann und nur Samstagsabends eigene Shows ausstrahlte, langsam aufzubauen. Diese Shows eroberten jedoch sehr schnell die Herzen der Zuschauer. Eine davon war *Eine schrecklich nette Familie*, eine anzügliche Sitcom, die aus der Figur Al Bundy eine so berühmte Figur machte wie Archie Bunker in den 80er-Jahren. Diese Show wurde bis 1997 ausgestrahlt und gilt bis heute als die Sendung, die Fox einen festen Platz in der Fernsehlandschaft verschaffte.

Die andere Show, ein selbst ernanntes Varieté-Programm mit der englischen Schauspielerin und Sängerin Tracey Ullman war kein so großer Hit und lief nur bis 1990. Eines der Segmente der Show jedoch, ein grobschlächtiger Zeichentrickfilm über eine dysfunktionale Familie mit dem Namen *Simpson*, entwickelte sich zu einem echten Phänomen der Popkultur. Die erste halbstündige Show der *Simpsons* strahlte Fox 1989 aus. Diese Serie läuft bis zum heutigen Tag und ist damit die am längsten ausgestrahlte Zeichentrickserie und Sitcom der Fernsehgeschichte. Auf Basis dieser Serie entstand auch ein Kinofilm, der für Fox zu einem Riesenerfolg wurde. *The Simpsons Movie* (deutscher Titel: *Die Simpsons – Der Film*) kam im Juli 2007 in die Kinos und spielte laut den Zahlen der unabhängigen Marktforschungsgesellschaft für die Filmindustrie, Box Office Mojo, mehr als 180 Millionen Dollar in den USA und weltweit mehr als 525 Millionen Dollar ein.

Dank der Aufmerksamkeit, für die die Serien *Eine schrecklich nette Familie* und *Die Simpsons* gesorgt hatten, lancierte Fox in den 90er-

Jahren eine Reihe weiterer TV-Hits, von denen sich viele an die Zuschauersegmente richteten, die für Werber am attraktivsten waren – darunter die Sketch-Komödie *In Living Color*, eine Serie, die den Beginn der Karriere von Jim Carrey und Jamie Foxx markierte, die Primetime-Seifenopern *Beverly Hills 90210*, *Melrose Place* und *Party of Five* sowie die Science-Fiction-Kultserie *Akte X*. Im Jahr 1993 strahlte FOX jeden Abend zur Hauptsendezeit eine eigene Serie aus. Dennoch war der Sender noch kein echter Schlager. Das sollte sich ändern, nachdem Fox einen lukrativen Vertrag über die Übertragungsrechte der National Football League (NFL) – der Königin des US-Profisports – gewann.

Murdoch kannte die Bedeutung des Sports für die Profitabilität eines Fernsehsenders aus erster Hand, nachdem er miterlebt hatte, welche Rolle der Profifußball für die Zuschauerzahlen von BSkyB und anderen Sendern in England und dem übrigen Europa spielte. Aus diesem Grund bot Fox 1987, kurz nach dem Start der Fernsehstation, für einen kleinen Anteil des NFL-Rechtepakets. FOX hatte darauf gehofft, Monday Night Football zu erhalten, das seit seinem Beginn im Jahr 1970 von ABC ausgestrahlt wurde. Aber die NFL scheute davor zurück, FOX die Übertragungsrechte zu verkaufen, weil der Sender damals noch in den Kinderschuhen steckte. 1993 war FOX zwar immer noch ein junger Sender, aber er stellte für die NFL kein großes Risiko mehr dar.

FOX bot fast 1,6 Milliarden Dollar für die Übertragungsrechte der Spiele der National Football Conference der NFL (NFC) über einen Zeitraum von vier Jahren – ein überaus üppiges Angebot, das die üblichen Klagen auslöste, Murdoch gebe wieder einmal zu viel für sein neues Steckenpferd aus. Trotz der Größenordnung dieses Angebots glaubten einige Medienbeobachter, die NFL würde es vorziehen, ihrem langjährigen Übertragungspartner CBS treu zu bleiben, der die Spiele der NFL seit Mitte der 50er-Jahre ausstrahlte. Doch CBS war offensichtlich nicht bereit, mit Murdochs Offerte mitzuhalten, und so überraschte die NFL die Sport- und Fernsehwelt mit der Entscheidung, das Angebot von FOX anzunehmen. Im Herbst 1994 begann FOX mit der Übertragung der NFL-Spiele und ist auch heute noch einer der größten Übertragungspartner der Liga, nachdem der Vertrag seit 1993 mehrmals verlängert wurde.

FOX warb zügig die meisten bekannten Sportmoderatoren von CBS ab, ein Signal für loyale Footballfans, dass der Sender nicht vorhatte, die Berichterstattung über ihren geliebten Sport großartig zu verändern. Was den Vertrag mit der NFL für Murdoch und News Corp. aber wirklich zu einem Riesencoup machte, war der Umstand, dass er Murdoch ermöglichte, die Vertriebsreichweite des Sendernetzes FOX auszudehnen. Nicht zuletzt aufgrund der Aussicht auf die zukünftige Football-Berichterstattung erwarb News Corp. einen Minderheitsanteil an New World Communications, Eigentümer lokaler Sendestationen, der zahlreiche mit CBS verbundene Stationen besaß. Um zu gewährleisten, dass diese Stationen nach wie vor Football ausstrahlen durften, wechselten viele der New-World-Stationen von CBS zu FOX.

Durch diesen Schachzug erreichte FOX zwei zentrale Ziele. Erstens war der Sender dadurch in der Lage, in mehrere neue Märkte einzutreten, und darüber hinaus – und das ist vielleicht noch wichtiger – verschaffte der Wechsel der Partnerstationen zu FOX dem neuen Sendernetz den Zugang zu Stationen auf dem erstrebenswerteren VHF-Band (Band I), also Kanälen, die sich auf den Sendeplätzen zwischen 2 und 13 befinden. Kanäle auf den vorderen Sendeplätzen sind aufgrund des leichteren Zugangs begehrter. Aufgrund der Vereinbarungen, die FOX zu Beginn seiner Ausstrahlung mit zahlreichen unabhängigen lokalen Partnerstationen getroffen hatte, musste er sein Programm in den ersten Jahren auf den weniger begehrten UHF-Kanälen ausstrahlen.

Durch den Vertrag mit der NFL wurde FOX als legitimes Sendernetz bestätigt und anerkannt und in die Lage versetzt, sich schließlich auch für die Übertragungsrechte anderer lukrativer Sportarten, zum

Beispiel der World Series der Baseball-Profiliga, der Football-Spiele im Rahmen der universitären Bowl-Serie, des Tourenwagenrennens NASCAR 500 und anderer wichtiger NASCAR-Veranstaltungen zu bewerben. Zudem bot die NFL FOX eine Plattform zur Bewerbung seiner TV-Serien, die FOX dazu nutze, Ende der 90er-Jahre weitere neue Hits, wie zum Beispiel *Ally McBeal* und *Die wilden Siebziger* zu landen. Anfang des 21. Jahrhunderts war der Sender dann schließlich etwas festgefahren. Da seine einstigen Hits in die Jahre kamen, änderte FOX seine Taktik und setzte schon sehr früh auf den Reality-Boom, der das Fernsehen heute beherrscht. Viele der Serien, die FOX ausstrahlte, waren jedoch jenseits von Gut und Böse. Sowohl die Titel der Serien als auch ihr Inhalt gaben Anlass zu jeder Menge Spott und Gelächter: *When Animals Attack, Who Wants to Marry a Multi-Millionaire* und *Temptation Island*, um nur einige zu nennen.

War das Unternehmen, das seine Wurzeln in dem legendären Filmstudio 20th Century Fox hatte, nach dem Ausklingen des 20. Jahrhunderts nun dazu verurteilt, langsam und schmerzvoll in kultureller Bedeutungslosigkeit zu versinken? Es erübrigt sich zu erwähnen, dass dem nicht so war. Im Jahr 2000 fügte News Corp. seinem Sendernetz durch die Akquisition von Chris-Craft Industries, Eigentümer von Fernsehstationen, sogar noch weitere Partnerstationen hinzu. Und zum großen Teil dank eines aus England importierten Gesangswettbewerbs mit dem Titel *American Idol*, den FOX zum ersten Mal im Jahr 2002 ausstrahlte, erlebte der Fernsehsender nicht nur eine Renaissance, sondern verzeichnete die höchsten Zuschauerzahlen in seiner Geschichte.

Neben der Sendung *Idol* und den hohen Einschaltquoten durch die fortgesetzte NFL-Sportberichterstattung, brachte FOX Mitte des Jahres 2000 auch mehrere neue Hits, einschließlich der überaus erfolgreichen medizinischen Serie *Dr. House* und dem Action-Thriller *24*. Im Februar 2004 gewann FOX zum ersten Mal die sogenannten „Sweep Months" (Mai, November, Februar), eine zentrale Periode, in der die Sendernetze versuchen, höchstmögliche Einschaltquoten zu erreichen, weil diese Monate von Sendern und Marketingexperten zur Bestimmung der Preise für Werbeminuten in der kommenden Saison verwendet werden. FOX gewann den Kampf um Einschaltquoten in der Altersgruppe von 18 bis 49 Jahren für die gesamte Saison 2004-2005 und auch in den beiden darauffolgenden Bewertungszeiträumen.

Auch die Saison 2007-2008 gehörte FOX. Tatsächlich war FOX Anfang März 2008 der einzige Fernsehsender, der in der TV-Saison 2007-2008 einen Anstieg der Zuschauerzahlen verzeichnen konnte. Das war eine erhebliche Leistung, angesichts der Tatsache, dass sich zahlreiche Fernsehzuschauer als Folge des Streiks der Gewerkschaft der TV- und Filmautoren Writers Guild of America, der von Ende 2007 bis Anfang 2008 dauerte, zur Hauptsendezeit massenweise von den Programmen der großen Sendernetze abwandten. Die Arbeitsniederlegung der TV- und Filmautoren führte nämlich dazu, dass die meisten Fernsehsender Ende November ihre erfolgreichen und beliebten TV-Shows vorübergehend einstellen mussten.

Das heißt natürlich nicht, dass FOX bei seinem Aufstieg an die Spitze der Einschaltquoten keine Fehler gemacht hätte. Während FOX sich seiner größten Erfolge erfreute, beschloss News Corp. gleichzeitig, einen weiteren nationalen Fernsehsender mit dem Namen MyNetworkTV zu starten, in der Hoffnung, den Erfolg von FOX zu wiederholen. Das abschließende Urteil, ob MyNetworkTV, das scheinbar aus einer Laune heraus als schnelle Antwort auf einen ähnlichen Schritt der Wettbewerber entstanden ist, für FOX und News Corp. jemals mehr sein wird, als ein ewiger Geldfresser, steht noch aus.

Im Februar 2006 verkündete News Corp. mutig den Start von MyNetworkTV, ein Kanal der zur Hauptsendezeit englischsprachige Telenovelas – Seifenopern nach lateinamerikanischem Modell, die sich weltweiter Beliebtheit erfreuen – senden würde. MyNetworkTV war jedoch kein Unternehmen, das in jahrelanger sorgfältiger Vorbereitung entstanden war, sondern ganz einfach ein Mittel, das

Murdoch Primetime-Inhalte für eine Handvoll seiner lokalen Fernsehstationen bot, die nicht mit Fox verbunden waren, und die sich kurz vor einem unsanften Erwachen befanden.

Mehrere Stationen im Besitz von News Corp. waren mit einem anderen Sendernetz namens UPN verbunden. Dieses Netz sollte aber von einem anderen, neuen Netz ersetzt werden. Und dieser Umstand hinterließ bei den ehemaligen, mit UPN verbundenen Sendern ein gewaltiges Programmvakuum.

Auf den Fersen des Erfolges von FOX Mitte der 90er-Jahre starteten CBS und Time Warner beide ihre eigenen, auf junge Fernsehzuschauer ausgerichteten Sender. CBS trat unter dem Namen UPN auf und Time Warner unter WB. Zwar hatten beide jeweils einige erfolgreiche Sendungen, aber sie hatten auch mit Problemen zu kämpfen und keiner der beiden Sender galt als ernst zu nehmende Nummer und Ergänzung der großen vier Fernsehstationen, zu welchen nun auch FOX zählte. In einem Schritt, der viele in der Fernsehindustrie erstaunte, beschlossen CBS und Time Warner, UPN und WB zu fusionieren und einen neuen Sender mit den Namen CW zu gründen, der mit einem gemischten Programm aus Inhalten von UPN und WB im September 2006 auf Sendung ging.

Das war ein Problem für Murdoch, da News Corp. zehn TV-Stationen gehörten, die mit UPN verbunden waren, und diese Stationen würden nicht zu dem neu gegründeten Sender CW gehören. „Die Natur und das Fernsehen tolerieren kein Vakuum, und diese Fusion, aus der CW hervorging, erzeugte ein solches Vakuum", kommentierte John Rash, Senior Vice President und Director of Broadcast Negotiations der Medienagentur Campbell Mithun mit Sitz in Minneapolis zum Zeitpunkt der Ankündigung von MyNetworkTV.[11]

Die Entscheidung, hastig Pläne für einen neuen Sender zu stricken, war in vielerlei Hinsicht typisch für Murdoch. Doch ohne einen konkreten Plan, wie Zuschauer gewonnen werden sollten, stand dem neuen Sender ein Kampf in schwierigem Gelände bevor, trotz des Vorteils – nach den Worten Rashs –, dass „die Leute dahinter [MyNetworkTV] in beinahe jedem TV-Genre bemerkenswert erfolgreich gewesen sind."

Zu FOX' Ehre muss erwähnt werden, dass es ihm gelang, viele andere Partnerstationen davon zu überzeugen, sich MyNetworkTV anzuschließen, da sie nach dem Start von CW im Regen stehen würden. Zum Zeitpunkt des Sendestarts von MyNetworkTV verfügte der neue Sender zudem über weitere Ausstrahlungsvereinbarungen, sodass der Sender insgesamt von 96 Prozent aller Haushalte empfangen werden konnte. Die Reichweite war also kein Problem.

Murdoch und FOX hatten sich jedoch schwer verrechnet, was das amerikanische Interesse an spätabendlichen Endlos-Seifenopern im Telenovela-Stil mit täglicher Fortsetzung betraf. Der Haken an MyNetworkTV und die Herausforderung an die Zuschauer bestand darin, dass jede Serie jeweils dreizehn Wochen dauerte, wobei die einzelnen Fortsetzungen an fünf aufeinanderfolgenden Abenden pro Woche ausgestrahlt wurden. Das verlangte den Zuschauern viel Zeit und Aufmerksamkeit ab. Die amerikanischen Zuschauer waren daran gewöhnt, an einem Abend pro Woche ihre Lieblingsserie anzusehen – eventuell zwei Mal pro Woche, wie zum Beispiel die Reality-Show *American Idol*. Was sich in Mexiko und Südamerika bestens bewährte, bescherte dem Sender in den USA jedoch keine hohen Einschaltquoten. Und es war keine große Hilfe, dass die ersten beiden Telenovelas, *Desire* und *Fashion House* zum größten Teil mit völlig unbekannten Schauspielern besetzt waren.

Auch der Name des Fernsehsenders entpuppte sich als Problem. Was sollte MyNetworkTV bedeuten? War das ein Versuch, sich an den Erfolg von MySpace anzuhängen? Einzelne Fernsehstationen bezeichneten sich selbst als My, gefolgt von ihrer Kanalzahl – zum Beispiel die zu News Corp. gehörende Station WWOR in New York, die auf Kanal 9 lief und in „My9" umbenannt wurde.

Die Telenovelas erzielten bei ihrer Erstausstrahlung nur äußerst schwache Einschaltquoten, und Anfang 2007 verkündete der neue Präsident des Senders, MyNetworkTV würde die Telenovelas auf zwei Abende pro Woche zurückfahren und mehr Reality- und Extremsport-Sendungen ausstrahlen. Das hatte allerdings auch keinen großen positiven Einfluss auf die Einschaltquoten. Im Herbst 2007 gab MyNetworkTV das Telenovela-Format ganz auf und verlegte sich auf Reality-Shows, deren Namen den Eindruck erweckten, als handele es sich um Projekte, die Fox Broadcast einige Jahre zuvor, als er sich auf dem Höhepunkt seines Reality-Booms befand, abgelehnt hatte – zum Beispiel *Celebrity Exposé* und *Whacked Out Videos*.

Im Rahmen der Telefonkonferenz zur Gewinnberichterstattung von News Corp. räumte Chernin ein, MyNetworkTV gebe durchaus Anlass zu Befürchtungen, er hoffe aber, das Blatt werde sich bald zum Guten wenden. „MyNetworkTV entwickelt sich nicht so, wie wir es geplant hatten", so Chernin. „Bei jedem Start eines neuen Fernsehsenders gibt es Stolpersteine, aber wir werden in den kommenden Monaten Programmveränderungen vornehmen, um die Kosten zu senken und die Einschaltquoten hoffentlich zu steigern. Wir haben ganz eindeutig Fehler gemacht, aber ich bin sicher, dass das Schlimmste hinter uns liegt. Wir haben bessere, kostengünstigere und werberfreundlichere Programme in der Entwicklung."

Doch ein Jahr nach dieser Ankündigung war MyNetworkTV immer noch eine Baustelle. Trotz des ausgeprägten Schwerpunkts auf Reality-Shows konnte MyNetworkTV nicht nennenswert von dem Autorenstreik Ende 2007 profitieren. Dennoch sagte der Finanzvorstand des Senders, Dave DaVoe, in der Telefonkonferenz zur Gewinnberichterstattung im Februar 2008, er fühle sich durch die Tatsache ermutigt, dass die Verluste des Senders zurückgegangen seien. Der Sender experimentierte weiterhin mit Programminhalten. Mit einer Serie mit dem Rapper Flavor Flav nach dem Motto Rapper-wird-zum-Reality-Star, verlegte sich der Sender im Frühling 2008 auf das Sitcom-Format und unterzeichnete einen Vertrag mit Beginn im

Herbst 2008 zur Ausstrahlung der WWE SmackDown! Show von World Wrestling Entertainment, die zuvor von CW gesendet wurde. Sollte MyNetworkTV am Ende doch noch den Sendebetrieb ganz einstellen, was nicht völlig ausgeschlossen ist, wäre das einer der ganz seltenen strategischen Missgriffe in Murdochs Karriere. Allerdings wäre es nicht der einzige. In der Tat betraf einer der weiteren strategischen Missgriffe von News Corp. das TV-Sendernetz Fox Broadcast. In einem Schritt, der sich im Nachhinein als Bumerang erwies, machte Murdoch Ende der 90er-Jahre unter dem Druck der Aktionäre, den Aktienkurs von News Corp. in die Höhe zu treiben, den großen Fehler, einen 20-prozentigen Anteil an Fox Broadcast in Form einer separat gehandelten Aktie unter der Bezeichnung Fox Entertainment Group, zu der neben Fox Broadcast unter anderem auch 20th Century Fox und die L.A. Dodgers gehörten, an die Börse zu bringen. Theoretisch sollte die Abtrennung der schwerfälligeren Geschäftsfelder von News Corp. – Zeitungen und der Buchverlag HarperCollins – den Sexappeal der wachstumsstarken Film- und Fernsehsparte besser zur Geltung bringen, so wie die jungen Kabelnetze, die Mitte der 90er-Jahre entstanden. Nach dem Spinoff lag der Aktienkurs der Film- und Fernsehsparte Fox Entertainment Group jedoch lange Zeit deutlich unter dem Kurs von News Corp. Entgegen der Vermutung vieler, die Ausgliederung der Film- und Fernsehsparte in ein eigenes börsennotiertes Unternehmen erleichtere das Verständnis und die Bewertung des Konzerns News Corp. war das jedoch nicht der Fall. Im Jahr 2005 hatte News Corp. genug von der separaten Börsennotierung und gab im Januar bekannt, es biete den Rückkauf aller Anteile an der Fox Entertainment Group an, die sich nicht im Konzernbesitz befanden. Das erste Angebot wurde von den Aktionären der Fox Entertainment Group jedoch als zu niedrig eingestuft, was News Corp. im März 2005 dazu zwang, die Zahl der Anteile an News Corp. zu erhöhen, die es im Austausch für die Fox-Anteile bot. Mit diesem verbesserten Angebot konnte News Corp. im selben Monat den Kauf aller ausstehenden Fox-Anteile abschließen. In seiner Jahresansprache an die Aktionäre im Oktober 2005 erklärte

Murdoch, mit dieser Entscheidung solle die Fox Entertainment Group wieder vollständig unter das Konzerndach zurückgeführt werden, weil das „unsere Konzernstruktur vereinfacht und uns uneingeschränkten Zugang zu den wachsenden Gewinnen aus dem Film- und Fernsehgeschäft von FOX verschafft."[12]

Die mangelnde positive Resonanz auf das Spinoff der Fox Entertainment Group hat Murdoch anscheinend nicht vergessen. Nachdem das Unternehmen seine Präsenz im Segment Online-Medien durch eine Reihe von Akquisitionen gestärkt hat, haben einige Analysten Murdoch in den letzten Jahren gefragt, ob er sich vorstellen könne, einen Teil von Fox Interactive Media, der Sparte von News Corp., der die einst rasant wachsende Social-Networking-Site MySpace (wächst nicht mehr rasant und beeinträchtigte 2008 stark den Aktienkurs von News Corp, A.d.R.) angehört, eines Tages in ein eigenständiges Unternehmen auszugliedern, um den Marktwert dieser Sparte zu steigern. Das Argument der Analysten, das verdächtig nach der Begründung klingt, mit der Jahre zuvor der Spinoff des Film- und Fernsehgeschäfts vorangetrieben wurde, lautet, MySpace und weitere Assets von Fox Interactive Media würden ein wesentlich höheres Multiple erzielen, wenn sie von den Fesseln der wachstumsschwachen Konzerngeschäftsfelder der Zeitungs- und Buchverlage befreit wären.

Zwar haben Börsenanalysten möglicherweise ein extrem kurzes Gedächtnis, Murdoch jedoch nicht. Er widersteht jedem Aufruf zur Ausgliederung von MySpace, und dies wegen des Fox-Fiaskos. Bei einer Rede auf der Goldman-Sachs-Medienkonferenz im September 2006 sprach sich Murdoch entschieden gegen die Idee eines Spinoffs der Sparte Fox Interactive Media oder irgendeiner anderen Sparte aus. „Das haben wir mit Fox Entertainment Group versucht, und es hat sich nicht bewährt", sagte er.[13]

Murdoch erinnert sich also ganz genau an seine Fehler. Allerdings erinnert er sich auch an seine Erfolge und hat keine Hemmungen, seine Rivalen immer wieder darauf hinzuweisen. Im Verlauf der Jahre hat sich Murdoch viele Male offen damit gebrüstet, dass News Corp. den Mut gehabt habe, das Schicksal herauszufordern, als es gegen alle Unkenrufe beschloss, Fox Broadcast zu gründen. Murdoch scheint eine große Befriedigung, um nicht zu sagen Begeisterung daraus zu ziehen, seine Kritiker darauf hinzuweisen, wie falsch sie mit ihren Prognosen lagen.

Bei seinem Auftritt vor dem Justizausschuss des US-Repräsentantenhauses im Jahr 2003 im Rahmen einer Anhörung über das Kaufangebot von News Corp. für einen Anteil am US-Satelliten-TV-Anbieter DirecTV, betonte Murdoch immer wieder, Fox sei nicht nur ein kommerzieller Erfolg für sein Unternehmen, sondern auch eine Bereicherung für die amerikanischen Fernsehzuschauer.

„Unser Unternehmen hat eine lange Geschichte, was die Herausforderung etablierter – und oft stagnierender – Medien durch neue Produkte und Services für Fernsehzuschauer auf der ganzen Welt betrifft. Unsere vielleicht erste und bekannteste Anstrengung zur Entwicklung neuer Angebote für die Verbraucher auf dem Gebiet der Fernsehübertragung war die Gründung des Fernsehsenders Fox im Jahr 1986. FOX hat den dringend benötigten Wettbewerb unter die etablierten „Big Three" der TV-Sendernetze gebracht, und das zu einem Zeitpunkt, an dem es allgemein hieß, das sei unmöglich", erklärte Murdoch.[14]

Zwei Jahre später wies Murdoch in seiner Rede vor der Amerikanischen Gesellschaft der Zeitungsverleger erneut auf seinen Erfolg hin und brüstete sich damit, wie FOX die Fernsehindustrie verändert hatte.

„Wir von News Corporation sind seit langem dafür bekannt, dass wir geltende Mediengesetze infrage stellen. Vor beinahe 20 Jahren haben wir ein viertes Sendernetz gegründet. Hinter dieser Entscheidung stand eine fundamentale Infragestellung der Struktur der Abendunterhaltung für die Fernsehzuschauer. Wir waren von keiner Struktur behindert, die Nachrichten um 18 Uhr, den Beginn der Hauptsendezeit um 20 Uhr und eine Spätausgabe der Nachrichten um 23 Uhr vorsah. Wir waren nicht von der Überzeugung behindert, dass sich die Unterhaltung an ein bestimmtes Publikum richten oder eine bestimmte Geisteshaltung widerspiegeln sollte. Stattdessen verkürzten wir den Primetime-Block auf zwei Stunden, verlegten die Nachrichten um eine Stunde und boten ein Programm für jüngere Zuschauer. Das Ergebnis war Fox Broadcast, das heute in der Zuschauerzielgruppe der 18- bis 49-Jährigen die Nummer eins der amerikanischen Fernsehsender ist", so Murdoch im April 2005.[15]

Die Wettbewerber und andere Branchenexperten haben Murdochs beinahe zwanghaftes Bedürfnis, seinen Kritikern immer wieder unter die Nase zu reiben, dass sie Unrecht haben, also möglicherweise unterschätzt. Und mehr als alles andere hat der Erfolg von FOX auch Licht auf eine Seite von Murdoch geworfen, der sich viele seiner Rivalen möglicherweise nicht bewusst waren, nämlich dass er kein Problem damit hat, jemand anderem die Führung anzuvertrauen.

Murdoch übertrug Barry Diller, der weithin als einer der kreativeren Köpfe der Branche im Programmgeschäft galt, die Aufgabe, einen Plan zu entwickeln, der Fox Broadcast zu etwas Einzigartigem machen sollte. Auf ähnliche Weise delegierte er Verantwortung auf Peter Chernin, den er später zum Präsident und CEO der Fox Entertainment Group ernannte. Chernin ist heute die Nummer zwei hinter Murdoch. Murdochs Bereitschaft, Dritten Verantwortung zu übertragen, zeigte sich auch bei Roger Ailes, den Murdoch 1996 für den Start von Fox News Channel von CNBC abwarb. Vergleichbar verfuhr er auch mit der Social-Networking-Site MySpace, als er den Mitgründer der Site, Chris deWolfe, an der Spitze beließ und ihm eine aktive Rolle bei der Formulierung der strategischen Entscheidungen einräumte.

Murdochs Bereitschaft loszulassen und auf Gebieten, auf denen er nicht genügend Autorität besitzt, Verantwortung an Dritte zu delegieren, wird nicht entsprechend gewürdigt. Diese Bereitschaft bedeutet natürlich nicht, dass er sich passiv verhält beziehungsweise sich nicht das letzte Wort bei Entscheidungen über FOX, die Kabelkanäle oder das Web vorbehält. Aber er scheint zu erkennen, dass der einzige Weg zum Aufbau eines erfolgreichen Geschäfts darin besteht, die Zügel zu lockern und auf ein kontrollsüchtiges Mikromanagement zu verzichten.

Heerscharen aktueller und vergangener Zeitungsredakteure, die unter seiner Ägide arbeiten oder gearbeitet haben, würden dieser Charakterisierung seiner Person wahrscheinlich nicht zustimmen, und damit lägen sie nicht einmal falsch. Aber es besteht ein deutlicher Unterschied zwischen Murdochs Umgang mit Managern im Zeitungsgeschäft und Managern von Geschäftsfeldern außerhalb seiner Komfortzone – also allen Geschäftsfeldern außerhalb der Zeitungsindustrie. Die Dämonisierung Murdochs in der breiten Presse geht mitunter ins Extrem, wobei ein Großteil der Negativpresse dem Neid auf sein Vermögen und seine Macht, der Ablehnung seiner politischen Ansichten, und oftmals einer Kombination aus beidem zuzuschreiben ist. Eindeutig ist jedoch, dass News Corp. niemals so erfolgreich sein würde und könnte, wenn Murdoch sein Imperium wie ein absolutistischer Herrscher führen würde. An einem gewissen Punkt lernte er, auf Berater zu hören, und erkannte, dass andere Menschen Stärken besaßen, an denen es ihm möglicherweise mangelte. Und das scheint mit Diller und Fox Broadcast begonnen zu haben.

Die Tatsache, dass Murdoch und Diller so lange nebeneinander und miteinander arbeiteten, ist ein Zeichen dafür, dass Murdoch andere hoch kompetente Topmanager in seiner Organisation toleriert, vorausgesetzt sie liefern die erwarteten Ergebnisse.

„Mit Leuten, die seine Standards nicht erfüllen, verfährt er ziemlich gnadenlos", sagt Dorfman von der Investmentfirma Richard Alan.

"Aber wenn er die richtigen Leute an den richtigen Positionen platziert hat, wechselt er nicht ohne Weiteres das Pferd. Ich meine, es ist nicht fair zu behaupten, man könne nur schwer mit ihm auskommen."[16]

Dennoch stellten viele Medienbeobachter offen die Frage, ob Murdoch nach dem Kauf des Filmstudios 20th Century Fox im Jahr 1985 an Diller festhalten würde. Aber Diller, der vor seinem Engagement bei Fox an der Spitze des Filmstudios Paramount Pictures stand, das Gulf & Western gehörte und weithin ein großes Renommee für die Überwachung der Entwicklung mehrerer großer Hits dieses Filmstudios in den 80er-Jahren genoss, darunter so erfolgreicher Filme wie *Indiana Jones – Der Jäger des Verlorenen Schatzes, Eine ganz normale Familie, 48 Stunden, Flashdance, Zeit der Zärtlichkeit* und *Beverly Hills Cop*. Diller verfügte ganz eindeutig über die profunde Kenntnis und Erfahrung im Hollywood-Geschäft, die Murdoch, der bis zu diesem Zeitpunkt in erster Linie als Verlagsmogul galt, fehlte.

Im Jahr 1992 verließ Diller Fox schließlich, um einen Anteil am Homeshopping Network QVC zu kaufen, eine Investition, die die Grundlage für Dillers eigenes Medienimperium – das expandierende Online-Konglomerat IAC – legen sollte. In einem Interview mit der britischen Zeitung Guardian im Jahr 2006 sagte Diller, die Arbeitsbeziehung zwischen ihm und Murdoch sei ausgezeichnet gewesen, trotz Murdochs Ruf als jemand, der sich ständig einmischt. Diller scherzte, er sei sich nicht sicher, wie lange er noch bei Fox hätte bleiben können, ohne irgendwann mit Murdoch zusammenzustoßen, aber dass es während seiner gesamten Tätigkeit bei Fox nur zwei Auseinandersetzungen gegeben hätte, über die er sich aber nicht näher ausließ.

"Er ist einer der risikofreudigsten Menschen, die ich jemals kennengelernt habe. Wenn ich geblieben wäre, wäre es irgendwann zum Streit gekommen, aber wir hatten fantastische acht Jahre", stellte Diller fest.[17]

Die Tatsache, dass Diller Murdochs Risikofreude als Kompliment und Zeichen seines Respekts erwähnt, ist keine Überraschung, wenn man bedenkt, dass er bei dem Aufbau seines Unternehmens IAC selber eine Menge Risiken einging, von denen die meisten allerdings nicht zu dem gleichen Erfolg führten wie bei Murdoch.

Und es entbehrt auch nicht einer gewissen Ironie, dass Diller beinahe die Kontrolle über IAC an den Medieninvestor John Malone verloren hätte (Malone versuchte Diller über den Klageweg aus dem IAC-Verwaltungsrat abzurufen, weil Diller vorhatte, IAC aufgrund dessen schwacher Ergebnisse in fünf separate börsennotierte Unternehmen aufzuspalten. Diller gewann diesen Prozess jedoch im Jahr 2008. A.d.Ü.), der Ende der 90er-Jahre nach einem heftigen Ringen mit Murdoch beinahe die Kontrolle über News Corp. erlangt hätte. Aber sein Kommentar ist eine perfekte Illustration von Murdochs Persönlichkeit. Auf Nummer sicher zu gehen scheint nicht Murdochs Sache zu sein. Und nachdem das TV-Sendernetz Fox Broadcasting Mitte der 90er-Jahre nicht mehr länger herablassend als „der vierte Sender" bezeichnet wurde, war die Zeit für Murdoch gekommen, das nächste große Risiko einzugehen. Er war kurz davor, sich in die noch viel stärker fragmentierte Welt des Kabelfernsehens vorzuwagen und in diesem Prozess zu versuchen, einer ungläubigen Industrie zu beweisen, dass das Fernsehen Platz für mehr als einen 24-Stunden-Nachrichtenkanal bot. ABC, CBS und NBC hatte er bereits gezeigt, dass mit ihm nicht zu spaßen ist. Nun war es Zeit, dasselbe mit CNN und seinem rätselhaften Eigentümer Ted Turner zu versuchen. Murdoch und Turner gerieten aufgrund politischer Differenzen oft aneinander. Einige halten jedoch dagegen, die beiden könnten sich einfach deswegen nicht riechen, weil sie sich zu ähnlich seien.

KAPITEL 3

Besessen von Kabel-TV

Im Jahr 1996 setzte Murdoch auf die folgende neue Herausforderung: die Medienwelt davon zu überzeugen, dass es neben CNN nicht nur Raum für, sondern auch Bedarf an einem zweiten 24-Stunden-Nachrichtensender gab. Die Wiederwahl von Bill Clinton zum US-Präsidenten im November desselben Jahres stand kurz bevor, und Murdoch nahm eine wachsende Unzufriedenheit unter den Konservativen wahr. Er fand, konservative Wähler seien mit einem Nachrichtensender, der stärker ihre Ansichten vertrat, besser bedient. Schließlich verzeichneten viele konservative Radioprogramme ziemlich hohe Einschaltquoten.

CNN galt als eher linksorientiert, eine Wahrnehmung, die durch den Umstand zementiert wurde, dass CNNs Gründer Ted Turner sich offen zu seiner liberalen Haltung bekannte. Murdoch würde seinen neuen Nachrichtensender unter dem Motto einer „gerechteren und ausgewogeneren" Nachrichtenpräsentation vermarkten, bei der die Moderatoren sich darauf beschränkten zu „berichten" und den Zuschauern die „Bewertung" überließen. 1996 warb Murdoch Roger Ailes von GEs NBC Universal ab, damit dieser ihn bei der Grüdung von Fox News Channel unterstütze. Bevor Ailes Topmanager im Fernsehgeschäft wurde, war er als politischer Berater der republikanischen US-Präsidenten Ronald Reagan und George H. W. Bush sowie als Berater des damaligen Bürgermeisters von New York, Rudolph Giuliani tätig.

Wieder einmal plante Murdoch, die gängigen Überzeugungen infrage zu stellen. Und wie Fox Broadcasting Network sollte sich auch Fox News zu einem Riesenerfolg für News Corp. entwickeln.

„Schon vor zehn Jahren hatten wir das Gefühl, dass sich die Zuschauer der Nachrichtensendungen von der monolithischen Präsentation der Nachrichten, die ihnen die Spätausgaben und Kabelsender boten, verprellt fühlten. Wir hatten den Eindruck, es gebe noch eine andere Form der Nachrichtenpräsentation, nämlich eine objektive, faire und temporeichere. Und das Ergebnis war Fox News Channel, das heute Amerikas Nummer eins unter den Kabelnachrichtensendern ist", sagte Murdoch in seiner Ansprache vor der American Society of Newspaper Editors im April 2005.[1]

Die Bedeutung von Fox News und anderen Kabelnetzen für News Corp. kann gar nicht genug betont werden. In den letzten Jahrzehnten haben immer mehr Fernsehzuschauer den großen Fernsehsendern den Rücken gekehrt, und von diesem Trend haben die Kabelsender eindeutig profitiert. Während die traditionellen Fernsehsender in den letzten Jahren ein eher schleppendes Wachstum der Werbeeinnahmen verbuchen, verzeichnen die Kabelsender ein ziemlich robustes Umsatzwachstum. In den ersten neun Monaten des Jahres 2007 stiegen die Werbeumsätze der Kabelkanäle laut den Zahlen der Marktforschungsgesellschaft TNS Media Intelligence um 4,7 Prozent gegenüber dem gleichen Zeitraum des Vorjahres, während die Werbeumsätze bei den traditionellen Fernsehsendern um 3 Prozent zurückgingen und die syndizierten Werbeverkäufe um 4,6 Prozent sanken. Für 2008 prognostizierte TNS einen Anstieg der Werbeumsätze der Kabelsender um 5 Prozent verglichen mit den mageren 2,7 Prozent der traditionellen Fernsehsender für syndizierte TV-Programme.

Das ist der Grund dafür, dass nicht nur News Corp., sondern praktisch alle großen Medienkonzerne in den USA ihre Präsenz im Kabelfernsehen kräftig ausgebaut haben. Neben CNN gehören Time Warner die erfolgreichen Kabelnetze TNT, Turner Broadcasting System und Cartoon Network. Viacom gehören MTV, Nickelodeon, BET, Spike und Comedy Central. Disney besitzt möglicherweise das Kronjuwel der Kabelnetze in ESPN und zudem den Disney Channel und ABC Family, das der Konzern 1996 News Corp. abkaufte, wo es unter dem Namen Fox Family lief. NBC Universal, die Mediensparte von General Electric, dessen Sender NBC in den letzten Jahren nicht mehr so rund läuft, besitzt USA, Bravo, SCI FI und CNBC und kaufte 2007 den Frauenkabelkanal Oxygen sowie im Jahr 2008 den Weather Channel dazu. Alle diese Kabelkanäle sind Gewinnbringer für NBC Universal.

Als Murdoch klar wurde, wie lukrativ der Kabelmarkt mit Fox News sein könnte, versuchte er unverzüglich, den Erfolg und den starken Markennamen Fox zu nutzen, und startete mehrere weitere Kanäle. News Corp. besitzt ein Netzwerk an regionalen Sportkanälen in Spitzenmärkten wie Atlanta, Dallas und Los Angeles mit der Bezeichnung Fox Sports Net. Das Unternehmen besitzt zudem FX, einen Kanal, der sich einen eigenen Namen mit zum Teil grenzwertigen Serien gemacht hat, die aber auch ganz zentrale Gewinnbringer gewesen sind, wie zum Beispiel *The Shield*, *Rescue Me*, *Nip/Tuck* und *Damages*.

Das Kabelfernsehen ist zwar nicht das größte Geschäftssegment von News Corp., aber vielleicht das wichtigste, da es das Potenzial hat, in absehbarer Zeit zum größten Umsatz- und Gewinnbringer für den gesamten Konzern zu werden. In den ersten neun Monaten des Fiskaljahres 2008 war das Kabelsegment bei weitem die am schnellsten wachsende Sparte der wichtigsten Geschäftsfelder des Konzerns. Die Umsätze aus dem Kabelfernsehen stiegen in den ersten drei Quartalen des Fiskaljahres um 29 Prozent. Der Betriebsgewinn stieg um fast 20 Prozent und liegt damit nur hinter der Fernsehsparte, die einen Zuwachs des Betriebsgewinns um 47 Prozent der Fernsehsparte verzeichnete, und dem Satellitenfernsehen, dass seine Gewinne verdreifachen konnte. Der operative Gewinn des Kabelsegments in Höhe von 26,5 Prozent ist der höchste aller Konzernsparten.

Was die Ergebnisse der Kabelsparte umso beeindruckender macht, ist der Umstand, dass sie zu einem Zeitpunkt erzielt wurden, als News Corp. im Herbst 2007 viel Geld in den Aufbau zwei neuer Kabelsender investierte. Wenn News Corp. nicht so umfangreiche Investitionen getätigt hätte, um Fox Business Network und Big Ten Network zu starten, wäre der Gewinn möglicherweise noch höher ausgefallen. Bei Big Ten Network handelt es sich um einen Sportkanal, der mit Colleges und Universitäten der Big Ten Conference – einer der ältesten US-Hochschulsportligen – verbunden ist, zu der einige der größten Ausbildungsstätten des Landes gehören (und Tausende von loyalen und wohlhabenden ehemaligen Studenten), zum Beispiel die University of Michigan, die Ohio State University und die Penn State University. Die Big Ten besitzt die Mehrheit an dem Kabelkanal und News Corp. einen Minderheitsanteil.

Allerdings ist Fox News der Kanal, der für den Löwenanteil des Wachstums der Kabelnetzsparte verantwortlich ist. Zwar detailliert News Corp. nicht den genauen Anteil an Umsatz und Gewinn, den dieser Kanal generiert, aber der Konzern gab an, der Umsatz von Fox News sei in den ersten drei Quartalen des Jahres 2008 um 24 Prozent gestiegen, verglichen mit 9 Prozent des konzerneigenen Unterhaltungskanals FX und den 9 Prozent seiner regionalen Sportsender. Dem Konzern zufolge gingen die guten Ergebnisse von Fox News auf die höheren Umsätze der Partnerstationen zurück, die den Kanal in ihr Kabelsystem integriert hatten. Das lag daran, dass Fox News mehr Abonnenten hatte, was bedeutete, dass die Partnerstationen höhere Gebühren für die gelieferten Programme an Fox News zahlen mussten.

Der Konzern ließ zudem verlauten, Fox News generiere aufgrund gestiegener Einschaltquoten auch höhere Werbeeinnahmen. News Corp. verkündete stolz, die Zuschauerzahlen von Fox News während der Hauptsendezeit lägen um 40 Prozent über den Zahlen, die CNN in den ersten drei Quartalen erzielt hätte, und auch die Einschaltquoten auf 24-Stunden-Basis überträfen die Quoten von CNN um mehr als 40 Prozent.

Nur wenige sagten 1996 voraus, dass Fox eines Tages CNN übertrumpfen würde. Selbst Murdoch äußerte sich zu diesem Thema verhaltener als es sonst seine Art ist. Während einer Pressekonferenz, die Ende Januar desselben Jahres stattfand, in der er die Ernennung von Roger Ailes und den Start von Fox News bekannt gab, gab Murdoch zu, dass ein Gleichziehen mit CNN und dem Nachrichtengeschäft der großen Sender kein Kinderspiel werden würde. Schließlich stützte sich Fox Broadcasting in der Nachrichtenbeschaffung für Fox News auf seine lokalen Partnerstationen, anstatt auf eine spezielle und substanzielle nationale Nachrichtensparte.

„Vor uns liegt eine Menge Arbeit", sagte Murdoch auf der Pressekonferenz, und fügte hinzu, er erwarte, dass ABC, CBS und NBC auch weiterhin mehr Geld in ihr Nachrichtengeschäft investieren werden als Fox.[2] Seiner Einschätzung zufolge würde News Corp. zunächst rund 50 Millionen Dollar pro Jahr in Fox News investieren, neben den rund 30 Millionen, die das Unternehmen bereits vor Sendestart investiert hatte. Zum Vergleich: Die Investitionen der großen Kabelnetze bewegten sich in der Größenordnung von mehreren hundert Millionen Dollar.

Murdoch schien von dem finanziellen Nachteil, in dem sich Fox News befand, jedoch nicht beeindruckt zu sein. Es ist eigenartig, dass ein Mann, der in dem Ruf stand, im Verlauf seiner gesamten Karriere stets zu viel für Akquisitionen und Programminhalte zu bezahlen, plötzlich befand, im Nachrichtengeschäft spiele Geld keine Rolle. „Dollars sind nicht dasselbe wie Qualität. Das ist nicht unser Modell", befand Murdoch.³

Aber er war realistisch genug, um zu erkennen, dass die Integration des Kanals in Kabelsysteme schwerer sein würde, als der Start von Fox Broadcasting Network. Unabhängige Eigentümer lokaler Fernsehstationen, die verzweifelt auf der Suche nach eigenen Programminhalten waren, mit denen sie gegen ABC, CBS und NBC konkurrieren konnten, im Jahr 1986 davon zu überzeugen, sich mit Fox zusammenzutun, war eine Sache. Betreiber großer Kabelsysteme davon zu überzeugen, Fox News aufzunehmen, wo sie bereits CNN und in einigen Fällen America's Talking hatten – ein neuer NBC-Kanal, der schließlich in MSNBC umbenannt wurde –, war ein ganz anderes Thema. Murdoch hielt sich also mit lautstarken Ankündigungen über die Zahl der Abonnenten, die Fox News bei Sendebeginn haben würde, entsprechend zurück und sagte auf einer Pressekonferenz lediglich, jede konkrete Zahl sei „reine Spekulation".

Wie üblich spielten viele Medienbeobachter die Erfolgschancen von Fox News zunächst herunter. Murdoch wäre überrascht gewesen, hätten sie anders reagiert. Ein Artikel in der *New York Times* über den Start von Fox News und die Anwerbung von Roger Ailes vertrat die Auffassung, die Gründung des neuen Nachrichtensenders diene dazu, „Mr. Ailes ein Spielzeug zu geben; dem derzeitigen Zustand von Fox News nach zu urteilen, wie er von einigen Insidern beschrieben wird, handelt es sich dabei allerdings möglicherweise weniger um ein Spielzeug, als um einen imaginären Freund."⁴ Weiterhin wurde in dem Artikel ein ehemaliger Topmanager von Fox mit den Worten: „Es gibt keine TV-Revolution" zu den Nachrichtenbemühungen von Fox zitiert, und ein Mitglied der Belegschaft sagte: „Bemerkenswert an Fox News ist, dass ständig Dinge angekündigt werden, die nicht passieren."⁵

Ein Artikel in der Zeitung *Atlanta Journal-Constitution* aus Turners und CNNs Heimatstadt Atlanta, zitierte eine „vertrauliche Studie",

die von einem führenden Kabelanbieter in Auftrag gegeben worden war, und in der „festgestellt wurde, dass die Abonnenten mit CNN zufrieden sind und wenig Interesse an neuen Kabelkanälen haben."[6]

Der Repräsentant einer Medienagentur vermutete, die Werbeausgaben von Unternehmen würden nicht ausreichen, um einen zweiten 24-Stunden-Nachrichtensender zu unterstützen, und meinte, mit der Veränderung von America's Talking in MSNBC gebe es sowieso schon zu viel Wettbewerb.

„Das ist ein faszinierendes Wettrennen; irgendjemand glaubt anscheinend, dass die Unternehmen unerschöpfliche Mittel für Werbung zur Verfügung haben, seien es Dollar, Pfund oder Lire, und unbedingt die Zielgruppe der Nachrichtenzuschauer erreichen wollen", sagte Betsy Frank, Executive Vice President und Direktor für strategische Medienressourcen von Zenith Media Services im Februar 1996 gegenüber dem Handelsmagazin Electronic Media. „Selbst wenn sie damit andere Zielgruppen als die Zuschauer von CNN erreichen, stellt sich die Frage, ob sie nicht versuchen, noch mehr Stücke aus demselben Kuchen zu schneiden, und somit jedes Stück kleiner machen. Da könnte so manche Enttäuschung entstehen."[7]

Andrew Heyward, Präsident von CBS News, sagte in demselben Artikel, gegenüber neuen Kabelkanälen im Nachrichtensektor sei eine „gesunde Skepsis" angebracht, und fügte hinzu, das rieche „leicht nach heißer Luft."[8]

Fox News nahm den Sendebetrieb offiziell im Oktober auf, mit einer Mischung aus Nachrichten und Meinungen, die den Sender auch heute noch kennzeichnet. Ein Großteil der Kritik war gelinde gesagt böse.

„CNN wurde 1980 inmitten von Befürchtungen einiger Kreise gegründet, Ted Turner, der damals noch ein konservativer Einzelkämpfer war, könne seinen neuartigen 24-Stunden-Nachrichtensender dazu nutzen, seine politischen Ansichten in die Welt zu posaunen. Von ähnlicher Aufgeregtheit war am Montag der Start des 24-Stunden-Nachrichtenkanals Fox News Channel (FNC) des politisch rechtsgerichteten Medienbarons Rupert Murdoch begleitet. Ein Unterschied: Turner tut es nicht, Murdoch schon", schrieb Howard Rosenbart in der *Los Angeles Times*.[9] Rosenberg ergänzte: „Der neue Kanal hat vielleicht nur einen seiner ganz seltenen unausgeglichenen Tage" – von dem Murdoch und Ailes „behaupten, die großen Medien hätten ihn jeden Tag zugunsten der Demokraten und liberal gesinnten Bürger." Rosenberg war der Auffassung, Murdoch und Ailes sorgten „in ihrer Wahrnehmung nur für einen ausgeglichenen Punktestand."[10]

Außerdem bezeichnete er den Slogan des neuen Kanals „Mehr Nachrichten in weniger Zeit" als „Euphemismus für Oberflächlichkeit", und schrieb, viele der „unfertigen, extrem jungen und relativ unerfahrenen Redakteure ... machen den Eindruck, als seien sie an der falschen Bushaltestelle ausgestiegen."[11]

Der Medienkritiker der *Washington Post*, Howard Kurtz, hatte Folgendes über den ersten Sendetag von Fox News zu sagen: „Die Tagesnachrichten sind keineswegs revolutionär. Die Nachrichtensprecher vom Typ Ken und Barbie machen einen glaubwürdigen Job als Schlagzeilenvorleser, aber dahinter steckt nicht mehr Tiefe, als Sie in den typischen Action News (Eine Bezeichnung für eine Nachrichtenpräsentation in Bildzeitungsstil: fette Schriften, eindrucksvolle Toneffekte, viele Boulevardthemen. A.d.Ü.) sehen."[12]

Manuel Mendoza von der Zeitung *Dallas Morning News* erklärte: „Anstatt Fakten zu präsentieren, verließ sich Fox an seinem ersten Sendetag oft auf Umfragen, Experten und Boulevardjournalismus nach englischer Manier und konterkarierte damit den angekündigten Ansatz einer ‚fairen und ausgewogenen' Nachrichtenberichterstattung, die der Chairman und CEO von Fox News, Roger Ailes, versprochen hatte. Fox hat berichtet und bewertet."

Und Medienreporter des *Wall Street Journal* schrieben, Fox habe „ein paar neue Tricks versucht, um sich von seinem Erzrivalen Cable News Network zu differenzieren, aber die waren zumeist kosmetischer Natur. Der Kanal etikettiert Live-Berichte als ‚jetzt', und einige Analysen der Präsidentschaftsdebatten wurden als ‚Meinungsmache' bezeichnet, um die parteipolitisch eingefärbten Meinungen der Analysten widerzuspiegeln."[13]

Auch die Kritik an den abendlichen Talkshows, die stark von den jeweiligen Moderatoren getrieben waren, war alles andere als schmeichelhaft. Die Zeitung von Portland, *Oregonian*, schrieb, der Moderator Bill O'Reilly sei „nassforsch, repektlos und oft einfach unausstehlich" und sein Interview mit dem „Drug Czar" (beschreibt die Person, die für die Drogenpolitik der USA verantwortlich ist. A.d.Ü.) des damaligen Präsidenten Bill Clinton, Barry McCaffrey, „eher eine Demonstration O'Reillys weitschweifiger und rechthaberischer Fragen als McCaffreys Antworten."[14] Und Kurtz schrieb über die Show *Hannity & Colmes*, „ihr kombinierter Lärmpegel macht die Gäste, die aufgrund dessen anfangen, gegen ihre Talkshow-Gastgeber anzuschreien, um sich Gehör zu verschaffen, praktisch mundtot."[15]

Mehrere Medienkritiker äußerten sich auch negativ über die visuellen Elemente des Kanals, über die Kurtz schrieb, „ständig laufen kurze Informationsfetzen und faktenähnliche Nachrichtenschnipsel über den Bildschirm ('Dole ist Mitglied der Shriners und der Elks'), während die Nachrichtenmoderatoren sprechen. Das kann EXTREM STÖREND sein, wenn man versucht, dem Moderator zuzuhören."[16]

Trotz der erbarmungslosen Kritik hatte Fox News Erfolg. Und nicht nur das; es scheint, als hätten genau die Dinge, die am meisten kritisiert wurden, Fox News zum Erfolg verholfen. Die „Informationsfetzen und Nachrichtenschnipsel", die Kurtz so lästig fand, wurden schließlich von allen anderen Kanälen kopiert, einschließlich CNN.

Ob es einem gefällt oder nicht, heute ist es unmöglich, einen Nachrichtenkanal einzuschalten, ohne dass am unteren Bildschirmrand unaufhörlich Lauftext erscheint, der mit den eigentlichen Bildern um Aufmerksamkeit konkurriert und nicht selten von ihnen ablenkt. Und die selbstherrlichen Talkshows zur Hauptsendezeit anstelle von Nachrichtensendungen bleiben nicht nur das Modell für Fox, sondern sind es inzwischen auch für CNN, seinen Schwesterkanal Headline News und MSNBC. In anderen Worten: Murdoch hat es mal wieder geschafft. Es ist ihm nicht nur gelungen, seine Rivalen zu verdrängen, darüber hinaus zwang er sie, sich an seine Methoden anzupassen, damit sie mit ihm mithalten konnten.

Und trotz der vielfältigen Zweifel der Medienveteranen, ob Fox News CNN, das über einen Vorsprung von 16 Sendejahren verfügte und als ungekrönter König der Kabelnachrichten galt, jemals verdrängen könne, schien Turner Fox News von Anfang an für eine ernst zu nehmende Gefahr zu halten. Turner griff Murdoch und seine konservativen politischen Ansichten häufig an; er schien die Gründung von Fox News als persönliche Beleidigung zu empfinden. Am bemerkenswertesten war Turners beißende Attacke auf Murdoch im Rahmen seiner Rede, die er im November 1996 vor den Vereinten Nationen – ausgerechnet – hielt, und in der er Murdoch vorwarf, er habe vor, die globale Nachrichtenlandschaft zu beherrschen.

„Man kann bereits einen neuen Konzern entstehen sehen, der von dem ‚SOB' (Abkürzung für ‚Son of a Bitch' = Hurensohn. A.d.Ü.) Rupert Murdoch geführt wird, der nie Gutes im Schilde führt. Sie wollen die Welt unter ihre Kontrolle bringen. Sie wollen die TV-Welt unter Kontrolle bringen. Wir müssen alles tun, um sie aufzuhalten", rief Turner. Er fuhr fort, Murdoch wolle „hier sitzen und das indische Fernsehen in Indien kontrollieren; er will das chinesische Fernsehen in China kontrollieren. Bullshit!" Auf die Frage, was seiner Meinung nach dagegen getan werden könne, erwiderte Turner, „Das ist ein Kampf zwischen Gut und Böse", bevor er mit den Worten abschloss: „Ich will nicht länger über diesen miesen Bastard sprechen."[17]

Denken Sie daran, dass diese Rede nur einen Monat nach der Gründung von Fox News gehalten wurde. Zu der Zeit war der Kabelsender bei weitem nicht der Zuschauermagnet, der er heute ist. Tatsächlich musste Fox News erheblich kämpfen, um Kabelsysteme überhaupt davon zu überzeugen, seinen Kanal aufzunehmen. Als Fox News am 7. Oktober 1996 auf Sendung ging, konnte der Kanal nur von rund 17 Millionen verkabelten Haushalten empfangen werden – Lichtjahre von den 66 Millionen Haushalten entfernt, die CNN zu jenem Zeitpunkt empfangen konnten. Fox News konnte weder in New York noch in Los Angeles, den beiden größten TV-Märkten der USA, abonniert werden. Time Warner, dem auch CNN gehört, war auch Eigentümer der meisten Kabelsysteme in New York.

Dieser Umstand verärgerte Murdoch über alle Maßen. News Corp. zog sogar vor Gericht, um Time Warner dazu zu zwingen, Fox News auszustrahlen. News Corp. behauptete, Time Warner habe sich ursprünglich bereit erklärt, den neuen Kabelsender in New York auszustrahlen, aber nach der Akquisition von Turner Broadcasting System im Sommer 1996 einen Rückzieher gemacht. Der damalige Bürgermeister von New York, Rudolph Giuliani, unterstützte News Corp. öffentlich und sagte, falls der Kabelkanal keinen Platz in Time Warners Kabelsystem erhalte, bestehe die Gefahr, dass Fox New York den Rücken kehre, was zu einem Verlust von Arbeitsplätzen führen würde.

In vielerlei Hinsicht war der Kampf zwischen Fox News und CNN also persönlich motiviert und mehr als nur ein Kampf zwischen zwei großen Unternehmen. Es war auch ein Kampf zwischen zwei maßlosen Egos. Turners Aversion gegen Murdoch wurde wahrscheinlich von Murdochs Hass auf Turner erwidert. Und Murdoch genoss es ganz besonders, Turner bei jeder sich bietenden Gelegenheit zu ärgern.

Im Oktober 1996, während der World Series, dem Finale der Baseball-Profiligen, als die Atlanta Braves, die Turner 1976 gekauft hatte und mit der Übernahme von Turner Broadcasting System ebenfalls in den Besitz von Time Warner übergingen, im Yankee-Stadion gegen die New York Yankees spielten, flog wiederholt ein Flugzeug mit folgendem Banner über das Stadion: „Hey Ted. Sei ein Held. Mecker nicht über Fox News Channel."[18]

Das Flugzeug hatte Fox gechartert und die Botschaft war wahrscheinlich die freundlichste aller Attacken zwischen Murdoch und Turner. Seit News Corp. seine Pläne zur Gründung von Fox News bekannt gegeben hatte, beharkten sich Murdoch und Turner gegenseitig. Turner nutzte seine messerscharfe Zunge, um insbesondere Murdoch persönlich anzugreifen, während Murdoch meistens über seine Fernsehsender zurückschoss. Nicht dass er völlig stumm blieb, wenn es um das Thema Ted Turner ging. In einer Rede, die Murdoch im Februar 1996 vor dem prestigeträchtigen National Press Club in Washington hielt, bezichtigte er Turner, „in den Jahren seines Niedergangs einen Ausverkauf an das Establishment und an ‚schwarznasige ausländische Diktatoren' betrieben zu haben."[19]

Doch eigentlich ließ Murdoch seinen Zorn auf Turner über Fox und die *New York Post* an die Öffentlichkeit gelangen. Fox, das die Spiele der World Series von 1996 übertrug, machte sich einen Spaß daraus, Turner ausschließlich in Momenten abzubilden, in denen er besonders albern aussah, zum Beispiel, als er die Kappe seines Teams Atlanta Braves verkehrt herum trug und die typische Armbewegung eines niedersausenden Tomahawks machte – auch „Tomahawk Chop" genannt, das Markenzeichen des Teams, das – ganz nebenbei – sehr viele indianischstämmige Bürger als beleidigend empfanden. Zu einem früheren Zeitpunkt desselben Jahres veröffentlichte die *New York Post* einen Artikel über Turners damalige Frau, die Schauspielerin und politische Aktivistin Jane Fonda, die in diesem Artikel als „ein weiterer dümmlicher Hollywood-Nackedei" bezeichnet wurde, begleitet von einem Foto, das im Rahmen ihres umstrittenen Hanoi-Besuchs im Jahr 1972 entstanden war und auf dem sie auf einer nordvietnamesischen Kanone saß.[20] Diese Story erschien kurz nachdem Fonda die Frage gestellt hatte, ob Rudy Giulianis Unterstützung für News Corp. etwas mit der Tatsache zu tun hatte, dass dessen damalige Frau, Donna Hanover Giuliani, als Reporterin bei der News Corp.-eigenen TV-Station WNYW in New York arbeitete.

Und die *Post* machte sich über Turners offen eingestandenen Kampf gegen Depressionen lustig, als sie 1996 in einem Artikel fragte, ob er „auch ohne Medikamente klar komme", und ob er „gefährlich nahe an der Geisteskrankheit" sei.[21] Turner griff dagegen im Verlauf des gesamten Jahres 1996 zu allen möglichen Schimpfworten, indem er Murdoch mehrmals als „Drecksack" „intrigantes Arschloch", „Schande für den Journalismus" und als „schleimig" bezeichnete. Turner ging sogar so weit, Murdoch mit Hitler zu vergleichen, weil er seine Nachrichtenkanäle als Sprachrohr für seine politischen Ansichten missbrauche, und sagte, er gleiche dem „toten Führer".[22] Diese Bemerkung ließ ihn im Kampf gegen Murdoch nicht gerade sympathisch erscheinen. Schließlich musste er sich dafür bei der Anti-Diskriminierungsorganisation Anti-Defamation League entschuldigen. In einem Brief an die Organisation schrieb Turner, mit seiner Charakterisierung der Person Murdochs habe er sich lediglich auf „die Art und Weise bezogen, wie Hitler die Nachrichten in Deutschland manipulierte", und er habe mit seiner Äußerung keinesfalls die Rolle eines Menschen bagatellisieren wollen, der so große Verbrechen am jüdischen Volk begangen habe."[23]

Die Konkurrenten der beiden Streithähne fanden die Schlammschlacht, die sie sich lieferten, milde ausgedrückt, amüsant. John Malone, der zu dieser Zeit Eigentümer von TCI, dem zweitgrößten

Kabelunternehmen der USA, war (das später erst an AT&T und dann an Comcast verkauft wurde), sagte im November 1996 gegenüber der Zeitung *Independent,* die Schlammschlacht zwischen Murdoch und Turner zu beobachten, sei ein größeres Vergnügen als ein Boxkampf mit Mike Tyson. Zu der Zeit, als er diese Äußerung tat, war Malone einer der Investoren in Time Warner – das war zweieinhalb Jahre, bevor Malone seinen ersten Anteil an News Corp. erwarb –, aber er hatte auch ein Interesse an Murdochs Erfolg, da TCI, anders als Time Warner, eine Vereinbarung zur Ausstrahlung von Fox News unterzeichnet hatte.

„Das ist eine großartige Komödie. Ted Turner hat sich seit Jahren nicht so jung und energiegeladen gefühlt. Er liebt einen guten Kampf. Ich würde um keinen der beiden auch nur eine Träne vergießen", sagte Malone.[24]

Und Turner ließ nicht locker. Er griff sogar Malones Analogie zum Boxkampf auf. In zwei unterschiedlichen Ansprachen, die er im Juni 1997 hielt, scherzte Turner über einen Boxkampf gegen Murdoch. Bei einer Veranstaltung der Hollywood Radio & Television Society stellte er den Gästen die folgende Frage über seine Fehde gegen Murdoch.

„Was würden Sie sagen, wenn er und ich in den Ring steigen und beim MGM Grand in Vegas einen Showkampf für karitative Zwecke austragen würden? Wir würden 4,95 Dollar Eintritt verlangen, und der Sieger würde entscheiden, an welche karitative Vereinigung die Einnahmen gespendet werden. Es hat seit langem keinen Boxkampf zwischen zwei 60-Jährigen gegeben. Üblicherweise hören Boxer mit 40 auf. Murdoch ist ein harter Knochen. Vielleicht würde er mich schlagen. Der Grund, warum ich bisher nicht gegen ihn gekämpft habe, ist, dass er sieben Jahre älter ist als ich, und ich mich davor fürchte, dass er mich schlägt", sagte Turner.[25] Bei einer nationalen Tagung der Sportredakteure, die im selben Monat stattfand, brachte er die Möglichkeit eines Boxkampfes erneut zur Sprache und witzelte, der Kampf könne den Titel „'Rocky' für alte Knacker" tragen, und verkündete, „Murdoch ist wahrscheinlich zu feige. Wenn er will, kann er einen Kopfschutz tragen; ich brauche den nicht."[26]

Schließlich kamen Murdoch und Turner zu einem Waffenstillstand, als Time Warner im Juli 1997 eine Vereinbarung unterzeichnete, Fox News auszustrahlen, und die beiden Unternehmen ihre juristischen Streitereien als Ergebnis ihrer andauernden Gefechte beilegten. Dennoch sollten die beiden Männer erbitterte Feinde bleiben. Im November 1999 ließ Murdoch in einem Interview von Fox News zum Beispiel verlauten, er habe gehört, dass Turner, der damals noch Vice Chairman von Time Warner war, Time Warner dazu dränge, GE ein Übernahmeangebot für NBC zu unterbreiten.[27] Murdoch zitierte nicht eine Quelle für diese Spekulation, und viele fragten sich offen, ob diese Vermutung nicht einzig und allein dazu dienen sollte, Time Warners Aktienkurs zu schwächen und Turner ein weiteres Mal einen Stachel ins Fleisch zu treiben.

Murdoch fand schließlich heraus, dass die beste Methode, um Turner (und andere im Nachrichtengeschäft) zu irritieren, darin bestand, einfach weiterhin das zu tun, was er die ganze Zeit schon mit Fox gemacht hatte: zu verbreiten, Fox sei der einzige „objektive" Nachrichtenkanal in einer Masse liberal gesinnter Nachrichtenorganisationen. Langsam aber sicher begann diese kontinuierliche Botschaft Wirkung zu zeigen. In dem Maße, wie Fox von einer wachsenden Zahl an Kabelsystemen ausgestrahlt wurde, übernahmen immer mehr Zuschauer die selbstherrliche Nachrichtenpräsentation von Fox. Außerdem investierte Murdoch intensiv in seinen Kabelkanal, um dessen Erfolg zu gewährleisten. Bei seiner Jahresansprache an die Aktionäre im Oktober 2007 sagte Murdoch, News Corp. habe seit Aufnahme des Sendebetriebs rund 900 Millionen Dollar in Fox News investiert.[28] Sowohl Ailes als auch Murdoch haben wiederholt eingeräumt, Fox News habe in seinen ersten fünf Jahren Verluste gemacht.

Dafür ist es dem Kabelsender gelungen, sein Ziel, CNN zu überholen, in nur vier Jahren zu erreichen – ein Jahr früher als geplant. In den folgenden Jahren konnte der Sender auf diesem Vorteil aufbauen. Sein Erfolg half News Corp. beim Start weiterer Kabelkanäle, wie zum Beispiel FX und der regionalen Sportkanäle, da die Kabelunternehmen sehr daran interessiert waren, mit Murdochs erfolgreichen Kanälen zusammenzuarbeiten. Auf diese Weise erreichte der Fox Business Channel, dessen Start eher verhalten war, bei Sendebeginn mehr als 30 Millionen Haushalte – die größte Reichweite, die ein neuer Kanal zu Sendebeginn je erreicht hat.

Tatsächlich war Murdoch so optimistisch, dass sich die Eigendynamik von Fox News und FX fortsetzen würde, dass er bereits 2004 öffentlich nach höheren Gebühren – sogenannten „Carriage Fees" – für die Kabelsysteme rief – zwei Jahre, bevor die meisten der Vereinbarungen über die Ausstrahlung von Fox News ausliefen.

„Wenn die Affiliate-Verträge im Jahr 2006 auslaufen, gehen wir davon aus, dass die Carriage Fees neu verhandelt werden müssen, damit sie den außergewöhnlich hohen Zuschauerzahlen von Fox News entsprechen. Auch für unseren allgemeinen Unterhaltungskanal FX stehen höhere Gebühren an, wenn die Erstverträge in den nächsten Jahren auslaufen", sagte Murdoch in seiner Jahresansprache an die Aktionäre im Oktober 2004.[29]

Und so wie Murdoch Diller uneingeschränkt vertrauen konnte, als News Corp. 1986 sein Fox Broadcast Network gründete, fand Murdoch auch in Ailes einen Veteranen, auf den er blind zählen konnte.

„Ailes unterscheidet sich von allen anderen Managern, die jemals für Murdoch gearbeitet haben", schrieb der Medienkolumnist Marvin Kitman von *Newsday* kurz nachdem Murdoch ihn im Februar 1996 angeworben hatte. „Als renommierter politischer Berater und Präsidentenmacher (Bush, Nixon), TV-Produzent (*The Rush Limbaugh Show*) und Talkshow-Präsentator (CNBCs *Straightforward*) braucht Roger diesen Job nicht. Dieses Mal hat Murdoch jemanden eingestellt, der es absolut mit ihm aufnehmen kann. Ailes kann jederzeit zum Telefonhörer greifen und den Präsidenten der Vereinigten Staaten an die Leitung bekommen, egal welcher Partei dieser angehört, und das wesentlich schneller, als Rupert."[30]

Und Murdoch hat Ailes für den Erfolg von Fox News, der Ende 2007 von 95 Millionen Haushalten empfangen werden konnte, reich entlohnt. Im Jahr 2005 ernannte Murdoch Ailes zum Chairman von Fox Televisions Stations und übertrug ihm die Kontrolle über die Sparte Twentieth Television, die Programme für Erstverwertungsrechte – sogenannte „First-Run Syndication" – produziert und Zweitverwertungsrechte – „Off-network Syndication" – vertreibt. Außerdem wurde Ailes bei Gründung von Fox Business zu dessen Chairman und CEO ernannt.

Laut Proxy Statement des Unternehmens zum Ende des Fiskaljahres 2007, das im Juni desselben Jahres endete, betrug Ailes Gesamtvergütung, einschließlich Gehalt, Boni und anderer Zusatzleistungen fast 11 Millionen Dollar.

Doch wegen Murdochs Loyalität gegenüber Ailes, steht Fox News, wie fast alle anderen von Murdochs Nachrichtenorganisationen, aufgrund der Berichterstattung, die als sehr rechtslastig wahrgenommen wird, weiterhin im Kreuzfeuer der Kritik. Es gibt Stimmen, die behaupten, Fox News sei tatsächlich das schlimmste Beispiel dafür, wie Murdoch seine Sender missbrauchte, um seine politischen oder finanziellen Ziele durchzusetzen.

Ailes und Murdoch haben diese Behauptungen wiederholt zurückgewiesen. In einer Sitzung mit den Mitgliedern des Select Committee on Communications of the House of Lords zur Überprüfung der Eigentümerstrukturen in der britischen Medienindustrie im September 2007 erklärte Ailes, es gebe keine irgendwie geartete politische Einflussnahme auf die Sender. Laut Sitzungsprotokoll „traf

Ailes die Feststellung, der Kanal habe keinerlei politische Agenda und man sei stets um eine ausgewogene Berichterstattung bemüht". Allerdings gestand Ailes ein, „an einigen Tagen stelle der Kanal eine Balance zu den übrigen Medien her" und fügte hinzu, nach seiner Überzeugung seien andere Nachrichtenquellen, wie zum Beispiel die *New York Times*, linkslastig.[31]

Ailes teilte den Mitgliedern des Ausschusses zudem mit, Fox News unterstützte nie eine bestimmte politische Partei beziehungsweise einen bestimmten Kandidaten und habe eine Reihe kritischer Berichte über die republikanische Partei beziehungsweise Präsident George W. Bush gesendet. Er teilte dem Ausschuss überdies mit, Fox News habe während des Präsidentschaftswahlkampfes im Jahr 2000 beschlossen, darüber zu berichten, dass Bush im Jahr 1984 alkoholisiert am Steuer erwischt wurde, weil der Kanal das für eine wichtige Information gehalten habe. Ailes sagte, die Leiter von Bushs Wahlkampagne hätten ihn sogar aufgefordert, diese Story zurückzuhalten. Ailes deutete an, aufgrund der „Unter- Alkoholeinfluss"-Story habe Bush in der Endphase des Wahlkampfes so viel Boden gegenüber Gore verloren, was zum engsten Kopf-an-Kopf-Rennen der amerikanischen Geschichte geführt habe. Ailes wiederholte, nach seiner Auffassung vertrete der Kabelkanal eine Sicht der politischen Mitte, und traf laut Sitzungsprotokoll die Feststellung, „wenn irgendein anderer Kanal von der linken Ecke umschwenken würde, hätte Fox eisigen Wettbewerb."[32]

In seiner eigenen Sitzung mit den Mitgliedern des Select Committee on Communications of the House of Lords im September 2007 vermied Murdoch jedoch jede Erwähnung über politische Einseitigkeit, als er die Gründe für den Erfolg von Fox News beschrieb. Laut Sitzungsprotokoll verlieh er seiner Frustration darüber Ausdruck, dass BSkyBs Sky News nicht ein wenig mehr Fox News ähnele, und dass Sky News nicht unbedingt eine ähnliche redaktionelle Ausrichtung wie Fox News brauche, um „eine vernünftige Alternative zu BBC" zu werden. Murdoch vertrat die Meinung, der

Sender könne die Art und Weise der visuellen Präsentation seiner Nachrichten verändern und einige der Techniken übernehmen, die sich bei Fox News bewährt hätten. Er schloss mit den Worten, der einzige Grund, warum Sky News nicht ein wenig mehr Fox News ähnele, sei, dass „bei Sky niemand auf mich hört."[33]

Das ist wahrscheinlich nicht ganz richtig. Ganz eindeutig haben sich Zeitungsredakteure und Manager der TV-Nachrichten sehr bemüht, auf Murdoch zu hören, oder zumindest so vorzugehen, wie es ihrer Meinung nach von ihnen erwartet wurde, um Beschwerden seitens ihrer Vorgesetzten oder Murdoch persönlich zu vermeiden. Und Murdochs verbissener Ehrgeiz wird nicht zulassen, dass Sky News weiterhin vor sich hindümpelt; an einem gewissen Punkt wird sich Murdoch Gehör verschaffen und dann wird ihm jemand bei Sky News zuhören.

Murdoch hat große Pläne für seine Kabelkanäle. In seiner Rede vor den Aktionären auf der Jahreshauptversammlung im Oktober 2007 traf er die kühne Prognose, innerhalb der nächsten Jahre werde Fox News einen Jahresgewinn von mindestens 900 Millionen Dollar erwirtschaften. Außerdem prognostizierte er für Fox News einen Marktwert von rund 10 Milliarden Dollar.[34]

Murdoch setzt darauf, dass Fox Business die Einschaltquoten und finanziellen Ergebnisse von Fox News wiederholt, wenn auch auf einer niedrigeren Ebene. In seiner Ansprache an die Aktionäre im Jahr 2007 gestand er allerdings ein, dass der Weg zum Erfolg ein langer sein wird. In vielerlei Hinsicht ist CNBC ein noch wesentlich etablierterer Marktführer, als es CNN zum Zeitpunkt des Starts von Fox News war. „FBN steht vor zahlreichen Herausforderungen und muss sich gegen einen fest etablierten Wettbewerber mit einem Vorsprung von 17 Jahren Sendebetrieb behaupten. Ich sehe FBNs Wachstum als Frage von Jahren, und nicht von Monaten", sagte Murdoch.[35]

Zudem sind Wirtschaftsnachrichten eine kleinere Nische des Nachrichtenmarkts als allgemeine Nachrichten und Politik, wenngleich Topmanager von Fox Business verkündeten, der neue Kabelkanal sei wesentlich stärker auf den durchschnittlichen Zuschauer ausgerichtet als CBNC und werde ein Forum für Unternehmensführer sein, die ihre Berichte und ihr Wissen an das breite Publikum weitergeben. Ein weiterer Kanal, der über Wirtschaft und Märkte berichtet, könnte derzeit allerdings als überflüssig erscheinen. Tatsächlich war die Wall Street zum Zeitpunkt des Starts von Fox Business ein großes Thema. Aufgrund der Subprime-Krise und des Konjunktureinbruchs gab es für CNN, Fox News und alle anderen großen Sender keine Zweifel mehr an dem Erfolg von Finanznachrichten.

Vor Beginn der Krise war der amerikanische Notenbankchef Ben Bernanke jemand, für den sich nur Day-Trader und knallharte Börsenprofis interessierten; inmitten der Immobilienkrise kommt Bernanke nun oft in den Aufmacherberichten auf CNN, Fox News und anderen Nachrichtenkanälen zu Wort.

Selbst mit Ailes, einem CNBC-Veteran, zur Unterstützung des Aufbaus von Fox Business, könnte es für Fox Business schwierig, wenn nicht sogar unmöglich sein, sich einen festen Platz zu erarbeiten. Nach dem ersten Sendetag des Kanals sagten einige Börsenprofis, sie sähen keinen Grund, warum sie dessen Nachrichten weiter verfolgen sollten, da sich diese keinen Deut von CNBC unterschieden. Tatsächlich fragten sich die meisten, die Fox Business an seinem ersten Sendetag eingeschaltet hatten, warum sie einen weiteren Nachrichtenkanal brauchten.

„Das Ganze wirkt wie die Business-Shows, die Samstagmorgens auf dem Fox News Channel ausgestrahlt werden. Da gibt's keinen großen Unterschied", stellte Barry Ritholtz fest, Director of Equity Research von Fusion IQ, einer Asset-Management-Gesellschaft mit Sitz in New York. „Ich war überrascht, als ich hörte, dass Fox unternehmerfreundlicher sein wollte als CNBC. Wie viel unternehmerfreundlicher kann man denn noch sein? Ich kann nicht erkennen, dass CNBC Topmanager schlecht behandelt. Der Sender bietet CEOs, die dem Publikum ihre Sicht der Dinge mitteilen wollen, eine ziemlich angenehme Atmosphäre."[36]

Fairerweise muss man erwähnen, dass der neue Kanal an seinen ersten Sendetagen neben Schwächen durchaus auch seine Höhepunkte hatte. Er begann mit einem Bericht über die Pläne des Industriekonzern Danaher, Tektronix, einen Hersteller von Test- und Messgeräten zu kaufen. Das war durchaus eine wichtige und erwähnenswerte Nachricht – die sich allerdings eindeutig mehr an Investmentprofis richtete, als an den durchschnittlichen Zuschauer, den Fox nach eigenen Angaben zur vorrangigen Zuschauerzielgruppe auserkoren hatte.

Im Verlauf des Morgens des ersten Sendetags bot der Kanal eine interessante Programmmischung, die von einem Interview mit dem Skateboarder Tony Hawk über sein neues Videospiel bis zu einem Service-Feature reichte, in dem die Zuschauer erfuhren, wie sie durch die Investition in asiatische Währungen von der Dollarschwäche profitieren konnten. Und dann gab es auch noch ein bizarres Interview mit dem berüchtigten, selbst ernannten „nackten Cowboy", der in Unterwäsche singend und Gitarre spielend über den Times Square in New York zog.

Und natürlich lief jede Menge Lauftext über den Bildschirm, an den sich die Zuschauer von Fox News und allen anderen Nachrichtensendern inzwischen längst gewöhnt haben. Ein Investmentprofi meinte jedoch, Fox Business laufe Gefahr, es zu übertreiben.

„Das Witzige an Fox ist, dass die Nachrichtenpräsentation und Sportberichterstattung dieses Kanals bisher mehr Flash, Grafik und Sound gewesen ist – eine wahre Reizüberflutung –, und ich habe mir oft Sorgen gemacht, dass das vom Inhalt ablenken könnte. Das müssen sie unbedingt im Auge behalten, wenn sie Wall-Street-Profis als Zuschauer gewinnen wollen", warnte Todd Campbell, Präsident von E.B. Capital Markets, einer unabhängigen Equity-Research-Gesellschaft für professionelle Investoren mit Sitz in Durham, New Hampshire.[37]

Murdoch war allerdings keineswegs bereit, sich von einigen schlechten Kritiken zu Beginn des Sendebetriebs ins Bockshorn jagen zu lassen. In einer Rede während der Bear-Stearns-Medienkonferenz im März 2008 wiederholte Murdoch, er sei mit dem Fortschritt, den der neue Nachrichtenkanal in den ersten Monaten gemacht hatte, sehr zufrieden, und dass man mit der wachsenden Zahl an Kabelsystemen, die Fox Business ausstrahlten, schließlich einen Teil des Zuschauerpublikums von CBNC gewinnen könne. Die Kernbotschaft seiner Ansprache lautete jedoch, dass er Ailes nach wie vor uneingeschränkt vertraute und keineswegs die Erfolge vergessen hatte, die Ailes bei anderen Kabelsendern von News Corp. erzielt hatte.

„Ich habe uneingeschränktes Vertrauen in Roger Ailes. Fox Business ist ein Kanal, der großartig herüber kommt, vor allem in HDTV (= High Definition Television. A.d.Ü.). Was wir jetzt tun müssen, ist unsere Übertragungsreichweite auszudehnen. Aber im Moment sind wir mit unseren Ergebnissen zufrieden", bekräftigte Murdoch.[38]

Er fügte hinzu, es werde wahrscheinlich zwei bis drei Jahre dauern, bis Fox Business profitabel sei. Und in klassischer Murdoch-Manier erinnerte er sein Publikum daran, dass Fox Business nicht das erste Unternehmen von News Corp. sei, das einen holprigen Start hingelegt und sich am Ende in eine Gewinnmaschine verwandelt habe. „Alle hielten uns für verrückt, als wir Fox News und Sky Italia gründeten", freute er sich.[39]

Ob es sich dabei um eine verrückte Idee handelte oder nicht, Fox Business ist nur ein Aspekt der breiteren Kabelpläne, die News

Corp. geschmiedet hat, und die sich stetig weiterentwickeln. Auch für die internationalen Konzernunternehmen hat Murdoch anspruchsvolle Ziele gesetzt.

„Die US-Kabelkanäle sind nur ein Teil des Netzes aus erfolgreichen Kanälen auf der ganzen Welt. Die Fox International Channels – ein Geschäftsfeld, das vor einigen Jahren noch gar nicht existierte – konnte seinen Gewinn letztes Jahr mit wachsender Ausdehnung auf ein großes globales Publikum um 80 Prozent steigern. Insgesamt, das heißt einschließlich unserer Sendebetriebe bei STAR und Sky Italia sowie an anderen Plätzen im Ausland, betreiben wir nun 270 Kanäle, strahlen in 31 Sprachen und in mehr als 75 Ländern aus. Und viele dieser Kanäle fangen gerade erst an, ihr Potenzial zu entwickeln. Wir haben für alle unsere Kanäle in den kommenden Jahren große Hoffnungen", erklärte Murdoch.[40]

News Corp. ignoriert nicht die übrige Welt. Der Konzern kann seine Unternehmenswurzeln bis nach Australien zurückverfolgen, wobei ein Großteil seines bisherigen Erfolgs auf riesige Gewinne zurückgeht, die Murdochs australische und später britische Publikationen erwirtschafteten. Wenn Murdoch nicht zunächst die Medienlandschaft in Australien und England umgekrempelt hätte, gäbe es in den USA weder Fox Broadcast noch Fox News oder Fox Business. Und ein näherer Blick auf die Art und Weise, wie es Murdoch in Großbritannien und Italien gelang, den Satellitenmarkt zu beherrschen, macht deutlich, was sich von dem Konzern in Zukunft noch erwarten lässt. Inzwischen hat Murdoch den Rest von Europa und die noch wesentlich lukrativeren Märkte in Indien, China und anderen Teilen Asiens im Visier.

KAPITEL 4

Der Himmel ist die Grenze

Möglicherweise ist News Corp. das einzige wahrhaft globale Medienunternehmen der Welt, und das könnte daran liegen, dass Murdochs australische Wurzeln und seine prägenden Jahre in England ihm eine breitere Weltsicht vermittelt haben, als viele seiner Führungskollegen in anderen Medienkonzernen inne haben.

Große amerikanische Mediengiganten wie Walt Disney, CBS, Viacom, Time Warner und GEs Mediensparte NBC Universal verfügen zwar über eine große weltweite Präsenz, aber ihre globalen Interessen können nicht mit denen von News Corp. mithalten. Und europäische und asiatische Medienkonzerne wie Bertelsmann, Vivendi und Sony verfügen nicht über dieselbe Präsenz in den USA, wie News Corp., das seine Konzernzentrale im Jahr 2004 offiziell von Australien in die USA verlegt hat.

Im Fiskaljahr 2007, das im Juni desselben Jahres endete, erwirtschaftete der Konzern fast 32 Prozent seiner Gesamtumsätze in Europa, und 15 Prozent in Australien und Asien. Murdoch spricht mit Stolz über die geografische Diversifikation seines Unternehmens, verglichen mit seinen Wettbewerbern. Und da viele Medieninvestoren Anfang 2008 eine mögliche Rezession befürchteten, war Murdoch eifrig darauf bedacht, der Börse zu versichern, dass sein Unternehmen selbst einen Konjunktureinbruch gut überstehen würde, da es seine Gewinne nicht allein in den USA erwirtschaftete.

„Wir sind besser als jedes andere Medienunternehmen positioniert, um jeden möglichen Sturm zu überstehen. Unsere Ergebnisse sind ein eindrucksvolles Anzeichen dafür, dass unser Geschäft stabil ist", sagte Murdoch im Februar 2008 während der Telefonkonferenz zur Gewinnberichterstattung über das zweite Quartal. „Unser Unternehmen ist strukturell sehr solide, da wir den Schwankungen des Werbemarktes weitaus weniger ausgesetzt sind, als andere Medienunternehmen. Weniger als ein Viertel unseres Umsatzes stammt aus dem US-Markt für TV-Werbung."

Auch die Konzernunternehmen außerhalb der USA sind in den letzten Jahren überaus erfolgreich gewesen. Während die Gesamtumsätze in den USA im Fiskaljahr 2007 um lediglich 8,9 Prozent anstiegen, erreichten sie in Australien und Asien 17 Prozent und in Europa 20 Prozent.

David Bank, Medienanalyst von RBC Capital Markets, sagte, die globale Ausrichtung von News Corp. sei einer der Hauptgründe dafür, dass die Aktie im Verlauf der Zeit besser abgeschnitten habe, als die Aktien der meisten seiner Konkurrenten. Seinen Worten zufolge besitzt Murdoch das Talent, die besten Chancen in den richtigen Märkten aufzuspüren.

„Der Konzern verzeichnet ein starkes internationales Wachstum. News Corp. besitzt Sky Italia und dieser Kanal ist einfach dominant; er ist ein massiver Wachstumsmotor für den Konzern", so Bank.[1]

Die Expansion ins Satellitenfernsehen war ein zentraler Teil von Murdochs Anstrengungen zur Diversifikation des Konzerns, und machte diesen weniger verwundbar für die Schwankungen im Werbemarkt. Im dritten Quartal des Fiskaljahres 2008 trug Sky Italia mit

11 Prozent zum Gesamtumsatz des Konzerns bei und hatte endlich auch begonnen, einen operativen Gewinn abzuwerfen. Und nicht nur das: In den ersten neun Monaten stiegen die Umsätze um fast 22 Prozent und machten diese Einheit damit zur Sparte mit dem zweitstärksten Umsatzwachstum, gleich nach der Sparte Kabelfernsehen. Währenddessen stiegen die Umsätze bei BSkyB, an dem News Corp. einen Anteil von 39 Prozent hält, in den ersten neun Monaten des Fiskaljahres 2008 um 10 Prozent.

News Corp. ist ein Minderheitseigner an BSkyB, daher werden dessen Ergebnisse, die News Corp. als sogenanntes „Equity Affiliate" bezeichnet, separat aufgeführt.

Allerdings war es ein langer, schmerzhafter Prozess, bis BSkyB und Sky Italia zu den Wachstumsmotoren wurden, die sie heute sind. Und wie später noch ausführlicher erklärt wird, war die Entscheidung, BSkyBs Vorgänger, Sky Television, im Jahr 1988 zu starten, kombiniert mit Murdochs Leidenschaft für kostspielige Einkaufstouren im US-Zeitschriftenmarkt, beinahe das Todesurteil für den Konzern. Ganz nebenbei machten Murdochs Satellitenambitionen ihn zu einer noch beliebteren Zielscheibe für all jene Kritiker, die ihm vorwarfen, er missbrauche den großen Einfluss von News Corp., um sich auf unfaire Weise eine Vorzugsbehandlung durch Regierungen und Regulatoren zu verschaffen.

Erstmals verkündete Murdoch seine Pläne für Sky Broadcasting im Jahr 1988; der offizielle Start fand ein Jahr später statt. Der Satellitenkanal brachte es innerhalb eines Jahres auf eine Million Zuschauer, aber die exorbitanten Investitionen, die zum Start und Betrieb eines TV-Satellitenkanal nötig waren, machten dem Konzern um ein Haar den Garaus. Als Ergebnis war Murdoch gezwungen, seine Hoffnungen auf einen Alleingang im Satellitengeschäft fahren zu lassen, und im Jahr 1990 fusionierte Sky Television mit British Satellite Broadcasting zu British Sky Broadcasting oder BSkyB.

1994 brachte News Corp. einen Teil von BSkyB an die Börse, reduzierte seine eigene Beteiligung an dem Unternehmen auf rund 40 Prozent und stockte dadurch die Konzernkasse um rund 1,3 Milliarden Dollar auf. Wieder einmal bewies Murdoch den Investoren, dass er ein magisches Händchen für Medien besaß und sich seine Neigung, große Risiken einzugehen, trotz des Beinahebankrotts seines Konzerns wenige Jahre zuvor, bezahlt machte.

In den folgenden Jahren musste Murdoch jedoch so einige Expansionshindernisse überwinden. Darüber hinaus war sein Vorgehen wieder einmal ein gefundenes Fressen für diejenigen, die ihm vorwarfen, er missbrauche seine Rolle als einer der größten Mediengiganten der Welt, um seine Interessen auf unfaire Weise durchzusetzen.

Im Vorlauf der Akquisition von Sky Italia bekundete Murdoch 1998 erstmalig sein Interesse am Kauf des italienischen TV-Kanals Mediaset. In einem Schritt, der in England sowie im gesamten übrigen Europa große Kontroversen auslöste, brachte Murdoch den damaligen englischen Premierminister Tony Blair dazu, den damaligen italienischen Premierminister Romano Prodi anzurufen, um Prodis Reaktion auf eine mögliche Übernahmeofferte von News Corp. für den Kanal Mediaset zu testen. Mediaset gehörte zum Medienimperium des ehemaligen und zukünftigen beziehungsweise aktuellen italienischen Premierministers Silvio Berlusconi (Berlusconi wurde 2001 und 2008 wiedergewählt). (Es entbehrt nicht einer gewissen Ironie, dass Murdoch Berlusconi später seine Jacht Morning Glory verkaufte.)

Zunächst dementierte die britische Regierung den Vorwurf, Blair habe auf Veranlassung und im Namen von Murdoch gehandelt, aber schließlich gestand Murdoch ein, er habe Blair tatsächlich gebeten, bei Prodi vorstellig zu werden. Dabei ließ er nicht die geringsten Schuldgefühle erkennen. „Das war eine völlig unschuldige Bitte um Information, die ich von jedem britischen Unternehmen erwartet hätte, das bei europaweiten Investitionen die Unterstützung seiner Regierung benötigt", sagte Murdoch gegenüber der *Times*, die – nicht zu vergessen – zum Konzern News Corp. gehört.[2]

Das brachte Blair ziemlich in Verlegenheit und mag eine Rolle bei der Entscheidung gespielt haben, die die britische Regierung ein Jahr später traf und mit der sie verhinderte, dass Murdoch einen weiteren seiner langgehegten Träume verwirklichen konnte, nämlich die Kontrolle über den Fußballverein Manchester United zu übernehmen.

Im September 1998 verkündete BSkyB, es biete 1 Milliarde Dollar für Manchester United, oder ManU, wie der Verein von seinen leidenschaftlichen Fans genannt wird. Dieses Angebot war das höchste, das jemals für eine Profimannschaft abgegeben worden war und sandte Schockwellen sowohl durch die Medien- als auch die Sportwelt. Die Fans waren außer sich über die Vorstellung, Murdoch könne ihren Verein übernehmen. Viele befürchteten, er würde die Übertragung der Spiele von kostenfreien TV-Kanälen auf Bezahlkanäle verlegen. Höchstwahrscheinlich war das tatsächlich die Hauptmotivation für das Übernahmeangebot.

ManU ist einer der populärsten Sportvereine der Welt, dessen Anerkennung und Reichweite unter den weltweiten Fans selbst die legendären New York Yankees übertrifft. Murdoch wollte den Verein jedoch nicht unbedingt zur Befriedigung seines Egos, wenngleich das auch eine gewisse Rolle gespielt haben mag. Vielmehr würde der Besitz dieses Vereins BSkyB bei Auslaufen der bestehenden Verträge im Jahr 2001 erheblichen Einfluss bei der Neuverhandlung der exklusiven Fernsehübertragungsrechte mit der Ersten Liga geben, der ManU angehörte.

Die britische Regierung hatte jedoch keineswegs vor zuzulassen, dass Murdoch die Kontrolle über den bekanntesten Sportverein Großbritanniens gewann. Blair und andere politische Führungspersönlichkeiten mochten in der Vergangenheit zugelassen haben, dass Murdoch ihnen etwas einflüsterte. Aber hier standen sie vor dem Risiko, unzählige potenzielle Wähler zu verärgern, falls sie den Verkauf der Mannschaft an Murdoch zustimmen würden. Die Regierung konnte es sich nicht leisten, diese Offerte durchzuwinken. Im April 1999 lehnte der britische Industrie- und Transportminister die Akquisition formal ab.

BSkyB drückte sein Bedauern über diese Entscheidung aus, aber dem Kanal blieb nichts anderes übrig, als seine Niederlage einzugestehen (etwas, an das sich Murdoch nie gewöhnen konnte) und zum Tagesgeschäft überzugehen. „BSkyB ist darüber enttäuscht, dass die Akquisition nicht wie geplant vonstatten gehen kann. BSkyB ist weiterhin davon überzeugt, dass es durch sein Übernahmeangebot weder Anlass zu Wettbewerbsbefürchtungen noch zu Befürchtungen über das breite öffentliche Interesse geboten hat, und dass die Akquisition, wäre sie vollzogen worden, gut für die Fans, für den Fußball und für Manchester United gewesen wäre", so der Kommentar des Unternehmens.[3]

Zur gleichen Zeit, da Murdoch einige Schwierigkeiten mit BSkyB hatte, versuchte News Corp. auch, sich in einem anderen fußballvernarrten Land eine führende Position im Satelliten-TV zu verschaffen: Italien. News Corp. hatte einen Anteil am Satelliten-TV-Anbieter mit dem Namen Stream erworben, der 1993 auf Sendung ging und Miteigentümer an Telecom Italia war. Die brutale Konkurrenz im italienischen Markt durch Telepiu, das zu Vivendi Universal und der Tochtergesellschaft von Canal+ gehörte, brachte beiden Satellitendiensten jedoch große Verluste bei.

Vor diesem Hintergrund schmiedeten News Corp. und Telecom Italia den Plan, Vivendi Telepiu abzukaufen. Am 1. Oktober 2002 verkündeten die drei Unternehmen, News Corp. und Telecom Italia würden rund 900 Millionen Dollar für Telepiu bezahlen und es in

Sky Italia umbenennen. News Corp. würde 80,1 Prozent halten und Telecom Italia die verbleibenden 19,9 Prozent.

Auf der Jahreshauptversammlung in Adelaide beschrieb Murdoch nur acht Tage nach der Besiegelung der Akquisition des Kanals Telepiu und seiner Umbenennung in Sky Italia, warum er so daran interessiert war, Marktführer in Italien zu werden. Murdochs Äußerungen waren ein weiteres Beispiel für seine Überzeugung, dass entschlossenes, wagemutiges Vorgehen der Schlüssel zur Wahrung des Konzernwachstums ist.

„Dies ist eine seltene Chance zur Bildung einer einzigen Pay-TV-Plattform in einem der wohlhabendsten und TV-versessensten Länder zu einem extrem attraktiven Preis gewesen", erläuterte Murdoch. „Wir sehen für diese Plattform ein enormes Wachstumspotenzial. Es gibt kein Kabelfernsehen in Italien, und die Free-TV-Sender sind bestenfalls mittelmäßig. Indem wir die reichhaltigste Programmsammlung anbieten, die jemals auf einer einzigen Plattform entwickelt wurde, und gleichzeitig das grassierende Piraterieproblem eliminieren, mit dem die Kanalbetreiber in der Vergangenheit zu kämpfen hatten, sind wir davon überzeugt, dass wir die Fähigkeit besitzen, diesen Service in ein zweites BSkyB zu verwandeln und bereits zum Ende des nächsten Kalenderjahres eine Rendite aus unseren Investitionen zu erwirtschaften", so Murdoch.[4]

Die Akquisition wurde im April 2003 abgeschlossen. Und in Murdochs Jahresansprache an seine Aktionäre im Rahmen der Jahreshauptversammlung im Oktober desselben Jahres verkündete er mit Stolz, Sky Italia werde „eines Tages einer der strahlendsten Juwelen von News Corp." werden. Darüber hinaus prognostizierte er, Sky Italia würde innerhalb von eineinhalb Jahren die Profitabilitätsschwelle erreichen und danach „ein steiles Wachstum erleben."[5]

„Wir alle sind, gelinde gesagt, sehr begeistert von Sky Italias Aussichten. Ich sehe das Potenzial dieses Kanals auf gleicher Augenhöhe mit den Weltklasseergebnissen unseres 35-prozentigen Anteils an BSkyB", schloss Murdoch.[6]

Im September 2004 zementierte News Corp. seine Marktstellung weiter, indem es sich bereit erklärte, den Anteil von 19,9 Prozent an Sky Italia, das sich im Besitz von Telecom Italia befand, zu erwerben. Die Akquisition machte sich für Murdoch schnell bezahlt – ganz so, wie er es erwartet hatte. Im vierten Quartal des Fiskaljahres 2005, das im Juni desselben Jahres endete, gab Sky Italia seinen ersten operativen Gewinn bekannt. Ein Jahr später betrug der Betriebsgewinn des Gesamtjahres 39 Millionen Dollar.

Murdoch, der sich in Großbritannien und Italien, die im Fiskaljahr 2007 zusammen 77 Prozent der Gesamtumsätze von News Corp. in ganz Europa ausmachten, eine führende Marktstellung erarbeitete, richtete seinen Blick nun auf andere Länder des Kontinents. Im Januar 2008 sicherte sich News Corp. einen Teil am deutschen TV-Markt, indem es für 423 Millionen Dollar einen Anteil von 14,6 Prozent an Premiere AG, dem größten Kabel-TV-Betreiber Deutschlands und Österreichs erwarb. In den folgenden vier Monaten stockte News Corp. seine Beteiligung an Premiere drei Mal auf. Im Mai 2008 hielt News Corp. 25,1 Prozent an Premiere.

„Pay-TV ist für News Corp. ein Kerngeschäft; dabei handelt es sich um eine Kategorie, die in ganz Europa rasant wächst und eine Vielzahl von neuen Diensten und Innovationen hervorbringt. Wir sehen für Deutschland ein enormes Wachstumspotenzial und glauben, dass die Zeit reif ist, um in Premiere – den wichtigsten Kabel-TV-Anbieter – zu investieren", äußerte sich Murdoch bei einer Gelegenheit.[7]

Das war nicht das erste Mal, dass Murdoch in Premiere investierte. Ende der 90er-Jahre, genauer gesagt im Jahr 1999, hatte News Corp. bereits einen Anteil an Premieres damaligem Mutterkonzern KirchMedia erworben, musste 2002 aber einen Investitionsverlust von fast

1 Milliarde Euro hinnehmen – ein Verlust, den Murdoch damals als „blaues Auge" bezeichnete. Die Entscheidung, sechs Jahre später erneut in Premiere zu investieren, galt weithin als Präventivschlag gegen Vivendi, dem ebenfalls Absichten nachgesagt wurden, einen Teil von Premiere oder sogar den gesamten Pay-TV-Kanal kaufen zu wollen.

Murdoch hatte bereits zuvor in Deutschland einen Versuch unternommen im Mediengeschäft mitzumischen, und zwar 1994 über ein Joint Venture mit dem Mediengiganten und Buchverlag Bertelsmann. Damals kaufte News Corp. von Bertelsmann einen Anteil an dem deutschen TV-Sender VOX, verkaufte ihn aber 1999 nach mehreren verlustreichen Jahren wieder zurück.

In Finanzkreisen sind es jedoch Murdochs Flirtversuche in Asien, vor allem in China, die das größte Interesse – und die größte Kontroverse ausgelöst haben.

1993, kurz nachdem News Corp. bekannt gegeben hatte, dass es dabei war, einen Mehrheitsanteil am asiatischen TV-Sender STAR zu erwerben, hielt Murdoch in London eine Rede, die ihm den Ärger der chinesischen Regierung eintrug und seine zukünftigen Strategien und Taktiken im Umgang mit China maßgeblich prägte.

„Die Fortschritte in der Kommunikationstechnologie stellen eindeutig eine Gefahr für totalitäre Regime dar. Faxgeräte versetzen Dissidenten in die Lage, staatlich kontrollierte Printmedien zu umgehen; Direktwahltelefone erschweren dem Staat die Kontrolle der Sprachkommunikation, und Satelliten-TV ermöglicht informationshungrigen Bürgern vieler geschlossener Gesellschaften, die staatlich kontrollierten Fernsehsender zu umgehen", sagte Murdoch im September 1993.[8]

Peking reagierte umgehend mit einer verschärften Regulierung der Satellitenschüsseln im Land, ein Schritt, der es STAR offensichtlich erschweren würde, sein Programm in China auszustrahlen.

Seitdem löst Murdochs Vorgehen im Umgang mit der kommunistischen chinesischen Regierung immer wieder Stirnrunzeln aus. Viele Beobachter Murdochs glauben, er tue alles, um seine harschen Äußerungen über „totalitäre Regime" wiedergutzumachen, und seine geschäftliche Agenda in diesem potenziell lukrativen Markt voranzutreiben.

Der erste Schritt zur Besänftigung Chinas war die Entfernung des internationalen Nachrichtenkanals von British Broadcasting Corporation aus STARs Ausstrahlungsdiensten in China, weil die chinesische Regierung das BBC-Programm, das sich kritisch über den ehemaligen chinesischen Führer Mao Tse-tung äußerte, nicht guthieß.

Kurz danach, im Jahr 1995, veröffentlichte der zu News Corp. gehörende Buchverlag HarperCollins den Titel *My Father Deng Xiaoping*, die englischsprachige Version einer Biografie des damaligen chinesischen Führers Deng Xiaoping, verfasst von seiner Tochter Deng Rong. Diese Entscheidung war für viele Murdoch-Kritiker der Beweis, dass er alles tun würde, um sich bei der chinesischen Regierung einzuschmeicheln.

„Murdoch zahlte der Tochter des chinesischen kommunistischen Führers Deng Xiaoping mehr als eine Million Dollar für einen HarperCollins-Titel, dessen kommerzielles Interesse kaum über die unmittelbare Familie der Autorin hinausreicht. Natürlich wurde dieses Buch genau zu dem Zeitpunkt veröffentlicht, als Murdoch hoffte, die offizielle Genehmigung der chinesischen Regierung zu erhalten, seine Satelliten-TV-Kanäle auf China auszudehnen. Als er sich bereit erklärte, BBC aus dem Programm von STAR-TV zu streichen, erklärte er, ‚Wir versuchen, in China Fuß zu fassen. Warum sollten wir sie also verärgern?' Später fügte er hinzu, ‚Die Wahrheit lautet – und wir Amerikaner geben das nicht gerne zu –, dass autoritäre Gesellschaften durchaus funktionieren können.'", schrieb Eric Alterman, Senior Fellow am Center for American Progress, einer nach eigenen Worten „progressiven Denkfabrik" auf der Website der Organisation im Mai 2007, nachdem News Corp. sein Übernahmeangebot für Dow Jones bekannt gegeben hatte.[9]

Zwei Jahre nach der Veröffentlichung der Biografie von Deng Xiaoping gab STAR seine Zustimmung zur Ausstrahlung einer zwölfstündigen Dokumentationsreihe über Deng Xiaoping, die von dem chinesischen Fernsehen China Central Television (CCTV) und der Abteilung für Dokumentenforschung des Zentralkomitees der Kommunistischen Partei Chinas produziert wurde.

Und schließlich zog HarperCollins 1998 vertragswidrig die Veröffentlichung der viel gepriesenen Autobiografie des ehemaligen Gouverneurs von Hongkong, Chris Patten, einem Kritiker des kommunistischen Regimes in China, zurück, vermutlich, da Patten in seinen Memoiren hart mit der chinesischen Regierung ins Gericht ging. Dieser Schritt wurde von vielen als das vielleicht eklatanteste Beispiel für Murdochs Angewohnheit betrachtet, seine Autorität dazu zu benutzen, Dinge zu unterdrücken, die die chinesische Regierung möglicherweise verärgert hätten. Das Buch mit dem Titel *East and West* wurde später im Jahr 1998 von Macmillan in England verlegt, und erschien in den USA unter der Random-House-Verlagsmarke Crown.

Neun Jahre nach dem Rückzug der Memoiren von Patten gab Murdoch in einem Interview mit dem Magazin *Times* zu, dass er das Buch wahrscheinlich besser nicht vom Markt genommen hätte. Aber in typischer Murdoch-Manier zeigte er nicht viel Reue.

„Da lag ich wahrscheinlich auch falsch", sagte Murdoch im Juli 2007, auf dem Höhepunkt der Übernahmeschlacht um Dow Jones. „Ich habe eine lange Karriere und sicher einige Fehler gemacht. Wir sind nicht alle Engel."[10]

Der Aufstand um das Buch *East and West* war jedoch nicht das letzte Mal, dass Murdoch eine Kontroverse über sein Verhalten gegenüber China entfachte, das viele als Kotau vor der kommunistischen Regierung werteten. In einem Artikel der Zeitschrift *Vanity Fair*, der 1999 erschien, sprach sich Murdoch gegen den buddhistischen Dalai Lama aus, der praktisch weltweite Anerkennung genießt, aber dem kommunistischen chinesischen Regime aufgrund seiner wiederholten Kritik an Chinas fortgesetzter Okkupation von Tibet ein Dorn im Auge ist.

„Ich habe Zyniker gehört, die behaupten, er sei ein sehr politischer alter Mönch, der in Gucci-Schuhen umher schlurft", sagte Murdoch in besagtem Artikel über den Dalai Lama. Und an späterer Stelle des Artikels wurde er mit der Äußerung zitiert, Tibet sei unter chinesischer Herrschaft womöglich besser dran. „Das war eine ziemlich schreckliche alte autokratische Gesellschaft aus dem Mittelalter", sagte Murdoch über Tibet.[11] „Vielleicht bin ich ein Opfer ihrer Propaganda", fügte Murdoch in dem Artikel der *Vanity Fair* mit Bezug auf die chinesische Regierung hinzu, „aber es war eine autoritäre, mittelalterliche Gesellschaft, in der nicht einmal die grundlegendsten Dienstleistungen existierten."[12]

Für Murdoch ist der Umgang mit China auch aus persönlichen Gründen ein relativ kompliziertes Thema. Murdochs dritte Frau, Wendi Deng, war eine hochrangige Managerin bei STAR in China, die seitdem eine aktivere Rolle in der Zusammenarbeit mit MySpace übernommen hat, um diese Site auf China auszudehnen. Murdoch heiratete die 38 Jahre jüngere Deng im Jahr 1999, und sie ist die Mutter seiner zwei jungen Töchter Chloe und Grace. In einer Rede, die Murdoch in Tokio hielt, scherzte er einmal, er sei „fast schon ein Asiat mit einer chinesischen Frau."[13]

Ein weiteres Mitglied seiner Familie hat die Geschäfte in und mit China weiter verkompliziert. Im Jahr 2001 schockierte Murdochs jüngster Sohn James, der zu der Zeit Chairman und CEO von STAR war, die Öffentlichkeit mit der Äußerung, ein Großteil der Kritik an der chinesischen Regierung sei übertrieben. Und er verunglimpfte die chinesische spirituelle Bewegung Falun Gong, die von der chinesischen Regierung als Quasi-Terroristen behandelt wurde und verboten ist, seit die Bewegung 1999, am zehnten Jahrestags der prodemokratischen Studentenaufstände auf dem Platz des Himmlischen Friedens, die von der Regierung blutig niedergeschlagen wurde, einen Protest auf ebendiesem Platz organisierte. James bezeichnete Falun Gong als „gefährlich" und bezeichnete die Gruppierung als „apokalyptischen Kult", dem „ganz eindeutig nicht am Erfolg Chinas gelegen" sei.[14]

Als James Murdoch im Jahr 2003 als CEO von STAR zurücktrat, um CEO von BSkyB zu werden, schien es, als müssten sich die Kritiker keine Sorgen mehr darüber machen, dass er irgendeinen Einfluss auf die Aktivitäten von News Corp. in Asien haben könnte. Doch da irrten sie sich. Im Dezember 2007 wurde James Murdoch zum Chairman und Vorstand für Europa und Asien von News Corp. ernannt und wurde zudem erneut in den Konzernvorstand berufen. (James gab seinen Vorstandssitz 2003 auf, als er News Corp. verließ, um BSkyB zu führen.) Als Teil seiner neuen Rolle wird er laut Mitteilung von News Corp. die „strategische und operative Entwicklung der Geschäftsfelder TV, Zeitung und verwandte digitale Assets des Konzerns in Europa, Asien und dem Nahen Osten leiten."[15]

Das schließt ganz offensichtlich auch STAR sowie die wachsende Internetpräsenz von News Corp. in China ein, vor allem, was MySpace betrifft. Die Entscheidung, James Murdoch die Verantwortung aller Konzerngeschäfte in Asien und Europa zu übertragen, wurde zudem von Analysten und Medienbeobachtern weithin als Signal interpretiert, dass Rupert Murdoch James zu seinem Nachfolger als Chairman und CEO von News Corp. auserkoren hat.

Diese Entwicklung, zusammen mit News Corps Akquisition von Dow Jones im Jahr 2007 ließen erneut Befürchtungen über Murdoch und seine Geschäfte in China aufflammen. Eine der größten Befürchtungen der Kritiker drehte sich um das Thema, dass Murdoch versuchen könnte, die China-Berichterstattung der Publikationen von Dow Jones, namentlich des prestigeträchtigen *Wall Street Journal*, zu beeinflussen.

Der erste große Test für die Art und Weise der Berichterstattung des neuen Dow Jones über China, betraf ironischerweise nicht das *Journal*, sondern eine weitaus unbedeutendere Publikation. Und die Quelle der Kontroverse war nicht einmal die chinesische Regierung, sondern Murdoch selbst.

Zu Beginn des Jahres 2008 erschien das Buch *Rupert's Adventures in China: How Murdoch Lost a Fortune und Found a Wife*. Autor des Buches war Bruce Dover, ein ehemaliger Gefolgsmann Murdochs, der in den 90er-Jahren Vizepräsident von News Corp. mit Sitz in Peking war.

Das Buch, das bereits in zahlreichen Wirtschaftspublikationen in Asien und Europa rezensiert worden war, sollte auch in einer kleinen Monatszeitschrift aus Hongkong mit dem Titel *Far Eastern Economic Review* rezensiert werden. Aber diese Publikation gehörte Dow Jones und damit Rupert Murdoch.

Laut einem Bericht der Zeitung *International Herald Tribune*, der im Februar 2008 erschien, hatte Hugo Restall, Redakteur der besagten Monatszeitschrift ursprünglich einen freien Journalisten mit der Rezension beauftragt. Er änderte seine Meinung aber bezüglich der Veröffentlichung der Rezension, nachdem er den Auftrag erteilt hatte, als er feststellte, dass das Buch seinen neuen Chef in ungünstigem Licht erscheinen ließ und sich ein großer Teil des Buchinhalts auf Murdochs Werben um und seine nachfolgende Ehe mit Wendi Deng bezog.[16]

In E-Mails an den freien australischen Journalisten Eric Ellis, der in Jakarta lebte und arbeitete und die Rezension hätte schreiben sollen, schrieb Restall, „ich fürchte, hier bekomme ich kalte Füße – ich habe soeben ein Exemplar des Buches erhalten, und es wirkt eher wie eine persönliche Abrechnung eines verbitterten Ex-Mitarbeiter, als eine Unternehmensanalyse." Restall entschuldigte sich bei Ellis für die Entscheidung, die Rezension nicht zu veröffentlichen und fügte hinzu, er hätte sich „das Buch vorher ansehen sollen."[17]

Es wurde nicht klar, ob Murdoch wirklich an der Entscheidung, die Rezension zu streichen, beteiligt war. Aber es bestehen berechtigte Zweifel daran, dass diese Monatszeitschrift überhaupt auf Murdochs Radar auftauchte, angesichts der Tatsache, dass der *Far Eastern Economic Review*, der seiner Website zufolge eine Auflage von knapp über 12.500 Abonnenten hat, nicht gerade ein bekanntes, geschweige ein viel gelesenes Blatt ist.

Nichtsdestotrotz ist Restalls Eingeständnis, „kalte Füße" bekommen zu haben, sowie die Entscheidung, die Rezension aus Angst vor Murdochs möglicher Reaktion nicht abzudrucken, eine eindrückliche Erinnerung daran, dass Murdoch den Ruf einer Person genießt, die gerne Einfluss nimmt. Obwohl er sich offiziell nicht in die redaktionellen Angelegenheiten seiner Publikationen einmischt hat das einen Effekt auf seine Mitarbeiter und die Art und Weise, wie sie ihre Arbeit machen.

Die Leser seiner Publikationen, einschließlich der frisch akquirierten Dow-Jones-Zeitungen, haben wahrscheinlich allen Grund, sich darüber Sorgen zu machen, dass Murdoch Einfluss auf die Berichterstattung über China nehmen wird. Dorfman von der Medieninvestmentgesellschaft Richard Alan hält einen Teil der Befürchtungen über Murdochs potenziell schädlichen Einfluss auf die Zeitung jedoch für übertrieben.

„Der durchschnittliche Leser wird deswegen nicht aufhören, das *Wall Street Journal* zu lesen, oder die Zeitung aus einem anderen Blickwinkel lesen, weil sie glauben, Murdoch vergifte das Blatt. Ich glaube auch nicht, dass die Tatsache, dass Murdoch Eigentümer der Zeitung ist, einen negativen Einfluss auf die Zahl der potenziellen Besucher der Website WSJ.com hat. Die Zeitung wird auch weiterhin Leser auf der ganzen Welt anlocken, die sich für Investmentchancen und Möglichkeiten zum Geldverdienen interessieren", so Dorfman. „Murdoch ist davon überzeugt, dass das *Wall Street Journal* im Ausland Riesenchancen hat. Menschen in Osteuropa oder anderen Wachstumsgebieten werden nicht aus Prinzip aufhören, die Website der Zeitung aufzurufen. Murdochs Geschichte, sein Hintergrund, seine politischen Ansichten und seine Ideologie werden keinen negativen monetären Einfluss auf seine Geschäfte haben. Diese behaupten sich oder sterben, leiden oder prosperieren aufgrund eigener Verdienste."[18]

Dennoch wird es an Murdoch liegen, die Zweifler zu widerlegen, indem er dem *Wall Street Journal* und anderen Publikationen die Freiheit zugesteht, Storys und Kommentare zu drucken, die sich kritisch zu seiner Person und kritisch über die chinesische Regierung äußern.

Mit der wachsenden Öffnung des chinesischen Marktes und Murdochs wachsenden Geschäftsaktivitäten in China – nicht nur mit STAR, sondern auch seinem expandierenden Portfolio an Internetassets, wie zum Beispiel MySpace –, wird es für Murdoch darauf ankommen, dass er sein Versprechen der redaktionellen Unabhängigkeit einhält, das er beim Kauf von Dow Jones abgab.

Der Tenor seiner Äußerungen in einer Rede, die er im November 2006 in Tokio hielt, ähnelte eher seinen Äußerungen von 1993, die ihn bei der chinesischen Regierung zunächst in Misskredit gebracht hatten, als den oft beschwichtigenden Worten, die er in den Jahren nach seiner Bezeichnung Chinas als „totalitärem Regime" fand.

Er drängte die chinesische Regierung zur weiteren Öffnung gegenüber dem Westen. „Wir alle wissen, dass der Aufstieg Asiens nur möglich gewesen ist, weil diese Region sich der Welt geöffnet hat. Ohne eine Politik der ‚offenen Tür' wäre China immer noch ein auf sich selbst konzentriertes, unterentwickeltes Land, dessen talentierte Bürger weit davon entfernt wären, ihr Potenzial auszuschöpfen. In den vergangenen drei Jahrzehnten hat China seine Größe zurückgewonnen, indem es sich der Welt geöffnet hat. Das ist ein lebendiges Beispiel dafür, dass wir sicherstellen müssen, dass sich die Nationen dieser Welt sowohl der Wirtschaft als auch füreinander öffnen", mahnte Murdoch.[19]

Später in seiner Rede sprach er das Thema der Pressefreiheit in Asien an und sagte, die Regierungen der Region sollten sich an die Medien anpassen, wie es westliche Regierungen auch machen. „Ist Pressefreiheit das Privileg einiger weniger Länder oder ein Recht, das alle haben? Sollte der Informationsfluss im Internet blockiert werden? Lässt sich eine Barrikade gegen die Außenwelt errichten? Mit der zunehmenden Entwicklung Asiens wurde eine lebhafte Debatte über Werte entfacht. Einige sind der Meinung, der Westen versuche, dieser Region seine Werte aufzudrücken", sagte Murdoch, bevor er mit den Worten schloss, „Pressefreiheit hält Unternehmen, Regierungen und Individuen zu verantwortlichem Handeln an. Verantwortlichkeit und Rechenschaftspflicht sind keine westlichen Werte. Sie sind eine notwendige Voraussetzung für Erfolg."[20]

Murdoch ergänzte, „Die Globalisierung ist eine Realität und hat überwältigenden Nutzen gebracht. Globalisierung ist kein Begriff, für den man sich schämen müsste", und er beendete seine Rede mit dem dringenden Appell an China, so flexibel wie Indien zu sein, um zu gewährleisten, dass China denselben langfristigen ökonomischen Wohlstand genießen könne wie Indien.[21]

„Es wird eine intensive Diskussion über die relativen Stärken und Schwächen Chinas und Indiens geführt. Aber eine Tatsache ist unbestreitbar. Der freie Informationsfluss ist ein zentraler Vorteil in einer ultrakompetitiven Welt. Es gibt keinen Zweifel daran, dass Indien viele tausend Manager hervorbringt, die befähigt sind, jedes Unternehmen in jedem Land der Welt zu führen. Und es gibt ebenso wenig Zweifel daran, dass diese beeindruckenden Manager nicht in dieser ebenso beeindruckenden Fülle entwickelt würden, wenn Indien versuchen würde, den freien Fakten- oder Meinungsfluss zu unterdrücken", stellte Murdoch fest.[22]

„Es gibt aufgeklärte Individuen, die den kommenden Generationen als Rollenmodell dienen werden. Der Wandel vollzieht sich in unserem digital komprimierten Zeitalter in rasantem Tempo. Die Informationsgeschwindigkeit vergrößert die Differenzen und macht Konflikte deutlicher. Und dennoch glaube ich, dass wir umso mehr verstehen, wie viel wir gemeinsam haben, je mehr wir voneinander wissen. Und Pressefreiheit spielt in diesem Prozess eine maßgebliche Rolle", so Murdoch.[23]

Sind diese Äußerungen nichts anderes, als der Versuch Murdochs, seinen Kritikern zu beweisen, dass er mit dem Alter handzahmer geworden ist? Wahrscheinlich nicht. Diese liberaleren Bemerkungen (zumindest für Murdoch) werden die Heerscharen an Kritikern nicht davon abhalten zu fragen, wie er seine verschiedenen Medien nutzen wird, um seine Interessen in China und anderen Teilen der Welt durchzusetzen. Sie werden auch weiterhin nach Anzeichen für einen Missbrauch seines Einflusses Ausschau halten. Und angesichts der großen Kontroverse, die Murdoch mit seinen unverblümten Äußerungen immer wieder auslöst, werden die Skeptiker sicher bald Belege für Vorgehensweisen finden, die ihnen missfallen.

KAPITEL 5

Die umtriebigen Geschäfte eines unermüdlichen Medienmoguls

Ein Teil der großen Faszination Murdochs – neben seinem Faible für deutliche Worte, während so viele andere Topmanager aus dem Mediengeschäft vor Kontroversen zurückscheuen – liegt in seinem konstanten Bedürfnis, an irgendeiner Transaktion zu feilen.

Es gibt kaum einen Moment, an dem News Corp. nicht aktiv etwas kauft oder verkauft. Während diese Strategie offensichtlich dazu beigetragen hat, News Corp. von einem einfachen australischen Zeitungsverlag in einen globalen Medientitan zu verwandeln, haben die unaufhörlichen Akquisitionen und Veräußerungen von Unternehmen oder Unternehmensteilen Murdoch gelegentlich in Schwierigkeiten mit Investoren gebracht. Vor allem mit denjenigen, die es lieber sehen würden, wenn er auf die Bremse treten und weniger Geld verbrennen würde.

Murdoch gestand das in gewisser Hinsicht ein, als er auf einer Medienkonferenz von Goldman Sachs im September 2007 scherzte, die Aktie von News Corp. schneide gelegentlich schlechter ab als die anderer Medienrivalen, wie zum Beispiel Walt Disney, Time

Warner und Viacom, da sich die Investoren über seinen nächsten Deal Sorgen machten. „Es gibt einen Murdoch-Abschlag, weil jeder glaubt, ich würde schon wieder irgendetwas kaufen", witzelte er.[1]

In den meisten Fällen hat sich seine Impulsivität jedoch bezahlt gemacht. Es lässt sich durchaus darüber streiten, ob er den Kauf von MySpace verpasst hätte, wenn er mehr Zeit damit verbracht hätte, zu analysieren, ob sein Unternehmen expandieren muss. Hätte er mehr Angst vor einem Scheitern, hätte er vielleicht nie beschlossen, Fox beziehungsweise Fox News zu gründen. Obwohl er den Ruf habe, nicht lange zu fackeln und gelegentlich vielleicht übereilt zu handeln, vertreten seine Beobachter die Auffassung, er habe durch seine Flexibilität, bei einer Chance sofort zuzugreifen, dazu beigetragen, News Corp. zu dem Schwergewicht zu machen, das es heute ist.

„Strategisch betrachtet ist Murdoch allen anderen stets eine Nasenlänge voraus gewesen. Er hat immer alles aus einer globaleren Perspektive betrachtet, als alle anderen in der Medienindustrie", sagte Alan Gould, der News Corp. als Analyst für die Börseninvestmentfirma Natixis Bleichroeder in New York verfolgt.[2]

Daraus folgt, dass Murdoch einer der wenigen verbleibenden Medienmogule ist, die die Geschicke seines Unternehmens aktiv mitbestimmen, um nicht zu sagen ausschließlich bestimmen. Das ist bei den meisten anderen Medienkonzernen nicht der Fall, wahrscheinlich weil sie anders als News Corp. nicht hauptsächlich von einer Familie oder einer großen Gruppe verbündeter Aktionäre kontrolliert werden.

Selbst die zwei von Sumner Redstone kontrollierten Medienkonzerne CBS und Viacom werden völlig anders geführt. Redstone spaltete Viacom 2006 in zwei separate börsennotierte Unternehmen auf. CBS besitzt neben seinem Aushängeschild seines TV-Senders eine riesige Sparte für Radio- und Außenwerbung, den Kabelkanal Showtime und den Buchverlag Simon & Schuster. Viacom ist

Eigentümer des Filmstudios Paramount und der auf eine jugendliche Zielgruppe ausgerichteten Kabelkanäle MTV, Nickelodeon und Comedy Central.

Zwar ist Redstone nach wie vor Chairman sowohl von CBS als auch von Viacom und verfügt über eine Kontrollmehrheit an beiden Unternehmen, aber er ist weitaus weniger in deren Tagesgeschäft und Entscheidungsprozesse involviert als Murdoch bei News Corp. Der langjährige TV-Chef von CBS, Leslie Moonves, ist CEO von CBS, und in den Augen der Wall-Street-Analysten und institutionellen Investoren der hervorstechendste aller Topmanager des Unternehmens. Unterdessen übertrug Redstone Philippe Dauman, der von 1993 bis 2000 bereits zum Topmanagement von Viacom gehörte, die Führung dieses Unternehmens. Dauman, der Viacom später verließ, um seine eigene Private-Equity-Firma zu gründen, wurde von Redstone im September 2006 zurückgeholt, um den damaligen CEO Tom Freston zu ersetzen.

Auch in den Führungsetagen anderer großer Medienkonkurrenten hat es viel Unruhe gegeben. Walt Disneys langjähriger CEO Michael Eisner war Anfang dieses Jahrzehnts mit der Forderung nach seiner Ablösung konfrontiert, nachdem die Einschaltquoten von ABC massiv eingebrochen waren und Disneys Aktienkurs den anderen Medienkonzernen hinterher hinkte. Schließlich wurde Eisner noch vor Auslaufen seines Vertrags zum Rücktritt von seinen Posten als CEO und Chairman gedrängt, nachdem ihm die Aktionäre auf der Jahreshauptversammlung von 2004 ihr Misstrauen ausgesprochen hatten.

Auf Eisner folgte der Disney-Veteran Robert Iger, der das komplette Gegenteil von Eisner und in vielerlei Hinsicht auch von Murdoch ist. Iger ist eher als Friedensstifter, denn als Antagonist aufgetreten und hat Disneys angeschlagene Beziehungen zu seinem langjährigen Partner, dem von Steve Jobs gegründeten Computeranimationsstudio Pixar, gekittet.

Schließlich übernahm Disney Pixar, und als Folge dieser Akquisition wurde Jobs zum größten Aktionär des Konzerns und zog in dessen Vorstand ein. Der neue Kooperationsgeist zwischen Disney und Jobs half Disney dabei, sich in den digitalen Märkten einen echten Wettbewerbsvorteil gegenüber allen anderen Medienkonzernen zu verschaffen, da Disney das erste große Studio war, dass seine TV-Shows und später seine Filme auf Apples populären iTunes-Sites anbot. News Corp. folgte diesem Trend und unterzeichnete im Mai 2006 ebenfalls einen Vertrag mit Apple über das Angebot seiner TV-Shows auf den iTunes-Sites, gefolgt von einer Vereinbarung über Verkauf und Verleih seiner Filme im Januar 2008.

Auch ein weiterer Topmedienkonkurrent von News Corp., Time Warner, pflegte einen völlig anderen Managementstil und eine gänzlich unterschiedliche Unternehmenskultur. Time Warner, das aus einer Reihe an Fusionen hervorging, die ein kompliziertes und wasserkopfartiges Managementsystem hatten entstehen lassen, war eine Organisation, die viele Medienanalysten und Investoren als viel zu schwerfällig bezeichneten.

Der Unternehmensjäger und Time-Warner-Aktionär Carl Icahn, der über die im Vergleich zu Konkurrenten wie News Corp. und Disney schwache Aktienkursentwicklung des Konzerns frustriert war, forderte 2006 die Aufspaltung von Time Warner in vier Einzelunternehmen. „Ein herausragendes Unternehmen in der Medienindustrie braucht visionäre Führer, und keine Konzernstruktur mit Hauptsitz im Columbus Circle, die sich auf Schätzungen und Ratespiele verlassen", begründete Icahn seinen Vorstoß zur Umstrukturierung des Unternehmens.[3]

Am Ende verzichtete Icahn auf Pläne zur Aufstellung einer eigenen Kandidatenliste für die Besetzung des Boards, um die Zerschlagung von Time Warner durchzusetzen. Ironischerweise könnte Time Warners neuer CEO Jeffrey Bewkes, der Richard Parsons im Januar

2008 ablöste, möglicherweise Icahns Rat folgen. Time Warner hat einem Spinoff seiner Kabelsparte Time Warner Cable zugestimmt, und Bewkes deutete darüber hinaus an, Time Warner werde das krisengeschüttelte AOL in zwei Einheiten aufspalten, die einen Verkauf von AOL erleichtern.

Murdoch traf jedoch selten auf Opposition oder wurde gar als Unternehmensführer infrage gestellt. Dieser Umstand, in Kombination mit der Beratung durch seinen treuen Weggefährten Chernin, verschafft News Corp. laut den Investoren einen Wettbewerbsvorteil gegenüber seinen Konkurrenten.

„News Corp. wird von zwei starken Topmanagern geführt. Sie sorgen dafür, dass alles rund läuft", sagte Morris Mark, Präsident von Mark Asset Management, einem Hedgefonds mit Sitz in New York. Mark zufolge schlägt Murdoch alle Warnungen in den Wind, wenn News Corp. einen kühnen Schritt wagen will.[4]

Und er fackelt nicht lange, wenn die Kritik der Aktionäre und Analysten zunimmt. Mark erklärte zum Beispiel, die Entscheidung von Time Warner im Jahr 2005, den AOL-Abonnenten keine monatliche Gebühr mehr zu berechnen, sei ein nach Auffassung der meisten Medienbeobachter seit Monaten, wenn nicht Jahren, überfälliger Schritt gewesen. Wäre Murdoch Eigentümer von AOL gewesen, so Mark, dann hätte diese Entscheidung nicht halb so lange gedauert. „Ich glaube nicht, dass Murdoch dafür eine Sitzung einberufen hätte. Er hätte es einfach entschieden."[5]

Und zu Murdochs Ehre muss auch gesagt werden, dass sein Akquisitionseifer und sein ebenso großer Veräußerungseifer oft zum großen Vorteil der Konzernaktionäre gereichten. 1985 verkaufte Murdoch die alternative New Yorker Wochenzeitschrift *Village Voice* für 55 Millionen, nachdem er sie 1977 für nur 7,6 Millionen erworben hatte. Einen Teil der Einnahmen aus diesem Verkauf nutzte er zur Finanzierung des Starts von Fox Broadcast Network im darauffolgenden Jahr. 1983 kaufte News Corp. die Boulevardzeitung *Chicago Sun-Times* für 90 Millionen Dollar und verkaufte sie drei Jahre später für 145 Millionen Dollar.

Im Jahr 1997 kaufte Fox Kids Worldwide, ein Joint Venture zwischen News Corp. und dem Kinderprogramm-Syndicator Saban Corp. Außerdem kaufte er für 19 Millionen Dollar International Family Entertainment Inc., den Kabelkanal des Fernsehpredigers Pat Robertson. News Corp. und Saban brachten das Unternehmen wieder auf Wachstumskurs und verkauften Kids Worldwide, das zu diesem Zeitpunkt Fox Family Worldwide hieß, für 5,2 Milliarden Dollar (2,9 Milliarden in bar und 2,3 Milliarden Dollar Schuldenübernahme) an Walt Disney.

Murdoch tätigte auch clevere Investitionen zur Ergänzung anderer Geschäftsfelder von News Corp. Die Aktien von NDS, einem Technologieunternehmen, das in Israel gegründet worden war und an dem News Corp. 72 Prozent hielt, bis das Unternehmen im Jahr 2008 von der Börse genommen wurde, hatten ihren Wert seit dem Börsengang im Jahr 1999 fast verdoppelt. News Corp. und die Private-Equity-Gesellschaft Permira verständigten sich im Juni darauf, das Unternehmen von der Börse zu nehmen. Als Teil der Transaktion reduzierte News Corp. seinen Anteil an NDS auf 49 Prozent und verkaufte einen Teil seiner Aktien für rund 1,7 Milliarden Dollar an Permira.

„Das ist ein unentdecktes Juwel", schwärmte Daniel Meron, Analyst von RBC Capital Markets im März 2007. „NDS ist extrem gut in einem Wachstumsmarkt positioniert und hat ein exzellentes Managementteam. Aber das Unternehmen kennt kaum jemand."[6]

NDS, das seinen Hauptsitz in Großbritannien und New York hat, entwickelt Technologien wie Smartcards für digitales Fernsehen, mit denen sich die Fernsehgewohnheiten der Verbraucher speichern lassen, es entwickelt Software für Kabel-Receiver und digitale

Videorekorder für Kabel-, Satelliten- und Telefonanbieter auf der ganzen Welt. Auf diesem Gebiet konkurriert NDS mit Unternehmen wie TiVo und Tochtergesellschaften von Marktgiganten wie Motorola oder Cisco Systems.

NDS größter Kunde ist DirecTV, das bis 2008 eine News Corp.-Investition von erheblichem Umfang war. Im Jahr 2005 löste NDS TiVo als exklusiver Anbieter von digitalen Videorekordern für neue Abonnenten von DirecTV ab. Nach DirecTV sind NDS nächstgrößte Kunden BSkyB und Sky Italia ... In anderen Worten: Im Wesentlichen verfügt Murdoch über einen internen Lieferanten modernster Technologie, was bedeutet, dass er es nicht nötig hat, mit Unternehmen wie TiVo, Motorola und Cisco zu verhandeln.

Allerdings haben Murdochs Alleingänge und wagemutige Akquisitionen dem Konzern nicht immer nur Vorteile gebracht. Oft hat er Akquisitionen getätigt, von denen er sich nach nur wenigen Jahren wieder trennen musste.

Erwähnenswert ist in diesem Zusammenhang, dass er News Corp. mit seinen aggressiven Akquisitionskurs Ende der 80er-Jahre fast in den Ruin trieb. 1988 kaufte der Konzern für fast 3 Milliarden Dollar Triangle Publications, ein Medienunternehmen im Besitz des Philanthropen Walter Annenberg. Diese Transaktion war zum damaligen Zeitpunkt die größte Akquisition, die News Corp. je getätigt hatte, was mehrere Analysten postwendend und wenig überraschend befürchten ließ, Murdoch bezahle wieder einmal viel zu viel.

Doch Murdoch sah in Triangles vielfältigen Zeitschriften Wert, vor allem in der Fernsehzeitschrift *TV Guide*, wobei zahlreiche Kritiker die Sorge äußerten, Murdoch würde diese dazu benutzen, zum Nachteil anderer Sender und Kanäle in erster Linie das Programm seines Kanals Fox zu bewerben. Neben *TV Guide* gehörten auch die Zeitschriften *Daily Racing Form* und *Seventeen* zu Triangle.

Die Akquisition von *Triangle* fand jedoch nur ein Jahr nach verschiedenen anderen umfangreichen Transaktionen stand, darunter der Kauf des Buchverlages Harper & Row für 300 Millionen Dollar, der Zeitung *China Morning Post* für rund 230 Millionen Dollar und einer Minderheitsbeteiligung an Pearson, dem Verleger der *Financial Times* (und Eigentümer des Verlags Penguin Group, bei dem dieses Buch erschienen ist).

Große Summen für Akquisitionen auszugeben, war nicht die einzige Belastung, die Murdoch schultern musste. Er verfolgte diesen aggressiven Akquisitionskurs zu einer Zeit, da er ebenfalls umfangreich in seine neuen Satelliten-TV-Unternehmen auf der ganzen Welt investierte – Investitionen, die riesige Kapitalsummen verschlangen.

Im Jahr 1989 startete News Corp. in Großbritannien Sky Television. Zur Finanzierung dieser Expansion sowie der Akquisition von *Triangle* war Murdoch gezwungen, hohe Schulden aufzunehmen, und das genau zum ungünstigsten Zeitpunkt, nämlich als die Banken reihenweise auf faulen Immobilienkrediten saßen, wodurch der gesamte Kreditmarkt erschüttert wurde.

Im Jahr 1990 hatte News Corp. mehr als 7 Milliarden Dollar Schulden angehäuft, von denen mehr als ein Drittel kurzfristige Kredite mit einer Laufzeit von einem Jahr waren. Es kursierten wilde Spekulationen darüber, dass Murdoch möglicherweise einen Notverkauf starten müsse, um seine Schulden bedienen zu können, und dass er sich am Ende sogar von Vermögenswerten wie Fox Network und dem Fox-Filmstudio oder HarperCollins trennen müsse. Die an der New Yorker Börse NYSE öffentlich gehandelten Anteile an News Corp. (die erstmalig im Jahr 1987 gelistet worden waren), brachen zwischen Mitte Juli 1990 und Januar 2001 um fast 75 Prozent ein.

Am Ende entging Murdoch dem Schicksal, einen massiven Ausverkauf seiner wertvollsten Vermögenswerte betreiben zu müssen, oder – schlimmer noch – dem Bankrott, weil seine Gläubiger bereit waren, einen Großteil der Schulden umzustrukturieren. Außerdem gelang es Murdoch, den Wettbewerbsdruck auf Sky Television zu lindern, indem er den Satellitenkanal mit dem Konkurrenten British Satellite Broadcasting zu British Sky Broadcasting fusionierte, an dem News Corp. die Hälfte der Anteile hielt. Allerdings musste sich Murdoch von einem Großteil seiner *Triangle*-Akquisition trennen, die erst wenige Jahre zuvor stattgefunden hatte. Im Jahr 1991 verkaufte News Corp. *Seventeen* und *Daily Racing Form* sowie einige andere Zeitschriften, die der Konzern in den vorhergehenden Jahren gekauft hatte, einschließlich *New York*, *Soap Opera Digest*, *Soap Opera Weekly* und *Premiere*, für rund 650 Millionen Dollar an Primedia. Außerdem verkaufte er die meisten der Handelsmagazine, die er in den 80er-Jahren gekauft hatte, sowie die meisten seiner US-Zeitungen.

Auf diese Weise gelang es Murdoch, dem Supergau zu entkommen, und in den folgenden Jahren passte er auf, dass er nicht zu viele Schulden zur Finanzierung des Aufbaus seines Imperiums anhäufte. Doch selbst der Beinahebankrott konnte ihn nicht völlig von seinem Akquisitionskurs abbringen.

„Ob ich glaube, dass er aus seinen Fehlern gelernt hat? Ich bin mir da nicht so sicher. Ein Leopard kann seine Flecken auch nicht ablegen", zweifelt Dorfman. „Murdoch ist ein erstaunlicher Visionär, selbst noch in vorgerücktem Alter. Er hat den Finger am Puls der Industrie und sieht Dinge am Ende der Straße, die den meisten von uns verborgen bleiben. Aber das kann ein zweischneidiges Schwert sein. Murdoch hat etwas von einem Spieler. Er zögert nicht, sich kräftig zu verschulden. Und ein paar Mal hat sich das gerächt."[7]

Selbst nach dem Verkauf eines Großteils der Verlagssparte sollte es noch einige Jahre dauern, bis sich die Bilanz und der Aktienkurs von News Corp. völlig erholt hatten. Doch Mitte der 90er-Jahre war Murdoch erneut bereit, umfangreiche Akquisitionen und Investitionen zu tätigen. Und wieder machten sich einige seiner Käufe und Transaktionen mehr bezahlt als andere.

Im Jahr 1993 bezahlte News Corp. ungefähr 525 Millionen Dollar für einen Mehrheitsanteil an STAR, dem führenden TV-Kanal in Asien, mit Sitz in Hongkong. Unter der Führung von News Corp. erfuhren STAR und Murdochs große Satellitensparten Sky Italia und BSkyB ein dramatisches Wachstum und waren für einen erheblichen Teil des internationalen Konzernerfolgs verantwortlich.

Bis 2007 hatte sich STARs Wachstum, vor allem in Indien, allerdings ziemlich verlangsamt, was Murdoch dazu veranlasste, gründlich aufzuräumen. Im Januar 2007 verkündete News Corp. den Rücktritt von Michelle Guthrie, CEO von STAR, die den Kanal mehr als sechs Jahre geführt hatte, und die Ernennung von Paul Aiello an ihrer Stelle, einem ehemaligen Investmentbanker von Morgan Stanley, der 2006 zu STAR gekommen war.

Kurz nach Guthries Ausscheiden gab News Corp. außerdem bekannt, dass auch zwei Topmanager von STAR Indien, Peter Mukerjea und Sameer Nair, das Unternehmen verlassen würden.

Diese Säuberungsaktion wurde später im Jahr 2007 vollendet, als News Corp. verkündete, Murdochs jüngster Sohn James, der seit 2003 CEO von BSkyB war, würde neuer CEO und Chairman für das Europa- und Asiengeschäft von News Corp. werden und die Verantwortung für STAR, News International UK, Sky Italia und News Corporation Europe übernehmen. James Murdoch war zuvor, von 2000 bis 2003, CEO und Chairman von STAR gewesen.

Auf einer Investmentkonferenz der Citigroup im Januar 2008 erklärte Peter Chernin in aller Offenheit, die Veränderungen bei STAR seien notwendig gewesen, um das Wachstum dieses Unternehmens wieder anzukurbeln. Nach seinen Worten war STAR aufgrund seiner marktführenden Position selbstgefällig geworden, vor allem in Indien. Das habe dazu geführt, dass STAR Marktanteile an seinen Hauptkonkurrenten ZEE Television verloren habe.

„Wir haben einige Fehler und Dummheiten gemacht und stehen dafür gerade. Wir haben zu wenig in neue Kanäle investiert. Wenn Sie ein dominanter Marktteilnehmer in einem aufstrebenden Markt sind, dann ist das nicht der Zeitpunkt, um sich auf seinen Lorbeeren auszuruhen. Dies ist eines der ganz großen Wachstumsgebiete weltweit, und jetzt muss man seinen Claim abstecken. Indien bietet hervorragende Chancen, und wir wollen innerhalb der nächsten Jahre zum Medienunternehmen Nummer eins werden", sagte Chernin.[8]

Die Probleme bei STAR waren einer der äußerst seltenen Fälle, in denen Murdoch in einem aufstrebenden Markt den Fokus verlor. Allerdings riss er schnell das Steuer herum, um wieder auf den alten Wachstumskurs zurückzukehren, bevor er in die Situation geriet, dass es ökonomisch nicht mehr profitabel war, ein großer Marktteilnehmer in Indien zu sein.

Ende der 90er-Jahre und Anfang 2000 hatte er mit einigen Ausflügen in andere Geschäftsfelder allerdings nicht so viel Glück, was einige Medienbeobachter zum Anlass nahmen, erneut darüber nachzudenken, ob Murdoch News Corp. nicht doch überdehnt hatte.

Im Jahr 1998 kaufte die Tochtergesellschaft Fox das Baseballteam L.A. Dodgers von der Familie O'Malley, die sich einst den lebenslangen Zorn der Bürger von Brooklyn zugezogen hatten, weil sie das Team im Jahr 1957 für 311 Millionen Dollar aus dem New Yorker Viertel nach Kalifornien verlegt hatten.

Doch News Corp. tat sich schwer damit, mit den Dodgers Geld zu verdienen, und um das Ganze zu toppen, traf der Verein einige merkwürdige Personalentscheidungen, die viele seiner treuen Fans verärgerten.

Unter Murdochs Eigentümerschaft verkauften die Dodgers den Star-Catcher Mike Piazza im Mai 1998 an die Florida Marlins. Im Juni 1998 feuerte der Verein den Manager Bill Russell, der seine gesamte 18 Jahre andauernde aktive Spielerkarriere bei den Dodgers verbracht hatte. Im Dezember desselben Jahres unterschrieb der Verein mit dem Pitcher Kevin Brown einen Siebenjahresvertrag für 105 Millionen Dollar, der Brown damals zum ersten Spieler einer Profiliga machte, der einen langfristigen Vertrag über mehr als 100 Millionen Dollar erhielt.

Viele Sportreporter, die sich wahrscheinlich an der Finanzpresse orientierten, brandmarkten den Vertrag sofort als völlig überzogen, zudem für einen Spieler, der seinen Zenith nach Meinung vieler bereits überschritten hatte. In seinem ersten Jahr spielte Brown sehr gut, doch dann zog er sich ständig Verletzungen zu, was sich unweigerlich auf seine Leistung auswirkte. Im Jahr 2003 wurde er an die New York Yankees weiterverkauft, woraufhin mehrere Baseballkommentatoren den Einkauf von Brown als einen der verfehltesten Free-Agent-Verträge der Sportgeschichte bezeichneten.

Nach sechs mittelmäßigen Spielsaisons – die Dodgers erzielten zwischen 1998 und 2003 eine Erfolgsbilanz von 509-463 – stimmte News Corp. im Oktober 2003 schließlich dem Verkauf der Mannschaft an den Immobilienentwickler Frank McCourt aus Boston zu.

Zwar gelang es News Corp., den Verein für eine weitaus höhere Summe zu verkaufen – 430 Millionen Dollar –, als der Konzern seinerseits bezahlt hatte, aber es war keineswegs so, dass Murdoch seinen Aktionären verkünden konnte, er habe mit dem Verkauf eine hübsche Rendite erzielt. Schließlich investierte News Corp. während seiner Zeit als Eigentümer des Baseballteams immerhin rund 50 Millionen Dollar in die Renovierung des Dodgers-Stadions. Außerdem verlor News Corp. nach eigenen Angaben während seiner fünfjährigen Eigentümerschaft in jedem Jahr mehr als 60 Millionen Dollar mit dem Team. Dodger Blue färbte Murdochs Zahlen tiefrot.

Und was noch schwerer wog: Einer der Hauptgründe für den Kauf der Baseballmannschaft bestand in der Absicht, News Corp. mehr Programminhalte zu verschaffen, mit denen der Konzern seine regionale Gruppe an Kabelsportkanälen in einen echten nationalen Konkurrenten des Disney-eigenen nationalen Sportschwergewichts ESPN verwandeln konnte. Zwar haben die regionalen Sportkanäle fortgesetzt gute Ergebnisse für News Corp. erzielt, aber dennoch kann es Fox Sport mit dem Einfluss und der Profitabilität von ESPN nicht aufnehmen. News Corps fünfjähriger Ausflug in den Profisport lässt sich also kaum als Erfolg bezeichnen.

Das Experiment mit den Dodgers ist in vielerlei Hinsicht ein perfektes Beispiel dafür, dass sich Murdoch manchmal in Geschäftsfelder einkauft, von denen er nichts versteht und die nicht die finanziellen Ergebnisse abliefern, die seine Aktionäre von seinem Kerngeschäft erwarten. Und es ist auch ein Zeugnis der Bereitschaft Murdochs gewesen, gewaltige Risiken einzugehen. Doch große Risiken führen oft zu großen Verlusten. Nirgendwo wurde das deutlicher als bei der verlustreichen Investition von News Corp. in *TV Guide*.

TV Guide war die eine Zeitschrift, die Murdoch 1988 von Triangle Publications kaufte, an der er nach dem Massennotverkauf seiner Zeitungen und Zeitschriften im Jahr 1991 festhielt.

Doch 1998 gab Murdoch schließlich einen Teil der Kontrolle über *TV Guide* ab, als er einem Verkauf der Zeitschrift an den führenden Anbieter für interaktive On-Screen-Programmführer, United Video Satellite Group, für 2 Milliarden Dollar zustimmte. Als Teil dieser Transaktion erhielt News Corp. einen Aktienanteil von 40 Prozent, der einem stimmberechtigten Anteil von 48 Prozent am neuen Unternehmen entsprach, das später in TV Guide Inc. umbenannt wurde.

Der andere große Anteilseigner an dem neuen Unternehmen war Liberty Media, ein Medienunternehmen, das von Murdochs einstigem

Verbündeten und zukünftigen Rivalen John Malone, Chairman von Liberty Media, kontrolliert wurde und zu Telecommunications Inc. gehörte. Nur wenige Monate später wurde TV Guide Inc. von United Video Satellites Erzrivalen Gemstar übernommen, und zwar in einer Transaktion, die schwindelerregende 9,2 Milliarden Dollar schwer war. Dieser Deal verschaffte News Corp. einen 20-prozentigen Anteil an dem kombinierten Unternehmen, das später in Gemstar-TV Guide umbenannt wurde.

Zu diesem Zeitpunkt erschien Murdoch als Genie. Auf dem Papier konnte er endlich beweisen, dass sein Bauchgefühl, das ihn dazu veranlasst hatte, Walter Annenberg 1988 die Zeitschrift *TV Guide* abzukaufen, ihn nicht getrogen hatte. Im September 2000 verständigten sich News Corp. und Malones Liberty Media auf einen komplexen Aktientausch, der News Corp. das Eigentum an Libertys Anteil an Gemstar-TV Guide verschaffte. Diese Vereinbarung erhöhte News Corps Anteil an Gemstar-TV Guide auf etwas mehr als 40 Prozent – ein Anteil, der zu dem Zeitpunkt einem Wert von rund 12 Milliarden Dollar entsprach.

Murdoch sah in der Investition in Gemstar einen Weg zur Beherrschung des „Neue Medien"-Äquivalents zu *TV Guide*, da eine wachsende Zahl an Fernsehzuschauern zu elektronischen Programmzeitschriften griffen, anstatt zu klassischen Fernsehzeitschriften oder dem Fernsehprogramm in der Tageszeitung.

„Die Welt beginnt gerade erst Gemstars Einfluss und die Möglichkeiten seines patentierten elektronischen Fernsehprogrammes zu erkennen", sagte Murdoch in einer Telefonkonferenz mit Reportern und Analysten. „Unser gestiegener Anteil an Gemstar-TV Guide bietet uns die Chance, in der Zukunft die Kontrollmehrheit über das Management des Unternehmens und einen größeren Marktanteil an dieser unserer Meinung nach herausragenden Wachstumsindustrie zu erlangen."[9]

Murdoch sollte allerdings nicht lange Grund zum Feiern haben. Nach dem Platzen der Hightech- und Dotcom-Blase Ende 2000, stürzte die Aktie von Gemstar-TV Guide, wie auch viele andere Technologie- und Medienaktien, in den Keller. Gemstars Aktien, die im Oktober 2000 noch mit rund 90 Dollar gehandelt worden waren, brachen im September 2002 auf 2,55 Dollar pro Anteilsschein ein. Als Ergebnis des schweren Kurseinbruchs musste News Corp. 2002 6 Milliarden Dollar Investitionen in Gemstar-TV Guide abschreiben.

Und es kam noch schlimmer. Im Jahr 2002 setzten Gerüchte, Gemstar habe „kreative Buchhaltung" betrieben, CEO Henry Yuen unter Druck. Im Jahr darauf wurde Yuen gefeuert, und die amerikanische Börsenaufsicht SEC erhob im selben Jahr gegen ihn sowie einige weitere Gemstar-Vorstände formell Anklage wegen Aufblähung der Umsätze zwischen 2000 und September 2002. Im Jahr 2006 wurde Yuen des Wertpapierbetrugs für schuldig befunden.

Das war ein peinlicher Rückschlag für Murdoch, der Yuen noch im März 2001 in einer Ausgabe der *BusinessWeek* als „brillanten Strategen" bezeichnet hatte, der „bewiesen hat, dass er über den Tellerrand hinaus denkt."[10] Gemstars Aktienkurs erholte sich nie mehr von dem Buchführungsskandal, und 2007 trennte sich Murdoch schließlich von dem Gemstar-Debakel. Im Juli desselben Jahres stellte sich Gemstar selbst zum Verkauf und im Dezember erklärte sich der Hersteller von Software zum Schutz von Urheberrechten, Macrovision, bereit, das Unternehmen für 2,8 Milliarden Dollar zu kaufen, was zur Folge hatte, dass News Corps Anteil nur noch rund 1,1 Milliarden Dollar wert war.

Ein Analyst vertrat die Auffassung, Murdochs Bereitschaft, sich doch von Gemstar zu trennen, sei ein Signal an Investoren, dass er Manns genug war, Fehler einzugestehen. Schließlich wuchs die Skepsis der Investoren, was seine 5-Milliarden-Dollar-Offerte für Dow Jones betraf. Die Entscheidung, eine Investition wieder zu veräußern – wenn auch mit Verlust – waren willkommene Nachrichten. Das zeigte, dass Murdoch erkannte, dass er sich aus Geschäftsfeldern, die nicht zum Kerngeschäft des Konzerns gehörten, zurückziehen musste, wenn er auf anderen Feldern expandieren wollte.

„Die Entscheidung, Gemstar zu verkaufen, lässt sich nur schwer von allen anderen Vorgängen bei News Corp. trennen. Ich glaube zwar nicht, dass das Übernahmeangebot für Dow Jones die treibende Kraft hinter der Verkaufsentscheidung gewesen ist, aber Murdoch möchte möglicherweise vermeiden, dass die Wall Street ihn als akquisitionssüchtig betrachtet", sagte Alan Gould, Analyst der Investmentbank Natixis Bleichroeder.[11]

Erstaunlicherweise war der massive Verlust im Zusammenhang mit TV Guide wahrscheinlich nicht einmal der schlimmste Aspekt der Fehlinvestition in Gemstar. Vielmehr öffnete Gemstar die Tür für John Malone, der sich einen größeren Anteil an News Corp. sicherte, eine Investition, die er möglicherweise hätte nutzen können, um Murdoch und seiner Familie die Kontrolle über das Unternehmen zu entreißen. Murdoch war aber keineswegs bereit das zuzulassen. Das größte Opfer, das er erbringen musste, um Malone in Schranken zu halten, bestand darin, dass News Corp. nur wenige Jahre nach Markteintritt seine Anstrengungen aufgeben musste, einen Fuß in den lukrativen US-Satelliten-TV-Markt zu bekommen.

Auf diesem Gebiet sollte es für Murdoch keine Wiederholung des Erfolgs von BSkyB und Sky Italia geben.

Dank seiner Bereitschaft, einen überproportional großen Anteil dieses Geschäfts an Malone abzutreten, verschaffte sich Murdoch die Kontrollmehrheit an DirecTV – ein Asset, nach dem Murdoch seit Jahren gelechzt hatte – und war bald darauf schon wieder gezwungen, zu verkaufen.

Im April 1999 stimmte Murdoch einem Aktientausch zu, in dessen Rahmen er Malones Unternehmen Liberty Media Anteile an News Corp. übertrug, um im Gegenzug Malones 50-prozentigen Anteil an der Fox/Liberty-Gruppe an regionalen Sportkanälen zu erhalten. In einer separaten Transaktion erwarb Malone den 5-prozentigen Anteil an News Corp., der sich im Besitz des Telekommunikationsanbieters MCI befand. Insgesamt erhielt Malone durch diese beiden Transaktionen einen Anteil von 18 Prozent an News Corp. Zu diesem Zeitpunkt schien sich Murdoch jedoch keine Sorgen darüber zu machen, mit Malone einen Investor mit erheblichem Einfluss im Boot zu haben.

„Wir freuen uns ganz besonders, das Vertrauen von John Malone zu erhalten. Dr. Malone ist seit vielen Jahren der erfolgreichste Stratege in unserer Industrie. Seine Entscheidung, die Aktie von News Corp. zu kaufen, ist die beste Bestätigung unserer derzeitigen strategischen Richtung als auch unserer zukünftigen Aussichten", bekräftigte Murdoch in einem Kommentar im April 1999.[12]

Tatsächlich war Murdoch sogar bereit, Malone noch mehr Kontrolle über News Corp. einzuräumen, damit der Konzern einen größeren Anteil an Gemstar-TV Guide erwerben konnte. Als Teil der Transaktion vom September 2000, der die Übernahme des Anteils von Liberty Media an Gemstar-TV Guide beinhaltete, übertrug News Corp. rund 121,5 Millionen seiner nicht stimmberechtigten Aktien auf John Malone und erhöhte dessen Anteil am Konzern auf 20 Prozent. Damit war Malone der zweitgrößte Aktionär nach der Familie Murdoch.

Malone und Murdoch agierten für ungefähr ein Jahr in friedlicher Koexistenz, was Murdoch ermöglichte, seinen Drang zur Übernahme der Kontrollmehrheit an dem US-Satelliten-TV-Sender DirecTV von General Motors Hughes Corporation zu verfolgen.

Angesichts des Erfolgs von BSkyB und Sky Italia war es für Murdoch eine leichte Sache zu versuchen, den Erfolg in dem Land, das nun offiziell seine Heimat war, zu wiederholen.

Im Jahr 1997 gab News Corp. ein Angebot für den Kauf von 40 Prozent an EchoStar Communications, dem Betreiber von DISH Network, ab. Der Gründer von EchoStar, Charlie Ergen, erklärte sich zum Verkauf bereit, aber News Corp. zog sich zurück, nachdem deutlich wurde, dass die US-Regulatoren der Transaktion nicht zustimmen würden. In der Folge verklagte EchoStar News Corp. auf 5 Milliarden Dollar, und News Corp. reichte Gegenklage ein. 1998 erzielten die Kontrahenten eine außergerichtliche Einigung, in deren Rahmen News Corp. im Austauch für zwei Satelliten 24 Millionen neue Aktien von EchoStar erhielt.

Im Jahr 2001 traten beide Unternehmen erneut gegeneinander an. Beide boten für Hughes, aber Hughes verschmähte News Corp. und entschied sich für Ergens Angebot. Doch sowohl die Federal Communications Commission als auch das Justizministerium verweigerten aufgrund von kartellrechtlichen Bedenken ihre Zustimmung. Viele religiöse Sender brachten der Transaktion heftigen Widerstand entgegen. Sie argumentierten, durch die Fusion von Hughes und EchoStar würde ein Monopol entstehen, das die Zahl an religiösen Fernsehprogrammen, die über Kabel verfügbar waren, beschränken würde. Murdochs Kritiker waren jedoch der Ansicht, er sei eine der treibenden Kräfte hinter der intensiven Lobbyarbeit zur Verhinderung der Fusion gewesen.

Im April 2003 gelang es Murdoch endlich, sich den ersehnten Anteil am US-Satellitenmarkt zu sichern. Er verkündete, News Corp. werde einen Anteil von 19,9 Prozent an Hughes Electronics erwerben, einer Tochtergesellschaft von General Motors, die separat an der Börse gehandelt wurde. Außerdem werde er für 6,6 Milliarden in Bargeld und Aktien weitere 14,1 Prozent von anderen Aktionären und GM-Pensionsplänen übernehmen. Der kombinierte Anteil an

Hughes in Höhe von 34 Prozent verschafften News Corp. und seinem Tochterunternehmen Fox die Kontrolle über Hughes Sparte DirecTV, dem größten Satelliten-TV-Anbieter der USA. Bei Abschluss der Transaktion plante News Corp. diesen Anteil auf die Fox Entertainment Group zu übertragen, einer separat gehandelten Aktie, die News Corp. 1998 ausgegliedert hatte und an der der Konzern mit mehr als 80 Prozent beteiligt war.

Murdoch war von dieser Transaktion hellauf begeistert und prognostizierte unverzüglich, der Erfolg von News Corp. im ausländischen Satelliten-TV-Geschäft würde sich auf ähnliche Weise in den USA wiederholen. „Die Nutzen werden sich fast unmittelbar bemerkbar machen – im Wettbewerb werden wir den amerikanischen Fernsehzuschauern nun auch Kabel sowie eine größere Auswahl anbieten, und wir werden für die Aktionäre von Fox, News Corp. und Hughes Wert generieren", gab er in einer Pressemitteilung bekannt.[13]

Murdoch konnte gar nicht genug über die Vereinbarung schwelgen; es hatte den Anschein, als betrachte er diese Transaktion als die wichtigste, die er bis zu diesem Zeitpunkt realisiert hatte.

„Mit der Übertragung eines signifikanten Anteils an Hughes auf Fox schmieden wir den nach unserer Überzeugung führenden diversifizierten Unterhaltungskonzern des heutigen Amerika, mit führenden Sparten in den Bereichen Film, Fernsehen und Produktion, Kabelprogramme und nun auch Pay-TV", schloss Murdoch.[14]

Aber Murdoch wusste auch, dass ihm ein schwerer Kampf bevorstand, um die Genehmigung der US-Regulierungsbehörden zu erhalten. Schon seine Pläne, einen Anteil von EchoStar zu kaufen, waren auf erheblichen Widerstand gestoßen. Und Murdochs Rolle bei der Verhinderung der Fusion von EchoStar und Hughes hatte überdies dazu beigetragen, Ergen zu seinem erbitterten Feind zu machen. Alle sprach dafür, dass Ergen vehement dagegen vorgehen würde, dass Murdoch und News Corp. die kontrollierende Mehrheit an seinem Erzrivalen erhalten würden.

In dieser Erkenntnis ging Murdoch unverzüglich in die Offensive und verkündete lauthals die potenziellen Nutzen seiner geplanten Transaktion für die US-Verbraucher, in dem Versuch, jedwede Befürchtung zu zerstreuen, News Corps schnell wachsendes Medienimperium könne den Wettbewerb beeinträchtigen.

„Die Kombination der wertvollen Inhalte von Fox und der Vertriebsplattform von DirecTV wird den Verbrauchern erheblichen Nutzen bringen und die Geschäfte beider Unternehmen in Zukunft auf großartige Weise steigern. Angesichts unseres Know-hows, das wir in fast fünfzehn Jahren mit unseren weltweiten Pay-TV-Plattformen gewonnen haben, einschließlich dem Marktführer BSkyB, vertrauen wir auf unsere Fähigkeit, diese neue Sparte in kürzester Zeit, zum Nutzen aller und auf eine Weise auszubauen, der mit dem Wettbewerbsgeist im Einklang steht, der News Corp. seit einem halben Jahrhundert leitet. Vom ersten Tag an haben wir zugesichert, unsere Programme für Multi-Channel-Distribution zu diskriminierungsfreien Preisen verfügbar zu machen, und gleichzeitig die DirecTV-Plattform für alle konkurrierenden Programmanbieter zu öffnen", sagte Murdoch am Tag der Bekanntgabe der Transaktion.[15]

Letztlich hatte Murdoch keine Probleme, die Regulierer von der Genehmigung der Übernahme der Hughes-Anteile zu überzeugen. Am 19. Dezember 2003 gaben sowohl das Justizministerium als auch die Federal Communications Commission ihre Zustimmung. Drei Tage später wurde die Übernahme vollzogen. Endlich hatte Murdoch, was er seit Jahren angestrebt hatte: Zugang zum US-Vertriebsmarkt für Satelliten-TV. Dabei handelte es sich einerseits um ein lukratives Geschäft, aber andererseits auch um ein Mittel, um den konzerneigenen Kabelprogrammkanälen, wie zum Beispiel Fox News, FX und den regionalen Sportkanälen einen wichtigen Verbündeten zur Verhandlung günstiger Carriage Fees zu verschaffen.

Murdoch war völlig aus dem Häuschen, dass er nun endlich Kontrolle über das US-Satellitengeschäft erhalten hatte. In seiner Rede, die er zwei Monate vor Erhalt der offiziellen Genehmigung auf der Jahreshauptversammlung gegenüber den Aktionären hielt, sagte er, mit dem „antizipierten Abschluss der DirecTV-Transaktion erreichen wir den Höhepunkt unserer langjährigen Verfolgung des Ziels, das fehlende Verbindungsstück in einer globalen Satelliten-TV-Plattform zu bieten, die sich über vier Kontinente erstreckt und zu ihrem Starttermin 23 Millionen Abonnenten hat. All das wird uns nach meiner Überzeugung die perfekte Balance für ein Medienunternehmen, die richtige Mischung aus Abonnements und Werbeeinnahmen und eine geografische Abdeckung geben, mit der bis heute kein Medienunternehmen mithalten kann."[16]

Doch kurz nachdem News Corp. die Kontrollmehrheit an DirecTV erworben hatte, geschahen merkwürdige Dinge. Der Wettbewerb im Markt für Kabel- und Satelliten-TV wurde wesentlich intensiver, als Murdoch sich jemals vorgestellt hatte, und sein alter Freund John Malone begann wie ein Aktionär zu handeln, der mehr als nur ein passives Interesse an dem Erfolg des Unternehmens hat.

Als News Corp. seinen Anteil an Hughes Electronics erwarb, das anschließend in The DirecTV Group umbenannt wurde, stellte sich Murdoch vor, DirecTV würde in der Lage sein, sich im Markt für Breitbandinternet effektiv gegenüber Kabel behaupten zu können.

In seiner Aussage vor dem Justizausschuss des Repräsentantenhauses im Mai 2003 im Rahmen einer Anhörung zum Wettbewerb in der Satelliten-TV-Industrie, erwähnte Murdoch, dass News Corp. plane, einer der führenden Anbieter von Hochgeschwindigkeits-Internetdiensten für alle Abonnenten zu werden.

„News Corp. wird aggressiv darauf hinarbeiten, auf den Diensten, die Hughes bereits anbietet, aufzubauen, um in den gesamten USA und vor allem in ländlichen Gebieten Breitband verfügbar zu machen.

Breitbandlösungen für alle Amerikaner könnten aus einer Partnerschaft mit anderen Satelliten-Breitbandanbietern, DSL-Anbietern oder neuen potenziellen Breitbandanbietern stammen, die Breitband über Stromnetz nutzen, sowie aus anderen neuen Technologien. News Corp. ist davon überzeugt, dass es überaus wichtig ist, dass die Verbraucher dynamische Breitbandoptionen haben, die in Bezug auf Leistungsfähigkeit, Qualität und Preis mit den Video- und Breitbanddiensten der Kabelkanäle mithalten können", so Murdoch.[17]

Zu diesem Zweck verkündeten DirecTV und der Telekomgigant Verizon Communications im Januar 2004 die Gründung einer Partnerschaft, in der Verizon Pakete aus Telefon- und Internetleistungen anbieten würde, ergänzt durch Satelliten-TV-Dienste von DirecTV. EchoStar hatte eine ähnliche Vereinbarung mit SBC Communications, dem Baby-Bell-Telefonunternehmen, das später AT&T und Bell South kaufen und in AT&T umfirmieren sollte.

Das Problem für Murdoch war jedoch, dass sich die Telefonunternehmen nicht damit zufrieden gaben, Pakete aus Telefon- und Hochgeschwindigkeits-Internetdiensten (DSL), kombiniert mit Satelliten-TV zu schnüren. Führende Kabelanbieter wie Comcast, Time Warner Cable, Cox, Charter Communications und Cablevision machten sich daran, Verizon und AT&T anzugreifen, indem sie neben ihren Standard-Videoservices und einem schnellen Breitbandinternetanschluss ihre eigenen digitalen Telefondienste anboten.

Dieser sogenannte „Triple Play" aus audiovisueller Unterhaltung (TV und On-demand Video), IP-Telefonie und Internet stellte für viele Verbraucher ein überzeugendes Angebot dar. So holten die Telefonunternehmen zum Gegenangriff aus, und zwar nicht nur, um die Verluste in ihrem angestammten Brot- und Buttergeschäft auszugleichen, sondern auch um zu versuchen, den Kabelanbietern Video- und Breitbandkunden abzujagen.

Im Jahr 2005 startete Verizon seinen eigenen TV-Dienst unter dem Namen FiOS TV, der über ein Glasfasernetz lief, in dessen Aufbau Verizon mehrere Milliarden Dollar investiert hatte. Währenddessen war auch AT&T (damals noch unter dem Namen SBC bekannt) eifrig dabei, sein eigenes Glasfaser-TV-Netz mit der Bezeichnung U-verse aufzubauen. Plötzlich war der Bedarf der Telefongesellschaften an einer Partnerschaft mit DirecTV nicht mehr so groß. Und nicht nur das: Die neuen TV-Dienste der Anbieter Verizon und AT&T sollten DirecTV und EchoStar sowie den etablierten Kabelgiganten Konkurrenz machen.

Diese neue Welle an Wettbewerbern verursachte DirecTV Probleme. Manche Investoren, die das Gefühl hatten, das Unternehmen gebe zu viel Geld aus, um neue Abonnenten zu gewinnen und investiere zu wenig in Kundenbindung, waren von den Gewinnmargen für 2004 enttäuscht. Im vierten Quartal 2005 berichtete das Unternehmen, die Zahl der neuen Abonnenten sei hinter den Börsenerwartungen zurückgeblieben. DirecTVs Aktienkurs konnte sich 2004 mühselig halten und gab im darauffolgenden Jahr um 15 Prozent nach.

Bill Jacobs, Analyst von Oakmark Funds, einer großen Investmentfonds-Familie mit Sitz in Chicago und Anteilseigner an DirecTV sagte im März 2006, ein Weg zur erfolgreicheren Bewältigung der Wettbewerbsherausforderungen seitens der Kabel- und Telefonunternehmen bestünde darin, erneut Gespräche mit EchoStar über eine mögliche Zusammenarbeit aufzunehmen.

Jacobs glaubte, es sei für DirecTV inzwischen möglicherweise einfacher, EchoStar zu kaufen, da die neuen TV-Angebote der Telefongesellschaften Verizon und AT&T die Argumentation erschwerten, eine Fusion zwischen DirecTV und EchoStar würde gegen die Kartellgesetze verstoßen. Er räumte ein, dass die langwährende Feindschaft zwischen Murdoch und Ergen eine Zusammenarbeit komplizierter machte, aber er meinte, beide wären möglicherweise in der Lage, ihre Differenzen beizulegen und sich auf ihre gemeinsamen Feinde im Telekommunikations- und Kabelgeschäft zu konzentrieren.

„Anscheinend ist die Beziehung zwischen Ergen und Murdoch inzwischen wesentlich besser. Beide betrachten Breitband als Goldgrube. Ich glaube, es wäre sinnvoll, wenn sie zusammenarbeiten würden", so Jacobs. Dennoch kam es zwischen beiden Unternehmen nie zu ernsthafteren Gesprächen über eine Allianz oder gar eine Fusion, und beide sahen zu, wie die Telefon- und Kabelgesellschaften ständig neue Abonnenten hinzugewannen.[18]

Murdoch erfuhr eine gewisse Erleichterung angesichts der Tatsache, dass sich DirecTVs Schicksal dank einer konzertierten Anstrengung zur Gewinnung profitablerer Kunden (durch die Aussortierung von potenziellen Kunden mit einer negativen Kredithistorie) im Jahr 2006 wendete. Darüber hinaus begannen sich DirecTVs Investitionen in hochauflösende Satelliten auszuzahlen, da das Unternehmen nun in der Lage war, mehr HD-Kanäle anzubieten, als seine Telefon- und Kabelkonkurrenten – ein Vorteil, den DirecTV in seinen Marketingkampagnen hervorhob.

Doch das kam für Murdoch ein wenig zu spät. Ende 2006 stand er in Bezug auf DirecTV vor einer Entscheidung, die er sich 2003 nicht hätte träumen lassen ... nämlich seinen Anteil am US-Satellitenmarkt entweder abzustoßen oder zu riskieren, dass er die Kontrolle über seinen gesamten Konzern an Malone verlor. Die Entscheidung lag auf der Hand.

Zurück im Januar 2004, nur einen Monat nachdem News Corp. die Übernahme eines Anteils an DirecTV abgeschlossen hatte, machte Malone den ersten seiner wiederholten Vorstöße, um Murdoch zu zeigen, dass er ein größeres Mitspracherecht bei den Entscheidungen verlangte, die News Corp. betraf.

Am 21. Januar 2004 gab Malones Liberty Media öffentlich bekannt, dass es einen Anteil von 17 Prozent und – und das war für Murdoch von größtem Interesse – 9,15 stimmberechtigte Anteile an News Corp. erworben hatte. Liberty Media hatte 22 Millionen Anteile mit vollem Stimmrecht gekauft und tauschte seine Anteile mit begrenztem Stimmrecht gegen stimmberechtigte Anteile ein, sodass es insgesamt 48 Millionen stimmberechtigte Anteile hielt. Außerdem besaß Liberty Media weitere 210,8 Millionen Anteile mit begrenztem Stimmrecht. Als Ergebnis dieser Transaktion war Liberty nun der größte Aktionär von News Corp. und besaß nach der Murdoch-Familie die meisten Stimmrechte.

Liberty äußerte keine öffentliche Unzufriedenheit über News Corp. oder Murdoch, als es seine neue Beteiligung am Konzern bekannt gab. „Wir haben eine Chance zum Austausch nicht stimmberechtigter gegen stimmberechtigte Aktien zu einem attraktiven Preis genutzt, um zum zweitgrößten stimmberechtigten Aktionär eines der führenden Medienkonzerne der Welt zu werden", sagte Robert Bennett, Präsident und CEO von Liberty Media in einem Kommentar, und fügte hinzu: „News Corp. ist eines der wirklich globalen Medienunternehmen und wir freuen uns sehr, dass wir unsere substanzielle Beteiligung an News Corp. zu einer größeren und stimmberechtigten Eigentümerschaft ausbauen konnten."[19]

Für Medienanalysten war jedoch klar, dass Malone und Liberty versuchten, Murdoch zum Verkauf einiger Vermögenswerte von News Corp. zu zwingen, die Malone für sein eigenes Medienimperium, namentlich DirecTV haben wollte. Im Wesentlichen signalisierte Malone seine Bereitschaft, die stimmberechtigten Aktien an News Corp. wieder abzugeben, falls News Corp. ihm einige der Vermögenswerte abtreten würde, die er für sein eigenes Unternehmen haben wollte.

Malone bestätigte diese Vermutung in einem Interview mit der *Financial Times* im April 2004. „Es gibt bestimmte Vermögenswerte, die nach unserer Einschätzung besser zu Liberty passen würden, als zu News Corp.", sagte Malone. „Im Gegenzug für diese Assets könnten wir einen kleinen Teil unserer News-Corp.-Aktien abgeben."[20]

Diese Konfrontation kam für News Corp. zu einem ungünstigen Zeitpunkt, da der Konzern soeben seine Pläne bekannt gegeben hatte, seine Konzernzentrale von Australien in die USA zu verlegen – eine Entscheidung, von der Murdoch hoffte, dass sie seinem Unternehmen den Zugang zu den Kapitalmärkten der USA erleichtern und die Attraktivität des Unternehmens für potenzielle US-basierte Geldanlagegesellschaften steigern würde. Diese Entscheidung löste in seinem Heimatland Australien zum Teil Verärgerung aus, weil die Umsiedlung des Konzerns in die USA von einigen als Zeichen gewertet wurde, dass Murdoch den australischen Markt nicht mehr länger als wichtig erachtete.

Murdoch hatte also die wenig beneidenswerte Aufgabe, sowohl die langfristigen Investoren in Australien davon abzuhalten, ihre Aktien zu verkaufen, und sie davon zu überzeugen, dass er ihnen nicht den Rücken kehrte, als auch gleichzeitig eine aller Wahrscheinlichkeit nach hässliche Auseinandersetzung mit Malone über die Zukunft des Konzerns zu verhindern.

Am Ende gelang es Murdoch, die Unterstützung seiner Aktionäre für die Verlegung der Konzernzentrale in die USA zu gewinnen, was am 26. Oktober 2004 geschah. Doch schon am 3. November 2004 feuerte Malone die nächste Salve ab, indem er verkündete, Liberty Media plane einen Aktientausch mit Merrill Lynch, in dessen Rahmen er Merrill Lynch 84,7 Millionen nichtstimmberechtigte Aktien von News Corp. im Austausch für voll stimmberechtigte Aktien der Klasse B überlasse. Dieser Schritt würde Malone einen stimmberechtigten Anteil von 17 Prozent an News Corp. einräumen, womit es Murdoch noch schwerer haben würde, die uneingeschränkte Kontrolle über das Unternehmen zu wahren.

Dieser Schachzug brachte Murdoch in Rage, und es dauerte daher nicht lange, bis er zum Gegenangriff überging. Am 8. November 2004, nur drei Tage vor der Reincorporation des Konzerns in die USA, gab er einen sogenannten „Stockholder Rights Plan" bekannt, der an der Börse auch als „Giftpille" bezeichnet wird.

Giftpillen zielen darauf ab, unfreundliche Übernahmeangebote abzuwehren, und mit der Umsetzung dieses Plans zeigte Murdoch, dass er ernsthaft befürchtete, Malone könne versuchen, noch mehr Anteile an News Corp. in seinen Besitz zu bringen, um eine Kontrollmehrheit zu erlangen. Als Teil der Giftpille sagte News Corp., falls ein Investor mehr als 15 Prozent an News Corp. erwerben wolle, hätten die bestehenden Aktionäre das Recht, mehr Aktien zu einem diskontierten Preis zu kaufen. Wenn ein Unternehmen den Markt auf diese Weise mit mehr Aktien überschwemmt, macht es das in der Hoffnung, eine Übernahme durch ein anderes Unternehmen zu verhindern, da der potenzielle Käufer plötzlich mit einem verwässerten Eigentumsanteil konfrontiert wäre und für den Erwerb der frisch gedruckten Aktien zudem mehr Geld aufbringen müsste.

In seiner Pressemitteilung über die geplante Giftpille sagte News Corp. ausdrücklich, der Stockholder Rights Plan sei eine Antwort auf Malones Vorgehen. „Am 3. November 2004, gleich nachdem das australische Bundesgericht News Corps Umsiedlung von Australien nach Delaware, USA genehmigt hatte, gab Liberty Media Corporation bekannt, dass es mit einem dritten Unternehmen eine Vereinbarung getroffen hat, die Liberty erlaubt, zusätzlich 8 Prozent der stimmberechtigten Aktien an News Corp. zu erwerben. Dieser Schritt wurde ohne jede Rücksprache oder vorherige Bekanntgabe an News Corporation unternommen. Aus diesem und anderen Gründen hat der Konzern einen Stockholder Rights Plan in Kraft gesetzt, der die besten Interessen aller seiner Aktionäre schützt."[21]

Einen Monat später reagierte Malone darauf mit der Bekanntgabe, dass der Aktientausch mit Merrill Lynch, der ursprünglich spätestens bis April 2005 stattfinden sollte, auf Mitte Januar vorgezogen wurde.

Nach diesem Schritt kam es fast zwei Jahre lang zu keinen öffentlichen Auseinandersetzungen zwischen den beiden Unternehmen, da Malone und Murdoch fern vom Licht der Öffentlichkeit versuchten, eine freundschaftliche Einigung zu finden, um dem Scharmützel ein Ende zu setzen. Im Dezember 2006 kamen News Corp. und Liberty Media schließlich zu einer Vereinbarung, die Murdochs sehnlichem Wunsch ein Ende setzte, ein ebenso wichtiger Marktteilnehmer im US-Satellitenmarkt zu werden, wie in Europa und Asien.

Am 22. Dezember 2006 gaben News Corp. und Liberty Media bekannt, Liberty werde seine gesamte Beteiligung an News Corp., die zum damaligen Zeitpunkt einen Anteil von 16 Prozent ausmachte, gegen News Corps Beteiligung an DirecTV – die inzwischen auf 38 Prozent gestiegen war –, drei der regionalen Fox-Sportkanäle und 550 Millionen Dollar Cash eintauschen.

News Corp. pries diese Vereinbarung in einem Kommentar als „ungeheure Wertsteigerung" für die Aktionäre, da dieser Tausch eine unmittelbare Gewinnsteigerung für News Corp. bedeute, dem Unternehmen ermögliche, DirecTV zu einer „attraktiven Bewertung auf steuerfreier Basis" zu verkaufen und im Wesentlichen einen Rückkauf der News-Corp.-Aktien für 11 Milliarden Dollar darstelle.[22] Mit keinem Wort wurde in dieser Mitteilung erwähnt, dass Murdoch einen tiefen Seufzer der Erleichterung ausstieß, weil er John Malone endlich los war.

In seiner eigenen Mitteilung versuchte Liberty Media jedoch, sich erhaben zu zeigen und zu demonstrieren, dass es keinerlei Ressentiments empfand. „Wir freuen uns sehr über den erfolgreichen, steuereffizienten Tausch unserer Beteiligung an News Corp. Unsere Investion in DirecTV wird für finanzielle, operative und strategische

Flexibilität sorgen", sagte Malone. Libertys Beteiligung an News Corp. hat für unsere Aktionäre einen überaus beeindruckenden Wert generiert, und wir danken Rupert Murdoch und dem Konzernmanagement."[23]

Als Murdoch anlässlich der McGraw-Hill-Medienkonferenz über die Entscheidung sprach, die Beteiligung an DirecTV zu verkaufen, klang er jedoch wie ein sitzengelassener Liebhaber, als er sich mit Missfallen über ein Unternehmen äußerte, das er nur drei Jahre zuvor als aufregendsten Vermögenswert unter den Myriaden von Unternehmen seines Konzerns gepriesen hatte.

„Das Problem mit Satelliten-TV in den USA ist, dass Breitband via Satellit nicht leistungsfähig ist. Irgendwann mag es hier einen technologischen Durchbruch geben, aber ich glaube nicht, dass das WiMax sein wird", sagte Murdoch mit Hinweis auf die überschwänglich gepriesene Drahtlostechnologie, die einige in der Kommunikationsindustrie als beste Methode zum Angebot von Hochgeschwindigkeitsinternet für die Massen bezeichneten.[24]

Murdoch fügte hinzu, der Wettbewerbsdruck durch Unternehmen wie AT&T, Verizon, Comcast und Time Warner würde wahrscheinlich eher noch zunehmen. Die Telefongesellschaften machten sich gerade daran, ihre Leistungspakete für Endverbraucher durch drahtlose Telefondienste zu ergänzen. Und die Kabelunternehmen wiederum waren eine Partnerschaft mit dem Telefonanbieter Sprint eingegangen, um ihre Angebote über digitale Telefonie, Video und Internet um Mobiltelefonie zu ergänzen.

„Es ist sehr schwer, mit der Attraktivität des Triple Play oder potenziell sogar des Quadruple Play – also der Erweiterung um mobile Dienste – von Kabel- und Telefonanbietern mitzuhalten", stellte Murdoch fest. Das war eines seiner seltenen Eingeständnisse einer Niederlage, das wahrscheinlich schon lange überfällig war, da sich die Medienexperten einig waren, dass News Corps Ausstieg aus dem amerikanischen Satelliten-TV-Markt eine weise Entscheidung war.[25]

Kurz bevor die Aktionäre von DirecTV im April 2007 über den Aktientausch zwischen News Corp. und Liberty Media abstimmen sollten, sagte Joseph Bonner, Analyst von Argus Research, die Trennung von DirecTV wäre für die Aktionäre von News Corp. nur von Vorteil, da dieser Schritt dem Konzern einen Ausstieg aus dem mörderischen US-Satelliten- und Kabel-TV-Markt ermögliche. Noch wichtiger war aber vielleicht die Tatsache, dass Murdoch und andere Topmanager von News Corp. sich nicht länger über Einmischungen seitens John Malone grämen mussten.

„Die Vereinbarung zwischen Liberty und News Corp. in Bezug auf DirecTV beendet die lang anhaltende Sorge über die zukünftige Entwicklung des Aktienkurses von News Corp. und die Kontrolle über das Unternehmen. Dieses Thema ist vom Tisch. News Corp. kann nach vorne blicken und muss keine Managementzeit mehr auf diese Fragen verwenden", stellte Bonner fest.[26]

Der vereinbarte Aktientausch steckte über ein Jahr in der Mühle der Regulierungsbehörden fest, doch nach einer gründlichen und langwierigen Überprüfung winkten das Justizministerium und die Federal Communications Commission die Vereinbarung im ersten Quartal 2008 durch. Am 27. Februar fand dann endlich der tatsächliche Tausch zwischen Malones Beteiligung an News Corp. und Murdochs Beteiligung an DirecTV statt.

Zu diesem Zeitpunkt stand noch nicht hundertprozentig fest, was dieser Aktientausch für die von Murdoch kontrollierte NDS Group, dem Technologielieferanten, dessen größter Kunde DirecTV war, bedeutete. Im Februar 2007 sagte David Richardson, Director of New Media and Business Development Liaison für die Content-Industrie von NDS, die Transaktion habe höchstwahrscheinlich keine Auswirkungen auf den Vertrag von NDS mit DirecTV.[27]

Dennoch hätte NDS Abhängigkeit von News Corp. zu einem Problem führen können, da DirecTV nicht mehr zu Murdochs Imperium gehörte; vielleicht war das einer der Gründe, warum das Unternehmen beschloss, 2008 der Börse den Rücken zu kehren. Richardson zufolge gewinnt das Unternehmen ständig neue Kunden außerhalb der News-Corp.-Familie hinzu. Nach seinen Worten gefällt den Medienunternehmen die Tatsache, dass NDS damit zufrieden ist, hinter den Kulissen zu agieren und seine Kunden auf Settop-Boxen, digitalen Videorekordern und anderen Produkten ihre eigenen Markennamen verwenden lässt, anstatt des Namens NDS.

„Wir liefern Infrastruktur. Wenn es eine Sache gibt, die uns heilig ist, dann, dass wir nicht mit unseren Kunden in Konkurrenz treten. TiVo scheiterte bei DirecTV, weil es das nicht begriffen hat", erklärte Richardson.[28]

Aus diesem Grund, so Richardson weiter, habe NDS auch mit anderen Medienunternehmen zusammengearbeitet. Es hat interaktive Spiele auf Basis von Zeichentrickfiguren aus Viacoms Nickelodeon entwickelt und die Technologie für ein mobiles digitales Medienabspielgerät einer Walt-Disney-Marke geliefert. Richardson gestand jedoch ein, dass sich der Umstand, dass News Corp. einer seiner Spitzenaktionäre ist, bei der Anbahnung von Partnerschaften gelegentlich als Hindernis erweist. „Versuche, Partnerschaften einzugehen, schlagen manchmal fehl", so Richardson.[29]

Und das ist wahrscheinlich eine passende Beschreibung dafür, wie Murdochs Geschäfte und Machenschaften, seine Partnerschaften, Fusionen und Akquisitionen gelegentlich daneben gehen können. Zwar gelang es Murdoch nicht, einer der führenden Marktteilnehmer im US-amerikanischen Vertriebsmarkt für Kabel-/Satelliten-TV zu werden, aber er war entschlossen, auf einem Gebiet, das vielleicht ein noch größeres Potenzial bot als Fernsehen, auf keinen Fall auf der Verliererseite zu enden: dem Internet. Murdoch mag den Kampf um Überlegenheit auf einem Teilgebiet verloren haben, aber er würde ganz bestimmt kein einfacher Mitläufer im Kampf um die Herrschaft über den PC, das Mobiltelefon und andere digitale Geräte sein. Murdoch war drauf und dran, von einer neuen Besessenheit gefangen genommen zu werden.

KAPITEL 6
Rupert 2.0

Googles erfolgreicher Börsengang im August 2004 verursachte zahlreichen Topmanagern großer Medienkonzerne und Investoren arges Kopfzerbrechen.

Innerhalb weniger Monate erreichte Google, die erfolgreichste Suchmaschine der Welt, einen Marktwert, der über dem Marktwert von News Corp. lag. Und Mitte 2005 übertraf sein Marktwert sogar den Wert von Walt Disney und Time Warner.

Der Empfang, den die Börse Google bereitete, war ein klares Signal, dass das große Dotcom-Sterben, das die Jahre 2000 bis 2002 geprägt hatte, definitiv vorbei war. Googles Geschäftsmodell des Verkaufs von Search- und Keyword-Advertising war ein Beweis dafür, dass das Internet für Werbemanager ein ernst zu nehmendes Medium war.

Für Unternehmen wie News Corp. bedeutete das, dass es sich auf die Aufholjagd machen musste. Die meisten Medienunternehmen verfügten über eine Webpräsenz, die allerdings bestimmte Grenzen hatte. Vor allem die Medienunternehmen unterhielten Websites für individuelle Marken. Disney hatte zum Beispiel die Websites ABC.com und ESPN.com. Viacom hatte MTV.com und Nickelodeon.

com, und News Corp. trat im Internet hauptsächlich mit den Sites Fox.com und den Websites seiner Zeitungen auf.

Die meisten Medienunternehmen hatten bis dahin jedoch lediglich ihre Zehen in die Internetgewässer eingetaucht, weil sie noch immer misstrauisch waren, ob der Online-Verkauf von Content und Werbung tatsächlich ein profitables Geschäftsmodell war. Und die katastrophalen Effekte der Fusion zwischen AOL und Time Warner waren eine ziemlich augenfällige Warnung, was einem „alteingesessenen" Medienunternehmen passieren konnte, wenn es einen Schluck vom Internet-Zaubertrank nahm und beschloss, sich in ein Unternehmen der „Neuen Medien" zu verwandeln.

Google veränderte jedoch die gesamte Landschaft. Sein Erfolg sowie der neue Auftrieb des Online-Portals Yahoo hob die Messlatte für alle Medienunternehmen. Diese konnten nicht länger tatenlos zusehen, wie sich Google, Yahoo und andere reine Internet-Medienorganisationen die Gewinne aus der zunehmenden Verschiebung der Werbeaktivitäten von den Medien Radio, TV und Print ins Netz einverleibten. Murdoch erkannte den neuen Trend und wusste, dass zügiges Handeln gefragt war.

„Vor zweieinhalb Jahren wurde mir plötzlich klar, dass die Print- und TV-Werbung in einer boomenden Wirtschaft nicht mehr so schnell wuchs wie in der Vergangenheit", sagte Murdoch in seiner Rede während der McGraw-Hill-Medienkonferenz im Februar 2007.[1]

Es kam daher nicht überraschend, dass News Corp. seine Online-Aktivitäten mit einer Vergeltungsmaßnahme begann. Im Sommer 2005 hatte Murdoch beschlossen, dass es sich News Corp. nicht leisten konnte zuzusehen, wie neue Wettbewerber seinem Unternehmen das Geschäft abjagten. Im Juli konvertierte Rupert zur neuen Religion – dem Internet – und richtete Fox und News Corp. neu aus.

„Murdoch verfügt über die Gabe, das Medien- und Kommunikationsgeschäft in seiner Gesamtheit zu verstehen", erklärte Sir Martin Sorrell, CEO der WPP Group, einer der weltgrößten Werbe- und PR-Agenturen im Juni 2006 im Rahmen einer von der Zeitschrift *Times* ausgerichteten Konferenz in Aspen, Colorado.[2]

„Heute kann sich kein Unternehmen ausschließlich auf das Zeitungsgeschäft konzentrieren oder ein reiner Zeitschriftenverlag sein; alle Medienbereiche wachsen zusammen", setzte Sorrell hinzu.[3]

Am 15. Juli 2005 verkündete News Corp., es bilde eine neue Geschäftseinheit mit der Bezeichnung Fox Interactive Media, abgekürzt FIM. Ursprünglich wurde diese Sparte gegründet, um die internen Webaktivitäten von News Corp. zu managen, einschließlich Fox.com, Foxsports.com, Foxnews.com sowie die Websites seiner individuellen lokalen TV-Stationen.

„Wir starten diese neue Sparte nach Monaten interner Untersuchungen und Diskussionen mit den Topmanagern der wichtigsten Konzernsparten", erklärte Murdoch zum Zeitpunkt der Bekanntgabe. „Der gesamte Vorstand ist davon überzeugt, dass kein anderes Medienunternehmen so erfolgreich unterschiedliche Inhalte entwickelt und Wege zu deren Verbreitung über jede erdenkliche Plattform an ein Massenpublikum auf der ganzen Welt gefunden hat wie wir. Wir sind davon überzeugt, dass sich dieser Erfolg auf das Internet übertragen wird. Wir glauben, dass der Zeitpunkt für die Gründung von FIM gekommen ist, und wir sind uneingeschränkt bereit, die Ressourcen zur Verfügung zu stellen, damit diese Sparte eines der führenden Webunternehmen wird."[4]

Das war jedoch lediglich ein Hinweis auf wesentlich größere Vorhaben, die News Corp. und Murdoch planten. Nur drei Tage später überraschte News Corp. die Wall Street mit der Ankündigung, es werde für 580 Millionen Dollar das relativ unbekannte Online-Medienunternehmen Intermix Media übernehmen.

Der größte Vermögenswert von Intermix war eine Social-Networking-Site mit der Bezeichnung MySpace, die gerade einmal zwei Jahre alt war. Social Networking war gerade erst dabei, sich in Online-Medienkreisen zu einem Schlagwort zu entwickeln, wobei sich MySpace schnell zu einer der beliebtesten Web-Destinationen für junge Netzsurfer (der bevorzugten Zielgruppe für Werbemanager) entwickelte, die mit Freunden chatten wollten.

MySpace hat zudem den Ruf, eine Website zu sein, die Musikbands wie R.E.M. und Nine Inch Nails bei der Bewerbung ihrer Alben bei einer jüngeren Zielgruppe unterstützt hat, und die unbekannten Bands eine Plattform bietet, um sich einen Namen zu machen.

Murdoch erkannte sofort, dass MySpace, neben seiner Eigenschaft als potenzieller Goldmine für Einnahmen aus Online-Werbung, auch eine wichtige Rolle als Medium zur Bewerbung der konzerneigenen TV-Shows, Filme und Bücher an eine Zielgruppe war, die sich über andere Kanäle nur schwer erreichen ließen.

„Die Marken von Intermix, wie zum Beispiel MySpace.com, gehören zu den begehrtesten Websites und richten sich an die gleichen Zielgruppen, die sich von den Nachrichten-, Sport- und Unterhaltungsangeboten von Fox angesprochen fühlen. Wir sehen hier eine große Chance, die Popularität der Websites von Intermix – vor allem MySpace – mit unseren bestehenden Online-Assets zu kombinieren, um den heutigen Internetnutzern eine noch befriedigendere Erfahrung zu bieten", sagte Murdoch zum Zeitpunkt der Akquisition von Intermix.[5]

Das war erst der Anfang von Murdochs veritabler Cyber-Shoppingtour. Zwei Wochen nach der Bekanntgabe der Übernahme von Intermix, verkündete News Corp., FIM werde Scout Media kaufen, dem das Online-Sportnetzwerk Scout.com gehörte, eine Website, die im Jahr 2001 mit finanzieller Unterstützung des ehemaligen Quarterbacks der Profi-Football-Liga NFL, Bernie Kosar, gegründet wurde.

Scout.com fokussierte sich auf Sportnachrichten für Highschool-, College- und Profisport und war daher eine gute Internetergänzung für die regionale Sportberichterstattung per Kabel-TV und Radio. News Corp. gab damals nicht bekannt, welche Summe es für Scout Media bezahlte; im Rahmen der Einreichung erforderlicher Unterlagen an eine US-Behörde – auch Regulatory Filing genannt – wurde später jedoch bekannt, dass der Kaufpreis 60 Millionen Dollar betragen hatte.

„Es gibt heute für unser Unternehmen keine größere Priorität als einen sinnvollen und profitablen Ausbau unserer Internetpräsenz sowie die richtige Positionierung zur gewinnbringenden Ausschöpfung der explosiven Zunahme der Breitbandnutzung, deren Anfänge wir gerade erleben", so Murdoch.[6]

Kaum einen Monat nach der Bekanntgabe der Übernahme von Scout Media, warf Murdoch erneut begehrliche Blicke auf potenzielle Übernahmekandidaten. Dieses Mal handelte es sich um den lukrativen Markt für Videospiele: Am 8. September 2005 kaufte News Corp. für 650 Millionen Dollar IGN Entertainment.

IGN besaß mehrere populäre Websites, die sich auf die Fans von Videospielen konzentrierten, darunter GameSpy, TeamXbox, 3D Gamers und GameStats.com. Außerdem gehörten dem Unternehmen die Sites Rotten Tomatoes, die Filmkritiken und -vorschauen bietet, sowie der Lifestyle-Guide AskMen.com, eine Art Online-Äquivalent der Männermagazine *GQ* und *Maxim*.

In einem Zeitraum von knapp drei Monaten gab News Corp. fast 1,3 Milliarden Dollar aus, um sich von einem eher symbolischen Marktteilnehmer im Online-Medienmarkt zu einem der größten Web-Medienunternehmen zu entwickeln. Murdoch war mit seinem neuen Internetspielzeug offensichtlich hochzufrieden.

„Wir sind in unseren Anstrengungen zur Erreichung zweier zentraler strategischer Ziele, nämlich eine führende und profitable Internetpräsenz aufzubauen, ein ganzes Stück weiter gekommen. Erstens ist es uns gelungen, unsere Online-Reichweite signifikant zu steigern", verkündete Murdoch nach dem Kauf von IGN stolz. „Zweitens haben wir unsere Strategie vorangetrieben, die einzigartigen Kompetenzen unseres Unternehmens auf den Gebieten Nachrichten, Sport und Unterhaltung gewinnbringend zu nutzen und zu einer führenden Internetdestination zu machen. Durch die Akquisition von IGN und seiner überzeugenden Websites, verfügen wir nun über erstklassige Unterhaltungssites, die eine hervorragende Ergänzung für FOXSports.com und unsere unzähligen anderen neuen Websites darstellen", fügte Murdoch hinzu.[7]

Zwar haben sich einige Medienanalysten kritisch über die Summe geäußert, die Murdoch für den Aufbau seines Webimperium investieren musste, andere hielten jedoch dagegen, News Corp. gelinge die Transformation von einem „Medienfossil" zu einem der aggressivsten großen Online-Medienkonzerne, und diese Transformation rechtfertige die 1,3 Milliarden Dollar durchaus.

„News Corp. wird wahrscheinlich zu den wenigen Gewinnern auf den Gebieten Social Networking und nutzergenerierte Inhalte sein. MySpace war ein Leckerbissen für Rupert Murdoch", sagte Andrew Metrick, Professor für Finanzen an der Wharton School der University of Pennsylvania, der auf das Thema Risikokapitalinvestitionen spezialisiert ist.[8]

Auf der Jahreshauptversammlung 2005 beschrieb Murdoch in seiner Ansprache an die Aktionäre seine neue Internetbesessenheit. „Dem Verbraucher mehr Auswahlmöglichkeiten zu bieten, ist genau das, was unser Unternehmen anstrebt. Und es gibt kein besseres Medium mit einer größeren Auswahl als das Internet. Aus diesem Grund sind wir von den Chancen und Herausforderungen, die das Internet bietet, so fasziniert. Wir erleben derzeit einen fundamentalen Wandel. Mit relativ bescheidenen und extrem fokussierten Investitionen ist es uns dieses Jahr gelungen, eine spezielle Internetsparte aufzubauen und weitere Internetunternehmen zu übernehmen, die uns augenblicklich mehrere zehn Millionen neue Kunden beschert und ganz nebenbei die Transformation unseres Unternehmens begonnen haben", sagte Murdoch und fügte hinzu, „Wir verfügen nun über die schlagkräftigste Kombination aus relevanten Inhalten und einer kritischen Masse an Zielkunden, um eine reale und profitable Präsenz im Web aufzubauen."[9]

Damit war News Corps Hunger auf digitale Medienassets jedoch längst nicht gestillt. Im September 2006 verkündete der Konzern, er werde für 188 Millionen Dollar von dem Technologieanbieter VeriSign die Kontrollmehrheit an Jamba!, einem führenden Anbieter von Spielen, Klingeltönen und weiteren Unterhaltungsmerkmalen für Handys und andere mobile Geräte übernehmen. Anschließend fusionierte News Corp. Jamba! mit seiner eigenen Sparte Fox Mobile Entertainment.

Im Mai 2007 kaufte FIM mit Photobucket und Flektor zwei populäre Foto-Hosting-Websites. Auf diese Transaktion folgte im Dezember 2007 der Kauf von Beliefnet, einer Online-Community, die sich auf die Nachrichtenberichterstattung über verschiedene Glaubensrichtungen, Religionen und Spiritualität konzentriert.

Viele an der Wall Street glauben, News Corp. sei noch nicht damit fertig, die Elemente seiner Internetstrategie zusammenzufügen. Mehrere Analysten spekulieren darüber, News Corp. könne eines Tages ein Übernahmeangebot für das privat geführte Unternehmen LinkedIn unterbreiten, das eine Networking-Website für Geschäftsleute betreibt (diese Site gilt auch als „MySpace für Erwachsene"), sowie für Monster Worldwide, ein börsennotiertes Unternehmen, dem das Online-Karriereportal Monster.com gehört. News Corp. hat jedoch jedes Interesse an einem der beiden genannten Unternehmen dementiert.

Einige Analysten halten Murdoch und anderen Topmanagern von News Corp. zugute, dass sie MySpace weitgehend unverändert gelassen und dessen CEO und Mitgründer Chris DeWolfe die Freiheit gewährt haben, die Website auf dieselbe Weise zu betreiben wie vor der Akquisition.

„News Corp. und Fox erkennen, wie wichtig es ist, dass sie den Nutzern ermöglichen, sich ungestört mit ihren Freunden auszutauschen, ohne das Gefühl zu haben, ‚Big Brother ist watching you'", sagt Emily Riley, Analystin von Jupiter Research, das Social-Networking-Sites beobachtet. „Sie wissen, wie viele Wettbewerber ihnen gerade auf den Fersen sind, also tun sie alles, um ihre Nutzer nicht zu vertreiben."[10]

Im Juni 2006 sagte DeWolfe im Rahmen einer von der Zeitschrift Fortune ausgerichteten Brainstorm-Konferenz, der Schlüssel des fortgesetzten Erfolgs von MySpace liege darin, dass die Site nicht den Eindruck erwecke, als würden die Entscheidungen nun von Murdochs Launen diktiert.

„Alles, was wir seit der Gründung von MySpace getan haben, ist stets in Erfüllung der Wünsche unserer Nutzer geschehen. Wenn wir ihren Bedürfnissen treu bleiben und Veränderungen richtig vollziehen, werden wir auch weiterhin erfolgreich sein", erklärte DeWolfe.[11] Selbstverständlich heißt das nicht, dass MySpace sich dem Einfluss von News Corp. vollständig entziehen kann. DeWolfe räumte ein, MySpace werde bis zu einem gewissen Grad zur Verbreitung der Fox-Inhalte genutzt, wie Murdoch es beim Kauf von Intermix ursprünglich vorgehabt hatte.

„Es gibt umfangreiche Synergien. Wenn Menschen an News Corp. denken, fallen ihnen vielleicht zuerst die Fox-Kanäle und Fox News ein", sagte DeWolfe. „Es gibt ein großes Potenzial für interessante Werbemöglichkeiten und einen medienübergreifenden Austausch von Inhalten."[12]

MySpace ist unter dem Dach von News Corp. weiter gewachsen, so wie auch alle anderen Online-Assets, die Murdoch erworben hat. MySpace hat nun Ableger in mehr als 20 Ländern; seit 2006 hat es auch Japan und China erobert. Im Februar 2007 sagte Murdoch im Rahmen der McGraw-Hill-Medienkonferenz, die Zunahme an Nutzern und Traffic entwickele sich schneller als erwartet, und sagte, „wir mussten fast auf die (Wachstums-)Bremse treten", vor allem in internationalen Märkten.

„Die Werbeumsätze sind von praktisch null auf mehr als 25 Millionen Dollar pro Monat gestiegen", so Murdoch.[13]

In einer Telefonkonferenz zur Gewinnberichterstattung im August 2007 teilte Murdoch den Investoren mit, er erwarte, dass die Sparte Fox Interactive Media, zu der auch MySpace gehört, für das Jahr 2008 einen Umsatz von mehr als 1 Milliarde Dollar und einen Betriebsgewinn von mehr als 20 Prozent erwirtschafte.[14]

Weiterhin sagte Murdoch, er glaube, Fox Interactive Media könne innerhalb der nächsten drei bis fünf Jahre mehr als 10 Prozent der Gesamtumsätze des Konzerns generieren und sich zum stärksten Motor für das Gewinnwachstum des Konzerns entwickeln. Um diese Aussage in die richtige Perspektive zu rücken, muss hier erwähnt werden, dass die Analysten von News Corp. für das Fiskaljahr, das im Juni 2010 endet, einen Jahresumsatz in Höhe von 36,8 Milliarden erwarten. Damit sich Murdochs Umsatzprognosen bezüglich der Sparte FIM erfüllen, müssten die Umsätze – für 2008 wird 1 Milliarde Dollar erwartet – bis 2010 auf 3,7 Milliarden Dollar steigen und sich somit beinahe vervierfachen.[15]

Das ist wahrscheinlich keine realistische Einschätzung. Ein großes Fragezeichen, das seit dem Kauf von MySpace über News Corp. und Murdoch schwebt, betrifft die Ungewissheit, ob MySpace oder irgendein anderes der Online-Assets, die der Konzern unter dem Dach der Sparte FIM angesiedelt hat, jemals Umsätze und Gewinne in Milliardenhöhe generieren werden, die nötig sind, um den jeweiligen Kaufpreis dieser Vermögenswerte zu rechtfertigen.

Ein großer Teil der Umsatzströme von MySpace stammen jedoch aus einer Partnerschaft mit Google, die MySpace im August 2006 bekannt gab. Als Teil dieser Vereinbarung wurde Google zum exklusiven Lieferanten von Search- und Keyword Advertising auf der Website von MySpace und den meisten anderen FIM-eigenen Websites.

Diese Partnerschaft setzte voraus, dass News Corp. vom ersten Quartal 2007 bis zum zweiten Quartal 2010 Einnahmen aus den geteilten Umsätzen in Höhe von mindestens 900 Millionen Dollar erhalten würde. Diese Vereinbarung galt weithin als großer Sieg für News Corp. und als Beweis, dass MySpace mehr als nur eine coole Website für junge Müßiggänger war; vielmehr war es eine solide Umsatz- und Gewinnmaschine. In einer Telefonkonferenz zur Gewinnberichterstattung im Februar 2007 sagte Murdoch, er wäre „schockiert", falls der größte Teil der Einnahmen aus dieser Vereinbarung keinen positiven Effekt auf den Gewinn von MySpace und News Corp. hätten.

Die Analysten waren mit dieser Entwicklung sehr zufrieden und priesen News Corp. und Murdoch für die Demonstration, dass MySpace ein legitimes Geschäftsmodell verfolgte. „Nun, da sich die Effekte der Google-Partnerschaft zur Aufteilung der Werbeeinnahmen auf MySpace zu zeigen beginnen, sollte sich diese Partnerschaft bewähren. MySpace hat ein gesundes Wachstum", sagte David Joyce, Medienanalyst der Börsenfirma Miller Tabak + Company, der News Corp. beobachtet.[16]

Doch schon kurz nach den ersten Zahlungen von Google an News Corp. wurden Gerüchte laut, Google sei mit der Vereinbarung bereits unzufrieden, da Social-Networking-Sites, wie zum Beispiel MySpace, anscheinend nicht die Werbeumsätze für Google generierten, die sich das Unternehmen ursprünglich erhofft hatte.

In einer Telefonkonferenz mit Analysten und Investoren im Januar 2008 nannte Google-Mitgründer Sergey Brin in der Diskussion über die Gründe, die dazu geführt hatten, dass Google im vierten Quartal 2007 die von der Börse erwarteten Gewinnziele verfehlt hatte, als Hauptgrund die schlechten Werbeergebnisse seitens seiner Social-Networking-Partner.

Zunächst räumte Brin nur „Herausforderungen" im Zusammenhang mit seinen Social-Networking-Partnern ein, sagte aber, er wolle sich nicht über die „Leistungen individueller Partner oder ähnliches äußern."[17] Auf eindringliche Nachfragen zu den Details der Gründe, die dafür verantwortlich waren, dass die Einnahmen aus Social-Networking-Werbung hinter den Erwartungen zurückblieben, nannte Brin MySpace als einen der größten Networking-Partner seines Unternehmens. Außerdem äußerte er sich ziemlich verhalten über die Aussichten, dass Werbeeinnahmen aus Social-Networking-Sites für Google jemals ein großer Markt sein könnten.

„Ich glaube nicht, dass wir die unschlagbar beste Methode zur Werbevermarktung und Generierung von Werbeeinnahmen über soziale Netzwerke gefunden haben. Wir machen viele Experimente und haben einige wichtige Verbesserungen erzielt, aber wie ich schon sagte, einige der Dinge, an denen wir im vierten Quartal gearbeitet haben, haben sich nicht wie erwartet entwickelt und Anlass zu Enttäuschungen gegeben. Ich hoffe, dass ich in Zukunft über bessere Fortschritte berichten kann", sagte Brin.[18]

Murdoch und Chernin begegneten diesen Äußerungen in einer Telefonkonferenz zur Gewinnberichterstattung im Februar 2008 mit dem Satz, sie machten sich keine Sorgen. Murdoch betonte noch einmal, News Corp. habe „klug in Social Networking investiert", während Chernin sagte, MySpace gewinne an Dynamik, was die Werbeaktivitäten von Unternehmen betreffe.[19]

Und auch auf einer von Bear Stearns ausgerichteten Medienkonferenz im März 2008 äußerte sich Murdoch positiv über die Perspektiven von MySpace und die Partnerschaft mit Google. Seinen Worten zufolge könne MySpace für News Corp. zu einer „anderen Form echter zielgerichteter Werbung" werden. Mit Hinblick auf Google sagte Murdoch lediglich, „wir sind glücklich, dass Google mit im Boot ist. Google übernimmt für uns Search Advertising und bezahlt uns gut dafür."[20]

Trotz Murdochs strahlender Kommentare blieb jedoch ungewiss, wie lange die Dynamik von MySpace bei Werbemanagern anhalten würde. Neben den Problemen, die Google damit hatte, in der Anfangsphase seiner Partnerschaft mit FIM Einnahmen aus dem Traffic von MySpace zu generieren, musste sich News Corp. auch Sorgen darüber machen, dass die Popularität von MySpace möglicherweise bereits ihren Zenith überschritten hatte.

Zwar ist der Traffic dieser Site dramatisch gestiegen, seit News Corp. Intermix im Jahr 2005 übernommen hat, aber die Zahlen des Web-Research-Unternehmens comScore zeigen, dass die Zahl der Seitenaufrufe und Einzelbesucher Anfang 2008 unter den Zahlen lagen, die noch wenige Monate zuvor erreicht wurden – ein Alarmsignal für jede Website und jedes Unternehmen, das sich angeblich noch in der frühen Phase eines explosiven Wachstums befindet.

Die Zahl der Einzelbesucher von MySpace betrug im Januar 2008 68,8 Millionen Besucher und lag damit fast 5 Prozent unter dem Allzeithoch von rund 72 Millionen im Oktober 2007. Und die Zahl der Seitenaufrufe im Januar betrug 43,4 Milliarden – 7 Prozent weniger als die Spitzenzahl von 46,5 Milliarden Seitenaufrufe in den USA im Juni 2007.

Auch der schleppende Start der Vereinbarung über die Aufteilung der Werbeeinnahmen zwischen Google und MySpace trug zu den wachsenden Spannungen zwischen Google und News Corp. bei. Im

März 2007 gab News Corp. bekannt, es werde sich mit GEs Sparte NBC Universal zusammentun, um ein Joint Venture für Online-Videos zu gründen. Diese Site, die später Hulu genannt wurde, wurde von vielen Online-Medienexperten als Frontalangriff auf Google und seine populäre Online-Videotochter YouTube gewertet, die Google im Oktober 2007 für fast 1,7 Milliarden Dollar übernommen hatte.

YouTube, das im Februar 2005 gegründet worden war, zog sich in kürzester Zeit den Zorn mehrerer traditioneller Medienkonzerne zu, weil viele seiner Nutzer urheberrechtlich geschützte Inhalte auf die Website geladen hatten. Viacom beschloss, die beste Methode, um Google und YouTube dazu zu bringen, ihre Site für Piraterie zu sperren, sei ein Gerichtsverfahren.

Im März 2007 kündigte Viacom an, es werde Google und YouTube wegen Verletzung des Urheberrechts verklagen und fordere eine Entschädigung in Höhe von 1 Milliarde Dollar. Im Juli 2008 war die Klage noch immer anhängig. News Corp. schloss sich dieser Klage jedoch nicht an. Vielmehr beschloss der Konzern, eine Partnerschaft mit NBC einzugehen, um eine Site zu gründen, die in der Finanzpresse oft als „YouTube-Killer" bezeichnet wurde.

Noch vor dem Start der Website tat Murdoch sein Bestes, um die Größenordnung der Bedrohung, die YouTube für News Corp. bedeutete, herunterzuspielen. Auf einer von Goldman Sachs organisierten Medienkonferenz im September 2006 – einen Monat bevor Google YouTube erwarb – sagte Murdoch, er sei sich sicher, in Kürze würde die Videosite von MySpace YouTube als größten Teilnehmer im Online-Videomarkt ablösen.

Im Februar 2007 verkündete er jedoch stolz, die Videosite von My-Space sei „eindeutig die Nummer zwei" nach YouTube. Er sagte allerdings auch, wenn man YouTube „sorgfältig" betrachte, handele es sich dabei „nicht wirklich um eine Community-Site", und er fügte hinzu, YouTube könne zwar eine „ziemlich hypnotisierende Erfahrung" sein, aber es stelle für die Wirtschaftlichkeit des Fernsehens oder MySpace keine echte Gefahr dar.[21]

Dies könnte sich allerdings als Wunschtraum erweisen, denn ein Vergleich der Traffic-Zahlen für MySpace und YouTube zeigen eindeutig, dass YouTube MySpace in vielerlei Hinsicht an Popularität übertrifft.

Laut den Zahlen von comScore wurden im Dezember 2007 auf den Google-eigenen Videosites 3,3 Milliarden Videos angesehen (mehr als 97 Prozent dieser Gesamtzahl stammten von YouTube). Das waren weit mehr als die 358,4 Millionen Videos, die im selben Zeitraum auf MySpace und anderen Sites von Fox Interactive Media betrachtet wurden. Googles Marktanteil betrug 32,6 Prozent, gegenüber lediglich 3,5 Prozent von FIM.

Das war eine Entwicklung, mit der Murdoch nicht hatte rechnen müssen, als er MySpace kaufte. Immerhin war YouTube erst wenige Monate alt und nur wenige gingen davon aus, dass der Austausch von Online-Videos ein wichtiges Geschäftsfeld werden würde – vor allem die Art von selbstgebastelten Amateurvideos, die sich bei YouTube großer Beliebtheit erfreuten. Als Murdoch im Juli 2005 die Akquisition von Intermix angekündigt hatte, hatte er das Wort „Video" in der Pressemitteilung daher nur ein einziges Mal erwähnt, verglichen mit sechs Hinweisen auf das Konzept „Social Networking".

Außerdem waren Murdoch und News Corps. bisher üblicherweise immer die Neulinge gewesen, die eine etablierte Industrie eroberten, diese aufmischten und schließlich oft als Gewinner daraus hervorgingen. Murdoch befand sich dieses Mal also in der unangenehmen Position, in einer neuen Branche, von der er geglaubt hatte, er habe sie bereits in der Tasche, die Verfolgerrolle einnehmen zu müssen. Zudem war Murdoch an den Luxus gewöhnt, Jahre wenn nicht Jahrzehnte zur Verfügung zu haben, um zu beweisen, dass sich ein Geschäftsvorhaben bewährte. Weder Fox noch Fox Business waren auf Anhieb erfolgreich. Das Internet erwies sich allerdings als ein Gebiet, das nach völlig anderen Mechanismen funktionierte. Neue Websites können über Nacht entstehen und sich zu einem Schlager entwickeln, und das ohne den Rückhalt großer Medienkonzerne wie News Corp.

Zudem schien es so, als müsse sich Murdoch nicht nur überlegen, wie er mit Google und YouTube gleichziehen, sondern auch, wie er seinen Wettbewerbsvorteil gegenüber Yahoo, Viacom, Microsoft, Time Warner und Disney behaupten kann. Yahoo hielt zum Beispiel einen Marktanteil von 3 bis 4 Prozent am Online-Videomarkt und lag damit nur knapp hinter FIM. Die anderen vier Unternehmen hielten jeweils einen Marktanteil zwischen 1,2 und 2,3 Prozent.

Noch beunruhigender für Murdoch war möglicherweise die Tatsache, dass YouTube laut den Zahlen von Nielsen/NetRatings – ein weiteres Unternehmen, das den Webtraffic misst – im Januar 2008 etwas mehr Einzelbesucher hatte, als alle Websites von Fox Interactive Media zusammen.

Murdochs Versuch, YouTubes Bedeutung als echten Konkurrenten herunterzuspielen, könnte einfach ein Zeichen dafür sein, dass er erkannt hat, dass das explosive Wachstumspotenzial von MySpace möglicherweise nur von kurzer Dauer ist. In anderen Worten: Wenn Murdoch nicht die Nummer eins in einer Kategorie sein kann, wird er versuchen, die Bedeutung dieses Umstands kleinzureden, damit hoffentlich keiner merkt, dass News Corp. nicht Marktführer ist. „Wir glauben, dass der Weg zum Erhalt der Werbeeinnahmen darin besteht, in allen unseren Aktivitäten die Nummer eins zu sein", sagte er auf einer Bear-Stearns-Konferenz im März 2008.[22]

Das Web bietet jungen ungeduldigen Verbrauchern einen Weg zum schnellen Wechsel zur nächsten aufregenden Neuheit. MySpace galt bei vielen ganz einfach als die Social-Networking-Modewelle, die der ehemals beliebten Website Friendster den Rang als wichtigste Social-Networking-Site ablief. Im Jahr 2007 stellte MySpace jedoch zunehmend fest, dass Google und Yahoo möglicherweise nicht die größte Gefahr darstellten. Vielmehr machte man sich Sorgen darüber, dass MySpace gegenüber Facebook, dem jüngsten Neuzugang im Social-Networking-Block an Popularität einbüßte.

„Für nicht wenige Nutzer ist MySpace bereits passé. Diese Zielgruppen sind ziemlich unstet", stellte Greg Sterling fest, Principal bei Sterling Market Intelligence, einer unabhängigen Marktforschungsgesellschaft mit Sitz in Oakland, Kalifornien, die auf die Analyse von Online-Werbetrends spezialisiert ist.[23]

Facebook begann als Social-Networking-Site, die sich vor allem bei Jugendlichen großer Beliebtheit erfreute. Das Unternehmen wurde von dem Wunderkind Mark Zuckerberg im Schlafsaal der Harvard University erfunden, als Zuckerberg gerade einmal 20 Jahre alt war. Facebook entwickelte jedoch schon bald ein Eigenleben und wurde über den College-Campus hinaus zu einem wichtigen Konkurrenten für MySpace.

Zudem nahmen Facebooks Popularität und Webtraffic seit Mai 2007 erheblich zu, als das Unternehmen ankündigte, es lasse externe Entwickler ihre eigenen Webapplikationen entwerfen, die innerhalb von Facebook laufen können. MySpace verfügte zu dem Zeitpunkt noch über kein eigenes Programm für Entwickler; erst im Oktober 2007 kündigte es eine eigene Plattform für diese Zielgruppe an. Wieder einmal – der Situation gegenüber YouTube nicht unähnlich – befand sich Murdoch in der unangenehmen Lage, den kreativen neuen Assen folgen zu müssen, anstatt seine eigene Spur zu ziehen.

Als Ergebnis erhielt Facebook sowohl von der Technologiepresse im Silicon Valley als auch der Wall Street wachsende Aufmerksamkeit. Gerüchten zufolge lieferten sich Microsoft und Google eine Schlacht um das höchste Gebot für einen Anteil an Facebook. Im Oktober 2007 setzte sich Microsoft mit seinem Angebot von 240 Millionen Dollar für eine Beteiligung an Facebook in Höhe von 1,6 Prozent schließlich durch. Diese Investition bedeutete, dass Facebooks Marktwert auf 15 Milliarden Dollar anstieg; mehr, als MySpace – und die gesamte Sparte Fox Interactive Media – nach Einschätzung der meisten Börsenanalysten wert war.

Angesichts Facebooks zunehmender Popularität reagierte News Corp. im Hinblick auf diese Website immer defensiver. Murdoch geht nicht gerne als Zweiter durchs Ziel. Auf der McGraw-Hill-Konferenz im Februar 2007 versuchte Murdoch, die wachsende Bedrohung durch Facebook herunterzuspielen, indem er sagte, der Social-Networking-Markt sei kein Nullsummenspiel, und es gebe Platz für MySpace und Facebook, da es wenig wahrscheinlich war, dass Teenager und junge Erwachsene ihre Profile auf einer Social-Networking-Site komplett löschen und alle Informationen noch einmal von vorne auf einer anderen Site eingeben würden.

„Zweifellos melden sich viele junge Leute und College-Studenten bei Facebook an. Aber das heißt nicht, dass sie nicht auch bei MySpace bleiben", sagte Murdoch.[24]

Im Juli 2007, gerade als sich Gerüchte breitzumachen begannen, Facebooks Marktwert bewege sich irgendwo zwischen 5 und 10 Milliarden Dollar, gab News Corp. eine Pressemitteilung heraus, die keinen anderen Zweck hatte, als daran zu erinnern, dass MySpace nach wie vor größer war als Facebook.

In dieser Mitteilung hieß es – ohne dass Facebook jemals erwähnt wurde –, MySpace ziehe mehr Nutzer an, als sein „engster Wettbewerber in der Kategorie Social Networking", und seine Nutzer besuchten die Site öfter und verbrächten dort mehr Zeit, als die Nutzer anderer Networking-Sites.

Murdoch selbst reagierte auf Fragen über den konkurrierenden Newcomer jedoch eher unwirsch. Bei einer Medienkonferenz von Goldman Sachs im September 2007 beantwortete er die Frage eines Analysten über Facebook, indem er die jüngsten Zahlen zu Online-Seitenaufrufen dieser Site nannte und erklärte, Facebook sei „unendlich viel kleiner als MySpace."[25]

Weiterhin griff er die nach seiner Meinung laxen Sicherheitsstandards für Facebook-Nutzer an. Er frotzelte: „Wenn Sie als Stalker ein junges Mädchen über Facebook verfolgen wollen, haben Sie es ausgesprochen leicht. Bei MySpace geht das nicht."[26]

Diese Kommentare überraschten viele in der Branche, da MySpace zusammen mit Facebook zu diesem Zeitpunkt, das heißt im Jahr 2007, aufgrund von Berichten über Erwachsene, die Social-Networking-Sites dazu nutzten, sich an Minderjährige heranzumachen, Zielscheibe der Kritik zahlreicher Staatsanwälte war.

Zwar unternahm MySpace von sich aus Schritte, um sicherzustellen, dass unangemessene Botschaften gelöscht und sexuell motivierte Übeltäter von der Website verbannt wurden, dennoch konnten sich MySpace und die Regierungsbehörden erst nach einigen Konflikten auf eine enge Zusammenarbeit einigen. Im Mai 2007 war MySpace bezüglich Informationen über Nutzer, die als Sexualstraftäter registriert waren, kurz in rechtliche Auseinandersetzungen mit acht Bundesstaaten verwickelt.

Zunächst weigerte sich MySpace, den acht Staaten die Namen und andere Details von 7.000 Nutzern mitzuteilen, deren Profil auf dieser Site aufgrund ihrer Vorstrafen gelöscht worden waren. Das Unternehmen argumentierte, da die Staaten diese Informationen lediglich in Briefform anstelle einer schriftlichen Aufforderung unter Strafandrohung verlangt hätten, sei es rechtlich nicht gezwungen, diese Daten auszuhändigen. Nach öffentlichen Protesten mehrerer Staatsanwälte und anhaltenden Verhandlungen erklärte sich MySpace schließlich bereit, die verlangten Informationen zu erteilen.

Danach verbesserte MySpace zügig die Sicherheit für seine Nutzer und entfernte die Profile von mehr als 29.000 vorbestraften Sexualstraftätern. Allerdings dauerte es noch bis Januar 2008, bis MySpace einen umfassenden Plan zur Kooperation mit den US-Bundesstaaten bezüglich der Nutzersicherheit ankündigte. Als Teil dieser Ankündigung versicherte MySpace, die Profile aller 16- und 17-jährigen Nutzer zu schützen – der bisherige Standard sah lediglich den Schutz der Profile der Nutzer im Alter von 14 und 15 Jahren vor – und erklärte sich außerdem bereit, ein Register über alle E-Mail-Adressen minderjähriger Nutzer zu erstellen, damit deren Eltern verhindern konnten, dass ihre Kinder mit diesen Adressen Profile bei MySpace oder anderen Social-Networking-Sites erstellten.

Dieser Plan fand sowohl bei den Staatsanwälten als auch bei Kinderschutzverbänden Anklang. Es ist allerdings mehr als merkwürdig, dass Murdoch Facebooks Sicherheitsstandards angriff, während MySpace zur selben Zeit mit genau diesen Problemen kämpfte und gerade erst begonnen hatte, dafür eine Lösung zu entwickeln.

Murdochs Kritik schien wenig mehr zu sein, als ein ausgezeichnetes Beispiel für Murdochs Angriffslust auf einen Wettbewerber, von dem er sich bedroht fühlt. Für jemanden, der behauptete, er mache sich wegen Facebook keine Sorgen, sprach er ziemlich viel über den vermeintlich unwichtigen Konkurrenten. Die Börse registrierte das, und einige Analysten äußerten die Befürchtung, MySpace' Popularität habe ihren Gipfel erreicht, und nun werde diese Site dasselbe Schicksal ereilen, das MySpace einst Friendster zugefügt habe. Diese Befürchtungen blieben nicht ohne Auswirkungen auf den Aktienkurs von MySpace.

Niemand bestritt, dass Facebook MySpace einen Teil seiner Popularität gestohlen hatte. Den Zahlen von comScore zufolge, kletterte die Zahl der durchschnittlichen monatlichen Einzelbesucher von Facebook zwischen April 2007 und Januar 2008 um 47 Prozent, und zwar von 23 Millionen auf 33,9 Millionen Besucher. Die Zahl der einzelnen MySpace-Besuche stieg im selben Zeitraum nur um 3 Prozent, das heißt von 66,8 auf 68,7 Millionen.

„Die Wachstumskurve von MySpace ist immer noch beeindruckend. Aber ein Teil des Geredes über News Corps schleppende Aktienkursentwicklung geht auf Befürchtungen über MySpace' Attraktivität gegenüber Facebook zurück", erklärte David Bank, Analyst von RBC Capital Markets.[27]

Vor diesem Hintergrund machte sich Anfang 2008 das Gerücht breit, News Corp. werde sich möglicherweise aus der Vereinbarung mit Google über die Aufteilung der Werbeeinnahmen aus MySpace verabschieden, um mit Microsoft eine neue Vereinbarung zu schließen. Darüber hinaus hieß es, News Corp. habe erneut Gespräche mit Googles Hauptkonkurrenten Yahoo über ein Joint Venture zwischen FIM und Yahoo aufgenommen, an dem News Corp. eine Minderheitsbeteiligung erhalten würde, die es ursprünglich im Sommer 2007 geführt hatte.

Aber Murdoch hat wiederholt und bestimmt versichert, er sei weder an einer Übernahme von Yahoo insgesamt noch an einer Ausgliederung von MySpace und Fox Interactive Media in ein separates Unternehmen interessiert. „Das ist zu diesem Zeitpunkt kein Thema", erklärte Murdoch in einer Telefonkonferenz zur Gewinnberichterstattung im August 2006 auf die Frage, ob er an einer Übernahme von Yahoo interessiert sei, und er fügte hinzu, er halte News Corp. für in der Lage, FIM „in entsprechender Zeit" in eine mächtige Online-Mediensparte zu verwandeln, die es mit Yahoo und Google aufnehmen könne.[28] Im Februar 2008 wiederholte er diese Äußerungen. „Wir werden definitiv kein Gebot für Yahoo abgeben. Im Moment besteht für uns keinerlei Interesse."[29] Murdoch fügte einen Monat später auf der Bear-Stearns-Medienkonferenz hinzu, „wir lassen uns auf keinen Kampf mit Microsoft ein, das viel mehr Geld hat als wir."[30] Damit bezog er sich auf Microsofts Übernahmeangebot in Höhe von 44,6 Milliarden Dollar für Yahoo. Dieses Angebot gab Microsoft im Januar 2008 ab. Yahoo lehnte diese Offerte und auch die folgende über 47,5 Milliarden Dollar ab, die Microsoft im Mai 2008 unterbreitete.

Schließlich zog Microsoft sein Angebot zurück. Und die Gespräche zwischen Yahoo und News Corp. über ein Joint Venture wurden abgebrochen, weil sich Murdoch und Yahoo nicht auf einen fairen Preis für MySpace einigen konnten. Angeblich wollte News Corp. einen Anteil von 20 Prozent an einem kombinierten FIM-Yahoo-Unternehmen. Murdoch bestand darauf, dass Yahoo MySpace bei einer Fusion als absolutes Minimum mit 6 Milliarden Dollar bewerten sollte. Einige Internetanalysten sind jedoch der Meinung, Murdoch habe eine Bewertung von 10 Milliarden Dollar angestrebt.

Interessanterweise spielte Murdoch auch den Gedanken herunter, News Corp. könne noch viele weitere Akquisitionen im Internet tätigen, teils aufgrund der Befürchtungen, diese Käufe könnten zu teuer werden. „Wir halten ständig nach geeigneten Möglichkeiten Ausschau, wobei uns Risikokapitalgeber Angebote zu völlig überzogenen Preisen unterbreiten", so Murdoch. „Leute verlangen 1 Milliarde Dollar mit der Begründung, sie würden in Kürze den Breakeven erreichen. Manchmal sind wir vorsichtig, vielleicht etwas zu vorsichtig. Aber es wäre allzu leicht, viel Geld mit dem Kauf von Websites aus dem Fenster zu werfen, die ihre Versprechen nicht erfüllen."[31]

Das war ein verblüffendes Geständnis für eine Person, die den Preis noch nie als größeres Hindernis betrachtet hat, um zu bekommen, was sie will. Und es ist umso erstaunlicher, wenn man bedenkt, dass diese Äußerung getätigt wurde, nachdem kaum drei Jahre vergangen waren, seit Murdoch viele Milliarden Dollar für Internetunternehmen ausgegeben und über deren Potenzial geschwelgt hatte.

Doch wie Murdoch schnell lernen musste, ist die Verteidigung einer Spitzenposition in der Online-Medienwelt kein Kinderspiel. Vielmehr handelt es sich dabei um einen Geschäftszweig, der den Anforderungen der Nutzer unterliegt, die im Medienbereich weniger Markenloyalität zeigen als der typische TV-Zuschauer oder Kinogänger. Als Ergebnis sind möglicherweise mehr Akquisitionen und vielleicht eine bedeutende Übernahme erforderlich, um sich die Wettbewerber vom Hals zu halten. Vielleicht waren Murdochs Äußerungen auch nur der Versuch, den potenziellen Preis zu drücken, den er für andere Online-Unternehmen würde berappen müssen.

Immerhin hat Murdoch in der Vergangenheit oft behauptet, er sei an einem bestimmten Unternehmen nicht intercssiert, nur um etwas später für dasselbe Unternehmen ein Angebot abzugeben. Dafür gibt es kein besseres Beispiel als Murdochs Drang, Dow Jones & Company zu übernehmen – eine Akquisition, die nicht nur News Corps Positionierung im Zeitungsgeschäft stärkt, sondern auch eine der wichtigeren Stützen der übergeordneten digitalen Medienstrategie des Konzerns darstellt.

KAPITEL 7

Die Schlacht um Dow Jones

Als News Corp. die Welt mit der Ankündigung, es wolle für 5 Milliarden Dollar den ehrwürdigen Verlag des *Wall Street Journal* übernehmen, in blasses Erstaunen versetzte, war das Einzige, das für Murdoch-Beobachter wirklich eine Überraschung hätte sein sollen, der Umstand, dass er dieses Übernahmeangebot nicht schon früher abgegeben hatte.

Dow Jones tat sich genau wie alle anderen Zeitungsverlage schwer, den effektiven Übergang in die digitale Welt zu vollziehen. Leser und Werbekunden wechselten zunehmend von der gedruckten Presse ins Web, wobei ein Teil der negativen Nachrichten, die an der Wall Street über Zeitungsverlage kursierten, wahrscheinlich ein wenig übertrieben waren. Die gedruckte Presse wird nicht aussterben, wie einige behaupten. Aber die finanziellen Sorgen, mit denen einige Verlagshäuser wie Dow Jones konfrontiert waren, machten deutlich, dass die Branche aufgerüttelt werden musste.

Im Juni 2005 schrieb der englische Medienkolumnist Peter Preston in einer Kolumne im *Observer*, Dow Jones sei ein potenzieller Übernahmekandidat. „Eine Tageszeitung, die in so vielen Städten der Welt vertrieben wird, kann in den Augen der Anzeigenkunden nicht immer mit dem schieren Gewicht seiner US-Zahlen punkten, und jede Tageszeitung in dieser Lage, wird mit weiteren Schwierigkeiten zu kämpfen haben, wenn die Leser ins Internet abwandern", schrieb Preston und fügte hinzu, als Käufer komme vor allem Murdoch infrage.[1]

Die Konsolidierung in der Zeitungsindustrie hatte zum großen Teil bereits begonnen. 2005 kaufte Lee Enterprises Pulitzer Inc. für fast 1,5 Milliarden Dollar. Knight Rider, das den Aufrufen, einen Käufer zu suchen, seit Jahren widerstanden hatte, gab im März 2006 schließlich nach und stimmte einem Verkauf seines Unternehmens an den Rivalen McClatchy Company für 4,5 Milliarden Dollar zu. Und im April 2007 verkündete das Verlagshaus Tribune Company, das so bekannte Zeitungen wie sein Aushängeschild *Chicago Tribune*, *Los Angeles Times* und die Long-Island-Zeitung *Newsday* druckt, es habe einem Verkauf für 8,2 Milliarden Dollar an den Immobilienmogul Sam Zell zugestimmt, und würde anschließend von der Börse genommen.

Und es war kein Geheimnis, dass Murdochs Liebe für das Geschäftsfeld, in dem News Corp. seine Wurzeln hatte, trotz des Abwärtstrends der Zeitungsindustrie an der Wall Street ungetrübt war.

Tatsächlich dachten einige Anfang 2007, falls Murdoch eine Zeitung übernehmen würde, wären die wahrscheinlichsten Kandidaten entweder die *Tribune* oder zumindest der Kauf von *Newsday*. Die Zusammenlegung der *Newsday* mit der *New York Post* hätte News Corp. riesige Kosteneinsparungen bringen können.

Abgesehen davon, dass die *New York Post* für ihre sensationslüsternen Schlagzeilen berühmt war, ist sie in Medienkreisen auch für ihre ewigen Probleme bekannt, für News Corp. substanzielle Gewinne zu erwirtschaften. „Wenn wir die *Newsday* kaufen könnten, hätte die *Post* innerhalb von fünf Minuten ein rentables Geschäftsmodell", sagte Murdoch im Februar 2007 auf der McGraw-Hill-Medienkonferenz.[2]

Und schließlich versuchte Murdoch tatsächlich, *Newsday* zu übernehmen. Im Frühjahr 2008 bot er dem neuen Eigentümer der *Tribune*, Sam Zell, 580 Millionen Dollar für *Newsday*. Der New Yorker Kabel-TV-Anbieter Cablevision überbot Murdoch jedoch mit einem Angebot von 630 Millionen Dollar. In einem seltenen Anfall von Sparsamkeit beschloss Murdoch, auf eine Bieterschlacht zu verzichten und zog sein Angebot zurück.

Der Verlust von *Newsday* war für Murdoch ein Rückschlag. Die Motivation hinter dem Übernahmeversuch war jedoch rein finanzieller Natur. Ein Kauf der *Newsday* hätte Murdoch nicht das beschert, wonach er seit Jahrzehnten lechzte: eine der renommiertesten Marken der Nachrichtenwelt. Vor seinem Übernahmeangebot für Dow Jones wurde Murdochs Name stets mit sensationslüsterner Klatschpresse und einem parteiischen TV-Netz in Verbindung gebracht.

Eigentümer von Dow Jones zu sein, vor allem der Zeitung *Wall Street Journal*, würde Murdoch augenblicklich die journalistische Glaubwürdigkeit verleihen, die er so verzweifelt anstrebte, auch wenn ihm bewusst war, dass sofort alle möglichen Skeptiker auf die Bildfläche treten würden, um darüber zu spekulieren, wie lange es dauern würde, bis Murdoch den guten Namen von Dow Jones befleckt hätte.

Zunächst musste Murdoch jedoch die Familie Bancroft davon überzeugen, einem Verkauf zuzustimmen. Das sollte sich als gar nicht so leicht erweisen. Die Bancrofts wollten die Kontrolle über das Unternehmen nicht aufgeben, an dem die Familie seit 1902 eine Kontrollmehrheit besaß.

Über eine byzantinische Reihe an Trusts hielten die Bancrofts 64 Prozent der stimmberechtigten Aktien an Dow Jones. Ohne die Zustimmung dieser Familie wäre es für Murdoch unmöglich gewesen, Dow Jones unter seine Kontrolle zu bringen. Um diese Angelegenheit noch komplexer zu machen, hatte die Familie Bancroft fast drei

Dutzend Mitglieder, die alle unterschiedliche Ansichten über den Verkauf des Unternehmens hatten.

Tatsächlich war die Überzeugung der Bancrofts ein Vorhaben, an dem Murdoch bereits seit mehr als einem Jahrzehnt feilte. In einer Kolumne, die im August 2004 in der englischen Zeitung *Evening Standard* erschien, schrieb David Yelland, der zuvor von 1998 bis 2003 Chefredakteur der Murdoch-eigenen Zeitung *Sun* gewesen war und davor als Wirtschaftsredakteur bei der *New York Post* gearbeitet hatte, Murdoch habe seinen ersten Versuch, Dow Jones zu übernehmen, bereits in den 90er-Jahren unternommen.

„In den 1990er-Jahren, als ich noch Wirtschaftsredakteur bei Murdochs *New York Post* war, bevor mich Rupert zur *Sun* brachte, war er schon ziemlich nahe dran, sich die Unterstützung einiger der sehr unterschiedlich gesinnten Familienmitglieder zu sichern, die das Mutterhaus des *Wall Street Journal*, Dow Jones, kontrollieren", schrieb Yelland.[3]

Zum Zeitpunkt des Erscheinens dieses Artikels vertrat Yelland die Auffassung, es sei wesentlich wahrscheinlicher, dass Murdoch versuchen werde, dem britischen Medienkonzern Pearson die *Financial Times* abzukaufen. Tatsächlich schrieb Yelland, er glaube, Murdoch würde „Himmel und Erde in Bewegung setzen", um die FT zu bekommen.[4]

Zwar irrte sich Yelland, was Murdochs Übernahmeziel betraf, doch er hatte Recht mit der Vermutung, Murdoch würde alles Erdenkliche unternehmen, um Dow Jones zu übernehmen.

Das Kaufangebot von News Corp. bewertete Dow Jones mit 60 Dollar pro Aktie. Das war nicht nur ein Premium von 65 Prozent auf den Kurs, zu dem die Aktien am Tag vor dem Kaufangebot gehandelt wurde, sondern auch ein Preis, den die Dow-Jones-Aktie seit April 2002 nicht erreicht hatte. Dieser Umstand war eine verblüffende Bestätigung dafür, wie schlecht die Situation für Zeitungsverlage tatsächlich war.

Aufgrund der sinkenden Auflagen und der ebenfalls sinkenden Anzeigenverkäufe vieler Zeitungen, malte die Wall Street ein düsteres Bild über die Zukunft der Zeitungsindustrie. Als Folge daraus meinten einige Analysten, die Bancrofts sollten sich beeilen, das Angebot von 60 Dollar pro Aktie anzunehmen. Viele Medienbeobachter glaubten, wenn der Verlag unabhängig bliebe, würde die Aktie nie wieder diesen Kurs erzielen.

Oberflächlich betrachtet hätte die Entscheidung zu verkaufen, keiner langen Überlegung bedurft. Dow Jones war seit den vergangenen fünf Jahren eine Riesenenttäuschung für Investoren gewesen. Aber das Angebot war nicht hoch genug, um die Bancrofts auf Anhieb davon zu überzeugen, dass ein Verkauf an Murdoch – einen Mann, der so dämonisiert wurde, dass Jack Shafer, Chefredakteur der großen Online-Publikation Slate, ihn ständig als „miesen alten Bastard" bezeichnete, die richtige Entscheidung war.

Die Nachricht über Murdochs Angebot löste schnell Berichte über angebliche Gegenangebote anderer Unternehmen aus. Und Murdoch blieb sich wie immer treu, indem er unverzüglich zum Angriff überging, um sein Angebot zu verteidigen.

In der Telefonkonferenz am 9. Mai 2007 zur Gewinnberichterstattung über News Corps drittes Quartal 2007 – nur acht Tage, nachdem News Corp. sein Übernahmeangebot für Dow Jones öffentlich gemacht hatte – sagte Murdoch, Dow Jones besitze „eine großartige Sammlung an Vermögenswerten", erklärte aber auch, Dow Jones sei ein Unternehmen „mit begrenzten Ressourcen."[5]

Außerdem machte er deutlich, dass es sich bei den 60 Dollar pro Aktie um ein ultimatives Angebot handele, das er nicht nachbessern werde. Falls die Bancrofts mehr Geld verlangen sollten, sei er an einer weiteren Verhandlung nicht interessiert. In anderen Worten: Er war bereit, auf Dow Jones zu verzichten, sollte die Familie einem Verkauf nicht zustimmen.

„Dieses großzügige Angebot hätten wir nicht gemacht, wenn wir kein Vertrauen in unser Unternehmen hätten. Wir haben ein Angebot unterbreitet, das wir für mehr als angemessen halten", so Murdoch.[6]

Nichtsdestotrotz traf diese Transaktion auf einen immensen Widerstand. Mehrere Mitglieder der Familie Bancroft waren nicht zum Verkauf an Murdoch bereit, aus Sorge darüber, was mit der redaktionellen Integrität und Unabhängigkeit des *Journal* und anderer Publikationen aus dem Hause Dow Jones geschehen würde.

Diese Befindlichkeit wurde von der Gewerkschaft IAPE geteilt, die mehr als 2.000 Mitarbeiter von Dow Jones repräsentiert. An dem Tag der Bekanntgabe des Übernahmeangebots gab IAPE einen scharf formulierten Kommentar heraus, in dem die Gewerkschaft die Bancrofts dazu drängte, das Angebot abzulehnen.

„Die Mitarbeiter, von der Basis bis zu Spitze, lehnen die Übernahme von Dow Jones & Co. durch Rupert Murdoch ab. Seit Anfang des 20. Jahrhunderts ist die Familie Bancroft für die Unabhängigkeit und Qualität der Zeitung *The Wall Street Journal* eingetreten und hat diese Publikation zu einer der weltbesten Zeitungen gemacht. Mr. Murdoch hat seine Bereitschaft demonstriert, Qualität und Unabhängigkeit zu zerstören, und es gibt keinen Grund für die Annahme, er würde mit Dow Jones oder dem *Journal* anders verfahren", empörte sich die Gewerkschaft.[7]

Die kalte, unangenehme Wahrheit war jedoch, dass Murdoch Dow Jones schlicht und einfach zum Übernahmekandidaten gemacht hatte. Die Dow-Jones-Aktie schoss am Tag der Bekanntgabe des Übernahmeangebots um mehr als 57 Prozent in die Höhe, was bedeutete, dass die Wall Street ganz klar darauf setzte, dass das Unternehmen am Ende den Kaufpreis von 60 Dollar pro Aktie akzeptieren würde.

Für die Bancrofts und den Vorstand von Dow Jones gab es kein Zurück mehr. Murdochs Angebot abzulehnen, war eine Sache, aber die großen institutionellen Investoren hätten revoltiert, wenn die Familie beschlossen hätte, unabhängig zu bleiben. Sie hatten nur die Optionen, entweder Murdochs Angebot anzunehmen, oder einen sogenannten „Weißen Ritter" zu finden, der ein attraktiveres Gegenangebot abgeben würde.

Den Verlag von der Börse zu nehmen, war keine echte Option, da die Kreditmärkte im Frühjahr 2007 aufgrund der Subprime-Krise bereits zu kollabieren begannen. Private-Equity-Gesellschaften hätten sich sehr schwer getan, das Geld aufzubringen, um ein Angebot von 5 Milliarden plus X für Dow Jones zu finanzieren. Zudem verspürten Private-Equity-Firmen nur wenig Anreiz, für ein wachstumsschwaches Unternehmen wie Dow Jones zu bieten, ganz zu schweigen von einem Premium in Höhe von 65 Prozent. Und Murdoch wusste das.

„Die Wirtschaftlichkeit dieser Transaktion für jedes andere Unternehmen außer News Corp. ist nicht gut. Sicher, die Gewerkschaft ist verzweifelt, und alle haben Angst vor Murdoch. Aber jeder seriöse Marktteilnehmer, der mit Dow Jones Geld verdienen will, wird sich schwer tun, 60 Dollar pro Aktie zu bezahlen", sagte Edward Atorino, der als Analyst der Research-Firma Benchmark Company die Zeitungsindustrie beobachtet, kurz nach Bekanntgabe des Übernahmeangebots.[8]

Dennoch engagierte IAPE im Juni 2007 einen Berater zur Unterstützung der Bemühungen, einen anderen Käufer zu finden. Und tatsächlich tauchten auch andere Namen auf. Unter anderem wurde berichtet, der Supermarktmogul und Milliardär Ron Burkle sei an einer Übernahme interessiert. Der Eigentümer der Zeitung *Philadelphia Inquirer*, Brian Tierney, sagte ebenfalls, er sei an einem Kauf interessiert, falls er weitere Partner finden würde.

Der Web-Entrepreneur Brad Greenspan gab ein formales Angebot über den Kauf eines Anteils von 25 Prozent an Dow Jones für den Preis von 60 Dollar pro Aktie ab. Seinen Worten zufolge würde diese Transaktion Dow Jones das nötige Bargeld verschaffen, um weiter zu wachsen und den Bancrofts zu ermöglichen, die Kontrolle über das Unternehmen zu behalten. Ironischerweise war Greenspan Mitgründer von MySpace, allerdings hatte er Intermix Media verlassen, bevor das Unternehmen an News Corp. verkauft wurde.

Dennoch hatten die Investoren nicht den Eindruck, irgendeiner dieser möglichen Käufer würde ernsthaft für Dow Jones bieten. Allerdings dachten einige große Unternehmen ernsthaft über eine Übernahme nach. Sie waren stark von dem Wunsch motiviert, News Corp. und Murdoch davon abzuhalten, die vorrangige Quelle für Finanznachrichten zu kaufen.

Vor allem General Electric galt als Konzern, der am meisten zu verlieren hatte, falls Dow Jones Murdoch in die Hände fallen würde. Zwar hatte GEs CNBC-Netz einen Vertrag über die gemeinsame Nutzung von Nachrichtenquellen mit dem *Journal*, der noch bis 2011 gültig war, aber einige befürchteten, Murdoch könne diese Vereinbarung restrukturieren wollen, falls er Dow Jones kaufe.

Und schließlich hatten viele Medienexperten das Gefühl, die Übernahme von Dow Jones könne für General Electric ein kluger Verteidigungsschachzug sein, der verhindern würde, dass Murdoch die Art Glaubwürdigkeit im Finanzjournalismus bekäme, die sich dazu nutzen ließe, ein entsprechendes Interesse an seinem neuen Unternehmen Fox Business Channel zu wecken (das als direkter Konkurrent für GEs Finanzsender CNBC galt).

„Für Murdoch ist dies eine Gelegenheit, seine weltweite Marke noch größer zu machen. Die Transaktion ist eine perfekte Ergänzung", stellte Larry Grimes, Präsident von W.B. Grimes, einer Investmentbank mit Sitz in Gaithersburg, Maryland, die sich auf Fusionen in der Medienindustrie konzentriert, am Tag der Bekanntgabe des Übernahmeangebots fest.[9] Barry Ritholtz, Director of Equity Research bei Fusion IQ, einer Vermögensverwaltungsgesellschaft mit Sitz in New York, war der Auffassung, GE hätte Dow Jones einfach kaufen sollen, um News Corp. fernzuhalten.

Außerdem sagte Ritholtz, die Kombination von Dow Jones mit den übrigen Medienaktivitäten von GEs NBC Universal, hätte GEs Problem, nämlich den Druck, den Analysten und institutionellen Investoren auf den Konzern ausübten, die kriselnde Mediensparte zu verkaufen, elegant gelöst. „Wenn GE Dow Jones kaufen würde, könnte es die gesamte Mediengruppe als NBC Universal zu einer höheren Bewertung ausgliedern, als die Sparte derzeit genießt", argumentierte Ritholtz und fügte hinzu, er verstehe nicht, warum GE kein eigenes Angebot unterbreite, unabhängig von anderen Partnern.[10]

„Mir leuchtet nicht ein, warum GE einen Partner braucht. Das wäre sogar ein Riesenfehler. GE will CNBC schützen, und es wäre für den Konzern interessant, ihre gesamten Medienaktivitäten in einem eigenständigen Unternehmen zusammenzufassen", so Ritholtz.[11]

Ganz so einfach war es allerdings nicht. Trotz seiner blütenreinen Bilanz schien GE nicht bereit, 5 Milliarden Dollar aus eigener Tasche zu zahlen, nur um sich zu verteidigen. Schließlich würde eine Übernahme von Dow Jones die Gewinne kurzfristig unzweifelhaft verwässern, angesichts der Höhe des Aufschlags, den GE zahlen müsste, um Murdochs Angebot zu übertrumpfen.

Wie dringend wollte Murdoch Dow Jones haben? Überlegen Sie Folgendes: Zum Zeitpunkt der Bekanntgabe der Transaktion wurde die Suchmaschine Google mit dem 31-fachen des für 2007 prognostizierten Gewinns gehandelt. Das war zwar nicht gerade billig, aber galt bei vielen Investoren als angemessene Bewertung, da die Börsenanalysten an der Wall Street für Google ein Gewinnwachstum von 30 Prozent jährlich für die folgenden Jahre voraussagten. Immerhin war Google Marktführer in Online-Search-Advertising, einem der wachstumsstärksten Bereiche des Mediengeschäfts. Dow Jones dagegen war ein schwerfälliger Zeitungsverlag. Und obwohl Dow Jones online expandierte, war es nach wie vor mit dem sterbenden Zeitungsgeschäft verheiratet und konnte nicht auf ein ähnliches Wachstumspotenzial hoffen wie Google.

Murdochs Angebot, je Aktie 60 Dollar zu zahlen, bewertete Dow Jones mit einem Multiple von 40 auf die Gewinnschätzungen für 2007 – ein schwindelerregender Preis für ein Unternehmen, dessen durchschnittliches Gewinnwachstum laut den Prognosen der Wall-Street-Analysten in den kommenden Jahren bei lediglich 13 Prozent jährlich lag.

Murdoch hoffte, sein „generöses" Angebot würde andere mögliche Kaufinteressenten abschrecken. Dennoch dachten GE und andere Unternehmen über die Abgabe eigener Kaufangebote nach. Zunächst wandte sich GE an Microsoft, um ein gemeinsames Angebot zu unterbreiten. Einen Monat nachdem News Corp. seine Kaufabsicht bekannt gegeben hatte, führten GE und Microsoft Sondierungsgespräche darüber, wie sie Murdochs Angebot beggnen konnten. Doch Microsoft zog sich schon bald danach wieder zurück.

Als Nächstes wandte sich GE an Pearson, ein Unternehmen, an dem Murdoch einst beteiligt war (Ende der 80er-Jahre hielt er einen Anteil von 20 Prozent, den er auf dem Höhepunkt der Finanzkrise von News Corp. verkaufte). Anders als Microsoft war Pearson durchaus interessiert. Der britische Medienkonzern hatte zudem einen überzeugenden Grund, um Murdoch von Dow Jones fernzuhalten, da das *Wall Street Journal* einer der Hauptkonkurrenten sowohl der Pearson-eigenen *Financial Times* als auch der Wochenzeitschrift *Economist* war, an der Pearson zu 50 Prozent beteiligt war.

Berichten sowohl der *Financial Times* als auch des *Wall Street Journal* zufolge, dachten GE und Pearson sogar darüber nach, einen Kauf von Dow Jones so zu strukturieren, dass die Bancrofts eine Beteiligung von 20 Prozent an dem kombinierten Unternehmen behalten konnten.

Die Überlegung lautete, eine Fusion zwischen GEs CNBC, Pearsons *Financial Times* und *Economist* und dem *Wall Street Journal*, *Dow Jones Newswires*, seiner Wochenzeitschrift *Barron's* und der Website Marketwatch würde einen unschlagbaren Marktführer im Segment Finanznachrichten schaffen. Eine solche Kombination würde es für Murdochs neue Kabelsparte sehr schwer machen, effektiv mit CNBC zu konkurrieren. Wenn GE sich zu diesem Schritt entschließen sollte, würde es für Murdoch sehr schwer, um nicht zu sagen unmöglich, die *Financial Times* und Dow Jones zu kaufen, da Murdoch in diesem Fall nicht nur mit der Familie Bancroft, sondern auch mit dem Topmanagement von GE und Pearson verhandeln müsste.

Doch wie alle anderen möglichen Kaufinteressenten scheiterten auch GE und Pearson an den Zahlen. Nur zehn Tage nach der Ankündigung, man sondiere die Unterbreitung einer möglichen gemeinsamen Übernahmeofferte, gaben GE und Pearson eine Pressemitteilung heraus, in der sie die offizielle Beendigung ihrer Gespräche bekannt gaben.

In dieser Mitteilung räumte GE ein, der Konzern und auch NBC Universal würden „stets Chancen zum Ausbau unserer Geschäftsfelder und zur Steigerung unseres Shareholder-Value bewerten, vor allem, wenn es um führende globale Marken wie CNBC, die Financial Times Group und Dow Jones" gehe, und dass GE und CNBC „vor kurzem mit Pearson Sondierungsgespräche über eine mögliche Kombination dieser Geschäftsfelder geführt" habe. GE fügte allerdings hinzu, „im Anschluss an diese Gespräche haben GE und Pearson beschlossen, die Zusammenlegung dieser Aktivitäten nicht weiter zu verfolgen."

Pearsons Pressemitteilung hatte einen ähnlichen Wortlaut. Übersetzung: GE und Pearson hätten Dow Jones gar zu gerne gekauft, konnten es aber gegenüber ihren Aktionären nicht rechtfertigen, mehr als 5 Milliarden Dollar für das Unternehmen auszugeben.

Nachdem ein potenzieller Kaufinteressent nach dem anderen wegfiel, war die Wall Street der fruchtlosen Versuche der Bancrofts, Dow Jones vor Murdoch zu schützen, bald überdrüssig, was diesem auf wunderbare Weise in die Hände spielte. Murdoch konnte sich in aller Seelenruhe zurücklehnen und darauf warten, dass die Bancrofts schließlich erkennen würden, dass er der einzige Bieter weit und breit war.

Mark Boyar, Manager des Investmentfonds Boyar Value, sagte, er habe seinen Anteil an Dow Jones verkauft, als der Aktienkurs zwischen 56 und 58 Dollar lag. Nach eigener Aussage war er das Gezänk der Bancrofts untereinander um die Annahme des Übernahmeangebots Leid. Er hatte nicht das Vertrauen, dass die Familie am Ende die richtige Entscheidung im Sinne der Aktionäre treffen und einem Verkauf von Dow Jones an News Corp. zustimmen würde.

„Ich wollte nicht mehr länger darauf warten, ob sie sich zum Verkauf bereit erklären würden. Sie sind so unberechenbar und eine derart dysfunktionale Familie. Ich kann einfach nicht fassen, dass sie sich über diese Transaktion derart den Kopf zerbrechen. Diesen Geldregen hat ihnen der Himmel geschickt; abgesehen davon würde die Zugehörigkeit zum News-Corp.-Konzern dem *Wall Street*

Journal ermöglichen, weiter zu wachsen. Rupert ist nicht der Teufel, als der er immer hingestellt wird", sagte Boyar.[12]

Er fügte hinzu, Murdoch wisse ganz genau, was er mit seinem hohen Gebot für Dow Jones tue, weil dieses andere mögliche Kaufinteressen abschrecke. „Niemand sonst ist bereit, 60 Dollar pro Aktie zu zahlen. Niemand ist bereit, auch nur 50 Dollar zu zahlen", sagte Boyar.[13]

Doch selbst wenn es Käufer gegeben hätte, die 50 Dollar pro Aktie gezahlt hätten, wusste der Vorstand von Dow Jones, dass er einen Aktionärsaufstand verursacht hätte, wenn er ein niedrigeres Angebot als Murdochs akzeptiert hätte. Einige glaubten, die Investoren hätten den Vorstand für die Verhinderung der Transaktion verklagt. Und Murdoch wusste, dass er Dow Jones in die Enge getrieben hatte.

„Wenn es zu einem Gegenangebot gekommen wäre, hätte der Vorstand von Dow Jones ein echtes Problem gehabt, falls er ein niedrigeres Angebot akzeptiert hätte. Er wäre von den Aktionären verklagt worden. Das Unternehmen ist jetzt ein Übernahmekandidat, und wir sind ziemlich sicher, dass sich Rupert durchsetzen wird. Die Logik sagt, dass er der einzige Käufer ist", sagte Larry Haverty, Portfoliomanager und Analyst von GAMCO Investors, einer Investment-Management-Gesellschaft, die sowohl Anteile an Dow Jones als auch an News Corp. hielt.[14]

Vor diesem Hintergrund gab Dow Jones einen Tag, bevor GE und Pearson ihr mögliches gemeinsames Übernahmeangebot offiziell zurückzogen, bekannt, dass die Familie Bancroft ihre Verantwortung für direkte Verhandlungen mit Murdoch und News Corp. abgab. In einer Mitteilung verkündete Dow Jones, die „Repräsentanten der Familie Bancroft sind zu dem Schluss gekommen, dass der beste Weg zur Fortsetzung der Bewertung des Angebots der News Corporation zur Übernahme von Dow Jones darin besteht, dass das

Aufsichtsgremium des Unternehmens die Führung bei der Betrachtung aller Aspekte des Angebots und aller anderen strategischen Alternativen, einschließlich der Wahrung der Unabhängigkeit des Unternehmens, übernimmt."

Das Unternehmen redete Tacheles. Die Bancrofts „wiederholten, dass jede Transaktion angemessene Vorkehrungen enthalten muss, was die journalistische und redaktionelle Unabhängigkeit und Integrität betrifft" und dass „jede Akquisition der Genehmigung des Aufsichtsgremiums und der Aktionäre bedarf, die die Mehrheit der stimmberechtigten Aktien am Unternehmen halten." Aber die Entscheidung, dass der Vorstand und nicht die Familie Bancroft über die Transaktion mit News Corp. verhandeln sollte, wurde von Medienexperten und Investoren weithin als Eingeständnis gewertet, dass Murdochs Sieg unvermeidlich war und kurz bevor stand.

Dennoch verlief die Schlacht um Dow Jones nicht reibungslos. Und Murdoch musste noch so manche Hürde nehmen, bevor er das *Wall Street Journal* endlich sein eigen nennen konnte.

Erstens machten sich zunehmend Befürchtungen breit, selbst wenn der Board von Dow Jones dem Kauf zustimmen würde, könne Murdoch dennoch nicht genügend Mitglieder der Familie Bancroft zum Verkauf ihrer stimmberechtigten Anteile bewegen, um die Zustimmung der Mehrheit der kontrollierenden Aktionäre des Unternehmens zu gewinnen.

Einigen Mitgliedern der Familie missfiel die Vorstellung, Dow Jones an Murdoch zu verkaufen, weil dieser in dem Ruf stand, sich in die redaktionellen Entscheidungen einzumischen und dafür zu sorgen, dass seine verschiedenen Nachrichtenorgane Artikel druckten, die seine persönlichen konservativen Ansichten widerspiegelten.

Viele der Bancrofts waren außerdem ihren Mitarbeitern gegenüber sehr loyal und unterstützten sie, vor allem diejenigen, die Mitglied der Gewerkschaft IAPE waren, die sich vehement gegen einen Verkauf der Zeitung an News Corp. wehrte.

Tatsächlich gingen einige Gewerkschaftsmitglieder so weit, sich am 28. Juni 2007 geschlossen krank zu melden. Mehrere Reporter des *Wall Street Journal* beschlossen, an diesem Tag nicht zur Arbeit zu erscheinen, eine Aktion, die die Gewerkschaft als einen Weg zur „Demonstration unserer Überzeugung" bezeichnete, „dass die redaktionelle Integrität der Zeitung davon abhängt, dass sich ihr Eigentümer zur journalistischen Unabhängigkeit bekennt."[15]

Die Gewerkschaft setzte hinzu, ihre Mitglieder befürchteten, „eine Bedrohung unserer langen Tradition der Unabhängigkeit, die seit Jahrzehnten das Markenzeichen unserer Berichterstattung ist."[16]

Das zwang Murdoch zu ein wenig mehr Konzilianz, als er üblicherweise zeigte. Allerdings erst, nachdem er zunächst gedroht hatte, sein Angebot zurückzuziehen.

Laut einem Interview mit dem Magazin *Times* Ende Juni 2007, klang Murdoch richtiggehend wütend über die Aussicht, dass er zentrale Entscheidungsprozesse mit den Bancrofts abstimmen müsse.

„Sie erhalten 5 Milliarden Dollar von mir und wollen die Kontrolle in einer Industrie behalten, die sich in der Krise befindet! Sie können nicht ihr Unternehmen verkaufen und dieses trotzdem kontrollieren – so funktioniert das einfach nicht. Tut mir Leid!", zitierte der Artikel der *Times* Murdoch, der diesen Satz einer nicht genannten Person am Telefon entgegengeschleudert haben soll.[17]

Der Analyst David Joyce, der für die Investmentbank Miller Tabak + Company an der Wall Street News Corp. beobachtet, sagte, es sei albern, dass die Familie Bancroft so viele Forderungen stelle. Joyce glaubt nicht, dass Murdoch allen Forderungen nachgeben werde und dass er das auch nicht müsse.

„Die Familie Bancroft will letztlich über die Unabhängigkeit des Editorial Boards von Dow Jones entscheiden. Es liegt jedoch auf der Hand, dass News Corp. sich die Kontrolle vorbehalten will, wenn es 5 Milliarden Dollar für Dow Jones bezahlt. Das ist nur logisch", befand Joyce.[18]

Nach mehreren Zusammenkünften mit dem Board von Dow Jones stimmte Murdoch Ende Juni einer Vereinbarung zu, die den Redakteuren des *Journal* und anderer Publikationen von Dow Jones ein gewisses Maß an redaktioneller Freiheit garantierte. Mitte Juli erzielten News Corp. und Dow Jones dann eine zögerliche Einigung über die Akquisition des Unternehmens.

Und dennoch reichte das immer noch nicht aus, um die Transaktion endgültig zu besiegeln. Wochen vergingen, in denen verschiedene weitentfernte Familienmitglieder weiterhin mit der Frage haderten, ob sie dem Verkauf an News Corp. wirklich zustimmen sollten.

Einem der erbittertsten Gegner des Verkaufs, Board- und Familienmitglied Christopher Bancroft, wurde nachgesagt, er habe mit Hedgefonds, Private-Equity-Gesellschaften und anderen Investoren gesprochen, in dem verzweifelten Versuch, diese zu einem Kauf von Anteilen an Dow Jones zu bewegen, um den Verkauf an Murdoch zu verhindern.

Leslie Hill, ein weiteres Board-Mitglied, das zur Familie Bancroft gehörte, setzte das Unternehmen angeblich mit der Drohung unter Druck, sich mit Burkle zusammenzusetzen, um über eine mögliche Wiederaufnahme seines Angebots für Dow Jones zu sprechen.

Und mit dem Näherrücken der selbst auferlegten Frist für die endgültige Abstimmung über den Verkauf, das heißt der 30. Juli um fünf Uhr Nachmittag EST (Eastern Standard Time), tauchten Berichte auf, dass ein weiterer Zweig der Familie Bancroft, ein Trust mit Sitz in Denver, der rund 9 Prozent der stimmberechtigten Aktien hielt, News Corps zu einer Erhöhung seines Angebots der Aktien Klasse B aufforderte, die sich hauptsächlich im Besitz der Familie befanden. Diese Familienmitglieder verlangten ein Premium zwischen 10 bis 20 Prozent auf den gebotenen Preis von 60 Dollar pro Aktie.

Mit anderen Worten: Dieser Zweig der Familie Bancroft verlangte zwischen 66 und 72 Dollar pro Aktie. Murdoch lehnte das rundheraus ab, was niemanden überraschte.

Ein Fondsmanager, der seine Beteiligung an Dow Jones vor der Zustimmung zur Fusion verkauft hatte, sagte, er sei perplex über die Frechheit der Forderungen dieses Familienzweigs aus Denver. Seinen Worten zufolge musste es für Murdoch ein Leichtes sein, die Familie mit ihren Forderungen einfach auflaufen zu lassen.

„Murdoch wird in letzter Minute Druck auf die Bancrofts ausüben. Es überrascht, dass die Familie so lange gebraucht hat, um eine Entscheidung zu treffen. Wie lange braucht man bei dieser Summe Geld, um sich zu entscheiden?", fragte Michael Chren, Manager des Allegiant Large Cap Value Fund. Nach eigenen Angaben hatte Chren seine Anteile an Dow Jones im Juli zu einem durchschnittlichen Kurs von 58 Dollar pro Aktie verkauft.[19]

Chren argumentierte, wenn es der Familie nicht gelänge, in letzter Minute einen Käufer für Dow Jones herbeizuzaubern, bliebe ihr nichts anderes übrig, als Murdochs Angebot anzunehmen. Er fügte hinzu, Murdoch habe keinerlei Not, sein Angebot nachzubessern.

„Warum sollte man gegen sich selbst bieten?", fragte Chren. „Wenn die Bancrofts das Angebot ablehnen, wird die Aktie auf einen niedrigen 40er- oder einen hohen 30er-Kurs fallen."[20]

Letzten Endes kamen auch mehrere Mitglieder der Familie Bancroft zu dieser Erkenntnis ... und so konnte Murdoch endlich triumphierend bekannt geben, dass er sich seinen sehnlichsten Wunsch, das *Journal* zu kaufen, erfüllt hatte.

Am 31. Juli 2007 gaben News Corp. und Dow Jones eine Pressemitteilung heraus, in der sie mitteilten, dass die beiden Unternehmen eine definitive Fusionsvereinbarung unterzeichnet hatten. Murdoch musste sein Angebot zwar nicht nachbessern, aber der abschließende Wert der Transaktion betrug nach Berücksichtigung der Schulden des Verlagshauses 5,6 Milliarden Dollar statt 5 Milliarden Dollar.

Beide Unternehmen sagten, „bestimmte Mitglieder der Familie Bancroft sowie die Treuhänder der Familien-Trusts, die gemeinsam rund 37 Prozent der stimmberechtigten Aktien halten, haben sich bereit erklärt, der Transaktion zuzustimmen."[21] So gelang es Murdoch zwar nicht, alle Bancrofts zu überzeugen, aber er erhielt ausreichend Unterstützung, um zu gewährleisten, dass er die Mehrheit der stimmberechtigten Aktien erhielt, als die Transaktion allen Aktionären von Dow Jones vorgelegt wurde. Nur wenige Aktionäre außerhalb der Familie Bancroft stellten sich gegen die Übernahme.

Murdoch seinerseits machte einige Zugeständnisse an der redaktionellen Front. Als Teil der Fusionsvereinbarung „einigten sich News Corp. und Dow Jones auch auf die Konditionen einer redaktionellen Vereinbarung, die die Bildung eines Sonderausschusses, bestehend aus fünf Mitgliedern, vorsieht, mit dem Ziel, die fortgesetzte journalistische und redaktionelle Integrität und Unabhängigkeit aller Publikationen und Services von Dow Jones zu gewährleisten."[22]

Murdoch zeigte sich als großzügiger Sieger und versuchte, einiges an bösem Blut wiedergutzumachen, das während des dreimonatigen Kampfes um Dow Jones entstanden war.

„Ich bin zutiefst dankbar für den Grad an Unterstützung, den wir von der Familie Bancroft und ihren Treuhändern erhalten haben.

Angesichts der langen und bedeutenden Geschichte als Hüter des Verlagshauses Dow Jones, würdigen wir die Schwierigkeit, die diese Entscheidung für einige Familienmitglieder darstellte. Ich möchte der Familie Bancroft meinen Dank aussprechen und ihnen vergewissern, dass unser Unternehmen und meine Familie gleichermaßen strenge Hüter sein werden", sagte Murdoch in der Pressemitteilung.[23]

News Corp. stimmte bei Unterzeichnung der Vereinbarung, die für Anfang Dezember vorgesehen war, auch der Berufung eines Mitglieds der Familie Bancroft in den Vorstand von News Corp. zu. Dennoch waren die Bancrofts noch nicht vollständig versöhnt. In einer separaten Mitteilung, sagte ein Sprecher der Familie, „der Prozess der gründlichen Betrachtung eines breiten Spektrums an möglichen Alternativen für Dow Jones ist ein langer, komplexer und schwieriger Prozess gewesen."

Die Familie fügte hinzu, „Es ist unsere innigste Hoffnung, dass *The Wall Street Journal* in den kommenden Jahren weiterhin die universelle Bewunderung und den universellen Respekt, den die Zeitung weltweit genießt, auch weiterhin erhält und verdient, und dass das *Journal* und Dow Jones' weitere Print- und Online-Publikationen als Teil einer größeren, kapitalstarken, globalen Organisation, die sich der Wahrung der langen Tradition journalistischer Exzellenz, Unabhängigkeit und redaktioneller Integrität verpflichtet fühlt, auf die wir alle so stolz sind, auch in Zukunft Großartiges leisten."

Leslie Hill, eines der zentralen Mitglieder des Boards, die die Interessen der Bancrofts vertrat, trat am Tag der Fusionsvereinbarung von ihrer Funktion als aufsichtsführendes Board-Mitglied zurück, weil sie die Transaktion nicht guthieß. In einem Brief an den Board schrieb sie, die guten finanziellen Bedingungen der Transaktion machten „den Verlust einer unabhängigen globalen Nachrichtenorganisation mit unübertroffener Glaubwürdigkeit und Integrität nicht wett."

Nichtsdestotrotz hatte Murdoch die Schlacht gewonnen. Und obwohl er noch bis Dezember warten musste, bis Dow Jones offiziell ein Teil des Medienimperiums von News Corp. wurde, arbeitete er bereits eifrig daran, das *Wall Street Journal* profitabler zu machen und seine Attraktivität für ein breites Publikum zu erhöhen.

In der Telefonkonferenz zur Gewinnberichterstattung über das vierte Quartal, die am 8. August 2007 stattfand – nur eine Woche, nachdem die Tinte auf der Fusionsvereinbarung getrocknet war –, sagte Murdoch, er sehe eine Chance, bei Dow Jones 50 Millionen Dollar Kosten einzusparen. Um den Eindruck zu verwischen, es stünden Massenentlassungen bevor, sagte er später in derselben Telefonkonferenz, die Einsparungen würden nicht durch Entlassungen erzielt.

Doch nur einen Monat später sagte Murdoch auf einer Medienkonferenz von Goldman Sachs, News Corp. habe bei Dow Jones „bereits niedrig hängende Früchte gefunden", und plötzlich war von Kosteneinsparungen in Höhe von 100 Millionen Dollar die Rede.[24]

Im August sagte Murdoch außerdem, er plane umfangreiche Investitionen in Asien und Europa, und um effektiver mit der *New York Times* und anderen führenden Zeitungen konkurrieren zu können, müssten die Dow-Jones-Publikationen, vor allem das *Journal*, mehr über „nationale, internationale und nicht wirtschaftsbezogene Themen berichten."[25]

Dieser Kommentar schien die schlimmsten Befürchtungen vieler Murdoch-Kritiker zu bestätigen. Seit News Corp. im Mai 2007 seine Absicht kundgetan hatte, Dow Jones zu übernehmen, argumentierten zahlreiche Medienbeobachter, Murdoch sei nicht wirklich daran interessiert, Marktführer im Bereich Wirtschaftsjournalismus zu werden, sondern er wolle das *Journal* einfach als weiteres Medium zur Bewerbung seiner geschäftlichen und politischen Interessen in den USA und im Ausland nutzen.

Die Sorgen der Kritiker drehten sich insbesondere um die Frage, wie das *Journal* über China berichten würde, das einen zunehmend attraktiven Markt für Murdochs wachsende globale Satellitengestützte und digitale Medieninteressen darstellte. Immerhin hatte ein Reporterteam des *Journal* in China im Jahr 2007 den Pulitzerpreis für internationale Berichterstattung gewonnen. Die Jury beschrieb ihre Reportagen als „scharf formulierte Berichte über die negativen Auswirkungen Chinas boomenden Kapitalismus auf alle Bedingungen, von der Ungleichbehandlung bis zur Umweltverschmutzung." Würde das *Journal* China auch weiterhin so kritisch unter die Lupe nehmen, oder würde Murdoch das nicht zulassen?

„Diese Vereinbarung stellt für das *Wall Street Journal* ein großes Versprechen und gleichzeitig eine große Gefahr dar. Die Gefahr für das Unternehmen liegt in Murdochs Reputation. Falls er sich auf unangemessene Weise in die Berichterstattung einmischt, würde ein ziemlicher Schaden entstehen", so Rich Hanley, Assistenzprofessor für Journalismus und Leiter der Graduate-Programme an der School of Communication der Quinnipiac University am Tag der Fusionsvereinbarung.[26]

Aus ähnlichen Gründen hatte Free Press, eine nationale unparteiische Gruppierung mit dem Ziel der Reformierung der Medien, die Bancrofts bekniet, Murdochs Angebot abzulehnen. Free Press argumentierte, Murdoch die Kontrolle über das *Journal* zu geben, würde bedeuten, ihm noch mehr Macht und Einfluss zu verschaffen, als er sowieso schon hatte.

„Rupert Murdochs Übernahmeangebot für das *Wall Street Journal* ist zwar nicht illegal, aber auf alle Fälle ein Fehler. Die Kosten, die daraus entstehen, dass man einem Unternehmen – und einem Menschen – eine derart große Medienmacht einräumt, sind ganz einfach zu hoch", schrieb Robert W. McChesney, Präsident von Free Press in einer Mitteilung, zwei Wochen bevor News Corp. und Dow Jones schließlich ihre Fusion bekannt gaben.[27]

„Weniger als ein Dutzend Informationskanäle – die großen TV-Sender, einige wenige Kabelkanäle und ein paar Zeitungen – bestimmen die nationale Nachrichtenberichterstattung. Sie entscheiden, was die meisten Bürger erfahren oder nicht erfahren sollen. Wenn diese Transaktion durchgeht, wird Murdoch drei von ihnen kontrollieren: Fox Network, Fox News Channel und das *Journal*. Und das ist gerade einmal die Spitze des Eisbergs seines Medienimperiums. Wann ist die Grenze erreicht?", fragte McChesney.[28]

Auch die Reporter von Dow Jones hatten Grund zur Sorge. Kurz nachdem News Corp. im Mai sein Gebot für Dow Jones abgegeben hatte, wurde Murdoch in einer Geschichte, die in der *New York Times* erschien, mit den Worten zitiert, er sei der Ansicht, viele Artikel im *Journal* seien zu lang; er schaffe es selten, einen Artikel bis zu Ende zu lesen.

Das beunruhigte Steve Yount, Gewerkschaftspräsident von IAPE. In einem Brief an die Gewerkschaftsmitglieder schrieb er, er sei über Murdochs Sätze „ausgesprochen beunruhigt."

„Ich fürchte, Mr. Murdoch versteht nicht, warum das *Wall Street Journal* das *Wall Street Journal* ist. Nicht alles erschöpft sich in fünf Absätzen und [einer] Abbildung. Dow Jones ist nicht die vertrauenswürdigste Quelle für Wirtschaftsnachrichten und Informationen der Welt geworden, indem es Nachrichtensteno druckt", schrieb Yount.

Viele Medienexperten waren jedoch amüsiert über die Kritik an Murdoch und glaubten, dieser sei klug genug, um zu erkennen, dass er riskierte, Leser und Werbekunden zu verprellen, falls er den Tenor und die Reichweite der Berichterstattung des *Journal* drastisch verändere.

„Die Vorstellung, Murdoch werde das *Journal* in ein Boulevardblatt mit Nacktmodellen auf der Titelseite verwandeln, ist einfach albern. Murdoch ist ein kluger und erfolgreicher Medienmann", sagte James Owers, Professor für Finanzwirtschaft am Robinson College of Business der Georgia State University und strenger Beobachter von Fusionen in der Medienindustrie.[29]

Rich Hanley räumte ein, es gebe einen legitimen Grund, sich Sorgen über die Veränderungen zu machen, die Murdoch bei Dow Jones möglicherweise vornehme. Aber seiner Auffassung nach würde Murdoch darauf achten, nicht zu weit zu gehen, da die Kernlesergruppe des *Journal* – professionelle Geschäftsleute und Topmanager – clever genug seien, um zu erkennen, wohin die Reise gehe.

„Die Leser sind zu anspruchsvoll für Jubelparaden, und das wäre selbstzerstörerisch. Es gibt hier also einen inhärenten Mechanismus der Selbstkorrektur", so Hanley.[30]

Murdoch selbst war für die Klagen und die Kritik nicht taub. In der Telefonkonferenz zur Gewinnberichterstattung im August 2007 bedauerte er die Art und Weise, wie er in vielen Berichten über die Übernahmesaga rund um Dow Jones verteufelt wurde. An einem bestimmten Punkt sagte er, habe er den Eindruck, er müsse Kritik aushalten, die eher einem „völkermordenden Tyrannen" gerecht würde.[31]

Murdoch versuchte schnell, die Finanzgemeinde, einschließlich der zahlreichen Mitarbeiter des *Journal* und anderer Dow-Jones-Publikationen, zu beschwichtigen, dass ein großer Teil der Spekulationen darüber, was er mit Dow Jones alles anstellen werde, einfach nicht stimmte.

Er pries die „unangreifbare Glaubwürdigkeit" von Dow Jones und sagte, sie sei einer der Gründe dafür gewesen, dass er überhaupt einen so hohen Aufschlag für Dow Jones bezahlt habe. Auf die Frage eines Reporters, ob er plane, den Namen Dow Jones zur Nutzung in anderen Produkten zu lizenzieren, scherzte Murdoch, „Sie werden Dow Jones nicht auf T-Shirts und Kappen sehen."[32]

Murdoch schien erkannt zu haben, dass Wirtschaftsnachrichten die größte Stärke von Dow Jones waren, auch wenn er sich mehr Berichterstattung über Politik und internationale Ereignisse wünschte. Und so sagte er, er halte nach Synergien zwischen Dow Jones und anderen Geschäftszweigen von News Corp. Ausschau, vor allem mit dem neuen Kanal Fox Business Channel, der im Oktober 2007 auf Sendung gehen sollte.

Murdoch versprach, Dow Jones nach Abschluss der offiziellen Fusionsverhandlungen zu einem noch größeren Marktteilnehmer im Online-Journalismus zu machen.

Zu diesem Zweck fügte er hinzu, News Corp. spreche mit Dow Jones darüber, die Website des *Journal*, die zu diesem Zeitpunkt den größten Teil ihrer Inhalte hinter einem „Gartenzaun" versteckt hielt und nur zahlenden Abonnenten zugänglich machte, möglicherweise allen Lesern kostenlos zur Verfügung zu stellen.

Um die Frage, ob der Inhalt des *Wall Street Journal* kostenlos zugänglich sein sollte oder nicht, entspann sich in Medienkreisen eine heftige Debatte. Auf der einen Seite argumentierten zahlreiche Medienexperten, das *Journal* müsse seine Inhalte kostenlos zugänglich machen, um mehr Websitetraffic und somit höhere Werbeumsätze zu generieren. Andere hielten dagegen, die Leser sollten angesichts der Qualität der Artikel des *Journal* für die Online-Ausgabe bezahlen, und selbst wenn Dow Jones damit einige Seitenaufrufe einbüßen würde, wäre es das aufgrund der Stabilität der regelmäßigen Abonnementzahlungen allemal wert.

Auf der Medienkonferenz von Goldman Sachs im September sagte Murdoch, er neige dazu, alle Inhalte des *Journal* kostenlos zur Verfügung zu stellen, da dies der Weg zu sein scheine, den die gesamte

Bitte freimachen

Antwortkarte

FinanzBuch Verlag GmbH
Herr Kent Gaertner
Nymphenburger Str. 86

80636 München

Kennen Sie schon www.daytrading.de? Von Tradern für Trader

Name, Vorname

Firma

Straße, Nr.

PLZ, Wohnort

E-Mail

Telefon

Diese Postkarte lag im Buch:

☐ Sie dürfen mich telefonisch kontaktieren

☐ Ja, ich möchte den kostenlosen FinanzBuch-Newsletter zu den aktuellen Highlights, Specials und Sonderangeboten per E-Mail erhalten

Datum/Unterschrift

☐ Ich erkläre mich damit einverstanden, dass meine freiwilligen Angaben zusammen mit den für die Abwicklung des Geschäftsvorfalls erforderlichen Angaben vom FinanzBuch Verlag, seinen Dienstleistern sowie anderen ausgewählten Unternehmen für Marketingzwecke genutzt werden, um interne Marktforschung zu betreiben und um mich über interessante Angebote zu informieren. Sollte ich dies nicht mehr wünschen, kann ich das jederzeit schriftlich mitteilen.

Ihre Meinung ist uns wichtig!

Welche Themen interessieren Sie am meisten? Bitte helfen Sie uns: Kreuzen Sie die folgenden Punkte an und senden Sie diese Karte an uns zurück.

Unser Dankeschön für Sie:
Die Sonderausgabe »Das Beste!« mit Auszügen aus unseren Highlights.

Vielen Dank im Voraus – Ihr FinanzBuch Verlag

Bitte informieren Sie mich über Ihre Bücher zu folgenden Themen:

- ☐ Behavioral Finance
- ☐ Technische Analyse
- ☐ Candlesticks
- ☐ Technische Indikatoren
- ☐ Mich interessieren besonders diese Themen: _____

- ☐ Trading
- ☐ Money Management
- ☐ Wirtschaft allgemein
- ☐ Optionsscheine

- ☐ Handelssysteme
- ☐ Zertifikate

Noch mehr Lust auf Informationen? Besuchen Sie uns im Internet unter www.finanzbuchverlag.de. Wir freuen uns auf Sie!

www.finanzbuchverlag.de

FinanzBuch Verlag

Industrie einschlage ... „kostenlose Nachrichten, finanziert durch Werbung."

Und er fügte hinzu, ein Schlüssel der Dow-Jones-Transaktion sei die Gewährleistung, dass die Leser nicht gezwungen seien, Online-Abonnements zu unterhalten, die an ein Abonnement für die Printausgabe gebunden seien.

„Dow Jones ist eine große Herausforderung, aber es bietet auch enorme Chancen. Es ist uns egal, auf welcher Plattform die Artikel erscheinen. Wir sind plattformneutral – gedruckte Presse, Ihr BlackBerry, PC, oder was auch immer", erklärte Murdoch.[33]

Dennoch sollte es noch einige Monate dauern, bis Murdoch die Entscheidung traf, wie er dieses Dilemma am besten lösen konnte. Letztlich entschied er sich für einen hybriden Ansatz und folgte damit dem Kurs anderer prominenter Zeitungen, wie zum Beispiel der *New York Times* und der *Financial Times*, die einen großen Teil ihrer Websites für alle Leser zugänglich machten, aber nicht ihren gesamten Inhalt kostenlos zur Verfügung stellten.

In einer Telefonkonferenz zur Gewinnberichterstattung im Februar 2008 sagte Murdoch, News Corp. habe beschlossen, die Kommentare und Blogs des *Journal* allen Lesern kostenlos zugänglich zu machen, aber „der Großteil der zentralen Wirtschaftsberichterstattung bleibt abonnementpflichtig." Dies, so betonte Murdoch, würde der Zeitung ermöglichen, „ihre Reichweite auszudehnen und gleichzeitig Abonnementeinnahmen zu generieren."[34]

Er beeilte sich jedoch hinzuzufügen, er werde noch weitere Veränderungen an Dow Jones vornehmen. Seinen Worten zufolge würde die Online-Version des *Journal* um weitere frei zugängliche Inhalte ergänzt werden. „Es wird bei Dow Jones noch mehr Veränderungen geben. Diese werden mehr Leser und Werbekunden anlocken und uns damit ermöglichen, bessere Ergebnisse zu erzielen, als die Zeitungsindustrie allgemein", sagte Murdoch. „Wir werden unsere Online-Aktivitäten stärken. Darauf konzentrieren wir den größten Teil unserer Zeit."[35]

Murdoch wiederholte seine Position auf der Medienkonferenz von Bear Stearns im März. Er betonte, Dow Jones habe „riesige Chancen im Internet" und fügte hinzu, die Finanznachrichten der Zeitung zählten zu den „wertvollsten Informationen der Welt", und es sei an News Corp., im Web „schneller und schneller zu expandieren." Murdoch räumte zudem ein, er glaube nicht, dass Dow Jones sich zu „einer so großen Gewinnmaschine entwickeln" werde, wie andere Geschäftszweige des Konzerns. Seinen Worten zufolge könnte Dow Jones „möglicherweise ziemlich groß" werden, aber nicht annähernd so profitabel, wie zum Beispiel Fox News.[36]

Kommentare wie diese schienen die Wahrnehmung zu bestätigen, dass Murdoch Dow Jones nicht gekaufte hatte, um den Shareholder-Value von News Corp. zu maximieren, sondern versuchte, mit dieser Akquisition seinen Einfluss in der Welt durch die Berichterstattung im *Wall Street Journal* zu mehren. Und seit Dow Jones von News Corp. übernommen wurde, hat die Zeitung einige bemerkenswerte Veränderungen erfahren. Allerdings war die Mehrheit der Veränderungen der ersten Monate unter Murdochs Ägide rein kosmetischer Natur. Die Zeitung positionierte ihre politische Berichterstattung an prominenterer Steller als in der Vergangenheit und setzte neben den traditionellen Schwarz-Weiß-Zeichnungen der Zeitung auch mehr Abbildungen ein.

Außerdem brachte Murdoch einige seiner engsten Führungskräfte aus seiner globalen Zeitungssparte zu Dow Jones, um dessen Management in die Hand zu nehmen. Richard Zannino, der bis dahin CEO von Dow Jones gewesen war und dem der Beginn produktiverer Fusionsgespräche mit Murdoch zugeschrieben wurde, als die Bancrofts in eine Pattsituation geraten waren, kündigte am 7. Dezember 2007, sechs Tage vor dem offiziellen Abschluss der Übernahme, sein Ausscheiden aus Dow Jones an.

Murdoch ersetzte Zannino durch Les Hinton, einen lebenslangen News-Corp.-Mitarbeiter, der seine berufliche Laufbahn im Konzern als Reporter der *Adelaide News* begonnen und sich dann im Zeitungsgeschäft über alle Stufen der Karriereleiter hochgearbeitet hatte, bis er schließlich Chairman von News International wurde und damit für Murdochs britische Publikationen verantwortlich war, darunter die *Times*, die *Sunday Times* und die Gratiszeitung *thelondonpaper*.

Murdoch beschrieb Hinton in der Bekanntgabe seiner neuen Aufgabe als „einen der angesehensten Führungskräfte in der Medienbranche", der „eine herausragende Erfolgsbilanz auf dem Gebiet der Einführung von Innovationen vorzuweisen hat, die von anderen Zeitungsunternehmen auf der ganzen Welt kopiert wurden."[37]

Außerdem ernannte Murdoch Robert Thomson, der seit März 2002 Chefredakteur der *Times* und zuvor fast zwei Jahrzehnte Reporter und Redakteur der *Financial Times* war, zum Verleger von Dow Jones. Der Managing Editor und der Editorial Page Editor des *Wall Street Journal*, der Managing Editor von Dow Jones Newswires sowie die Chefredakteure von *Barron's* und Marketwatch.com berichten allesamt an Thomson.

Murdoch pries Thomsons „brillante verlegerische Instinkte" und sagte, diese „in Kombination mit seinem ausgezeichneten Marktgespür werden in dieser kritischen Phase der Expansion des *Wall Street Journal* und anderer Dow-Jones-Publikationen von unschätzbarem Wert sein."[38] Im Mai 2008 wurde Thomson zudem zum Chefredakteur des *Journal* ernannt.

Murdoch erfüllte auch sein Versprechen, die Familie Bancroft in das Unternehmen zu involvieren, indem er Natalie Bancroft als aufsichtsführendes Mitglied in den Board von News Corp. berief. Doch selbst dieser Schritt rief in Medienkreisen Skepsis und Kopfschütteln hervor, da Natalie Bancroft, eine professionelle Opernsängerin im Alter von 27 Jahren in Italien lebte und kaum Erfahrung im Mediengeschäft hatte.

Nachdem die Umbesetzung des Boards vollzogen war, wurde die Fusion am 13. Dezember schließlich abgeschlossen. Nun, da Dow Jones offiziell Teil des News-Corp.-Konzerns war, konnte Murdoch endlich seinen Sieg feiern. In vielerlei Hinsicht hatte die Schlacht um Dow Jones jedoch gerade erst begonnen. Jetzt musste Murdoch viele zynische Aktionäre und Börsenanalysten davon überzeugen, dass die Übernahme die richtige Entscheidung war.

Auf einer Konferenz zum Thema Medienfusionen, die Ende Juni 2007 in New York City stattfand, entstand eine lebhafte Diskussion über die Vorteile dieser Transaktion.

Norman Pearlstine, der zu jener Zeit Senior Adviser der prominenten Buy-out-Gesellschaft Carlyle Group war, behauptete, die Übernahme ergebe für News Corp. keinen Sinn, vor allem nicht zu einem derart hohen Preis. Bei dieser Meinung handelt es sich um eine potenziell voreingenommene Beurteilung, wenn man bedenkt, dass Pearlstine einst Redakteur des *Journal* war und später Time Inc. leitete.

Pearlstine sagte, seiner Meinung nach würde das *Wall Street Journal* Murdoch nicht bei seinem Plan zur Gründung von Fox Business nützen. Seinen Worten zufolge würde sich der Markenname des *Journal* nicht automatisch auf das Fernsehen transferieren lassen. Außerdem gebe es noch das Problem, dass Dow Jones bis 2011 vertraglich an CBNC gebunden sei.

Pearstine setzte hinzu, wenn Dow Jones wirklich ein derart wichtiger Vermögenswert sei, der unbedingt vor Murdoch geschützt werden müsse, dann hätten GE, Pearson oder sogar McGraw-Hill, dem die *BusinessWeek* und *Standard & Poor's* gehören, bereit sein müssen, mit Murdochs Angebot gleichzuziehen oder sogar noch etwas draufzulegen.

„Es gibt einige Leute, die Dow Jones offensichtlich hätten übernehmen können. Man sollte meinen, Dow Jones wäre für GE wertvoller gewesen, allein um CNBC zu schützen", insistierte Pearstine, der überdies darauf hinwies, dass sich Private-Equity-Gesellschaften in der jüngsten Konsolidierungsrunde im Zeitungsgeschäft vornehm zurückgehalten hatten, was seiner Meinung nach ein Anzeichen dafür war, dass es der Zeitungsbranche an Attraktivität mangelte.[39]

Laura Martin, Gründerin und CEO von Media Metrics, einer Research-Firma auf Verkäuferseite, die sich auf Medienunternehmen konzentriert, stimmte Pearlstine zu. Zu diesem Zeitpunkt setzte sie News Corp. auf „verkaufen", mit der Begründung, die Übernahme von Dow Jones würde für die Aktionäre von News Corp. „Wert vernichten." Ihr Argument lautete, durch den Kauf von Dow Jones würde der Konzern sich stärker den Schwächen des wachstumsschwachen Zeitungsgeschäfts aussetzen.

Doch Murdoch hatte auch seine Fürsprecher. Auf derselben Konferenz sagte John Chachas, Managing Director für Medien und Telekommunikation der Investmentbank Lazard, eine Kombination aus News Corp. und Dow Jones sei eine „brillante Sache." Sein Hauptargument lautete, diese Transaktion helfe News Corp. beim Start von Fox Business, der noch für dasselbe Jahr geplant war.[40]

Und Richard Bilotti, ehemals langjähriger Analyst von Medien- und Unterhaltungskonzernen bei Morgan Stanley, sagte, er halte die Übernahme zwar für sehr teuer, aber langfristig werde sie sich für Murdoch auszahlen. Seiner Meinung nach konzentrierten sich die Kritiker dieser Akquisition zu stark auf den Kaufpreis, das schwächelnde Zeitungsgeschäft und die kurzfristigen Nutzen. Bilotti glaubte, Murdoch habe einen so hohen Preis geboten, weil er daran dachte, was Dow Jones in drei bis fünf Jahren unter seinem Management einbringen könnte, und nicht, welche Gewinne es im nächsten Quartal erziele.[41]

Ein Investor von News Corp. sagte im Juli 2007, er halte die Kritik an der Transaktion ebenfalls für unbegründet. „Ich bin nicht beunruhigt. Es handelt sich hier um eine einmalige Transaktion, da Dow Jones eine Trophäe ist", so Scott Black, Präsident von Delphi Management, dem rund 475.000 Anteile an News Corp. gehören, im Juli 2007. „Das heißt nicht, dass News Corp. als Nächstes zum Beispiel Gannett kauft oder weitere Investitionen in der Zeitungsindustrie tätigt."[42]

Black fügte hinzu, er denke, die Akquisition von Dow Jones, sei zwar kostspielig, aber sinnvoll für News Corp., da sie die Startchancen des Fox Business Channel stärke. Seinen Worten zufolge gab es sowohl Chancen zur Kostensenkung, als auch einer übergreifenden Bewerbung der Dow-Jones-Publikationen, und zwar nicht nur über Fox Business, sondern auch über Fox News und seine globalen Satellitennetze. „Ich weiß, dass Synergie ein sehr strapazierter Begriff ist. Aber hier gibt es wirklich zahlreiche Chancen zur Werterzielung aus Dow Jones", so Black.[43]

Der Medieninvestmentbanker Reed Phillips von DeSilva & Phillips schloss sich dieser Beurteilung an. „Die Kritik ist nicht gerechtfertigt. Ich würde das *Wall Street Journal* und Dow Jones nicht mit anderen Zeitungen gleichsetzen. Die Charakteristiken des *Journal* unterscheiden sich ziemlich von den Charakteristiken der üblichen Tageszeitungen. Das *Journal* ist eine nationale Wirtschaftszeitung, und das ist der Grund für Murdochs Kauf. Ich glaube nicht, dass auf Dow Jones dieselben Kräfte einwirken, die die Bewertungen anderer Zeitungsverlage gedrückt haben", so Phillips.[44]

Dennoch hielten die Sorgen über die Klugheit der Akquisition auch dann noch an, als sich News Corp. und Dow Jones im August schließlich auf eine Fusion einigten. In einem Bericht von Ende November wiederholte Laura Martin ihre Verkaufsempfehlung für News Corp. Sie nahm die Bereiche, in denen News Corp. in den vergangenen Jahren sein Kapital investiert hatte, sehr kritisch unter die Lupe und kam zu dem Schluss, dass Murdoch einige zentrale Fehler gemacht hatte.

Zum Beispiel wies sie darauf hin, dass die Sparten Zeitungs- und Buchverlag in den letzten Jahren einen enormen Anstieg der Kapitalausgaben erfahren hatten, und das angesichts der Tatsache, dass beide Sparten die niedrigste Gesamtkapitalrentabilität aller Konzernsparten erzielten. Die Kapitalausgaben in der Zeitungssparte (die Akquisiton von Dow Jones ausgenommen) hatten sich seit dem Fiskaljahr 2004 fast verdoppelt.

Martin argumentierte, der Konzernfokus auf seine wachstumsschwache Zeitungssparte überschatte das rasante Wachstum seiner Sparte Fox Interactiv Media, zu dem die Social-Networking-Site MySpace, die Spiele-Site IGN sowie die Website Photobucket, die Image-Hosting und andere Fotoservices, gehören.

„Die Segmente mit dem niedrigsten ROA und den geringsten Wachstumsraten haben seit 2004 den höchsten Anstieg der Kapitalausgaben verzeichnet", schrieb sie. „Da keine Verschonung von einer weiter steigenden Kapitalintensität in Sicht ist, empfehlen wir Anlegern, zum derzeitigen Preis einen Bogen um die Aktie [von News Corp.] zu machen."

Mit ihrer Skepsis stand sie nicht alleine da. In einer breiten Übersicht über die Aussichten im Mediensektor für das Jahr 2008, die im Dezember 2007 veröffentlicht wurde, schrieb Bear-Stearns-Analyst Spencer Wang, der Kauf von Dow Jones sei „keine besonders gute Verwendung des Konzernkapitals" gewesen, und er „glaube nicht, dass diese Transaktion für die Konzernaktionäre Wert generieren wird."

Der schwache Auftakt von Fox Business Channel könnte ebenfalls einige Risse in die Argumentation geschlagen haben, die Entscheidung, Dow Jones zu kaufen, sei wegen des vorteilhaften Einflusses auf den Start von Fox Business klug gewesen. Laut Nielsen Media Research, das die TV-Einschaltquoten bewertet, konnten die anfänglichen Einschaltquoten nicht offiziell veröffentlicht werden, weil sie unter Nielsens durchschnittlicher Mindestschwelle von 35.000 Zuschauern pro Tag blieben.

Ein TV-Experte, der am Tag des Sendestarts von Fox Business sprach, prognostizierte, die Einschaltquoten würden zunächst zwar niedrig sein, aber es sei ein Fehler, gegen Murdoch und Ailes zu wetten, vor allem aufgrund Ailes langer Erfahrung bei CNBC.

„Offensichtlich müssen wir abwarten und die Zahlen von Nielsen weiter beobachten. Es wird noch eine Weile dauern, bis sie auf Nielsens Radar erscheinen", sagte Joran Breslow, Director of Broadcast Research der Medienagentur Mediacom, die zur Werbegruppe WPP gehört. „Es gibt allerdings keinen Grund für die Annahme, Fox würde erfolglos bleiben, weil hinter diesem Kanal Leute stehen, die wissen, was sie tun. Wettbewerb ist immer gesund, und bisher gibt es nur einen einzigen großen Anbieter im Bereich Wirtschaftsnachrichten über Kabel."[45]

Murdoch ließ sich von der wachsenden Kritik an den Aktivitäten seines Unternehmens mit Hinblick auf Dow Jones und Fox Business nicht verdrießen. In der Telefonkonferenz zur Gewinnberichterstattung über das zweite Quartal des Fiskaljahres 2008, die im Februar 2008 stattfand, äußerten sich sowohl Murdoch als auch Chernin zufrieden mit der Entwicklung von Fox Business, und sagte, sie seien über die niedrigen Einschaltquoten nicht überrascht; außerdem mache der Kanal geringere Verluste, als der Konzern zu diesem Zeitpunkt kalkuliert hatte.

Zudem bricht einem Konzern dieser Größe die Investition von 5,6 Milliarden Dollar in die Übernahme von Dow Jones sowie ein paar hundert Millionen Dollar für den Start von Fox Business nicht das Genick. „Rupert verwettet mit dieser Akquisition nicht Haus und Hof", sagte James McGlynn, Manager des Summit Everest Fund, der rund 44.000 Anteile an News Corp. hält, kurz nachdem Dow Jones im August 2007 endlich der Fusion zugestimmt hatte.[46]

Doch McGlynn fügte auch hinzu, er erwarte nicht, dass diese Akquisition in absehbarer Zeit irgendeine greifbare Auswirkung, ob positiv oder negativ, auf die Gewinne haben werde. Zudem führe alles zurück zu der Frage, ob der Kauf von Dow Jones grundsätzlich gerechtfertigt sei. Wird der Besitz von Dow Jones den Shareholder-Value von News Corp. wirklich steigern, oder war die ganze Bieterschlacht nur ein Projekt zur Pflege von Murdochs Eitelkeit?

Nur die Zeit wird zeigen, ob diese Transaktion News Corp. eine Dividende einbringt, oder allein dazu diente, für 5,6 Milliarden Dollar Murdochs Ego zu stärken. Wie dem auch sei, die Konsequenzen des Kaufs wird wahrscheinlich jemand anderes tragen müssen, als Murdoch. Zwar zeigt Murdoch noch keinerlei Ermüdungserscheinungen, aber im März 2009 feierte er immerhin seinen 78. Geburtstag. Und er hat bereits begonnen, den Weg für seinen Nachfolger zu ebnen.

KAPITEL 8

Bleibt das Zepter in der Familie?

„Ich möchte einfach ewig leben", sagte Murdoch im Februar 2007. Dasselbe hatte er schon bei zahlreichen anderen Gelegenheiten geäußert, und wird es wahrscheinlich wieder tun. Es drängt sich einem der Eindruck auf, Murdoch glaube, wenn er ständig über Unsterblichkeit spreche, könnte er vielleicht am Ende einen Weg finden, diese zu erreichen.

Außerdem verweist er gerne auf das Beispiel seiner Mutter, Dame Elisabeth Murdoch, die im Februar 2007 ihren 99. Geburtstag feierte und noch immer ziemlich aktiv ist. In anderen Worten: Rupert könnte sehr gut ein weiteres Jahrzehnt Chairman und CEO von News Corp. bleiben.

„Man muss dafür sorgen, dass man aktiv ist – morgens, mittags, abends", sagte Dame Elisabeth auf ihrer Geburtstagsfeier, kurz vor ihrem eigentlichen Geburtstag im Februar 2007, im australischen Melbourne zu Reportern. „Ich bin sicher, dass es viel besser ist, beschäftigter zu sein, als man sich überhaupt vorstellen kann. Uns allen geht es besser, wenn wir ein bisschen auf Zack sind", fügte sie hinzu.[1]

Doch falls Murdoch nicht das gelingt, woran der spanische Eroberer aus dem 16. Jahrhundert, Ponce de León, scheiterte (er suchte vergeblich nach der Quelle der Jugend), ist es für Murdoch sinnlos, so zu tun, als brauche er keinen Nachfolgeplan.

In den meisten börsennotierten Unternehmen liegt die Verantwortung für die Suche eines neuen CEO und Chairman beim Aufsichtsgremium. Das gilt auch für News Corp. Aber News Corp. ist auch Murdochs Vermächtnis. Seine beiden Söhne, Lachlan und James, sind beide Mitglieder des Boards. Und Murdoch hat kein Geheimnis daraus gemacht, dass er erwartet, dass ein Murdoch in seine Fußstapfen tritt, wenn er zurücktritt.

„Das ist Sache des Boards. Allerdings sollte dieser die Meinung der Aktionäre berücksichtigen. Meine Familie besitzt rund 40 Prozent am Unternehmen", sagte Murdoch Anfang 2007.

Einst wurde Murdochs älterer Sohn Lachlan als Kronprinz gehandelt. Doch inmitten von Berichten über eine wachsende Kluft zwischen Vater und Sohn mit Hinblick auf Ruperts Managementstil, trat Lachlan im August 2005 als stellvertretender COO zurück.

„Ich habe heute meine Führungsposition bei News Corporation abgegeben. Ich bleibe Board-Mitglied und freue mich über meine weitere Involvierung in die Unternehmensgeschehnisse in einer anderen Rolle. Ich freue mich auch auf die baldige Rückkehr in meine Heimat Australien, zusammen mit meiner Frau Sarah und meinem Sohn Kalan. Besonderen Dank möchte ich meinem Vater für alles aussprechen, was er mich im Leben und im Geschäftsleben gelehrt hat. Für mich ist nun der Zeitpunkt gekommen, diese Lektionen in der nächsten Phase meiner Karriere umzusetzen", schrieb Lachlan in seiner Mitteilung.[2]

Rupert äußerte später in einer anderen Mitteilung, er sei „ausgesprochen traurig über die Entscheidung meines Sohns und [ich] danke ihm für seinen großartigen Beitrag zum Unternehmen und auch für seine Bereitschaft, Mitglied des Boards zu bleiben und uns auf einer Reihe von Gebieten zu beraten. Ich respektiere den Professionalismus und die Integrität, die er im Verlauf seiner Karriere bei News Corporation gezeigt hat. Zu seinen Leistungen zählen die Rekordgewinne in allen Sparten, die an ihn berichteten und die Erzielung der höchsten Auflage der *New York Post* in der Geschichte der Zeitung. Ich bin dankbar, dass ich in Lachlans zukünftiger Rolle als Board-Mitglied auch weiterhin auf seinen Rat und seine Weisheit zählen kann."[3]

Lachlan gründete schließlich seine eigene Investmentfirma mit dem Namen Illyria in Australien. Im Januar 2008 unternahm er seinen ersten Versuch, sein eigenes Medienimperium aufzubauen. Wie zu erwarten war, folgte er den Spuren seines Vaters und versuchte Unternehmen zu kaufen, die im Verlagswesen, im Bezahlfernsehen, im Kabelfernsehen oder im Internet aktiv waren.

Illyria kündigte an, es werde gemeinsam mit Consolidated Press Holdings (CPH), einem Medienunternehmen unter Führung von James Packer, dem Sohn des verstorbenen australischen Milliardärs Kerry Packer, für Consolidated Media Holdings (CMH) bieten. Das börsennotierte Unternehmen CMH hält Anteile am australischen Kabel-TV-Anbieter Foxtel, dem Zeitschriftenverlag und Eigentümer eines TV-Senders PBL Media und an der australischen Online-Jobbörse Seek.com. Außerdem ist es an Premier Media Group beteiligt, das wiederum Miteigentümer von Fox Sports in Australien ist.

CPH besitzt bereits eine Beteiligung in Höhe von 38 Prozent an Consolidated Media Holdings. Das Angebot von Illyria-CPH bewertete CMHs Aktie mit einem Premium von 30 Prozent auf den Kurs, zu dem die Aktie am Tag vor Bekanntgabe des Übernahmeangebots gehandelt wurde, was demonstrierte, dass Lachlan wahrscheinlich von seinem Vater gelernt hatte, dass ein sehr hohes Angebot eine Methode zur Gewährleistung sein kann, dass der Übernahmeversuch Erfolg hat. Ein weiterer Schachzug, den er von seinem Vater gelernt hatte, war Lachlans Ankündigung, er werde sich auf keine Verhandlungen mit CMH einlassen, das Angebot sei „endgültig."

„Wir sind gut positioniert, um mit den Miteigentümern an Consolidated Media Holdings bestehendem Geschäftsportfolio zusammenzuarbeiten, um in diese Assets zu investieren und sie weiterzuentwickeln", sagte Lachlan in einer Mitteilung über das Angebot. Und mit ein wenig Selbstüberschätzung, einer weiteren Eigenschaft, die er wahrscheinlich von seinem Vater geerbt hatte, pries Lachlan Illyrias „einzigartige Kombination aus Erfahrung in Bezahlfernsehen, TV-Ausstrahlung und Printmedien", die es dafür prädestinierten, CMH die Fähigkeit für „neue langfristige Wachstumschancen zu verleihen." Illyria existierte erst seit 2005 und das Übernahmeangebot für CMH war der erste große Ausflug des Unternehmens in die Medienwelt, nachdem es 2007 erst ein Joint-Venture mit der indischen PR-Firma Percept Group gegründet hatte, mit dem Ziel, eine Talentagentur für berühmte Persönlichkeiten und Athleten einzurichten.

Die geplante Übernahme von CMH erhielt im März 2008 einen Rückschlag, als SPO Partners, eine amerikanische private Investmentgesellschaft ihre Meinung über die finanzielle Unterstützung von Illyria und Packer änderte. Einen Monat später zogen Lachlan Murdoch und Packer ihr Angebot für CMH zurück, da es ihnen nicht gelungen war, einen anderen Partner zu finden. Doch selbst da dieser Übernahmeversuch gescheitert ist, ist Lachlan als Nachfolgekandidat für seinen Vater wahrscheinlich aus dem Rennen, da er gezeigt hat, dass er sein eigenes Mini-News Corp. aufbauen will.

Murdoch hat auch zwei Töchter, Prudence, aus Murdochs erster Ehe mit Patricia Booker, und Elisabeth, die zusammen mit Lachlan und James aus seiner zweiten Ehe mit Anna Torv stammt. Prudence war nie intensiv in die Geschäfte von News Corp. involviert. Elisabeth dagegen, war wie ihre Brüder, eine aktive Mitspielerin im Konzern. Von 1996 bis 2000 war sie Geschäftsführerin von BSkyB und für die nicht sportbezogenen Programminhalte sowie für Verbrauchermarketing verantwortlich. Jedoch hat auch Elisabeth ein gewisses Unabhängigkeitsstreben demonstriert.

Im Jahr 2000 verließ sie BSkyB und gründete 2001 Shine Limited, eine unabhängige TV-Produktionsgesellschaft, an der BSkyB eine Minderheitsbeteiligung hält. „Ich habe die vier Jahre bei BSkyB sehr genossen. Ich war stolz, dass ich bei diesem Unternehmen arbeiten und einen Beitrag zu seinem Erfolg leisten konnte. Bei Sky hatte ich das Privileg, mit einigen der besten Führungskräfte im TV-Geschäft zu arbeiten, und ich verlasse dieses Siegerteam mit einem weinenden Auge. Dennoch ist jetzt der Zeitpunkt gekommen, um etwas zu verfolgen, über das ich schon eine ganze Weile nachdenke", schrieb Elisabeth in einer Mitteilung über ihr Ausscheiden aus BSkyB.[4]

Falls Rupert also nicht beschließt, weitere 20 Jahre Chairman und CEO von News Corp. zu sein – lange genug, damit seine beiden jüngsten Töchter Chloe und Grace heranwachsen und in den Kreis der potenziellen Nachfolgekandidaten aufgenommen werden können –, bleibt eigentlich nur Murdochs jüngster Sohn James als wahrscheinlicher neuer Unternehmensführer übrig.

Diese Wahrnehmung verfestigte sich 2007 weiter, als James bekannt gab, er trete als CEO von BSkyB zurück, um die Position als Chairman und CEO des Europa- und Asiengeschäfts von News Corp. zu übernehmen. Wenig überraschend löste diese Ankündigung dieselben Aufschreie aus, die vier Jahre zuvor laut wurden, als James 2003 zum CEO von BSkyB ernannt wurde. Damals hieß es, das sei Nepotismus, und Rupert Murdoch musste wie üblich schnell reagieren und die Kritiker beschwichtigen.

„Der Board und ich freuen uns, dass der Nominierungsausschuss seine Aufgabe erfüllt hat und einhellig die Überzeugung geäußert hat, dass James der richtige Kandidat für diese Position ist. James folgt einer Reihe erfolgreicher CEOs – Sam Chisholm, Mark Booth und Tony Ball. Ich bin sicher, dass James ihre Arbeit fortführen und den Erfolg des Unternehmens fortsetzen wird", sagte Rupert Murdoch in einer Mitteilung über James Ernennung.[5]

James unmittelbarer Vorgänger, Tony Ball, beschrieb James als „eine außergewöhnliche Führungskraft und Manager, von dem ich weiß, dass er die Fähigkeit und den Antrieb besitzt, das Unternehmen voranzubringen." Und James Murdoch, der Sky als „eine der handverlesenen Gruppe an herausragenden neuen Industrieunternehmen Englands" bezeichnete, versprach, das Unternehmen an der Spitze des britischen Satelliten-TV-Marktes zu halten und es in den kommenden Jahren noch stärker zu machen.[6]

„Das Unternehmen ist Marktführer im Multichannel-TV und ein innovatives Unternehmen, das seit seiner Gründung an der Spitze der technologischen und kreativen Entwicklungen gestanden hat. Es ist ein Privileg, die Chance zu bekommen, an der Zukunftsgestaltung dieses Unternehmens mitwirken zu dürfen. Ich freue mich besonders darauf, mit den Leuten von Sky zu arbeiten, die bei diesem Erfolg eine ganz zentrale Rolle gespielt haben, sowie für alle Aktionäre zu arbeiten, um für diese noch größeren Wert zu erzielen", so James Murdoch.[7]

Immerhin waren sich die Analysten einig, dass James Murdoch während seiner Zeit an der Spitze von BSkyB bewundernswerte Arbeit geleistet habe. Da er sich als fähiger CEO von BSkyB erwiesen hat, sollten die Investoren von News Corp. weniger Grund für Beunruhigung über seinen Aufstieg an die Spitze des Konzerns haben. Während seiner Tätigkeit für BSkyB wagte James Murdoch 2006 den kühnen Schritt, einen Anteil von 17,9 Prozent an seinem Wettbewerber ITV zu erwerben – ein Schachzug, der von vielen als eine kluge Strategie zur Verhinderung einer Fusion zwischen ITV und Richard Bransons Kabelunternehmen Virgin Media gewertet wurde. Eine solche Fusion hätte Virgin zu einer wesentlich größeren Bedrohung für BSkyB gemacht. Allerdings löste BSkyBs Investition in ITV auch einige kartellrechtliche Sorgen aus, und die britische Regierung forderte BSkyB im Januar 2008 auf, seinen Anteil an ITV auf weniger als 7,5 Prozent zu verringern.

Dennoch war James Murdochs Amtszeit als CEO von BSkyB kein uneingeschränkter Erfolg. Die Aktien des Unternehmens stiegen in den vier Jahren seiner Unternehmensführung nur um 10 Prozent. Zum Vergleich: Der Aktienkurs von News Corp. stieg im selben Zeitraum um 15 Prozent. Beide Aktien blieben jedoch erheblich hinter der Entwicklung des allgemeinen Marktes zurück, da der Vergleichsindex S&P 500, bei dem News Corp. Mitglied ist, zwischen November 2003 und Dezember 2007 um rund 40 Prozent zulegte.

Teilweise lässt sich die schlechte Entwicklung des Aktienkurses von BSkyB der Tatsache zuschreiben, dass James Murdoch beschloss, umfangreich in den Ausbau des BSkyBs Breitbandinternet und der Telekommunikationsangebote zu investieren, da die britischen Telefongesellschaften zu dem Zeitpunkt gerade begannen, sich im Videomarkt zu aggressiveren Wettbewerbern zu entwickeln – ein ähnlicher Trend wie er sich im US-Telekommunikations- und Videomarkt vollzog. Langfristig betrachtet kann sich dieser Schritt als ein kluger strategischer Schachzug erweisen. Kurzfristig beeinträchtigt der Auf- und Ausbau neuer Dienste die Gewinne und somit den Aktienkurs. Zumindest beweist James Murdochs Entscheidung, nicht untätig auf der Stelle zu treten, dass er wie sein Vater keine Angst vor Risiken hat, selbst wenn das bedeutet, dass er sich den Zorn der Investoren zuzieht.

Hier muss erwähnt werden, dass der Aktienkurs von BSkyB während der Amtszeit von James Murdoch als CEO insgesamt betrachtet sowohl hinter dem Aktienkurs von News Corp. als auch der Entwicklung des breiten Marktes zurückblieb. Den größten Sprung machte die Aktie in den ersten beiden Jahren seiner Amtszeit. In den Jahren 2006 und 2007 entwickelte sich die Aktie besser als der breite Markt und übertraf in diesen zwei Jahren sogar den Kursverlauf der News-Corp.-Aktie.

Dennoch bleiben Fragen darüber offen, ob James, der im Dezember 2008 36 Jahre alt wurde, für einen Sprung an die Konzernspitze bereit ist, sollte sich diese Gelegenheit in den nächsten Jahren bieten. Rupert selbst räumte im Februar 2007 im Rahmen seiner Präsentation auf der McGraw-Hill-Medienkonferenz ein, es sei „zu früh, um zu beurteilen, ob James ein herausragender CEO sein könnte."[8]

Den gesamten Konzern zu führen, ist mit Sicherheit eine wesentlich größere Aufgabe, als BSkyB zu führen. Auch wenn James Murdoch in zahlreiche Aspekte der globalen Aktivitäten von News Corp. involviert gewesen ist, ist er im Großen und Ganzen für die US-Medienbeobachter und Investoren eine unbekannte Größe. Denn trotz News Corps globaler Reichweite, generiert das Unternehmen mehr als die Hälfte seiner Gesamtumsätze im US-Markt und ist ein US-basiertes Unternehmen. Wenn James Murdoch eines Tages den gesamten Konzern leiten wird, wird er sich an einem bestimmten Punkt stärker mit Fox Broadcast Network und den Filmstudios sowie den prosperierenden US-Kabel-TV-Netzen beschäftigen müssen. Darüber hinaus müssen sich die Investoren durchaus Sorgen darüber machen, ob James wirklich der beste Nachfolge für Rupert Murdoch ist, oder ob das Zepter eines Tages nur deswegen an ihn weitergereicht wird, weil er Ruperts Sohn ist. Die jüngere Geschichte zeigt eine sehr gemischte Erfolgsbilanz familiengeführter Medienkonzerne in den USA.

Die *Washington Post* ist vielleicht das beste Beispiel für eine nahtlose Stabsübergabe innerhalb eines familiengeführten Medienunternehmens. Eugene Meyer, der die *Washington Post* 1933 kaufte, gab die Unternehmensführung an seine Tochter Katharine Graham weiter, die in den zwei Jahrzehnten ihrer Amtsführung als eine der wichtigsten Persönlichkeiten des Nachrichtengeschäfts gepriesen wurde. Unter ihrer Ägide druckte die *Washington Post* die Serie an Storys über die Watergate-Affäre während Präsident Nixons Amtszeit als US-Präsident. Heute wird die *Washington Post* von ihrem Sohn Donald geleitet, der 1991 die Position als Chairman und CEO übernahm. Zum Teil dank der Investitionen außerhalb der Medienindustrie, vor allem des Kaufs des auf Testverfahren für den Bildungsmarkt spezialisierten Unternehmens Kaplan Education, ist die *Washington Post* über Jahre kontinuierlich eine der Medienaktien mit der besten Kursentwicklung gewesen.

Der Kabelgigant Comcast ist ein weiteres ausgezeichnetes Beispiel für eine positive Unternehmensentwicklung zum Nutzen der Aktionäre, wenn ein Sohn die Unternehmensführung von seinem Vater übernimmt. Der derzeitige CEO von Comcast, Brian Roberts, der die Amtsführung von seinem Vater übernahm, gilt weithin als einer der klügsten und gerissensten Führungskräfte im Kabel-TV-Markt. Unter Brian Roberts Führung hat Comcast mehrere Akquisitionen getätigt, die aus dem einst hauptsächlich regionalen Kabelanbieter den größten Kabelanbieter der USA gemacht haben.

Allerdings haben nicht alle familiengeführten Medienunternehmen ein Happy End für ihre Aktionäre. Zwar genießen Graham und Roberts weithin großes Ansehen und den Respekt von Investoren und Kollegen, dasselbe lässt sich jedoch nicht von James Dolan, CEO von Cablevision, dem Sohn des Gründers und Chairman von Cablevision, Charles Dolan, sagen. James Dolan, der eine aktive Rolle im Management der beiden Profisportunternehmen von Cablevision – den New York Knicks der Basketball-Liga NBA und den New York Rangers der Hockeyliga NHL – spielt, wird regelmäßig von der Sportpresse und Finanzjournalisten für die schlechten Ergebnisse der beiden Teams und seine fragwürdigen Personalentscheidungen in Bezug auf Spieler und Management abgewatscht. Darüber hinaus stritten sich James Dolan und Charles Dolan sogar öffentlich über Cablevisions Entscheidung, einen neuen Satelliten-TV-Service wieder abzustoßen. James dafür, Charles dagegen. Schließlich wurde die Satelliten- und Spektrum-Allokation an den Satelliten-TV-Rivalen EchoStar verkauft.

Ein weiteres familiengeführtes Kabelunternehmen, Adelphia, wurde von seinem Gründer John Rigas und dessen Sohn, dem Finanzvorstand Timothy Rigas sogar in den Bankrott getrieben. Darüber hinaus wurden Vater und Sohn im Jahr 2004 wegen Wertpapierbetrugs verurteilt und wanderten im August 2007 ins Gefängnis. Adelphia wurde anschließend zerschlagen und die Einzelteile an Comcast und Time Warner verkauft.

Es ist selbstverständlich noch zu früh, um zu beurteilen, ob James Murdoch eher ein Brian Roberts oder ein James Dolan sein wird.

Allerdings hat er bei News Corp. bereits Spuren hinterlassen; er war aktiv daran beteiligt, News Corp. zu einem umweltfreundlicheren Unternehmen zu machen. Im Januar 2008 gab James Murdoch bekannt, News International, News Corps wichtigste britische Tochtergesellschaft und Eigentümerin aller britischen Zeitungen des Unternehmens, habe ihren Kohlendioxidausstoß gegenüber dem Vorjahr um 21 Prozent gesenkt und sei auf dem Weg der „Kohlendioxidneutralität", indem es den Kohlendioxidausstoß auf null senke.

„Das ist ein wichtiger Meilenstein für News International, aber das ist erst der Anfang. Der Schlüssel zu einem Umweltprogramm liegt für jedes Unternehmen darin, seine Energieeffizienz zu verbessern, und auf diesem Gebiet haben wir noch viel zu tun. Dennoch ist das ein guter Start und ich bin froh, sagen zu können, dass unsere Lieferanten ebenfalls hart daran arbeiten, Best Energy Practices umzusetzen. Als großes Medienunternehmen erreichen wir sowohl in Großbritannien als auch im Ausland ein breites Publikum. Es ist wichtig, dass wir unseren Lesern, Werbekunden, Geschäftspartnern und Mitarbeitern die Botschaft vermitteln, dass wir bei diesem

Thema gute Fortschritte erzielen; denn das ist diesen Zielgruppen wichtig.", schrieb James Murdoch in einer Mitteilung.⁹

Dieses Programm ist Teil der breiteren Konzerninitiative Global Energy Initiative, die das Unternehmen gegründet hat, „um einen Beitrag zur Lösung des Klimaproblems zu leisten, indem wir den Energieverbrauch unserer Unternehmen senken und Millionen von Lesern, Zuschauern und Webnutzern für Umweltfragen interessieren." Das Unternehmen plant, bis 2010 die Kohlendioxidneutralität für alle seine Sparten zu erreichen, wobei James Murdoch in der Breite der Verdienst zugeschrieben wird, seinem Vater die neue Religion der Umweltfreundlichkeit nahegebracht zu haben.

In einer Rede, die Rupert Murdoch im November 2006 in Tokio hielt, sagte er, „bis vor kurzem war ich die Debatte um die Klimaerwärmung ein wenig Leid", aber nun empfinde er „Verantwortung dafür, eine Führungsposition auf diesem Gebiet einzunehmen." Er lobte James, der zu dem Zeitpunkt noch CEO von BSkyB war, dafür, dass er „sein Unternehmen kohlendioxidneutral gemacht" habe und bewiesen habe, dass „eine nachhaltige Umweltfreundlichkeit keine Sentimentalität" sei, sondern „eine solide Geschäftsstrategie und ein Beispiel, dem der gesamte Konzern nacheifern" sollte.¹⁰

Als Rupert Murdoch im Mai 2007 die Global Energy Initiative ankündigte, gab es Punkte, bei denen er beinahe wie Al Gore klang, was schon eine ziemliche Ironie war, wenn man bedenkt, dass der ehemalige Vizepräsident und US-Präsidentschaftskandidat regelmäßig von der *New York Post* und *Fox News* lächerlich gemacht wurde.

„Wenn wir unsere Zielgruppen für dieses Thema erwärmen wollen, müssen wir zunächst im eigenen Haus aufräumen. Wir haben gerade erst damit begonnen und haben noch einen langen Weg vor uns. Unsere globale Reichweite bietet uns die nie dagewesene Chance, aus allen Winkeln der Erde Menschen zum Handeln zu inspirieren. Das Klimaproblem wird nicht ohne die massive Beteiligung der Bevölkerung in allen Teilen der Welt zu lösen sein", sagte Murdoch.[11]

Trotz James Murdochs erster Anstrengungen, aus News Corp. einen umweltfreundlicheren Konzern zu machen und seiner anscheinenden Bereitschaft, auf die Rivalen seines Vaters zuzugehen, glauben einige Analysten trotzdem, dass er noch einen langen Weg vor sich hat, bis er beweisen kann, dass er einen ganzen Konzern leiten kann. Darüber hinaus könnten seine Bemerkungen über Falun Gong, die er als „gefährlich" bezeichnete, nun, da er für die Konzernaktivitäten in China verantwortlich ist, wie ein Bumerang auf ihn zurückkommen. Da die Befürchtungen, er werde wie sein Vater seinen Einfluss auf die konzerneigenen Medienunternehmen dazu nutzen, um sich bei der chinesischen Regierung einzuschmeicheln, ganz eindeutig nicht verstummen werden.

Im Rahmen einer Anhörung vor dem britischen Oberhaus im Januar 2008 räumte Andrew Neil, ehemaliger langjähriger Chefredakteur der News-Corp.-eigenen Zeitung *Sunday Times*, ein, er glaube nicht, dass James Murdoch „dieselben ausgeprägten politischen Ansichten" habe wie sein Vater, aber er sagte auch, man könne davon ausgehen, dass James Murdoch ähnlich wie sein Vater agieren werde, das heißt seinen verlegerischen Einfluss zur Förderung der Konzerninteressen zu nutzen.

„Ich nehme an, dass er seine derzeitige Position nicht zuletzt aufgrund seiner DNA erhalten hat, ich bin daher sicher, dass ein Teil dessen [des Bedürfnisses Kontrolle auszuüben] in seiner DNA liegt", scherzte Neil.[12]

Das alles führt zu der wahrscheinlich wichtigsten Entscheidung, vor der die Aktionäre von News Corp. heute stehen. Auf das Risiko hin, dass es makaber klingt, aber wenn Rupert Murdoch von einem Blitzschlag getroffen würde oder plötzlich ein gesundheitliches

Problem bekommen würde, aufgrund dessen er seine Position als Chairman und CEO von News Corp. aufgeben müsste, wer würde dann das Steuer übernehmen? Ist James für diese Rolle schon bereit, oder müsste ein Interim-CEO engagiert werden, bis James Murdoch so weit ist, seinen Vater an der Konzernspitze zu ersetzen?

Und hier kommt Peter Chernin ins Spiel. Chernin ist seit 1989, dem Jahr, als er als President of Entertainment für Fox Broadcasting in das Unternehmen kam und 1992 zum CEO von Fox Filmed Entertainment ernannt wurde, ein loyaler Topmanager des Konzerns gewesen, der Rupert Murdochs uneingeschränktes Vertrauen genießt. Seit 1996 ist er als Präsident und COO nach Rupert die Nummer zwei im Konzern.

Man kann sich nur schwer vorstellen, dass News Corp. ohne Chernins Mitwirkung die Position erreicht hätte, die es heute im Markt genießt – vor allem in den USA. Unter seiner Ägide als Verantwortlicher für Fox Network startete dieses mehrere TV-Serien, die dem noch jungen TV-Sender dabei halfen, sich erfolgreich im Markt zu behaupten, darunter *Die Simpsons* und *Beverly Hills 90210*. Und unter seiner Führung des Filmstudios produzierte Fox mehrere große Kassenschlager, darunter *Speed, Mrs. Doubtfire, True Lies – Wahre Lügen, Independence Day* sowie den erfolgreichsten Film aller Zeiten, *Titanic*, den Fox zusammen mit dem Viacom-eigenen Filmstudio Paramount produzierte.

Chernin wurde schon oft als erstklassiger Kandidat für die Position des CEO eines großen Medienkonzerns genannt, allerdings nicht News Corp., weil in der Breite als gesichert gilt, dass ein jüngerer Murdoch eines Tages das Zepter von Rupert übernehmen wird.

Doch schon bevor sein Sohn Lachlan im Jahr 2005 aus dem Konzern ausschied, schien es, als habe Rupert Murdoch erkannt, dass er mit Chernin eine kompetente Führungskraft hatte, die er besser im Konzern hielt, als zuzulassen, dass dieser zu einem Wettbewerber wechselt.

Als Ergebnis unterschrieb Chernin im Juli 2004 einen neuen Fünfjahresvertrag bei News Corp. für die Fortsetzung seiner Position als Präsident und COO bis Juni 2009. Rupert Murdoch pries Chernin in den höchsten Tönen, als er die Vertragsverlängerung bekannt gab.

„Peter ist seit mehr als einem Jahrzehnt ein enger und vertrauter Kollege, und ich freue mich sehr, dass News Corporation weiterhin das Privileg genießt, für viele weitere Jahre von seinen dynamischen Qualitäten zu profitieren. Peter hat herausragende Arbeit geleistet, was das Management und den Ausbau unserer Kernunterhaltungsbereiche in einem zunehmend wettbewerbsintensiven globalen Markt betrifft. Aufgrund seiner Intelligenz, seines hohen Antriebs und seiner Führungsqualitäten genießt er den Respekt des gesamten Konzerns und der gesamten Branche", so Murdoch.[13]

Und Chernin seinerseits sagte, er fühle sich geehrt, mit dem „talentiertesten, kreativsten und aggressivsten Managementteam in diesem Geschäftsfeld" zu arbeiten, und fügte hinzu, „Ich habe außerdem das enorme Glück gehabt, während des Wachstums von News Corp. zu einem globalen Medienkonzern, der seinesgleichen sucht, Seite an Seite mit Rupert arbeiten zu können. Ich freue mich darauf, unsere Erfolge in den nächsten Jahren fortzuführen.[14]

Doch obwohl Chernin für die nächsten Jahre gebunden zu sein schien, verstummten die Andeutungen nicht, er werde den Konzern möglicherweise trotzdem verlassen, falls ihm ein anderes Unternehmen die Position des CEO anbiete. Das lag daran, dass Chernin laut der Details seines neues Vertrags, der im November 2004 bei der US-Börsenaufsicht Securites and Exchange Commission (SEC) zu den Akten genommen wurde, das Recht hatte, News Corp. ohne vorherige Ankündigung zu verlassen, falls er die Möglichkeit hatte, CEO eines börsennotierten Unternehmens zu werden. Falls er die Führung eines privaten Unternehmens oder einer Sparte eines börsennotierten Unternehmens übernehme, galt eine Kündigungszeit von sechs Monaten.

Zu jener Zeit wurde diese Klausel als ein Weg interpretiert, der Chernin erlaube, aus seinem Vertrag auszusteigen, falls die Position des CEO bei Walt Disney frei werde, was auch geschah. Allerdings entschied sich Disney für eine Beförderung aus den eigenen Reihen und ernannte im März 2005 seinen Präsident und COO, Robert Iger, zum Nachfolger von Michael Eisner als CEO.

Da Disney nun keine Option mehr ist, kann man sich nur schwer vorstellen, in welches Unternehmen Chernin wechseln würde, falls er bei News Corp. ausscheiden sollte. Sumner Redstone hat in letzter Zeit nicht erkennen lassen, dass er Leslie Moonves von CBS oder Philippe Dauman von Viacom ablösen möchte. Time Warner vollzog 2008 einen reibungslosen Übergang von CEO Richard Parsons auf den zuvor langjährigen Präsident und COO Jeffrey Bewkes. Und selbst NBC Universal, General Electrics kriselnde Mediensparte, scheint eine gewisse Stabilität im Management erreicht zu haben. Jeff Zucker, Führungsveteran bei NBC Universal, wurde im Februar 2007 zum neuen Chairman und CEO von NBC Universal berufen, als Bob Wright in den Ruhestand ging.

Außerdem scheint Murdoch so viel daran gelegen zu sein, Chernin im Konzern zu halten, dass er sogar bereit ist, diesem ein größeres Vergütungspaket zuzugestehen, als er sich selber gönnt. Laut Proxy Statement für das Fiskaljahr 2007 verdienten sowohl Murdoch als auch Cherning ein Jahresgehalt von 8,1 Millionen Dollar. Nach Berücksichtigung der Aktienoptionen, Boni und weiterer Vergütungsleistungen betrug Chernins Gesamtvergütung für das Fiskaljahr 2007, das im Juni desselben Jahres endete, fast 34 Millionen Dollar und lag damit über den 32,1 Millionen, die Murdoch kassierte.

Darüber hinaus stellt Chernins Gesamtvergütung die Vergütung anderer langjähriger Topmanager von News Corp. weit in den Schatten – was nicht heißen soll, dass Finanzvorstand David De-Voe, der 11,7 Millionen verdiente, oder Ailes, der 10,9 Millionen nach Hause brachte, irgendeinen Grund zur Klage gehabt hätten.

Doch die Tatsache, dass Chernin das höchste Gehalt im gesamten Konzern verdient, hat Murdochs Gefolgsleuten klar gemacht, dass Chernin nicht nur eine unschätzbare Ressource und Berater ist, sondern wahrscheinlich auch Murdochs engster Vertrauter. Während Murdoch eher als Hitzkopf gilt, genießt Chernin den Ruf, ein ruhiger Verhandler zu sein. So hat Chernin heikle Probleme, mit denen die Medienunternehmen in der Breite konfrontiert sind, oft mit erheblichem Nachdruck verfolgt. Zum Beispiel appellierte er 2002 an die Technologiegemeinde, Medienunternehmen dabei zu unterstützen, das illegale Herunterladen von urheberrechtlich geschützten Inhalten zu verhindern. Während einer Rede auf der Technologiemesse COMDEX in Las Vegas, die im November 2002 stattfand, erklärte er, es sei an der Zeit, dass Medienkonzerne und Technologieanbieter zusammenarbeiteten, da davon beide Industrien profitieren könnten.

„Der größte Katalysator für Wachstum ist nicht Piraterie, sondern Partnerschaft", rief Chernin. In seiner Rede wies er darauf hin, dass die Technologieindustrie den Medienunternehmen dabei helfen könne, den technologischen Wandel anzunehmen und sich an neue Entwicklungen anzupassen. Dabei verwies er auf die Beispiele Kabel-/Satelliten-TV und die DVD-Industrie, zwei neue Entwicklungen, die die Medienunternehmen zunächst misstrauisch beäugt hatten. Chernin argumentierte, die verschlüsselte Verbreitung von Unterhaltung über das Internet würde dazu beitragen, dass mehr Verbraucher sich für Breitbandinternet entscheiden würden, und das könnte einen großen positiven Dominoeffekt für den gesamten Technologiesektor auslösen, der zu einem Anstieg der Nachfrage nach Servern, Routern und Software führe. „Unsere beiden Industrien brauchen dringend eine Energiespritze", sagte Chernin zu einer Zeit, da sowohl in Hollywood als auch im Silicon Valley aufgrund des Dotcom-Sterbens einige Jahre zuvor noch immer trübe Stimmung herrschte.[15]

Doch auch wenn Chernin vielleicht nicht so schroff ist wie sein Chef, hat er im Verlauf seiner Rede auf der Technologiemesse COM-

DEX auch gezeigt, dass er durchaus hart sein kann, indem er das kostenlose Herunterladen von urheberrechtlich geschützten Musikstücken und Videos konstant als „Diebstahl", „Piraterie" und „digitalen Raub" bezeichnete und halb im Spaß darauf hinwies, „die Polizei würde sofort eine Sondereinheit bilden, die Winona Ryder aus den Stiefeln schütteln würde, falls bei Wal-Mart mehrere Hunderttausend Kleidungsstücke gestohlen würden."[16]

Auch bei seiner Intervention während des Streiks der Drehbuch- und Serienautoren in Hollywood Ende 2007 bis Anfang 2008 bewies Chernin Verhandlungsstärke, als er gemeinsam mit Topmanagern anderer führender Medienunternehmen Gespräche mit der Gewerkschaft Writers Guild of America aufnahm. Chernin und Disneys CEO Iger wird der Verdienst zugeschrieben, zur Beendigung eines Streiks beigetragen zu haben, der der TV- und Filmindustrie nach mehr als vierzehn Wochen Arbeitsunterbrechung erhebliche Schäden zugefügt hatte.

Während Murdoch oft brüsk und geringschätzig auf Kritik reagiert, ist Chernin eher der versöhnliche Botschafter. In einer Rede auf der Citigroup-Investmentkonferenz im Januar 2008 – einen Monat, bevor die Gewerkschaft und die Medienunternehmen eine Einigung zur Beilegung des Streiks erzielten –, sagte er, er und andere Studios würden nicht klein beigeben und allen Forderungen der Hollywood-Autoren nachkommen, aber er ließ die Tür für fruchtbare Gespräche offen.

„Ich nehme diesen Streik sehr ernst. Er hat einen unglaublich negativen Effekt auf die Menschen, und zwar nicht nur auf die Autoren und alle anderen Akteure in der Unterhaltungsindustrie, sondern er hat auch erhebliche ökonomische Auswirkungen auf die Stadt Los Angeles", sagte Chernin. „Umgekehrt empfinde ich die Verantwortung, nicht nur gegenüber den Aktionären von News Corp., sondern auch gegenüber der Zukunft unserer Industrie, keiner Vereinbarung zuzustimmen, die ökonomisch nicht vertretbar ist. Ich will nicht an Dingen beteiligt sein, die die Industrie beeinträchtigen. Wir glauben, und ganz offen gesagt glauben das auch die meisten anderen Sender, dass wir den Streik noch eine ganze Weile durchstehen können, dennoch sind wir sehr daran interessiert, eine für die Branche machbare Lösung zu finden."[17]

Murdoch dagegen vertrat einen wesentlich antagonistischeren Ansatz gegenüber den Autoren, als er sich im Dezember 2007 in einem Interview im Fox News Channel über den Streik äußerte. In einem Auftritt in der TV-Show Your World with Neil Cavuto verlieh er zunächst seiner Hoffnung Ausdruck, der Streik möge bald enden, bevor er die Charakterisierung von News Corp. und anderen Medienunternehmen seitens der Autorengewerkschaft angriff.

„Jetzt lautet die Rhetorik, die großen, fetten Konzerne und wir armen Autoren, als ob sie irgendein sozialistisches System einführen und die Unternehmen fertig machen wollten", sagte Murdoch.[18]

Man könnte durchaus behaupten, die gegensätzlichen Persönlichkeiten Rupert Murdochs und Chernins, der übrigens ein Mitglied der demokratischen Partei ist, seien ein Lehrbuchbeispiel dafür, dass unterschiedliche Meinung im Vorstand zu einem besser gemanagten Unternehmen führen. Wenn Chernin ein widerstandsloser Jasager wäre, der Murdoch nach dem Mund redet, wäre News Corp. dann der führende Medienkonzern, der er heute ist?

Das lässt sich nur schwer abschließend beurteilen, aber es lohnt der Hinweis, dass Murdoch und News Corp. seit Chernins Ernennung zum Präsidenten und COO des Konzerns keine hoch riskanten Wetten mehr von der Sorte eingegangen sind, die die Zukunft des Unternehmens aufs Spiel setzen könnten. News Corp. hat keine Aktientausche mehr mit Investoren getätigt, die anschließend versuchen könnten, das Unternehmen ganz unter ihre Kontrolle zu bringen. Außerdem hat der Konzern auch davon Abstand genommen, sich noch einmal schwer zu verschulden, um die Akquisition von Dow Jones und seine Expansion in die digitalen Medien zu finanzieren.

Doch würde Murdoch zustimmen, selbst wenn es nur für eine begrenzte Zeit wäre (während James Murdoch die Erfahrung gewinnt, die ihm für die Konzernleitung noch fehlt), die Kontrolle des Unternehmens an eine Person außerhalb der Familie Murdoch zu übergeben? Dorfman sagte, er könne sich durchaus ein Szenario mit Chernin als CEO vorstellen, allerdings sehe er ihn nur vorübergehend in dieser Position.

„Familie ist für Murdoch sehr wichtig. Egal wie viele Aktionäre der Konzern hat, betrachtet er News Corp. als Familienunternehmen. Das hat er von seinem Vater geerbt. Ich denke, er hat die Entscheidung getroffen, die Unternehmensführung an ein Familienmitglied zu übergeben", sagte Dorfman. „Wenn Murdoch von einem Bus überfahren würde, würde der Board Chernin zum geschäftsführenden CEO ernennen und sich derweil auf die Suche machen, aber letztlich würde James seinem Vater nachfolgen. Sollte Chernin das Unternehmen jemals auf CEO-Ebene führen, dann nur so lange, bis James genügend Erfahrung hat, um ihn als Konzernführer abzulösen."[19]

Eine Sache ist, dass Murdoch eng mit Chernin zusammenarbeitet. Eine ganz andere Sache könnte es sein, ihm das Familienerbe zu übergeben, vor allem, da Chernin gelegentlich hat durchscheinen lassen, dass er nicht immer mit der Denkweise seines Chefs übereinstimmt.

Das wird aus Chernins Antwort auf Fragen über die Akquisition von Dow Jones ersichtlich. Während Murdoch oft wie ein glücklicher Lottogewinner klang, wenn er über seine neueste Akquisition sprach, hat sich Chernin wesentlich vorsichtiger über Dow Jones und dessen Effekte auf den Konzern geäußert.

Anders als Murdoch ist Chernin nicht im Zeitungsgeschäft groß geworden. Und es hat den Anschein, als empfinde er nicht dieselbe Affinität zu dieser Branche wie Murdoch. Auf der Citigroup-Medienkonferenz im Januar 2008 widersprach Chernin vehement der Auffassung, News Corp. habe zu viel für Dow Jones bezahlt und die Transaktion stelle eine Gefahr für das gesamte Konzernwachstum dar.

„Lassen Sie uns den Kaufpreis in die richtige Perspektive rücken. Das sind weniger als 10 Prozent der Marktkapitalisierung des gesamten Konzerns. Wir wollen 5 Milliarden Dollar nicht kleinreden, aber man sollte den Preis in Relation zu einem Unternehmen unserer Größe sehen. Es ist falsch, die Akquisition als gewagte Wette auf das Zeitungsgeschäft zu bezeichnen. Wir betrachten Dow Jones als wertvollste Marke im Bereich Finanzdienstleistungen", verteidigte Chernin die Kaufentscheidung.[20]

Chernin verteidigt außerdem nachdrücklich die Entscheidung des Konzerns, aggressiv in die geografische Diversifizierung und neue Geschäftsfelder zu investieren. Die Frage, ob News Corp. mit seinen laut Bilanz sieben unterschiedlichen Sparten ein viel zu komplexes und für Investoren unverständliches Konglomerat sei, wehrte er schnell ab.

„Ich würde sagen, dass unsere Komplexität eine unserer größten Stärken ist. Sie ermöglicht uns zu investieren und das Unternehmen auszubauen und verleiht uns die Fähigkeit, uns wesentlich besser zu positionieren, sodass wir viel besser vor wirtschaftlichen Veränderungen gefeit sind", widersprach Chernin.[21]

Worte eines echten Murdochs. Doch wird Rupert die Tatsache übersehen können, dass Chernin kein Murdoch ist, und das Führungszepter – wenn auch nur für kurze Zeit – an ihn weiterreichen, bis James Murdoch soweit ist, dass er den Konzern leiten kann? Das könnte eine rhetorische Frage sein, da Rupert keine Ermüdungserscheinungen zeigt. Falls er beschließt, weitere fünf Jahre als Chairman und CEO zu fungieren, könnte James in den Augen der Wall Street als erfahren genug gelten, sodass eine Machtübergabe nicht mehr als verfrüht betrachtet würde.

Nichtsdestotrotz steht Murdoch angesichts der Tatsache, dass Chernins Vertrag im Juni 2009 ausläuft, vor einer schwierigen Entscheidung. Wird er dessen Vertrag noch einmal verlängern, oder ihn ziehen lassen, was wahrscheinlich zur Folge hätte, dass Chernin eine Führungsposition bei einem Konkurrenzunternehmen annehmen und News Corp. möglicherweise einen Wettbewerbsschaden beibringen würde? Falls Rupert dagegen beschließt, Chernins Vertrag ein weiteres Mal zu verlängern, könnte die Wall Street das als Zeichen interpretieren, dass er James Murdoch auf absehbare Zeit für noch nicht reif genug hält, um die Konzernleitung zu übernehmen, und sich sicherheitshalber Chernin warmhalten möchte, um gegebenenfalls auf ihn zurückgreifen zu können, bis sich James die notwendige Erfahrung angeeignet hat.

Es ist durchaus vorstellbar, dass Chernin kein Problem damit hat, seinen Vertrag ein weiteres Mal zu verlängern, selbst wenn klar wäre, dass er niemals Konzern-CEO werden wird, solange Rupert ihm entsprechende finanzielle Anreize bietet. Angesichts der Tatsache, dass Chernin den größten Teil des vergangenen Jahrzehnts der bestbezahlte Manager von News Corp. gewesen ist, könnte Murdoch Chernin möglicherweise davon überzeugen, noch ein paar Jahre länger im Konzern zu bleiben und vielleicht als Mentor für James zu fungieren, vorausgesetzt, das Geld stimmt. Dieselbe Bereitschaft, die Murdoch bewiesen hat, im Kampf um Vermögenswerte, die er unbedingt haben will, andere Unternehmen zu überbieten, zeigt er auch bei Mitarbeitern.

Es ist durchaus die Frage, ob Chernin selbst als CEO bei irgendeinem anderen Medienunternehmen eine Jahresvergütung von mehr als 30 Millionen Dollar erhalten würde.

Zum Vergleich: Time Warners CEO Bewkes kassierte 2007 19,6 Millionen Dollar an Gehalt, Aktien, Boni und anderen Zusatzleistungen. Disneys CEO Iger erhielt im selben Jahr 27,7 Millionen, und Moonves Vergütungspaket bei CBS betrug fast 37 Millionen Dollar, aber er unterschrieb 2007 einen neuen Vierjahresvertrag, der seinen Bonus an die Unternehmensergebnisse knüpft, was potenziell zu einer drastischen Senkung seiner Gesamtvergütung führen könnte, falls die Einschaltquoten, Umsätze und das Gewinnwachstum zurückgehen. Viacoms CEO Dauman verdiente 2006, seinem zweiten Jahr als CEO, 20,6 Millionen Dollar.

Chernin könnte es also durchaus schwer haben, woanders mehr Geld als bei News Corp. zu verdienen. Falls Rupert jedoch seinen Vertrag ein weiteres Mal verlängert, könnte das als Ohrfeige für James gewertet werden. Damit würde Rupert riskieren, sein einziges erwachsenes Kind zu verprellen, das noch bei News Corp. arbeitet und langfristig als wahrscheinlicher Nachfolger gilt. Angesichts Murdochs Angewohnheit, unbeirrt seinen eigenen Weg zu gehen und auch nicht davor zurückzuscheuen, seine Aktionäre zu verärgern, könnte er beschließen, sich 2009 von Chernin zu trennen und James zum Präsident und COO zu ernennen. Das wäre das deutlichste Signal, dass Rupert glaubt, James sei reif genug, um die Konzernführung zu übernehmen, wann immer dieser Zeitpunkt kommen mag, selbst wenn das in unmittelbarer Zukunft sein sollte. Eines der größten Argumente gegen James' Ernennung zum Verantwortlichen des Asien- und Europageschäfts von News Corp. im Dezember 2007 war der Umstand, dass er wenige Tage später erst seinen 30. Geburtstag feierte. Rupert selbst war jedoch erst 23 Jahre alt, als er 1954 nach dem Tod seines Vaters die Leitung der Adelaide News übernahm; und 1966, im Alter von 35 Jahren, hatte er bereits eine TV-Station in Australien und mehrere weitere Zeitungen gekauft und eine nationale Tageszeitung, *The Australian*, gegründet.

Rupert wird nicht ewig leben, auch wenn er sich das noch so sehr wünscht. Sehr bald wird er eine Entscheidung über die Zukunft des

Konzerns treffen müssen, möglicherweise die größte Entscheidung in seiner Karriere. Chernin ist wahrscheinlich die richtige Wahl als Interim-CEO, aber er ist natürlich nicht vom selben Blut wie Rupert Murdoch – James befindet sich in der Warteschleife. Und wenn auch nur aus dem einzigen Grund, dass Murdoch befürchtet, James könne sich wie seine Geschwister Lachlan und Elisabeth entscheiden, ihr eigenes Unternehmen zu gründen, falls James das Gefühl hat, sein Vater traue ihm die Konzernleitung nicht zu, hat Murdoch möglicherweise gar keine andere Wahl, als dem Board des Konzerns dringend nahezulegen, James Murdoch innerhalb der nächsten Jahre zum neuen Chairman und COO von News Corp. zu ernennen. Ob James in der Lage sein wird, die News-Corp.-Dynastie effektiv zu führen, wenn dieser Zeitpunkt gekommen ist, ist eine völlig andere Frage.

NACHWORT

Die letzten Jahre sind für Murdoch ziemlich aufreibend gewesen. Er tätigte umfangreiche Investitionen, um News Corp. von einem Unternehmen mit nur sehr wenigen erstklassigen Internet-Assets zu einem führenden Teilnehmer im digitalen Markt zu verwandeln. Aber es ist ungewiss, ob er auf das richtige digitale Pferd gesetzt hat, da manche befürchten, die Popularität von MySpace habe ihren Zenith bereits überschritten. Zudem könnte Murdochs angebliches Interesse an der Bildung eines Joint-Ventures mit Yahoo, an dem er nur einen Minderheitsanteil halten würde, ein Zeichen dafür sein, dass er des Internets allmählich überdrüssig ist. Es sieht so aus, als konzentriere sich Murdochs Aufmerksamkeit nicht mehr länger auf das Web, auch wenn er sich 2005 und Anfang 2006 noch auf nichts anderes konzentrierte.

Murdoch hat sehr schnell eine andere Obsession gefunden: den Besitz von Dow Jones und der Zeitung *Wall Street Journal*. Der ehemalige News-Corp.-Chefredakteur Andrew Neil sagte bei einer Anhörung vor dem britischen Oberhaus im Januar 2008, die sich der Untersuchung der Eigentumsverhältnisse in der britischen Medienindustrie widmete, Murdoch habe „natürlich ein neues Spielzeug, von dem er völlig besessen" sei, „und zwar das *Wall Street Journal*, und er will über nichts anderes reden."[1]

Doch wie lange wird das so bleiben? Wird Murdoch seiner neuen Akquisition bald überdrüssig werden und etwas anderes finden, auf das er seine Aufmerksamkeit richten kann? Schließlich war Murdoch vor Dow Jones und dem Internet darauf fixiert, einen Anteil am US-Satelliten-TV-Markt zu bekommen und schaffte es endlich, ein Stück von DirecTV zu ergattern, nur um es kaum drei Jahre später wieder zu verkaufen.

Ende 2007 und Anfang 2008 bestrafte die Wall Street Medienunternehmen für ihre große Verwundbarkeit im Anzeigenmarkt, und das zu einem Zeitpunkt, da die USA bereits auf eine Rezession zuzusteuern schienen und drohten, die globale Wirtschaft mit hinabzuziehen. Im Rückblick ist das Preispremium von 65 Prozent auf Dow Jones möglicherweise nicht so klug gewesen, wenn man bedenkt, dass viele Analysten glaubten, auch die Online-Werbung bleibe von einem Konjunkturtief nicht verschont. Und auch die Entscheidung, angesichts eines drohenden Einbruchs der Wirtschaft und der Aktienmärkte in den Start eines Kabelkanals für Finanznachrichten zu investieren, war kein gutes Omen für News Corp.

Hat Murdoch sein Händchen für Medien verloren? Wird es Zeit, dass er sich zurückzieht? Man muss jedoch sagen, dass langfristige Investoren nach wie vor keinen größeren Grund zur Klage über Murdoch haben. Sein Talent für die richtigen Entscheidungen zur richtigen Zeit, selbst wenn er dafür sehr tief in die Tasche greifen musste, hat denjenigen, die Murdoch langfristig unterstützt haben, sehr genützt.

Seit News Corps Aktie 1986 erstmalig an der New Yorker Börse NYSE gehandelt wurde, ist der Aktienkurs um mehr als 1.000 Prozent gestiegen. Die Aktie hat sich besser entwickelt als die Indizes Dow Jones Industrial Average, S&P 500 und der NASDAQ Composite im selben Zeitraum, allerdings nicht so gut wie die Aktie des Rivalen Walt Disney.

Und wenngleich Murdoch seine Aktionäre in der Vergangenheit oft irritiert hat, indem er ähnliche Fehler immer und immer wieder

Nachwort

machte, vor allem, wenn er zuließ, dass sein Ego seinem finanziellen Verstand in die Quere kam, macht es doch den Eindruck, als sei Murdoch älter und auch weiser geworden. Vielleicht ist er milder geworden und weniger geneigt, gewagte Risiken einzugehen. Vielleicht räumt er Chernin mehr Entscheidungsgewalt ein. Falls das zutrifft, könnte Chernin Murdoch möglicherweise von einem konservativeren Umgang mit News Corp. Geld überzeugt haben. Egal was der Grund ist, Murdoch scheint keine „Alles-oder-nichts"-Wetten mehr einzugehen, die News Corp. in der Vergangenheit so oft in Gefahr gebracht haben.

Murdoch hat nie davor zurückgescheut, News Corp. durch Akquisitionen zum Wachstum zu verhelfen. In den letzten Jahren ist das Unternehmen allerdings in einigen Geschäftsfeldern zurückhaltender geworden, wohingegen es in anderen Geschäftsfeldern große Akquisitionen getätigt hat. Im Juni 2007 verkündete der Konzern, er halte für News Outdoor Group, einer Tochtergesellschaft, die in Märkten wie Russland und anderen osteuropäischen Ländern sowie in der Türkei, in Israel, Indien und Südostasien Plakatwände besitzt und betreibt, nach „strategischen Optionen" Ausschau – Wall Streets Euphemismus für die Absicht, etwas zu verkaufen. Anfang 2008 gab es noch keine Neuigkeiten, was den Verkauf dieses Unternehmens betraf. Aber News Corp. stellte im Juni 2005 auch mehrere seiner kleinen lokalen Fernsehstationen zum Verkauf, für die es zum Jahresende einen Käufer fand. Außerdem verkündete der Konzern, er habe sich darauf geeinigt, acht Fox-Affiliates in verschiedenen Märkten, darunter Cleveland, Denver und St. Louis, für 1,1 Milliarden Dollar in bar an die Private-Equity-Gesellschaft Oak Hill Capital Partners zu verkaufen. Diese Transaktion wurde im dritten Quartal 2008 abgeschlossen.

Selbst wenn News Corp. also auf eine weitere große Akquisition aus ist, besitzt der Konzern nun die Flexibilität in der Bilanz, um entsprechende Käufe zu tätigen. In der Tat spekulieren einige Analysten, der Konzern hätte für den Kabelkanal Weather Channel bieten können, der zu dem in Privatbesitz befindlichen Unternehmen Landmark Communications gehörte und von diesem im Januar 2008 zum Verkauf angeboten wurde. General Electrics Mediensparte NBC Universal und zwei Privat-Equity-Gesellschaften verständigten sich im Juli 2008 auf den Kauf von Weather Channel für 3,5 Milliarden Dollar. Ein Kauf hätte News Corp. also mehrere Milliarden gekostet, aber die Analysten machten sich keine Sorgen darüber, dass sich der Konzern zur Finanzierung dieser Transaktion hätte schwer verschulden müssen. Ganz anders als Ende der 80er- und Anfang der 90er-Jahre, als Murdoch viel Geld ausgab und zur Vermeidung eines Bankrotts am Ende einen Großteil seiner kurz zuvor erworbenen Vermögenswerte wieder verkaufen musste.

Dennoch ist und bleibt Murdoch ein Akquisiteur. Solange es verkaufsbereite Unternehmen gibt, scheint er bereit zu sein, einen Blick in die Bücher zu werfen. Wachstum über Akquisitionen zu erzielen, ist einfach eine alte Angewohnheit, die Murdoch, wenn überhaupt, nur schwer ablegen kann.

„Wir haben keine großen Schulden zurückzuzahlen. Wir befinden uns in absolut gesicherter Lage, auch wenn wir nun, da wir 5 Milliarden Dollar für Dow Jones bezahlt haben, nicht viel Bargeld besitzen", sagte Murdoch im März 2008. „Wir jagen keinen großen milliardenschweren Dingen nach, aber wir glauben sowieso, dass Unternehmen billiger werden. Vielleicht werden wir also der Versuchung nachgeben, kleinere Akquisitionen zu tätigen."[2]

Dave Novosel, Analyst des unabhängigen Research-Unternehmens Gimme Credit mit Sitz in New York, das Unternehmensschulden analysiert, schrieb im Januar 2008 in einem Bericht, News Corp. hätte wahrscheinlich ohne Weiteres 5 Milliarden Dollar für Weather Channel bieten können, ohne seine Schulden signifikant zu steigern.

Novosel wies darauf hin, News Corp. gelinge es inzwischen besser, Unternehmen zu identifizieren, die nicht mehr zu den Kernstärken des Konzerns gehörten, und sich von ihnen zu trennen, und zitierte in diesem Zusammenhang vor allem die an Oak Hill verkauften acht TV-Stationen als Beweis, dass Murdoch kein Serienkäufer mehr war.

„News Corp. ist nicht nur bereit, seinem Portfolio neue Vermögenswerte hinzuzufügen, sondern auch jene zu veräußern, deren Potenzial gering ist. Die verkauften TV-Stationen befanden sich zum Beispiel in Märkten, in denen das Potenzial zur Steigerung der Profitabilität gering ist", schrieb Novosel. Er empfahl sogar, News Corp. solle sich überlegen, HarperCollins zu verkaufen, da der Verlag nur mit 5 Prozent zu den Gesamtumsätzen beitrage und ein Wachstumshemmnis für News Corp. darstelle. Novosels Schätzungen zufolge könnte HarperCollins einen Verkaufspreis von 1,2 bis 1,4 Milliarden Dollar erzielen.

Der Verkauf von HarperCollins ist jedoch möglicherweise etwas, das Murdoch aus sentimentalen Gründen ablehnt. Er ist Eigentümer dieses Buchverlags, seit er 1987 Harper & Row gekauft hat. Doch wie Novosel deutlich machte, ist HarperCollins keineswegs ein leuchtender Stern in News Corps Universum. Im Fiskaljahr 2007 stiegen die Umsätze von HarperCollins lediglich um 3 Prozent, während der operative Gewinn um 5 Prozent zurückging. Die Situation verbesserte sich in den ersten drei Quartalen des Fiskaljahrs 2008 nicht, in denen HarperCollins' Umsätze im Vergleich zum selben Zeitraum des Vorjahres um 1 Prozent zurückgingen und der operative Gewinn sogar um 4 Prozent sank. Überdies trat HarperCollins' langjährige CEO, Jane Friedman, im Juni 2008 ganz unvermittelt zurück.

Und was noch schlimmer ist: In den letzten Jahren ist HarperCollins für Murdoch ein PR-Albtraum gewesen. Die Erinnerung an das Fiasko in Bezug auf Chris Pattens China-Memoiren im Jahr 1998 – der Verlag hatte damals ein Buch des ehemaligen Gouverneurs von Hongkong gestoppt, das sich kritisch über das kommunistische Regime in Peking äußerte – war in den Köpfen vieler Leute in der Buchindustrie noch immer lebhaft präsent. Diese Episode verblasste jedoch vor dem Aufstand, der sich erhob, als die Nachricht die Runde machte, Judith Regan, eine äußerst profilierte Lektorin mit eigenem Imprint bei HarperCollins, plane die Veröffentlichung eines Titels, dessen Autor der ehemalige Profi-Footballstar O. J. Simpson war, der in diesem Buch über den Mord an seiner Exfrau Nicole Brown-Simpson und ihrem Freund Ron Goldman schreiben wollte.

Simpson wurde 1994 der Ermordung seiner Exfrau und ihres Liebhabers angeklagt und nach einem sensationellen Strafprozess 1995 freigesprochen. Später, im Jahr 1997, wurde er in einem Zivilprozess des Mords an Brown-Simpson und Goldman für schuldig befunden. Simpson, der 2008 wegen bewaffneten Raubüberfalls und Entführung zu mindestens 15 Jahren Haft verurteilt wurde, ist seitdem eine Figur des öffentlichen Interesses gewesen. Im Jahr 2006 beschloss HarperCollins, ein Buch mit dem Titel *If I did it* zu veröffentlichen, eine fiktive Beschreibung Simpsons über seine Vorgehensweise, wäre er der Mörder seiner Ex-Frau und ihres Freunds gewesen. Was dem öffentlichen Aufschrei der Empörung gegen diesen Titel weiteren Auftrieb gab, war der Umstand, dass zur Bewerbung des Buches ein TV-Special auf Fox TV geplant war.

Am 20. November 2006 setzte News Corp. diesem Buchprojekt und der TV-Begleitsendung ein Ende. Ein peinlich berührter Murdoch teilte in einer Mitteilung mit, er und andere Mitglieder des Topmanagements von News Corp. seien sich „mit der amerikanischen Bevölkerung einig, dass es sich hier um ein fehlgeleitetes Projekt" handele. „Wir entschuldigen uns für die Schmerzen, die dieses Projekt den Familien von Ron Goldman und Nicole Brown-Simpson zugefügt hat."[3] (Das Buch wurde anschließend unter dem gleichnamigen Titel von einem anderen Verlag veröffentlicht. A.d.Ü.)

Das Scheinwerferlicht der Öffentlichkeit, in dem HarperCollins stand, wurde jedoch noch intensiver, nachdem ein weiteres von Regan geplantes Buch negative Aufmerksamkeit erregte. Im Dezember 2006 wurde bekannt, Regan plane die Veröffentlichung einer „fiktiven Biografie" der geliebten Baseball-Legende der New York Yankees, Mickey Mantle, der unter anderem angeblich eine Affäre mit Marilyn Monroe gehabt haben soll, als diese bereits mit ihrem zukünftigen Ehemann und Mantles Mannschaftskollegen Joe DiMaggio liiert war.

Im Dezember 2006 wurde Regan von HarperCollins gefeuert, weil sie in einem Telefonat mit einem Verlagsanwalt angeblich antisemitische Bemerkungen gemacht hatte. Regan behauptete im November 2007 in einem Gerichtsprozess, in dem sie News Corp. wegen Diffamierung verklagte, der wahre Grund für ihre Entlassung sei die Befürchtung, ihre Affäre mit Bernard Kerik, der zum Zeitpunkt der Terrorangriffe vom 11. September 2001 unter dem damaligen Bürgermeister von New York, Rudolph Giuliani, Polizeichef von New York gewesen war, könnten den Ambitionen Giulianis auf eine US-Präsidentschaft schaden. Regan führte an, News Corp. sei beunruhigt über die Informationen, die sie möglicherweise über Kerik habe, der im November 2007 wegen Korruption angeklagt wurde. Regan warf News Corp. vor, eine „Schmutzkampagne" gegen sie zu führen, um ihren Ruf zu zerstören.

„Diese Schmutzkampagne war nötig, um News Corps politische Agenda durchzusetzen, die sich seit langem auf die Unterstützung Rudolph Giulianis Präsidentschaftsambitionen konzentriert", sagte Regan in ihrer Klage.[4]

Im Januar 2008 gaben News Corp. und Regan bekannt, sie hätte eine vertrauliche Einigung erzielt, in der weder News Corp. noch Regan sich zu irgendeiner Schuld bekannten. In einer Mitteilung verkündete News Corp., „nach eingehender Betrachtung akzeptieren wir Ms. Regans Position, dass sie zu keinem Zeitpunkt antisemitische Äußerungen getätigt hat, und sind davon überzeugt, dass Ms. Regan nicht antisemitisch eingestellt ist". Weiter hieß es in der Mitteilung, „Ms. Regan ist eine kompetente Verlegerin, die in ihren zwölfeinhalb Jahren bei dem Unternehmen zahlreiche preisgekrönte Bücher und Bestseller veröffentlicht hat. News Corp. dankt Ms. Regan für ihre außergewöhnliche Leistung und wünscht ihr auch weiterhin viel Erfolg."[5]

Als Murdoch in seiner Rede auf der McGraw-Hill-Medienkonferenz im Februar 2007 auf Regan zu sprechen kam, sagte er, er bedauere die Auseinandersetzungen über den Simpson-Titel, aber er fügte auch hinzu, „Sie war kein Teamplayer. Und das ist milde ausgedrückt."[6]

Das klingt allerdings so, als sei Murdoch nicht mehr länger so stark von dem Buchverlagswesen angetan, wie bisher. Vor diesem Hintergrund wäre es kein großer Schock, wenn HarperCollins am Ende das gleiche Schicksal ereilen würde, wie DirecTV, TV Guide und die Los Angeles Dodgers, da Murdoch oder sein Nachfolger zu der Erkenntnis kommen könnte, dass diese Sparte nicht zu den anderen wachstumsstärkeren Konzernsparten passt.

„Wenn man die großen Medienkonzerne betrachtet, stellt man fest, dass sie alle eine Neubewertung des Mischkonzernmodells unternehmen. Es ist möglicherweise nicht so sinnvoll, auf allen Hochzeiten zu tanzen", sagte Glover Lawrence, Mitgründer von McNamee Lawrence & Company, einer Investmentbank mit Sitz in Boston, über die Möglichkeit eines Verkaufs von HarperCollins kurz nach Regans Entlassung. „Der Cashflow von Buchverlagen ist im Allgemeinen sehr vorhersehbar, daher sind sie ein ideales Ziel für Private-Equity-Käufer."[7]

Allerdings hatte es schon vor dem Regan/Simpson-Debakel Gerüchte über einen möglichen Verkauf von HarperCollins gegeben. In der ersten Hälfte des Jahres 2006 verkaufte Time Warner seine Buchsparte an den französischen Medienkonzern Lagardère und löste damit Spekulationen aus, dass News Corp. möglicherweise einen ähnlichen Schritt plane und ebenfalls aus dem Buchgeschäft aussteige.

„Wenn sich ein Medienunternehmen zu einem solchen Schritt entschließt, kommen andere anschließend oft zu ähnlichen Entscheidungen", beobachtete Medieninvestmentbanker Reed Phillips im Dezember 2006. Er fügte allerdings hinzu, er sei sich nicht sicher, ob Murdoch HarperCollins unbedingt loswerden wolle, da er glaubte, „nun, da sie Regan entlassen haben, halten sie das Problem wahrscheinlich für gelöst. Ich glaube nicht, dass sie unbedingt zu der Schlussfolgerung kommen, dass nun der richtige Zeitpunkt für einen Verkauf des Verlags gekommen ist", sagte er.[8]

Außerdem hat die Verschlechterung der Situation auf den Kreditmärkten in 2007 und 2008 die Wahrscheinlichkeit, dass eine Private-Equity-Gesellschaft an einer Übernahme interessiert beziehungsweise zu ihrer Finanzierung in der Lage ist, stark gesenkt.

Unabhängig davon, ob Murdoch am Ende weitere Vermögenswerte veräußern will, oder nicht, ist klar, dass er den Veränderungen in der Medienlandschaft nicht tatenlos zusehen wird. Medienexperten prognostizieren, dass News Corp. weitere Transaktionen tätigen wird, wenngleich sie sich nicht sicher sind, welches Murdochs nächstes Ziel sein wird.

„Murdoch hat eine schlagkräftige Kombination an Vermögenswerten geschaffen. Es gibt Angreifer und Verteidiger; Murdoch ist ein Angreifer", sagte John Suhler, Gründungspartner und Präsident von Veronis Suhler Stevenson, einer Private-Equity-Gesellschaft mit Sitz in New York, die sich hauptsächlich auf Medientransaktionen konzentriert, im Oktober 2007.[9]

Murdoch selbst hat angedeutet, dass er ständig nach weiteren Übernahmekandidaten Ausschau hält. In einer Telefonkonferenz zur Gewinnberichterstattung im August 2006 sagte er, „wir würden alles kaufen, wenn der Preis stimmt"[10], und auf der Medienkonferenz von Goldman Sachs im September 2007 sagte er kokett. „Wir haben Wettbewerber mit begehrenswerten Assets, aber soweit ich weiß, stehen sie nicht zum Verkauf."[11]

Eine Sache scheint jedoch gewiss: Selbst wenn Murdoch weitere Akquisitionen tätigen will, macht es den Anschein, als habe er auf schmerzhafte Weise gelernt, niemals wieder zuzulassen, das ein anderer Investor zu viele Anteile an News Corp. erwirbt. Murdoch ist nie ein Freund davon gewesen, News-Corp.-Aktien als Akquisitionswährung einzusetzen, und nach seiner Konfrontation mit Malone ist sein Widerwille eher noch größer geworden.

Jetzt, da Malones Liberty Media seine Beteiligung an News Corp. gegen dessen Beteiligung an DirecTV eingetauscht hat, ist die Investmentfondsgesellschaft Dodge & Cox nach der Familie Murdoch der zweitgrößte Aktionär des Konzerns, der in erster Linie Aktienanteile der Klasse A mit begrenztem Stimmrecht hält. Der drittgrößte Aktionär ist der milliardenschwere saudische Prinz Al-Waleed bin Talal, der in den 90er-Jahren zu Berühmtheit gelangte, weil er Citicorp durch seine Investition rettete. Heute ist die Bank unter dem Namen Citigroup bekannt, und Prinz Al-Waleed bin Talal ist ihr größter Investor.

Es mag also sein, dass Murdoch auch weiterhin Unternehmen kauft und wieder verkauft, aber er wird wahrscheinlich nicht noch einmal den Fehler machen, die Kontrolle über einen großen Anteil am Konzern an einen Außenstehenden zu übergeben. „Er will kaufen und verkaufen, aber er will die Konzernaktien nicht dafür einsetzen", sagte Dorfman.[12]

Dorfman fügte hinzu, er glaube, Murdoch werde nie aufhören, auf die Jagd nach Übernahmekandidaten zu gehen. Doch solange sich der Kreditmarkt nicht erholt, könnte es für ihn schwierig werden, sehr viel mehr Akquisitionen zu tätigen, falls er seine Akquisitionen statt über Konzernaktien mit Bargeld und Krediten finanzieren will. Für die Aktionäre von News Corp. wäre das jedoch eine gute Sache, da dies Murdoch zwingen würde, nach der Dow-Jones-Transaktion eine Verschnaufpause einzulegen.

„Sein Akquisitionshunger wird angesichts der derzeitigen Situation auf den Kreditmärkten schwer zu stillen sein", sagte Dorfman. „Der Konzern verfügt jedoch über solide Finanzen. Ich glaube nicht, dass es sich bei der Konzernbilanz um ein Kartenhaus handelt, das jederzeit zusammenfallen kann, wie damals in den 80er-Jahren. Das könnte durchaus ein Glücksfall sein, weil es Murdoch die Gelegenheit gibt, Dow Jones zu konsolidieren und zu integrieren."[13]

Eine weitere potenziell gute Nachricht für die Aktionäre ist, dass Murdoch sich einen Teil der Kritik zu Herzen genommen zu haben scheint. Ob dahinter die Befürchtung steht, fortgesetzte Gegenreaktionen könnten die finanzielle Situation des Konzerns weltweit beeinträchtigen, oder ob er in den letzten Jahren tatsächlich etwas nachgiebiger geworden ist, ist eine offene Frage. Es lässt sich jedoch nicht leugnen, dass News Corp. in den vergangenen Jahren Schritte unternommen hat, um ein wenig „fairer und ausgewogener" zu erscheinen.

So veröffentlichte HarperCollins im April 2007 zum Beispiel den Bestseller *At the Center of the Storm*, die Memoiren des ehemaligen CIA-Chefs George Tenet, die sich äußerst kritisch über den Irakkrieg und den ehemaligen US-Vizepräsidenten Dick Cheney äußerten. Und im Jahr 2006 erschien bei der HarperCollins-Marke William Morrow ein Buch von Joe Maguire mit dem Titel *Brainless: The Lies and Lunacy of Ann Coulter*.

Murdoch hat in den letzten Jahren zudem – wenn auch nur in kurzen Augenblicken – durchscheinen lassen, dass er sich selbst nicht allzu ernst nimmt, beziehungsweise dass er zumindest in der Lage ist, die Wahrnehmung seiner Person als aufdringlichen Medienmogul, der sich in alles einmischt, hinzunehmen. Der Dauerbrenner *Die Simpsons* hat sich während seiner Ausstrahlung auf den Fox-Kanälen regelmäßig über Murdoch lustig gemacht und in den letzten Jahren seine Kritik an ihm und News Corp. noch verstärkt. Erst vor kurzem hat sich die überaus fromme Simpsons-Figur Ned Flander in der traditionellen Halloween-Episode der Serie im November 2007 folgendermaßen über das *Wall Street Journal* geäußert: „Ich will all denen, die Zuschauer dieses Senders sind, nur sagen, dass ihr alle zur Hölle fahren werdet, und das gilt auch für FX, Fox Sports und unser neuestes Tor zur Hölle, das *Wall Street Journal*. Willkommen im Club!"

Ob Murdoch beschließt, dass der Zeitpunkt für einen Rückzug aus dem aktiven Geschäft und den Genuss der Früchte seines Medienimperiums gekommen ist, das er geschaffen hat, bleibt abzuwarten. Doch diejenigen, die ihn genau beobachten, zweifeln daran, dass er jemals den Wunsch verlieren wird, dem Wettbewerb eine Nasenlänge voraus zu sein. Vielleicht ist Murdoch nicht mehr so hart, aber er wird sich kaum grundlegend verändern.

„Ich würde Rupert Murdochs Siegeswillen nicht unterschätzen. Er wird alles tun, um zu gewinnen", sagte Bill Carroll, Vizepräsident und Director of Programming der Katz Television Group, einer Medienberatung und -agentur mit Sitz in New York im Jahr 2006.[14]

Doch alles, was Murdochs Entscheidungen – von der profansten bis zur gewagtesten und umstrittensten – zu motivieren scheint, lässt sich auf seinen unstillbaren Drang zurückführen, seinen Zweiflern zu beweisen, dass sie falsch liegen, und alle gängigen Überzeugungen infrage zu stellen. Und welche größere Herausforderung könnte es für Murdoch geben, als gegen die Zeit und das Alter zu kämpfen? Zu diesem Zeitpunkt seiner Karriere ist wahrscheinlich das Einzige, das er noch beweisen muss, dass er weit länger als jeder vermutet hätte, einen kompetenten Chairman und CEO abgibt. Seien Sie also nicht überrascht, wenn Murdoch noch bis in seine Achziger oder sogar Neunziger in der Führungsetage von News Corp. zu Hause ist. Wahrscheinlich gäbe es für Murdoch keine größere Freude, als dem Konzern so lange erhalten zu bleiben, bis seine Töchter Chloe und Grace ihre erste Anstellung bei News Corp. erhalten.

Danksagung

Es gibt viele Menschen, denen ich dafür danken möchte, dass sie mir dabei geholfen haben, diesen Prozess (weitgehend) heil zu überstehen. Als Erstes und vor allen anderen verdient Jeffrey Krames von Portfolio eine Menge Lob sowie meine ewige Dankbarkeit für den Vorschlag, dieses Buch zu schreiben. Ich bin für sein Vertrauen wirklich dankbar, vor allem da dies mein erstes Buch überhaupt ist. Seine Anleitung und die sorgfältige Lektorierung des Manuskripts sind eine unerlässliche Hilfe gewesen. Außerdem möchte ich Jillian Gray von Portfolio für ihre zahlreichen großartigen Anregungen zum Manuskript und ihre Orientierung zu dessen Erstellung und über den Herstellungsprozess allgemein danken.

Bei CNNMoney.com sind die Geduld und Unterstützung mehrerer meiner Lektoren, vor allem von Chris Peacock, Lex Haris, Rich Barbieri und Mark Meinero von zentraler Bedeutung gewesen. Danke, dass sie meinen stetig steigenden Stresslevel ertragen haben, während ich versuchte, meine Autorentätigkeit mit meinen beruflichen Anforderungen in Einklang zu bringen. Jim Ledbetter, einer meiner ehemaligen Kollegen von CNNMoney.com, war für den Erfolg dieses Buches ebenfalls überaus wichtig, da er in den letzten Jahren einen Großteil meiner Berichterstattung über News Corp. und Murdoch editiert hat. Danke Jim, dass du mich immer auf der richtigen Spur gehalten hast.

Viele Quellen für dieses Buch sind von unschätzbarem Wert gewesen. Mein besonderer Dank geht an Richard Dorfman, Larry Haverty, Alan Gould, Laura Martin und David Joyce für ihre Expertenmeinung über Murdoch und die Medienindustrie sowie ihre Bereitschaft, mich in den letzten Jahren daran teilhaben zu lassen.

Meine Familie, vor allem mein Bruder Steve und mein Vater Dick, sind ebenfalls für mich da gewesen, und dafür danke ich ihnen sehr. Vor allem aber möchte ich meiner Frau Beth dafür danken, dass sie mir in Zeiten des Selbstzweifels stets eine Meisterin, eine Vertraute, eine Quelle der Vernunft und Perspektive gewesen ist. Danke auch für deine Tätigkeit als meine „Agentin". Beth, ich liebe dich so sehr, und dieses Buch wäre ohne dich niemals möglich gewesen.

Anmerkungen

Einleitung

1. McGraw-Hill Media Summit, New York, 8. Februar 2007.
2. „Don't believe the MySpace hype", Paul R. La Monica. CNN-Money.com, 7. Juni 2006, http://money.cnn.com/2006/06/07/commentary/mediabiz/index.htm.
3. Goldman Sachs' Communacopia XVI Conference, New York, 18. September 2007.
4. The Future of Business, Medienkonferenz, New York, 30. Oktober 2007.
5. Ebd.
6. Jacques Steinberg und Brian Stelter, „Few viewers for infancy of Fox business", *New York Times*, 4. Januar 2008.
7. Tim Arango, „Inside Fox Business News", *Fortune*, 15. Oktober 2007.
8. Paul R. La Monica, „Don't Bet on a ,Paper' Chase", CNNMoney.com, 2. August 2007, http://money.cnn.com/2007/08/02/news/companies/newspaper_mergers/index.htm.
9. Gespräch mit dem Autor, 7. Juni 2007.

Kapitel 1: Auf- und Ausbau des Zeitungsgeschäfts

1. Gespräch mit dem Autor, 6. März 2008.
2. Anhörung vor dem Select Committee on Communications of the House of Lords, 16. Januar 2008, http://www.publications.parliament.uk/pa/ld/lduncorr/comms160108ev8.pdf.
3. Ebd.
4. Gespräch mit dem Autor, 6. März 2008.
5. Anhörung vor dem Select Committee on Communications of the House of Lords, 17. September 2007, http://www.publications.parliament.uk/parliamentary_committees/communications.cfm.
6. Ebd.
7. Ebd.
8. Anhörung vor dem Select Committee on Communications of the House of Lords, 16. Januar 2008, http://www.publications.parliament.uk/pa/ld/lduncorr/comms160108ev8.pdf.
9. Ebd.
10. Ebd.
11. Ebd.
12. Anhörung vor dem Select Committee on Communications of the House of Lords, 23. Januar 2008, http://www.publications.parliament.uk/pa/ld/lduncorr/comms230108ev15.pdf.
13. Ebd.
14. Ebd.
15. Ebd.
16. Anhörung vor dem Select Committee on Communications of the House of Lords, 16. Januar 2008, http://www.publications.parliament.uk/pa/ld/lduncorr/comms160108ev8.pdf.
17. Anhörung vor dem Select Committee on Communications of the House of Lords, 23. Januar 2008, http://www.publications.parliament.uk/pa/ld/lduncorr/comms230108ev15.pdf.
18. Ebd.
19. Ebd.

20. Anhörung vor dem Select Committee on Communications of the House of Lords, 17. September 2007, http://www.publications.parliament.uk/parliamentary_committees/communications.cfm.
21. Paul R. La Monica, „Don't Bet on a ‚Paper' Chase", CNNMoney.com, 2. August 2007, http://money.cnn.com/2007/08/02/news/companies/newspaper_mergers/index.htm.
22. The Future of Business, Medienkonferenz, New York, 30. Oktober 2007.
23. http://www.newscorp.com/news/news_285.html.
24. Ebd.
25. Paul R. La Monica, „Don't Bet on a ‚Paper' Chase", CNNMoney.com, 2. August 2007, http://money.cnn.com/2007/08/02/news/companies/newspaper_mergers/index.htm.
26. http://www.newscorp.com/news/news_222.html.
27. Paul R. La Monica, „Good news for newspaper stocks?", CNNMoney.com, 26. September 2007, http://mediabiz.blogs.cnnmoney.cnn.com/2007/09/26/good-news-for-newspaper-stocks/.
28. http://www.newscorp.com/news/news_316.html.
29. Paul R. La Monica, „Good news for newspaper stocks?", CNNMoney.com, 26. September 2007, http://mediabiz.blogs.cnnmoney.cnn.com/2007/09/26/good-news-for-newspaper-stocks/.

Kapitel 2: Gerissen wie ein Fuchs

1. Richard W. Stevenson, „Murdoch Is Buying 50% of Fox", *New York Times*, 21. März 1985.
2. Michael Schrage, „TV stations pose risk for Murdoch", *Washington Post*, 19. Mai 1985.
3. Ebd.
4. Ebd.
5. „'What's Next?'- Rupert Murdoch acquires Ziff-Davis' business magazines", *Folio: The Magazine for Magazine Management*, Mai 1985.

6. P. J. Bednarski, „Murdoch plans fourth network", *Chicago Sun-Times*, 10. Oktober 1985.
7. „Murdoch lays plan for 4th TV network", *Los Angeles Times*, 10. Oktober 1985.
8. Roger Gillott, „Fox TV network could take decades to build, analysts say", *Associated Press*, 10. Oktober 1985.
9. Ebd.
10. Michael Collins, „Murdoch outlines plans for 4th network", United Press International, 5. Januar 1986.
11. Paul R. La Monica, „MyNetworkTV: Crazy like a ...", CNNMoney.com, 23. Februar 2006, http://money.cnn.com/2006/02/23/news/companies/mynetworktv/index.htm.
12. http://www.newscorp.com/news/news_267.html.
13. Paul R. La Monica, „Murdoch unveils MySpace ambitions", CNNMoney.com, 19. September 2006, http://money.cnn.com/2006/09/19/technology/myspace/index.htm.
14. http://www.newscorp.com/news/Murdoch_testimony_5_8_03.pdf.
15. http://www.newscorp.com/news/news_247.html.
16. Gespräch mit dem Autor, 6. März 2008.
17. Jane Martinson, „Billionaire dropout still creates by seat of his pants", *Guardian*, 27. Oktober 2006.

Kapitel 3: Besessen von Kabel-TV

1. http://www.newscorp.com/news/news_247.html.
2. Steve McClellan, „Ailes heads Fox cable news channel", Broadcasting and Cable, 5. Februar 1996.
3. Ebd.
4. Bill Carter, „Murdoch joins a cable-TV rush into the crowded all-news field", *New York Times*, 31. Januar 1996.
5. Ebd.
6. Charles Haddad, „Observers question Murdoch's 24-hours news plan", *Atlanta Journal-Constitution*, 31. Januar 1996.

7. Wayne Walley, „Fox takes 24-hour cable news plunge", *Electronic Media*, 5. Februar 1996.
8. Ebd.
9. Howard Rosenberg, „Cutting across the bias of the Fox News Channel", *Los Angeles Times*, 11. Oktober 1996.
10. Ebd.
11. Ebd.
12. Howard Kurtz, „Is Fox's news channel cable-ready?", *Washington Post*, 4. Oktober 1996.
13. Manuel Mendoza, „Don't worry yet, CNN", *Dallas Morning News*, 8. Oktober 1996.
14. Pete Schulberg, „Fox News Channel off to quick, edgy start", *Oregonian*, 9. Oktober 1996.
15. Howard Kurtz, „Is Fox's news channel cable-ready?", *Washington Post*, 4. Oktober 1996.
16. Ebd.
17. David Usborne, „Murdoch meets his match", *Independent*, 24. November 1996.
18. Ebd.
19. Nancy Dunne, „Murdoch lashes media rival", *Financial Times*, 27. Februar 1996.
20. David Usborne, „Murdoch meets his match", *Independent*, 24. November 1996.
21. Ebd.
22. Ebd.
23. http://www.adl.org/PresRele/HolNa_52/2828_52.asp.
24. David Usborne, „Murdoch meets his match", *Independent*, 24. November 1996.
25. „The most anticipated bout of 1997: Murdoch vs. Turner", *Daily News of Los Angeles*, 22. Juni 1997.
26. Ebd.
27. Jill Goldsmith, „Rupe's remarks irk Peacock, Time Warner", *Variety*, November 1999.
28. http://www.newscorp.com/news/news_350.html.
29. http://www.newscorp.com/news/news_226.html.

30. Marvin Kitman, „Murdoch may finally get his news", *Newsday*, 5. Februar 1996.
31. Anhörung vor dem House of Lords Select Committee on Communications testimony, 17. September 2007, http://www.parliament.uk/parliamentary_committees/communications.cfm.
32. Ebd.
33. Ebd.
34. http://www.newscorp.com/news/news_350.html.
35. Ebd.
36. Paul R. La Monica, „Getting down to (Fox) Business", CNNMoney.com, 15. Oktober 2007, http://mediabiz.blogs.cnnmoney.cnn.com/2007/10/15/getting-down-to-business/.
37. Ebd.
38. Bear Stearns Media Conference, Palm Beach, Florida, 10. März 2008.
39. Ebd.
40. http://www.newscorp.com/news/news_350.html.

Kapitel 4: Der Himmel ist die Grenze

1. Gespräch mit dem Autor, 1. Oktober 2007.
2. Raymond Snoddy, „Call halted Murdoch deal", *Times* (of London), 27. März 1998.
3. http://phx.corporate-ir.net/phoenix.zhtml?c=104016&p=irol-newsArticle_Print&ID=144647&highlight=manchester.
4. http://www.newscorp.com/news/news_175.html.
5. http://www.newscorp.com/news/news_197.html.
6. Ebd.
7. http://www.newscorp.com/news/news_361.html.
8. Rupert Murdoch, „The new freedom", *Herald Sun*, 3. September 1993.
9. Eric Alterman, „Think again. The complicated corruptions of Rupert Murdoch and the *Wall Street Journal*", 24. Mai 2007, http://www.americanprogress.org/issues/2007/05/complicated_corruptions.html.

10. Eric Pooley, „Rupert Murdoch speaks", *Time*, 28. Juni 2007, http://www.time.com/time/business/article/0,8599,1638182,00.html.
11. Mark Riley, „What culture? Murdoch deems Tibet is better off under China", *Sydney Morning Herald*, 8. September 1999.
12. Ebd.
13. http://www.newscorp.com/news/news_312.html.
14. Eric Boehlert, „Pimping for the People's Republic", Salon.com, 30. März 2001, http://archive.salon.com/news/feature/2001/03/30/china/print.html.
15. http://www.newscorp.com/news/news_355.html.
16. Donald Greenlees, „Dow Jones editor gets ‚cold feet' on a critique of Murdoch", *International Herald Tribune*, 28. Februar 2008.
17. Ebd.
18. Gespräch mit dem Autor, 6. März 2008.
19. http://www.newscorp.com/news/news_321.html.
20. Ebd.
21. Ebd.
22. Ebd.
23. Ebd.

Kapitel 5: Die umtriebigen Geschäfte eines unermüdlichen Medienmoguls

1. „Murdoch still hearts newspapers", Paul R. La Monica, CNNMoney.com, 18. September 2007, http://mediabiz.blogs.cnnmoney.cnn.com/2007/09/18/murdoch-still-hearts-newspapers/.
2. Paul R. La Monica, „Start spreading the News (Corp.)", CNNMoney.com, 2. April 2007, http://money.cnn.com/2007/04/02/news/companies/newscorp/index.htm.
3. Paul R. La Monica, „Icahn calls for Time Warner breakup, buyback", CNNMoney.com, 7. Februar 2006, http://money.cnn.com/2006/02/07/news/companies/timewarner_icahn/index.htm.
4. Gespräch mit dem Autor, 20. Juli 2006.

5. Ebd.
6. Paul R. La Monica. „Rupert Murdoch's secret TiVo", CNNMoney.com, 2. Februar 2007, http://money.cnn.com/2007/02/02/news/companies/nds/index.htm.
7. Gespräch mit dem Autor, 6. März 2008.
8. Entertainment, Media and Telecommunications Conference, 18. Jahreskonferenz der Citigroup, Phoenix, Arizona, 9. Januar 2008.
9. „Murdoch, Malone to swap", CNNMoney.com, 27. September 2000, http://money.cnn.com/2000/09/27/deals/murdoch_malone/index.htm.
10. Ronald Grover, Tom Lowry und Larry Armstrong, „Henry Yuen: TV guy", *BusinessWeek,* 12. März 2001.
11. Gespräch mit dem Autor, 10. Juli 2007.
12. Bryan Firth, „King of cable's purchase endorses News", *Australian,* 7. April 1999.
13. http://www.newscorp.com/news/news_188.html.
14. Ebd.
15. Ebd.
16. http://www.newscorp.com/news/news_197.html.
17. http://www.newscorp.com/news/Murdoch_testimony_5_8_03.pdf.
18. Gespräch mit dem Autor, 15. März 2006.
19. http://phx.corporate-ir.net/phoenix.zhtml?c=61138&p=irol-newsArticle&ID=706832&highlight=.
20. Tim Burt, „Liberty's Malone in News Corp. talks", *Financial Times,* 19. April 2004.
21. http://www.newscorp.com/news/news_230.html.
22. http://www.newscorp.com/news/news_322.html.
23. http://phx.corporate-ir.net/phoenix.zhtml?c=61138&p=irol-newsArticle&ID=944564&highlight=.
24. McGraw-Hill Media Summit, New York, 8. Februar 2007.
25. Ebd.

26. Paul R. La Monica, „News Corp. is out-Foxing its media rivals", CNNMoney.com, 2. April 2007, http://money.cnn.com/2007/04/02/news/companies/newscorp/index.htm.
27. Paul R. La Monica, „Rupert Murdoch's secret TiVo", CNNMoney.com, 2. Februar 2007.
28. Ebd.
29. Ebd.

Kapitel 6: Rupert 2.0

1. McGraw-Hill Media Summit, New York, 8. Februar 2007.
2. Fortune Brainstorm Conference, Aspen, Colorado, 30. Juni 2006.
3. Ebd.
4. http://www.newscorp.com/news/news_250.html.
5. http://www.newscorp.com/news/news_251.html.
6. Paul R. La Monica, „21st Century Fox", CNNMoney.com, 22. August 2005, http://money.cnn.com/2005/08/22/news/fortune500/murdoch/index.htm.
7. http://www.newscorp.com/news/news_259.html.
8. Paul R. La Monica, „Do ‚You' really matter?", CNNMoney.com, 17. Januar 2007, http://money.cnn.com/2007/01/17/commentary/mediabiz/index.htm.
9. http://www.newscorp.com/news/news_267.html.
10. Paul R. La Monica, „Move over, MySpace", CNNMoney.com, 19. März 2007, http://money.cnn.com/2007/03/19/news/companies/socialnetworks/index.htm.
11. Fortune Brainstorm Conference, Aspen, Colorado, 30. Juni 2006.
12. Ebd.
13. McGraw-Hill Media Summit, New York, 8. Februar 2007.
14. Paul R. La Monica, „Murdoch gives Dow Jones the Page Six treatment", CNNMoney.com, 8. August 2007, http://mediabiz.blogs.cnnmoney.cnn.com/2007/08/08/murdoch-gives-dow-jones-the-page-six-treatment/.

15. McGraw-Hill Media Summit, New York, 8. Februar 2007.
16. Gespräch am 3. November 2006.
17. Peter Kafka, „Google: MySpace deal hurting us", *Silicon Alley Insider*, 1. Februar 2008, http://www.alleyinsider.com/2008/2/google_myspace_deal_hurting_us_nws.
18. Ebd.
19. Persönliche Aufzeichnungen aus der Telefonkonferenz, 4. Februar 2008.
20. Bear Stearns Media Conference, Palm Beach, Florida, 10. März 2008.
21. McGraw-Hill Media Summit, New York, 8. Februar 2007.
22. Bear Stearns Media Conference, Palm Beach, Florida, 10. März 2008.
23. Paul R. La Monica, „Don't believe the MySpace hype", CNNMoney.com, 7. Juni 2006.
24. McGraw-Hill Media Summit, New York, 8. Februar 2007.
25. Paul R. La Monica, „Murdoch still hearts newspapers", CNNMoney.com, 18. September 2007, http://mediabiz.blogs.cnnmoney.cnn.com/2007/09/18/murdoch-still-hearts-newspapers/.
26. Ebd.
27. Paul R. La Monica, „No rally for media stocks", CNNMoney.com, 1. Oktober 2007, http://mediabiz.blogs.cnnmoney.cnn.com/2007/10/01/no-rally-for-media-stocks/.
28. Persönliche Aufzeichnungen aus der Telefonkonferenz, 8. August 2006.
29. Persönliche Aufzeichnungen aus der Telefonkonferenz, 4. Februar 2008.
30. Bear Stearns Media Conference, Palm Beach, Florida, 10. März 2008.
31. Ebd.

Kapitel 7: Die Schlacht um Dow Jones

1. Peter Preston, „Distinguished newspaper title for sale. Do I hear any bids?", *Observer*, 26. Juni 2005.

2. McGraw-Hill Media Summit, New York, 8. Februar 2007.
3. David Yelland, „What would Rupert give for FT?", *Evening Standard*, 11. August 2004.
4. Ebd.
5. Aufzeichnungen aus einer Telefonkonferenz mit News Corp., 9. Mai 2007.
6. Ebd.
7. http://www.iape1096.org/news/2007/01_newscorp.php.
8. Paul R. La Monica, „Dow Jones: The lamest bidding war ever", CNNMoney.com, 7. Juni 2007, http://mediabiz.blogs.cnnmoney.cnn.com/2007/06/07/dow-jones-the-lamest-bidding-war-ever/.
9. Paul R. La Monica, „Murdoch's bold bid for the *Journal*", CNNMoney.com, 1. Mai 2007, http://money.cnn.com/2007/05/01/news/companies/newspapers/index.htm.
10. Ebd.
11. Paul R. La Monica, „GE doesn't need Microsoft to buy Dow Jones", CNNMoney.com, 11. Juni 2007, http://mediabiz.blogs.cnnmoney.cnn.com/2007/06/11/ge-doesnt-need-microsoft-to-buy-dow-jones/.
12. Paul R. La Monica, „Dow Jones deal dead? Don't bet on it", CNNMoney.com, 30. Juni 2007, http://mediabiz.blogs.cnnmoney.cnn.com/2007/06/30/dow-jones-deal-dead-dont-bet-on-it/.
13. Ebd.
14. Paul R. La Monica, „Dow Jones: The lamest bidding war ever", CNNMoney.com, 7. Juni 2007, http://mediabiz.blogs.cnnmoney.cnn.com/2007/06/07/dow-jones-the-lamest-bidding-war-ever/.
15. Paul R. La Monica, „WSJ reporters get a case of blue flu", CNNMoney.com, 28. Juni 2007, http://mediabiz.blogs.cnnmoney.cnn.com/2007/06/28/wsj-reporters-get-a-case-of-blue-flu/.
16. Ebd.
17. Eric Pooley, „Rupert Murdoch speaks", *Time*, 28. Juni 2007.
18. Paul R. La Monica, „Murdoch gets closer to winning Dow Jones", CNNMoney.com, 25. Juni 2007, http://mediabiz.blogs.

cnnmoney.cnn.com/2007/06/25/murdoch-gets-closer-to-winning-dow-jones/.
19. Paul R. La Monica, „Dow Jones deal dead? Don't bet on it", CNNMoney.com, 30. Juni 2007, http://mediabiz.blogs.cnnmoney.cnn.com/2007/06/30/dow-jones-deal-dead-dont-bet-on-it/.
20. Ebd.
21. http://www.newscorp.com/news/news_347.html.
22. Ebd.
23. Ebd.
24. Goldman Sachs' Communacopia XVI conference, New York, 18. September 2007.
25. Paul R. La Monica, „Murdoch gives Dow Jones the Page Six treatment", CNNMoncy.com, 8. August 2007, http://mediabiz.blogs.cnnmoney.cnn.com/2007/08/08/murdoch-gives-dow-jones-the-page-six-treatment/.
26. Paul R. La Monica, „News Corp. wins fight for Dow Jones", CNNMoney.com, 31. Juli 2007, http://money.cnn.com/2007/07/31/news/companies/dowjones_newscorp /index.htm.
27. Paul R. La Monica. „Rupert buying Dow Jones bad for democracy?", CNNMoney.com, 18. Juli 2007, http://mediabiz.blogs.cnnmoney.cnn.com/2007/07/18/rupert-buying-dow-jones-bad-for-democracy/.
28. Ebd.
29. Paul R. La Monica, „News Corp. wins fight for Dow Jones", CNNMoney.com, 31. Juli 2007, http://money.cnn.com/2007/07/31/news/companies/dowjones_newscorp /index.htm.
30. Ebd.
31. Paul R. La Monica, „Murdoch gives Dow Jones the Page Six treatment", CNNMoney.com, 8. August 2007, http://mediabiz.blogs.cnnmoney.cnn.com/2007/08/08/murdoch-gives-dow-jones-the-page-six-treatment/.
32. Ebd.
33. Goldman Sachs' Communacopia XVI conference, New York, 18. September 2007.

34. Aufzeichnungen aus einer Telefonkonferenz mit News Corp., 4. Februar 2008.
35. Ebd.
36. Bear Stearns Media Conference, Palm Beach, Florida, 10. März 2008.
37. http://www.newscorp.com/news/news_354.html.
38. http://www.newscorp.com/news/news_356.html.
39. Paul R. La Monica, „Murdoch: Crazy like a Fox or just crazy?", CNNMoney.com, 26. Juli 2007, http://mediabiz.blogs.cnnmoney.cnn.com/2007/07/26/murdoch-crazy-like-a-fox-or-just-crazy/.
40. Ebd.
41. Ebd.
42. Paul R. La Monica, „The Rupert discount", CNNMoney.com, 10. Juli 2007, http://money.cnn.com/2007/07/10/news/companies/newscorp /index.htm.
43. Ebd.
44. Paul R. La Monica, „Don't bet on a ‚paper' chase", CNNMoney.com, 2. August 2007.
45. Paul R. La Monica, „Getting down to (Fox) Business", CNNMoney.com, 15. Oktober 2007, http://mediabiz.blogs.cnnmoney.cnn.com/2007/10/15/getting-down-to-fox-business/.
46. Paul R. La Monica, „Now what, Rupert?", CNNMoney.com, 7. August 2007, http://mediabiz.blogs.cnnmoney.cnn.com/2007/08/07/now-what-rupert/.

Kapitel 8: Bleibt das Zepter in der Familie?

1. „Advice from Murdoch's Mom: Stay busy", *Associated Press*, 7. Februar 2008.
2. http://www.newscorp.com/news/news_252.html.
3. Ebd.
4. http:// phx.corporate-ir.net/phoenix.zhtml?c=104016&p=irol-newsArticle_Print&ID=143891&highlight=.

5. http://phx.corporate-ir.net/phoenix.zhtml?c=104016&p=irol-newsArticle_Print&ID=465898&highlight=.
6. Ebd.
7. Ebd.
8. McGraw-Hill Media Summit, New York, 8. Februar 2007.
9. http://www.newscorp.com/news/news_362.html.
10. http://www.newscorp.com/news/news_321.html.
11. http://www.newscorp.com/news/news_335.html.
12. Anhörung vor dem Select Committee on Communications of the House of Lords, 23. Januar 2008, http://www.publications.parliament.uk/pa/ld/lduncorr/comms230108ev15.pdf.
13. http://www.newscorp.com/news/news_214.html.
14. Ebd.
15. Paul R. La Monica, „Media to tech: Stop stealing!", CNNMoney.com, 19. November 2002, http://money.cnn.com/2002/11/19/technology/comdex_chernin/index.htm.
16. Ebd.
17. Entertainment, Media and Telecommunications Conference, 18. Jahreskonferenz der Citigroup, Phoenix, Arizona, 9. Januar 2008.
18. Transkript der Sendung *Your World with Neil Cavuto*, Fox News, 13. Dezember 2007.
19. Gespräch mit dem Autor, 6. März 2008.
20. Entertainment, Media and Telecommunications Conference, 18. Jahreskonferenz der Citigroup, Phoenix, Arizona, 9. Januar 2008.
21. Ebd.

Nachwort

1. Anhörung vor dem Select Committee on Communications of the House of Lords, 23. Januar 2008, http://www.publications.parliament.uk/pa/ld/lduncorr/comms230108ev15.pdf.
2. Bear Stearns Media Conference, Palm Beach, Florida, 10. März 2008.

KAPITEL 8 : Anmerkungen

3. http://www.newscorp.com/news/news_320.html.
4. Judith Regan vs. HarperCollins Publishers LLC, 603758/2007, New York State Supreme Court (Manhattan).
5. http://www.newscorp.com/news/news_364.html.
6. McGraw-Hill Media Summit, New York, 8. Februar 2007.
7. Paul R. La Monica, „Private equity may buy the book", CNNMoney.com, 18. Dezember 2006, http://money.cnn.com/2006/12/18/news/companies/books/index.htm.
8. Ebd.
9. Paul R. La Monica, „Media mergers: the party is over", CNNMoney.com, 30. Oktober 2007, http://mediabiz.blogs.cnnmoney.cnn.com/2007/10/30/media-mergers-the-party-is-over/.
10. Persönliche Aufzeichnungen aus der Telefonkonferenz vom 8. August 2006.
11. Goldman Sachs' Communacopia XVI conference, New York, 18. September 2007.
12. Gespräch mit dem Autor, 6. März 2008.
13. Ebd.
14. Paul R. La Monica, „Sex doesn't sell", CNNMoney.com, 20. September 2006, http://money.cnn.com/2006/09/20/news/commentary/mediabiz/index.htm.

Weitere Recherchequellen

Neil Chenoweth, *Virtual Murdoch: Reality Wars on the Information Highway,* London: Secker & Warburg, 2001.

Bruce Page, *The Murdoch Archipelago,* New York: Simon & Schuster, 2003.

Ketupa.net: A media industry resource, http://www.ketupa.net/index.htm.

Project for Excellence in Journalism: Publisher Murdoch's U.S. track record, http://www.journalism.org/node/6757.

255

Stichwortverzeichnis

20th Century Fox 45 f., 59, 64, 69

A
ABC 10, 47, 49 f., 53 ff., 70, 73, 75 f., 115, 145
Adelaide News 19, 23, 193, 222
Adelphia 210
Aiello, Paul 122
Ailes, Roger 67, 71, 75 f., 78, 85 ff., 92, 198, 215
Alterman, Eric 104
American Idol 10, 46, 59, 62
Annenberg, Walter 119, 126
AOL 47, 117, 146
Apple 116
AT&T 83, 134 f., 141
Atlanta Journal-Constitution 76
Atorino, Edward 173
Australian 23, 222

B
Ball, Tony 206
Bancrofts 7, 169 ff., 192 ff.
Bank, David 96, 164
BBC 88, 104
Belo Corp. 42
Bennett, Robert 137
Berlusconi, Silvio 98
Bernanke, Ben 90
Bertelsmann 95, 103
Bewkes, Jeffrey 116 f., 215, 222
Big Ten Network 74
Bilotti, Richard 195
Black, Scott 44, 196
Blair, Tony 32, 98 f.
Boehne, Richard 43
Bonner, Joseph 142
Booker, Patricia 204
Boston Herald 28, 38

Boyar, Mark 178 f.
Branson, Richard 206
Breslow, Jordan 198
Brin, Sergey 155
Brown, Kevin 124
Brown-Simpson, Nicole 230
BSkyB 57, 88, 97 ff., 107, 119, 122, 128, 130, 132, 205 ff., 211
Burkle, Ron 8, 173, 182
Bush, George W. 88
BusinessWeek 127

C
Campbell, Todd 91
Carroll, Bill 236
CBS 10, 49, 53 ff., 70, 75 f., 95, 114 f., 215, 222
Chachas, John 195
Chernin, Peter 17, 63, 67, 117, 122 f., 155, 198, 213 ff.
Chicago Sun-Times 28, 38, 53, 118
Chicago Tribune 168
China 37, 80, 93, 103 ff., 153, 187, 212, 229
Chren, Michael 183
Chris-Craft Industries 59
Clinton, Bill 71, 79
CNBC 14 ff., 67, 73, 86, 89 f., 174 f., 177 f., 195, 198
CNN 11, 15, 70 f., 73, 75 ff.
Comcast 83, 134, 141, 209 f.
Courier-Life 38

D
Daily Mail 36
Daily Mirror 23 f.
Dalai Lama 106
Dauman, Philippe 115, 215, 222
Davis, Marvin 46, 49, 51
Deng, Wendi 106, 108

Deng Rong 104
Deng Xiaoping 104 f.
DeWolfe, Chris 67, 152
Diller, Barry 49, 52, 67 ff., 86
DiMaggio, Joe 231
DirecTV 9, 66, 119, 128 f., 131 ff., 226, 232 f.
DISH Network 130
Disney 18, 47 f., 73, 95, 113, 115 f., 118, 125, 143, 145, 159, 215, 217, 222, 226
Dolan, Charles 209
Dolan, James 209 f.
Dorfman, Richard 24, 29, 68, 109 f., 121, 219, 234 f., 240
Dover, Bruce 108
Dow Jones 7 ff., 37 f., 41, 105, 107 ff., 127 f., 166 ff., 219f., 225 f., 228, 235

E
East and West 105
EchoStar Communications 130 f., 134 f., 210
Economist 177
Eisner, Michael 115, 215
Ellis, Eric 108 f.
Ergen, Charlie 130 f., 135 f.
ESPN 73, 125, 145

F
Facebook 12 f., 160 ff.
Falun Gong 107, 212
Financial Times 13, 120, 137, 170, 177, 191, 193
FiOS TV 135
Fonda, Jane 82 f.
Fortune 17, 152
Fox Broadcasting Company 52
Fox Business Network (FBN) 14 ff., 74
Fox Entertainment Group 64 f., 67, 131
Fox Family Worldwide 118
Fox Interactive Media (FIM) 65, 147, 153, 158 ff.,
Fox International Channel 93
Fox Sports 73, 203, 236
Frank, Betsy 77
Free Press 187
Freston, Tom 115
Friedman, Jane 229

G
Gemstar 126 ff.
General Electric 8, 14, 73, 174, 215, 228
General Motors 129 f.
Giuliani, Donna Hanover 83
Giuliani, Rudolph 72, 81, 83, 231
Global Energy Initiative 211
Goldman, Ron 230
Goldman Sachs 12, 65, 113, 157, 162, 186, 190, 233
Google 145 f., 154 ff., 176
Gore, Al 88, 211
Gould, Alan 8, 114, 128, 240
Graham, Donald 209
Graham, Katharine 208
Greenspan, Brad 174
Grimes, Larry 175
Guthrie, Michelle 122

H
Hanley, Rich 187, 189
Hannity & Colmes 79
Harper & Row 120, 229
HarperCollins 45, 64, 104 f., 120, 229 ff.
Hartman, John K. 18, 39
Haverty, Larry 19, 179, 240
Heyward, Andrew 77
Hill, Leslie 182, 185
Hinton, Les 193
Hodges, Craig 42
Hughes Corporation 129
Hughes Electronics 133
Hulu 157

I
IAPE 172 f., 181, 188
Icahn, Carl 116 f.
If I Did It (Simpson) 230
Iger, Robert 115, 215
IGN Entertainment 149
Illyria 203 f.
Independent 83
Indien 80, 93, 111 f., 122 f., 227
Intermix Media 11, 147, 174
International Family Entertainment Inc. 118
Isgur, Lee 48
ITV 206 f.

258

J
Jacobs, Bill 135 f.
Jamba! 151
Joyce, David 154, 181 f., 240

K
Kerik, Bernard 231
Kitman, Marvin 86
Kosar, Bernie 148
Kurtz, Howard 78 f.

L
Lawrence, Glover 232
Liberty Media 9, 125 f., 129, 137 ff., 234
LinkedIn 151
Los Angeles Dodgers 232

M
Malone, John 9, 70, 83 f., 126, 128 f., 133, 136 ff., 234
Manchester United 99 f.
Mantle, Mickey 231
Mark, Morris 117
Martin, Laura 195, 197, 240
Maxwell, Robert 24
McChesney, Robert W. 187 f.
McCourt, Frank 124
McGlynn, James 199
McGraw-Hill 7, 15, 22, 39, 141, 146, 153, 161, 168, 195, 208, 232
McKenzie, Kelvin 35
Mediaset 98
Melbourne Herald 23
Mendoza, Manuel 78
Meron, Daniel 118
Metrick, Andrew 150
Metromedia 49, 51 f., 54 f.
Meyer, Eugene 208
Microsoft 8, 12, 159, 161, 164 f., 176
Monroe, Marilyn 231
Monster Worldwide 151
Moonves, Leslie 115, 215, 222
MSNBC 76 f., 80
Mukerjea, Peter 122
Murdoch, Chloe 23, 106, 205, 237
Murdoch, Elisabeth 201, 204 f., 223
Murdoch, Grace 23, 106, 205, 237

Murdoch, James 106 f., 122, 202, 204 ff., 220 ff.
Murdoch, Keith 19, 23
Murdoch, Lachlan 202 ff., 213, 223
Murdoch, Prudence 204
My Father Deng Xiaoping (Deng Rong) 104
MyNetworkTV 60 ff.
MySpace 11 ff., 62, 65, 67, 106 f., 110, 114, 148, 150 ff., 174, 197, 225

N
Nair, Sameer 122
National Enquirer 26, 38
National Football League 57
NBC 10, 49, 53 ff., 70 f., 73, 75 f., 85, 95, 157, 175, 177, 215, 228
Neil, Andrew 33, 212, 225
Newsday 86, 168 f.
News Limited 23, 26 f., 36
News of the World 13, 24 f., 29, 31 f.
News Outdoor Group 227
New World Communications 58
New York Post 12 f., 26 ff., 38, 50, 82, 168, 170, 203, 211
New York Times 16, 44, 48, 76, 88, 186, 188, 191
Nine Network 48
Novosel, Dave 228 f.

O
Owers, James 189

P
Packer, James 203 f.
Parsons, Richard 116, 215
Patten, Chris 105, 229
Pearlstine, Norman 194 f.
Pearson 8, 13, 120, 170, 176 ff., 195
Piazza, Mike 124
Phillips, Reed 41, 196, 233
Premiere AG 102 f., 121
Preston, Peter 167 f.
Prodi, Romano 98

R
Rash, John 61
Rattner, Steven 13, 40
Redstone, Sumner 114 f., 215

Regan, Judith 230 ff.
Restall, Hugo 108 f.
Richardson, David 142 f.
Rigas, John 210
Rigas, Timothy 210
Riley, Emily 152
Ritholtz, Barry 90, 175
Roberts, Brian 209 f.
Robertson, Pat 118
Rosenberg, Howard 78
Russell, Bill 124

S
Saban Corp. 118
San Antonio Express-News 26, 38
Schiff, Dorothy 27
Scout Media 148 f.
E.W. Scripps 43
Shafer, Jack 171
Shine Limited 205
Simpson, O.J. 230
Simpsons, The 10, 46, 56, 213, 235 f.
Sky Italia 92 f., 96 ff., 101 f., 119, 122, 128, 130
Sky Network 48
Sky News 88 f.
Sky Television 97, 120 f.
Sorrell, Martin 147
Star TV 104
Sterling, Greg 160
Suhler, John 233
Sunday Times 23, 29 ff., 193, 212

T
TCI 83 f.
Telepiu 100 f.
Thatcher, Margaret 29
Thomson, Robert 193
Tibet 106
Tierney, Brian 8, 174
Time 29, 47, 194
Times 30 f., 33, 34, 38 f., 41, 99, 105, 147, 181, 193
Times Ledger 38
Time Warner 47, 61, 73, 81 f., 84 f., 95, 113, 116 f., 134, 141, 145 f., 159, 210, 215, 222, 232
Torv, Anna 204

Triangle Publications 119, 125
Turner, Ted 10, 70 f.,73, 76 ff.
Turner Broadcasting System 47, 73, 81 f.
TV Guide 9, 18, 119, 125 ff., 232

U
UPN 61

V
Verizon 134 f., 141
Viacom 73, 95, 114 f., 143, 145, 157, 159, 213, 215, 222
Village Voice 9, 28, 38, 117
Virgin Media 206
Vivendi Universal 100
Vogel, Harold 54
VOX 103

W
Wade, Rebekah 25, 31 f., 34 ff.
Wall Street Journal 7, 13, 15, 30, 34, 37, 79, 108 ff., 167, 169 f., 172, 177, 180 f., 185 ff., 225, 236
Walt Disney 18, 95, 113, 115, 118, 143, 145, 215, 226
Wang, Spencer 197
Warner Communications 47 f.
Washington Post 44, 50 f., 78, 208 f.
WB 61, 91
Weather Channel 73, 227 f.
Wright, Bob 215

Y
Yahoo 146, 159 f., 164 f., 225
Yelland, David 170
Yount, Steve 188
YouTube 157 ff.
Yuen, Henry 127

Z
Zannino, Richard 192 f.
Zell, Sam 168 f.
Zucker, Jeff 215
Zuckerberg, Mark 160

Jeffrey A. Krames

Peter F. Druckers kleines Weißbuch

Quintessenzen aus dem Lebenswerk
eines außergewöhnlichen Denkers

FinanzBuch Verlag

Jeffrey Krames

Peter F. Druckers kleines Weißbuch

Quintessenzen aus
dem Lebenswerk eines
außergewöhnlichen Denkers

264 Seiten, Hardcover
Preis € 34,90 (D); € 35,90 (A); sFr. 56,90
ISBN 978-3-89879-462-6

Wenn es einen Pionier des modernen Managements gibt, dann Peter F. Drucker. Die Lehren des berühmten amerikanischen Ökonomen österreichischer Herkunft prägen Manager und Führungskräfte seit Generationen. Jeffrey Krames beschreibt in diesem Buch das Lebenswerk der Management-Ikone Peter F. Drucker. Detailliert werden die innovativen Managementprinzipien, Strategien und das enorme Arbeitspensum Druckers gewürdigt. Herausgekommen ist dabei ein spannendes Werk über die Schaffenskraft des weltweit anerkannten Vordenkers der modernen Managementlehre, an dessen Vorbild sich die nachfolgenden Generationen orientieren können und jede Führungskraft noch heute eine Menge lernen kann.

Leander Kahney

Steve Jobs' kleines Weißbuch
Die bahnbrechenden Managementprinzipien eines Revolutionärs

280 Seiten, Hardcover
Preis € 34,90 (D); € 35,90 (A); sFr. 56,90
ISBN 978-3-89879-351-3

Durch seine ganz bestimmte Denkweise hat Steve Jobs innovative und bahnbrechende Produktideen entwickelt und verwirklicht. Autor Leander Kahney hat diejenigen Denkmuster von Steve Jobs herausgefiltert und zu Papier gebracht, die den Mitbegründer von Apple zu seinen erstaunlichen und herausragenden Ideen befähigen. Das vorliegende Buch soll dazu inspirieren, sich mit den Ideen und Konzepten dieses brillanten Vordenkers auseinanderzusetzen und in eine Welt voller neuer Möglichkeiten einzutauchen. Finden Sie heraus, wie Sie aus Steve Jobs' gedanklichen Ansätzen den größtmöglichen Nutzen für ihre eigenen innovativen Schöpfungen ziehen können.

Lust auf mehr?
www.ftd.de/bibliothek

Jeffrey K. Liker/ Michael Hoseus
Die Toyota Kultur
Das Herz und die Seele von „Der Toyota Weg"

ISBN 978-3-89879-446-6
Preis 34,90 Euro (D),
35,90 Euro (A), sFr. 56,90
672 Seiten

Jeffrey K. Liker/David P. Maier
Toyota Talent
Erfolgsfaktor Mitarbeiter – wie man das Potenzial seiner Angestellten entdeckt und fördert

ISBN 978-3-89879-350-6
Preis 34,90 Euro (D),
35,90 Euro (A), sFr. 56,90
363 Seiten

Jeffrey K. Liker
Der Toyota Weg
14 Managementprinzipien des weltweit erfolgreichsten Automobilkonzerns

ISBN 978-3-89879-188-5
Preis 34,90 Euro (D),
35,90 Euro (A), sFr. 56,90
432 Seiten

:::: **Lust auf mehr? www.ftd.de/bibliothek** :::

Jeffrey K. Liker/David P. Meier
**Praxisbuch
Der Toyota Weg**
Für jedes Unternehmen

ISBN 978-3-89879-258-5
Preis 34,90 Euro (D),
35,90 Euro (A), sFr. 56,90
601 Seiten

Roland Springer
Survival of the Fittest
so verbessern Spitzenunternehmen mit Lean Management gleichzeitig ihre Prozesse und ihre Führungskultur

ISBN 978-3-89879-474-9
Preis 34,90 Euro (D),
35,90 Euro (A), sFr. 56,90
Ca. 250 Seiten

Keith Goffin/Cornelius Herstatt/ Rick Mitchell
Innovationsmanagement
Strategie und effektive Umsetzung von Innovationsprozessen mit dem Pentathlon-Prinzip

ISBN 978-3-89879-348-3
Preis 34,90 Euro (D),
35,90 Euro (A), sFr. 56,90
640 Seiten

Michael Brückner
Champagner, Wein & Co.
Flüssige Werte als Kapitalanlage

ISBN 978-3-89879-457-2
Preis 34,90 Euro (D),
35,90 Euro (A), sFr. 56,90
240 Seiten

Michael Brückner
Uhren als Kapitalanlage
Status, Luxus, lukrative Investition

ISBN 978-3-89879-152-6
Preis 34,90 Euro (D),
35,90 Euro (A), sFr. 56,90
294 Seiten

Michael Brückner
Megamarkt Luxus
Wie Anleger von der Lust auf Edles profitieren können

ISBN 978-3-89879-376-6
Preis 34,90 Euro (D),
35,90 Euro (A), sFr. 56,90
212 Seiten

: : : : Lust auf mehr? www.ftd.de/bibliothek : : :

Thorsten Hahn
77 Irrtümer des Networkings ... erfolgreich vermeiden
So bauen Sie Kontakte auf, die Sie weiterbringen

ISBN 978-3-89879-460-2
Preis 34,90 Euro (D),
35,90 Euro (A), sFr. 56,90
240 Seiten

Paul B. Carroll/Chunka Mui
Teure Lektionen
Was Sie von den schlimmsten Managementfehlern lernen können und wie Sie sie vermeiden

ISBN 978-3-89879-463-3
Preis 34,90 Euro (D),
35,90 Euro (A), sFr. 56,90
352 Seiten

Carolin Lüdemann
Business mit Stil
Erfolgreich im Geschäftsleben mit modernen Umgangsformen

ISBN 978-3-89879-445-9
Preis 34,90 Euro (D),
35,90 Euro (A), sFr. 56,90
193 Seiten

Nikolaus Förster (Hrsg.)
Die kreativen Zerstörer der deutschen Wirtschaft
Wie Ideen Märkte verändern

Steffen Klusmann (Hrsg.)
Die 101 Haudegen der deutschen Wirtschaft
Köpfe, Karrieren und Konzepte

Steffen Klusmann (Hrsg.)
Töchter der deutschen Wirtschaft
Weiblicher Familiennachwuchs für die Chefetage

ISBN 978-3-89879-494-7
Preis 34,90 Euro (D),
35,90 Euro (A), sFr. 56,90
Ca. 250 Seiten

ISBN 978-3-89879-186-1
Preis 29,90 Euro (D),
30,80 Euro (A), sFr. 48,90
471 Seiten

ISBN 978-3-89879-407-7
Preis 34,90 Euro (D),
35,90 Euro (A), sFr. 56,90
296 Seiten

:::: **Lust auf mehr? www.ftd.de/bibliothek** :::

Karin Kneissl
Die Energiepoker
Wie Erdöl und Erdgas die Weltwirtschaft beeinflussen

Paul Millier
Auf dem Prüfstand
Die 30 gängigsten Marketing- und Managementprinzipien

Howard Moskowitz/Alex Gofman
Selling Blue Elephants
Wie man Produkte kreiert, von denen der Konsument heute noch nicht weiß, dass er morgen nicht mehr auf sie verzichten kann

ISBN 978-3-89879-448-0
Preis 29,90 Euro (D),
30,80 Euro (A), sFr. 48,90
266 Seiten

ISBN 978-3-89879-375-9
Preis 34,90 Euro (D),
35,90 Euro (A), sFr. 56,90
378 Seiten

ISBN 978-3-89879-349-0
Preis 34,90 Euro (D),
35,90 Euro (A), sFr. 56,90
272 Seiten

Rolf Elgeti
Der kommende Immobilienmarkt in Deutschland
Warum kaufen besser ist als mieten

ISBN 978-3-89879-373-5
Preis 34,90 Euro (D),
35,90 Euro (A), sFr. 56,90
252 Seiten

Hans Joachim Fuchs
Die China AG
Zielmärkte und Strategien chinesischer Markenunternehmen in Deutschland und Europa

ISBN 978-3-89879-347-6
Preis 34,90 Euro (D),
35,90 Euro (A), sFr. 56,90
436 Seiten

Jerry Porras/Stewart Emery
Mark Thompson
Der Weg zum Erfolg
Erfolgsmodelle von Menschen, die in ihrem Leben etwas bewegt haben

ISBN 978-3-89879-305-6
Preis 34,90 Euro (D),
35,90 Euro (A), sFr. 56,90
295 Seiten

::: **Lust auf mehr? www.ftd.de/bibliothek** :::

Joachim Schwass
Wachstumsstrategien für Familienunternehmen
In der Praxis getestete Langfristansätze

ISBN 978-3-89879-304-9
Preis 34,90 Euro (D),
35,90 Euro (A), sFr. 56,90
215 Seiten

Peter Navarro
Das komplette Wissen der MBAs

ISBN 978-3-89879-264-6
Preis 34,90 Euro (D),
35,90 Euro (A), sFr. 56,90
375 Seiten

Robert L. Heilbronner
Die Denker der Wirtschaft
Ideen und Konzepte der großen Wirtschaftsphilosophen

ISBN 978-3-89879-185-4
Preis 34,90 Euro (D),
35,90 Euro (A), sFr. 56,90
326 Seiten

Wenn Sie **Interesse** an **unseren Büchern** haben,

z. B. als Geschenk für Ihre Kundenbindungsprojekte, fordern Sie unsere attraktiven Sonderkonditionen an.

Weitere Informationen erhalten Sie bei Nikolaus Kuplent unter +49 89 651285-276

oder schreiben Sie uns per E-Mail an:
nkuplent@finanzbuchverlag.de

FinanzBuch Verlag

Jeffrey A. Krames

Peter Druckers kleines Weißbuch

Folgende Titel sind bisher in der Financial Times Deutschland Bibliothek erschienen:

Bernard Baumohl
Die Geheimnisse der Wirtschaftsindikatoren

Jean-Louis Bravard / Robert Morgan
Intelligentes und erfolgreiches Outsourcing

Michael Brückner
Uhren als Kapitalanlage

Michael Brückner
Megamarkt Luxus

Rolf Elgeti
Der kommende Immobilienmarkt in Deutschland

Hans Joachim Fuchs
Die China AG

Charles R. Geisst
Die Geschichte der Wall Street

Adrian Gostick / Chester Elton
Zuckerbrot statt Peitsche

Robert L. Heilbroner
Die Denker der Wirtschaft

Leander Kahney
Steve Jobs' kleines Weißbuch

Steffen Klusmann
101 Haudegen der deutschen Wirtschaft

Steffen Klusmann
Töchter der deutschen Wirtschaft

Dr. Karin Kneissl
Der Energiepoker

Jeffrey K. Liker
Der Toyota Weg

Jeffrey K. Liker / David P. Meier
Praxisbuch „Der Toyota Weg"

Jeffrey K. Liker / David P. Meier
Toyota Talent

Carolin Lüdemann
Business mit Stil

Paul Millier
Auf dem Prüfstand

Geoffrey A. Moore
Darwins Erben

Howard Moskowitz / Alex Gofman
Selling Blue Elephants

Peter Navarro
Das komplette Wissen der MBAs

Daniel Nissanoff
FutureShop

J. Porras, S. Emery, M. Thompson
Der Weg zum Erfolg

Joachim Schwass
Wachstumsstrategien für Familienunternehmen

www.finanzbuchverlag.de/ftd

Jeffrey A. Krames

Peter F. Druckers
kleines
Weißbuch

Quintessenzen aus dem Lebenswerk
eines außergewöhnlichen Denkers

FinanzBuch Verlag

Bibliografische Information der Deutschen Bibliothek:
Die Deutsche Bibliothek verzeichnet diese Publikation in der
Deutschen Nationalbibliografie; detaillierte bibliografische Daten
sind im Internet über http://dnb.ddb.de abrufbar.

Original edition copyright © Jeffrey A. Krames, 2008.
Die Originalausgabe erschien 2008 unter dem Titel „Inside Drucker's Brain"
bei Portfolio.
All rights reserved including the right of reproduction in whole or in part in
any form.
This edition published by arrangement with Portfolio, a member of Penguin
Group (USA) Inc.

Übersetzung: Wolfgang Seidel
Lektorat: Marion Reuter
Satz und Druck: Druckerei Joh. Walch, Augsburg

Krames · Peter Druckers kleines Weißbuch
1. Auflage 2009
© 2009
FinanzBuch Verlag GmbH
Nymphenburger Straße 86
80636 München
Tel.: 089 651285-0
Fax: 089 652096

Alle Rechte vorbehalten, einschließlich derjenigen des auszugsweisen Abdrucks
sowie der fotomechanischen und elektronischen Wiedergabe. Dieses Buch will keine
spezifischen Anlageempfehlungen geben und enthält lediglich allgemeine Hinweise.
Autor, Herausgeber und die zitierten Quellen haften nicht für etwaige Verluste,
die aufgrund der Umsetzung ihrer Gedanken und Ideen entstehen.

Die Autoren erreichen Sie unter:
krames@finanzbuchverlag.de

ISBN 978-3-89879-462-6

Weitere Infos zum Thema
www.finanzbuchverlag.de
Gerne übersenden wir Ihnen unser aktuelles Verlagsprogramm.

Inhalt

Einführung	Auf der Suche nach Peter Drucker	7
Kapitel 1	Der Zufall belohnt denjenigen, der darauf vorbereitet ist	25
Kapitel 2	Die Zielerreichung steht immer an erster Stelle	35
Kapitel 3	Dauerprobleme und Störfaktoren	45
Kapitel 4	Die Außenansicht	57
Kapitel 5	Wenn die Naturtalente rar werden	71
Kapitel 6	Jeffersons aufklärerisches Ideal	83
Kapitel 7	Denke nur an morgen	99
Kapitel 8	Stärken überprüfen	111
Kapitel 9	Welches ist der ausschlaggebende Faktor?	123
Kapitel 10	Drucker über Jack Welch	133
Kapitel 11	Überlebenswichtige Entscheidungen	145
Kapitel 12	Drucker der Stratege	157
Kapitel 13	Die vierte Informationsrevolution	173
Kapitel 14	Die wichtigste Aufgabe einer Führungskraft	189
Kapitel 15	Ein Schnellkurs in Innovation	201
Epilog	Von dem Ungeheuer zu dem Lamm – Menschen, die Peter Drucker geformt haben	219
Danksagung		247
Quellenverzeichnis		249
Literaturliste		251
Register		255

Einführung
Auf der Suche nach Peter Drucker

Gerade von Peter Drucker zu hören, hatte ich an jenem Montagmorgen Anfang November 2008 bestimmt am wenigsten erwartet. Schließlich hatte ich noch nie direkten Kontakt mit ihm aufgenommen und bis heute habe ich nicht herausfinden können, wie er an meine Telefonnummer gekommen ist. Als Lektor und Verleger hatte ich mich in über zweiundzwanzig Berufsjahren schon mit vielen prominenten Autoren unterhalten, aber nun war *Peter Drucker* persönlich am anderen Ende der Leitung.

Ich versuchte zu begreifen, was er sagte. Er stand kurz vor seinem vierundneunzigsten Geburtstag uns sowohl seine Artikulation als auch sein Hörvermögen hatten gelitten – wegen seines ausgeprägten Wiener Akzents waren seine Worte nicht so leicht zu verstehen. Er selbst sprach viel zu laut und obwohl ich meine Antworten praktisch in den Telefonhörer hineinschrie, konnte er mich nicht hören. Offenbar war er sehr aufgebracht und ich konnte mir leicht zusammenreimen, dass ich derjenige war, der ihn so aus der Fassung gebracht hatte.

Zur Erklärung blicke ich kurz zurück: Nachdem ich etliche Bücher über Jack Welch, den früheren langjährigen Vorstandsvorsitzenden des amerikanischen Großkonzerns General Electric herausgebracht und teilweise selbst geschrieben hatte, spukte seit ungefähr vier Jahren der Plan, auch ein Buch über Peter Drucker zu verfassen, in meinem Kopf herum. Eine ganze Reihe von Welchs besten Ideen gingen auf Drucker zurück – das gilt auch für etliche andere Manager und Wirtschaftsautoren –, daher dachte ich mir, es wäre an der Zeit, sich einmal direkt mit dem Urheber dieser Konzepte zu beschäftigen.

Obwohl Drucker rund drei Dutzend Bücher über Wirtschaft und Gesellschaft verfasst hat, hatte ich den Eindruck, dass das maßgebliche Buch über Drucker bisher noch nicht geschrieben worden war. Es war keineswegs meine Absicht, eine Biografie über Drucker zu schreiben, denn ich plante ein Buch, das zwei Ziele erreichen sollte: Erstens wollte ich Druckers wichtigsten Aussagen über Management sowie die für ihn typischen Strategien vorstellen und darüber hinaus aufzeigen, dass seine Vorgehensweisen heute noch genauso aktuell und nützlich sind wie zu der Zeit, als Drucker sie erstmals formulierte. Zweitens sollte es zeigen, dass viele Bestseller der vergangenen zwanzig Jahre auf Druckers Grundideen beruhen. In meinen Augen besteht seine bedeutendste Leistung darin, dass er zum Thema Management praktisch im gleichen Atemzug die innere Einstellung wie die methodische Vorgehensweise geliefert hat. Bei Drucker dreht sich alles darum, dass Manager lernen, die richtigen Fragen zu stellen. Sie sollen ihren Horizont erweitern, indem sie weiter blicken als auf das, was sie zu kennen und zu beherrschen glauben. Sie sollen über Vergangenheit und Gegenwart hinaussehen, damit sie wenigstens einen Schimmer dessen erhaschen, was sie in der Zukunft erwartet.

Auch wenn Druckers Anruf mich an jenem Novembermorgen ziemlich unverhofft erwischte, kam er dennoch keineswegs aus heiterem Himmel. Die Initiative zu diesem Kontakt war von mir ausgegangen, allerdings hatte ich nicht ihn direkt, sondern einen seiner Verleger angesprochen. Drucker ist bekannt dafür, dass er wie ein Schießhund über seine Autorenrechte wacht und eventuelle Copyright-Verletzungen mit advokatenmäßiger Unerbittlichkeit verfolgt. Deshalb bin ich davon ausgegangen, dass ich um eine Teilabdruckgenehmigung für etwas längere Zitate aus seinen Werken hart würde ringen müssen. Um dies auszutesten, hatte ich Ausschnitte aus einem seiner früheren Bücher ausgewählt und bat den betreffenden Verlag schriftlich um eine Abdruckgenehmigung.

Daher war ich angenehm überrascht, als sein Verleger Truman Talley mir die Genehmigung für das eingesandte Material gegen eine Gebühr von zweihundert Dollar erteilte. *Das war ja nicht so schwer*, dachte ich mir. Allerdings wusste ich zu dem Zeitpunkt noch nicht, was ich mit meiner Anfrage unbeabsichtigt ausgelöst hatte. Nachdem der Verleger die Abdruckgenehmigung erteilt hatte, muss er Peter Drucker angerufen haben, um ihn von dem Vorgang in Kenntnis zu setzen. Das ist keineswegs unüblich, da Drucker persönlich der Inhaber des Copyrights war.

Ein paar Tage nachdem ich den Brief mit der Genehmigung erhalten hatte, ereigneten sich bei mir zu Hause merkwürdige Dinge. Meine Frau erzählte mir, dass sie mehrmals von einem Anrufer am Telefon belästigt worden sei, während ich im Büro war.

„Und was wollte dieser Verrückte von dir?", fragte ich sie. Sie sagte, sie könne es nicht genau beschreiben, da sie nichts von dem merkwürdigen Gekrächze verstanden habe.

„Also habe ich einfach aufgelegt", meinte sie achselzuckend und damit war die Sache für sie erledigt. So war es ein paar Mal gegangen, bis ich in der Woche darauf selbst so einen Anruf von dem gleichen Mann entgegennahm und sofort erkannte, dass es sich um alles andere als um einen Telefonscherz handelte. Und ich brauchte auch nicht lange, bis mir klar wurde, dass meine liebe Frau etwas beinahe Unverzeihliches getan hatte: Sie hatte Peter Drucker einfach aus der Leitung geworfen, und zwar nicht nur einmal!

Da Drucker mich an jenem Morgen am Telefon kaum verstehen konnte, fragte ich ihn, ob ich ihm einen Brief schicken und darin alles näher erklären könne. Ich schrieb daraufhin eine Reihe von Briefen an Drucker, aber bereits im ersten erklärte ich ihm ausführlich, was für eine Art von Buch ich über ihn schreiben wollte. Unter anderem sei es meine Absicht, ihn als den Erfinder des Managements und der Managementtheorie schlechthin zu präsentieren; eine derartige Bezeichnung hatte er jahrzehntelang weit von sich gewiesen (machte aber nun keine Anstalten mehr, sich davon zu distanzieren).

Unsere Korrespondenz zog sich zwei Monate lang hin. Wir wechselten etliche Briefe über das Buch und die Frage, wie ich das Thema anpacken wollte. Mitte November erhielt ich ein gesondertes Schreiben von Drucker, in dem er mir die Erlaubnis erteilte, aus allen seinen Büchern nach Gutdünken zu zitieren, und kurz danach lud er mich zu einem ausführlichen Gespräch in sein Haus in Claremont in Kalifornien ein.

Für dieses Interview einigten wir uns auf den 22. und 23. Dezember, sodass wir zwei Tage Zeit hatten, uns über eine große Bandbreite von Themen zu unterhalten. Ich fragte Drucker, ob er vorab eine Liste mit meinen Fragen sehen wolle. Das bejahte er, also verbrachte ich fast eine Woche damit, eine Liste mit etwa zwei Dutzend Fragen sorgfältig auszuformulieren; natürlich waren es die Fragen, die mir im Zusammenhang mit meinem Buch am wichtigsten waren. Als ich Drucker anschließend darum bat, mir zu sagen, ob er mit den Fragen zufrieden war, antwortete er: „Ja und nein."

„Die Fragen sind gut und berechtigt", schrieb er, „aber es sind einfach zu viele." Daher bat Drucker mich, die Anzahl der Fragen auf maximal sechs zu reduzieren. Ich war völlig perplex. Worüber sollten wir denn zwei Tage lang sprechen, wenn lediglich sechs Fragen zu diskutieren waren? Offensichtlich hatte ich Drucker bisher noch nicht „verstanden". Ich sollte später noch begreifen, dass Drucker mühelos in der Lage war, sich einen ganzen Tag lang über jedes beliebige Thema zu unterhalten – von Management über Gesellschaft bis hin zu japanischer Kunst.

Der Tag X: Montag, 22. Dezember 2003, 5.40 Uhr. Ich wurde vom Aufheulen von Flugzeugturbinen geweckt, als große Maschinen die Startbahn entlangdonnerten, und wusste ein paar Sekunden lang nicht, wo ich war. Ich brauchte einige Augenblicke, um mich zu sammeln. Draußen sah ich den makellos strahlend blauen Dezemberhimmel, wie man ihn nur im südlichen Kalifornien findet, tausende von Kilometern vom Graupelwetter in Chicago entfernt.

Während ich schnell unter die Dusche sprang und mir Anzug und Krawatte anzog, ging mir der Gedanke durch den Kopf, dass ich über den

Menschen Peter Drucker eigentlich nur sehr wenig wusste. Ich hatte die meisten seiner Bücher gelesen, kannte seine Unternehmensphilosophie, seine Managementlehren. Die große Mehrzahl seiner fünfunddreißig Bücher beschäftigt sich mit Management und mit Management und Gesellschaft. (Drucker schrieb immer wieder ausführlich über die Beziehungen zwischen Management und Gesellschaft.) Selbst seine umfangreiche Autobiografie *Adventures of a Bystander* (dt.: Zaungast der Zeit, 1981) gibt wenig darüber preis, wer Drucker *wirklich* ist; im Epilog werde ich auf dieses Buch noch etwas ausführlicher eingehen.

Ich griff nach den beiden Aufzeichnungsgeräten, die ich mitgebracht hatte, nahm die Wagenschlüssel und die Bücher und machte mich auf den Weg nach draußen zu meinem Mietwagen. Unterwegs ging mir die ganze Zeit durch den Kopf, wie ich eigentlich hierher gelangt war. Für meine Kollegen in den Wirtschaftsverlagen war Drucker eine einzigartige Person: Er war derjenige, der Management als akademische Disziplin praktisch erfunden hatte und sozusagen gleichzeitig der Chronist ihrer Entwicklung wurde. Aber Drucker hatte auch viele Kritiker, die meinten, er habe an Aktualität und an Relevanz eingebüßt. Und dabei betrachteten nicht nur die üblichen Verdächtigen in den akademischen Zirkeln, denen Drucker immer schon ein Dorn im Auge gewesen war, ihn mittlerweile als „überholt" oder „völlig veraltet". Selbst der Dekan der Peter F. Drucker Graduate School of Management (die im Jahr 2003 in Peter F. Drucker und Masatoshi Ito Graduate School of Management umbenannt wurde) in Claremont vertraute dem Wirtschaftsjournalisten John Byrne von *Business Week* später an: „Die Marke Drucker zieht nicht mehr so recht."

Drucker, der immer sehr selbstbewusst war, hatte höchstwahrscheinlich ähnliches Gegrummel im Hintergrund vernommen. Ich vermutete, dass er sich auch um sein geistiges Vermächtnis Sorgen machte, als er mir dieses Interview gewährt hatte.

Dabei wusste ich, dass die Kritik an Drucker unbegründet war. Nachdem ich mich viele hundert Stunden lang mit der Materie beschäftigt hatte, wurde mir zunehmend klar, dass sich die Presse und die akademischen Kreise ein falsches Bild zurechtgezimmert hatten. Druckers Werke bildeten nach wie vor auch Grundlage vieler anderer Wirtschaftsbestseller, die seit den 1980er-Jahren erschienen sind, als der Boom bei Wirtschaftsbüchern richtig einsetzte.

Tom Peters, der Autor von *In Search of Excellence* (1982), einem der beiden bahnbrechenden Bücher für den gegenwärtigen Wirtschaftsbücherboom, sagte: „Vor Drucker gab es Management als akademisches Lehrfach praktisch nicht." Außerdem sagte Peters: „Drucker war der Erfinder des modernen Managements, er hat es wirklich erst geschaffen. In den frühen 1950er-Jahren verfügte niemand über ein durchdachtes Instrumentarium für diese überkomplex gewordenen Organisationen, wie sie Großunternehmen nun einmal darstellen; sie waren einfach außer Kontrolle geraten. Drucker war der erste, der uns dafür eine Art Gebrauchsanleitung an die Hand gab." Angeblich – und erstaunlicherweise – äußerte Peters sogar einmal, dass man alles, was er (in *Search of Excellence*) geschrieben habe, auch „in der einen oder anderen Ecke" von *The Practice of Management* (dt.: Die Praxis des Managements, 1956) finden könne.

Einer der seriöseren Fachleute für Management und Organisationswissenschaft, Charles Handy, sagte: „Praktisch alles, was es auf diesem Fachgebiet gibt, lässt sich auf Drucker zurückführen." Und Jim Collins, ein weiterer ausgezeichneter Wirtschaftsautor (*Good to Great* – dt.: Der Weg zu den Besten, 2003), zollte Drucker ebenfalls seinen Respekt, indem er ihn den „Wegbereiter im Bereich des Managements" nannte. Außerdem schreibt er, Druckers Leistung sei „gar nicht so sehr eine bestimmte einzelne Idee, sondern vielmehr sein Gesamtwerk, das einen riesigen Vorteil hat. Fast alles, was er zu sagen hat, hat sich als richtig erwiesen".

Auch andere anerkannte Autoren haben Druckers Leistungen und Beiträge gewürdigt, unter anderem Michael Hammer, der Verfasser des Megasellers *Reengineering the Corporation* (dt. 1996), der Drucker als „Helden" bezeichnete. Hammer erzählte seiner Autoren-Kollegin, der Beraterin Elizabeth Haas Edersheim: „Ich bin immer etwas beklommen, wenn ich eines von Druckers frühen Werken zur Hand nehme, weil ich fürchte, ich könnte auf eine Stelle stoßen, wo er eine meiner neuesten Ideen schon vor Jahrzehnten entwickelt hat. Er hat wirklich an alles gedacht." (Elizabeth Haas Edersheim hat jüngst selbst ein Buch unter dem Titel *The Definite Drucker* veröffentlicht.)

In anderen Wirtschaftsbestsellern ist eine Saat aufgegangen, die Drucker in früheren Jahren gesät hat. Neben dem von Michael Hammer und James Champy gemeinsam verfassten *Reengineering the Corporation* gehören dazu *Now Discover Your Strength* von Marcus Buckingham und Donald Clifton, *The Innovator's Dilemma* und *The Innovator's Solution* von Clayton Christensen, *Creative Destruction* von Richard Nolan und David Croson sowie *Execution* von Larry Bossidy und Ram Charan, um nur einige der wichtigsten zu nennen. Wie Drucker die in diesen Veröffentlichungen dargestellten Ideen beeinflusst hat, wird in diesem Buch auch noch ausführlich erörtert werden. „Es ist beinahe frustrierend, dass es kaum ein wirklich wichtiges modernes Managementthema gibt, das nicht bereits früher von Drucker formuliert, wenn nicht sogar entdeckt worden ist", meint James O'Toole, der bekannte Managementexperte, der bis vor kurzem Managing Director des Booz Allen Hamilton Strategic Leadership Center und Vorsitzender des akademischen Beirats dieser Institution war. „Ich sage das sowohl mit einem Ausdruck der Bewunderung als auch mit Bedauern."

Führende Unternehmer wie Michael Dell, der Intel-Gründer Andy Grove und der Gründer von Microsoft, Bill Gates, haben sich immer auf Drucker berufen. (Als Gates gefragt wurde, welche wichtigen Wirtschaftsautoren er gelesen habe, antwortete er prompt: „Tja, selbstverständlich Drucker.") Andere Wirtschaftsautoren, die sich der geistigen Urheberschaft und des weitreichenden Einflusses Druckers in ihrem Werk gar nicht bewusst sind, sind weniger geneigt, ihm ihre Reverenz zu erweisen. Drucker erklärte mir, dass ihn all das wenig berühre. Er inspirierte reihenweise Buchautoren und ich denke, das ist genau die Art, wie er sein geistiges Vermächtnis verstanden haben wollte: Und zwar als Ideen, die, in neue Formen umgegossen, über Generationen fortwirken.

Obwohl eigentlich klar ist, dass Drucker sehr vieles von Anfang an richtig gesehen hat, hat die Mehrheit dennoch nicht auf ihn gehört. Seinen Durchbruch erzielte er mit dem vollkommen passend betitelten Buch *The Practice of Management*, weil es das erste Buch überhaupt war, das einem Manager erklärte, wie er managen soll. „Davor gab es nichts ... nichts war bis dahin zustandegekommen", sagte Drucker. Wenn man sich allerdings nur aufgrund dessen ein Urteil bilden würde, was etwa von 1990 an über ihn geschrieben wurde, könnte man den Eindruck gewinnen, Druckers Einfluss sei nicht mehr als eine Modeerscheinung gewesen. Zum Beispiel findet man in den modernen Lehrbüchern über Management nicht mehr als ein oder zwei Fußnoten zu Drucker. Und in den Hochburgen der Managementlehre spielt er heute kaum mehr eine Rolle.

Drucker ist ein Mann von bemerkenswerter Bescheidenheit und er war nie einer von denen, die sich in Selbstlob ergehen. Wenn man ihn fragt, was er eigentlich als seinen Beruf bezeichne, so sagt er schlicht: „Ich bin ein Schriftsteller." Wenn dieser „Schriftsteller" einen neuen Gedanken gefasst hatte, dann schrieb er einfach ein Buch darüber. Er erwähnte mir gegenüber, dass er nie eines seiner früher geschriebenen Bücher wieder lese. Sein Verleger brachte zwar immer mal wieder Neuausgaben seiner Bücher heraus, aber während seiner ganzen beruflichen Laufbahn hat Drucker nie zurückgeblickt, sondern immer nur nach vorne geschaut – im Grunde hat er zeit seines Lebens in jeder Hinsicht genau diese Perspektive eingenommen. Das Vergangene hinter sich zu lassen und Überholtes aufzugeben ist nicht nur eines seiner wesentlichen Managementprinzipien, es steckt sozusagen in Druckers Genen.

Auf der Fahrt zu Druckers Haus ging mir durch den Kopf, dass Drucker nur selten mit anderen Autoren zusammengearbeitet hatte. Einmal hatte er in diesem Zusammenhang bemerkt: „Eines der Geheimnisse, wie man jung bleibt, besteht darin, dass man keine Interviews gibt, sondern sich auf seine Arbeit konzentriert – daran halte ich mich. Es tut mir leid, ich stehe nicht zur Verfügung." Drucker ging rigoros gegen jeden Autor oder Verleger vor, der ohne ausdrückliche Genehmigung seine Texte verwendete. In der Korrespondenz, die meinem Besuch vorausging, hatte Drucker erwähnt, dass er nur deshalb so wachsam sei, weil ein Professor der Harvard Business School einmal drei Kapitel aus einem seiner Bücher ohne Erlaubnis und nicht einmal mit einer Quellenangabe übernommen habe.

Zu Hause hatte Drucker eine ganze Schublade mit vorgedruckten Postkarten vorrätig, die mit „Sekretariat" unterzeichnet waren (in Wirklichkeit war er sein eigener Sekretär); die Postkarten wurden an jeden versandt, der um ein Interview oder ein Testimonial, jene freundlichen Lobhudeleien auf den Umschlagseiten englischer und amerikanischer Bücher, bat: „Mr. Peter F. Drucker bedankt sich für Ihr freundliches Interesse, aber er sieht sich leider außerstande, einen Artikel oder ein Vorwort zu Ihrem Werk beizutragen … Interviews zu geben oder einen Kommentar zu Ihrem Manuskript zu verfassen …" Drei Jahre zuvor hatte ich ebenfalls eine dieser Mitteilungen erhalten, als ich ihn um ein Testimonial für mein erstes Buch gebeten hatte.

Wir waren für zehn Uhr an jenem Montagmorgen verabredet und ich hatte eine Dreiviertelstunde Zeitpuffer einkalkuliert für den Fall, dass ich mich trotz der Wegbeschreibung, die Drucker mir gefaxt hatte, verfahren sollte. Und prompt hatte ich mich verfahren. Ich war so in Gedanken versunken, dass ich etliche Kilometer zu weit gefahren war und die Abzweigung, die zu seinem Haus führte, verpasst hatte. Etwas nervös geworden fuhr ich die Strecke zurück, fand zum Glück die richtige Abzweigung und kam kurz vor zehn bei seinem Haus an.

Ich betrachtete für einen Moment das unauffällige Haus. Es wirkte geradezu bescheiden und hätte in jeder beliebigen ruhigen amerikanischen Wohngegend stehen können. Mit seinem sorgfältig gepflegten Garten machte es einen recht anheimelnden Eindruck, aber es hatte seine beste Zeit bereits hinter sich, hier und da blätterte die Farbe ab. War dies wirklich der Ort, an dem er lebte?

Doch selbstverständlich war dies Peter Druckers Heim. Der Theoretiker des Managements hatte gar keine Zeit und noch weniger irgendein Interesse, sich um ein aufwändigeres Haus zu kümmern. Beim Anblick des Hauses musste ich an die Geschichte von Einsteins Anzügen denken. Ich hatte einmal gelesen, dass sie alle identisch waren, damit er niemals auch nur einen Augenblick mit so etwas Banalem wie der Entscheidung, welchen Anzug er tragen sollte, verschwenden musste.

Ich schnappte mir die Aufnahmegeräte, die Bücher und meine Mappe und klopfte an die Tür. Ich hatte unsere Verabredung mehrmals bestätigt und Drucker hatte mir versichert, dass er sich genügend Zeit für unser zweitägiges Interview nehmen würde. Ich war dreitausend Kilometer weit geflogen, um ihn kennenzulernen, deshalb wäre es mir nie in den Sinn gekommen, er könnte nun zum verabredeten Zeitpunkt nicht zu Hause sein. Doch ich wurde eines Besseren belehrt.

Nachdem ich auf mein Klopfen keine Antwort erhielt, klingelte ich. Eine Minute oder zwei vergingen, dann drei, vier, fünf. Nichts tat sich. Ich hatte mich doch wohl nicht im Tag geirrt? Nach einigen Minuten (sie fühlten sich an wie eine Stunde) setzte ich mich wieder in meinen Wagen und suchte nach meinem Mobiltelefon. Ich konnte es einfach nicht glauben. Ich hatte mich seit Monaten auf diesen Tag gefreut, hatte alles arrangiert und jedes Detail bestätigt, aber bis jetzt war von Drucker weit und breit noch nichts zu sehen.

Nachdem ich es bestimmt ein Dutzend Mal hatte läuten lassen, meldete sich Drucker endlich und sagte, er sei „gleich unten". Kurz danach begrüßte er mich an der Haustür und erklärte, er habe sein Hörgerät entweder nicht eingesetzt oder nicht eingeschaltet.

Im Monat zuvor hatte Drucker seinen vierundneunzigsten Geburtstag gefeiert und man sah ihm dieses hohe Alter deutlich an. Seine ganze äußere Erscheinung wirkte dünn und gebrechlich. Seine Brillengläser waren enorm dick und die Hörgeräte auffällig groß. Aber man brauchte nicht lange, um zu bemerken, dass in diesem altersgebeugten Körper nach wie vor ein messerscharfer Verstand lebendig war. Beim Gehen stützte er sich auf einen Stock, und er bewegte sich sehr viel langsamer, als ich gedacht hatte. Er trug einen bunten Pullover und ein Sakko, doch ich hatte den Eindruck, dass ihm, trotz des schönen, warmen Wetters immer noch kalt war. Auch als er mich mit einem nicht besonders festen Handschlag begrüßte, hatte ich den Eindruck, dass er nicht mehr besonders kräftig war. Obwohl wir in den vergangenen Wochen etliche sehr freundliche Briefe ausgetauscht hatten, kam ich mir anfangs wie ein Eindringling vor, aber dieser Eindruck verflüchtigte sich im Laufe des Tages.

Er führte mich in sein Wohnzimmer zu einem Tisch, von dem aus man einen Blick auf den Swimmingpool hatte, der anscheinend schon seit Jahren nicht mehr benutzt wurde. Weil die Vorhänge größtenteils zugezogen waren, war es in dem Raum etwas düster, daher deutete Drucker auf zwei Lampen, die ich einschalten sollte. Dann nahm ich in dem Sessel Platz, der mir angeboten wurde, und er setzte sich ebenfalls ganz nahe zu mir, keinen halben Meter entfernt. Später erzählte er mir, dass Jack Welch einige Wochen bevor er 1981 Chef von General Electric wurde, im gleichen Sessel wie ich gesessen habe.

Ich legte die beiden Kassettenrekorder und den kleinen Stapel Bücher auf den Tisch. Ich hatte ein halbes Dutzend von Druckers Büchern mitgebracht für den Fall, dass ich etwas nachschlagen oder zitieren wollte. Drucker signierte sie mir später, ohne dass ich ihn ausdrücklich darum gebeten hätte.

Wir hielten uns nicht lange mit Small Talk auf, sondern kamen gleich zur Sache. Ich muss mich korrigieren: Er war es, der gleich zur Sache kam. Obwohl ich sofort meine Aufzeichnungen mit den sechs Fragen, auf die wir uns im Voraus geeinigt hatten, hervorzog und auf den Tisch legte, kam er den ganzen Tag über nicht einmal darauf zu sprechen.

Er hatte sich im Kopf wohl seine eigene Themenliste zurechtgelegt und war nun sehr darauf erpicht, diese sozusagen abzuarbeiten. Als er zu sprechen anfing, wollte ich das Aufnahmegerät einschalten, aber er bat mich, das Gespräch nicht aufzuzeichnen. Ich musste mehrere Anläufe unternehmen, bis er mir nach einer Weile zähneknirschend gestattete, das Tonband laufen zu lassen. Bis jetzt kann ich mir immer noch nicht so recht erklären, warum Drucker eine Scheu vor Tonbandaufzeichnungen hatte. Vielleicht hing es mit seinem schwerfälligen Akzent zusammen. Seine Aussprache klang wie die eines der im Krieg nach Amerika emigrierten Kernphysiker und nicht so, wie man sie sich bei dem brillanten Vordenker einer ganz neuen Wissenschaftsdisziplin vorstellen würde. Außerdem musste er häufig husten und das beschleunigte die Sache auch nicht gerade.

Ich hatte gedacht, ich würde recht nervös sein, aber das war überhaupt nicht der Fall. Ich war einfach zu sehr damit beschäftigt, keine Minute dieser kostbaren Zeit mit ihm ungenutzt verstreichen zu lassen. Wegen Druckers Schwerhörigkeit musste ich meine Fragen und Antworten meistens ein- bis zweimal wiederholen. Die bei weitem häufigste erste Antwort von Drucker auf meine Fragen war eindeutig „Was?". Dadurch blieb kaum Spielraum für ein bisschen Schlagfertigkeit und Humor, weil ich mich sehr darauf konzentrieren musste, dass er mich überhaupt verstand. Andererseits war sein selbstironischer Humor den ganzen Tag über spürbar. Seine ausgesprochene Bescheidenheit war völlig ungekünstelt und hat mich tief beeindruckt.

Zunächst erzählte er mir von seiner Zeit als junger Mann in Europa und wie er später „völlig zufällig" an das Thema Management geraten sei; er sei „da einfach hineingestolpert". Er wies darauf hin, dass er nie als Manager tätig war. „Ich bin der schlechteste Manager überhaupt", sagte er mit einem ironischen Lächeln. Ich konnte nur schwer sagen, ob ihn diese Feststellung amüsierte oder ob ihn das wurmte.

Er erzählte mir auch, wie es dazu kam, dass ihm nach dem Erscheinen seines ersten erfolgreichen Buches eine akademische Karriere im herkömmlichen Sinn verbaut war. Dieses Buch, *Concept of the Corporation* (dt.: Das Großunternehmen, 1966) wurde in den Vereinigten Staaten erstmals 1946 veröffentlicht; es war die erste großangelegte Untersuchung über ein amerikanisches Großunternehmen überhaupt, über General Motors. Das Buch wurde in den USA und in Japan sofort ein Bestseller und Drucker wurde dadurch so etwas wie eine Ikone. In jener Zeit galt die Veröffentlichung eines massentauglichen Buches in akademischen Zirkeln jedoch als ausgesprochen unseriös und war alles andere als hilfreich für eine Karriere an einer Universität. Einer seiner damaligen Freunde, der Präsident des Bennington College, wo Drucker seinerzeit einen Lehrauftrag hatte, sagte zu ihm: „Peter, dieses Buch beschäftigt sich weder eindeutig mit Führungsfragen noch mit Wirtschaftsfragen. Worauf willst du eigentlich hinaus?" „Damit hatte er vollkommen recht", sagte Drucker zu mir.

Natürlich war es so, dass Peter Drucker letztlich seinen eigenen Weg ging. Weder die Universitäten Harvard noch Stanford erschienen jemals in seinem Lebenslauf, aber das hat er auch nie bedauert: „Die Harvard Business School kam für mich niemals in Frage", erklärte er mir. „Ich war mir völlig im Klaren darüber, dass ich als Dozent dort nicht hingehörte. Außerdem wollte ich ungehindert meine eigenen Bücher schreiben und meine eigene Beratungsfirma behalten. Damals war es Fakultätsmitgliedern an der Business School nicht gestattet, nebenbei eine Beratungstätigkeit durchzuführen. Außerdem war man genötigt, Fallstudien zu schreiben, und daran hatte ich persönlich nicht das geringste Interesse."

Diesen Vormittag bei Drucker werde ich niemals vergessen. Wir unterhielten uns ohne Pause bis es Zeit war, zu Mittag zu essen. Er schlug vor, dass wir zu seinem Lieblingsitaliener in die Stadt fuhren. Also verließen wir sein Haus und als ich ihm beim Einsteigen in meinen Mietwagen half, war ich froh, dass ich mir eine größere Limousine genommen hatte. Während der Fahrt machte er mit mir eine kleine Stadtrundfahrt, wobei er mir auch die Peter F. Drucker Graduate School of Management an der Universität von Claremont zeigte.

Wir mussten den Wagen ein oder zwei Nebenstraßen vom Restaurant entfernt abstellen, weil viele Studenten unterwegs waren und dementsprechend alles zugeparkt war. Drucker stützte sich beim Gehen immer dann auf meinen Arm, wenn wir mehr als ein paar Meter zurücklegen mussten. Seit diesem Tag denke ich mir, es ist einfach unfair was das Alter aus einem Menschen machen kann.

Auch beim Mittagessen führten wir unser Arbeitsgespräch fort, jedenfalls die meiste Zeit. Ich ließ also den Kassettenrekorder mitlaufen und das Interview ging weiter, während Drucker seinen Nudelteller aß. Er sprach über seine große Familie, all seine blitzgescheiten Kinder, die meiner Schätzung nach inzwischen auch schon im mittleren Alter sein mussten. Aber anscheinend nahmen sie wenig oder gar keinen Anteil an dem, was ihr Vater tat. Zwar war ihr Vater der Erfinder des Managements, aber offensichtlich waren sie alle mit ihrem eigenen Berufsleben zu stark beschäftigt, um dies zu würdigen. Doch für Drucker, der seine europäische Prägung nie verloren hatte, schien es ganz normal zu sein, dass seine Kinder als Ärzte und in anderen Berufen ihren eigenen Weg gingen. Er sagte mir, es hätte ihn überrascht, wenn sie mehr als ein vorübergehendes Interesse an seinem Werk gezeigt hätten.

Die einzige Gelegenheit, bei der ich in der ganzen Zeit, die ich mit Drucker verbrachte, so etwas wie eine Gedächtnislücke feststellen konnte, ergab sich während dieses Mittagessens. Er hatte sich rasch für eine bestimmte Vorspeise entschieden, doch als sie von der Kellnerin gebracht wurde, war er sich sicher, er hätte etwas anderes bestellt. Es dauerte dann auch nicht lange bis er merkte, dass er sich geirrt hatte. Davon abgesehen war sein Geist glasklar, wie ich seinen schlagfertigen Antworten auf alle meine Fragen und seinen überaus deutlichen Erinnerungen an vergangene Dinge entnehmen konnte.

Nach dem Mittagessen fragte Drucker mich, ob ich ihm bei einer Besorgung behilflich sein könnte. „Selbstverständlich", antwortete ich. „Sagen Sie mir nur, wo wir hinfahren sollen." Er erklärte mir daraufhin sogleich: „Ich müsste noch ein Weihnachtsgeschenk für meine Frau besorgen." Er war seit siebzig Jahren mit seiner Frau Doris verheiratet. Ich wusste, dass sie ebenfalls eine erfolgreiche Autorin und Unternehmerin war, die an der London School of Economics studiert hatte. Während ich draußen im Wagen vor einem Confiserie-Geschäft wartete, wo Drucker Pralinen einkaufte („Ich schenke ihr jedes Jahr Pralinen", gestand er), fiel mir plötzlich ein, dass ich seine Frau Doris den ganzen Vormittag über nicht zu Gesicht bekommen hatte.

Nachdem ich lange gewartet hatte (drei Tage vor Weihnachten schien die ganze Stadt nach Pralinen Schlange zu stehen), fuhren wir zu ihm nach Hause zurück und machten da weiter, wo wir unterbrochen hatten. Nachdem wir am Vormittag vor allem biografische Themen behandelt hatten, konnten wir uns nun anderen interessanten Themen widmen (die allerdings auch alle nicht auf der Frageliste standen). Als Herausgeber und Verleger von Wirtschaftsbüchern hatte ich nicht oft die Gelegenheit gehabt, mit einem der ganz großen Bestsellerautoren dieser Branche zusammenzusitzen. Daher bot es sich irgendwie an, mit ihm auch über das Verlagswesen zu sprechen.

Dabei gestand er mir, dass er sich über nichts anderes so sehr getäuscht habe wie über die Buchbranche. Hier kam wieder einmal sein selbstironischer Humor deutlich zum Vorschein. Es kann durchaus sein, dass er des Öfteren mit seinen Einschätzungen und Voraussagen im Hinblick auf das Buchgewerbe falsch gelegen hatte, aber er wusste auf jeden Fall alles über die *Geschichte* des Verlagswesens. Im Übrigen wusste er über eine ganze Reihe von Themen mehr als fast alle anderen Menschen, denen ich jemals begegnet bin.

Im Laufe des Nachmittags wurde dies besonders deutlich, als wir auf das Thema Verlagswesen zu sprechen kamen. Er knüpfte dabei an seinen eigenen Nachnamen an und erklärte mir, was dieser auf Englisch bedeutet. Dann kam er auf seine Vorfahren zu sprechen. „Sie waren ursprünglich Buchdrucker in Amsterdam ... und zwar in erster Linie im Auftrag einer der größten Kirchen dort ... das Buch, mit dem sie das meiste Geld verdienten, war der Koran; sie druckten Koran-Ausgaben für die Niederländische Ostindien-Gesellschaft." (Die 1602 gegründete Niederländische Ostindien-Gesellschaft war das erste weltweit tätige Unternehmen überhaupt.)

Der Umstand, dass das Thema Verlagswesen gar nicht auf unserer Frageliste vorkam, sagt einiges aus über den Tag, den ich bei Drucker verbrachte, und auch einiges über Drucker selbst. Er hatte mit schriftlichen

Vorlagen nichts im Sinn und sprach lieber aus dem Stegreif über die Themen, die ihn am meisten interessierten. Seine eigene Person hatte er nie als interessantes Thema betrachtet („Ich selbst bin völlig uninteressant", hatte er einmal gegenüber dem Wirtschaftsjournalisten John Byrne in einem Interview geäußert), aber an dem Tag, an dem ich bei ihm war, gab er seine gewohnte Zurückhaltung auf und sprach ausführlich über sein Leben.

Es dauerte nicht lange, bis von Peter Drucker nicht mehr die Rede war und vielmehr Professor Drucker das Zepter übernahm. Mit großem Eifer widmete er sich nun der Geschichte des geschriebenen Wortes. Der erste im Buchdruck erschienene Roman war *Don Quixote* im Jahr 1600 oder 1605. Dies wurde erst durch die Erfindung des Druckens mit beweglichen Lettern möglich. Dann erklärte er mir, dass Ende des sechzehnten Jahrhunderts die entscheidenden Fortschritte im Mehrfarbdruck in Antwerpen, nein vielmehr in Paris erzielt wurden, wie er sich selbst schnell korrigierte. Jemand hatte die neue Technik der Lithografie mit der neuen Buchdrucktechnik kombiniert und heraus kam das erste illustrierte Druckwerk. Er fügte dann schnell hinzu, dass sich der Inhalt dieser Druckwerke zwei Jahrhunderte lang kaum veränderte. Das Erscheinungsbild und die Ausgestaltung änderten sich zwar, aber nicht die Inhalte, und das wurde so bis Ende des siebzehnten Jahrhunderts beibehalten.

Dann machte er sozusagen einen Zeitsprung von einigen hundert Jahren und kam auf ein Buch zu sprechen, das er im darauffolgenden Jahr veröffentlichen wollte, „ein Buch, in dem die Seiten größtenteils leer bleiben werden, sodass der Leser zum *user* wird". Er sagte: „Es soll kein Leseobjekt, sondern ein Gebrauchsgegenstand sein." Vor seinem Tod im Jahr 2005 veröffentlichte Drucker noch zwei Bücher; in dem einen gab es in der Tat mehr unbedruckten, weißen Raum auf der Seite als Wörter (*The Daily Drucker*) und das andere war eine Art Arbeitsanleitung auf der Grundlage eines seiner Klassiker (*The Effective Executive in Action*). Noch wenige Jahre zuvor wäre die Veröffentlichung derartiger Bücher undenkbar gewesen, aber die Welt des Buches hatte sich verändert und damit hatte auch Drucker sich verändert.

Dann kam er ausführlich auf Online-Publishing zu sprechen und darauf, wie es das Verlagswesen verändere. Einer seiner Freunde verfasst gerade ein medizinisches Fachbuch, das Drucker folgendermaßen beschreibt: „Die Seiten sind so formatiert, dass sie auch auf einem Computerbildschirm erscheinen können und dadurch interaktiv nutzbar werden ... auch wenn das Buch nicht online erscheinen soll, ist es bereits so formatiert, als ob das der Fall wäre. Der Verleger hat gesagt, sie wollten an der einen oder anderen Stelle eine leere Seite ... sie meinten, sie wollten bereits jetzt Platz für den user einbauen."

Als sich unser Gespräch an diesem Nachmittag um kurz nach vier Uhr dem Ende zuneigte, kam es zur einzigen Unterbrechung an diesem Tag, als Druckers Ehefrau Doris ins Zimmer stürmte. Sie bat mich ohne weitere Umschweife zu gehen, weil sie befürchtete, dass ihr Mann sich zu sehr verausgabt hatte. Zweifellos hatte sie ihn im Lauf des Nachmittags immer häufiger husten hören. (Ich hatte ihn meinerseits alle paar Minuten gefragt, wie es ihm gehe, und er hatte stets versichert, alles sei in bester Ordnung.) Ich bekam ein ganz schlechtes Gewissen und hoffte, nichts getan zu haben, was seinen Gesundheitszustand verschlechterte.

Mir blieb gerade noch genügend Zeit, meine Sachen zusammenzusammeln, und dabei hörte ich, wie Doris und Peter Drucker sich unterhielten. Plötzlich hatte ich eine schlimme Vorahnung. Ich brauchte nicht lange, um zu begreifen, dass ich jetzt auf etwas verzichten musste. Doris Drucker bestand darauf, dass ihr Mann nach diesem für ihn anstrengenden Arbeitstag am nächsten Tag pausieren und sich ausruhen müsse. Aus der für morgen geplanten halbtägigen Arbeitssitzung würde also nichts werden. Ich hatte auch eine Kamera mitgebracht, um einige Schnappschüsse von Drucker und mir zu machen, aber davon wollte sie nun nichts mehr hören. Mir blieben also nur noch wenige Augenblicke, um Drucker für seine Zeit und seine Mühe zu danken, meine Sachen zusammenzupacken und mich zu verabschieden.

Das Ganze war mir, um es milde auszudrücken, ziemlich peinlich. Auf der Fahrt zurück ins Sheraton Hotel am Flughafen ließ ich das Interview im Geiste noch einmal Revue passieren. Ich fürchtete, es vermasselt zu haben, denn ich hatte keine Antworten auf jene Fragen erhalten, die ich für so wichtig erachtet hatte. Es sollte sich jedoch herausstellen, dass meine Befürchtungen unbegründet waren, denn ich hatte in Wirklichkeit viel mehr bekommen als das, was ich erwarten konnte. Trotz seines hohen

Alters war Drucker an jenem Tag in bemerkenswert guter Verfassung gewesen und hatte ein unglaubliches Interview zustande gebracht. Auch wenn ich es zu diesem Zeitpunkt noch nicht ahnen konnte, würde mich dieses Gespräch noch über Jahre hinweg begleiten und tief beeinflussen.

Ich brauchte mehrere Monate, um diese mehr als sechs Stunden Tonbandmaterial zu transkribieren, aber ich wusste zu dem Zeitpunkt noch gar nicht, was ich daraus noch lernen würde. Ich musste es monate-, ja sogar jahrelang sacken lassen, bis ich verstand, dass ich an diesem Tag mehr über Drucker – und das innerste Wesen des Managements – gelernt hatte als in all den vielen Jahren, die ich mit der Lektüre seiner Bücher und anderer grundlegender Werke zu diesem Thema verbracht hatte. Mehr als zwanzig Jahre lang hatte ich als Verleger die Managementbücher zahlloser Autoren veröffentlicht, aber nicht eines dieser Bücher hat mir so viel gebracht wie dieser bemerkenswerte Tag, den ich mit Peter Drucker verbringen durfte.

Seine Interessen galten vielen Bereichen wie Bildung und Erziehung, Gesellschaft, Politik und Medizin. Drucker war einer der letzten Universalgelehrten in der Tradition der Renaissance, und als er starb, sank ein enormes Wissen mit ihm ins Grab.

Druckers ganzes Leben war darauf ausgerichtet, sich der Zukunft zuzuwenden und das Vergangene hinter sich zu lassen. Dabei hatte er ein wichtiges Paradoxon entdeckt: Wenn man etwas aufbauen will, muss man zuerst etwas anderes abreißen. Für Drucker war es kein großes Problem, Dinge abzureißen, das abzuschaffen, was nicht oder nicht mehr funktionierte, und unwichtig Gewordenes wirklich hinter sich zu lassen. Nur dadurch war es ihm gelungen, so viel zu erreichen.

Das Hauptanliegen von diesem Buch besteht darin, dem Leser einen neuen Einblick in die Denkmuster dieses außergewöhnlichen Gelehrten zu bieten. Dabei möchte ich durch Verweis auf zahlreiche Beispiele unserer Zeit wenigstens einen Teil von Druckers unglaublichem Wissen aufzeigen und lebendig werden lassen; damit will ich deutlich machen, wie viele seiner bahnbrechenden Ideen heute noch genauso relevant sind wie zu der Zeit, als er sie niedergeschrieben hat.

Die folgenden Kapitel enthalten das Wesentliche dessen, was Drucker mir an diesem Tag mitgeteilt hat. Außerdem werden darin viele bahnbrechende Erkenntnisse über Management und Führung und diesbezügliche Strategien aufgezeigt. Im Laufe seines Lebens häufte Drucker ein beispielloses Archiv an, das aus den Aberhunderten, ja Tausenden von Seiten seiner Werke besteht. Die nun folgenden Ausführungen sollen dem Leser den Schlüssel in die Hand geben, der einen Zugang zu Druckers Welt eröffnet – eine Welt, in der die Zukunft immer an erster Stelle steht.

Kapitel 1
Der Zufall belohnt denjenigen, der darauf vorbereitet ist

„Peter, damit hast du deine akademische Laufbahn endgültig ruiniert."

Das sagte ein Freund zu Peter Drucker, nachdem er sein Buch *Concept of the Corporation* veröffentlicht hatte.

Als ich an jenem Vormittag in Peter Druckers Haus saß, ging mir der Gedanke durch den Kopf, dass es innen den gleichen Eindruck erweckte, den man schon beim Anblick von außen hatte: Es wirkte unauffällig und aufgeräumt, es gab sehr viele Bücher und japanische Kunst und die Sessel und Sofas waren in neutralen Farben gehalten. Jedenfalls gab es keine Ecke, in der Trophäen und Auszeichnungen aufgestellt worden wären.

Druckers Laufbahn als Schriftsteller hatte vor beinahe fünfundsechzig Jahren ihren Anfang genommen, als er 1939 *The End of Economic Man* publizierte, ein gegen den Faschismus gerichtetes Buch. Dieses war auch von Winston Churchill aufmerksam zur Kenntnis genommen und in einer Rezension in der *Times* ausdrücklich gelobt worden. Auch später genoss Drucker große Wertschätzung bei amerikanischen Präsidenten (beispielsweise Richard Nixon); 2002 wurde ihm von Präsident George W. Bush die *Medal of Freedom* verliehen, die höchste zivile Auszeichnung der Vereinigten Staaten. Aber hier in Druckers Privaträumen war von all diesen Ehrungen und Auszeichnungen nichts zu sehen. Während ich die Eindrücke noch auf mich wirken ließ, konzentrierte ich mich wieder auf den Zweck meines Besuchs. Schließlich genügte es nicht, dass der Kassettenrekorder lief; ich musste auch geistesgegenwärtig sein, um Drucker durch fortlaufendes Nachfragen in ein wirklich informatives Gespräch zu verwickeln.

Drucker hingegen ließ es gar nicht erst zu, dass ich auch nur die erste meiner vorbereiteten Fragen stellte. Er verhielt sich eher wie ein Football-Trainer, der erst auftaucht, nachdem etliche Spiele bereits entschieden sind, und keine Zeit damit verschwendet, herumzuplänkeln. Zunächst kam er auf seinen ersten gelungenen Anlauf in der Geschäftswelt zu sprechen. Drucker erzählte ausführlich, wie er durch puren Zufall auf das Thema Management und Managementlehre stieß; dabei dachte ich mir nur, er war es doch, der das Thema Managementlehre überhaupt erst erfunden hat! Zunächst beschlich mich sogar der Verdacht, Drucker wolle sich ein bisschen über mich lustig machen – eine Karriere, wie Drucker sie beschieden war, ergibt sich schließlich nicht durch puren Zufall. Aber während er eine Episode an die andere reihte, wurde mir klar, dass er keineswegs mit falscher oder kalkulierter Bescheidenheit kokettierte. Er meinte es so, wie er es sagte, als er davon sprach, er sei durch Zufall an sein Lebensthema geraten.

Drucker erklärte mir, dass er zunächst keinerlei Kenntnisse über „Management" hatte und über keine eigenen Erfahrungen in dieser Hinsicht verfügte, einfach weil er nie in einer Managerposition gearbeitet hatte. Das hatte nichts damit zu tun, dass er kein Interesse an Wirtschaft gehabt hätte. Bevor er in die Vereinigten Staaten einwanderte, hatte er bereits an mehreren Stellen gearbeitet, die ihn mit verschiedenen Bereichen der Geschäftswelt in Berührung gebracht hatten: „Ich absolvierte damals ein Lehrjahr in der europäischen Zentrale einer der seinerzeit bedeutendsten Wall-Street-Firmen, die inzwischen aber längst nicht mehr existiert ...

Es handelte sich um eines dieser großartigen deutsch-jüdisch-amerikanischen Handelshäuser in der Tradition des 19. Jahrhunderts."

Für seinen Berufsstart hatte Drucker jedoch den denkbar schlechtesten Zeitpunkt erwischt. Kaum hatte er angefangen, kam es zum großen Börsenkrach und damit waren seine Aussichten auf eine Bankkarriere schon beendet, bevor sie begonnen hatten: „Ich war der Letzte, der eingestellt worden war, und der Erste, der wieder entlassen wurde, als die Börse zusammenbrach", berichtet Drucker ganz freundlich.

Das Schicksal war ihm jedoch günstig gesinnt und kurz nach seiner Entlassung erhielt Drucker die Einladung eines Kollegen, sich bei einer Frankfurter Lokalzeitung vorzustellen. Dort sagte der Verleger dem arbeitslos gewordenen jungen Mann, dass man nach einem Redakteur für Wirtschaft und Ausland Ausschau hielte. „Und eine Stunde später war ich eingestellt, obwohl ich keine echte Berufserfahrung hatte", erinnert sich Drucker. „Während meiner anderthalbjährigen Lehre in Hamburg hatte ich hauptsächlich gelernt, wie man Edinburgh buchstabiert. Ehrlich. Ich hatte in den achtzehn Monaten nicht viel anderes getan, als Briefumschläge mit Adressen zu beschriften!"

Im Lauf der Zeit schrieb Drucker dann in der Tat etwas anderes als Adressumschläge: „Als ich dann Wirtschaftskorrespondent für einige britische Zeitungen in Frankfurt wurde, lernte ich auch etliche Firmen kennen." Eine der Zeitungen, für die Drucker arbeitete, war die Vorläuferin der *Financial Times*. Während seiner Journalistentätigkeit promovierte Drucker außerdem in Frankfurt im öffentlichen Recht und im Völkerrecht.

Anschließend arbeitete Drucker als Ökonom für eine internationale Privatbank in London. Aber das war's, meint Drucker. „Das ist wirklich meine einzige Berufserfahrung im Geschäftsleben ... Ich verbrachte zwei, fast drei Jahre in London, wo ich als Anlagemanager bei einer kleinen, schnell wachsenden Privatbank arbeitete ... ansonsten habe ich keine Erfahrungen im Wirtschaftsleben."

Nach einigen Augenblicken des Schweigens (es war in der Tat so still, dass ich das Schleifen des Tonbandes in meinem Kassettenrekorder hören konnte) entgegnete ich dann, dass Drucker doch über erheblich mehr praktische Berufserfahrung verfüge. „Schließlich sind Sie Managementberater", sagte ich, worauf Drucker unverzüglich erwiderte: „Ein Berater trägt keinerlei Risiko ... sein einziges Risiko besteht darin, dass der Klient abspringt." – „*Allerdings zahlen die Klienten für die Fehler des Beraters*", sagte er schließlich, als wolle er dieses Thema ein für allemal beenden.

Die Wende in Druckers Leben

1937 emigrierte Drucker weiter in die Vereinigten Staaten und wurde Professor für Philosophie und Politik am Bennington College in Vermont. Wenn es jedoch nach ihm gegangen wäre, hätte er diese Laufbahn eher nicht eingeschlagen. Im Vertrauen sagte er zu mir, dass er lieber den Schreibkurs für die Anfänger übernommen hätte. Er sagte mir, er habe seit seinem zwölften Lebensjahr gewusst, dass er schreiben könne, auch auf Englisch, denn „wir sind mehrsprachig aufgewachsen. Bei uns zu Hause wurde Deutsch und Englisch gesprochen, sogar mehr Englisch als Deutsch".

Während seiner Zeit in Bennington ereignete sich dann die Wende, die Druckers Leben eine völlig neue Richtung geben sollte. Alles begann mit einem Anruf, den er im Herbst 1943 erhielt. Fast auf den Tag genau sechzig Jahre danach erzählte Drucker mir die Geschichte dermaßen lebhaft im Detail, dass ich den Eindruck gewann, als ob das Ganze sich erst vor sechs Wochen und nicht schon vor sechs Jahrzehnten ereignet hätte.

Der Anruf, der eine völlig neue wissenschaftliche Disziplin hervorbrachte

„Bis zum heutigen Tag habe ich keine Ahnung, wie General Motors ausgerechnet auf mich gekommen ist und wer eigentlich dahintersteckte", fing Drucker an zu erzählen und richtete den Blick in die Ferne. „Seit dem Sommer 1941 war ich nun in Vermont und das College wurde gerade, wie üblich, während der Wintermonate geschlossen. Wir hatten eine kleine Wohnung in der Nähe der Columbia Universität in New York gemietet und ich arbeitete gerade in der Bibliothek, weil ich herausfinden wollte, wie Unternehmen ... gemanagt werden ... *aber ich konnte keine Literatur zu diesem Thema finden.*

Und keine Firma war bereit, mich eine Zeitlang hospitieren zu lassen [um die internen Abläufe innerhalb eines großen Unternehmens zu studieren], bis ... ich glaube, es war genau an diesem Tag vor sechzig Jahren, mein Telefon klingelte und eine Stimme sagte: ‚Mein Name ist Paul Garrett; ich bin als Vice President von General Motors verantwortlich für Public Relations und ich wurde gebeten, Sie zu fragen, ob Sie bereit wären, eine Studie über unser Top-Management durchzuführen.' Ich konnte auch später nie herausfinden, wer das bei GM veranlasst hat – jeder, den ich fragte, stritt ab, irgendwas damit zu tun zu haben.

Ich bat dann darum, mir einen ersten Eindruck von der Firma verschaffen zu können [bevor ich mich zu der Arbeit verpflichtete] ... und traf mich dann mit Donaldson Brown, der damals stellvertretender Vorstandsvorsitzender war, und ich glaube, er war es, der die Idee gehabt hatte, mich anzusprechen. Und ich sagte zu ihm, Mr. Brown, ich glaube kaum, dass ich so eine Studie wirklich anfertigen kann. Es wird sich kaum jemand bereit finden, offen mit mir zu sprechen; sie werden mich alle für eine Art Spion im Auftrag des Top-Managements halten ... und ich sagte außerdem zu ihm, es gibt wahrscheinlich nur eine Möglichkeit, [wie das Ganze funktionieren könnte]. In diesem Land kann man alles machen, wenn man den Leuten sagt, dass man ein Buch schreiben will. Daraufhin erwiderte er, nein, das können wir nicht machen.

Damit haben wir uns voneinander verabschiedet ... aber nach sechs Wochen rief Paul Garrett wieder an und meinte, sie hätten noch einmal über meinen Vorschlag nachgedacht; kommen Sie noch einmal nach Detroit, damit wir das noch einmal besprechen können, und so kamen wir überein, dass ich das Buch schreiben sollte ... Ich habe den Leuten bei GM klipp und klar gesagt, dass ich keinerlei Zensur seitens der Firma dulden würde, außer im Hinblick auf Fakten ... so hat alles angefangen und von da an verbrachte ich anderthalb Jahre damit ... Ich glaube, ich habe jede Niederlassung von General Motors östlich der Rocky Mountains besucht. Ich schrieb meinen Bericht und GM meinte, ich müsse ihn unbedingt veröffentlichen. Das wollten wir nun alle unbedingt. Ich hatte dafür auch bereits einen Verleger an der Hand, aber niemand glaubte ernsthaft daran, dass sich das Publikum für ein derartiges Buch interessieren würde.

Mein Verleger veröffentlichte es nur, weil er bereits zwei frühere Bücher von mir herausgebracht hatte, die recht erfolgreich gewesen waren ... und dieses wurde nun ein durchschlagender Erfolg. So bin ich an dieses ganze Thema Management geraten ... *Aber ich hatte nie einschlägige Erfahrungen auf der praktischen Seite.*"

Durch die Veröffentlichung des Buches *Concept of the Corporation* (1946; dt.: Das Großunternehmen, 1966) erlangte eine breite Leserschaft erstmals einen ungeschminkten Einblick, wie ein Großunternehmen, in diesem Fall General Motors, funktioniert. Das Buch stellte insofern einen Wendepunkt dar, als es entschieden für eine Dezentralisierung eintrat – gemeint ist die Dezentralisierung der Entscheidungsprozesse nach unten, also dorthin, wo die Mitarbeiter tatsächlich vor Aufgaben stehen, die sie lösen müssen – ein Prinzip, das in den kommenden Jahrzehnten erheblich an Bedeutung gewinnen sollte.

Dezentralisierung war eines der Hauptthemen in diesem Buch sowie in späteren Werken von Peter Drucker. Er vertrat entschieden die Ansicht, dass große Unternehmen von vornherein zum Scheitern verurteilt sind, wenn an der Spitze nur eine kleine Gruppe von Top-Managern allein mit der Befehlsausgabe beschäftigt ist und deren Anweisungen allgemeine Gültigkeit haben sollen, unabhängig vom möglicherweise riesigen Geschäftsvolumen und davon, wie weit verstreut die Geschäftsaktivitäten auch in räumlicher Hinsicht sind oder auf welchen verschiedenen Märkten die Firma operiert.

Es dauerte seine Zeit, aber etwa in den 1980er-Jahren hatten mehr als drei Viertel aller in der Fortune-500-Liste aufgeführten amerikanischen Top-Unternehmen Druckers Konzept adaptiert und sich eine dezentralisierte Struktur gegeben. Er hatte auch stichhaltige Argumente für eine viel humanere Einstellung gegenüber der Belegschaft ins Spiel gebracht. Bis dahin wurden Arbeiter und Angestellte als reine Produktionsfaktoren betrachtet, als Zahnrädchen im Getriebe, die nur unter Kostengesichtspunkten eine Rolle spielten, nicht aber als wertvolles „Kapital" für die Firma.

Drucker vertrat den Standpunkt, dass den Mitarbeitern mehr Entscheidungskompetenzen zugestanden werden sollten; ihm schwebte so etwas wie die „Schaffung einer sich selbst regierenden und regulierenden Arbeitsgemeinschaft" vor. Er befasste sich detailliert mit der Beziehung zwischen dem Individuum und der Organisation, ein Thema, das zum Gegenstand unzähliger weiterer Bücher in der Wirtschaftsliteratur wurde. Aber nur wenige der heute publizierenden Autoren auf diesem Gebiet haben dieses sechzig Jahre alte Werk gelesen, das ich als das Gründungswerk der modernen Wirtschaftssach- und -fachbücher bezeichnen möchte.

Die Publikation von *Concept of the Corporation* brachte Drucker auf einen Weg, von dem er für den Rest seines Lebens nicht abweichen sollte. Das war jedoch kein irgendwie vorgezeichneter Weg. Im Gegenteil – anhand dieses Buches wird deutlich, dass Drucker mit der Publikation seines Buches Neuland betrat.

„Mit *Concept of the Corporation* wurde die Methode der Unternehmensführung erstmals Gegenstand wissenschaftlicher Betrachtung", erklärte Drucker. Doch sein Freund, der Präsident des Bennington College, warnte ihn damals auch, es würde seine weitere Laufbahn praktisch ruinieren. Um in der akademischen Welt voranzukommen, war es üblich zu forschen und zu publizieren, um letztendlich auf einen Lehrstuhl berufen zu werden. Damals formulierte ein Rezensent, der mit Druckers Buch hart ins Gericht ging, den Wunsch, „der vielversprechende junge Gelehrte möge seine bemerkenswerten Talente von jetzt an lieber seriösen Themen zuwenden".

Je angesehener die akademische Institution war, desto größer war die Wahrscheinlichkeit, dass die jeweilige Fakultät an Druckers kommerziell erfolgreichen Büchern Anstoß nahm. Alle seine Bücher wurden als eher unseriös betrachtet, als eine Abweichung vom Pfad der akademischen Tugend; ernst zu nehmende Akademiker hatten sich eben mit ernst zu nehmenden Themen zu beschäftigen, wenn sie ihre Karriere voranbringen wollten (das gilt auch heute noch, jedenfalls für die Elite-Universitäten). Drucker verstand dies zwar, ging aber dennoch seinen eigenen Weg und pfiff auf die Konsequenzen.

Es liegt eine gewisse bittere Ironie darin, dass sich sein Erfolg als Autor in dieser Hinsicht gegen ihn wandte. Aber Drucker machte sich keine großen Gedanken darüber, ob er in diese oder jene Schublade passte. Im Gegenteil, bei ihm wurde von Anfang an die Neigung deutlich, ausgetretene Pfade zu verlassen und neue Wege einzuschlagen. Es kümmerte ihn wenig, was die Leute sagten oder dachten. In dieser Hinsicht zeigte er großen Mut.

Als er Mitte zwanzig gewesen war, kurz nach Hitlers Machtübernahme, verfasste Drucker zwei kleine Büchlein, eher eine Art Pamphlete, bei denen er sich sicher war, dass sie von den Nazis verboten und verbrannt werden würden. „Ich war zwar kein richtiger Jude, hatte aber jüdische Vorfahren. Das lag in meiner Familie bereits einige Generationen zurück." Doch der Grund, warum Drucker diese beiden Bücher schrieb, hatte nichts mit seiner entfernten jüdischen Abstammung zu tun. Für ihn war es wichtig, Flagge gezeigt zu haben, damit er vor sich selbst bestehen konnte, indem er sich deutlich gegen Tyrannei, Hass und Faschismus wendete (mit diesem Abschnitt seines Lebens befasst sich auch der Epilog).

Von Eisenhower hinausgeworfen

Im Jahr 1950 hatte Drucker Bennington verlassen und sollte einen Lehrauftrag an der Columbia Universität in New York übernehmen. Daraus wurde dann aber doch nichts. Wieder wollte es das Schicksal anders. Folgendermaßen erinnert sich Druck an den unglückseligen Verlauf seiner weiteren Karriere als akademischer Lehrer: „Ich war 1950, wieder einmal durch reinen Zufall, bei der Business School der Universität von New York gelandet – nachdem ich ein Jahr zuvor ein Angebot der Harvard Business School abgelehnt hatte – und sollte gerade mit meiner Vorlesungsreihe beginnen."

Drucker war nicht bereit gewesen, seine Beratungstätigkeit, die gerade in Schwung kam, aufzugeben; das aber wäre in Harvard Voraussetzung für eine Lehrtätigkeit gewesen. Außerdem hatte er nicht die geringste Lust, Fallstudien auszuarbeiten, und die Harvard Business School ist nun einmal berühmt für ihre fallstudienbezogene Lehrmethode.

Damit war Harvard also längst aus dem Spiel. Nun hatte Drucker den Lehrauftrag von Columbia erhalten. Aber Dwight D. Eisenhower, der seinerzeit Präsident der Universität – und noch nicht Präsident der Vereinigten Staaten war – gerierte sich als „Stellenstreicher", um Kosten zu sparen;

diesem Kürzungsprogramm fiel auch Druckers Job zum Opfer, noch bevor er auch nur einen Fuß in den Hörsaal setzen konnte.

Nur wenige Minuten nachdem er die schlechte Nachricht wegen seines Lehrauftrages bei Columbia erhalten hatte, lief ihm in New York auf dem Weg zur U-Bahn-Station ein Bekannter über den Weg. Wie so viele zufällige Ereignisse in Druckers Leben, sollte sich auch dieses unvorhergesehene Zusammentreffen als glückverheißend entpuppen. Mit seinen eigenen Worten erinnert sich Drucker an diese Begegnung: „Mein Bekannter fragte: ‚Was machst du denn gerade so?', und ich antwortete: ‚Ich habe soeben erfahren, dass ich doch keinen Job an der Columbia habe.' Ich fragte ihn dann meinerseits: ‚Und was machst du so?' Darauf entgegnete er: ‚Ach, weißt du, ich habe gerade nichts Besseres zu tun, als die Columbia Business School zu überfallen, um von dort Leute zu entführen, die an unserer Business School unterrichten können ...' Und noch bevor wir den Eingang zur U-Bahn erreicht hatten, hatte ich einen Job bei der New York University."

Es dürfte nur wenige geben, die mit Druckers Erfolgsquote in Sachen Zufall gleichziehen können. Als ich ihn fragte, ob er wirklich so viel durch reinen Zufall und günstige Gelegenheiten erreicht habe, nahm er unwillkürlich einen ernsten Gesichtsausdruck an und auch seine Stimme klang keinesfalls belustigt: *„Der Zufall belohnt denjenigen, der darauf vorbereitet ist.* Wenn sich eine günstige Gelegenheit bietet, muss man sie am Schopf packen. Man muss für Neues empfänglich sein und das war ich."

Der Zufall belohnt denjenigen, der darauf vorbereitet ist

Jeder neue Schritt in seiner Laufbahn war für Drucker ein Schritt ins Ungewisse. Wenn sich ihm eine Gelegenheit bot, schlug er sie nie aus, wenn er das Gefühl hatte, das sei das Richtige für ihn. Drucker blieb sogar ganz bewusst immer flexibel genug, um solche Gelegenheiten wahrnehmen zu können. Für ihn war es kein Problem, sich vom Bewährten zu verabschieden, um sich auf etwas Neues einzulassen. Anders ausgedrückt, erweisen sich die weniger befahrenen Straßen manchmal als der schnellere Weg zum Ziel; allerdings muss man am Anfang das Risiko auf sich nehmen, erst einmal abzubiegen.

Kapitel 2
Die Zielerreichung steht immer an erster Stelle

„Ziele sind immer dann vonnöten, wo Leistung und Ergebnisse das Überleben und Gedeihen eines Unternehmens direkt beeinflussen."

Drucker verstand es von Anfang an, dass wirkungsvolles Management vor allem mit Leistung, Organisation, Inputgeben, Entwicklung, Vorbereitung und Zielerreichung zu tun hat. Seine Bücher sind voll von Begriffen und Redewendungen, in denen zum Ausdruck kommt, dass Aktion im Sinne von unternehmerischem Handeln der Schlüssel zum Erfolg eines Managers ist; gemeint ist natürlich nicht einfach blindwütiger Aktionismus, sondern verantwortungsvolles Vorantreiben im Sinne der Unternehmensziele.

Eine von Druckers Grundannahmen war, dass Management in allererster Linie eine praktische Aufgabe ist. Manager und Managerinnen müssen verinnerlichen, dass einzig und allein die Ergebnisse ihrer Leistung, ihre Performance, der Maßstab ihres Erfolges sind.

An dem Tag, den ich bei ihm verbrachte, hat Drucker auch betont, was einen guten von einem mittelmäßigen und einen mittelmäßigen von einem inkompetenten Manager unterscheidet. Den wirklich fähigen Manager beschrieb er folgendermaßen:

- *Er kann Mitarbeiter einstellen und wieder entlassen, kann sie richtig einsetzen und befördern.*

- *Er trägt die volle Verantwortung in seinem Bereich.*

- *Er weiß, wie man nach oben delegiert.*

- *Er trifft durchdachte Entscheidungen, nachdem er sich über den benötigten Zeitrahmen Gewissheit verschafft hat.*

- *Seine Entscheidungen sind durchdacht und er versteht es, sie auch vollumfänglich zu kommunizieren.*

- *Er ist der richtige Ansprechpartner für den Geschäftsplan.*

- *Er erkundigt sich, was nötig ist und getan werden muss, und setzt neue Prioritäten.*

- *Er formuliert am Ende von Meetings klare Aufgabenstellungen ... zu viele Meetings enden im Vagen.*

Diese Grundsätze sagen viel über Druckers Auffassungen von guter Managementpraxis. Manager stellen Mitarbeiter ein, fördern und befördern sie und verstehen sich aufs Delegieren (sowohl nach oben wie nach unten). Besonders wichtig ist das gute *Kommunizieren*. Sie treffen wirkungsvolle Entscheidungen, die eine Firma nicht nur kurzfristig, sondern auch auf längere Sicht voranbringen. Sie setzen Prioritäten und sorgen dafür, dass die gestellten Aufgaben erfüllt werden, und dann stellen sie eine neue Aufgabe mit dementsprechender Priorität.

Drucker erwähnte beispielsweise, dass „Welch genau der richtige Mann für die umfassende Geschäftsorganisation war". Welch war eine Führungspersönlichkeit, die sich von allem trennte, was nicht gut funktionierte (überflüssige Zwischenhierarchien im Management; Bürokratie; Geschäftszweige mit zu geringem Wachstum; Manager, die sich zu selbstherrlich aufführten). Das ersetzte er durch andere Formen und Aktivitäten, die höheren Nutzen erzeugten (eine schlankere Organisation; Geschäftszweige mit hohen Wachstumsraten und hoher Rendite; Führungspersönlichkeiten, die begeistern konnten; und sich selbst verbessernde Infrastrukturen).

Drucker betont, wie wichtig es ist, Manager, die nicht permanent ihre Leistungsziele erfüllen, auszutauschen. In seinen Augen ist es ein großer Fehler, wenn man Leute, die nicht leistungsfähig genug sind, auf ihren Stellen belässt und somit der Ineffizienz an einer bestimmten Stelle Vorschub leistet. Sie zu belassen, erachtet er als Ballast für die Gesamtorganisation und als unfair gegenüber denjenigen, die die geforderte Leistung erbringen oder die gesteckten Ziele sogar noch übertreffen: *"Es ist geradezu die Pflicht jedes Top-Managers, sämtliche Underperformer rücksichtslos auszusortieren – insbesondere diejenigen Manager, die es auf Dauer nicht schaffen, ihre Leistungsziele exzellent zu erreichen."*

Die Zielerreichung erfordert Verzicht

Ein gewichtiger Teil der Führungslehre von Drucker zielt darauf, wie Manager und „Wissensarbeiter" eine höhere Produktivität erreichen können. Drucker prägte den Ausdruck *Wissensarbeiter* in den 1960er-Jahren, um den gut ausgebildeten Mitarbeiter vom bloß angelernten Arbeitnehmer abzugrenzen. Ein Wissensarbeiter ist typischerweise mit „nicht manuellen" Tätigkeiten beschäftigt, erklärte mir Drucker, „also Tätigkeiten, für die man eine höhere akademische Ausbildung benötigt – im Gegensatz zu einer Lehre für einen praktischen Beruf".

Das Einzige, was für einen Manager letztlich zählt und woran er gemessen wird, ist, dass er seine Aufgaben erfüllt – und dass er die *richtigen und wichtigen* Aufgaben erfüllt.

Die effizientesten Führungspersönlichkeiten wissen, dass Zielerreichung und Verzicht zwei Seiten derselben Medaille sind. Diejenigen Unternehmen, die überholte Strategien, Produkte und Abläufe andauernd regelrecht entsorgen, ragen auch auf Dauer aus ihrem Wettbewerbsumfeld heraus. Nur durch einen derartigen Reinigungsprozess können sich Unternehmen immer wieder erneuern.

Eine derartige planmäßige Entsorgung ist geradezu eine Voraussetzung für dauerhaften Erfolg. „Es mag überraschend sein, wenn ich Verzicht als Chance bezeichne", erklärt Drucker. „Aber ein bewusster, planvoll betriebener Verzicht auf eine Sache, die überholt ist und sich nicht mehr lohnt, ist eine unerlässliche Voraussetzung dafür, sich mit etwas Neuem und Vielversprechenderem zu befassen. Es geht also vor allem darum zu erkennen, dass diese Art von *Verzicht der Schlüssel zu jeder Art von Innovation ist* – zum einen, weil dadurch erst die notwendigen Ressourcen freigesetzt werden, und zum anderen, weil dadurch die Suche nach etwas Neuem angestachelt wird, mit dem das Bisherige ersetzt werden kann."

Top-Manager, die es nicht schaffen, sich von den Cash Cows, den Geldbringern von gestern, zu verabschieden, obwohl sich deren Niedergang abzeichnet, begehen eindeutig einen Führungsfehler. Ein Beispiel dafür ist Sony. In den 1970er-Jahren eroberte Sony mit seinem Walkman die Weltmärkte in einem beispiellosen Siegeszug. Zwei Jahrzehnte lang war Sony in diesem Segment der unangefochtene Marktführer. Und obwohl der iPod von Apple längst ein Verkaufsschlager war, zeigte sich die Führung von Sony außerstande zu begreifen, was für eine enorme Bedrohung diese Konkurrenz für sie bedeutete. Selbst nachdem Apple 60 Millionen iPods und unglaubliche 1,5 Milliarden Songs aus seinem iTunes-Store verkauft hatte, fiel Sony nichts weiter ein, als auf den unveränderten Verkauf von reinen Musikabspielmaschinen in Form seines Walkman zu setzen. Damit überließ Sony letztlich Apple 70 Prozent aller Online-Musik-Verkäufe und musste sich mit einem 10-prozentigen Marktanteil bei den Abspielgeräten begnügen. Das war eine überaus schmerzliche Lektion für den japanischen Elektronikgiganten, der lange Zeit praktisch der Alleinherrscher auf diesem Markt gewesen war.

Sony war es einfach nicht gelungen, sich von einem lange Zeit gültigen fundamentalen Glaubenssatz zu verabschieden, nämlich dass die Hardware die treibende Kraft im Massengeschäft elektronischer Gebrauchsartikel sei. Apple trat den Gegenbeweis an, indem ein leicht zu bedienender Browser auf dem iPod installiert wurde. Dadurch wurde aus einer guten Produktidee ein kolossaler Verkaufsschlager.

Was eine effektive Zielerreichung verhindert

Manager erfüllen ihre Aufgaben dann gut, wenn sie es sich zur Gewohnheit machen, die richtigen Dinge zu tun, und gleichzeitig alles verhindern, was der Zukunft ihres Unternehmens schaden könnte. Speziell die folgenden Faktoren können einen Manager daran hindern, seine Aufgaben dauerhaft zu erfüllen:

- **Er scheitert daran, sich von Ballast zu befreien.**
  Manager sollten die Produkte und Mitarbeiter, für die sie verantwortlich sind, regelmäßig einer Revision unterziehen, um sich zu vergewissern, dass sie die ursprünglichen Vorgaben nach wie vor erfüllen.

- **Ausufernde Bürokratie und Hierarchie.**
  Einer der Hauptgründe für die Schwerfälligkeit von Unternehmen ist die Vervielfältigung der Führungsebenen; sie haben einen lähmenden Effekt. Wenn Entscheidungsprozesse verzögert werden, liegt das oft daran, dass es im Unternehmen zu viel Bürokratie und zu viele sich gegenseitig beengende Führungsebenen gibt.

- **Es fehlen klar definierte Werte und ein System, das den Austausch von Erfahrung und Ideen fördert.**
  Die effizientesten Unternehmen verfügen über gemeinsame Werte, mit denen sich die gesamte Firma identifiziert und an denen man sich in Meetings, bei allen Arten von Überprüfungen und bei der Aus- und Weiterbildung orientiert. Dadurch werden diese Werte immer fester verankert.

- **Eine falsche Managementstruktur.**
  „Eine gute Struktur ist keine Garantie für gute Ergebnisse", schrieb Drucker in *Managing for Results* (dt.: Sinnvoll wirtschaften, 1965). „Aber mit der falschen Struktur erreicht man gar keine Ergebnisse ... Das Allerwichtigste bei diesem Punkt ist, dass durch die Struktur diejenigen Ergebnisse herausgehoben werden, die wirklich bedeutungsvoll sind."

- **Es mangelt an einer klaren Strategie oder sie wird nicht im gesamten Unternehmen kommuniziert.**
  Wenn es keine klare Strategie gibt, die jeder Firmenangehörige verinnerlicht hat und wiedergeben kann, werden die Mitarbeiter nicht ver-

stehen, welchen Beitrag jeder Einzelne von ihnen zum Unternehmen als Ganzes leistet.

- **Eine selbstbezogene Firmenkultur orientiert sich an den falschen Dingen und fördert das falsche Verhalten.**
Eine Firmenkultur, die die Mitarbeiter nicht dazu ermutigt, sich an den Kunden, am Markt und an den „richtigen" Ergebnissen zu orientieren, ist unweigerlich zum Scheitern verurteilt.

Vorhaben durchführen

Im Jahr 2002 tat sich der frühere stellvertretende Vorstandsvorsitzende von General Electric, Larry Bossidy, ein Freund von Jack Welch, mit dem Top-Consultant und Autor Ram Charan zusammen und gemeinsam verfassten sie ein Buch, das unter dem amerikanischen Titel *Execution: The Discipline of Getting Things Done* (dt.: Managen heißt machen, 2002) ein Spitzenseller der Business-Literatur wurde. Das Buch erschien genau zum richtigen Zeitpunkt. Vorausgegangen waren Bücher wie *Reengineering the Corporation*. Bossidy/Charan bildeten die Speerspitze eines Trends, ihr Buch führte monatelang die Bestsellerlisten an und es wurden mehr als eine Million Exemplare davon verkauft. (Eine Million verkaufter Exemplare ist eine Seltenheit bei einem Buch der Wirtschaftsliteratur, die alle paar Jahre nur einmal vorkommt.)

Ihre neu postulierte „Disziplin" haben die Autoren folgendermaßen definiert: „Zur Umsetzung von Aufgaben gehört ein spezifisches Arsenal von Verhaltensweisen und Managementtechniken, die innerhalb der Unternehmen vorhanden sein müssen, um einen Wettbewerbsvorteil erlangen zu können. Dies ist eine völlig selbständige Disziplin. In großen wie in kleinen Firmen ist es die für den unmittelbaren Erfolg entscheidende Disziplin."

Als ich das Buch las, kam mir vieles altbekannt vor, auch wenn es hier neu verpackt und in andere Worte gefasst war. Dass die Durchführung von Aufgaben und Vorhaben im Mittelpunkt jeder Managementtätigkeit steht, bildete längst den Kern der Konzepte von Peter Drucker. Es ging immer schon darum, was zu tun war, was man erreichen will, wie man dazu beiträgt, wie man den Erfolg misst und wie man Hervorragendes leistet. Bei ihm hieß es lediglich nicht „Umsetzung". Drucker hat einmal gesagt, sein Anliegen sei, „allgemeine Prinzipien" herauszuarbeiten. Auch wenn er viele neue Ausdrücke geprägt hat (zum Beispiel „postindustriell" oder „Wissensarbeiter"), kam es ihm viel mehr darauf an, neue Konzepte zu erarbeiten, und weniger, markige Begriffe zu erfinden.

Meiner Meinung nach ist das der Grund, warum Drucker in der modernen betriebswirtschaftlichen Fachliteratur nicht mehr eine so herausragende Rolle spielt wie früher. Bei Frederick Taylor (1856-1915) erinnert man sich an seine Lehre von der wissenschaftlichen Betriebsführung („Scientific Management" oder „Taylorismus" genannt), auf den Franzosen Henri Fayol (1841-1925) gehen seine „vierzehn Managementprinzipien" zurück und von George Elton Mayo (1880-1949) kennen wir dessen Human-Relations-Modell. Alle diese Theoretiker passen bestens in die Lehrpläne der meisten Managementprofessoren.

Drucker räumte schon am Anfang seiner Karriere selbst ein: „In den Augen des akademischen Establishments war ich nie respektabel genug."

Andere Managementexperten haben ihre eigenen Theorien, weshalb Drucker „in den Augen des akademischen Establishments nie respektabel genug" gewesen sei. John Micklethwait und Adrian Wooldridge von der angesehenen Wirtschaftszeitschrift *The Economist* sind der Meinung, modernere Wirtschaftsexperten verdankten ihre Prominenz der Tatsache, dass sie mit Erfolg die Regale der Managementliteratur besetzt haben. So wurde Michael Porters Name zum Synonym für Strategie, an Theodore Levitt denkt man, wenn von Marketing die Rede ist. Drucker deckte den gesamten Bereich von Management ab und konzentrierte sich nicht auf irgendeine Nische. Nachdem Tom Peters (als Koautor) den Megaseller *In Search of Excellence* (ein Buch, das über fünf Millionen mal verkauft wurde; dt. 1985) veröffentlicht hatte, fanden sich die Ergebnisse aus dem Umfeld seiner exzellenten Firmen alsbald in allen möglichen weiteren Bestsellern (obwohl Tom Peters 2001 in *Fast Company* selbst zugab: „Wir haben die Zahlen fabriziert.") Drucker hingegen erntete kaum besondere Beachtung seitens dieser Lehrbuch-Verfasser, vielleicht mit der einzigen Ausnahme seines wohl bekanntesten Konzepts, des „Management by objectives" - jenes Managementinstruments, das auf der Führung von Mitarbeitern durch Zielvereinbarung beruht.

Drucker hat sein Konzept des „Management by objectives" (MBO) erstmals 1954 in seinem Buch *The Practice of Management* (dt.: Die Praxis des Managements, 1956) vorgestellt; von all seinen Konzepten fand dieses die weiteste Verbreitung. Durch die Anwendung des MBO soll die Produktivität jedweder Organisation gesteigert werden, indem mit den einzelnen Mitarbeitern, die zum Erreichen der strategischen Ziele der Organisation oder Firma beitragen, klare Zielvereinbarungen getroffen werden. Herausragende Manager wie der Intel-Chef Andy Grove waren gläubige Anhänger von Druckers MBO-Konzept, das von einigen für die „vorherrschende strategische Managementmethode der Nachkriegszeit" gehalten wird. Aber auch das reichte wohl noch nicht aus, um die Gelehrtenwelt an den wirtschaftswissenschaftlichen Fakultäten und den Business Schools von Druckers Bedeutung zu überzeugen. MBO verlor erst in den frühen 1980er-Jahren etwas an Glanz. Die Kritik lautete, es unterstütze hierarchische Strukturen, weil es eher von oben verordnet *(top down)* als von unten getragen werde *(bottom up)*. Damit passe es eher zu den Führungsmethoden, die auf traditionellen Kommando- und Kontrollmechanismen aufbauen.

Wenn es stimmt, was sowohl Tom Peters als auch der Managementspezialist James O'Toole behaupten, dann spielen die Werke von Drucker in den Lehrplänen der Business Schools nur eine sehr untergeordnete Rolle, obwohl er sehr viele Bücher veröffentlicht hat. Peters sagte, er habe während seines Studiums kein Einziges von Druckers Büchern durcharbeiten müssen, und immerhin erlangte er zwei akademische Titel, darunter einen MBA an der renommierten Stanford Universität. O'Toole ging noch einen Schritt weiter, indem er behauptete, „Peter Drucker wäre niemals ein Lehrstuhl an einer der bedeutenden Business Schools angeboten worden".

All das schmälert indessen Druckers Leistungen nicht im Geringsten: Er hat es vielleicht versäumt, eingängige Schlagworte für seine Konzepte in die Welt zu setzen, aber er war stets imstande, innovative Ideen und Gedanken zu formulieren.

Um dies zu verdeutlichen, kann man die beiden unten stehenden Textbeispiele vergleichen. Sie wurden zwei Büchern entnommen, die im Abstand eines halben Jahrhunderts geschrieben wurden. Beachten Sie dabei nicht nur die Wortwahl, sondern auch die Bedeutung der Worte. Gibt es wirklich einen signifikanten Unterschied zwischen den jeweiligen Konzepten, die Bossidy/Charan in *Execution* und Drucker in *The Practice of Management* zum Ausdruck bringen? Oder geht es hier nur um unterschiedliche Begrifflichkeiten? Handelt es sich wieder einmal um einen weiteren Beleg dafür, wie Drucker ein Thema als Erster aufgreift und alle anderen irgendwann später, manchmal erst nach sehr langer Zeit und vielleicht auch ganz unabhängig, diesem Pionier der Managementlehre nachfolgen? Bei diesen Beispielen ist zu beachten, dass es sich nicht um eine bestimmte Stelle mit einem fortlaufenden Text handelt, sondern dass jeweils Auszüge aus jedem der beiden Bücher zusammengestellt wurden:

Gebrauchsanleitung für Macher

„Durchführen ist nicht nur Taktik – es ist selbst ein Fachgebiet und ein System. Durchführen muss in die Strategie eines Unternehmens eingebaut werden, in seine Ziele und in seine Unternehmenskultur. Und der Unternehmensführer muss sich zutiefst damit befassen. Hier kann er das Wesentliche nicht delegieren. Viele Unternehmensführer wenden viel Zeit auf, um die neuesten Managementtechniken zu lernen und zu verkünden" [Ram Charan, S. 14]. „Wenn ich Unternehmen sehe, in denen nicht wirklich gehandelt wird, ist es sehr wahrscheinlich, dass nicht gemessen wird, nicht belohnt wird und Leute, die wissen, wie sie ihre Aufgaben lösen können, nicht befördert werden [Larry Bossidy, S. 83]

[Aus: Bossidy/Charan: *Managen heißt machen*, Redline Wirtschaft, 2003]

Aus Druckers Die Praxis des Managements

„Bei jeder seiner Entscheidungen, bei jeder Handlung muss für das Management die Erfüllung seiner wirtschaftlichen Aufgabe der entscheidende Gesichtspunkt sein. Allein die wirtschaftlichen Ergebnisse, die es erzielt, vermögen sein Dasein und seine Geltung zu rechtfertigen ... Das Management hat seine eigentliche Bewährung durch seine wirtschaftliche Leistung zu erbringen ... Um die eigenen Leistungen kontrollieren zu können, braucht der Manager mehr als nur die Kenntnis seiner Ziele und Aufgaben. Er muss imstande sein, seine Leistungen und Ergebnisse an diesem Ziel zu messen ... Wo immer in einem Unternehmen die Leistungen und Ergebnisse direkt mit dessen Überleben und Wachsen in Zusammenhang stehen, sind konkrete Zielsetzungen unabdingbar."

[Aus: Peter Drucker: *Die Praxis des Managements*]

Kapitel 3
Dauerprobleme und Störfaktoren

„In jeder Firma gibt es Dauerprobleme und Störfaktoren, die ewig mitgeschleppt werden: Das sind meistens irgendwelche falsch justierten Stellschrauben bei den Prozeduren und Abläufen, durch die Fehlverhalten gefördert und belohnt sowie effizientes und richtiges Verhalten behindert und sogar bestraft wird."

An jenem Tag, den ich bei Drucker verbrachte, konzentrierte er sich vor allem auf die Fragestellungen: Was machen Manager richtig? Was machen sie falsch? Was funktioniert? Und was nicht? Was Drucker aber noch mehr interessierte, war die Frage nach dem Warum, also den Gründen, warum Organisationen beziehungsweise Unternehmen Erfolg haben oder scheitern. Während er sein Mittagessen hinunterschlang (beim Essen war er noch schneller als bei allem anderen), hielt er mir einen Vortrag über eines der größten Probleme, mit denen ein bestimmter Teil der Gesellschaft konfrontiert ist. Am Beispiel von gemeinnützigen Organisationen, die viel eher mit Problemen zu kämpfen haben, als dass sie wirklich erfolgreich sind, versuchte er zu verdeutlichen, was man aus Managementfehlern lernen kann.

„Nur wenige Menschen haben verstanden, dass der Wettbewerb um Einnahmen für gemeinnützige Organisationen viel härter ist als der Wettbewerb auf dem Gütermarkt." Und Drucker wiederholte mit Nachdruck: „Da herrscht ein knallharter Wettbewerb. Und wenn die Ergebnisse nicht ausreichend sind, ziehen die meisten gemeinnützigen Organisationen den Schluss, sie müssten einfach noch mehr tun und noch härter rangehen."

Drucker meinte, das Problem, dass die Mitarbeiter falsch eingesetzt würden und trotz ihrer Bemühungen praktisch nichts erreichen, bestünde überall, sei aber in den Verwaltungen von Krankenhäusern, Kirchen und anderen gemeinnützigen Organisationen noch weiter verbreitet als in Unternehmen.

Für praktisch jede Art von Unternehmen gilt, dass die Manager die Produktivität ihrer Mitarbeiter steigern müssen. Das geschieht am besten dadurch, dass sie ihre wichtigsten Leute regelmäßig beurteilen und bewerten, vor allem hinsichtlich deren Stärken und der Resultate, die sie erzielen. Außerdem sollten sich die Führungskräfte immer wieder fragen: Haben wir die richtigen Leute an den richtigen Stellen? Können sie dort das Beste leisten, wozu sie fähig sind? Sind die Aufgaben richtig definiert, das heißt, selbst wenn die geforderte Leistung erbracht wird, steigert sie dann auch wirklich den Wert des Unternehmens? Welche Änderungen können wir an den Stellen, an den Aufgaben, an der Stellenbesetzung vornehmen, um noch bessere Ergebnisse zu erzielen?

Fehlgeleitete Vergütungssysteme

Mitte der 1980er-Jahre war Drucker auf die Unternehmen in Amerika zusehends schlecht zu sprechen. Die Vergütungen für die Leute im Top-Management seien „völlig außer Kontrolle" geraten, meinte er. Den Leitern der Unternehmen wurden Millionen und Abermillionen in Form von Gehältern und Aktienoptionen gezahlt ohne Rücksicht darauf, wie viel ihre

Unternehmen verdienten, und gleichzeitig entließen sie Zehntausende ihrer Arbeiter und Angestellten.

Nach Druckers Ansicht waren vor allem Aktienoptionen eine kurzsichtige Vergütungsvariante, weil sie Top-Managern nur einen Anreiz für kurzfristig zu erzielende positive Ergebnisse geben ohne Rücksicht auf das langfristige Unternehmenswohl. Er sagte, die Kursentwicklung der jeweiligen Aktie sollte kein Kriterium für die Vergütung des Top-Managements sein.

Er hielt es für geradezu obszön, wenn in den USA den Leuten im Vorstand unter Umständen das mehrfache Hundertfache eines durchschnittlichen Angestelltengehalts gezahlt wurde, wohingegen in Japan die Top-Manager etwa das Vierzigfache eines Durchschnittsgehalts verdienten. Damals fing Drucker an, gerade die Unternehmen scharf zu kritisieren, mit denen er sich in den vorangegangenen vierzig Jahren überwiegend beschäftigt und über die er so viel geschrieben hatte. Das erklärt auch, warum er sich zunehmend mit gemeinnützigen Organisationen beschäftigte. Drucker war bereits seit vielen Jahren als Berater für gemeinnützige Organisationen tätig, aber seine Abscheu gegenüber den gierigen drittklassigen Vorständen markierte wirklich einen Wendepunkt für ihn.

In den 1980er-Jahren vollzog sich in der Unternehmenswirtschaft in Amerika ein tiefgreifender Wandel. In der vorangegangenen Dekade waren viele Unternehmen in die Knie gegangen; sie hatten in den darauffolgenden Jahren angesichts eines lang anhaltenden Bärenmarktes an der Börse, durch immer wieder auftretende Rezessionsphasen, durch den Ölschock und schwindelerregende Zinsen, teilweise um die 20 Prozent, große Mühe, wieder die Kurve zu kriegen.

Große Unternehmen wie General Electric gingen daher in den 1980er-Jahren in die Offensive. In dem Bestreben, die Ergebnisse um jeden Preis zu verbessern, führten die Firmen durchgreifende Restrukturierungsmaßnahmen durch: Ganze Managementebenen wurden eliminiert und Mitarbeiter in vorher nicht gekannter Zahl entlassen.

Hinzu kamen teilweise milliardenschwere – oftmals feindliche – Übernahmen; Drucker ist davon überzeugt, dass solche Vorgänge eher Teil des Problems und nicht der Lösung waren, denn in der Regel schadete dies den beteiligten Firmen mehr, als dass es nützte. Und das Schlimmste von allem war, dass die Bezüge der Vorstände in den Himmel schossen, während es gleichzeitig bei den Belegschaften massenweise zu Entlassungen kam. Zwischen 1970 und 1990 stiegen die Bezüge vor allem der obersten Top-Manager grob gerechnet um 400 Prozent, wohingegen sich die Durchschnittsbezahlung auf den unteren Ebenen nach Abzug der Inflation kaum bewegte. Das wollte Drucker überhaupt nicht einleuchten, der ja im Unterschied zu den früher herrschenden Ansichten einer der Ersten war, der in den Menschen, die in einem Unternehmen arbeiten, einen der wichtigsten Aktivposten sah – und nicht nur einen Kostenfaktor.

Diese unverhohlene Gier und Selbstbedienungsmentalität war eine Verhöhnung des auf die Aufklärung zurückgehenden Ideals, das Drucker von seinem ersten wichtigen Buch an immer wieder vertreten hatte: „In ethischer und sozial verantwortungsvoller Hinsicht ist das einfach unverzeihlich", schrieb Drucker, der im Übrigen der Ansicht war, die Bezahlung der Top-Manager sollte etwa das Zwanzigfache des durchschnittlichen Arbeitseinkommens nicht übersteigen und einfach gekappt werden. „Wir werden eines Tages einen hohen Preis dafür bezahlen müssen", warnte er und bezeichnete diese eklatanten Vergütungspraktiken als „das ultimative Scheitern des Unternehmenskapitalismus". Nach Druckers Ansicht ist die Unternehmenswirtschaft in vieler Hinsicht selbst so etwas wie ein Dauerproblem geworden.

Die 80/20-Regel richtig anwenden

Peter Drucker hatte nie ein Problem damit, seinem Instinkt zu folgen, und wandte seine ganze Aufmerksamkeit den gemeinnützigen Organisationen zu. Kirchen, Universitäten und andere Schulen und Bildungseinrichtungen (die sich in den USA zu einem Gutteil selbst finanzieren und auf eine wirtschaftlich solide Grundlage stellen müssen) viele Gesundheits- und Gemeindeeinrichtungen und Wohltätigkeitsorganisationen, sogar die Girl Scouts – sie alle wurden seine begeisterten und zufriedenen Klienten. „Ich habe mich in meiner Beratertätigkeit für Colleges, Universitäten und Kirchen sehr viel mit der Innovation in diesen Institutionen befasst", sagte er.

Aber weder die Universitäten noch die Kirchen stellten für ihn die größte Managementherausforderung dar. Drucker zufolge sind die Krankenhäuser die Institutionen mit den meisten falsch justierten Stellschrauben: „Ich würde sagen, ein Krankenhaus stellt bei weitem die schwierigste Managementaufgabe dar."

Drucker führte weiter aus, dass die Krankenhäuser nur dann gut funktionieren, wenn Patienten an lebensbedrohlichen Krankheiten leiden: „Krankenhäuser können mit Leuten, die nicht wirklich ernsthaft krank sind, einfach nicht richtig umgehen; die Krankenhäuser mögen so etwas einfach nicht." Zur Erläuterung fügte er hinzu, dass jede Nachtschwester innerhalb weniger Minuten ein Rettungsteam zusammentrommeln kann, wenn eine alte Dame um drei Uhr morgens einen Herzstillstand hat. Aber außer bei solchen Notfällen sind Krankenhäuser im Allgemeinen „völlig desorganisiert".

Krankenhäuser mögen keine Menschen, die nicht wirklich ernsthaft krank sind, ist auch einer von diesen typischen Drucker-Sätzen. Die meisten Menschen, die schon einmal mit einer kleineren Verletzung in der Notaufnahme eines Krankenhauses gewartet haben, bis sie drankommen, wissen, dass Drucker hier – im übertragenen Sinn – den Finger in die Wunde gelegt hat. „Krankenhäuser lieben den Ausnahmezustand. Dafür sind sie organisiert. Aber achtzig Prozent der Patienten sind nicht in einem lebensbedrohlichen Ausnahmezustand ... und mit denen gehen sie recht nachlässig um."

Wenn Drucker hier von der 80/20-Regel in Bezug auf Krankenhäuser spricht, dann sind wir gezwungen, auch Firmen und Unternehmen in einem anderen Licht zu betrachten. Die altbekannte 80/20-Regel besagt, dass eine Firma 80 Prozent ihrer Erträge von 20 Prozent ihrer Kunden generiert. Wenn man die 80/20-Regel jedoch aus einer umgekehrten Perspektive betrachtet – dass ein Unternehmen nur für eine Minderheit seiner Kunden organisiert ist – dann bringt uns Druckers Ansatz dazu, die Grundannahmen und grundlegenden Strategien, auf denen unser Geschäftsmodell aufbaut, zu überdenken.

Einer der zentralen Punkte dabei ist, nichts für selbstverständlich zu nehmen. So kann es sich durchaus lohnen, einem kleineren, unerschlossenen

Marktsegment eine Zeitlang die volle Aufmerksamkeit zu schenken und dadurch hohe Margen zu erzielen. Drucker legte den Firmenmanagern immer wieder nahe, sich nicht nur um die Kunden ihrer Firma zu kümmern, sondern auch um die Nichtkunden.

Ein Beispiel aus jüngerer Zeit wie man mit so etwas gut fährt, ist die Abspeck-Firma NutriSystem. Nach einer Flaute-Phase in den 1990er-Jahren änderte das Unternehmen zweimal seinen Namen und richtete sich in den Jahren nach 2000 strategisch neu aus. 2006 verzeichnete es einen Umsatzanstieg um 167 Prozent (auf 568 Millionen Dollar) sowie einen Ertragsanstieg um rund 300 Prozent.

Das gelang NutriSystem, weil sich die Firma auf ein Marktsegment konzentriert hatte, das die Mitbewerber ignoriert hatten: Männer. Und das, obwohl diätwillige Männer nur ein Fünftel des Diäternährungsgesamtmarktes ausmachen. Der Vorstandsvorsitzende begründete den Erfolg damit, dass sich der von anderen Diätnahrungsherstellern lange vernachlässigte Mann mit Ambitionen auf eine Traumfigur als große Marktchance für NutriSystem erwiesen habe. Gleichzeitig vernachlässigte die Firma natürlich keineswegs ihre große Kernzielgruppe: Frauen mit Traumfigurambitionen.

Anders als irgendwelche anderen beliebigen Organisationen müssen Krankenhäuser natürlich in allererster Linie für die 20 Prozent Patienten mit lebensbedrohlichen Krankheiten ausgelegt sein. Das können sie sich nicht anders aussuchen. Sie sind die letzte Rettung bei schweren Krankheiten oder bei Unfällen. Fast alle anderen Organisationen unterliegen nicht vergleichbaren Zwängen. Im Übrigen kann und sollte eine Firmenleitung ihre Organisation so ausrichten, wie sie für die Mehrheit oder die Kerngruppe ihrer Klientel am besten geeignet ist, es sei denn, man erwartet eine dramatische Veränderung im jeweiligen Geschäftsumfeld (neue Technologien, neue Wettbewerber) oder in der grundlegenden Kundenzusammensetzung (demografische Veränderungen). Das Beispiel von NutriSystem zeigt jedoch, dass sich auch für Unternehmen und Organisationen, die sich um bisherige Nichtkunden sinnvoll bemühen, sehr günstige Gelegenheiten für außergewöhnliche Erträge bieten.

Wie man die Stellschrauben richtig einstellt

Es gibt eine Reihe von Möglichkeiten, wie man als Manager dafür sorgen kann, Pannenstellen zu beseitigen, schlechte Entscheidungen zu verhindern und ineffektive Arbeitsabläufe und Gewohnheiten abzustellen, die zu einer schlechten Performance beitragen:

- **Sorgen Sie dafür, dass Ihre besten Leute an den Stellen sitzen, wo sie sich am besten entfalten und am meisten bewirken können** (bringen Sie zum Beispiel Stärken mit Stärken zusammen).

- **Schreiben Sie Ihre Prioritäten nieder, aber nicht mehr als zwei,** und stellen Sie sicher, dass sich auch Ihre Mitarbeiter auf ihre richtigen Prioritäten konzentrieren. Drucker betont, dass er nie einen Manager gekannt hat, der mehr als zwei Prioritäten gleichzeitig verfolgen konnte.

- **Bewahren Sie sich eine Außenwahrnehmung,** indem Sie dafür sorgen, dass die Manager auf allen Ebenen auch Kontakt mit den Kunden im Markt haben; das ist schließlich der einzige Ort, wo wirklich Ergebnisse erzielt werden (im nächsten Kapitel wird zu diesem Thema ausführlicher die Rede sein).

- **Unterziehen Sie die Strukturen, Abläufe und Entscheidungen einer permanenten Überprüfung** und schaffen Sie alles ab, was in zusätzliche Bürokratie ausartet und die Produktivität verringert.

- **Überprüfen Sie Ihr Vergütungssystem,** um sicherzustellen, dass solche Ergebnisse belohnt werden, die wirklich etwas bewegen.

Mission Statements: Klare Aufgabenformulierungen verhindern den Zerfall

Drucker hat schon sehr früh in seinen Werken formuliert, wie wichtig es ist, ein Geschäftsvorhaben zu definieren, dass dies aber gar nicht so leicht ist. Einen der Gründe für diese Schwierigkeit muss man in Zusammenhang mit Druckers fundamentalstem Grundgesetz für die Geschäftswelt sehen: Allein der Kunde definiert ein Geschäftsvorhaben. Betrachten wir ein letztes Mal Druckers Krankenhausbeispiel, um uns darüber Gewissheit zu verschaffen.

Drucker beschrieb einmal ausführlich, wie er mit einem Team von Verwaltungsfachleuten eines Krankenhauses zusammengesessen war, um ein *Mission Statement* für deren Notfallaufnahme zu erarbeiten. Auf den ersten Blick scheint das nicht besonders schwer zu sein, aber das war es keineswegs. Für Allgemeinplätze à la „Unsere Aufgabe ist die Gesundheitsfürsorge", wie sie sich in den meisten Krankenhäusern finden, hatte er keine Verwendung. Das ist auch von vornherein die falsche Definition, betonte Drucker. „Ein Krankenhaus dient mitnichten der Gesundheitsfürsorge; in einem Krankenhaus kümmert man sich um Krankheiten."

„Ein *Mission Statement* muss konkrete Aufgaben definieren, ansonsten verkündet man lediglich gute Absichten." In Druckers Augen wäre eine Aussage wie „den Leidenden zu helfen" eine sehr viel passendere Aufgabenbeschreibung für eine Notfallstation. Auch wenn viele der Verwaltungsfachleute im Krankenhaus der Meinung waren, diese Definition sei zu allgemein und auch einfach „zu offensichtlich", hielt Drucker sie für durchaus zielgerichtet, denn sie schloss sowohl die 80 Prozent wie die 20 Prozent mit ein. Schließlich, so argumentierte er, ist die unmittelbare Leidenslinderung und Hilfe genau die Art von „Service", die von den meisten Menschen, die dorthin kommen, erwartet wird, und das ist es auch, was sie dort erhalten. „‚Ihr Sohn hat zwar hohes Fieber, aber es ist nichts wirklich Ernstes', sagt der Bereitschaftsarzt, nachdem er den Jungen untersucht hat. ‚Der Ausschlag Ihrer Mutter sieht schlimm aus, aber das ist nichts Lebensbedrohendes.' ‚Das Gelenk Ihrer Schwester ist bloß verstaucht; sie legen zu Hause am besten Eis drauf.' Nur bei weniger als 20 Prozent der Patienten ist die Krankheit so ernst, dass sofort mit einer medizinischen Behandlung begonnen werden muss." Drucker konzentrierte seine Aufmerksamkeit immer auf die Phänomene, wo die wirklichen Probleme lagen, und nicht auf Nebensächlichkeiten, bei denen allerdings immer wieder die Gefahr besteht, dass sie selbst Manager mit den besten Absichten über Gebühr beschäftigen und ablenken.

Drucker ist der Auffassung, dass es die Aufgabe einer Führungspersönlichkeit sei, „das *Mission Statement* eines Unternehmens konkret zu formulieren". Nur solche konkreten *Mission Statements* kommunizieren der

Belegschaft, was jeder Einzelne tun muss, damit das Unternehmen seine Ziele erreicht.

Beim Mittagessen verallgemeinerte Drucker dieses Beispiel und hob einen weiteren Punkt hervor, der ihm wichtig war: dass nämlich ein Unternehmen trotz seiner Mängel durchaus leistungsfähig sein kann, sofern seine Aufgabe klar definiert ist: Auch ein ansonsten mit Mängeln behaftetes Krankenhaus kann sich bei Notfällen als sehr leistungsfähig erweisen, weil die Mitarbeiter sich in solchen Situationen sehr engagiert zeigen und wissen, was sie zu tun haben. Krankenhäuser lieben den Ausnahmezustand – erst in Notfällen zeigen sie richtig, was sie können.

Drucker erklärte dann noch, wie die Aufgabenstellung eines Krankenhauses sich auch als Orientierung für die spezifischen Talente seiner Mitarbeiter auswirkt. So unterscheiden sich beispielsweise Krankenschwestern, die in der Notaufnahme Dienst tun, sehr stark von solchen, die lieber in einer Arztpraxis arbeiten: „Wenn sie den Einsatz in der Notaufnahme nicht mögen, dann entscheiden sie sich eben für eine Arztpraxis, wo es keine Notfälle gibt und wo die Arbeit viel leichter ist." Drucker meinte, wenn ein Patient mitten in der Nacht Krämpfe bekommt und seinen Arzt anruft, schickt der ihn auch in die Notaufnahme. „Dann muss sich die Krankenschwester mit dem Fall befassen, nicht die Arzthelferin."

Störfaktoren im Verlagswesen

Betrachten wir ein weiteres Beispiel, wo Unternehmen Probleme bekommen, wenn sie sich nicht oder nicht richtig fokussieren. Das Beispiel stammt aus einer vergleichsweise kleinen Branche, dem Verlagswesen. Auch wenn sein Name auf dieses Gewerbe verweise, erklärte mir Drucker mit ironischem Lächeln, habe er sich selten so getäuscht wie mit Voraussagen über die Zukunft dieser Branche. In seinem ganzen Berufsleben sei er im Hinblick auf das Verlagsgeschäft immer wieder zu falschen Aussagen gelangt.

Vielleicht liegt es an dem einzigartigen Charakter des Verlagswesens, dessen Produkte nicht einfach so am Fließband entstehen, sondern der Kreativität, der ganz persönlichen inneren Anteilnahme der Autoren zu verdanken sind. Eine andere bemerkenswerte Eigenart besteht darin, wie die individuellen Fähigkeiten eines Autors mit einer Vielzahl schwer zu bestimmender Faktoren in Übereinstimmung kommen, die für das Publikum eine besondere Bedeutung haben, wenn das Buch auf den Markt kommt. Gleichwohl ähnelt das Verlagswesen anderen Branchen insofern, als der bei weitem größte Anteil der Erträge (vermutlich bis zu 90 Prozent) nur mit einem relativ kleinen Anteil der Produkte (etwa 10 Prozent) erwirtschaftet wird. Außerdem werden Bücher nicht getestet, bevor sie auf den Markt gebracht werden.

Jedes größere Verlagshaus bringt pro Saison mehr als hundert neue Titel auf den Markt, es konzentriert sich also, anders als viele andere, keineswegs auf einen einzigen Markenartikel. Ein Backwaren- und Süßigkeitenhersteller wie Nabisco würde nie mit hundert verschiedenen neuen Keksen und Schokoladeprodukten pro Halbjahr in die Supermärkte gehen. Auch Coca-Cola würde sich hüten, 150 neue Getränke auf den Markt zu werfen. Bücher gehören zu den wenigen Konsumprodukten, die *nicht* wie Konsumprodukte vermarktet werden.

Weil man den Abverkauf vieler Bücher für das breite Publikum nie genau vorhersagen kann und immer wieder Überraschungen erlebt – und zwar positive Überraschungen und genauso oft Enttäuschungen – ist es für die Verleger praktisch unmöglich, schon im Voraus die „Flops" auszusortieren. Nur das, was nach der Veröffentlichung eines Buches passiert, offenbart, wo in dieser Branche immer wieder Störfaktoren auftauchen.

Gerade diejenigen Autoren, deren Bücher sich nicht verkaufen, die also die schwächsten Produkte am Markt geliefert haben, belasten die personellen und materiellen Ressourcen der Verlagsorganisation meist am stärksten. Unzufriedene Autoren bombardieren die Verlage häufig mit Anrufen, E-Mails und Briefen, in denen sie sich nur beklagen. Viele finden auch ohne große Umschweife den Weg an die Verlagsspitze, also bis in das Büro des Verlegers. Wenn das passiert, dann läuft das Verlagsgetriebe auf Hochtouren, um die Kümmernisse abzumildern und das Problem zu beheben.

Wenn solch ein Zornesschreiben von der Spitze in der Hierarchie nach unten durchgereicht wird, also vom Verlegerbüro etwa an die betroffenen

Lektoren, den Marketingmanager und die Pressestelle, dann müssen diese hochkarätigen Leute alles stehen und liegen lassen, um den gekränkten Autor nach Möglichkeit zu besänftigen. Nur wenige Autoren können sich damit abfinden, dass ein Buch, das sich am Markt nicht durchsetzen konnte, einfach nicht mehr zu retten ist. Keine noch so teure und aufwändige Werbekampagne könnte daran jemals etwas ändern. Angesichts von 175 000 neuen Buchtiteln pro Jahr allein in den Vereinigten Staaten braucht man sich wirklich nicht zu wundern, wenn die große Mehrheit der Titel floppt.

Und das ist nur ein Beispiel. In welchen Branchen und Unternehmen gibt es nicht ähnliche Beispiele? Drucker ist davon überzeugt, dass es in allen Firmen zumindest hin und wieder dazu kommt, dass man sich zu stark mit den falschen Dingen beschäftigt: „In jeder Firma gibt es Dauerprobleme und Störfaktoren, die ewig mitgeschleppt werden: Das sind meistens irgendwelche falsch justierten Stellschrauben bei den Prozeduren und Abläufen, durch die Fehlverhalten gefördert und belohnt sowie effizientes und richtiges Verhalten behindert und sogar bestraft wird."

Um zu verhindern, dass derartige Probleme irgendwann überhandnehmen und damit die ganze Firma blockieren, müssen die oberen Führungskräfte dafür Sorge tragen, dass das ganze Unternehmen, seine Struktur und seine Mitarbeiter sich hauptsächlich um diejenigen Produkte, Dienstleistungen und Kunden kümmern, die den Löwenanteil des Ertrags einbringen. Und die fähigsten Leute müssen sich mit den Geldbringern der Zukunft befassen. Um das zu erreichen, ist es ratsam, Teams oder Projektgruppen zu bilden, die sich nur mit den Projekten, Produkten oder Ideen befassen, die wirkliches Potenzial für die Zukunft der Firma haben. Das ist eine der Möglichkeiten, wie ein Unternehmen Innovationsmechanismen in seine Organisation einbauen kann. Ferner müssen die Unternehmen bei allen Entscheidungen stets im Auge behalten, dass die Firma sowohl in der nahen Zukunft als auch auf Dauer davon einen Nutzen hat. Und sie müssen sicherstellen, dass sie ihr Kerngeschäft und ihre Stammkunden nicht vernachlässigen, andernfalls haben sie ihre eigene Zukunft verspielt.

Dauerprobleme und Störfaktoren beheben

Um sicherzustellen, dass eine Firma nicht von ungelösten Dauerproblemen überrollt und gelähmt wird, müssen Manager die ihnen direkt unterstellten Mitarbeiter regelmäßig informieren und bewerten. Mitarbeiter sollten dort eingesetzt werden, wo sie sich am besten entfalten können. Außerdem sollten Strukturen und Abläufe ebenfalls regelmäßig einer Revision unterzogen werden, damit ein Unternehmen sich von überflüssig gewordenem Ballast befreien kann. Sie sollten ebenfalls sicherstellen, dass jeder einzelne Mitarbeiter seine Aufgaben kennt und sie auch präzise formulieren kann. Nur durch wirklich konkrete Aufgabenstellungen werden die Angestellten einer Firma in die Lage versetzt zu wissen, was sie dazu beitragen müssen, damit das Unternehmen seine Ziele erreicht. Um sicher zu sein, dass sie das Marktpotenzial ausschöpfen, müssen sich die Manager auch darum bemühen, bisherige Nichtkunden als Kunden zu gewinnen. Dazu gehört auch, dass man sich nicht von Dauerproblemen und Störfaktoren ablenken lassen darf, die nur unnötige Zeit und Kraft kosten (wie an dem Beispiel aus dem Verlagswesen deutlich wurde).

Kapitel 4
Die Außenansicht

„Eine Führungskraft sitzt mehr oder weniger abgeschottet im Zentrum eines Unternehmens ... Er oder sie betrachtet die Umgebung und vor allem die Außenwelt nur durch sehr dicke Brillengläser, die den Blick unausweichlich verzerren. Über das, was draußen vorgeht, fehlt es im Allgemeinen an jeglicher unmittelbaren Erfahrung. Das wird nur durch die eingebauten Berichtsfilter wahrgenommen."

Schon seit einiger Zeit wird viel darüber geschrieben, wie wichtig es ist, die Außenwahrnehmung zu schärfen. Gemeint ist damit eine Sicht auf das eigene Unternehmen aus dem Blickwinkel eines Kunden, Zulieferers oder sogar eines gänzlich Unbeteiligten.

Das Thema war so wichtig, dass sich auch bekannte Autoren und Wissenschaftler damit beschäftigten. Noel Tichy (der Leiter der konzerneigenen Managementakademie von General Electric in Crotonville Mitte der 1980er-Jahre) und der Consultant-Guru Ram Charan behandelten dieses Thema in ihrem hochgepriesenen Buch *Every Business Is a Growth Busi-*

ness, das im Jahr 2000 erschien. Vor kurzem hat Barbara Bund vom Massachusetts Institute of Technology (MIT) ein ganzes Buch geschrieben, das sich nur mit diesem Thema befasst.

Wie wir es schon bei so vielen anderen wichtigen Themen gesehen haben, ist Peter Drucker auch hier der geistige Vater, wo es um die Außenansicht eines Unternehmens geht.

Das Stichwort Außenansicht ist ein Klassiker von Drucker. Wenn man sich um eine Außenansicht seines Unternehmens bemüht, bedeutet das automatisch, seine bisherige Perspektive aufzugeben. Man stellt sich damit einer ganz neuen Wirklichkeit und sieht das eigene Unternehmen nun aus dem Blickwinkel des Kunden. Sein eigenes Unternehmen ist dabei alles andere als ein Verbündeter für einen Manager.

Drucker war der erste Managementautor, der darauf hinwies, dass jedes Unternehmen naturgemäß den Blickwinkel eines Managers einengen, ihn beinahe einkerkern und bestimmte Führungsfähigkeiten zerstören kann. Zu diesem Schluss war er keineswegs über Nacht gekommen. Diese Erkenntnis hatte sich erst allmählich gebildet.

Zunächst muss man von dem ausgehen, was ich gerne als „Druckers Gesetz" bezeichnen möchte. Das beschrieb er in seinem bahnbrechenden Buch von 1954 *The Practice of Management* (Die Praxis des Managements) folgendermaßen: *„Es gibt nur eine wirklich gültige Definition für jedwede Art von Geschäftsvorhaben: Man muss einen Kunden schaffen."* Das wurde zu Druckers bekanntestem Managementprinzip. Er hat einmal gemeint, der Grund, warum sich das als so durchschlagend erwiesen habe, liege in seiner Einfachheit; es gibt in dieser Aussage „nur ein einziges Bewegungsprinzip". Drucker führte dieses Konzept in zwei weiteren Büchern aus, in denen er die faktischen Gegebenheiten und die Grenzen beschrieb, innerhalb deren ein Manager agieren muss.

Acht Fakten, die für jeden Manager gelten

In seinem Buch *Managing for Results*, das 1964 erschien und das Drucker als „Gebrauchsanweisung" bezeichnet, erweitert er die Erörterung des

Themas „Außenansicht". Er spricht auch davon, dass viele Manager wie in einem Hamsterrad gefangen seien, weil sie ihre ganze Zeit dafür aufwendeten, nur auf das zu reagieren, „was der Postbote im Eingangsfach ablegt" (das moderne Äquivalent dazu ist der Posteingang von Outlook; diese Verhaltensweise ist der Inbegriff der reinen Binnensicht). Mit dieser Art von passivem Management – das ich als Postfachmanagement bezeichnen möchte – ist man unweigerlich zum Scheitern verurteilt. Drucker erklärt, warum das Postfachmanagement eine Falle ist, in die sehr viele Manager unversehens hineingeraten.

Seine Erklärung setzt damit an, dass er acht grundlegende Fakten des Geschäftslebens aufzeigt, mit denen alle Manager umgehen müssen, wenn sie den Erfolg ihres Unternehmens steigern wollen. Diese Fakten beschreiben „die grundlegenden Konstanten der Außenwelt, also diejenigen Faktoren, die jeder Geschäftsmann als vorgegeben akzeptieren muss und die sowohl eine Beschränkung wie eine Herausforderung darstellen". Die Art, wie ein Unternehmen mit diesen Gegebenheiten umgeht, entscheidet über sein Wohl und Wehe. Wem es gelingt, diese Beschränkungen als Gelegenheiten zu begreifen, wird auf lange Sicht überdurchschnittliche Ergebnisse erzielen. Hier folgt nun eine Kurzfassung von Druckers acht grundlegenden Fakten.

- **Die Ergebnisse und Ressourcen existieren nur außerhalb des Unternehmens.**
  Immer wieder wies Drucker darauf hin, dass innerhalb einer Firma keine Profite existieren, sondern nur Kostenstellen. Das, was viele als „Profitcenter" bezeichnen, sind in Wahrheit „Kostencenter". Erträge werden niemals von irgendjemandem innerhalb eines Unternehmens generiert, sondern sie kommen vom Kunden draußen auf dem Markt. „So wird es immer ein Jemand außerhalb des Unternehmens sein, der entscheidet, ob die Leistung des Unternehmens mit wirtschaftlichen Erfolgen belohnt wird oder ob sie vergebens und vertan sein soll", argumentiert Drucker klipp und klar.

- **Erfolge werden durch Ausnutzen der Möglichkeiten erzielt und nicht durch Problemlösungen.**
  Von der Problemlösung kann man bestenfalls die Wiederherstellung der Ausgangssituation erhoffen. Um Ergebnisse zu erzielen, müssen

Manager Gelegenheiten ergreifen und ausnützen. In den meisten Unternehmen sind die besten Leute viel zu viel damit beschäftigt, Probleme zu beseitigen, statt nach neuen Gelegenheiten Ausschau zu halten, die einem morgen Geld einbringen können.

- **Um Erfolge zu erzielen, müssen die Ressourcen des Unternehmens auf Möglichkeiten und nicht auf Probleme ausgerichtet werden.**
Zu viele Manager verschwenden Ressourcen, indem sie sie auf das Beseitigen von Problemen verschwenden. „Das Streben nach höchster Nutzung der Möglichkeiten ist ein sehr bedeutsames und klar umrissenes Prinzip unternehmerischer Geschäftspolitik. Dieses Prinzip will besagen, dass eher wirtschaftliche Wirksamkeit (effectiveness) als Leistungsfähigkeit (efficency) das wesentliche Element im Wirtschaftsleben darstellt. Die entscheidende Frage ist also nicht, auf welche Weise die Aufgaben richtig gelöst werden können, sondern auf welchen Wegen man zu den richtigen Aufgaben hinfindet, um dann die Ressourcen des Unternehmens darauf zu konzentrieren", präzisiert Drucker.

- **Wirtschaftliche Erfolge werden durch Marktführerschaft erzielt.**
„Gewinne sind der Lohn für einen einmaligen oder wenigstens hervorragenden Beitrag auf einem bedeutsamen Gebiet ... das, was der Markt als Wert aufnimmt", versichert Drucker. Die Größe einer Firma ist nicht gleichzusetzen mit Marktführerschaft. Die höchsten Profite gehen nicht automatisch an die größten Firmen. „Ein Unternehmen, das wirtschaftliche Erfolge haben will, muss seine Führerschaft durch irgendetwas von wirklichem Wert für Verbraucher und Markt beweisen", schrieb Drucker. „Dieses Etwas kann in einer sorgfältig abgestimmten und hervorragenden Eigenschaft seiner Erzeugnisse liegen, in seinen Dienstleistungen oder im Vertrieb. Es kann sich in der Fähigkeit manifestieren, Ideen schnell und ohne hohe Kosten als gängige Artikel auf den Markt zu bringen."

- **Jede Marktführerschaft ist vergänglich und hat gewöhnlich kein langes Leben.**
Eine Marktführerschaft kann man nur zeitweilig innehaben. „Das Unternehmen neigt dazu, aus der Führerschaft in die Mittelmäßigkeit abzugleiten", schrieb Drucker. „Es ist die Aufgabe der Unternehmensführung, der Strömung entgegenzusteuern und alle Kräfte auf die Chancen aus-

zurichten und – weg von der Problembefangenheit – sich dem Trend zur Mittelmäßigkeit entgegenzustellen und das Trägheitsmoment durch neue Kraftentfaltung und neue Zielsetzung zu überwinden."

- **Alles Gegenwärtige ist im Altern begriffen.**
Drucker weist eindrücklich darauf hin, dass Manager „noch Zeit auf den Versuch verwenden, die vergangene Zeit rückgängig zu machen". Die Produkte, die heute am Markt erfolgreich sind, sind im Grunde von gestern. Auch die besten Manager laufen Gefahr, sich an überholten Dingen abzuarbeiten, und tappen damit in die Falle. Führungskräfte, die wirklich etwas bewegen, haben verstanden, dass die Entscheidungen und Aktionen, die in ihrer Firma bereits umgesetzt sind, durch Einwirkungen von außen und das sich beständig verändernde Umfeld obsolet werden. „Jede Entscheidung oder Handlung veraltet von dem Moment an, da sie getroffen wurde", schrieb Drucker. „Wie Generäle zum letzt-durchkämpften Krieg rüsten, so zeigt sich bei Geschäftsleuten eine anhaltende Tendenz, immer wieder in ihre Denkweise beim letzten Boom oder bei der letzten Depression zurückzufallen."

- **Die vorhandenen Mittel sind wahrscheinlich falsch disponiert.**
Bei diesem Punkt erinnert Drucker an die 80/20-Regel, wobei er der Ansicht ist, sie müsste eigentlich 90/10-Regel heißen. Das bedeutet, die besten 10 Prozent von allem, was in einem Unternehmen geschieht, generieren 90 Prozent der Erträge. Das gilt für Produkte, Kunden, ja selbst für die eigene Verkaufstruppe (die 10 Prozent besten Verkäufer bringen 90 Prozent der wertvollsten Aufträge). Die Konsequenz daraus kann nur sein, das beste Potenzial einer Firma – Mitarbeiter und Sachmittel – für diejenigen Projekte und Produkte einzusetzen, die auch das Potenzial haben, den Löwenanteil des Geschäfts von morgen zu erwirtschaften.

- **Konzentration ist der Schlüssel zum Bereich der wirtschaftlichen Ergebnisse.**
Ein Unternehmen muss der Versuchung widerstehen, sich in vielen verschiedenen Aktivitäten zu verzetteln. Es bringt mehr, wenn man alle Anstrengungen auf wenige Produkte, Dienstleistungen, Kunden, Märkte etc. konzentriert. Drucker behauptet, dass keine Regel erfolgreichen Managements so oft gebrochen wird wie dieses Konzentrationsprinzip. Ganz ähnlich ist es, wenn Manager daran gehen, Kosten zu senken.

Dann wird überall ein bisschen was weggeschnitten (auch ein bisschen Fleisch), statt beherzt das Fett abzuschneiden. Dadurch kann ein Unternehmen schnell aus dem Gleichgewicht geraten. Stattdessen sollten Führungsleute viel strategischer vorgehen und sich genau ansehen, welche Bereiche weitgehend unangetastet bleiben können und wo man tiefe Einschnitte machen kann, ohne die Grundlagen zu zerstören.

Drei Jahre danach vertiefte Drucker seine These „Ergebnisse und Ressourcen existieren nur außerhalb des Unternehmens" in seinem Buch *The Effective Executive*. Drucker wies darauf hin, dass sich viel zu viele Unternehmen einigeln oder kurzsichtig werden, weil niemand genügend Zeit auf dem Marktplatz verbringt, „der einzige Ort, der wirklich wichtig ist", wie er es formulierte, weil nur hier wirklich Ergebnisse erzielt werden.

Das ist genau der Grund, warum jener kurzsichtige und nach innen gerichtete Blick einem Manager in keiner Weise weiterhilft, um die Bedürfnisse des für die Firma wichtigsten Kundenkreises zu verstehen. Aber es ist in der Tat nicht leicht, eine derartige Außenansicht zu entwickeln; das wird durch eine ganze Reihe anderer „kaum zu überwindender Realitäten" des Firmenlebens sehr erschwert.

Zusammen mit den acht Fakten, die Drucker in *Managing for Results* beschrieben hat, ergeben diese Realitäten ein ziemlich vollständiges Bild der Schwierigkeiten, mit denen sich jeder Manager Tag für Tag auseinandersetzen muss. Diese zeitlos gültigen Beobachtungen sind heutzutage genauso nützlich wie vor vierzig Jahren, als Drucker sie zum ersten Mal beschrieb.

Weitere Fakten aus dem Manageralltag

Ein weiteres Faktum ist, dass die Zeit einer Führungskraft nicht ihr selbst gehört, sondern *allen anderen*. Mit anderen Worten, Manager sind Gefangene ihres eigenen Unternehmens. Sie müssen sich mit Vorgesetzten, Aufsichtsgremien, Mitarbeitern, die ihnen unterstellt sind, Präsentationen, Budgets und Personalproblemen herumschlagen.

Die Zeit der Führungskräfte wird von so vielen Dingen aufgefressen, dass er oder sie nie Zeit für eigene Aufgaben haben. Je höher sie in der Hierarchie rangieren, desto weniger können sie über ihre Zeit verfügen. Diese „im System gefangenen" Top-Leute kommen schon kaum dazu, über den Rand ihres Eingangspostfachs zu schauen, und haben erst recht keinen Blick mehr dafür übrig, was sich auf dem Marktplatz tut.

Zu dieser Art von Realität gehört Drucker zufolge ferner, dass „eine Führungskraft mehr oder weniger abgeschottet im Zentrum eines Unternehmens sitzt ... Er oder sie betrachtet die Umgebung und vor allem die Außenwelt nur durch sehr dicke Brillengläser, die den Blick unausweichlich verzerren. Über das, was draußen vorgeht, fehlt es im Allgemeinen an jeglicher unmittelbaren Erfahrung. Das wird nur durch die eingebauten Berichtsfilter wahrgenommen."

Aus diesem Grund ist es für Manager von entscheidender Bedeutung, dass sie bewusst eine Außenansicht entwickeln, um die Auswirkungen der manchmal autistisch anmutenden Gewohnheiten eines Unternehmens zu neutralisieren. Wegen dieser beiden Lebenstatsachen – dass ein Manager im Grunde nie Herr seiner Zeit ist und den Markt nur durch eine Zerrbrille wahrnimmt – stellt die Entwicklung einer eigenen Außenansicht eine Schlüsselherausforderung für das Management dar. Drucker wies ebenfalls darauf hin, dass gerade der leitende Manager an der Spitze das entscheidende Scharnier zwischen Innen- und Außenansicht sein muss. Auch wenn diese Einsicht eigentlich ziemlich leicht nachzuvollziehen ist, brauchte einer der erfolgreichsten Manager unserer Zeit mehrere Jahre, bevor er die volle Bedeutung dessen erfasst hatte, was mit Außenansicht gemeint ist.

Jack Welchs große Idee

Jack Welch, der langjährige Vorstandsvorsitzende von General Electric, sagte bei einer Ansprache in New York: „Außenansicht ist eine große Idee. Wir haben die Welt jetzt hundert Jahre lang von innen nach außen betrachtet. Wenn man sich zwingt, die umgekehrte Perspektive einzunehmen, dann ändert sich alles." Diese Äußerung machte Welch vor einer recht bunt gemischten Zuhörerschaft im YMCA an der 92. Straße in Manhattan im Jahr 1999, also beinahe zwanzig Jahre, nachdem er an die Spitze von GE getreten war.

Viele große Unternehmen sind mächtig ins Schlingern geraten, weil ihre Führungskräfte einfach dabei versagt haben, die richtige Perspektive einzunehmen, oder weil sie die Faktoren nicht erkannt haben, die die Märkte in ihrem Geschäftsumfeld in Bewegung gebracht und die Wirklichkeit verändert haben.

So befand sich IBM bereits in der Todesspirale, als der Verwaltungsrat beschloss, den Vorstandschef von Nabisco anzuwerben, um die Wende für IBM herbeizuführen. Vom Snackfood-König Lou Gerstner erwarteten die wenigsten, dass er der Richtige sein könnte, den im freien Fall befindlichen Computergiganten zu retten. 1993 war IBM mit acht Milliarden Dollar in den roten Zahlen. Die Firma war – wie Gerstner bald herausgefunden hatte – so gigantisch und vor allem so bürokratisch geworden, dass sie praktisch jeden Kontakt zu ihren Kunden verloren hatte. Der Aktienkurs war zum ersten Mal seit den 1980er-Jahren unter 15 Dollar gefallen und die Aussichten waren mehr als düster.

Wie sich herausstellte, war Gerstner genau der richtige Mann zur richtigen Zeit für IBM. Im Zusammenhang mit einem meiner früheren Bücher *(What the Best Known CEOs Know)* erzählte er mir: „Meine Hauptaufgabe bestand darin, die Firma wieder an den Markt anzukoppeln, denn dieser allein entscheidet über Erfolg oder Misserfolg." Gerstner fügte hinzu: „Wo auch immer ich hinkam, erzählte ich den Leuten ..., dass IBM von jetzt an von einem seiner Kunden geführt wird und dass wir vorhaben, die Firma vom Kunden her neu aufzubauen. Das waren im Grunde ganz einfache Aussagen, aber sie waren sehr wichtig, um die Mentalität innerhalb der Firma zu verändern."

Die Veränderung der Mentalität beziehungsweise der inneren Einstellung ist eines der ganz zentralen Anliegen von Peter Drucker. Eine überholte Einstellung aufzugeben und sich eine Denkweise zuzulegen, die zu veränderten Umständen passt, das ist typisch für Drucker.

Und genau das war es auch, was Gerstner bewerkstelligt hat, nachdem IBM durch seine Überheblichkeit die durch den Personal Computer hervorgerufenen Umwälzungen völlig verschlafen hatte. Durch die Hinwendung zur Außenansicht konnte sich das Unternehmen neu erfinden, und dadurch verwandelte sich ein 8-Milliarden-Verlust in der Bilanz innerhalb von fünf Jahren in einen 5-Milliarden-Gewinn.

Auch General Electric bietet ein hervorragendes Beispiel dafür, was die Hinwendung zum Kunden und zum Markt bewirken kann, um einem Unternehmen zum Erfolg zu verhelfen. Hier ist die Einführung von Six Sigma durch Jack Welch gemeint, jene Methode zur Qualitätskontrolle, die nicht mehr als 3,4 Fehler je einer Million Fehlermöglichkeiten in einem Prozessschritt erlaubt. Welch implementierte diese Methode im gesamten Konzern mit mehr Nachdruck als irgendeine andere Vorstandsinitiative.

Welch hatte beobachtet, wie die Manager im Unternehmen bereits die Erfolge der Six-Sigma-Qualitätsinitiative feierten und just zu dieser Zeit sich die Klagen der Kunden häuften, dass sich bei General Electric einfach nichts verbessere. Um mit Druckers Worten zu sprechen, war der Blick der Manager durch die dicken Mauern des Unternehmens immer noch verzerrt. Damit war der Moment erreicht, wo Welch bei der Jahrestagung der Top-Manager einen Wutanfall bekam und unmissverständlich zum Ausdruck brachte, dass sich nun wirklich etwas ändern müsse. Erst damals hatte auch er die Lektion der „Außenansicht" wirklich verstanden.

Die Außenansicht im Einzelhandel

Eine andere Firma, die nach Druckers Außenansicht-Maxime verfährt, ist Tesco, die größte Lebensmittelhandelskette in Großbritannien und die viertgrößte Handelskette der Welt (nach Wal-Mart, Home Depot und der französischen Gruppe Carrefour). Dieses innovative und sehr erfolgreiche Unternehmen hat sich dadurch neu erfunden, dass man von den Bedürfnissen der Kunden ausging und von dort aus die Firma strukturierte.

Eine von Tescos Geschäftsstrategien bestand darin, die Angebotspalette dadurch zu diversifizieren, dass man Dienstleistungen anbot, die man normalerweise nicht in Supermärkten findet, wie beispielsweise Bank- und Finanzdienstleistungen. Inzwischen gehört Tesco zu den am schnellsten wachsenden Finanzdienstleistern in Europa.

Um das Unternehmen neu aufzustellen, formulierte das Management als Erstes ein *Mission Statement*. Es ist auf einer Tafel eingraviert, die unübersehbar am Eingang der Firmenzentrale in Cheshunt in England angebracht ist und lautet: WIR SCHAFFEN WERTE FÜR UNSERE KUNDEN UND WOLLEN UNS DAMIT IHRE LEBENSLANGE WERTSCHÄTZUNG VERDIENEN (man beachte, dass hier der *Customer-Value* und nicht der *Shareholder-Value* als vorrangiges Ziel des Managements genannt wird; man befolgt dabei das Sprichwort: Wenn du den Kunden zufriedenstellst, folgt die Belohnung ganz von selbst).

Die Werte, zu denen sich das Unternehmen bekennt, unterstützen die selbstgestellte Aufgabe. Der Wert, der für Tesco an vorderster Stelle rangiert, lautet: „Gehe besser auf die Kunden ein als alle anderen."

Wenn man sich ansieht, wie erfolgreich Tesco im Augenblick damit ist, hält man es kaum für möglich, dass Tesco vor noch nicht allzu langer Zeit als zweitklassige Firma galt, die dafür berüchtigt war, ihre Kunden mies zu behandeln und bei ihren Konkurrenten abzukupfern. Anfang der 1990er-Jahre verlor Tesco Jahr für Jahr einen Marktanteil von ein bis zwei Prozent.

Um eine Wende herbeizuführen, ging das Unternehmen nicht ruckartig vor, sondern Schritt für Schritt über mehrere Jahre. Die Manager sprachen davon, einen Stein auf den anderen setzen zu wollen und den künftigen Erfolg statt mit einem großen Umschwung stufenweise durch viele kundenorientierte Änderungen herbeizuführen.

Ein wichtiger Baustein war die Einführung eines TWIST genannten Programms für die Manager. TWIST stand für „Tesco Week in Store Together" (etwa: Eine Woche zusammen im Tesco-Laden). Dabei arbeiten die Manager in den Filialen vor Ort mit; sie sollen durch die Praxis den Kunden besser verstehen lernen und eine Vorstellung davon bekommen, wie ihr eigener Job in das Gesamtgefüge des Unternehmens passt. Also haben Logistik- und IT-Manager Regale eingeräumt und der Vorstandsvorsitzende saß an der Kasse am Ausgang.

Es gab auch andere Maßnahmen, um die Käuferzufriedenheit und die Käuferbindung zu stärken. 1993 brachte Tesco eine Produktreihe mit hochwertigen Artikeln zu günstigen Preisen heraus; in England ist diese

Reihe unter „Own Label" bekannt. 1994 lancierte Tesco „One in front" (Nur einer vor mir); dabei sollte in den Filialen immer dann unverzüglich eine neue Kasse geöffnet werden, wenn in einer Warteschlange mehr als zwei Kunden warteten.

1995 folgte ein Rabattprogramm mit einer persönlichen Kundenkarte, wobei man ein Prozent Rabatt erhält, wenn man sie vorzeigt. Diese Maßnahme war eine der erfolgsreichsten Kundenbindungsprogramme aller Zeiten, und es wurde darüber sogar ein ganzes Buch geschrieben mit dem Titel *Scoring Points: How Tesco Continues to Win Costumer Loyalty*.

Somit erklärt sich, wie Tesco zur führenden Einzelhandelskette in Großbritannien aufsteigen konnte, wo das Unternehmen mittlerweile 30 Prozent Marktanteil im Lebensmittelbereich hält. Das Unternehmen expandiert inzwischen erfolgreich in Asien und Zentraleuropa.

Tesco geht im Übrigen auch auf ethnische Besonderheiten und Gewohnheiten seiner Kunden ein. Die Produkte, die außerhalb von Großbritannien verkauft werden, sind teilweise auf die jeweiligen lokalen Bedürfnisse zugeschnitten.

Der Vorstandsvorsitzende von Tesco, Sir Terry Leahy, erwarb sich einen Ruf als einer der führenden Top-Manager der Welt und gewann die Aufmerksamkeit der Medien. Der *Economist* schrieb über Leahy, dass er „nicht die kleinsten Änderungen vornimmt, ohne vorher über Kundenbefragungen und Umsatzzahlen zu brüten". Peter Drucker hätte es gefallen, wie Terry Leahy seine Geschäfte führt.

Wie man sich die Außenansicht angewöhnt

Was können Manager tun, um die Zerrbrille abzulegen, die Drucker am Anfang dieses Kapitels beschrieben hat? Wie geht man vor, um sich eine Außensicht anzueignen? Man kann folgendermaßen vorgehen:

- **Gehen Sie dorthin, wo die Kunden sind.**
  Nehmen Sie sich ein Beispiel an Tescos TWIST-Programm und lassen Sie Ihre Mitarbeiter direkt mit den Kunden arbeiten. Gehen Sie zu Mes-

sen, Konferenzen und anderen Veranstaltungen, die Sie direkt mit Ihren Kunden in Berührung bringen. Und denken Sie dabei auch an Ihre Nichtkunden, die Ihre Angebote bisher noch nicht wahrnehmen, dies vielleicht aber in Zukunft tun.

- **Laden Sie Kunden und Zulieferer ein, sich mit Ihren Mitarbeitern zu treffen.**
Es gibt einfach keinen Ersatz für das direkte Gespräch. Je mehr Kontakt Ihre Leute mit den wichtigsten Kunden und Zulieferern haben, desto mehr erfahren Sie über deren Bedürfnisse und Vorlieben.

- **Verwenden Sie moderne Technologie, um die Kundenzufriedenheit zu erhöhen.**
Wal-Mart setzt fortschrittliche Computer- und Satellitenkommunikation ein, um Informationen zwischen einzelnen Filialen, Lagern und der Zentrale auszutauschen. Dadurch wissen sie ziemlich genau, was wo verkauft wurde, und sind in der Lage, die Regale umgehend wieder aufzufüllen, sodass vor allem die wichtigsten Produkte (zum Beispiel Pampers) immer verfügbar sind. Tesco hat Wärmesensoren angebracht, um Engpässe und Verstopfungen in den Läden schnellstmöglich erkennen zu können (die gleiche Technik verwendet man, um Überlebende in eingestürzten Gebäuden ausfindig zu machen). Diese Technik ermöglicht es, den Kundenfluss in den Läden zu verbessern.

- **Verbringen Sie zwei bis vier Stunden mit den Websites Ihrer Mitbewerber oder in deren Läden oder wo immer sonst sich Ihre Konkurrenten befinden.**
Wenn Ihre Firma einen wesentlichen Anteil Ihres Geschäfts online tätigt, dann befindet sich Ihr Marktplatz im Web. Sorgen Sie dafür, dass Ihre Mitarbeiter wissen, was Ihre Mitbewerber vorhaben, damit Sie selbst einen Schritt voraus sind oder wenigstens deren neueste Maßnahme kontern können.

Außenansicht

Eine bestimmte Entwicklung in Druckers Denken führte ihn zu seiner Außenansicht-Maxime. Am Anfang war Druckers Gesetz: „Es gibt nur eine wirklich gültige Definition für jedwede Art von Geschäftsvorhaben: Man muss einen Kunden schaffen." Dann beschrieb er seine acht Fakten über das Geschäftsleben, die einen breiten Ansatz dafür ergaben, warum eine Außenansicht für den Erfolg so wichtig ist. Zu den Fakten gehört, dass Ergebnisse nur mit dieser Außenansicht erzielt werden, dass man seine Ressourcen vor allem darauf verwenden soll, nach Marktchancen Ausschau zu halten, und nicht darauf, interne Probleme zu lösen, und dass die effizientesten Firmen sich auf spezifische Angebote konzentrieren. Später fügte er zwei weitere grundlegende Tatsachen hinzu, die die Fähigkeit eines Managers behindern, eine Außenansicht zu entwickeln: erstens sind die Führungskräfte Gefangene ihres eigenen Unternehmens, vor allem weil sie nicht über ihre Zeit verfügen können. Außerdem sehen die oberen Ränge die Außenwelt durch eine Zerrbrille, falls sie sie überhaupt wahrnehmen. Das bedeutet, dass Manager von sich aus aktiv werden müssen, um tatsächlich nahe genug an die Märkte und an die Kunden heranzukommen und sich so ein möglichst ungefiltertes und unverfälschtes Bild machen zu können. Als brauchbares Vorbild dafür dient die britische Handelskette Tesco mit ihrem TWIST-Programm. TWIST steht für „Tesco Week in Store Together", wobei auch leitende Angestellte eine ganze Woche in einer Filiale arbeiten, um einen besseren Eindruck von den Abläufen und den Problemen vor Ort zu erhalten; und, was noch wichtiger ist, sie bekommen einen unmittelbaren und unverfälschten Eindruck von ihren Kunden.

Kapitel 5
Wenn die Naturtalente rar werden

„Was ein Manager tut, kann man mit wissenschaftlichen Methoden analysieren. Was ein Manager können muss, kann bis zu einem gewissen Grad erlernt werden ...
Aber eine Eigenschaft ist nicht erlernbar, eine Eigenschaft kann ein Manager nicht erwerben, sondern er muss sie mitbringen. Dabei handelt es sich nicht um Genie, sondern um Charakter."

Drucker räumte einem Thema breiten Raum ein. Er sprach viel über „Naturtalente" – diejenigen Menschen, die als geborene Manager bezeichnet werden. Solche Naturtalente setzen die richtigen Prioritäten, begeistern andere und wissen, wie man in wirklich kritischen Situationen Entscheidungen trifft. Mit natürlichem Talent zur Führung begabte Manager demotivieren ihre Mitarbeiter nicht durch überzogene Kontrolle. Für sie versteht es sich von selbst, dass der autokratische Führungsstil letztlich wirkungslos bleibt und ein Auslaufmodell ist.

Sie wissen, dass Einschüchterung lähmend wirkt und kontraproduktiv ist, besonders dort, wo es auf Kreativität ankommt. Sie haben genug Selbstvertrauen, um auch harte Entscheidungen treffen zu können. Sie setzen die richtigen Prioritäten, arbeiten verlässlich und konstant – auch in schwierigen Zeiten – und rücken schneller auf der Karriereleiter nach oben als ihre Kollegen.

Dieses Kapitel befasst sich mit solchen Naturtalenten – zunächst in einem historischen Zusammenhang, wie Drucker ihn mir aufzeigte; dann gehe ich zu einigen Einzelbetrachtungen über und zu den wichtigsten Schlussfolgerungen, die Drucker aus dem Wirken solcher talentierter Top-Leute gezogen hat.

Der Ursprung des modernen Unternehmens

Aufgrund der Themenauswahl, die Drucker an jenem Dezembertag traf, hatte ich den Eindruck, dass er mich als seinen Biografen ansah, obwohl ich ihm von Anfang an gesagt hatte, dass es keineswegs meine Absicht war, eine Biografie über ihn zu verfassen. Ich hatte Drucker vielmehr erklärt, es sei mein Ziel, seine besten Ideen und Erkenntnisse über das Thema Management ins Licht zu rücken und zu zeigen, wie sie am besten in die turbulenten, globalen Märkte von heute passen. Das hielt ihn jedoch nicht davon ab, mit einer Story nach der anderen über die Vergangenheit zu dozieren. Auch wenn wir uns kaum mit den Themen befassten, auf die wir uns eigentlich vorher verständigt hatten, weiß ich inzwischen, dass er mir mehr mit auf den Weg gegeben hatte, als ich erwarten konnte. Er gewährte mir einen seltenen Einblick in sein Leben und Denken und dazu gehörten auch Geschichten und Erfahrungen, über die er weder vorher noch nachher je gesprochen hat.

Schon bald nachdem wir mit unserem Gespräch begonnen hatten, wurde mir klar, dass Drucker darauf aus war, sein eigenes Denken in einen größeren Zusammenhang zu stellen. Er glaubte wohl, es sei das Beste, bis zu den Anfängen der modernen Unternehmenswirtschaft zurückzugehen – wann und unter welchen Umständen diese Unternehmen entstanden, wie sie strukturiert waren etc. Er ging auch sehr ausführlich auf seine „Vorläufer" ein, also diejenigen, die den Weg bereiteten, auf dem er dann mit so großen Schritten weiterging (in Kapitel 6 ist dann noch ausführlich von den Pionieren die Rede, die Drucker am meisten bewunderte).

Die Anfänge der Unternehmenswirtschaft sieht Drucker in den 1870er-Jahren. Wirklich große Unternehmen kamen in den USA erst nach dem Bürgerkrieg auf, durch den die Sezession der Südstaaten verhindert wurde. Interessanterweise kam es in den Vereinigten Staaten, in Deutschland, Japan und in Großbritannien praktisch gleichzeitig zur Gründung großer Unternehmen. In Frankreich hingegen haben sie sich nicht so schnell entwickelt. Drucker sagte, „Frankreich war unter all den großen Nationen der damaligen Zeit diejenige, in der die Familienunternehmen am längsten die führende Rolle spielten."

„Das, was wir heute als Manager bezeichnen, hat es zu allen Zeiten gegeben, aber früher waren sie immer sehr dünn gesät", fuhr er fort. Vor dem Entstehen der großen Unternehmen war es zumeist so, dass die fähigsten Mitglieder einer Familie das Familienunternehmen führten. Die besten bezeichnet Drucker als Naturtalente. „Aber plötzlich reichte das Angebot an Naturtalenten nicht mehr aus", erklärte Drucker. „Das reicht eben nur, wenn der Bedarf vergleichsweise gering ist. Aber wenn man eine größere Anzahl von fähigen Managern benötigt, muss Management auch etwas sein, was man lehren und lernen kann. Und genau das ist es, was ich gemacht habe." Indem Drucker Management quasi als Lehrfach begründete, schuf er die dringend benötigten Voraussetzungen, um auch solche Menschen in kompetente Manager zu verwandeln, die nicht von Natur aus führungsbegabt sind.

Druckers Bücher dienten dazu, Tausende und Abertausende von Managern auszubilden. Diese wurden in den Unternehmen, die sich im Nachkriegsboom nach dem Zweiten Weltkrieg in Größe und Zahl explosionsartig vermehrten, dringend gebraucht. Die Veröffentlichung seines Buches *Die Praxis des Managements* 1954 (dt. 1956) war ein bahnbrechendes Ereignis, weil man es für das beste wirklich anwendungsbezogene, moderne Praktiker-Buch über das Management hielt. Als beispielsweise David Packard (von Hewlett-Packard) sich daranmachte, die Ziele für sein Unternehmen festzusetzen, befasste er sich intensiv mit *Die Praxis des Managements*, wie Jim Collins, der Autor von *Der Weg zu den Besten* überliefert. Collins meinte außerdem, es sei „vermutlich das bedeutendste Buch über das Management, das jemals geschrieben wurde". Das ist wirklich ein großes Lob von einem Autor, der selbst einen der bestverkauften Wirtschaftsklassiker aller Zeiten verfasst hat.

Jack Beatty, leitender Redakteur der angesehenen Zeitschrift *Atlantic Monthly*, Fernsehkommentator und Autor des 1998 erschienenen Buches *The World According to Drucker* (dt.: Die Welt des Peter Drucker, 1998) stimmt Collins voll und ganz zu. Beatty hatte Drucker ausführlich interviewt und beschrieb die Bedeutung von *Die Praxis des Managements* folgendermaßen: „Um den 6. November 1954 herum erfand Peter Drucker das Management. Der Zeitpunkt war überaus passend: Der Managementboom der 50er- und 60er-Jahre war voll im Gange, aber es gab noch kein Buch, das dessen Zeitalter verkündete, und keines, das Managern erklärte, was Management ist, keines, das Management als eine der bedeutenden gesellschaftlichen Errungenschaften des 20. Jahrhunderts ins Bewusstsein rückte. Drucker füllte diese Lücke aus."

Als ich Drucker zu diesem Zitat befragte – vor allem zu Beattys Aussage, Drucker habe das Management erfunden – schaute er mich höchst amüsiert an und meinte, „da weiß Beatty sicher mehr als ich". Bis heute weiß ich nicht, ob Drucker aus Bescheidenheit bei seinem in Vorträgen immer wieder geäußerten Satz „Ich habe das Management nicht erfunden" blieb oder ob er von dem Thema einfach ablenken wollte. Aber es wird wohl niemand ernsthaft bestreiten, dass Drucker der richtige Denker und Schreiber zur richtigen Zeit war.

In den fünf Jahrzehnten, die seither vergangen sind, hat er sicher Millionen von Führungskräften und angehende Führungskräfte inspiriert. Auf dieser überaus prominenten Liste stehen die Chefs von General Motors, Ford und der Weltbank. Man munkelt außerdem, dass er derjenige war, der Margaret Thatcher dazu geraten hat, die britische Bergbauindustrie zu privatisieren.

Jim Collins betonte vor allem Druckers unmittelbaren Einfluss auf die „visionären" Unternehmen, über die er selbst geschrieben hat: „Bei den Recherchen für unser Buch *Immer erfolgreich* stießen Jerry Porras und ich auf eine erkleckliche Anzahl großer Unternehmen wie Merck, Procter & Gamble, Ford, General Electric und Motorola, deren Top-Führungskräfte von Druckers Werken beeinflusst waren. Wenn man diesen Einfluss mit den Tausenden und Abertausenden von Unternehmen und Organisationen aller Art von Polizeibehörden über Sinfonieorchester bis zu Ministerien und großen Unternehmen multipliziert, dann gelangt man unweigerlich zu dem Schluss, dass Drucker zu den einflussreichsten Persönlichkeiten des 20. Jahrhunderts gehört." Nur sozusagen als Fußnote: Die Aktienperformance der achtzehn in dem Buch *Immer erfolgreich* behandelten visionären Firmen übertraf entsprechend der in diesem Buch durchgeführten mehrjährigen Studie die durchschnittliche Kursentwicklung an der Börse um den Faktor 15.

In seiner *Business-Week*-Titelgeschichte „Der Mann, der das Management erfand" schrieb der Bestsellerautor und Redaktionsleiter bei *Business Week*, John Byrne, der Drucker im Laufe von zwanzig Jahren viele Male interviewt hatte, über den Managementpionier: „Die Geschichte von Peter Drucker ist die Geschichte des Managements. Es ist die Geschichte vom Aufstieg der modernen Großunternehmen und derjenigen, die dort die Arbeit organisieren. Ohne Druckers Analyse kann man sich die weitere Entwicklung dieser Firmen zu verzweigten, den gesamten Erdball umspannenden Unternehmen gar nicht vorstellen.

Die sechs wichtigsten Bücher von Peter Drucker

Drucker selbst hat mir gesagt, welche er für seine sechs wichtigsten Bücher hält. Die ersten beiden Titel stellen keine Überraschung dar, aber ein oder zwei andere kann man als solche bezeichnen.

- Das Großunternehmen, 1966 (*Concept of the Corporation*, 1946)
- Die Praxis des Managements, 1656, 1970, 1998 (*The Practice of Management*, 1954)
- Sinnvoll wirtschaften, 1965 (*Managing for Results*, 1964)
- Die ideale Führungskraft,1967 (*The Effective Executive*, 1967)
- Die Zukunft bewältigen, 1969 und 1998 (*The Age of Discontinuity*, 1969)
- Innovationsmanagement für Wirtschaft und Politik, 1985 (*Innovation and Entrepreneurship*, 1985)

Kapitel 5 · Wenn die Naturtalente rar werden

Die mittlere Führungsebene und die Wissensgesellschaft

Während meines Besuchs bei Drucker war mir stets bewusst, wie begrenzt die Zeit war, die uns zur Verfügung stand. Der Vormittag verging wie im Flug und kurz nach zwölf half ich ihm in meinen Mietwagen und wir fuhren zu seinem Lieblingsitaliener im Zentrum von Claremont im Süden von Kalifornien zum Essen. Nun hatte mir Drucker schon einen kleinen Geschichtsvortrag über die Anfänge der großen Wirtschaftsunternehmen gehalten, aber ich wollte natürlich auch wissen, wie es dann weiterging. Er fuhr fort: „Das Unternehmensmodell, von dem die meisten Managementbücher bis vor kurzem ausgingen, ist das Unternehmen, wie es sich nach 1918, also nach dem Ende des Ersten Weltkrieges, ausbildete." In den Unternehmen jener Zeit „gab es eine Handvoll Leute an der Spitze und darunter eine große, undifferenzierte Masse ungelernter oder einfach ausgebildeter Arbeiter und Angestellter." Eine mittlere Führungsebene leitender Angestellter, wie wir sie heute kennen, existierte damals nicht", erklärte er. „Dass diese mittlere Führungsebene allerdings erst eine Erscheinung der Zeit nach dem Zweiten Weltkrieg sein soll ... stimmt so nicht", korrigiert sich Drucker, „aber diese Schicht war vor dem Zweiten Weltkrieg noch sehr klein."

Er sagte, viele Unternehmen behielten diese einseitige (meine Formulierung, nicht seine) Struktur noch viele Jahre lang bei: „Das war tatsächlich so, sogar die Firmen, die ich in diesem Land als erste kennenlernte, hatten nur einige Abteilungsleiter, die der Unternehmensspitze direkt unterstellt waren. Ich denke dabei an typische Konsumgüterhersteller wie beispielsweise Remington in Connecticut."

Da ich selbst die meiste Zeit meines Lebens als leitender Angestellter gearbeitet habe, konnte ich mir gar nicht vorstellen, wie ein Unternehmen ohne sie funktionieren sollte. Das veranlasste mich zu der Frage, wie es dann zur Entstehung einer mittleren Führungsebene kam. Drucker antwortete, der Chemieriese DuPont sei das erste oder jedenfalls eines der ersten Unternehmen gewesen, das eine solche Führungsebene ausbaute (das 1802 gegründete Unternehmen stellte bis 1880 nichts anderes als Schießpulver beziehungsweise Sprengstoff her). Wie in anderen Familienunternehmen auch war es nur Angehörigen der Eigentümerfamilie du Pont gestattet, in die Firmenleitung aufzusteigen, erklärte Drucker.

Drucker drehte meine Frage daher einfach um und wollte von mir wissen: „Was also tut man mit qualifizierten Mitarbeitern, die nicht zur Familie gehören?" Man gibt ihnen Führungsaufgaben unterhalb dieser Topebene, antwortete ich. „Genau. *DuPont erfand das mittlere Management, nur um diese Leute zu halten.*" Der du Pont, von dem Drucker sprach, war Pierre S. du Pont (1870–1954), der von 1915 bis 1919 President des damals schon recht diversifizierten Unternehmens war.

Etwas später, 1920, investierte Pierre du Pont ziemlich viel Geld in General Motors, das zu jener Zeit kurz vor dem Bankrott stand und arbeitete mit dem seinerzeitigen GM-President Alfred Sloan daran, für das ums Überleben kämpfende Automobilunternehmen ein dezentrales Management aufzubauen.

Sowohl du Pont wie auch Sloan waren von Natur aus begabte Manager, aber sie standen beide an der Spitze von Unternehmen, die ständig Nachschub an gut ausgebildeten Managern benötigten, da ihre Firmen immer weiter expandierten. Drucker erklärte mir, dass der Zweite Weltkrieg dann den entscheidenden Schub brachte. Das ist im Wesentlichen auf die bekannte, im Jahr 1944 erlassene, sogenannte „G.I.-Bill" zurückzuführen. Mit diesem Gesetz, in dem die Regierung allen heimkehrenden G.I.s das Recht auf eine Universitätsausbildung und entsprechende finanzielle Unterstützung sowie Kredite für den Start in die Selbständigkeit gewährte, sollte den amerikanischen Soldaten die Wiedereingliederung ins Berufsleben erleichtert werden: „Die G.I. Bill of Rights veränderte die amerikanische Gesellschaft grundlegend, weil nunmehr eine enorme Zahl junger Männer, die normalerweise nie daran gedacht hätten, auf ein College zu gehen, die Möglichkeit hatten, einen Universitätsabschluss zu erwerben", führte Drucker aus. „Und wer erst einmal auf dem College war, hat natürlich keine Lust mehr, im Blaumann in der Fabrikproduktion zu arbeiten. Das Angebot schuf die Wissensgesellschaft, nicht die Nachfrage."

Nachdem also nun Millionen gut ausgebildeter Arbeitskräfte zur Verfügung standen, gab es auch einen ungeheuren Bedarf dafür, das subtile Handwerk des Managements zu erlernen. Deswegen hätte Druckers Timing einfach nicht besser sein können.

Der amerikanische Präsident Franklin D. Roosevelt hatte die G.I.-Bill 1944 unterschrieben. Als das Gesetz 1956 auslief, hatten fast die Hälfte der sechszehn Millionen heimkehrenden jungen Veteranen des Zweiten Weltkriegs, nämlich 7,8 Millionen junge Männer, ein College oder eine andere höhere Ausbildung absolviert. Das hatte zur Folge, dass Millionen von „Wissensarbeitern" als Arbeitskräfte zur Verfügung standen. Druckers *Das Großunternehmen (Concept of the Corporation)* und *Die Praxis des Managements (The Practice of Management)* wurden 1946 beziehungsweise 1954 veröffentlicht. Das erstgenannte Buch beschrieb die Vorzüge einer dezentralen Managementstruktur (DuPont, General Motors, das Waren- und Versandhaus Sears sowie General Electric, die die Ersten waren, die schon vor 1929 komplett dezentralisierten). Das zweite war eine genaue Handlungsanweisung, das einem Leser, der niemals im Management tätig war, zeigte, wie man eine Aufgabe definiert, Mitarbeiter führt und Prioritäten setzt.

Die Anatomie des Naturtalents

Um zu verstehen, wie Drucker den Begriff „Naturtalent" auffasste, können wir uns ansehen, was er mir bei meinem Gespräch darüber mitteilte. Als wir auf seine eigenen Talente zu sprechen kamen, machte er völlig klar, dass er zwar ein kompetenter Autor zum Thema Management sei, jedoch niemals wirklich selbst ein Managementpraktiker gewesen sei. „Ich habe selbst im Grunde keinerlei Managementerfahrung", sagte er immer wieder. Er gab sogar zu, dass er bei seiner Beratertätigkeit keineswegs seinen eigenen Ratschlag befolge: „Für jeden Berater gilt: Machen Sie es nicht so, wie ich es mache, sondern machen Sie es so, wie ich es Ihnen sage, dass Sie es machen sollen." Doch auch wenn er nichts von dem selbst tat oder getan hatte, was er anderen zu tun riet, hatte er doch im Verlauf von über sechzig Jahren drei Dutzend Bücher verfasst und die meisten befassten sich mit den Themen Management oder Gesellschaft (außer zwei Romanen und einer Autobiografie).

Auch wenn kein Zweifel daran besteht, dass Drucker ein fruchtbarer Autor zum Thema Management ist, machte er doch stets immer wieder deutlich, dass er selbst keineswegs über Führungsgene verfügte. Dieses Paradox kam an dem Tag, den ich bei ihm verbrachte, immer wieder zum Ausdruck, denn immer wieder sprach er von sich selbst in Sätzen wie:

„Ich kann keine Mitarbeiter führen."
„Ich bin ein Einzelgänger."
„Ich könnte Mitarbeiter weder einstellen noch entlassen."
„Ich bin ein hoffnungsloser Fall."

In starkem Gegensatz dazu stehen die Sätze, mit denen er den geborenen Manager beschreibt. Sein konkretestes, anschaulichstes Beispiel ist dabei eine Frau. Es handelte sich um eine Anwältin und er kannte sie aus jahrelanger Beobachtung:

„Sie kann ihre Leute an der richtigen Stelle einsetzen."
„Sie kann Mitarbeiter einstellen oder entlassen, ohne sich dabei gefühlsmäßig zu involvieren."
„Sie benennt die Prioritäten."

Drucker fügte hinzu, dass diese Dame stets schneller als alle anderen in ihrem Umfeld Karriere machte. „In jeder Anwaltsfirma, für die sie arbeitete, wurde sie schnell die für das Management verantwortliche Teilhaberin."

Eine kurze Skizze, wie man ein Naturtalent „macht"

Die Grundthese dieses Kapitels ist natürlich ein Paradox. Wenn man ein Naturtalent, ein geborener Manager ist, wie kann man dann neue Manager kreieren? Die Antwort besteht aus zwei Komponenten, die sich gegenseitig ergänzen müssen. Die eine Komponente ist die Auswahl der Manager und die andere ihre Ausbildung, ihr Training, ihre Entwicklung und Berufserfahrung. Sehen wir uns Druckers Vorstellung eines geborenen Managers näher an:

Druckers geborener Manager kann seine Mitarbeiter „an der richtigen Stelle einsetzen".

Das bedeutet: Er betraut seine Mitarbeiter instinktsicherer mit der Aufgabe, für die sie am besten geeignet sind. Das ist oftmals schwieriger, als es klingt, insbesondere da Drucker immer wieder betont hat, dass Management eine zwischenmenschliche Aufgabe sei. Bei der richtigen Platzierung von Mitarbeitern geht es nicht nur darum, Stärken mit Stärken zusammenzubringen, sondern es ist ebenso wichtig, sie an Stellen zu setzen, wo es möglichst wenig persönliche Reibereien und Hahnenkämpfe gibt.

„Sie kann Mitarbeiter einstellen oder entlassen, ohne sich dabei gefühlsmäßig zu involvieren."

In Vorstellungsgesprächen ist es gar nicht so leicht festzustellen, ob jemand dazu fähig ist oder nicht. Eine Möglichkeit, der Sache hier auf den Grund zu kommen, ist, ein Szenario auszumalen und den Bewerber oder die Bewerberin zu fragen, wie sie sich unter diesen spezifischen Umständen verhalten würden. So könnte man ein ziemlich düsteres Bild von einem fiktiven, wirklich schwierigen Mitarbeiter entwerfen und den Kandidaten oder die Kandidatin fragen, wie sie mit dieser Person umgehen. Ein anderer, eher direkter Zugang wäre, einen früheren Vorgesetzen zu fragen, wie der Bewerber Einstellungs- und Entlassungsfragen und deren Folgen geregelt hat.

„Sie benennt die Prioritäten."

Das ist gerade heutzutage eine der entscheidenden Qualitäten. Es gibt in vielen Firmen unzählige Fachmitarbeiter und Manager, die vierzehn Stunden am Tag und sechs Tage in der Woche arbeiten und anscheinend nichts zustande bekommen. Befördern Sie nur Leute, die ihre Aufgaben nachweisbar und konstant auch wirklich erledigen. Nach Druckers Auffassung sollten Manager höchstens zwei wirklich priorisierte Aufgaben gleichzeitig verfolgen, sonst kommen sie ins Schlingern. Sein dringender Rat an Manager lautete, eine Sache nach der anderen abzuarbeiten und wenn die beiden Top-Prioritäten erledigt wären, sich eine neue Aufstellung zu machen, weil in der Zwischenzeit die alten Prioritäten längst überholt wären.

Weitere vier Rituale für das Naturtalent

Drucker hatte sehr klare Vorstellungen davon, was ein Naturtalent ausmacht. Zusätzlich zu den drei Eigenschaften, die er mir bei meinem Interview nannte (siehe oben), war er natürlich auch in seinen Werken ausführlich auf die Eigenschaften eingegangen, die er ganz besonders mit effektivem Management verknüpfte. Hier folgt eine Zusammenfassung seiner Kernpunkte (eine ausführlichere Darlegung von Druckers Führungsidealen folgt in Kapitel 9):

1. **Geborene Manager fragen sich und ihre Umgebung ständig: „Was kann ich noch alles tun, um noch mehr zum Unternehmen beizutragen?"**
Drucker erklärte dazu, dass wirklich effektive Führungskräfte andere Menschen in ihrem Unternehmen, seien es die Vorgesetzten, Mitarbeiter, vor allem aber ihre Kollegen in anderen Firmenbereichen immer fragen: „Was braucht ihr von mir, damit ihr euren Beitrag zum Gesamtunternehmen leisten könnt?"

2. **Geborene Manager wissen, dass es wichtiger ist, die richtigen Fragen zu stellen, als die richtigen Antworten zu finden.**
Das ist ein für Drucker typischer Spruch. „Es gibt kaum etwas Nutzloseres – möglicherweise auch Gefährlicheres – als die richtige Antwort auf die falsche Frage. Es genügt auch nicht, die richtige Antwort zu finden. Noch wichtiger und noch schwieriger ist es aber, die getroffenen Entscheidungen auch umzusetzen. Managementwissen ist nicht um seiner selbst willen da; es dient dazu, Leistungen zu erbringen."

3. **Geborene Manager wissen, dass sie in rauer See nicht ein weiteres Meeting abhalten.**
Stattdessen übernehmen sie das Steuer, schlagen den richtigen Kurs ein und sorgen dafür, dass alle in die richtige Richtung rudern.

4. **Geborene Manager wissen, dass sie Verantwortung für die Arbeitsmoral und die Firmenkultur tragen.**
Fähige Manager führen durch ihr Vorbild und kümmern sich darum, „was richtig ist" und darum „wer recht hat". Diese Grundsätze müssen in Werte umgewandelt werden und unmissverständlich in einem Unternehmen kommuniziert werden.

Wenn die Naturtalente rar werden

Drucker verwendete viel Zeit darauf, über Naturtalente und geborene Manager nachzudenken, und er äußerte sich oft zu diesem Thema. Vor 1870 gab es keine großen Unternehmen, die nicht in privater Hand waren, und daher bestand auch kein wirklicher Bedarf an Managern. Doch als nach dieser Zeit immer mehr Großunternehmen entstanden, wuchs auch der Bedarf an Managern. Druckers erste Bücher waren eine wichtige Hilfe, fähige Manager für solche Unternehmen wie General Electric und Hewlett-Packard heranzubilden.

Lange Zeit gab es auch keine mittlere Führungsebene. Es gab nur die Firmenleitung und die Masse der ungelernten und einfach ausgebildeten Arbeiter und Angestellten. Pierre S. du Pont schuf als Erster eine mittlere Führungsschicht in seinem großen Chemieunternehmen, um seine besten Mitarbeiter in der Firma zu halten.

Drucker beschreibt folgendermaßen, wie er sich den von Natur aus zur Führung befähigten Manager vorstellte: Ein Naturtalent weiß, wie es seine Leute an der richtigen Stelle einsetzt, damit sie sich im Sinne des Unternehmens optimal entfalten können. Ein solcher Manager versteht es, bei der Einstellung und Entlassung von Mitarbeitern emotionslos vorzugehen. Er weiß, welche Prioritäten er zu einem gegebenen Zeitpunkt setzen muss, und hält sich daran. Geborene Manager wissen die richtigen –und gegebenenfalls auch harte – Fragen zu stellen und schwierige Entscheidungen zu treffen, insbesondere wenn die Gefahr droht, dass die Dinge aus dem Ruder laufen. Sie wissen, dass sie Verantwortung für die Arbeitsmoral und die Firmenkultur (oder diejenige ihres Geschäftsbereichs) tragen.

Kapitel 6
Jeffersons aufklärerisches Ideal

„Wenn Dinge bewegt und hergestellt werden ... Wissen und Dienstleistungen bereitgestellt werden müssen ..., dann ist die Partnerschaft mit dem selbstverantwortlich handelnden Mitarbeiter der einzig gangbare Weg."

Vom allerersten Buch an, mit dem Druckers Laufbahn als Wirtschaftsautor begann, führte er die menschliche Würde als Grundkriterium des Managerhandelns ein und wich von diesem Prinzip nie mehr ab. Bis dahin wurden Arbeiter und Angestellte nicht als wertvolle Ressource oder als Kapital betrachtet. Hierbei handelt es sich um eines der zentralen Themen vor allem in Druckers frühen Werken und damit kam eine völlig neue Idee in die unternehmerische Weltsicht der Amerikaner, die es so vor den 1940er-Jahren nicht gegeben hatte.

Das demokratische Prinzip, wie Thomas Jefferson, der dritte Präsident der Vereinigten Staaten und Hauptverfasser der amerikanischen Unabhängigkeitserklärung, es verstand, konstituierte eine parlamentarische und rechtsstaatliche Demokratie auf der Grundlage gleicher Rechte für jedermann, also für jeden einzelnen Menschen und somit auch für die einfachen Leute. „Jefferson war derjenige, der Amerika seine geistigen Grundlagen, sein staatliches Selbstverständnis gegeben hat", deutet David N. Mayer, Professor für Rechtsgeschichte an der Capital University, den historischen Stellenwert dieses bedeutenden Gründungsvaters der Vereinigten Staaten. Mayer sagte außerdem: „In Jeffersons Denken spielen Vernunft, die Rechte des Individuums, Freiheit und das Prinzip der Gewaltenteilung in der Regierung die zentrale Rolle."

In seiner Inaugurationsansprache im März 1801 forderte er das amerikanische Volk auf, sich „in gemeinsamer Anstrengung für das Gemeinwohl" zusammenzufinden. Er fügte hinzu, dass „die Minderheit über gleiche Rechte verfügt, die durch dementsprechende Gesetze geschützt werden müssen; werden diese Rechte verletzt, so bedeutet das, dass diese Menschen unterdrückt werden." Dann forderte er seine „Mitbürger auf, im Herzen und im Geiste zusammenzustehen".

In seinem ersten Managementbuch *Concept of the Corporation* von 1946 (dt.: Das Großunternehmen, 1966) räumt Drucker einer an Jeffersons Denken angelehnten Auffassung von der Würde des Einzelnen, die der kalten „repräsentativen Institution" dieser Zeit gegenüberstehe, breiten Raum ein. Drucker sagte dazu: „Wenn die Großunternehmen tatsächlich der repräsentative Ausdruck des zeitgenössischen Amerika sind, dann müssen sie auch die fundamentalen Wertvorstellungen der amerikanischen Gesellschaft verinnerlichen ... dann müssen sie dem Einzelnen einen anerkannten Status und sinnvolle Aufgaben geben, und es muss Chancengleichheit herrschen ... die Verwirklichung der Menschenwürde und ein sinnerfülltes Leben geschieht in einer industriellen Gesellschaft in erster Linie in und durch Arbeit."

Drucker hob insbesondere die „Gleichheit" als ein „spezifisch amerikanisches Merkmal hervor, für das es in Europa nichts Vergleichbares gibt. Hierin liegen die Wurzeln der signifikanten Besonderheiten der amerikanischen Gesellschaft, die einem auswärtigen Besucher immer wieder auffallen." Drucker beschreibt dann im Einzelnen, was in seiner Wahrnehmung diese Besonderheiten ausmacht: die Menschen sind ausgesprochen freundlich, es gibt keinen Neid und nicht diese übertriebene Ehrfurcht vor Menschen, die führende Positionen einnehmen. „Worin auch immer dieses Gleichheitsdenken seinen Ursprung hat, es durchzieht das ganze Leben in Amerika. Es zeigt sich in vielen kleinen Details, beispielsweise darin, wie jeder offenen Zugang zu den höchstrangigen Staatsvertretern hat, aber auch darin, dass es in Bürogebäuden keine Spezialaufzüge für die Bosse gibt, und in der tiefen Abneigung gegen jeden – Menschen, aber auch ganze Staaten –, der sich übermäßig hervortun will."

Diese Worte haben heute die gleiche Gültigkeit wie 1946, als Drucker sie formulierte. Die Top-Manager von heute sind sogar noch zugänglicher und kommunizieren noch häufiger sowohl mit ihren Managern als auch mit allen anderen Mitarbeitern als je zuvor. Und es gibt in der Tat eine „tiefe Abneigung" gegen jeden, „der sich übermäßig hervortun will, egal, ob Einzelperson oder Staat". Die meisten Unternehmen haben den autokratischen, arroganten, versnobten Führungstyp abgeschafft, der nichts anderes tut, als im Befehlston herumzubellen und seine Mitarbeiter anzuschnauzen. Die Gründe dafür sind offensichtlich: Manager, die sich derart herablassend verhalten, erreichen bei weitem nicht so viel wie Führungskräfte, die partnerschaftlich mit ihren Teams zusammenarbeiten.

Dabei muss man klarstellen, dass Drucker sich niemals für „volksdemokratische" Arbeitsverhältnisse stark gemacht hat, bei denen alle Beteiligten über jede größere Unternehmensentscheidung abstimmen. Aus seinen Untersuchungen über Alfred Sloan und General Motors wusste er, dass für die Zukunft eines Unternehmens nichts ausschlaggebender ist als die Qualität und die sich in Entscheidungen niederschlagenden Führungsfähigkeiten des jeweiligen Top-Managements (was, nebenbei bemerkt, zu den kostspieligsten Investitionen eines Unternehmens zählt).

Drucker war der Auffassung, dass die Art und Weise, wie ein Managementteam organisiert ist und wie die Mitarbeiter geführt werden, entscheidend ist: „Jede Institution sollte so organisiert sein, dass sich die Talente und Fähigkeiten der Mitarbeiter innerhalb der Organisation am besten entfalten können; die Menschen sollten ermutigt werden, die Initiative zu ergreifen, und man sollte ihnen die Möglichkeit geben zu zeigen, was sie können, und eine Perspektive, wie sie sich entwickeln können; man sollte ihnen Anreize in Form einer Beförderung und Verbesserung ihres sozialen und wirtschaftlichen Status in Aussicht stellen – dies sollte eine wirkliche Belohnung für ihre Bereitschaft und ihre Fähigkeit zur Übernahme von Verantwortung sein."

Viele Jahre später bemerkte Drucker, „dass die Leistungen, die wir benötigen, künftig nicht mehr von Menschen und Unternehmen erbracht werden, die wir kontrollieren, sondern in zunehmendem Maße von Menschen und Unternehmen, zu denen wir eine partnerschaftliche Beziehung unterhalten – also nicht von Menschen, die wir herumkommandieren können."

Während unseres Interviews sprach Drucker ausführlich über seine Studenten und ihre Karrieren. Es war offensichtlich, dass er Hunderte seiner Studenten beraten und ihre Laufbahn mit großem Stolz verfolgt hatte. Die menschlichen Anliegen, die er in seine Bücher über das Management einfließen ließ, waren nicht nur reine Managementtheorie; sie spiegelten auch die Art wider, wie er lehrte, was er vorlebte und wie er sich als Mentor verhielt. Drucker bezeichnete sich selbst zwar als den schlechtesten Manager der Welt, aber wenn er beispielsweise ein Großunternehmen geleitet hätte, hätte er sicherlich alle seine Mitarbeiter sehr respektvoll behandelt. Außerdem verfügte er über eine weitere Eigenschaft, die für einen erstklassigen Manager unabdingbar ist: Er war viel bescheidener als alle anderen Menschen, denen ich jemals begegnet bin.

Managementgeschichte aus Druckers Sicht

Um voll und ganz verstehen zu können, wie Drucker dazu kam, seine Prinzipien des Managements zu schreiben – und umzuschreiben –, ist es wichtig, die Geschäftsführungsmodelle zu kennen, die vor seiner Zeit, also vor den 1940er-Jahren im Schwange waren.

Während unseres Gesprächs hielt Drucker mir einen raschen, aber konzentrierten Vortrag über die Geschichte der Managementtheorien. So wie er es in seinen Büchern auch gern tat, richtete er den Blick schnell auf seine Vorläufer, die Menschen, deren Denken und Vorstellungen den Weg für ihn bereitet hatten.

Dabei lobte er besonders eine frühe Pionierin der Managementtheorie, die den menschlichen Aspekt der Arbeit sehr hervorgehoben hatte: „Ich meine Mary Parker Follett (1868–1933). Sie ist völlig in Vergessenheit geraten, wirklich vollständig", betonte er. „Das lag auch daran, dass sie regelrecht unterdrückt und nicht bloß einfach vergessen wurde. Sie stand so sehr im Gegensatz zu der Mentalität der 30er-Jahre mit ihrer Fokussierung auf Konflikt und kontroverse Arbeitsverhältnisse, dass ihr Ansatz in Richtung Konfliktlösung einfach nicht infrage kam."

Mary Parker Follett machte sich für „Macht in gemeinsamer Verantwortung" anstatt „Macht von oben" stark und prägte Begriffe wie „Autorität und Macht" sowie „Konfliktlösung". Sie definierte Unternehmen als „Netzwerke" und nicht als hierarchisch aufgebaute Autokratien. Deshalb bezeichnet Drucker sie als „Managementprophetin".

Die einflussreichste, wenn auch umstrittenste Figur im Managementdenken der ersten Hälfte des 20. Jahrhunderts war gleichwohl Frederick Taylor (1856-1915), der Begründer der sogenannten wissenschaftlichen Betriebsführung (Scientific Management beziehungsweise Taylorismus).

Taylor initiierte sogenannte Zeitstudien, die auch als Arbeits- und Bewegungsstudien bekannt wurden. Dabei wurde der Zeitaufwand für die einzelnen Arbeitsschritte gemessen und zwar bis auf die Hundertstelsekunde. Taylor postulierte, es müsse möglich sein, die einzig optimale Weise zu ermitteln, wie ein beliebiger Arbeitsvorgang ausgeführt werden konnte. Es begann damit, dass die Zeit gemessen wurde, die Arbeiter beim Sandschaufeln brauchten. Vor Taylor waren Schaufeln ganz unterschiedlich geformt. Ihre Größe und Länge beispielsweise waren durchaus unterschiedlich. Taylor legte nun fest, dass die optimale Schaufelladung Sand 9,5 Kilogramm wog, und er entwarf Schaufeln, mit denen man genau diese Gewichtsmenge heben konnte. Dadurch wurden die Arbeiter effizienter.

Drucker fasste Taylors wichtigste Errungenschaften folgendermaßen zusammen: „Taylor übertrug die Prinzipien, die die Werkzeugmaschineningenieure des 19. Jahrhunderts für ihre Maschinen entwickelt hatten, auf die manuellen Tätigkeiten von Arbeitern. Er definierte genau die auszuführende Arbeit; dann teilte er den Vorgang in lauter kleine Einzelschritte auf. Als Nächstes definierte er die richtige Vorgehensweise für jeden einzelnen Vorgang und schließlich setzte er die Vorgänge in derjenigen Reihenfolge zusammen, in der sie am schnellsten und wirtschaftlichsten erledigt werden konnten." Als Fazit stellte Drucker fest: „Taylor verwendete wissenschaftliche Erkenntnisse dazu, manuelle Arbeit produktiv zu machen."

Taylors Buch *Die Grundsätze wissenschaftlicher Betriebsführung* erschien 1911 und hatte großen Einfluss auf viele praktische Unternehmer, zu denen auch Henry Ford gehörte. (Ford verwendete die Taylor'schen Methoden der Arbeits- und Bewegungsstudien in seinen Automobilfabriken, um die von ihm erfundene Fließbandarbeit zu verbessern; das Ergebnis waren 15 Millionen identische T-Modell Autos, die zwischen 1908 und 1927 gebaut wurden.)

Ein anderer Vordenker des Managements, der oft mit Taylor in Zusammenhang gebracht wird, ist der Franzose Henri Fayol (1841–1925), der langjährige Leiter einer Bergbaugesellschaft. Drucker hält dem französischen Managementtheoretiker zugute, als Erster die Bedeutung von Strukturorganisationen in Unternehmen erkannt zu haben. Die vierzehn Fayol'schen Managementprinzipien fanden in Europa und in den Vereinigten Staaten viel Beachtung. (Dazu gehören auch ein Prinzip der „Autorität und Verantwortlichkeit" und das Prinzip der „Einheit der Auftragserteilung".)

Taylor und seine wissenschaftliche Betriebsführung hatten einen verbreiteten und lang anhaltenden Einfluss auf die Produktionsmethoden im 20. Jahrhundert. Die meisten modernen Einführungslehrbücher zur Managementtheorie widmen Taylors wissenschaftlicher Betriebsführung und Fayols vierzehn Managementprinzipien mehrere Seiten, also sehr viel mehr Raum als Drucker im Allgemeinen zugestanden wird (wie bereits weiter oben erwähnt, kann Drucker sich glücklich schätzen, wenn er mit einigen Zeilen oder in einer Fußnote erwähnt wird). So ist es nun seit Jahrzehnten und man fragt sich, was wohl in ungefähr hundert Jahren in solchen Lehrbüchern stehen wird.

Wie Drucker jedoch bereits in den späten 50er-Jahren ausführte, wurde in diesen Managementmodellen das „Management eher als ein Resultat und nicht als die Ursache von etwas betrachtet und eher als Reaktion auf bestimmte Bedürfnisse und Notwendigkeiten statt als Initiator von Gelegenheiten."

Die Grenzen der Fließband-Mentalität

Trotz Taylors Erkenntnissen und Errungenschaften wurden bestimmte Aspekte seiner Lehre heftig kritisiert, vor allem im Hinblick darauf, dass sie Wert und Würde des Menschen kaum in Betracht zog. In Taylors Modell haben Sekundenbruchteile eine größere Bedeutung als die Ansprüche der Arbeiter, die er „Helfer" nannte, auf menschenwürdige Behandlung. Taylor vertrat den Standpunkt, dass „in der Produktion irgendwelche besonderen persönlichen Fähigkeiten keine Rolle spielen". Wenn alle Arbeit gleich sei und alle Arbeiter gleich seien, dann könne jedermann beigebracht werden, ein „erstklassiger Arbeiter" zu sein.

Da solche Vorstellungen und Aussagen nicht besonders populär waren, wurde Taylor innerhalb der akademischen Elitewelt heftig geschmäht (mit Ausnahme einiger sehr moderner Managementlehrbücher). Vor allem die Aussage, dass persönliche Fähigkeiten keine Rolle spielen, galt einfach als zutiefst *unamerikanisch*. Man kann sich nur schwer vorstellen, dass es in den USA eine Ansicht gibt, die noch unpopulärer wäre, in diesem Land, wo theoretisch unbegrenzte Aufstiegsmöglichkeiten und das Gewinnerprinzip höchste Wertschätzung erfahren. Die Kritik an Taylor war keineswegs auf die akademische Welt beschränkt. Drucker wies mich darauf hin, dass sogar Charlie Chaplin sich in seinem Stummfilm *Moderne Zeiten* über die Absurditäten der Fließband- und Zahnradwelt lustig machte.

David Montgomery, Inhaber der Farnam-Professur für Geschichte an der Universität Yale, meint dazu: „Taylor war alles andere als ein Scharlatan, aber praktisch betrachtet erforderte sein Modell die völlige Anpassung des Arbeiters an die Maschine und somit ideologisch betrachtet die völlige Unterdrückung jeglicher Ablehnung dieser Arbeitsweise ... ganz zu schweigen von anderen menschlichen Regungen und Erwartungen, die nicht mit Taylors mechanistischer Vorstellung von Fortschritt übereinstimmten." Aus dem gleichen Grund sah Drucker in dieser Fließband- und Zahnradmentalität genau das Gegenteil von allem, was ihm teuer war – vom kreativen Gedanken bis zum wohltemperierten Arbeitsklima.

Drucker machte eine vollkommen andere Rechnung auf und führte völlig neue Argumente in die Debatte ein. Sein Buch *Concept of the Corporation* (Das Großunternehmen), ist ein einziges Plädoyer für eine Humanisierung der Arbeitswelt (Teil II des Buches ist mit „Der Konzern als Ausdruck menschlicher Produktionsanstrengungen" überschrieben) und umgekehrt eine Anklage gegen mechanistische Arbeitsweisen.

Die Fließband- und Zahnradmentalität „beraubt den Arbeiter der Befriedigung, die er in seiner Arbeit findet", beharrt Drucker. Er wies darauf hin, dass in der Tat die „effizientesten" Fließbandarbeiter im Vergleich zu ihren Kollegen eher wie Roboter als wie menschliche Wesen wirkten. Heutzutage sind solche Einsichten eine Selbstverständlichkeit, aber in jenen Zeiten, als Fließbandarbeit als der unangefochtene ultimative Weg zur Massenproduktion galt, setzte sich Drucker mit seinen Ansichten deutlich vom betriebswirtschaftlichen Mainstream seines Umfeldes ab.

Es ist wirklich zu bedauern, dass ein Buch, das sich so sehr für eine Humanisierung der Arbeitswelt stark machte, von der akademischen Welt ignoriert wurde. Den Redakteuren John Micklethwait und Adrian Wooldridge vom *Economist* zufolge hatte Drucker sich mit *Das Großunternehmen (Concept of the Corporation)* der traditionsbewussten amerikanischen akademischen Welt weitgehend entfremdet: In den Augen von Ökonomen handelte es sich dabei um Vulgärsoziologie und die Vertreter der Politischen Wissenschaften hielten es für verrückt gewordene Wirtschaftslehre. Das ist der Grund dafür, warum Druckers Laufbahn sich von Anfang an auf Nebengleisen bewegte.

Die wichtigste Botschaft, die man allen frühen Werken von Peter Drucker entnehmen kann, ist die an vielen Stellen wiederholte Feststellung, dass es sich bei Unternehmen um gesellschaftliche Einrichtungen handelt, in denen nicht Roboter agieren wie die Fließbandarbeiter bei Frederick Taylor, sondern Menschen, die ihre Bedürfnisse, ihre Ziele und ihre Stärken haben.

Druckers Ansatz, Management sei eine auf die „Praxis" ausgerichtete „Gesellschaftsdisziplin" und nicht eine akademische Wissenschaft, veränderte die Auffassung von der Managementlehre.

Er gehörte auch zu den Ersten, die betonten, wie wichtig Verantwortung und Arbeitsmoral in einer Organisation sind. In *Die Praxis des Managements* schrieb er: „Wir sprechen hier von ‚Führung' und der ‚Firmenkultur' eines Unternehmens und für die Führung sind die Manager verantwortlich ... und die Firmenkultur wird von dem Geist bestimmt, der innerhalb der Führungsgruppe herrscht."

Für Drucker war Verantwortung immer ein wesentlicher Teil der Aufgabe des Managements: „Es spielt keine Rolle, ob der einzelne Arbeiter und Angestellte Verantwortung erwartet oder nicht. Das Unternehmen muss das vom Manager erwarten. Das Unternehmen braucht die Leistung und positive Ergebnisse. Da man ein Unternehmen heutzutage nicht mehr durch die Verbreitung von Furcht und Schrecken regieren kann, erzielt man Leistung und Ergebnisse nur dadurch, dass man die Mitarbeiter zur Eigenverantwortung ermutigt, sie dazu motiviert und falls nötig mit etwas Druck dazu nachhilft."

Die Frage nach dem Wozu

George Elton Mayo (1880–1949) war ein Psychologe und Soziologe und über zwanzig Jahre lang (1926–1947) Professor für Betriebssoziologie an der Universität Harvard. Zu seinen bekanntesten Leistungen zählt die Mitarbeit an den bekannten Hawthorne-Studien (1927–1932), bei denen sich unter anderem zeigte, dass Arbeiterinnen, die wussten, dass sie Teil dieser Untersuchung waren, eine bessere Arbeitsleistung aufwiesen als diejenigen, die nicht unter Beobachtung standen. Elton Mayo führte auch das Werk von Mary Parker Follett weiter. Beide gingen davon aus, dass die Außerachtlassung der menschlichen Komponente durch die Managementmodelle ihrer Zeit ein gravierender Fehler war. Mayo wurde später zum Mitbegründer der Human-Relations-Bewegung.

Drucker weist jedoch nachdrücklich darauf hin, dass keiner der Vertreter der Human-Relations-Theorie weit genug ging: „Als Frederick Taylor seine später unter der Bezeichnung ‚Scientific Management' bekannt gewordene Methode ausarbeitete, ... stellte er sich nie die Frage: ‚Wie lautet die Aufgabe? Warum wird das gemacht?' Es ging ihm nur um die Frage ‚Wie wird das gemacht?' Ungefähr fünfzig Jahre danach unternahm Elton Mayo nichts weniger als den Versuch, dem Taylorismus die Grundlage zu entziehen, indem er ihn durch die Human-Relations-Theorie ersetzte. Aber auch er fragte nie: ‚Wie lautet die Aufgabe? Warum wird das gemacht?'.

Wenn es um diesen Teil des unternehmerischen Handelns ging, wurde das Ziel, die eigentliche Aufgabe, immer als gegeben vorausgesetzt."

Mit anderen Worten, vor Drucker war die Managementlehre eine ziemlich eindimensionale Disziplin. Die Theoretiker befassten sich hauptsächlich damit, wie etwas zu bewerkstelligen ist, und nicht damit, warum etwas hergestellt oder geleistet werden soll oder warum nicht. Die Kontroverse zwischen Taylorismus und Human-Relations spitzte sich im Grunde auf die einfache Frage zu, *wie* man etwas am besten bewerkstelligen konnte, und nicht auf die Frage, *wozu* man etwas bewerkstelligen wollte. Doch für Drucker, für den Management eher eine praktische Aufgabe und weniger eine akademische Theorie darstellte, war die Frage, was eigentlich erreicht werden sollte, genauso wichtig wie jene, wie es erreicht werden konnte.

Das ist ein Kerngedanke bei Drucker. Eine seiner größten Begabungen besteht darin, scheinbar selbstverständliche Annahmen infrage zu stellen und sich von irrelevanten Vorstellungen zu verabschieden. Selbstverständlich war Strategie die Domäne des Managements. Dem General-Motors-President Alfred Sloan gelang es in den 20er-Jahren dank der von ihm auf dem Automarkt eingeführten segmentierten Markenpolitik, Henry Ford zu schlagen. (Drucker war nie ein Bewunderer von Ford. Nach seiner Überzeugung hat Ford sein Unternehmen nicht gut geführt, weil er nicht an die Bedeutung des mittleren Managements glaubte.)

Das Gebot der Partnerschaft

In der Zeit vor dem Zweiten Weltkrieg wäre kein Unternehmer oder Manager auf den Gedanken gekommen, seine Arbeiter und Angestellten hinsichtlich ihrer Arbeit zu befragen, etwa wie sie diese verbessern könnten. Für Frederick Taylor waren sowohl die leitenden Angestellten wie die Arbeiter „tumbe Ochsen". Elton Mayo zeigte etwas mehr Respekt gegenüber Managern, hielt die Arbeiter aber für „unreif" und „begriffsstutzig". Nach seiner Ansicht benötigte man die Unterstützung von Psychologen, um ihnen klarzumachen, was eigentlich von ihnen erwartet wurde.

Drucker weist nun darauf hin, dass sich durch den Zweiten Weltkrieg alles änderte. Weil die Vorarbeiter, Ingenieure oder Psychologen größtenteils zum Militärdienst eingezogen waren und niemand mehr da war, der den Arbeitern sagte, was sie tun sollten, blieb Drucker und seinen Kollegen nichts anderes übrig, als direkt mit den Arbeitern zu sprechen. Drucker gab zu, er sei sehr erstaunt darüber gewesen, was die Arbeiter ihm alles erzählten. Sie waren weder „tumb" noch „begriffsstutzig". Im Gegenteil, sie hatten eine klare Vorstellung von dem, was sie taten und was man alles verbessern konnte. Es erwies sich als wichtig und richtig, die Arbeiter mit einzubeziehen – „indem man überhaupt erst einmal anfing, sie zu fragen, ergaben sich auch Perspektiven für Produktivitäts- und Qualitätsverbesserungen", erklärte Drucker. IBM war eine der ersten großen Firmen, die sich auf diese neue Sicht der Dinge, dass Arbeiter auch ihren Beitrag zur Verbesserung leisten können, einließ. *Think* (Denk mit!) lautet die Parole bei IBM schon relativ früh. Ein unübersehbarer Hinweis darauf prangte schon in der zweiten Hälfte der 30er-Jahre auf einem großen Schild über dem Eingangsportal zum IBM-Schulungszentrum. Wenn die IBMler das Schulungszentrum betraten, wurden sie mit weiteren Schlagwörtern wie SIEH HIN, REDE MIT, HÖR ZU und LIES konfrontiert, aber das DENK MIT-Schild hing laut IBM-Chef Thomas J. Watson in jedem einzelnen Büro.

In den 1950er- und 1960er-Jahren folgten vor allem japanische Firmen diesem Beispiel und veranlassten ihre Manager dazu, engere Beziehungen zu ihren Mitarbeitern zu entwickeln.

Solange die Arbeiter am Fließband standen und jeder kleine Handgriff festgelegt war, konnte man es sich vielleicht leisten, auf jede weitergehende Kommunikation mit ihnen zu verzichten. Als jedoch die Komplexität der Arbeit zunahm und sich die Anzahl der Wissensarbeiter und Fachleute deutlich vermehrte, sahen sich die Führungskräfte genötigt, sich mit ihren Mitarbeitern auf eine Weise auseinanderzusetzen, die es vorher nie gegeben hatte: „Bei jeder Art von Wissensarbeit und im Dienstleistungsbereich ist ein partnerschaftliches Verhältnis zu einem verantwortungsbewussten Mitarbeiter unabdingbar; alles andere wird nicht funktionieren", schrieb Drucker.

Später schrieb er auch, dass im Informationszeitalter die Partnerschaft mit den Mitarbeitern und die Entwicklung eines engen Arbeitsverhältnisses wichtiger sei denn je: „Es wird für diese Menschen immer wichtiger werden, dass sie zusammenkommen, sich wirklich gut kennenlernen und auf einer systematischen und regelmäßigen Grundlage zusammenarbeiten. Keine Art von indirekter Informationsvermittlung kann die persönliche Beziehung ersetzen. Im Gegenteil, diese wird immer wichtiger. Es ist wirklich wichtig, dass die Menschen wissen, was sie voneinander erwarten können. Es ist wichtig, dass die Menschen Vertrauen zueinander haben. Das bedeutet, dass man einander systematisch und umfassend informieren muss – vor allem im Hinblick auf allfällige Veränderungen. Dazu müssen die persönlichen Beziehungen auch in gewisser Weise organisiert werden, das heißt, es müssen Gelegenheiten geschaffen werden, bei denen sich die Menschen gegenseitig kennen- und besser verstehenlernen."

Das beste aktuelle Modell partnerschaftlicher Beziehungen mit den Mitarbeitern ist General Electric, wie es von Jack Welch geschaffen wurde. Da Jack Welch in den 70er-Jahren anfing, sich mit den Büchern von Peter Drucker zu befassen, kann es niemanden überraschen, dass einige seiner erfolgreichsten Maßnahmen auf die Denkanstöße des jüngst verstorbenen Pioniers der Managementlehre zurückzuführen sind. Man kann es sogar daran erkennen, wie Welchs Formulierungen manche Aussagen Druckers nachbilden.

„Sie [die Arbeiter] verstanden ihre Arbeit, deren Struktur und deren Rhythmus, sehr genau."

Welch formulierte später einmal: „Diejenigen [Arbeiter], die die Arbeit tatsächlich ausführten …, machten verblüffende Vorschläge, wie man sie verbessern könnte."

Welchs Zutrauen in die Fähigkeiten jedes Einzelnen war eine der Initialzündungen, die zu dem von ihm ins Leben gerufenen „Work-Out"-Programm führten. Welch setzte sein Work-Out ins Werk, nachdem er dahintergekommen war, dass manche elitär eingestellten Manager bei General Electric sich in den späten 1980er-Jahren einfach nicht mehr um die Angelegenheiten ihrer Belegschaften kümmerten. Darüber verärgert institutionalisierte Welch regelmäßige Zusammenkünfte der Belegschaft mit dem Management.

Work-Out bei GE bedeutet, dass die Hierarchie auf den Kopf gestellt wird und die Angestellten bei einer mehrtägigen großen Zusammenkunft den Managern sagen, was man besser machen könnte. Dahinter steckt der Gedanke, dass jeder Mitarbeiter in einem Unternehmen gute Verbesserungsvorschläge hat, dass man aber auch ein Forum braucht, bei dem diese Vorschläge artikuliert werden können. Welch erklärte das folgendermaßen: „Wenn ich einen Vorgesetzten mit zwei Mitarbeitern habe, der nichts anderes tut, als seinen Leuten Anweisungen zu erteilen, was sie zu tun haben, dann werfe ich diesen Vorgesetzten raus und behalte die beiden anderen. Wenn ich drei Leute habe, erwarte ich drei Vorschläge. Wenn jemand lediglich Anweisungen erteilt, bekomme ich nur einen Vorschlag eben von ihm. Ich will mir aber lieber aus den Vorschlägen von drei verschiedenen Leuten etwas aussuchen können."

In seinen letzten Jahren weitete Drucker sein Hauptthema auf die partnerschaftliche Zusammenarbeit und das Delegieren an Wissensarbeiter aus. In einem Interview mit Elizabeth Haas Edersheim, der Autorin des Buches *The Definitive Drucker* (dt.: Peter F. Drucker: Alles über Management, Redline Wirtschaft, 2007), wies er darauf hin, wie wichtig es sei, dass ein Manager, der einem Mitarbeiter eine Aufgabe einmal übertragen habe, sich in deren Ausführung nicht mehr einmische, auch wenn die Gefahr bestehe, dass der Mitarbeiter die Sache vermassele. Solange die Leute nichts Unehrenhaftes oder Illegales treiben, muss man sie gewähren lassen, es sei denn, sie bitten von sich aus um Hilfe. „Dieses Risiko muss man auf sich nehmen, wenn man ihnen erlaubt, ihren eigenen Weg zu gehen."

Beim Thema partnerschaftliche Zusammenarbeit ging Drucker sogar bis zum Äußersten: „Falls Sie vor dem Gedanken, den Mitarbeitern sogar die Befugnis, ihren eigenen Vorgesetzten abzuberufen, zurückschrecken, sind Sie für die Herausforderungen, die an Führungskräfte im 21. Jahrhundert gestellt werden, noch nicht gerüstet."

Was können Sie sonst noch tun, um Druckers Prinzip der partnerschaftlichen Zusammenarbeit zu implementieren? Versuchen Sie es mit Folgendem:

- **Halten Sie Ihre Mitarbeiter auf dem Laufenden.**
  Wenn die Arbeitsverhältnisse demokratisch organisiert sind, müssen die Mitarbeiter Zugang zu Informationen haben. Jeder möchte wissen, was „weiter oben" los ist. Und Sie selbst sind der direkteste Kontakt ihrer unmittelbaren Mitarbeiter zum Rest der Firma. Es gibt nichts Schlimmeres als ganze Abteilungen voller verlorener Seelen, die nicht wissen, was um sie herum vorgeht.

- **Fordern Sie Ihre Mitarbeiter auf, ihre eigenen Zielsetzungen festzulegen, bevor Sie ihnen Ihre vorgeben.**
  Wenn die Menschen sich über ihre eigenen Ziele im Klaren sind, dann werden sie auch eher Ihre Ziele akzeptieren und sich um deren Erfüllung bemühen.

- **Treffen Sie sich regelmäßig mit Ihren Mitarbeitern, um ihnen zu erklären, wie ihre Arbeit mit dem gesamten Unternehmen vernetzt ist.**
  Alle wollen wissen, wie ihr Beitrag sich im Ganzen auswirkt. Bei informellen vierzehntägigen Meetings, etwa zum Mittagessen in der Kantine, kann man locker kommunizieren, wie sich der Beitrag jedes Einzelnen im Gesamtorganismus auswirkt.

- **Kommunizieren Sie mit Ihren direkten Mitarbeitern auch im informellen Zweiergespräch und geben Sie ihnen ein ehrliches Feedback.**
  Informieren Sie Ihre Leute, was Sie von deren Arbeit halten. Trinken Sie eine Tasse Kaffee mit ihnen und fangen Sie damit an, was am besten läuft. Wenn Sie dann darauf zu sprechen kommen, inwieweit die Leistung sich noch von der gemeinsamen Zielvereinbarung unterscheidet, geben Sie den Mitarbeitern das Feedback und die Orientierung, die sie brauchen und suchen. (In Kapitel 8 werden dann Konzepte diskutiert, wie man Schwächen managen kann.)

Jeffersons aufklärerisches Ideal

Druckers Auffassung von einem Unternehmen und seiner Beziehung zu seinen Mitarbeitern und zur Gesellschaft stellte einen Wendepunkt dar. Arbeiter und Angestellte galten nun nicht mehr als reine Kostenfaktoren oder Roboter: „Vom Chef bis zum Hausmeister trägt jeder auf seine Weise zum Erfolg des Unternehmens bei. Jede große Firma muss ihren Mitarbeitern gleiche Aufstiegschancen bieten." Aber auch heute, sechzig Jahre, nachdem diese Sätze geschrieben wurden, gibt es immer noch viele Angestellte und Manager, die sich eher wie Kostenfaktoren und Roboter vorkommen, statt sich als Kompetenzträger und menschliche Individuen zu fühlen.

Drucker machte deutlich, dass sich vor allem die Wissensarbeiter in einem Unternehmen auf ihre Hauptaufgabe, den Erfolg des Unternehmens, konzentrieren und „alles andere beiseite lassen" müssen. Mit anderen Worten, die effektivsten Mitarbeiter wissen, worauf es ankommt, und kümmern sich vor allem anderen darum. Ihre Manager können ihnen bei der Erfüllung ihrer Aufgaben behilflich sein, indem sie sie beispielsweise fragen: „Was hat bei Ihnen höchste Priorität? Was sollte das sein? Worin sollte Ihre Leistung bestehen? Was hindert Sie daran, Ihre Aufgabe zu erfüllen, und was sollte demnach weggeräumt werden?" Die letzte Frage ist ganz entscheidend. Bei dem wahnwitzigen Rummel an den Arbeitsplätzen von heute, wo die E-Mails mit der Gewalt von Blizzards hereinschneien, wo ein Meeting das andere jagt und pausenlos das Telefon klingelt, ist die Antwort auf die Frage, was man *nicht* zu tun braucht, schon die halbe Miete. Geborene Manager reagieren darauf intuitiv gelassen; die besten Manager sollten sich mit ihren Mitarbeitern permanent über diese Themen unterhalten. Wenn Sie einem ihrer unmittelbaren Mitarbeiter dabei helfen, eine vermeintliche Zuständigkeitsgrenze zu überschreiten oder eine sinnlose Beschäftigung sein zu lassen, setzt das möglicherweise sehr positive Kräfte für die Firma frei.

Kapitel 7
Denke nur an morgen

„Eine der wichtigsten Fragen, die sich Führungskräfte stellen müssen, lautet: ‚Wann ist der richtige Zeitpunkt gekommen, ein Projekt zu beenden und keine Mittel mehr darauf zu verwenden?' Die Beinahe-Erfolge, bei denen man von allen Seiten zu hören bekommt, es brauche nur noch einen kleinen Push und dann funktioniere das Ganze, sind für Manager eine der gefährlichsten Fallen, in die sie hineintappen können."

In diesem Kapitel will ich einen für Drucker besonders kennzeichnenden strategischen Denkansatz aufzeigen. Diese Vorgehensweise ist für ihn auch insofern typisch, weil man daran sieht, dass er seine Grundsätze selbst beherzigte. Er erwähnte mir gegenüber nämlich, dass er ein Buch nie wieder zur Hand nehme, wenn er es einmal abgeschlossen habe. Er machte sich davon frei. Wenn er ein neues Thema fand oder eine neue Idee hatte, schrieb er ein neues Buch darüber. Das galt auch für alle übrigen wichtigen Entscheidungen in seinem Leben. In seiner Laufbahn ließ er stets Vergangenes hinter sich und wandte sich neuen Aufgaben zu. So lehnte er Berufungen auf renommierte Lehrstühle in Harvard und Stanford ab und blickte nie mehr darauf zurück.

Peter Drucker war kein Mensch, der sich auf seinen Lorbeeren ausruht. In seinem Haus findet man keine Ehrenurkunden oder Auszeichnungen an den Wänden. Drucker interessierte sich immer nur für neue Herausforderungen.

Das Einzige, worüber sich Drucker allenfalls beklagte, war ein Buch, das er nie geschrieben hatte. „Das beste Buch, das ich nie geschrieben habe, hätte den Titel *Managing Ignorance* (Wie man Unwissenheit managt) getragen. Das wäre ein tolles Buch geworden, aber es wäre auch sehr schwierig zu schreiben." Er verriet mir auch, dass er das Manuskript dafür schon begonnen, es aber nie fertiggestellt habe. Für Drucker wäre dieses Buch eine Art Ausnahmeerscheinung in seinem Werk gewesen, denn darin hätte er sich mit den Irrtümern und Fehlern der Manager befasst; vielleicht ist dies der Grund dafür, dass er es nie beendet hat, weil er sich dann auf deren Schwächen hätte konzentrieren müssen statt auf deren Stärken.

Verzicht ist kein Ruhmesblatt

Würde man Druckers Anhänger fragen, welches seine drei wesentlichsten Errungenschaften seien, so würde sein Konzept der aktiven Projektaufgabe wohl nicht genannt. Solch ein Verzicht lässt sich nicht so leicht in einen griffigen Satz fassen wie Druckers Gesetz („Es gibt nur eine wirklich gültige Definition für jedwede Art von Geschäftsvorhaben: Man muss einen Kunden schaffen") oder die Formel vom „Management durch Zielvereinbarung", dasjenige von Druckers Konzepten, das in der Nachkriegszeit die meiste Anerkennung und Anwendung fand.

Projektaufgabe ist auch nicht die Art von Schlagwort oder Konzept, mit der man bei einer Präsentation besonders viel Eindruck schinden kann. Es wird nicht viele Manager geben, die mit Ausführungen über verpuffte Ideen oder gescheiterte Produkte angeben wollen. Dennoch haben bewusste Projektaufgaben für einige der erfolgreichsten Produkte der Wirtschaftsgeschichte überhaupt erst den Weg geebnet.

Das Thema ist deshalb so heikel, weil Manager sich gegen die Aufgabe von Projekten sträuben, und das wiederum hat – um mit Druckers Worten zu sprechen – seine Ursache im Anfüttern des Managernarzissmus. Ein bewusster Verzicht liegt konträr zu allem, was für Manager üblicherweise an vorderster Stelle steht: mit allen Mitteln Gewinne erwirtschaften. Dabei ist Wachstum auf allen Ebenen die Grundvoraussetzung für das Gedeihen jedes Unternehmens. Wenn man nun auf irgendein Produkt verzichten soll, zieht das offenbar erst einmal automatisch eine Verringerung der Verkäufe und damit von Umsatz und Gewinn nach sich. Aber diese Wahrnehmung stimmt eben nicht, vor allem nicht bei langfristiger Betrachtung.

Drucker ist der festen Überzeugung, dass zu viele Manager sich viel zu lange an Dingen von gestern festklammern, und daran krankt dann irgendwann ihr Geschäft. Viele Firmen halten so lange an ihren Cash Cows fest, bis diese im Wettbewerb einfach obsolet werden. Wer sich nicht rechtzeitig vom Gestern verabschiedet, läuft Gefahr, auf dem Markt marginalisiert zu werden, gibt Drucker zu bedenken.

Der erste Schritt zu mehr Wachstum

Für Drucker steht fest: „Der erste Schritt zu mehr Wachstum ist nicht die Entscheidung, wie und wo man wachsen will. *Es ist die Entscheidung, worauf man verzichten kann.* Damit ein Unternehmen wachsen kann, muss man systematisch entscheiden, wie man alles Veraltete, Überflüssige, Unproduktive loswird."

Weil man sich beispielsweise in der Automobilindustrie nicht von Vorstellungen und Produkten gelöst hat, über die die Zeit inzwischen hinweggegangen ist, hat man sich dort einige der kostspieligsten Fehlentscheidungen aller Zeiten geleistet. Zu Anfang dieser Dekade, nach dem Jahr 2000, hielten sowohl General Motors als auch Ford daran fest, benzinschluckende Geländewagen in übergroßen Stückzahlen zu produzieren, trotz sprunghaft steigender Treibstoffpreise und obwohl die Umweltbewegung längst andere Prioritäten aufzeigte. Im Gegensatz dazu konzentrierte sich Toyota längst auf die Entwicklung der neuen Hybridtechnologie und machte Hybridautos für die Massen erschwinglich. Die Führung bei Toyota ging davon aus, dass die Hybridwagen den Hauptansatz für die Reduzierung der Kohlenstoff-Emissionen und des Benzinverbrauchs darstellten; so nahmen sie lieber geringere Margen in Kauf, um einer der führenden Anbieter in diesem neuen Marktsegment zu werden.

Prius, das erste Hybridauto von Toyota, wurde 1997 in Japan und 2001 in allen übrigen Ländern eingeführt. Der neue Wagen war von Anfang an ein Renner. Toyota gewann damit viele Auszeichnungen, darunter Auto des Jahres 1997/98 in Japan, nordamerikanisches Auto des Jahres 2004 und europäisches Auto des Jahres 2005.

Die weitere Entwicklung war eindrucksvoll und dramatisch und wäre zehn Jahre zuvor einfach undenkbar gewesen. Im Wesentlichen hat es Toyota dem Prius zu verdanken, dass die Firma die Rolle des weltweit führenden Autoherstellers übernehmen konnte (diese Position hatte GM sieben Jahrzehnte lang inne). Währenddessen gerieten Ford und GM immer mehr ins Straucheln und fuhren Rekordverluste ein. (Die Verluste von Ford beliefen sich 2006 auf 12,7 Milliarden Dollar, GM verlor 2007 38,7 Milliarden Dollar. Toyota verdiente allein in den ersten neun Monaten desselben Jahres 13,1 Milliarden Dollar.)

Im Dezember 2006 reiste der Vorstandsvorsitzende von Ford, Alan Mulally, nach Japan zu Fujio Cho, dem Chef von Toyota, um sich darüber unterrichten zu lassen, wie Ford seine Produktion optimieren könne, wie Mulally sagte. Aber die eigentlichen Probleme bei Ford lagen keineswegs in der Fertigung.

Ihre Unfähigkeit, auf ehemalige Cash Cows zu verzichten, ist die Automobilfirmen in Detroit teuer zu stehen gekommen. Drucker meint: „Man muss ... sich von den Geldbringern von gestern schon dann verabschieden, wenn man es eigentlich noch gar nicht will und nicht erst dann, wenn man es unausweichlich muss. Detroit hat sich offensichtlich nicht an Druckers Rat gehalten, obwohl er schon 1964 erteilt wurde.

Weil sie nicht frühzeitiger auf die Hybride setzten, entging den amerikanischen Autoherstellern eine große Chance. Hinterher ist man immer klüger, aber wären General Motors, Ford und Chrysler wenigstens teilweise schon viel früher zu benzinsparenden Hybriden übergegangen, statt alles auf die üppigen Geländewagen zu setzen, dann hätten sie sich selbst das Loch wenigstens nicht ganz so tief gegraben, in das sie jetzt gefallen sind. Schließlich gab es seit längerem genügend deutliche Anzeichen dafür, dass eine grundlegende Änderung des Automobilmarktes bevorstand. Schon in den 1970er-Jahren kam die Diskussion über Alternativen zu den herkömmlichen fossilen Brennstoffen auf und sie intensivierte sich in den 1990er-Jahren.

Manager, die wirklich Biss hatten, haben die Zukunft richtig aus dem Kaffeesatz gelesen und ihre Unternehmen darauf eingestellt, angesichts neuer Tatsachen und neuer Möglichkeiten auch neue Chancen wahrzunehmen.

Drucker sagte dazu: „Chancen bestmöglich zu nutzen, ist der beste Weg, ein Unternehmen aus der Vergangenheit in die Gegenwart zu holen und es damit gleichzeitig für die neuen Herausforderungen der Zukunft fit zu machen. Wenn man sich um diese Chancen kümmert, wird auch deutlich, welche der gegenwärtigen Aktivitäten weiter vorangetrieben werden sollten und auf welche man verzichten kann. Dadurch werden außerdem die zukunftsweisenden Dinge angestoßen, die im Markt dann wirklich vielfachen Ertrag bringen oder den Vorsprung einer Firma im Know-how festigen."

Die Betriebsanleitung vom vergangenen Monat erneuern

Eines der großen Erfolgsgeheimnisse von Toyota ist der in der Firmenkultur tief verwurzelte Ansatz, immer wieder nach besseren Lösungsmöglichkeiten Ausschau zu halten; alle sind davon durchdrungen, zugunsten neuer Ansätze veraltete Methoden abzuschaffen. Sakichi Toyoda, der Firmengründer, war ein Autodidakt und Erfinder, der keineswegs mit dem Autobau begonnen hatte, sondern einen verbesserten Webstuhl für Frauen konstruierte. Er war, was Drucker ein Naturtalent nannte, weil er ständig nach Verbesserungen Ausschau hielt; sein erstes Patent für einen Webstuhl wurde ihm 1890 erteilt. Am Ende seines Lebens hielt er mehr als 100 Patente und wurde so zu einem der weltweit führenden Erfinder vom Range eines Thomas Edison und Henry Ford.

1935 stellte er fünf Grundregeln für seine Firma auf, die heute noch gültig sind. Eine davon lautet, dass alle Mitarbeiter „durch beständige Kreativität, Neugier, und das Streben nach Verbesserung stets ihrer Zeit voraus sein sollen".

Verbesserung und Verzicht sind zwei Seiten der gleichen Medaille. Um sich verbessern zu können, muss man sich von dem trennen, was weniger gut funktioniert, und sich mit dem beschäftigen, was besser ist.

Taiichi Ohno, einer der früheren führenden Top-Manager und der eigentliche Spiritus Rector von Toyotas gepriesenem Fertigungssystem, sagte einmal: „Es stimmt etwas nicht, wenn die Arbeiter sich nicht jeden Tag umschauen und sich fragen, ob es etwas gibt, was ihnen lästig oder langweilig erscheint, und dann von sich aus die Abläufe ändern. Selbst die Betriebsanleitung vom letzten Monat könnte inzwischen überholt sein."

Die Manager anderer Firmen erkannten, dass man sich die patentierte Produktionsweise von Toyota (TPS – Toyota Production Systems) näher ansehen sollte. So unterschiedliche Unternehmen wie John Deere (Landwirtschaftsmaschinen) und Wal-Mart (Einzelhandel) haben das TPS näher analysiert und Teile davon übernommen.

Ein grundlegendes Prinzip, das TPS durchzieht, ist *kaizen* – ständige Verbesserung. Der Schlüssel zu dieser ständigen Verbesserung sind diejenigen Mitarbeiter, die speziell damit beauftragt sind, in einer Firma nach *muda* (= Verschwendung) Ausschau zu halten. Selbstverständlich ist jedes Unternehmen bestrebt, seine Produkte und Produktionsabläufe zu verbessern. Aber David Magee weist in seinem Buch *How Toyota Became No. 1* zu Recht darauf hin, dass „es einen großen Unterschied ausmacht, ob man TPS einfach als Methode zur Verbesserung der Produktion betrachtet oder ob man es als Handlungsprinzip für jeden einzelnen Mitarbeiter sieht".

Kaizen springt einem in allen Toyota-Fabriken direkt ins Auge, wo jeder Mitarbeiter beim ersten Anzeichen irgendeines Problems die Befugnis hat, das Fließband zu stoppen. Toyota-Arbeiter werden regelrecht dazu angehalten, dies im Fall eines Qualitäts- oder Sicherheitsproblems zu tun. Bei Toyota werden die Mitarbeiter dafür nicht gerügt, sondern im Gegenteil, belobigt. Denn es herrscht die Auffassung, dass sie andernfalls riskieren, einen Fehler zu begehen. Deshalb wird die sogenannte Andon-Leine an jedem Arbeitstag in den Fabriken von Toyota bis zu 5000 Mal gezogen.

Bei Toyota beschränkt sich diese Philosophie der Verbesserung und des Verzichts natürlich nicht auf die Arbeit in den Produktionshallen. Das ist der Punkt, wo viele andere Firmen den größten Fehler machen. Firmen, die das *kaizen*-Prinzip nicht auf andere Bereiche anwenden, scheitern oft. Bei Toyota hingegen bemerkt man das Firmenprinzip in fast allen anderen Aktivitäten des Unternehmens.

Jim Press, der frühere President von Toyota Motor North America (und jetzige President von Chrysler), sagt: „Natürlich ist die Produktion der anschaulichste Ort dafür, um zu erkennen, wie TPS wirkt ... Aber die Grundprinzipien und der Geist dieses Prinzips finden sich überall ... vom Kundendienst bei einem Lexus-Händler bis hin zu einem Wachmann auf dem Gelände von Toyota Motor Sales in Torrance in Kalifornien."

Ein weiterer Bestandteil der Firmenphilosophie von Toyota sind die „5 Warum-Fragen". Die „5 Warum-Fragen" dienen dazu, bei Fehlern oder unerwünschten Ergebnissen schnell zur Ursache des Problems vorzustoßen. Der Hintergrund ist, dass ein Manager mit ein paar allgemeinen Fragen nicht zielgerichtet genug an die eigentliche Störquelle vorstößt.

Diese Methoden fanden weitere Verbreitung, als andere Firmen in den 1970er-Jahren anfingen, die Methoden von Toyota genauer unter die Lupe zu nehmen und sie teilweise zu übernehmen. Die Grundideen, die hinter den „5 Warum-Fragen" stehen, wurden später zu verbesserten und verfeinerten Qualitätskontrollmethoden weiterentwickelt, wie etwa das auf einem statistischen Ansatz beruhende Six-Sigma-Programm von Motorola, das auch von General Electric übernommen wurde und so allgemein bekannt wurde. Die „5 Warum-Fragen" sind ebenfalls eine Methode, die Toyota dazu verwendet, sich von Althergebrachtem zu lösen und neue Wege zu beschreiten.

Auf der Liste der am meisten bewunderten Firmen, die von der Wirtschaftszeitschrift *Fortune* veröffentlicht wird, belegte Toyota 2007 den dritten Platz in den USA und den zweiten Platz weltweit (sie hatten sich damit um sechs Ränge verbessert). Zweifellos hat das in der Firma durchgängig angewandte Prinzip, sich der Zukunft zuzuwenden und das Alte hinter sich zu lassen, viel zu diesem Erfolg beigetragen.

Verzicht und Realität

Einigen Managern fällt es leichter, die Vergangenheit hinter sich zu lassen, als anderen. Diejenigen, die die größten Probleme damit haben, sind oftmals solche, denen es schwerfällt, sich der Realität zu stellen. Dr. Sydney Finkelstein, der Verfasser des Buches *Why Smart Executives Fail* (Warum kluge Manager scheitern), hat eine sechsjährige Langzeitstudie durchgeführt und herausgefunden, dass es vor allem zwei Gründe dafür gibt. Bei beiden spielt die Unfähigkeit, mit der Realität zurechtzukommen, eine entscheidende Rolle.

Der Studie zufolge werden in Unternehmen und generell in Organisationen die größten Fehler gemacht, wenn sich in der Führungsspitze eine Mentalität ausbreitet, bei der die Realität verdrängt wird. Der andere Faktor, der wesentlich zu diesem Scheitern beiträgt, wird umschrieben als „wahnhafte Haltung, mit der an falschen Realitäten festgehalten wird".

Das ist möglicherweise eine Erklärung dafür, warum für einen Mann wie Jack Welch die oberste Grundregel im Geschäftsleben lautete, „sich der Realität zu stellen". Bei General Electric wiederholte er dieses Mantra ein ums andere Mal und es half ihm, die schwierigen Entscheidungen zu fällen, aufgrund deren er unter anderem vom Wirtschaftsmagazin *Fortune* zum „Manager des Jahrhunderts" gekürt wurde.

Die ersten zehn seiner zwanzig Jahre an der Spitze von General Electric sind wie eine Aneinanderreihung von Musterbeispielen aus einem Lehrbuch für aktive Projektaufgabe. Er verkaufte 117 Geschäftsbereiche, die nicht mit seiner neuen Vision des Unternehmens vereinbar waren. So verkaufte er beispielsweise 1984 die gesamte Haushaltsgerätesparte von GE, also den Bereich, der praktisch in jedem amerikanischen Haushalt vertreten war (vom Toaster bis zum Föhn). Als er gefragt wurde, warum er ein Stück Amerika an Ausländer verkaufe, antwortete er unmissverständlich: *„Wir haben nur die Wahl, ob wir im Jahr 2000 Toaster oder Computertomografen herstellen wollen."*

Eine solche Aussage lässt sich direkt auf einen Drucker'schen Lackmustest zurückführen:

Wenn wir das nicht bereits produzieren würden, würden wir es – beim augenblicklichen Kenntnisstand – jetzt produzieren wollen?

Falls man diese Frage mit Nein beantwortet, dann muss sich das Unternehmen zwingend die weitere Frage stellen: Und was sollen wir jetzt tun? Die Antwort muss eine Handlungsentscheidung sein und keinesfalls der Auftrag für eine weitere Marktuntersuchung.

Diese Sätze standen in Druckers Buch *Post-Capitalist Society* (dt.: Die postkapitalistische Gesellschaft, 1993) und gehörten zu einer ganzen Reihe ähnlicher Fragen, die Drucker in Zusammenhang mit dem Thema „Eintritt in neue Märkte" behandelt hatte. Drucker war ganz entschieden der Ansicht, dass es für Unternehmen nur eine einzige Möglichkeit gab, sich auf streng rationale Weise mit solchen Schlüsselfragen auseinanderzusetzen. Diese Strategie arbeitete er in der ersten Hälfte der 1990er-Jahre aus: „Heutzutage muss in die Organisation eines jeden größeren Unternehmens eine Struktur eingebaut sein, die ein *Change-Management* ermöglicht. Theoretisch muss der organisierte Verzicht auf alles, was das Unternehmen betreibt, möglich sein ... Es wird immer wichtiger, dass die Unternehmen Verzicht und aktive Projektaufgabe planen, statt nur das Fortbestehen erfolgreicher Entscheidungen, Praktiken und Produkte zu sichern – eine Herausforderung, der sich bisher nur einige japanische Firmen gestellt haben."

Diese nachdrückliche Forderung Druckers kann in den Händen fähiger Manager, die es mit der Projektaufgabe ernst meinen, zu einem mächtigen Instrument werden. Wenn man sich den damit verbundenen Fragen ehrlich stellt, wird den verantwortlichen Führungskräften überaus deutlich, welche Sparten oder Märkte sie besser aufgeben. Die wesentlichen Punkte, auf die es dabei ankommt, sind eine glasklare Realitätswahrnehmung seitens der Manager und ein strategischer Unternehmensplan, der sich auf das fokussiert, was das Unternehmen am besten kann. Drucker sagt dazu: „Solch eine Strategie versetzt das Unternehmen in die Lage sich zielgerichtet opportunistisch zu verhalten. Wenn irgendeine Geschäftsaktivität wie eine günstige Gelegenheit aussieht, sie aber nichts zum strategischen Unternehmensziel beiträgt, dann ist es auch keine wirkliche Gelegenheit,

Geld zu verdienen, sondern bloß eine Art Nebenerwerb und lenkt die Unternehmenskräfte ab."

Wie sonst könnte man dauerhaft die Nase vorn haben als dadurch, dass man sich von allem obsolet Gewordenen befreit. Dabei sollte man Folgendes beachten:

- **Trennen Sie sich von unzulänglichen Mitarbeitern und/oder solchen, die die Firmenwerte nicht beachten.**
Nicht nur von Produkten oder Produktionsprozessen muss man sich bisweilen trennen. Jim Collins, der Autor des Buches *Good to Great* (dt.: Der Weg zu den Besten, 2003), wies darauf hin, dass es zu den wichtigsten Aufgaben eines Managers gehört, die richtigen Leute an Bord zu holen und die falschen Leute abzuheuern. Bereits Jahrzehnte vorher hatte Peter Drucker dafür plädiert, jeden, vor allem jeden Manager, zu entlassen, der kein gutes Vorbild abgibt. „Wenn man so einen Mann weitermachen lässt, korrumpiert er andere. Das ist der ganzen Organisation gegenüber unfair."

- **Trennen Sie sich von den „Milchkühen", sobald sie die ersten Anzeichen von Schwäche zeigen.**
Drucker riet Managern immer wieder dringend, alle Kräfte eines Unternehmens bei denjenigen hochergiebigen Produkten oder Produktlinien zu bündeln, die „ihre Kosten mehrmals verdienen", also den wahren Goldeseln. Er meinte, dass „alle übrigen ... mit dem auskommen müssen, was da ist, oder sogar mit weniger. Sie werden einfach behalten und gemolken, aber sie werden nicht ‚gefüttert'. Sobald die Milch versiegt, kommen sie ins Schlachthaus."

- **Bringen Sie Ihren direkt unterstellten Mitarbeitern die Prinzipien der aktiven Projektaufgabe bei.**
Sie machen es ja nicht alleine. Sie müssen sich der Hilfe derjenigen versichern, die die größte Nähe zum Marktgeschehen und zum Kunden haben, um ständig diejenigen Produkte erkennen und aussortieren zu können, die schwächeln. Sie sollten Ihre Mitarbeiter auch dazu anhalten, Vorschläge für Erneuerung und neue Gelegenheiten zu machen.

Denke nur an morgen

Aktive Projektaufgabe ist ein Schlüsselbegriff zum Verständnis von Druckers Denken, denn es war auch Teil dessen, was er persönlich lebte. In der aktiven Projektaufgabe kommen einige der wichtigsten Prinzipien von Druckers Denken zusammen. Beispielsweise setzt die Projektaufgabe voraus, dass man sich systematisch immer wieder die richtigen Fragen stellt: „Wenn Sie glauben, dass Sie schon alle richtigen Antworten kennen, dann haben Sie noch nicht einmal damit angefangen, Fragen zu stellen", sagte Drucker. Er hörte nie damit auf, die richtigen Fragen zu stellen, und empfahl Managern, jede nur denkbare Annahme zu hinterfragen, selbst die anscheinend größten Selbstverständlichkeiten. So schrieb Drucker beispielsweise: „Nichts scheint einfacher und selbstverständlicher zu sein als die Antwort auf die Frage, welches Geschäft eine Firma eigentlich betreibt ... Dabei ist die Frage ‚Womit befassen wir uns?' meistens eine recht schwierige Frage, auf die man erst nach intensiverem Nachdenken eine Antwort findet. Und falls man die richtige Antwort findet, ist sie alles andere als offensichtlich." Wenn man die Aufgaben des Unternehmens, seine Geschäftsfelder definiert, müssen bisweilen harte Entscheidungen getroffen werden, welche Märkte man verlassen oder in welche man eintreten will, welche Bereiche man ausbaut und auf welche man verzichten kann. Und schließlich kann kein Unternehmen sich von Überholtem trennen, wenn es nicht „jemanden in der Führungsspitze gibt, der speziell mit der Aufgabe betraut ist, wie ein Unternehmer und Erneuerer an der Zukunft des Unternehmens zu arbeiten."

Kapitel 8
Stärken überprüfen

„Vor allem in der Wissensarbeit muss bei der Besetzung der Stellen auf die Stärken der Mitarbeiter geachtet werden. Das heißt, man muss sein Augenmerk ständig darauf richten, dass sie dort eingesetzt werden, wo sie sich am besten entfalten und die besten Leistungen und Ergebnisse hervorbringen können."

In der zweiten Hälfte der 90er-Jahre und um das Jahr 2000 herum wurden von bedeutenden Autoren Abertausende von Buchseiten darüber verfasst, wie wichtig es ist, die Vorzüge von Führungskräften und Unternehmen noch weiter auszubauen, indem man sich auf deren Stärken konzentriert.

Doch bereits Jahrzehnte vorher, lange bevor alle anderen daraus ein Modethema machten, hatte Drucker sehr klar ausgesprochen, dass es zu den wesentlichen Aufgaben eines verantwortungsbewussten Managers gehört, sich auf Stärken zu konzentrieren: „Durch nichts wird der Zusammenhalt und der Elan eines Unternehmens oder einer Organisation leichtfertiger zerstört, als wenn man an den Schwächen der Mitarbeiter herumdoktert, statt sich auf deren Stärken zu konzentrieren, wenn man sich mit ihren Unzulänglichkeiten beschäftigt, statt ihre Fähigkeiten auszubauen. *Das Hauptaugenmerk muss auf den Stärken liegen ... es wäre ein Riesenfehler, sich mit den Schwächen abzugeben"*, unterstrich Drucker nachdrücklich.

Das klingt ganz selbstverständlich und intuitiv gesehen vollkommen richtig. Gleichwohl verbringen die Manager heutzutage sehr viel Zeit mit immer erneuten Versuchen, die Schwächen auszubügeln, statt die Stärken zu fördern. Es ist sogar so, dass die meisten großen Unternehmen ein derartiges Verhalten nicht nur unterstützen, sondern es durch informelle wie offizielle Abläufe und Kontrollmechanismen geradezu institutionalisieren. Dadurch werden die Manager geradezu dazu angehalten, sich mit den Kompetenzdefiziten ihrer Mitarbeiter auseinanderzusetzen, statt deren Stärken zu fördern.

In diesem Kapitel werden die frühen Werke Druckers nach seinen Aussagen über die Stärke-Theorie durchforstet und wie sie mit anderen Aspekten seines Denkens, etwa der Auswahl und Entwicklung des Führungspersonals, zusammenhängen. Dabei werden auch hocheffiziente moderne Führungskräfte, wie A.G. Lafley von Procter & Gamble, vorgestellt und es wird ausgeführt, wie sie Teile von Druckers Strategien dazu verwendet haben, ihre Unternehmen zu stärken

Die Stärke-Revolution

Vor wenigen Jahren erlangte das Autorenteam Marcus Buckingham und Donald Clifton Ruhm und Reichtum, weil es ihnen gelungen war, sehr erfolgreich die von ihnen sogenannte Stärke-Revolution zu propagieren. Gleich am Anfang ihres Bestsellers *Now, Discover Your Strengths* (Entdecken Sie Ihre Stärken Jetzt!, 2002) steht folgendes Manifest: „Wir haben dieses Buch geschrieben, um eine Revolution zu beginnen, die Revolution der persönlichen Stärken. Im Zentrum dieser Revolution steht ein einfacher Satz: Jedes Unternehmen muss nicht nur die Tatsache klar erkennen, dass jeder Mitarbeiter verschieden ist, es muss aus diesen Unterschieden Kapital schlagen. Es muss nach Anhaltspunkten für die natürlichen Talente jedes einzelnen Mitarbeiters Ausschau halten und dann diesen Mitarbeiter so einsetzen und fördern, dass seine oder ihre Talente in echte Stärken umgewandelt werden."

Beinahe fünfzig Jahre zuvor schrieb Peter Drucker: „Man kann nur auf Stärken aufbauen. Man kann nur etwas erreichen, indem man etwas tut. Jede personelle Einschätzung und Beurteilung muss sich daher in allererster Linie darauf beziehen, wozu ein Mensch in der Lage ist ... ein Mitarbeiter sollte niemals mit einer Führungsaufgabe betraut werden, wenn er sich mit den Kompetenzdefiziten seiner Leute abplagt, statt deren Stärken zu nutzen." Später sagte er außerdem: „Wir müssen unsere Unternehmen so organisieren, dass jeder, der über Kompetenz und Stärken in einem wichtigen Bereich verfügt, diese auch entfalten und umsetzen kann."

Wie wir bereits mehrmals beobachten konnten, war Drucker der Erste, der diesen Gedanken formulierte. Damit soll keineswegs gesagt sein, dass die Aussagen von Buckingham und Clifton nicht authentisch wären oder dass sie keinen wesentlichen Beitrag zu unserem Wissen und unseren Erkenntnissen über das Management geleistet hätten. Dies soll nur bedeuten, dass sie ihre **Stärke-Revolution** auf Gedanken aufgebaut haben, die sich bis zu Drucker zurückverfolgen lassen.

Es gereicht Buckingham und Drucker durchaus zur Ehre, dass sie Druckers Leistungen anerkannten, indem sie ein Zitat von ihm auf der vorderen Klappe ihres Buchumschlages abdrucken ließen, welches lautet: „Die meisten Amerikaner wissen gar nicht, wo ihre Stärken liegen. Auf diese Frage antworten die meisten mit einem verwunderten Blick oder sie sagen etwas, was sie zufällig darüber wissen, was definitiv die falsche Antwort ist."

Verschaffen Sie sich Klarheit über Ihre Stärken

Bei meinem Treffen mit Drucker wurde sehr deutlich, dass seine Stärke-Doktrin, die er bereits vor fünfzig Jahren formuliert hat, nach wie vor zum Kernbestand seiner Grundüberzeugungen zählt. Er selbst kannte sich wie auch seine Stärken gut genug und verwendete an diesem Tag reichlich Zeit darauf, wie er im Vertrauen auf seine eigenen Stärken den Großteil seines Berufslebens darauf verwendet hatte, diese von ihm geschaffene

Managementlehre auszubauen (auch wenn er das rasch wieder relativierte, als er meinte, er habe gar nicht die Absicht gehabt, etwas so überaus Einmaliges zu schaffen).

Ihm war aber vollkommen bewusst, dass seine größte Leistung – und damit seine größte Stärke – darin bestand, Management als eine eigenständige Disziplin dargestellt zu haben, bevor irgendjemand anderes darauf gekommen war, darüber ein eigenes Lehrgebäude zu errichten. „Was ich nun wirklich geschaffen und geschafft habe, ... war, Management als eine damals neue gesellschaftliche Funktion und Institution zu erkennen und anzuerkennen und in systematischer Form darzustellen."

Wenn man seine Stärken kennt und weiß, was man will, dann hat man noch den zusätzlichen Vorteil, dass man weiß, was man *nicht* will. So gibt es beispielsweise sicherlich nicht viele ehrgeizige Professoren und Akademiker, die einen Ruf nach Harvard ablehnen würden. Genau das aber tat Drucker, weil er sich selbst und seine Stärken kannte. Drucker wusste natürlich, dass dort die Fallstudien den wesentlichen Teil des Lehrplanes ausmachten, und er sagte mir, welche tiefe Abneigung er gegen derartige Fallstudien hegte. Als weiteren Grund dafür, warum er Harvard einen Korb gab, lag in der damaligen Regel der Universität, die es Professoren nicht gestattete, einer Beratertätigkeit nachzugehen. Drucker wollte aber keinesfalls das aufgeben, was er besonders gern tat.

Führungskräfte, die es verstehen, sich auf Stärken zu konzentrieren, wissen eben, was sie zu tun haben, meinte Drucker, und sie wissen auch, was sie zu lassen haben. „Man sollte möglichst wenig Energie auf den Versuch verschwenden, Bereiche mit geringer Kompetenz verbessern zu wollen", unterstrich Drucker. „Es kostet unverhältnismäßig viel mehr Anstrengung und Mühe, Inkompetenz in irgendeine Form von Mittelmäßigkeit zu verwandeln, als eine ohnehin gute Leistung zur wahrhaft hervorragenden zu führen ... Die Kräfte und Energien – und die Zeit –, die dafür aufgewendet werden, sollten darin investiert werden, einen talentierten und kompetenten Mitarbeiter zu einem exzellenten Mitarbeiter zu machen."

Druckers Leitsatz, dass es leichter und besser sei, kompetente Manager zu hochqualifizierten Leistungsträgern zu machen, statt inkompetente Manager zu bloß kompetenten, wurde von den beiden Autoren Jack Zenger und Joseph Folkman in ihrem 2002 erschienenen Buch *The Extraordinary Leader* bestätigt. Als Grundlage seines Buches wertete das Autorenduo 200 000 ausführliche Bewertungen von 20 000 Personen aus. Als sie die 10 Prozent Topbewertungen den 10 Prozent am schlechtesten bewerteten Managern gegenüberstellten, fanden sie heraus, dass diejenigen ohne irgendeine dezidierte Kompetenzeigenschaft im unteren Drittel aller Manager ihres Unternehmens rangierten.

Manager, denen eine bestimmte Stärke (oder Kompetenz) attestiert wurde, rangierten in den Bewertungen immerhin im Bereich zwischen 34 und 68 Prozent. Wenn der Führungskraft drei Stärken zugeschrieben wurden, ergab sich eine hohe Bewertung bis zum Bereich von 84 Prozent. Jack Zenger zieht daraus den Schluss: „Die wirklich entscheidende Erkenntnis aus dieser Untersuchung lautet, dass den hochqualifizierten Führungskräften eines Unternehmens in drei bis vier Bereichen besondere Kompetenzen zugeordnet werden und nicht ein bisschen Kompetenz in vierunddreißig Bereichen." Auf der Grundlage einer ausgesprochen breiten Datenerhebung bestätigt diese Schlussfolgerung, was Drucker schon Jahrzehnte vorher, seit Anfang der 1950er-Jahre, postuliert hat.

Sieben Tipps, wie man seine Stärken zur Geltung bringt

Einer von Druckers Grundsätzen lautet: *„Jede Weiterentwicklung ist zuerst Selbstentwicklung."* Das bedeutet, es liegt in erster Linie an jedem Einzelnen, alles zu tun, was nötig ist, um die innere Einstellung sowie die Ausbildung und Erfahrung zu gewinnen, die für ein berufliches Fortkommen nötig sind, und dann auch die Initiative zu ergreifen. Der Schlüssel hierzu liegt in der Konzentration auf die eigenen Stärken. Hier folgen sieben praktische Hinweise, wie man dabei vorgehen kann, die den Büchern Druckers entnommen sind:

1. Erstellen Sie eine Liste mit Ihren wichtigsten Leistungen und Erfolgen der vergangenen zwei bis drei Jahre.

2. Erstellen Sie eine Liste mit vier bis sechs spezifischen Aufgaben, für die in erster Linie Sie in Ihrer Firma verantwortlich sind.

3. Bewerben Sie sich um die Aufgaben, die die größten Herausforderungen darstellen.

4. Stellen Sie fest, worin Ihre herausragendste Qualität besteht, und stellen Sie dann fest, welche herausragende Qualitäten andere haben.

5. Haben Sie keine Angst vor starken Kollegen oder vor ehrgeizigen Mitarbeitern.

6. Weisen Sie talentierte Menschen nicht zurück – umgeben Sie sich mit den Besten.

7. Werden Sie wirklich zum Macher und vergeuden Sie nicht Ihre Zeit damit, andere herunterzumachen.

Beurteilungsgespräche neu bewerten

Es dürfte nur sehr wenige Manager und Mitarbeiter in einer Firma geben, die sich auf die jährliche Beurteilungsrunde freuen. Die meisten denken mit Schrecken daran. Die Manager erledigen das Ganze wegen des Wusts an Papierkram nur ungern, und daher besteht eine verbreitete Tendenz, das bis zur letzten Minute vor sich herzuschieben (bis die Führungsspitze unüberhörbar danach schreit). Die Menschen betrachten diese Beurteilungsgespräche mit Unbehagen, weil niemand gerne andere kritisiert (und niemand gerne kritisiert wird), denn das ist es, was in solchen Beurteilungsgesprächen im Allgemeinen passiert. Aus allen diesen Gründen wird die jährliche Beurteilungsrunde eher als sehr unangenehmes Ritual empfunden und nicht als willkommene Gelegenheit für Manager, die bereit sind, ihre innere Einstellung gegenüber dieser wichtigen Aufgabe zu ändern.

Es entbehrt nicht einer gewissen Ironie, dass Peter Drucker, der Erfinder der weitverbreitetsten Form des Personalgesprächs im 20. Jahrhundert, des *Management by objectives* (MBO), von Anfang an der Meinung war, ein Manager, der sich nur an Kompetenzdefiziten abarbeite, sei ein *mis-*

manager. Wenn man einfach nur die problematischen Eigenschaften von Mitarbeitern sieht und sie nur darauf hinweist, wo ihre Defizite liegen, dann führt das nicht zu einer besseren Leistung. „Mit dem, wozu jemand nicht in der Lage ist, kann man nichts erreichen ... Das Personalgespräch muss sich also in allererster Linie darauf konzentrieren, was jemand zu erreichen in der Lage ist", schrieb Drucker schon recht früh.

Es gibt etliche Firmen, die sich wirklich an Druckers **Stärke-Doktrin** halten. An der University of Toyota in Torrance in Kalifornien war **Stärke-Training** viele Jahre lang ein ganz wichtiger Punkt im Lehrplan. 1999 bot die Firma ein Pilotprogramm zur Identifizierung von Stärken an und die Reaktion war überwältigend. Es sprach sich wie ein Lauffeuer herum und innerhalb weniger Wochen gab es eine Warteliste für mehr als ein Jahr, berichtete Mike Morrison, der Dekan der University of Toyota. Heute steckt das Prinzip des Führens anhand von Stärken bei jedem Manager von Toyota in den Genen.

Das bekannteste Beispiel dafür, wie die University of Toyota die Drucker'sche **Stärke-Doktrin** umsetzt, ist die Handhabung der Beurteilungsgespräche. An der University of Toyota wird Managern beigebracht, wie sie managen, indem sie die Schwächen ihrer Leute umgehen. Stattdessen werden sie trainiert, sich auf die Stärken ihrer Leute zu konzentrieren und die Schwächen herunterzuspielen. Daraus ergibt sich auch ein regelrechter Paradigmenwechsel im Hinblick darauf, wie man Beurteilungsgespräche führt und was man davon erwarten kann. Morrison sagt, dass man hier ständig noch an Verbesserungen arbeite. Gleichwohl kann kein Zweifel daran bestehen, dass die University of Toyota auf dem richtigen Weg ist und allen anderen weit voraus ist.

Dein Hinterzimmer ist anderer Leute Wohnzimmer

Peter Drucker hatte eine geradezu unheimliche Gabe, anderer Leute Stärken richtig einzuschätzen. Wie ich in Kapitel 10 noch ausführlicher darlegen werde, sprach er bei meinem Besuch ausführlich über den Großkonzern General Electric und dessen langjährigen Vorstandsvorsitzenden Jack Welch und kam dabei auch auf Welchs herausragende Führungskompetenz zu sprechen: „Er hatte diese erstaunliche Fähigkeit, den Mund zu halten." Drucker hatte an vielen Meetings mit Welch teilgenommen und erzählte mir, dass Welch stundenlang dasitzen konnte, ohne ein Wort zu sagen – bis auf die eine oder andere klärende Zwischenfrage oder um die wichtigsten Punkte zusammenzufassen. Allerdings sorgte er stets dafür, dass jedes Meeting mit klaren Aufgabenstellungen beendet wurde. Drucker betonte, dass dies ein ganz wesentlicher Punkt war; Welch hatte das von Alfred Sloan, dem ehemaligen Chef von General Motors, übernommen. Weil bei den meisten Meetings ansonsten nur Murks herauskommt, ist es besonders wichtig, dass Führungskräfte ihre Mitarbeiter am Ende der Sitzung mit glasklaren Handlungsanweisungen und Zielvorgaben entlassen.

Wie Drucker wusste, verfügte Welch aber auch über viel weitergehende Führungsstärken; als Vorstandsvorsitzender behielt er stets seine strategischen Ziele im Auge. Er verfügte über die seltene Gabe, rechtzeitig zu erkennen, wann ein Unternehmen neu positioniert werden musste, auch wenn alle anderen der Meinung sind, es sei doch alles in bester Ordnung.

Als Welch im Jahr 1981 Chef von General Electric wurde, hatte er Druckers Lektionen noch frisch im Gedächtnis. Vielleicht erklärt das, warum er schnell begriff, was anderen entgangen war: Obwohl General Electric selbst in Managementlehrbüchern immer noch als Musterbeispiel eines Großunternehmens galt, war er sich vollkommen im Klaren darüber, dass die Firma (wie er es später nannte) „in die Luft gejagt" beziehungsweise völlig neu erfunden werden müsse.

Nur wenige Leute (darunter auch ich) wussten, dass Welch, einige Wochen bevor er seine Position bei GE übernahm, zu Drucker nach Kalifornien geflogen war und ihn in seinem Haus in Claremont besucht hatte. Drucker erzählte mir einige Einzelheiten über das Gespräch, das die beiden miteinander geführt hatten. Drucker gab Welch den Rat, sofort in die Offensive zu gehen. Aber auch wenn man in die Offensive geht, muss man Verzicht üben und sich von manchem Althergebrachten verabschieden. Einer der Grundsätze Druckers lautet bekanntlich: „Der erste Schritt zu mehr Wachstum ist die Entscheidung, worauf man verzichten kann."

Viele Jahre später, in den späten 1990ern, machte sich Welch einen anderen von Druckers Lehrsätzen zu eigen: Schuster bleib bei deinem Leisten, also halte dich an das, was du am besten kannst, und lass die anderen den Rest machen. Welch formulierte das für sich als Merksatz: „Was du als Hinterzimmer betrachtest, ist für andere ein Wohnzimmer." Welch befolgte Druckers Rat und setzte ihn bei GE um. Statt selbst eine Kantine zu betreiben, wurde diese Aufgabe an einen Gastronomiebetrieb vergeben. Wenn das Bedrucken von Papier nicht zu deinen Kernkompetenzen zählt, beauftrage eine Druckerei. Die Hauptsache dabei ist, die Stärken seines Unternehmens zu kennen – den Bereich, wo man wirklich Wertschöpfung betreiben kann – und seine besten Leute und alle Ressourcen seiner Firma darauf zu konzentrieren.

Elizabeth Haas Edersheim, die eine Biografie über Drucker verfasste, fand dafür eine ganz einfache Formulierung. Sie berichtet, dass Welch ihr gesagt habe: „Peter Drucker hat mir vor Augen geführt, wie viel leichter es für General Electric ist, mit einer anderen Firma zusammenzuarbeiten, die das beherrscht, was General Electric langweilig findet."

Somit erklärt sich, warum Welch mit einer Firma in Indien kooperierte, die sämtliche Programmierarbeiten für General Electric ausführte – und das zwanzig Jahre bevor das Outsourcen von Computerdienstleistungen nach Indien groß in Mode kam. Nachdem Welch festgestellt hatte, dass sein Unternehmen niemals wirklich gut im Programmieren sein würde, suchte und fand er eine Firma, die diesen Job exzellent beherrschte. Dass er Druckers **Stärke-Doktrin** vollkommen verstanden hatte, bewies Welch mit der Erklärung: „Es ist völlig ausgeschlossen, dass sich *meine* besten Leute in meinem Hinterzimmer wohlfühlen. Also haben wir diese Aktivitäten in das Wohnzimmer von anderen verlagert und darauf bestanden, dass *deren* beste Leute für uns arbeiten."

Im Laufe der Zeit hat Welch die Wir-machen-alles-selbst-Autonomie, die bis zu seiner Ernennung für GE charakteristisch war, aufgegeben. Er wies seine Manager an, für die dringendsten Probleme des Unternehmens Lösungen von außerhalb zu suchen. „Irgendwo hat irgendjemand eine bessere Lösung", lautete ein gängig gewordener Welch-Refrain. So erklärt sich unter anderem, warum Jack Welch bei General Electric so außerordentlichen Erfolg hatte. Sein Unternehmen immer wieder auf dessen Stärken abzuklopfen, wurde eine Routineübung, die sich in die Firmenkultur tief einprägte.

Diese Lektion nahm sich auch die weltgrößte Inneneinrichtungskette Home Depot mit ihren vielen Artikeln, die in großen Paketen verschickt werden müssen, zu Herzen. Die Erkenntnis, dass Logistik und Versand nicht zu den Kernaufgaben eines Inneneinrichters gehören, führte dazu, dass die Firma sich mit UPS zusammentat, um den gesamten Versand abzuwickeln. Dadurch konnten beide Firmen „bei ihrem Leisten bleiben" und die Kunden profitierten am meisten von dieser Entscheidung.

Ein weiteres Beispiel für einen Top-Manager, der auf Stärken setzt, ist James McNerney. Der gegenwärtige Chef von Boeing arbeitete bereits als Top-Manager bei General Electric jahrelang unter Jack Welch, konnte aber nicht dessen Nachfolger werden. Er übernahm zwischenzeitlich die Führung bei 3M, bevor er zu Boeing ging, und hat in beiden Firmen Hervorragendes geleistet (auch wenn er bei 3M nur für die relativ kurze Zeit von vier Jahren die Führung innehatte). Wie steigert er die Leistungen seiner Mitarbeiter? Indem er ihnen den folgenden Rat gibt, den er im Übrigen auch selbst beherzigt: „Man muss viel erwarten können, man muss die Leute inspirieren und sie auffordern, die Werte, die ihnen in ihrer Familie und in ihrer Kirchengemeinde wichtig sind, auch bei der Arbeit zu befolgen."

Wie man seine Stärken prüft

Was für eine Art von Führungskraft sind Sie? Jemand, der die Stärken seiner Mitarbeiter und seines Unternehmens stärkt, oder einer, der zu viel Zeit damit verbringt, sich mit den Negativfaktoren zu beschäftigen? Beantworten und bewerten Sie für sich selbst die nachstehenden Aussagen auf einer Skala von fünf (stimme voll zu) bis eins (stimme überhaupt nicht zu):

1. Ich glaube, meine Stärken gut zu kennen, und versuche, diese Stärken einzusetzen, um die Ziele meines Unternehmens zu erreichen.

2. Ich versuche, meine Stärken zu verbessern, sei es durch praktische Anwendung, durch einen Coach oder durch die Teilnahme an Kursen.

3. In der Einheit des Unternehmens, wo ich Verantwortung trage (Team, Abteilung, Bereich), arbeiten meine besten Leute an den Aufgaben, die meiner Firma die besten Chancen bieten.

4. Ich halte mich an das Vorbild von Jack Welch und verlagere Aufgaben und Aktivitäten aus meinem Hinterzimmer nach außen in das Wohnzimmer von jemand anderem.

5. Wenn ich mich mit meinen direkten Mitarbeitern unter vier Augen unterhalte, spreche ich eher darüber, was sie am besten machen, statt mich bei deren Schwachpunkten aufzuhalten.

6. Wenn ich Abteilungsmeetings leite, stelle ich die Leistungen und Erfolge meiner Abteilung heraus.

7. Ich ermutige meine Mitarbeiter, sich dort weiter fortzubilden, wo sie sich bereits hervorragend bewähren. Ich verwende einen bestimmten Teil meines Budgets auf die Fortbildung meiner Leute und schaffe ein Umfeld, in dem sich Mitarbeiter von einer B^+-Note zu Eins-A entwickeln können.

Zählen Sie nun die Punkte zusammen, die Sie notiert haben. Das ist zwar keine wissenschaftlich abgesicherte, aber eine schnelle und praktische Methode, bei der Sie anhand der Punktzahl immerhin eine gewisse Tendenz erkennen können.

Wenn die Punktzahl über 28 liegt, können Sie sich als Führungskraft betrachten, die Stärken fördert und mit Stärken führt.

Liegt die Punktzahl zwischen 22 und 27, dann nehmen Sie das Thema Stärken ernst, aber Sie können sich noch verbessern, indem Sie an den Bereichen arbeiten, wo sie nur 3 oder weniger Punkte erzielt haben.

Falls Sie bei 17 bis 21 Punkten liegen, gibt es noch eine Menge Verbesserungspotenzial. Lesen Sie die sieben Aussagen noch einmal durch und notieren Sie bei jedem einen konkreten Vorschlag, wie Sie sich verbessern könnten.

Wenn Sie unter 17 Punkten gelandet sind, dann sind Sie ein Pessimist, der sich zu lange mit Kleinigkeiten und Kleinlichkeiten aufhält und sich an den Fehlern und Schwächen der Leute aufhängt. Nehmen Sie sich die sieben Aussagen noch einmal vor und schreiben Sie sich zu jeder drei Vorschläge auf, mit denen Sie Ihre Einstellung und Ihre Vorgehensweise ändern können.

> ## Stärken überprüfen
>
> Denken Sie stets daran, dass das Thema Stärken viele Facetten hat. Dazu gehört, dass Sie Ihre Stärken kennen und alles tun sollten, um sie noch weiter auszubauen. (Denken Sie an den Drucker'schen Grundsatz: „Jede Weiterentwicklung ist zuerst Selbstentwicklung.") Ferner gehört dazu, dass Sie Ihre direkten Mitarbeiter bei der Weiterentwicklung ihrer Stärken unterstützen und sich nicht bei deren Schwächen aufhalten sollten. Durch Stärken führen bedeutet auch, dass Sie diesen Aspekt bei der Stellenbesetzung in den Vordergrund rücken – platzieren Sie Ihre besten Leute dort, wo sie die besten Resultate und die höchsten Erträge erzielen können. Drucker hat stets davor gewarnt, dass gemeinnützige Organisationen ihre besten Leute an Stellen verheizen, „wo es nichts zu gewinnen gibt". Dieser unbeabsichtigte Fehler ist weit verbreitet und kommt in Organisationen, die sich wenig verändern, häufig vor. Wenn man in regelmäßigen Abständen, beispielsweise halbjährlich, eine einfache Stärken-Überprüfung vornimmt, kann man als Manager wichtige Anpassungen vornehmen, vor allem in schwierigen Zeiten (beispielsweise wenn man sich um einen neuen Kunden oder Auftrag bewirbt oder wenn ein neues Produkt lanciert werden soll). Und schließlich und endlich ist zu beachten, dass die stärksten Manager nur die stärksten Leute einstellen und befördern. Daran erinnert Drucker mit dem Hinweis auf die Grabinschrift, die der amerikanische Stahl-Tycoon Andrew Carnegie eingravieren lassen wollte: „Hier liegt ein Mann, der es verstand, viele Menschen für sich arbeiten zu lassen, die viel fähiger waren als er selbst."

Kapitel 9
Welches ist der ausschlaggebende Faktor?

„Wirkliche Führungskräfte stellen nicht die törichte Frage ‚Was möchte ich gern tun?', sondern sie fragen, ‚Was muss getan werden?' Erst dann können sie sich die Frage stellen, ‚Welche von den infrage kommenden Aufgaben passt am besten zu mir?' Sie geben sich nicht mit Dingen ab, die sie nicht gut beherrschen. Sie kümmern sich darum, dass alles Notwendige erledigt wird, aber nicht von ihnen."

Druckers Einstellung zu den Themen Führung und Charisma hat sich innerhalb von fünfzig Jahren nicht verändert. Er vertrat den Standpunkt, dass die Menschen dem Faktor Charisma eine zu große Bedeutung beimessen und nicht genug beachten, was wirklich zählt (zum Beispiel Charakter und die Fähigkeit, eine Sache zu Ende zu bringen). „Führungsfähigkeit hat nichts mit einer faszinierenden Persönlichkeit zu tun ... und auch nicht mit ‚netzwerken' und ‚Leute beeinflussen' – das sind Verkäuferqualitäten", versicherte Drucker. Führung bedeutet, dass man in der Lage ist, alles von einer höheren Warte aus zu betrachten, dass man Menschen dazu bringt, bessere Leistungen zu erzielen und ihre Persönlichkeit über das normale Maß hinaus zu entwickeln."

Im Übrigen ist Drucker der Ansicht, dass es so etwas wie „Führungskompetenz oder Führungspersönlichkeit" an sich gar nicht gibt. Er will damit sagen, dass jeder Mensch anders ist und dass es keine einheitliche Liste von Merkmalen gibt, anhand deren man „die Führungsfigur" definieren könnte. Seiner Meinung nach hatte Harry S. Truman keinerlei Charisma („so farblos wie ein toter Fisch" lautete sein Urteil über den dreiunddreißigsten Präsidenten der USA), aber er war „absolut vertrauenswürdig" und wurde „regelrecht verehrt".

In Druckers Augen waren Männer wie Präsident Franklin D. Roosevelt, der britische Premierminister Winston Churchill und die Generäle George Marshall, Dwight D. Eisenhower, Bernard Montgomery und Douglas MacArthur herausragende Führungsfiguren während des Zweiten Weltkrieges. Aber es gab „hinsichtlich ihrer ‚persönlichen Merkmale' keinerlei Gemeinsamkeiten und auch nicht hinsichtlich ihrer ‚Führungsqualitäten'."

Die charismatischsten politischen Führer des 20. Jahrhunderts, schrieb Drucker, waren Hitler, Stalin, Mao und Mussolini. Er bezeichnete sie als „Verführer". Neben Truman hielt er Ronald Reagan für einen der wirkungsvollsten Präsidenten des vergangenen Jahrhunderts. „Seine Stärke war gar nicht Charisma, wie viele Leute immer wieder annehmen", erklärte Drucker, „sondern sie bestand darin, dass er genau wusste, wozu er fähig war und wozu nicht."

Der Schlüssel liegt in der Effektivität

Im Jahr 2004 sagte Drucker in einem Interview mit Forbes.com, er sei der erste Wirtschaftsautor gewesen, der sich mit dem Thema Führung beschäftigt habe – vor fünfzig Jahren. Seither, so meint er, habe man sich aber allzu sehr mit Führung beschäftigt und „nicht genug auf Effektivität geachtet". Damit hat er vollkommen recht. Wenn man bei Amazon.com den Begriff „Leadership" (Führung) eingibt, erhält man über eine *viertel Million* Treffer. Als beinahe eigenständiges Segment im Markt der Wirtschaftsbücher sind Bücher mit „Führung..." im Titel permanent Bestseller; das ist natürlich der Grund, warum Verleger dieses Thema lieben und warum der Markt von solchen Titeln überschwemmt ist.

Wie definiert Drucker nun „Führung"? „Ein Führer ist jemand, dem die Leute folgen." So hat er den Begriff in mehreren Büchern auf den Punkt gebracht. James O'Toole, bis vor kurzem Managing Director des Booz Allen Hamilton Strategic Leadership Center, ist der Meinung, „dem liegt eine sehr tiefe Erkenntnis zugrunde ... angehende Führungskräfte sollten sich durchaus darum bemühen zu lernen, wie sie Menschen dazu bringen, ihnen zu folgen. Es gibt überhaupt keinen praktischeren Ansatz."

Drucker äußerte sich später immerhin noch ein wenig ausführlicher, als er hinzufügte: „Die Grundlage einer wirksamen Führung besteht darin, sich über den Auftrag einer Organisation oder eines Unternehmens völlig klar zu werden, ihn zu definieren und ihn allen deutlich zu machen." (Interessanterweise klingt die Definition, die Jack Welch für Unternehmensführung gegeben hat, sehr ähnlich wie die von Drucker: Welch zufolge ist ein Führer jemand, „der eine Vision formulieren kann und andere dazu bringt, sie umzusetzen". Dazu mehr im folgenden Kapitel über Welch.)

Drucker fasste den Unterschied zwischen Management und Führung in einem berühmten Satz zusammen, der mit rund einem Dutzend Wörter auskommt, und wiederholte diese Formel immer wieder: „Management bedeutet, Dinge richtig zu tun; Führung bedeutet, die richtigen Dinge zu tun."

Und schließlich noch der Hinweis, dass geborene Manager (wie in Kapitel 5 besprochen) und alle wirklich effektiven Führungskräfte sich viel mehr dafür interessieren *was* richtig ist statt dafür, *wer* recht hat". – „Wenn es so weit kommt, dass die beteiligten Personen wichtiger werden als die zu erfüllenden Aufgaben, führt das ins Verderben", schrieb Drucker.

Diese Lektion hatte Drucker von Alfred Sloan, dem langjährigen General-Motors-Chef, gelernt. Ich erinnere daran, dass Sloan nicht derjenige war, der im Jahr 1943 Drucker damit beauftragt hat, über seine Firma eine Untersuchung anzustellen (es war diese Studie, aus der später Druckers erstes bedeutendes Buch *Das Großunternehmen – Concept of the Corporation* hervorgegangen ist). Sloan selbst wollte das eigentlich gar nicht. Aber da Drucker nun einmal da war, sagte Sloan zu dem vielversprechenden jungen Autor: „Sagen Sie uns einfach, was Sie für richtig halten. Machen Sie sich keine Gedanken darüber, wer recht haben könnte. Denken Sie nicht weiter darüber nach, ob diesem oder jenem Manager in unserer Firma Ihre Empfehlungen und Schlussfolgerungen gefallen oder nicht."

Druckers Idealvorstellung von Führung

Drucker war seiner Zeit stets voraus. In seinem ersten Wirtschaftsbuch schrieb er: „Aller Voraussicht nach wird eine Firma, die lauter Genies oder Supermänner als Manager braucht, nicht lange überleben. Sie muss vielmehr so organisiert sein, dass sie sich unter einer Führung, die aus ganz normalen Menschen besteht, gedeihlich entwickeln kann. Kein Unternehmen kann eine Einmannherrschaft lange ertragen." (Interessanterweise revidierte Drucker diese Aussage insofern, als er in seinem Buch *Managing in the Next Society* (2002) rund fünfzig Jahre später den General-Electric-Chef Jack Welch und den Intel-Chef Andy Grove als „Unternehmens-Supermänner" bezeichnete.)

Diese Feststellung schrieb er 1946 in einem Buch, das sich auf überzeugende Weise für die dezentrale Führung großer Unternehmen einsetzte – als Gegenmodell zu autokratischen, streng hierarchisch geführten Unternehmen. Nach seiner Einschätzung hatte dieses autokratische Modell zum Niedergang von Ford beigetragen. Henry Fords Firma wurde letztlich deswegen von GM überholt, weil er ein riesiges, milliardenschweres Unternehmen führen wollte, ohne seinen Managern zu vertrauen.

Drucker gibt auch eine Erklärung dafür, warum Führung in Unternehmen eine wichtigere Rolle spielt als in anderen Organisationen oder Institutionen: „In modernen Unternehmen ist Führung nicht nur wichtiger als in anderen Organisationen, sondern auch schwieriger. Denn das moderne Industrieunternehmen braucht sehr viel mehr Führungspersonal als andere Organisationen und es müssen hochqualifizierte Leute sein. Die Unternehmen sind einfach nicht in der Lage, automatisch Führungspersonal in ausreichender Anzahl und mit ausreichenden Qualifikationen und Erfahrungen hervorzubringen."

Später ergänzte er: „Führungskompetenz kann man nicht irgendwie hervorbringen oder hochzüchten. Sie kann weder gelehrt noch gelernt werden ... Aus Managern werden nicht automatisch Führungskräfte. Das Management kann nur die Bedingungen schaffen, unter denen sich Führungskompetenzen bewähren können; es kann potenzielle Führungskompetenzen aber auch unterdrücken."

Mit anderen Worten, wirkliche Top-Führungskompetenz ist angeboren, sie wird nicht gemacht. Drucker zufolge sind echte Führungskräfte dünn gesät. Diesen rigorosen Standpunkt vertrat er in seinen ersten beiden Wirtschaftsbüchern, die 1946 und 1954 veröffentlicht wurden. Doch im Lauf der Zeit milderte er diese Ansichten etwas ab. Herausragende Führungsbegabung kann man nicht im Reagenzglas züchten, aber Management kann man lernen. Schließlich dienten seine Bücher auch dem Zweck, ganz gewöhnliche Leute zu praktischen Managern zu machen. Denn als er mit seiner Tätigkeit begann, hatte er ja vergeblich in den Bibliotheken nach Büchern zum Stichwort „Management" Ausschau gehalten, darum musste er sich um das Thema kümmern.

Wie bereits in Kapitel 5 erörtert, ging Drucker davon aus, dass nur eine begrenzte Zahl von Naturtalenten für die Führungsaufgaben in großen Unternehmen zur Verfügung steht. Druckers Bücher waren eine große Hilfe, als es darum ging, eine Managerschicht heranzubilden, als die Naturtalente nicht mehr ausreichten.

Um allerdings als Führungskraft wirklich effektiv zu sein, benötigt man einige Eigenschaften, die zu jedem Führer gehören; über dieses Thema hat sich Drucker ein Leben lang in Wort und Schrift Gedanken gemacht. Er hatte schon früh konstatiert: „Führung bedeutet, die richtigen Dinge zu tun." Die wirkungsvollsten Führungspersönlichkeiten, die Druckers hohen Ansprüchen gerecht wurden, verfügten über folgende Eigenschaften und Veranlagungen:

Zuerst Charakter, dann Mut

Jeder, der Drucker kannte, weiß, dass er ein Mensch war, der seine eigenen Worte beherzigte. So wie er sprach, handelte er auch. Auch wenn er selbst immer wieder wiederholte, dass er von „Management aus eigener Erfahrung" nichts verstehe, heißt das nicht, dass er nicht über die Qualitäten verfügte, die er unabdingbar für eine effektive Unternehmensführung hielt.

Die wichtigste dieser Eigenschaften ist Charakter. Drucker selbst hatte ausgesprochen viel Charakter. Der Autor von *Good to Great* (dt.: Der Weg zu den Besten, 2003), Jim Collins, schrieb über Drucker, er sei „zutiefst durchdrungen von einem humanitären Ideal und von einem sehr, sehr tiefen Mitgefühl für den einzelnen Menschen". Das ist die beste Definition von Charakter, die ich mir vorstellen kann.

Drucker selbst sagte dazu: „Im Grunde wird Führung nur durch den Charakter bewirkt, denn ausschlaggebend ist das persönliche Vorbild. Drucker stellte schon früh in seinen Schriften fest, dass man Charakter weder lernen noch sich sonst wie aneignen kann; wenn die Integrität einmal infrage gestellt ist, kann sich eine Führungspersönlichkeit davon kaum mehr erholen. „Letztendlich sind es die Ausrichtung auf die Zukunft und die Verantwortungsbereitschaft, die den Manager ausmachen", sagte er.

Ferner braucht eine Führungspersönlichkeit Mut, um harte Entscheidungen zu fällen. Man braucht Mut, um sich von Überkommenem zu lösen, um Dinge abzuschaffen, auf die man einen wohlerworbenen Anspruch erhebt, oder um auf halber Wegstrecke die Richtung zu wechseln. Wie man in der Drucker-Biografie von Elizabeth Haas Edersheim nachlesen kann, attestierte Drucker dem General-Electric-Chef Jack Welch wegen dessen drastischer Maßnahmen beim Umbau seiner Firma den „Mut eines Löwen" (Welch verkaufte Hunderte von Geschäftsbereichen und opferte über 100 000 Arbeitsplätze).

Eine klare Zielvorgabe entwickeln

Die erfolgreichsten Führungspersönlichkeiten entwerfen ein klares Bild von dem, was getan werden muss. „Die Grundlage wirksamer Führung besteht darin, eine durchdachte Vorstellung von der Aufgabe eines Unternehmens zu entwickeln, diese zu definieren und klar und deutlich darzustellen", erklärt Drucker. Die Führungskraft gibt die Ziele vor, setzt die Prioritäten und Maßstäbe und wacht über deren Einhaltung. Natürlich wird sie auch Kompromisse machen. Erfolgreichen Führungspersönlichkeiten ist schmerzhaft bewusst, dass sie nicht das ganze Universum kontrollieren können (nur die Verführer dieser Welt, wie die Hitlers, Stalins, Maos, erliegen diesem Irrtum). Aber bevor er einen Kompromiss eingeht, hat ein wirklicher Anführer sich ausführlich Gedanken darüber gemacht, was richtig und was wünschenswert ist. Eine Führungspersönlichkeit ist wie eine Trompete, deren Schall laut und deutlich erklingt, das ist ihre wichtigste Aufgabe.

Eine loyale Einstellung fördern

Drucker behauptete stets, dass es den erfolgreichsten Managern gelinge, bei ihren Mitarbeitern auf allen Ebenen ein Gefühl der Loyalität und Solidarität zu schaffen. Loyalität kann man nicht erkaufen. Man muss sich ihrer würdig erweisen. Daher müssen Manager an sich selbst hohe Maßstäbe anlegen und mit gutem Beispiel vorangehen. Die Werte eines Unternehmens dürfen nie infrage gestellt werden. Nur Manager, die die Werte eines Unternehmens selbst vorleben, können von ihren Leuten verlangen, das Wohl der Firma vor ihre persönlichen Interessen zu stellen. Wenn es Führungskräften gelingt, dieses Loyalitäts- und Solidaritätsgefühl hervorzurufen, stärkt das die Moral der Mitarbeiter, was wiederum ihre Leistung verbessert.

Loyalität und Solidarität beruhen immer auf Gegenseitigkeit, das ist keine Einbahnstraße. Auch Manager müssen das praktizieren, was sie anderen predigen, indem sie sich ihrerseits loyal gegenüber ihren Mitarbeitern verhalten. Dazu gehört, dass man positives Feedback gibt sowie eine bessere Bezahlung und eine Beförderung, wenn es sich ein Mitarbeiter verdient hat. Da heutzutage Talente rar gesät sind, muss ein Management seine besten Mitarbeiter so behandeln, als hätten sie ständig Angebote von Konkurrenzfirmen, was im Übrigen von der Realität gar nicht so weit entfernt sein dürfte.

In einer Atmosphäre von Furcht und Schrecken hingegen kann man überhaupt nichts managen. Manager, die noch glauben, damit irgendetwas bewirken zu können, sind Ewiggestrige, gehören aber nicht mehr in die Welt von heute oder morgen. Menschen, die um ihre Jobs fürchten müssen, können einfach keine sinnvollen Beiträge leisten und werden sich hüten, irgendetwas Neues auszuprobieren.

Stärken fördern

Wie im vorangegangenen Kapitel bereits erörtert, konzentrieren sich Führungskräfte auf Stärken: ihre eigenen Stärken, die Stärken ihrer Mitarbeiter, die Stärken von anderen Geschäftspartnern und die Stärken ihres Unternehmens. Drucker sagte, der Schlüssel zu gutem und wirklich wirksamem Management liege darin, „die Stärken eines Menschen zur Entfaltung zu bringen und seine Schwächen irrelevant werden zu lassen".

Um ein Beispiel zu geben, verwies Drucker auf zwei amerikanische Präsidenten: „Als sie ihre Kabinettslisten zusammenstellten, sagten sowohl Franklin D. Roosevelt wie Harry S. Truman, man solle sich nicht von persönlichen Schwächen ablenken lassen. Sie wollten zuerst wissen, was jeder Einzelne leisten konnte." Drucker wies ferner darauf hin, es könne sicherlich kein Zufall gewesen sein, dass diese beiden Präsidenten über die effektivsten Regierungsteams im 20. Jahrhundert verfügten.

Keine Bedenken angesichts fähiger Mitarbeiter

Gemäß Druckers Idealvorstellung von einer Führungskraft weiß er oder sie ganz genau um ihre Verantwortung für das Wohlergehen des Unternehmens. Solche Führungskräfte müssen sich nicht vor starken, ehrgeizigen Mitarbeitern fürchten. Nur Verführer und schwache Manager sind misstrauisch; deshalb führen sie ständig Säuberungen durch. Starke und erfolgreiche Anführer umgeben sich jedoch mit starken Helfern; sie feuern sie an, drängen sie vorwärts, verwirklichen sich in ihnen. Da ein kompetenter Manager letztlich die Verantwortung für alle Fehler und Unzulänglichkeiten seiner Mitarbeiter übernimmt, sieht er in ihren Erfolgen und Triumphen auch eigene Erfolge und keine Bedrohung.

„Ein Anführer mag eitel sein – so wie General MacArthur schon fast krankhaft eitel war. Oder er kann in seiner persönlichen Haltung sehr bescheiden sein – so wie Lincoln und Truman fast bis an die Grenze eines Minderwertigkeitskomplexes bescheiden waren. Aber alle drei wollten fähige, unabhängige und selbstsichere Mitarbeiter um sich haben; sie ermutigten ihre Leute, lobten und förderten sie. Genauso verfuhr ein ganz anders gearteter Mensch: Dwight ‚Ike' D. Eisenhower als Oberbefehlshaber in Europa.

Vertrauen durch Zuverlässigkeit gewinnen

„Ein letztes Merkmal, das eine erfolgreiche Führung ausmacht, ist, Vertrauen zu gewinnen", schrieb Drucker. „Wenn man Vertrauen missachtet, verliert man auch die Menschen, die einer Führungskraft folgen sollen; so zerstört sich erfolgreiche Führung von innen, sie wird unmöglich ... Einer Führungskraft zu vertrauen bedeutet nicht, dass man sie persönlich mögen muss. Man muss ihr auch nicht in allem zustimmen. Vertrauen besteht vor allem aus der Überzeugung, dass die Führungskraft meint, was sie sagt ... Ihre Handlungen und ihre Aussagen, die Grundsätze, die sie verkündet, müssen sich decken oder zumindest miteinander vereinbar sein. Wirklich erfolgreiche und nachhaltige Führung – und das ist wiederum eine sehr alte Weisheit – beruht nicht auf Cleverness; sie beruht in erster Linie auf Zuverlässigkeit.

Die Führungskräfte von morgen vorbereiten

Drucker wusste, dass in der Heranbildung von Führungskräften ein Schlüssel zur Zukunft von Unternehmen liegt. Er orientierte sich immer langfristig und riet Managern dringend, dies ebenfalls zu tun. Nach seiner Ansicht orientieren sich zu viele Manager am kurzfristigen Börsenkurs ihrer Unternehmen. Drucker schrieb einmal, dass zu viele Firmen ihre führenden Positionen im Weltmarkt Menschen verdankten, die schon eine Generation zuvor verstorben seien.

Drucker war außerdem der Ansicht, dass jeder Spitzenmanager seinen Nachfolger aufbauen sollte. „Den schlimmsten Vorwurf, den man einer Führungskraft machen kann, ist, dass ihr Unternehmen zusammenbricht, wenn sie zurücktritt oder plötzlich stirbt. Das ist in Russland nach Stalins Tod passiert und in Firmen geschieht es ebenfalls viel zu häufig. Eine erfolgreiche Führungskraft weiß, dass das letztendlich ausschlaggebende Kriterium für ihre Führungskompetenz darin besteht, die Energien der Menschen und ihre Zukunftshoffnungen zu mobilisieren."

Die ausschlaggebenden Faktoren

So wie es keine abstrakt definierbaren „Führungskompetenzen" gibt, so gibt es auch keinen einzelnen ausschlaggebenden Faktor für „Führung". „Führung bedeutet, die richtigen Dinge zu tun", und dazu gehören eben viele Faktoren. Wir wissen, dass sich Druckers Idealvorstellung von einer Führungskraft aus einigen ihm wichtig erscheinenden Merkmalen und Verhaltensweisen zusammensetzte:

- **Sie verfügt über Charakter und Mut:** Das sind die beiden grundlegendsten Merkmale für eine Führungspersönlichkeit.

- **Sie entwickelt eine klare Zielvorgabe:** Eine Führungskraft zeichnet ein klares Bild, wo die Reise hingehen soll.

- **Sie fördert Loyalität und Solidarität:** Ein Spitzenmanager ist sich darüber im Klaren, dass Loyalität auf Gegenseitigkeit beruht.

- **Sie fördert die Stärken:** Ein Spitzenmanager bringt Stärken zur Entfaltung und lässt Schwächen irrelevant werden.

- **Sie hat keine Bedenken angesichts fähiger Mitarbeiter:** Deren Erfolge sind ihre Erfolge.

- **Sie ist zuverlässig:** Führungsstärke beruht nicht auf Cleverness, sondern in erster Linie auf Zuverlässigkeit.

- **Sie bereitet die Führungskräfte von morgen vor:** Die besten Führungskräfte sind sich darüber im Klaren, dass es zu ihrer Verantwortung gehört, junge Nachwuchskräfte heranzubilden, die ihr Unternehmen in der Zukunft weiterführen.

Kapitel 10
Drucker über Jack Welch

"Jack Welch ist in vielerlei Hinsicht als Manager ein Naturtalent. Sehr im Gegensatz zu allen seinen Vorgängern. Sie mussten bittere Lektionen lernen ..., aber sie lernten sie. Welchs unmittelbarer Vorgänger bei General Electric, Reg Jones, war der fähigste Manager von allen, nein, das ist das falsche Wort, der sympathischste Manager, einfach von der menschlichen Seite gesehen."

Was mich während meines Gesprächs mit Drucker unter anderem sehr beeindruckte, war seine Fähigkeit, in Bruchteilen einer Sekunde von einem Thema zum anderen zu springen. Das passierte ziemlich häufig, aber am unterhaltsamsten fand ich es, als er innerhalb eines Atemzugs auf den früheren GM-Chef Alfred Sloan, die ägyptischen Pyramiden und die Wahl von Jack Welch zum General-Electric-Chef zu sprechen kam.

Kurz nachdem sich Drucker darüber ausgelassen hatte, dass es im Wesentlichen Alfred Sloan gewesen sei, der in den 1920er- und 1930er-Jahren als President von General Motors den Typus des modernen Managers geschaffen habe, erwähnte er mir gegenüber, dass er immer wieder gefragt werde, wen er für den bedeutendsten Manager in der Weltgeschichte halte. „Wissen Sie, was ich darauf antworte?", fragte er mich ein wenig provozierend.

Natürlich tappte ich in die Falle und schlug Sloan vor.

Ich hatte noch nicht einmal das richtige Jahrtausend getroffen.

„Der größte Manager aller Zeiten", fuhr Drucker weitgehend unbeeindruckt von meiner Antwort fort, „war der Mann, der – praktisch ohne Vorbild – die erste große Pyramide erdachte und entwarf und deren Bau durchführte ... Kein mir bekannter Manager wäre in der Lage, das zu tun, was dieser Mensch vollbracht hat. Wir wissen ja nicht, wie viele tausend Menschen für ihn arbeiteten. Aber die Hauptarbeit konnte sicherlich nur in den wenigen Monaten zwischen Aussaat und Ernte verrichtet werden ... Es mussten auf jeden Fall Tausende von Arbeitern untergebracht und verköstigt werden, man musste Vorsorge treffen, dass keine Seuchen ausbrachen. Mit dem Bau konnte erst begonnen werden, nachdem der Pharao den Thron bestiegen hatte, schließlich handelt es sich bei einer Pyramide um ein Grabmal. Die Pyramide musste bei dessen Tod fertiggestellt sein und die meisten Menschen in der damaligen Zeit lebten nicht besonders lange, weil beispielsweise Tuberkulose weit verbreitet war. Aber er schaffte es. Zu so etwas wäre heute niemand mehr in der Lage. Es ist wirklich eines der großen Geheimnisse der Weltgeschichte ... und dabei rechneten die Ägypter noch nicht einmal mit Zahlen, wie wir das kennen. Allein die Budgetierung muss ein Riesenproblem gewesen sein", schloss Drucker listig grinsend.

Nach dieser Anekdote ging er rasch zum Thema „geborener Manager" über und spitzte es auf Jack Welch zu. Allerdings konnte ich in dem Moment die Tragweite dessen, was Drucker im Begriff stand, mir zu sagen, gar nicht richtig erfassen – was er mir nun sagte, ging weiter als alles, was er jemals öffentlich über Jack Welch und den Zustand von GE zum Zeitpunkt von dessen Führungsübernahme geäußert hatte. Er sprach ausführlich über General Electric und stellte Vergleiche zwischen Jack Welch und dessen unmittelbarem Vorgänger Reginald Jones an, der von 1972 bis 1981 Vorstandsvorsitzender des Unternehmens war.

Kapitel 10 · Drucker über Jack Welch

Auch wenn sich nur wenige Manager, die heute unter fünfzig sind, noch an Reg Jones erinnern – vor allem im Vergleich zu dem Manager-Star Jack Welch, holte Drucker gleichwohl zu längeren Ausführungen darüber aus, was Jones bereits alles für General Electric erreicht habe, bevor Welch der neue Chef geworden sei. Dabei fiel mir natürlich sofort ein, Drucker zu fragen, wen von den beiden er für den besseren Manager halte. Zu meiner Überraschung konzedierte Drucker sofort, dass Jones über Eigenschaften und Qualitäten verfügte, die Welch nicht hatte. So etwas hatte Drucker früher nie (und auch danach nie mehr) öffentlich zugegeben. Hier folgt ein kurzer Originalauszug aus der Tonbandaufzeichnung des Gesprächs:

Drucker: „Dieser Mann [Jones] verfügte über einen bemerkenswerten Anstand ... Welch wurde bei GE allgemein respektiert, war aber auch gefürchtet, Jones hingegen war sehr beliebt."

Krames: „Und was ist nun besser?" [Ich meinte damit: Wer war die bessere Führungspersönlichkeit, Welch, der „respektiert und gefürchtet" wurde, oder Jones, der allgemein „beliebt" war?]

Drucker: „Um es ganz offen zu sagen, Jones ... Aber Welch wäre ziemlich unglücklich gewesen, wenn er in den 70er-Jahren den Chefposten bei GE hätte wahrnehmen müssen, als sich GE eher ... auf dem Rückzug befand – wäre nicht das richtige Wort ... in der Defensive befand. Es waren zwei Dinge, die Reg Jones Welch hinterließ: Erstens war GE darauf vorbereitet, in die Offensive zu gehen, weil Jones das Unternehmen restrukturiert hatte. Und Jones hatte als Erster das Potenzial erkannte, das in dem Finanzbereich von GE steckte. Ja, das war Jones.

Und es gibt noch einen zweiten Punkt, der bis in die 50er-Jahre zurückreicht. Welch stand bei seiner Übernahme eine ganze Armee von gut ausgebildeten Führungskräften zur Verfügung, und das hatte damit angefangen ... Sie wissen vermutlich, dass ich an der Gründung von Crotonville beteiligt war. [Crotonville ist das firmeneigene Managementschulungszentrum von GE.] Das begann wirklich in Crotonville, die systematische Ausbildung von Managern auf Initiative von Ralph Cordiner."

Hier muss man etwas zur Firmengeschichte von General Electric einflechten: Der Antriebsmotor, durch den GE unter Welch ein Wachstumsunternehmen par excellence wurde, war die Sparte GE Capital, der Finanzbereich des Konzerns. Im Jahr 2000 steuerte dieser Bereich mehr als 5 Milliarden Dollar zum Betriebsergebnis bei (und damit mehr als 40 Prozent des Gesamtergebnisses). Drucker rechnet es also Welchs Vorgänger als hohes Verdienst an, das Geschäft mit den Finanzdienstleistungen angefangen zu haben; diese Aktivitäten wurden stark ausgeweitet und entwickelten sich rasch zum gesonderten Konzernbereich GE Capital: „Jones erkannte das Potenzial, das in GE Finance steckte, ein Bereich, der bis dahin hauptsächlich dazu da gewesen war, den Kauf von GE-Produkten durch die Endabnehmer zu finanzieren. Jones begann dann mit der Ausweitung dieses Geschäfts zum umfassenden Finanzdienstleister. Dies stand übrigens auch eindeutig damit im Zusammenhang, dass ich dabei in erheblichem Umfang mit Jones zusammenarbeitete ... Er sah vollkommen deutlich, dass die Finanzdienstleistungen ein Bereich mit erheblichem Expansions- und Wachstumspotenzial waren", sagte Drucker.

Ohne den Finanzdienstleistungsbereich von GE, das bedeutet Druckers Aussage implizit, hätte die Geschichte von Jack Welch, dem Managementsuperstar, vermutlich nie geschrieben werden können.

Ich fragte mich, was wohl hinter diesem ausführlichen Monolog Druckers über Welch stecken mochte. Er wusste, dass ich mehr als ein halbes Dutzend Bücher über Welch entweder selbst geschrieben oder herausgebracht hatte, also dachte er vielleicht, es sei angebracht sich am besten in der „Sprache" desjenigen Top-Managers auszudrücken, den er selbst am besten kannte.

Im Nachhinein glaube ich allerdings, dass es ihm eher um sein eigenes (Druckers) Vermächtnis ging. Er hatte über fünfzig Jahre lang hinter den Kulissen von General Electric gewirkt und viel dazu beigetragen, dass diese Firma zu den am meisten bewunderten und nachgeahmten dieser Welt zählt, aber er hatte dafür wenig Anerkennung bekommen. Ich erinnerte mich daran, was Drucker schon in der ersten Stunde, die ich bei ihm verbrachte, gesagt hatte: „Es sind die Klienten, die für die Fehler des Beraters zahlen."

Was dabei ungesagt blieb, war die andere Seite dieser Gleichung: Der Berater erntet keine Lorbeeren, wenn alles gut läuft. Es ist kein Geheimnis, dass GE zu den weltweit erfolgreichsten Unternehmen der letzten fünfzig Jahre zählt; welchen Anteil Druckers Einfluss auf die Firma hatte, ist hingegen weitgehend unbekannt geblieben.

Niemand würde bestreiten wollen, dass Drucker einen bedeutenden Einfluss bei GE ausübte. Aber abgesehen davon, dass Welch ihm für einige seiner besten Entscheidungen (beispielsweise, welche Bereiche abgestoßen werden sollten) seinen Dank abstattete, hat Drucker wenig Anerkennung für all das bekommen, was er für GE getan hat.

Drucker lag während seiner ganzen Laufbahn wenig daran, sich mit Auszeichnungen und Trophäen zu schmücken, aber diese ganze Geschichte ist ein Beweis dafür, dass ihm sein Vermächtnis in den letzten Jahren seines Lebens am Herzen lag. Aus welchem anderen Grund sollte er mich in dem Wissen, dass ich ein Buch über ihn schreiben wollte, zu einem ausführlichen Interview empfangen und dann eine andere Autorin ebenfalls dazu auffordern, ein Buch über ihn zu verfassen, das eher eine Art Biografie werden sollte, die nach seinem Tod erscheinen sollte? (Drucker hatte Elizabeth Haas Edersheim, die Autorin von *McKinsey's Marvin Bower*, angerufen und sie gefragt, ob sie bereit wäre, ein Buch über ihn zu schreiben. Das Ergebnis war *The Definite Drucker* – dt.: Peter F. Drucker: Alles über Management, Redline Wirtschaft, 2007 –, das etwa ein Jahr nach seinem Tod erschien.)

Das war ein ungewöhnlicher Schritt für Drucker und ich erinnere mich, dass er am Anfang seiner Karriere gesagt hatte: „Eines der Geheimnisse, wie man jung bleibt, besteht darin, dass man keine Interviews gibt, sondern sich an seine Arbeit hält – daran halte ich mich. Es tut mir leid, ich stehe nicht zur Verfügung."

Plötzlich stand er zur Verfügung.

Drucker war sicherlich einer der bescheidensten Menschen, die mir jemals begegnet sind. Dennoch kann man es durchaus verstehen, wenn er den Wunsch hatte, dass man sich an seine wesentlichen und weitreichenden Beiträge an eine Wissenschaftsdisziplin erinnerte, die er mitbegründet hatte und von der viele der größten Firmen der Welt beeinflusst wurden.

Die Verbindung Drucker – General Electric – Welch

Zunächst ein wenig zur Vorgeschichte: Die Zusammenarbeit zwischen Drucker und General Electric reicht weit zurück. Drucker war seit den frühen 1950er-Jahren als Berater für GE tätig. 1951 stellte der damalige GE-Vorstandsvorsitzende Ralph Cordiner eine eindrucksvolle Mannschaft zusammen, die die Effektivität des Managements verbessern sollte und der Drucker angehörte. Dieses Team nahm Dutzende anderer Firmen unter die Lupe, untersuchte die Personalakten von rund 2000 Mitarbeitern, führte Zeit- und Bewegungsstudien von Führungskräften von General Electric durch und befragte Hunderte von Managern der Firma.

Da Ralph Cordiner nicht allzu viel von innovativem Managementdenken hielt – „ein Manager ist ein Manager ist ein Manager" lautete eine der Standardaussagen des Vorstandsvorsitzenden – gab er Drucker und dem Team den Auftrag, als verlässliche Arbeitsgrundlage für alle Managementaufgaben, -herausforderungen und -probleme eine Art Handbuch zu verfassen; es sollte Schluss sein mit den Mutmaßungen und dem Improvisieren bei der Arbeit des Managements.

Das Endergebnis dieser immensen Studienarbeiten über das Management waren die sogenannten Blue Books, eine fünfbändige, 3463-seitige Managementbibel. Drucker und seine Kollegen hatten den Versuch unternommen, so etwa wie eine Betriebsanleitung für die Manager von General Electric zu verfassen.

Der bekannte Managementprofessor, Unternehmensberater und Buchautor Noel Tichy, der die Managementakademie von GE in Crotonville in den ersten Jahren unter Welchs Konzernführung leitete, sagte einmal, die wichtigen Konzepte von Jack Welch klängen immer so, als seien sie direkt diesen Blue Books entnommen. Tichy schrieb in seinem Buch über Welch: „Begraben unter einer erdrückenden Menge von albernen Vorschriften über Managementprozeduren lagen dort so durchschlagende Konzepte wie *Management by objectives",* das Drucker dann herausdestilliert hat,

„aber auch die meisten revolutionären Ideen, denen sich Welch später verschrieben hat."

Tichy führt auch an einem Beispiel vor, wie diese Managementtheoretiker aus der Frühzeit Welch beeinflusst haben: „Die Erörterungen über das Thema Dezentralisierung beispielsweise [die in den Blue Books enthalten sind], haben sehr große Ähnlichkeit mit Welchs sogenanntem Beschleunigungsprinzip. Möglichst wenig Einmischung von oben, möglichst wenig Verzögerung bei der Entscheidungsfindung, möglichst viel Beweglichkeit im Wettbewerb – dadurch wird ein Höchstmaß an Service für den Kunden und an Profit für das Unternehmen erzielt." Cordiner gründete Crotonville, „um den Managern [von General Electric] die neuen Prinzipien [aus dem Blue Book] beizubringen", fügte er hinzu. (Crotonville wurde sowohl in den USA wie im Ausland vielfach nachgeahmt – beispielsweise von IBM in seiner Sands Point School oder im Hitachi Institute for Management Development in Japan. Die Akademie in Crotonville wurde 2001 in John F. Welch Leadership Development Center umbenannt.)

Cordiner machte Drucker zu einem der Mitbegründer von Crotonville und Drucker sagte zu mir, dass die Akademie für die Heranbildung von wirklich fähigem Managementnachwuchs für die Firma jahrzehntelang eine zentrale Rolle gespielt habe – vor allem bis in die Anfangszeit der Ära Welch, die 1981 begann.

Im Jahr 1956 nahmen 4000 qualifizierte Mitarbeiter und leitende Angestellte an dem sogenannten Professional Business Management Course teil (einem anspruchsvollen dreizehnwöchigen Lehrgang, bei dem die Teilnehmer von der Außenwelt weitgehend abgeschnitten waren). Das Vormittagsprogramm bestand aus Vorträgen von hohen Beamten, Soziologen und Wirtschaftsfachleuten. Bis zum Ende der 50er-Jahre hatte sich die Anzahl der Teilnehmer, die das Programm durchlaufen hatten, versechsfacht auf eine Gesamtzahl von 25 000 Managern, die wiederum 10 Prozent der Gesamtbelegschaft von GE ausmachten. Welch hat den Umfang dieser Managerausbildung und -weiterbildung dann mit dem von ihm lancierten Work-Out-Programm und der Six-Sigma-Initiative nochmals ausgeweitet, unterstrich William Rothschild, ein führender Firmenstratege von GE. Aber in den 50er-Jahren war diese Art von Managementtraining ohne Beispiel.

Was Welch geerbt hat

Druckers Fortsetzung der Geschichte lautete: „Ich war einer von drei Mitbegründern – die anderen beiden waren der Vorstandschef von GE [Ralph Cordiner] und derjenige, der mich als Berater zu General Electric gebracht hat, ein Mann namens Harold Smiddy. Der war zuvor Senior Partner bei Booz Allen and Hamilton gewesen und war als Chef der Managementberatung zu General Electric gegangen. Er war der eigentliche Begründer der kompletten Neuaufstellung von GE [mit dem Ziel der weitgehenden Dezentralisierung], zu der ich schon seit den späten 40er-Jahren beziehungsweise hauptsächlich dann seit Anfang der 50er-Jahre als Hauptberater beigetragen hatte ... Welch verfügte also über einen enormen Fundus an ausgebildeten, erfahrenen und zielstrebigen Führungskräften. Ohne die Vorarbeit dieser beiden [Cordiner und Smiddy] wäre Welch bald stecken geblieben."

Ich war wie vom Donner gerührt. *Ohne diese beiden wäre Welch bald stecken geblieben?* Das stand eindeutig im Widerspruch zum Inhalt jeden Buches über Welch, das ich in den vergangenen zehn, zwölf Jahren als Autor oder Verleger publiziert hatte. In jedem dieser sieben Bücher war von Welch das Bild des Retters in der Not gezeichnet worden, der einen überalterten, unter der Last seiner Bürokratie kurz vor dem Zusammenbruch stehenden Industrie-Saurier gründlich kuriert und wieder auf die Beine gestellt hatte. Und hier kam Drucker, der langjährige Welch-Berater, und zeichnete seinerseits ein völlig anderes Bild der Ära Welch.

Nach seiner Darstellung war GE um 1980 herum ein Unternehmen, das bereits zum Durchstarten bereit war – als hätte ein riesiger Glücksspielautomat nur auf jemanden gewartet, der mit ein paar Münzen in der Hand daherkam und sie nur noch einwerfen musste, damit die Gewinne sprudelten.

Das Verhältnis zwischen Drucker und Welch ist einfach faszinierend. Welch selbst preist Drucker für dessen „Nummer-eins-Nummer-zwei-Strategie" (die nichts anderes besagt, als dass jede Firma, die es nicht schafft, Marktführer zu werden, aus dem Markt ausscheiden sollte), und manche Taktiken und Strategien von Welch gehen allem Anschein nach ursprünglich auf Drucker zurück.

So entschied Welch beispielsweise 1984, den gesamten Haushaltsgerätebereich zu verkaufen, in dem viele das Herzstück von GE sahen. Welch war sich jedoch völlig darüber im Klaren, dass Haushaltsgeräte ein reifer Markt waren und nicht mehr zu den Stärken von GE gehörten. Drucker erwähnte, dass die Entscheidung für diesen Verkauf in demselben Raum fiel, in dem wir beide an jenem Tag beisammensaßen. „Für diese Entscheidung war er mir immer dankbar", sagte Drucker so ganz nebenbei.

Was das Verhältnis der beiden zueinander anbelangt, wollte ich sichergehen, dass ich Druckers Charakterisierung von General Electric unter Welch nicht missverstanden hatte. Ich konnte es kaum glauben, dass dieser absolute Top-Manager, der vielen als der beste seiner Generation galt – und als Manager des Jahrhunderts inthronisiert war – seine Erfolge den Vorbereitungen verdankte, die Drucker und andere Jahrzehnte vorher getroffen hatten. Daher fragte ich ihn geradeheraus: „Herr Dr. Drucker, wollen Sie damit sagen, dass General Electric auf einen Mann wie Welch gewartet hat?"

Durch seine Antwort goss Drucker noch mehr Öl ins Feuer: *„Mehr als das"*, gab er zurück. Das war der Moment, als Drucker auf den Finanzdienstleistungsbereich von GE zu sprechen kam und darauf, wie es damit angefangen hatte, bevor Welch sein Amt antrat.

Wie lauten also die Fakten?

In seinen Memoiren *Jack – Straight from the Gut* (dt.: Was zählt: die Autobiographie des besten Managers der Welt, 2001) berichtete Welch, dass GE Capital im Jahr 1978, also drei Jahre bevor er das Ruder übernahm, 5 Milliarden Dollar Anlagevermögen verwaltete. Dank seiner intensiven Fokussierung auf diesen Bereich verwandelte sich die Firma von einem Herstellungsgiganten in ein Dienstleistungsschwergewicht. Bis zum Jahr 2000 hatte Welch selbst Hunderte von Firmenübernahmen für GE Capital ausgehandelt oder abgesegnet, und dadurch hatte sich dieser Konzernbereich explosionsartig vergrößert. In seinem letzten Jahr als Vorstandsvorsitzender war das Anlagevermögen von GE Capital auf sagenhafte 370 Milliarden Dollar angewachsen und der Bereich steuerte 41 Prozent zum Gesamtertrag des Konzerns bei.

Im Nachhinein betrachtet, erscheinen diese Fakten als „obskur" – um eines von Druckers Lieblingswörtern zu verwenden. Bereits Reg Jones hatte

GE auf das Gleis in Richtung Finanzdienstleistungen gesetzt, die in Welchs Strategie so eine enorme Rolle spielten, aber Welch hatte die großen Investments getätigt und diesen Geschäftsbereich in Dimensionen ausgebaut, die sich niemand vorher vorstellen konnte.

Der richtige Mann für die Zukunft

Dieser Teil unseres Gesprächs endete damit, dass Drucker mir sagte, „Jones hatte sich Welch ausgesucht, weil er der richtige Mann für die strategische Neuausrichtung war. Er war mitnichten die Idealbesetzung an der Spitze von GE ... jedenfalls nicht, um General Electric im Sinne von Reg Jones weiterzuführen ... das wäre jemand anderer gewesen, übrigens ein enger Freund von mir, der ebenfalls im Rennen um den Posten des Vorstandsvorsitzenden war ... der aber letztlich von sich aus verzichtete, weil er sagte, ich bin zwar der Richtige für die Gegenwart, aber ich bin nicht der Richtige für die Zukunft der Firma. Was General Electric aber jetzt braucht, ist ein Mann für die Zukunft. Er war damals einer der Vice Presidents von GE und stellvertretender Vorstandsvorsitzender. Ein Jahr nach dem Amtsantritt von Welch zog sich der Mann freiwillig auch von diesem Posten zurück. Als die Entscheidung fiel, saß er hier auf dem Sofa." (Drucker deutete auf ein Sofa hinter mir in seinem Wohnzimmer. Auch dieser Schritt war offenbar notwendig, um in der Führungsspitze eindeutig klarzumachen, dass niemand mehr da war, der Welch seinen Führungsanspruch streitig machte; und auch diese Entscheidung fiel im Gespräch mit Drucker in dessen Privathaus.)

Nach der Ankündigung, dass Welch der Nachfolger von Reg Jones würde, schrieb *The Wall Street Journal,* dass man sich bei General Electric entschieden habe, eine „legendäre Führungsfigur durch ein Nervenbündel" zu ersetzen. Ironischerweise war später dann Jack Welch derjenige, den man mit dem Begriff „Legende" assoziierte, wenn man ein Vorbild für den modernen Typus eines Managers nennen wollte.

Als bekannt wurde, dass er plante, seine Memoiren zu schreiben, überboten sich die Verleger gegenseitig mit Vertragsangeboten. Warner Books ging aus diesem Bieterwettstreit schließlich als Sieger hervor und erhielt für die enorme Summe von 7,1 Millionen Dollar den Zuschlag für die

Veröffentlichung des Buches. Zu jener Zeit war dies der höchste Vorschuss für ein Sachbuch mit der einzigen Ausnahme von *Crossing the Threshold of Hope* (dt.: Die Schwelle der Hoffnung überschreiten, 1994) von Papst Johannes Paul II., das 8,5 Millionen erzielte. (Seither haben nur Hillary Clinton und Bill Clinton 8 Millionen beziehungsweise 12 Millionen Dollar bekommen sowie Alan Greenspan, der langjährige amerikanische Notenbankchef, 8,5 Millionen Dollar.)

Die Bankauszüge abgleichen

Da ich selbst schon sieben Bücher über Welch geschrieben oder zumindest verlegerisch betreut habe, wäre es unverantwortlich, wenn ich diese Debatte so offen stehen lassen würde. Nach Druckers Eindruck bekam Drucker alle Trümpfe zugespielt, weil bereits ein starker strategischer Ansatz vorhanden war. Gleichwohl sind in diesem Zusammenhang noch ein paar relativierende Bemerkungen zu machen, um das Bild korrekt abzurunden.

Trotz seiner Behauptung, dass der Tisch bereits gedeckt gewesen sei, als Welch sich daran niederließ, steht für Drucker außer Zweifel, dass Welch als Führungspersönlichkeit ein Naturtalent war: „Jack Welch war in vielerlei Hinsicht als Manager ein Naturtalent ... Seine große Stärke lag in seiner Fähigkeit, stets zu fragen, was als Nächstes erledigt werden musste, sich auf die Prioritäten zu konzentrieren und alles andere zu delegieren." Er wusste auch, wie enorm wichtig es war, sich voll auf die Prioritäten zu konzentrieren und sich keinesfalls ablenken zu lassen: „Deshalb lag seine erste Priorität fünf Jahre lang – die ersten fünf Jahre – darauf, General Electric zu restrukturieren", erklärte Drucker, „und dann fragte er, was muss als Nächstes getan werden, und setzte eine neue Priorität. Und die letzte Priorität war, die Struktur von General Electric um den Informationsfluss herum zu organisieren."

Zum Schluss darf der Hinweis nicht fehlen, dass Drucker die Vorzüge und Verdienste von Welch nicht nur mir gegenüber herausstrich, sondern auch in seinen Büchern. In *Management Challenges for the 21st Century* (dt.: Management im 21. Jahrhundert, 1999) schrieb Drucker ausdrücklich: „Seit Welchs Amtsantritt als Vorstandsvorsitzender 1981 hat GE mehr Vermögen gebildet als jedes andere Unternehmen auf der Welt."

Er würdigte die Art und Weise, wie Welch seine Firma um Informationsflüsse herum organisiert hat, was für Großorganisationen in den wissensbasierten Gemeinschaften ein enorm wichtiger Zukunftsfaktor ist. „Einer der Hauptgründe für Welchs Erfolg lag darin, dass GE dieselbe Information für jeden Einzelnen in den jeweiligen Geschäftsbereichen für verschiedene Zwecke unterschiedlich aufbereitete. Das traditionelle Berichtswesen im Finanz- und Marketingbereich wurde so beibehalten, wie es auch in anderen Firmen geschieht, wo die Buchhalter einmal im Jahr Bilanz ziehen. Doch das gleiche Datenmaterial wurde auch für langfristige strategische Zwecke aufbereitet, damit man unerwartete Veränderungen, Erfolge wie Misserfolge, rasch erkennen und sehen konnte, wo aktuelle Verläufe sich wesentlich von den Erwartungen unterschieden."

Drucker über Welch

Der Kernpunkt in diesem Kapitel ist das Thema Führung und der richtige Zeitpunkt. Bevor Drucker mir erklärte, wieso Welch der richtige Mann für die Zukunft von GE gewesen sei, waren verschiedene Szenarien für die Führungsfrage denkbar. Man hätte den für diese Aufgabe am besten geeigneten Mann aussuchen und ihm den Job anvertrauen können; dabei hätte man nur die gegenwärtige Situation im Auge gehabt und nicht die Zukunft. Drucker sagte einmal: „So etwas wie einen guten Mann an sich gibt es gar nicht. Die Frage lautet: Wofür soll er gut sein?" Was Drucker mir über Welch sagte, ermöglichte mir ein besseres Verständnis des Zusammenspiels von Managern, ihrer Firma und der Bewegung auf der Zeitachse. Als Welch die Führung übertragen wurde, war er der richtige Vorstandsvorsitzende für die Zukunft von General Electric, nicht für das Unternehmen, wie es einmal in der Vergangenheit oder wie es in der Gegenwart war. Wenn wirklich wichtige Posten zu besetzen sind, ist es zwingend notwendig, über den Tellerrand des momentan Gegebenen hinauszuschauen. 1971 wäre Welch eine Fehlbesetzung gewesen und vermutlich ebenso 2001 (als er in den Ruhestand ging). Aber er war in den 1980er- und 1990er-Jahren der richtige Mann an der Spitze, um den grundlegenden Konzernumbau durchzuziehen.

Kapitel 11
Überlebenswichtige Entscheidungen

„Entscheidungen über Beförderungen bezeichne ich als überlebenswichtige Entscheidungen."

Nach dem Erscheinen von *The One Minute Manager* (dt.: Der Minuten-Manager, 1983) von Blanchard und Johnson und von *In Search of Excellence* (dt.: Auf der Suche nach Spitzenleistungen, 1982) von Peters und Waterman verkündeten einige übereifrige Wirtschaftsautoren bereits die Entstehung neuer Unternehmensformen, die nur noch wenig mit den herkömmlichen Organisationen gemein hätten. Hier war ein Umdenkprozess in Bezug auf Führungsfragen im Gange mit dem Ziel, die traditionelle, beinahe militärische Kommando- und Kontrollstruktur auf den Kopf zu stellen und die Führungshierarchien platt wie einen Pfannkuchen zu machen.

Drucker erkannte jedoch, dass darin ein Versprechen lag, das nicht eingehalten werden konnte: „Vor ein paar Jahren", schrieb er 2002, „sprachen alle über das Ende der Hierarchien. Wir sollten alle eine glückliche Mannschaft sein, da wir ja alle im gleichen Boot saßen. Nun ja, so weit ist es nicht gekommen und es wird auch nie so weit kommen – aus einem ganz einfachen Grund: Wenn das Schiff sinkt, bleibt keine Zeit mehr, um in einer Mannschaftsversammlung Maßnahmen zu debattieren. Dann müssen Kommandos gegeben werden. Es muss jemand da sein, der sagt ‚genug diskutiert, so wird's gemacht'. Ohne einen Entscheidungsträger fällt auch keine Entscheidung."

Ohne einen Entscheidungsträger fällt auch keine Entscheidung ist ebenfalls einer von diesen typischen Drucker'schen Merksätzen. In diesem Kapitel geht es um Entscheidungen, und zwar nicht um irgendwelche Entscheidungen, sondern um diejenigen, die Drucker als die für die Zukunft eines Unternehmens wesentlichen betrachtete, diejenigen, die er als überlebenswichtige Entscheidungen bezeichnete.

In diesem Kapitel geht es um Druckers Denkansatz und seine Ratschläge hinsichtlich Personalentscheidungen, Produktentscheidungen und die anderen wichtigen Entscheidungen, mit denen Manager tagtäglich konfrontiert sind.

Was sind überlebenswichtige Entscheidungen?

Einer der ganz wesentlichen Punkte bei dieser Art von Entscheidungen ist, sie niemals zu delegieren. Drucker beschränkte den Typus überlebenswichtige Entscheidungen zunächst nur auf Personalentscheidungen; erst später bezog er auch andere Arten von wichtigen Entscheidungen mit ein, auch wenn er ihnen nicht ganz diesen Stellenwert einräumte. Personalentscheidungen sind für ihn aber praktisch immer überlebenswichtige Entscheidungen.

Drucker sagte dazu, dass die Besetzung von Schlüsselpositionen, entweder durch eine Neueinstellung oder eine Beförderung, nicht sehr oft vorkommt. Wenn jedoch diesbezügliche Entscheidungen getroffen werden müssen, sollte man sie sehr ernst nehmen und niemals übereilt vorgehen: „Bei hastig getroffenen Personalentscheidungen besteht eine große Gefahr, dass sie nicht zum gewünschten Erfolg führen. Diese Gefahr besteht auch bei anderen Entscheidungen auf der höchsten Führungsebene, wenn sie zu übereilt getroffen werden."

Drucker befasste sich erstmals mit folgenden Arten von überlebenswichtigen Entscheidungen:

- Beförderungen: Wer soll befördert werden und wann?

- Entlassung oder Zurückstufung eines Managers.

- Definition des Aufgaben- und Zuständigkeitsbereichs eines Managers.

Wer soll befördert werden?

Wie in Kapitel 9 bereits erwähnt, war sich Drucker schon von Anfang an darüber im Klaren, was er von einer Führungskraft erwartete; zum Beispiel Integrität, Charakter sowie Zuverlässigkeit und Beständigkeit. Seiner Ansicht nach sollten sich Führungskräfte vor allem auf die Stärken ihrer Mitarbeiter konzentrieren und dabei ihre eigenen Schwächen nicht verleugnen. Aus diesem Grund treffen besonders führungsstarke Manager ihre strategischen Personalentscheidungen so, dass sie Mitarbeiter durch Neueinstellung oder durch Beförderung in Stellungen bringen, in denen diese ihre Stärken zur Geltung bringen und Schwachpunkte des Managers kompensieren. „Versuchen Sie niemals, sich als Experte aufzuspielen, wenn Sie es nicht sind. Verlassen Sie sich nur auf ihre wirklichen Stärken und suchen Sie sich für die anderen Aufgaben Leute, die das jeweils am besten können", riet er.

Dies soll wiederum nicht bedeuten, dass man sich fehlerfreie Angestellte heraussuchen soll. „Ich würde niemals jemanden in eine Top-Position befördern, der nie Fehler begangen hat; auch wenn jemand größere Fehler begangen hat, ist das in Ordnung. Ansonsten holt man sich nämlich mit Sicherheit jemanden, der nur mittelmäßig ist", meint Drucker.

Für die Beantwortung der Frage nach dem richtigen Zeitpunkt kann es ein wichtiger Anhaltspunkt sein, dass jemand mit seinem Status nicht zufrieden ist. Das bedeutet nämlich, dass derjenige bereit ist, mehr zu leisten. Man sollte sich auch unbedingt die Leistungsbilanz eines Kandidaten anschauen. „Letztendlich ist Management eine praktische Kunst", erklärt Drucker. „Es geht dabei nicht ums Wissen, sondern ums Können und Machen. Ausschlaggebend sind nicht die Theorie, sondern die Resultate. Was jemanden für einen höheren Posten legitimiert, ist seine Leistung."

Wer soll entlassen werden?

„Jeden Manager, aber auch jeden Angestellten, der keine guten Leistungen erbringt, sollte man entlassen", mahnte Drucker wieder und immer wieder. Bei jedem Manager ist vor allem persönliche Unreife unakzeptabel. Wer sich vorwiegend mit seinem Ego beschäftigt, wirkt auf das Gesamtunternehmen zersetzend. Das sind diejenigen, die sich in erster Linie mit sich selbst und ihrem eigenen Fortkommen beschäftigen und nicht mit dem des Unternehmens, und diejenigen, denen es wichtiger ist, stets recht zu behalten, statt das Rechte beziehungsweise das Richtige zu tun. Führungspersönlichkeiten gehen stets mit gutem Beispiel voran, leben die Werte einer Organisation vor und setzen einen hohen Standard für sich selbst und für andere. Alles andere zieht ihren Verantwortungsbereich oder sogar das Gesamtunternehmen auf Dauer in den Abgrund.

Wie wird der Aufgabenbereich für jede einzelne Stelle definiert?

Die Grundvoraussetzung für jeden Einzelnen Ihrer direkten Mitarbeiter, damit er oder sie ihren Job richtig machen kann, ist zu wissen, was von ihnen erwartet wird. Es gibt keine größere Verschwendung von Personalressourcen als wenn jemand Zeit verplempert, weil er nicht weiß, was er eigentlich machen soll. Für den Manager ist es daher unabdingbar, klare Ziele zu setzen; genauso wichtig ist, dass er alles beiseiteräumt, was den Mitarbeiter an der Erfüllung seiner Aufgaben hindert. Außerdem denken verantwortungsbewusste Manager vor allem an die Zukunft des Unternehmens. Alles andere wäre verantwortungslos.

In seinen späteren Werken verwendete Drucker seine Kennzeichnung „Überlebensentscheidungen" nicht mehr so häufig. Die Frage der Entscheidungsfindung von Managern blieb jedoch ein vorherrschendes Thema in seinen Büchern. In seinem Buch *Managing for Results* (dt.: Sinnvoll wirtschaften, 1965) behandelte er beispielsweise die enorme Bedeutung von „Prioritäten" und wie darüber entschieden wird, ein Thema, auf das ich in diesem Kapitel noch zu sprechen komme. Egal welche Bezeichnung man dafür wählt, fest steht, dass bei effektiven Führungskräften nicht nur die Anzahl der richtigen Entscheidungen diejenige der falschen übertrifft, sondern dass vor allem die wichtigen Entscheidungen überwiegend richtig getroffen werden. Das unterscheidet wirklich erfolgreiche Manager von solchen, die unter „ferner liefen" gezählt werden.

Wer trifft Überlebensentscheidungen?

In zwei seiner besonders wichtigen Werke *Managing for Results* (dt.: Sinnvoll wirtschaften, 1965) und *The Effective Executive* (dt.: Die ideale Führungskraft, 1967) sagte Drucker ausdrücklich, dass man keinen (Manager-)Titel tragen muss, um in einer Firma oder einer anderen Organisation die wichtigsten Entscheidungen zu treffen.

In *The Effective Executive* stellte er fest: „In allen unseren wissensbasierten Unternehmen sitzen Leute, die niemanden managen, aber trotzdem Entscheidungsträger und Führungskräfte sind. Allerdings gibt es nur selten Situationen wie etwa im Dschungel von Vietnam, wo sich jederzeit ein beliebiges Mitglied einer Einheit in die Lage versetzt sehen kann, überlebenswichtige Entscheidungen für die ganze Gruppe zu treffen."

In modernen, wissensbasierten Unternehmen sind es keineswegs immer die Top-Manager, die wichtige Entscheidungen treffen – es kommt durchaus vor, dass auch Mitarbeiter auf der mittleren oder unteren Ebene etwas entscheiden, was sich für die Zukunft des Unternehmens als ausschlaggebend erweist. Als Beispiel führt Drucker einen jungen Chemiker an, der eine bestimmte Versuchsreihe weiterverfolgt und damit etwas erreicht, was die Zukunft des ganzen Unternehmens beeinflusst. Ein anderes Beispiel kann ein junger Produktmanager sein, der einem Produkt irgendeinen Dreh verleiht und es damit zur bestverkäuflichen Neueinführung des Jahres macht.

Moderne Organisationen und moderne Unternehmen, in denen so viele Menschen auf allen Ebenen einen wesentlichen Beitrag leisten können, sind meilenweit von dem überholten und völlig veralteten Unternehmenstyp der Zeit um 1918 entfernt, wie ihn Drucker im fünften Kapitel skizzierte. Das waren Unternehmen mit einer sehr kleinen Führungsschicht und einem Heer von ungelernten oder angelernten Arbeitern und Angestellten. Innerhalb solcher Organisationsstrukturen war es ausschließlich der Führungsschicht möglich und vorbehalten, überlebenswichtige Entscheidungen zu treffen; die Masse darunter wäre dazu niemals in der Lage gewesen. Und selbst wenn sie es gewesen wäre, hätte es keine Mechanismen gegeben, irgendwelche neuen Ideen für die Firma einzubringen. In der Welt des Taylorismus mit seiner mechanistisch „wissenschaftlichen Betriebsführung" gab es nur einen einzigen „optimalen Weg", eine Arbeit oder eine Aufgabe durchzuführen, und die beruhte auf der Grundannahme, dass kein Arbeiter über mehr Talent verfüge als der andere.

Das änderte sich grundlegend, als der Wissensarbeiter aufkam. „Für Wissensarbeit spielt Quantität keine Rolle. Sie wird auch nicht über Kosten definiert", erklärt Drucker. „Das Einzige, was zählt, sind die Ergebnisse."

Drucker verwendete den Begriff *executive* in Bezug auf alle „Wissensarbeiter, Manager oder sonstige Fachkräfte, von denen aufgrund ihrer Position oder ihrer Fachkenntnisse erwartet werden kann, dass sie Entscheidungen treffen ..., die einen Einfluss auf die Leistungen und Ergebnisse des Ganzen haben." Die meisten Wissensarbeiter haben natürlich nicht die Möglichkeit, die zukünftige Entwicklung ihres Unternehmens zu verändern, weil dies nur den Talentiertesten möglich ist. Andererseits, fügte Drucker hinzu, darf man nicht vergessen, dass sich in jeder Firma das Potenzial der Menschen, die das Schicksal des Unternehmens beeinflussen können, nicht unbedingt dem Organisationsplan entnehmen lässt.

Schließlich darf auch nicht übersehen werden, wie viele Menschen selbst in ausgesprochen trägen und reifen Geschäftsfeldern „täglich Entscheidungen treffen müssen, die nachhaltig und oftmals unumkehrbar sind" und die dadurch denjenigen ähneln, die auf höchster Führungsebene getroffen werden. Dieser Aspekt wird oftmals zu wenig in Betracht gezogen und verstanden. „Das kommt daher", erklärt Drucker, „dass Fachkenntnisse als Legitimationsgrund für eine Entscheidung genauso zählen wie ein Rang in einer Hierarchie."

Wissen und Fachkenntnisse allein reichen jedoch nicht aus. Die Mitarbeiter in einer Firma können wichtige Aufgaben nur dann zur Zufriedenheit erledigen, wenn sie nicht abgelenkt oder mit sinnlosen Pflichten belastet werden. Drucker sagt dazu: Diejenigen Menschen, die in jeglicher Art von Organisation die eigentliche Fach- und Sacharbeit leisten – die Ingenieure, Lehrer, Verkäufer, Krankenschwestern und alle Arten von Managern auf der mittleren Ebene – werden mit einer ständig steigenden Flut von kleinen Pflichtaufgaben und Zusatzarbeiten belastet, die nichts oder nur wenig zu dem beitragen, wozu diese Menschen eigentlich ausgebildet sind und wofür sie letztlich bezahlt werden."

Die Drei-Stellvertreter-Regel

Die Drei-Stellvertreter-Regel übernahm Peter Drucker von Ralph Cordiner, dem Vorstandsvorsitzenden von General Electric, für den er an der Managementakademie von GE in Crotonville die Blue Books, eine Managementbibel von mehreren tausend Seiten, erarbeitet hatte. Diese Regel besagt, dass ein verantwortungsbewusster Vorstandsvorsitzender innerhalb von drei Jahren nach Amtsantritt mindestens drei Kandidaten herangebildet haben sollte, die notfalls seine Nachfolge antreten könnten und die ihm „gleichwertig oder sogar überlegen" sein sollten. Diese Art von Vorsorge für die Zukunft betrifft jedoch nicht nur Vorstandsvorsitzende, alle Manager sollten sich darüber Gedanken machen und ähnlich vorgehen.

Drucker sagt in diesem Zusammenhang: „Das erste Prinzip der Weiterentwicklung des Managements muss daher lauten: Weiterentwicklung des jeweiligen Managements insgesamt ... Das zweite Prinzip der Managemententwicklung muss lauten: Die Weiterentwicklung muss dynamisch sein ... Sie muss sich immer an den Erfordernissen der Zukunft ausrichten ... Die Aufgabe, die Manager von morgen heranzuziehen, ist zu groß und zu bedeutend, als dass man sie als Job für Spezialisten betrachten könnte. Ihr Gelingen hängt von sämtlichen Faktoren ab, die mit dem Managen von Managern zu tun haben: wie man den Aufgabenbereich eines leitenden Mitarbeiters und seine Beziehungen zu seinen Vorgesetzten wie zu seinen Mitarbeitern organisiert; die Mentalität und der Wertekanon des Unternehmens; seine Organisationsstruktur." Diese Aufgabe, die leitenden Mitarbeiter von morgen heranzubilden, wird in den Unternehmen von heute, wo die Naturtalente immer seltener, der Führungsbedarf aber immer dringender wird, ganz zentral. Die modernen Unternehmen benötigen die besten Leute mehr als diese besten Leute das jeweilige Unternehmen.

Entscheidungen und Prioritäten

In seinem Buch *Managing for Results* erweiterte Drucker seine Prinzipien hinsichtlich überlebenswichtiger Entscheidungen auf andere grundlegende Entscheidungen, die Manager zu treffen haben, und darauf, wie sie priorisiert werden sollen. Ein Unternehmen kann noch so gut gemanagt und organisiert sein, nach Druckers Ansicht gibt es immer mehr Chancen am Markt als Unternehmensressourcen zur Verfügung stehen, um diese auch zu nutzen. Dementsprechend müssen „Prioritäten gesetzt werden, andernfalls wird gar nichts erreicht". Wenn Manager diese Entscheidungen treffen, müssen sie sich mit der Situation auseinandersetzen, wie sie ist, „mit den vorhandenen Stärken und Schwächen, den Chancen und den Notwendigkeiten".

„Durch Prioritätsentscheidungen werden gute Absichten in wirkungsvollen Einsatz, Erkenntnisse in Handeln umgesetzt", schrieb er. Seiner Meinung nach sagt die Art und Weise, wie Prioritäten gesetzt werden, viel über das Management eines Unternehmens aus. „Prioritätsentscheidungen zeigen deutlich, wie es um die Zukunftsfähigkeit und Solidität eines Managements bestellt ist. Sie legen die grundsätzliche Ausrichtung und die Strategie fest."

Ein wichtiger Schlüssel, um zu Prioritätsentscheidungen zu gelangen, liegt bereits darin festzulegen, was keinesfalls gemacht werden soll. Drucker wies darauf hin, dass die wenigsten Menschen Probleme damit haben, Prioritäten festzulegen; für Manager besteht das größere Problem oft darin, über die von ihm sogenannten „Posterioritäten" Entscheidungen zu treffen, also alles das, was nicht getan werden sollte. „Man kann nicht oft genug wiederholen, dass ein Manager niemals etwas aufschieben sollte; falls etwas irrelevant erscheint, wäre es besser sich davon zu verabschieden, die Sache abzuschaffen oder aufzugeben." Das sollte nicht besonders überraschend sein, wenn wir uns daran erinnern, welche zentrale Rolle der geplante Verzicht in Druckers Managementdenken spielt.

Er rät Managern nachdrücklich zu großer Disziplin, wenn es darum geht, sich von allem, was vielleicht einmal als eine gute Idee oder Marktchance im Raum stand, weiterhin fernzuhalten: „Es erweist sich beinahe immer als schwerer Fehler, sich einer Sache wieder annehmen zu wollen, die irgendwann einmal in der Vergangenheit zurückgestellt werden musste, auch wenn sie seinerzeit sehr verlockend erschien."

Mit anderen Worten, man sollte keine Bedenken haben, einen Geschäftsabschluss oder ein Produkt oder eine Produktidee auf sich beruhen zu lassen, die entweder nicht zustande gekommen sind oder trotz erheblicher Investitionen zu keinem Ergebnis geführt haben. Drucker hatte sehr oft den Eindruck, dass Manager sich in irgendwelche Vorhaben verlieben, die zu einem bestimmten Zeitpunkt möglicherweise ganz aussichtsreich waren; aber wenn man sie später wieder mit unvoreingenommenem Blick betrachtet, halten sie der Überprüfung vor allem hinsichtlich der Anforderungen und Erwartungen für die Zukunft nicht stand.

Es ist einfach so, dass „die Wirtschaft ein Katalysator für Veränderungen in der Gesellschaft ist". Etliche Jahre später äußerte er sich wieder zu dem Thema: „Selbst das erfolgreichste Unternehmen der Gegenwart erweist sich als Lachnummer, wenn es ihm nicht gelingt, seine eigene, anders geartete Zukunft zu schaffen. Es ist gezwungen, innovativ zu sein, seine eigenen Produkte und Dienstleistungen neu zu erfinden, und das gilt auch für das Unternehmen selbst. Alle anderen großen gesellschaftlichen Einrichtungen sind dazu da, den Status quo zu *konservieren*, manchmal sogar, den Wandel zu unterbinden. *Die Aufgabe der Wirtschaft ist es, für Innovation zu sorgen* [Hervorhebungen von Drucker]. Kein Wirtschaftsbetrieb kann auf die Dauer überleben oder gar prosperieren, wenn er nicht erfolgreich Innovation betreibt."

Der Schlüssel zum Erfolg liegt darin, sagt Drucker, mit den stets beschränkten Ressourcen eines Unternehmens ein Maximum an Marktchancen auszuschöpfen. Man ist gut beraten, sich auf die wenigen Produkte, Dienstleistungen und Ideen zu konzentrieren, mit denen sich aller Voraussicht nach die besten Ergebnisse erzielen lassen. Firmen, die zu viel auf einmal tun wollen, sind zum Untergang verurteilt, meint Drucker. „Das Wichtigste ist", erklärt er weiter, „dass die zur Verfügung stehenden Ressourcen dort eingesetzt werden, wo die wirklich großen Chancen liegen – dort also, wo großes Ertragspotenzial und wo die Zukunft liegt. Und wenn der Preis, den man dafür zahlen muss, in der Aufgabe schnell zu realisierender, vermeintlich sicherer, aber kleinformatiger und ertragsschwächerer Aktivitäten liegt, dann muss man diesen Preis bezahlen."

Im Jahre 2004 wies Drucker noch einmal darauf hin, dass die größte Falle, in die ein Manager tappen kann, das Festhalten an einem Projekt ist, für das es so gut wie keine Erfolgsaussichten gibt. Er handelt dabei oft auf Druck von außen und strampelt sich ab, die Sache zum Laufen zu bringen (sei es ein neues Produkt oder eine neue Dienstleistung, eine neue Produktvariante, ein Herstellungsprozess oder was auch immer). Deshalb verlangte Drucker stets mit Nachdruck: „Sagen Sie mir nicht, was Sie alles machen, sagen Sie mir lieber, was Sie alles *nicht mehr* machen."

Überlebenswichtige Entscheidungen

Es gibt keine wichtigeren Entscheidungen als Personalentscheidungen. Drucker hat die Lektionen, die er sich von dem früheren General-Motors-Chef Alfred Sloan abgeschaut hat, niemals vergessen. „Führungskräfte verbringen mehr Zeit damit, andere Mitarbeiter zu managen und Personalentscheidungen zu treffen als mit allen anderen Aufgaben – und das ist auch richtig so", insistierte er. „Keine andere Entscheidung hat so langfristige Auswirkungen und ist so schwer rückgängig zu machen wie eine Personalentscheidung. Außerdem sagte er, dass die meisten Führungsverantwortlichen schlechte Personalentscheidungen fällen und ihre durchschnittliche Trefferquote nicht höher als ein Drittel sei: Ein Drittel der Neueinstellungen sind gute Leute, ein Drittel sind „minimaleffektiv" und das restliche Drittel erweist sich als Fehlgriff. Sloans Personalauswahl war, auf lange Sicht gesehen, makellos, weil er bei jeder Schlüsselposition im Management die Auswahl selbst traf. Auch wenn es so aussieht, als habe sich Sloan zu weit auch mit den Stellenbesetzungen auf den mittleren Führungsebenen befasst, so sollte man ihm das nachsehen, einfach weil seine Personalauswahl für den Erfolg von General Motors der ausschlaggebende Faktor war.

Nach den Personalentscheidungen rangieren die Prioritätsentscheidungen an zweiter Stelle, also die Entscheidungen über die Verteilung der Ressourcen. Der wichtigste Punkt hierbei ist, die besten Leute dorthin zu setzen, wo sie sich am besten entfalten und am meisten bewirken können. In Unternehmen, in denen die besten Leute sich mit banalen Problemen wie etwa Revierkämpfen herumschlagen, herrscht Missmanagement. Schließlich sollte man sich davor hüten, Rücksichten auf Manageregos zu nehmen, wenn es darum geht, sich von Projekten zu verabschieden, die aufgeschoben oder aufs Abstellgleis gedrückt wurden.

Kapitel 12
Drucker der Stratege

"Ohne Verständnis der Aufgaben, der Ziele und der Strategie eines Unternehmens können Manager nicht gemanagt, Organisationen nicht organisiert und Führungsaufgaben nicht produktiv wahrgenommen werden."

Diese Geschichte ist inzwischen Teil der Legende um Peter Drucker: Der ursprüngliche Titel für Druckers Buch *Managing for Results* sollte *Business Strategies* (Unternehmensstrategien) lauten. Zu jener Zeit, in der ersten Hälfte der 1960er-Jahre, wurde das Wort „Strategie" in Verbindung mit Wirtschaft wenig gebraucht.

Als Drucker und sein Verlag die Titelformulierung *Business Strategies* (dt.: Unternehmensstrategien) bei Managern, Unternehmensberatern, Wirtschaftsprofessoren und Buchhändlern abfragten und testeten, riet man ihnen von dieser Formulierung ab. „Das Wort Strategie, so bekamen sie immer wieder zu hören, gehört in einen militärischen oder allenfalls noch in einen politischen Zusammenhang, aber nicht zur Wirtschaft." Drucker wies darauf hin, dass noch in der Ausgabe des *Oxford Dictionary* von 1952 das Wort Strategie ausschließlich als „Lehre von der Kriegführung, Verwendung einer Armee oder von Armeen bei einem Feldzug" definiert wurde.

Selbstverständlich wurde „Managementstrategie" innerhalb eines Jahrzehnts zu einem der bekanntesten Wirtschaftsbegriffe und zu einem der häufigsten Themen in wirtschaftswissenschaftlichen Untersuchungen.

Zweck- und Zielbestimmungen zuerst

Wie alle anderen Aspekte des Managements auch ist Strategie für Drucker ein Gedankenspiel. Zu einer Strategie gelangt man nicht, indem man eine Anzahl von Regeln und Vorschriften streng befolgt, sondern indem man verschiedene Aspekte seines wirtschaftlichen Handelns durchdenkt.

Alles fängt bei den Zielen an. „Nur eine klare Definition von Aufgaben und Unternehmenszweck, also dem, was man überhaupt erreichen will, führt dann zu klar umrissenen und realistischen Firmenzielen. Dies ist die Grundlage für spätere Prioritätensetzungen, Geschäftsstrategien, Pläne und konkrete Aufgabenstellungen für die Mitarbeiter. Es ist der Ausgangspunkt für den Zuschnitt von Managementstrukturen. Die Strategie bestimmt die Struktur. Mit der Strategie werden die wesentlichen Geschäftsfelder festgelegt. Um eine Strategie festlegen zu können, müssen wir wissen, worin unser Geschäft besteht und was wir erreichen wollen.

Drucker wies darauf hin, dass „es anscheinend keine einfacher zu beantwortende Frage gibt als die nach dem Geschäftszweck. Eine Stahlhütte produziert Stahl, eine Eisenbahngesellschaft befördert Fracht und Passagiere ... Doch die Frage lautet nach wie vor ‚Worin besteht unser Geschäftszweck?' Das ist oft eine schwierige Frage, deren Antwort man erst nach vielem Nachdenken und Nachforschen findet. Und die richtige Antwort ist meistens nicht das, was auf der Hand zu liegen scheint."

Wenn man sich an dieser Stelle an Druckers Gesetz erinnert, kann man ohne den Kunden überhaupt keine strategische Ausrichtung definieren, denn es ist der Kunde, der den Geschäftszweck definiert. „Deshalb kann die Frage ‚Worin besteht unser Geschäftszweck?' nur durch die Sicht von außen beantwortet werden, durch den Blickwinkel der Käufer, Kunden und des Marktes. Das Management muss das, was die Kunden sehen, denken, glauben und wollen, jederzeit als Fakt hinnehmen und ernst nehmen", genauso wie alle anderen Fakten oder Zahlen und Daten, die im Verkauf, Rechnungswesen oder von Ingenieuren erhoben oder ausgerechnet werden, behauptete Drucker.

Nach seiner Ansicht liegt einer der wesentlichen Gründe, warum Firmen scheitern, in der unzulänglichen Antwort des Managements auf die Frage „Worin besteht unser Geschäftszweck?" Diese Frage muss „klar und deutlich" beantwortet werden. Und diese Frage sollte man sich nicht nur dann stellen, wenn eine Firma mit ihrer Tätigkeit beginnt oder wenn sie in Schwierigkeiten gerät. „Im Gegenteil", schrieb Drucker, „man muss sich diese Frage insbesondere dann stellen und gründlich darüber nachdenken, wenn eine Firma Erfolg hat. Wenn man sich diese Frage dann nämlich nicht stellt, kann das schnell in den Abgrund führen."

Als ein Beispiel dafür, wo man es richtig gemacht hat, dient Drucker immer wieder der Hinweis auf die marktbeherrschende amerikanische Telefongesellschaft American Telephone and Telegraph Company (AT&T) in den frühen 20er-Jahren. Lange bevor es Mode wurde, das Wort *Service* mit beinahe jeder Art von Aktivität in der Geschäftswelt in Verbindung zu bringen, definierte der President von AT&T sein Unternehmen folgendermaßen: „Was wir bieten, ist Service."

Eine andere bekannte Firma, die das Thema Service schon recht früh in den Mittelpunkt ihres unternehmerischen Handelns stellte, ist IBM. Der legendäre President von IBM, Thomas J. Watson (er bekleidete diese Position von 1915 bis 1956), ließ in den Büros Plakate mit seinem Slogan „We sell service" (Wir verkaufen Service) aufhängen.

Drucker räumt ein, dass dies heute völlig selbstverständlich klingt, aber zu jener Zeit war es das keineswegs. Zunächst einmal und vor allen Dingen war beispielsweise AT&T ein Monopolist, sodass die Kunden gar keine andere Wahl hatten und nicht zu einem Konkurrenten wechseln konnten. Gleichwohl führte diese Definition des Geschäftszwecks zu einer „radikalen Erneuerung der Firma und zu einem innovativen Verständnis von Geschäftszweck. Diese Ausrichtung erforderte intensives Training, man kann auch von Indoktrination sprechen", formuliert Drucker. Darin wurde die gesamte Belegschaft einbezogen und das Ganze wurde von einer PR-Kampagne begleitet, die den Service-Gedanken in den Vordergrund rückte.

Diese Definition des Geschäftszwecks machte außerdem eine „Finanzpolitik erforderlich, die davon ausging, dass die Firma ihren Service überall erbringen musste, wo er verlangt wurde; also war es Aufgabe des Managements, das dafür erforderliche Kapital aufzutreiben und die Rendite dafür zu erwirtschaften", fügte Drucker hinzu. „In der Rückschau erscheint das alles ganz einfach und selbstverständlich, aber man benötigte rund zehn Jahre bis man das alles erkannt und umgesetzt hatte." Zum Schluss stellt Drucker die Frage: „Wäre es denn in den Zeiten des New Deal nicht unausweichlich zu einer Verstaatlichung der Telefongesellschaft gekommen, wenn es bei AT&T nicht bereits am Anfang des Jahrhunderts diese sorgfältige Analyse des Geschäftszweckes gegeben hätte?"

Ein Beispiel aus dem 21. Jahrhundert

Man macht es sich zu leicht, wenn man meint, die Frage „Worin besteht unser Geschäftszweck?" gehöre in verstaubte alte Betriebswirtschaft-Lehrbücher, die sowieso keiner liest. Welcher Manager wüsste nicht, was für eine Art von Geschäft er betreibt? Doch ein zeitgenössisches Beispiel kann immer noch vor Augen führen, wie aktuell und langlebig Druckers Grundsatzfrage „Worin besteht unser Geschäftszweck?" bis heute nachwirkt.

Als ich Firmenrankings und moderne Erfolgsgeschichten miteinander verglich, stieß ich auf eine für die New Economy ganz typische Firma, die sich gleichwohl auffallend eng an die klassischen Drucker'schen Managementprinzipien hielt: den Online-Händler Amazon.com.

Wie mit so vielen anderen erfolgreichen Neugründungen in diesem Bereich verbindet sich mit dieser Firma eine geradezu sagenhafte Gründungsgeschichte. Angeblich dachte sich der Firmengründer Jeff Bezos die eigentliche Geschäftsidee in einem Chevy Blazer auf einer Fahrt von Fort Worth in Texas nach Bellevue im Bundesstaat Washington aus, die er gemeinsam mit seiner Frau unternahm.

Wie man ein Unternehmen des 21. Jahrhunderts definiert

Jeff Bezos arbeitete zunächst im Bereich der Computertechnik und wechselte von dort ins Investmentbanking. Zuerst war er bei Bankers Trust Company und anschließend bei D. E. Shaw & Company. Shaw ist ein eigenwilliger, quantitativer Hedge-Fonds, dessen innovative Handelstechniken viel Aufmerksamkeit erregten. In jedem seiner Jobs bewährte sich Bezos ganz hervorragend. 1994 übertrug Shaw Bezos eine Aufgabe, aus der eine Lebensaufgabe werden sollte. Bezos sollte sich mit potenziellen Geschäftsmodellen für das Internet beschäftigen.

Dabei stieß Bezos auf eine ganz bemerkenswerte Statistik: Der Zuwachs bei der Internetnutzung betrug damals unglaubliche 2300 Prozent pro Jahr. Bezos war sich völlig darüber im Klaren, dass dies eine wirklich außergewöhnliche Zahl war: „Man muss sich immer vor Augen halten, dass Menschen meistens keine besonders klare Vorstellung davon haben, was exponentielles Wachstum bedeutet", sagte er. „Das liegt daran, dass es nicht zu unseren Alltagserfahrungen gehört ... Außerhalb von Petrischalen im Labor wachsen Dinge eben nicht dermaßen schnell. Es passiert einfach nicht." Er fuhr fort: „Wenn sich etwas mit einer Wachstumsrate von 2300 Prozent vermehrt, dann muss man schnell handeln. Wenn man ein gutes Gespür für die Dringlichkeit hat, die da entsteht, ist das ein großer Vorteil."

Als Nächstes stellte Bezos eine Liste mit zwanzig Produkttypen zusammen, die gut dafür geeignet sind, online verkauft zu werden. Dazu gehörten CDs und Bürobedarfsartikel. Dann erfuhr Bezos, wie kleinteilig die Buchindustrie strukturiert ist, und prompt rangierten Bücher ganz oben auf seiner Liste. In den USA werden drei Millionen aktuelle Buchtitel angeboten und es gibt Zehntausende von Verlagen. Selbst die Nummer eins im Markt, der Verlagsgigant Random House, hat lediglich einen Marktanteil von zehn Prozent.

Durch einen unglaublichen Zufall nahm Bezos im September 1994 an einem viertägigen Einführungsseminar über Buchverkauf teil, der von der amerikanischen Buchhändlervereinigung American Booksellers' Association in Portland im Bundesstaat Oregon veranstaltet wurde. Auf dem Seminarplan standen unter anderem so absolut hochspannende Themen wie „Entwicklung eines Geschäftsplans", „Bestellwesen, Bevorratung, Remittenden" und „Lagerhaltung".

Doch das waren nicht die einzigen Lektionen, die in diesen vier Tagen erteilt wurden. Der Vorsitzende der Buchhändlervereinigung hielt einen launigen Vortrag, in dem er eine Geschichte zum Besten gab, wie einmal der Wagen eines seiner Kunden aus irgendwelchen Gründen direkt vor seinem Buchladen über und über mit Dreck bespritzt wurde. Darüber regte sich der Kunde so auf, dass der Inhaber des Buchgeschäfts, gleichzeitig Vorsitzender der Buchhändlervereinigung, seinem Kunden anbot, den Wagen auf dem Grundstück seines Hauses am anderen Ende der Stadt zu säubern. Diese Geschichte über Kundenservice machte auf Bezos tiefen Eindruck. Später nahm er sich vor, dass in seinem Geschäftsmodell der Kundenservice ein „Eckpfeiler von Amazon.com" sein müsse.

Amazon.com wurde noch im Jahr 1994 gegründet, nahm 1995 seinen Geschäftsbetrieb auf und ging 1997 ins Internet. Interessant dabei ist unter anderem, dass Amazon keineswegs der erste Online-Buchvertrieb war (und auch nicht der zweite oder dritte). Vorausgegangen waren in Amerika clbooks.com, books.com und wordsworth.com (das letztgenannte Unternehmen hielt Amazon zwei Jahre lang durchaus auf Abstand). Gleichwohl war Amazon von Anfang an am besten aufgestellt und am stärksten kundenorientiert; für die traditionellen Buchhandelsketten mit ihren durchaus einladenden Geschäften wurde Amazon zu einer echten Herausforderung.

Bezos immerwährendes Augenmerk auf den Kunden war ein ausschlaggebender Punkt, damit die Firma ihr Profil gewann. In den ersten Jahren veranstaltete Bezos angeblich alle drei Monate Meetings, um seinen Mitarbeitern einzuimpfen, dass in einem hervorragenden Kundendienst der Schlüssel zum Erfolg der Firma liege.

Ein weiterer Erfolgsfaktor war die Art und Weise, wie der Gründer den Geschäftszweck definierte. In den ersten Jahren hätte Bezos Druckers Frage „Worin besteht unser Geschäftszweck?" leicht beantworten können: „eine Online-Buchhandlung". Schließlich war es genau das, was die Firma betrieb.

In seinem ersten Brief an die Aktionäre formulierte er die Zukunft seiner Firma: „Wir haben uns vorgenommen, unseren Kunden etwas zu bieten, was sie sonst nirgendwo bekommen, und haben damit *begonnen*, sie mit Büchern zu versorgen."

In seinem zweiten Aktionärsbrief (von 1998) machte der Vorstandsvorsitzende von Amazon eine weiter gehende Aussage: „Wir haben uns vorgenommen, ein Forum zu etablieren, wo zig Millionen Kunden alles Mögliche finden können, was man online kaufen möchte. Für das Internet ist dies der Tag 1 und wenn es uns gelingt, unser Vorhaben gut umzusetzen, dann wird es auch der Tag 1 für Amazon bleiben."

Wir wissen inzwischen, dass Bezos sich schon im Dezember 1996 völlig darüber im Klaren war, was der Geschäftszweck von Amazon „sein sollte" – womit er eine klassische Drucker-Frage beantwortet hat. In seinem Buch *Amazon.com: Get Big Fast* (dt.: amazon.com, 2000) berichtet Robert Spector, dass es bei einer Klausurtagung, an der alle Mitarbeiter von Amazon teilnahmen, darum ging, wie die Firma ihre Produktpalette erweitern sollte, was man also außer Büchern noch anbieten könnte.

Ein Manager von Amazon fasste es folgendermaßen zusammen: „Es war von Anfang an klar, dass Amazon sich nicht nur auf Bücher beschränken und sich mit Margen begnügen würde, mit denen niemand auf die Dauer glücklich sein konnte."

Hätte Bezos sein Geschäftsziel zu eng definiert, dann hätte er sein Geschäftsmodell unnötig beschränkt und sich damit der Möglichkeit beraubt, eine breit angelegte Angebotsdiversifikation durchzuführen. Lange bevor die Firma echte Gewinne erwirtschaftete, schwebte ihm bereits ein Online-Multishop vor, wo die Leute „einfach alles online" kaufen können. Innerhalb weniger Jahre dehnte Amazon seine Angebotspalette auf CDs, DVDs, MP3-Player, Computer, Software, Videospiele, Werkzeug, Elektro-Artikel, Kleidung, Möbel, Nahrungsmittel, Spielwaren etc. aus.

Statt also seine Firma über Produkte zu definieren, stellte Bezos das Konsumentenerlebnis („denk immer an den Kunden") in den Vordergrund und schuf eine „Kundengemeinschaft" – einer der beiden Schlüssel zum Erfolg von Amazon. Anders als in einem herkömmlichen Buchladen können sich die Amazon-Kunden persönlich einbringen, indem sie Buchkritiken verfassen und die Bücher bewerten, die sie gelesen haben. Auch die Autoren sind aufgerufen, sich zu engagieren, indem sie eine Reihe von Fragen beantworten, die zusammen mit der Anzeige ihres Buches auf die Website gestellt werden.

Für die Verlage waren diese Innovationen ein echter Fortschritt. Bevor es Amazon gab, gab es für Lektoren und Marketingmanager so gut wie keine Möglichkeit, ein direktes Feedback von den Lesern zu bekommen. Jetzt erhalten sie Kommentare über ihre Bücher und über die ihrer Mitbewerber direkt vom Endverbraucher.

Außerdem veröffentlicht Amazon stündlich aktualisiert Verkaufsplatzierungen seiner Artikel, wodurch die Verlage aktuellste Daten erhalten, wie sich ihre Bücher verkaufen. Bis dahin gab es nur Bestsellerlisten, die in Zeitungen oder Zeitschriften erschienen, aber auf diesen Listen erschien nur ein winziger Bruchteil aller lieferbaren Bücher Amazon bildet hingegen das gesamte Spektrum ganz aktuell ab, ein Informationsdienst für Verlage, Autoren, Leser, Medien und jedermann, der sich für Bücher interessiert.

Ein Vorstandsvorsitzender nach Druckers Vorstellung

Auch wenn viel von der „New Economy" die Rede ist und davon, wie „das Internet alles verändert", wurde Amazon auf klassischen Unternehmenskonzepten aufgebaut, die direkt den Drucker'schen Strategien entnommen sein könnten, wie auf den folgenden Seiten dargelegt werden soll.

Bezos ist als Führungsfigur ein Naturtalent, aber die Gründung und Weiterentwicklung eines Online-Unternehmens in den Anfangszeiten des Internets war ein mutiger Schritt, vor allem, wenn man bedenkt, wie schnell sich die Firma zu einer der bekanntesten Online-Marken weltweit entwickelt hat. In der zweiten Hälfte der 1990er-Jahre nannte Bezos das World Wide Web auch das World Wide Wait (die weltweite Warteschleife, weil zu jener Zeit das Einwählen ins Internet oftmals nervtötend lange gedauert hat). Die Leute hatten außerdem Bedenken, ihre persönlichen Kreditkartendaten im Web „preiszugeben". Jedes neue Online-Unternehmen sah sich mit jeder Menge Blockaden und Hindernissen konfrontiert, die überwunden werden mussten.

Trotz all dieser Schwierigkeiten gelang es Bezos, den Kunden, die seine Website aufsuchten, ein interessantes, eindrucksvolles Erlebnis zu verschaffen. Er unternahm auch sonst alles, was Drucker für wichtig und richtig hielt, um eine langfristig gesunde Entwicklung eines Unternehmens zu gewährleisten. Er war nicht nur ein kluger Chef, sondern auch ein sehr effektiver.

Druckers Strategien als Vorlage

Von Anbeginn an war Bezos sich darüber im Klaren, dass die gegenwärtigen und zukünftigen Ziele für seine Firma nicht im Bereich wolkiger „Abstraktionen" (Druckers Formulierung) liegen konnten. Er wusste, dass die Firma rasch wachsen musste und zwar in Bereiche, die höhere Gewinne bieten würden, als sie mit den im Buchhandel üblichen knapp kalkulierten Margen zu erzielen sind.

Drucker sagte: „Es wäre ... absurd, keinen Wachstumsplan zu haben ..., denn jedes Unternehmen braucht ein Wachstumsziel, eine Wachstumsstrategie und zuverlässige Methoden, wie man gesundes Wachstum von Fettansatz und Krebswucherung unterscheidet." Außerdem verlangte er: „Die Unternehmensorganisation muss immer wieder überdacht und überarbeitet werden, so wie sich eben die Bedingungen und die Verhältnisse am Markt ändern. Macht eine Aufteilung in verschiedene Unternehmensbereiche Sinn, um den wirtschaftlichen Erfolg der Firma als Ganzes zu verstärken? Oder ist es besser, wenn die einzelnen Bereiche gut abschneiden, dies allerdings auf Kosten des Ganzen geht?"

Wir wissen inzwischen, dass Bezos alle diese Fragen bereits genau durchdacht hatte, als seine Firma noch in den Kinderschuhen steckte. Er überlegte sich, was sein Geschäftsfeld heute sein konnte (Bücher) und morgen sein sollte (ein ganzes Warenhaussortiment!).

Wir wollen uns genauer ansehen, was Bezos getan hat – wie er seine Visionen und seine Strategie kommuniziert hat – und dies Druckers Aussagen und

Ratschlägen gegenüberstellen. Bei näherer Betrachtung der nachfolgenden Abschnitte erkennen wir einen ganz modernen Unternehmensführer, der wusste, wie man im entscheidenden Augenblick die richtigen Fragen stellt. Ebenso wichtig ist, dass er entschlossen handelte, damit sein Unternehmen auf seinem Weg aus dem Nichts zum weltgrößten Versandhändler nicht aus der Bahn geworfen werden konnte – weder von Mitbewerbern noch von neuen Technologien noch von überholten Geschäftsplänen.

Der Kunde hat Vorrang vor allem anderen

Drucker: „Es ist der Kunde, der bestimmt, was Gegenstand eines Unternehmens ist. Denn es ist ganz allein der Kunde, der durch seine Bereitschaft, für einen Gegenstand oder für eine Dienstleistung Geld auszugeben, diese Sache in ein Wirtschaftsgut, wirtschaftliche Ressourcen in Wohlstand verwandelt. Es kommt nicht in allererster Linie darauf an, was in einer Firma über die eigenen Produkte gedacht wird – vor allem im Hinblick auf den künftigen Erfolg einer Firma ist dies weniger von Belang. Es kommt vielmehr auf die Vorstellung des Konsumenten an, was er zu kaufen gedenkt; nur was er für einen ‚Wert' hält, ist entscheidend – dadurch wird festgelegt, was ein Unternehmen tut, was es produziert und ob es damit Erfolg hat. Der Verbraucher ist das Fundament eines Unternehmens und er erhält es am Leben. Nur er sorgt für Beschäftigung."

Bezos: „Von Anfang lag unser Hauptaugenmerk darauf, dass wir unseren Kunden ein überzeugendes Angebot machen ... wir begannen damit, unseren Kunden etwas anzubieten, was sie sonst einfach auf keine andere Weise bekommen konnten, und fingen damit an, sie mit Büchern zu bedienen. Wir konnten ihnen eine viel größere Auswahl als jeder Buchladen vor Ort bieten und präsentierten unser Angebot in einer Art und Weise und in Formaten, die nutzerorientiert waren, wo sich der Kunde leicht zurechtfindet und sozusagen in einem Geschäft, das an 365 Tagen im Jahr rund um die Uhr geöffnet hat. Unser Augenmerk ist ständig darauf gerichtet, das Einkaufserlebnis für den Kunden zu verbessern ... Wir haben durch spürbare Preissenkungen die Vorteile für die Käufer weiter ausgebaut. Mundpropaganda und die persönlichen Kundenempfehlungen sind nach wie vor unser zugkräftigstes Werbemittel und wir sind ausgesprochen dankbar für das Vertrauen, das die Kunden in uns setzen."

„Die langfristige Perspektive"

Drucker: „Bei jedem Managementproblem, bei jeder Entscheidung, jeder Aktion muss man noch einen weiteren wesentlichen Faktor berücksichtigen – man muss es nicht unbedingt als weitere Managementfunktion bezeichnen, sondern vielmehr als eine weitere Dimension: die Zeit. Ein Management muss immer sowohl gegenwärtige wie langfristige Optionen und Auswirkungen im Auge behalten."

Bezos: „Es geht um die langfristige Perspektive" wurde zu einem immer wiederkehrenden Schlagwort in Jeff Bezos alljährlichem Aktionärsbrief; das stand schon in dem ersten aus dem Jahr 1997. Unter dieser Schlagzeile fuhr Bezos fort: „Wir glauben, dass der wesentliche Maßstab für unseren Erfolg der Shareholder-Value sein muss, den wir *auf lange Sicht* erarbeiten ... Bei unseren Entscheidungen spielt dieser Aspekt immer eine Rolle ... Wegen der Bedeutung, die wir der langfristigen Perspektive zumessen, treffen wir bisweilen andere Entscheidungen oder andere Abwägungen, etwa bei Kosten-Nutzen-Analysen, als andere Firmen."

Lass es nicht zu, dass Wall Street sich in deine Firma einmischt

Drucker: Er hat Manager immer ermahnt, daran zu denken, dass Marktführerschaft, ganz egal in welcher Branche, nur sehr schwer zu behaupten ist und dass das, was heute noch gültig ist, morgen schon obsolet sein kann. Außerdem riet er Managern, ihr Handeln nicht an der Tagesentwicklung des Dow Jones auszurichten (das heißt, sie sollten sich bei den für ihre Firma wichtigen Managemententscheidungen nicht von kurzfristig gültigen Aktienkursen beeinflussen lassen).

Bezos: Er hatte sich geschworen „bei allen Investmententscheidungen immer nur das Erreichen der langfristigen Marktführerschaft als Kriterium gelten zu lassen und nicht kurzfristige Profitabilitätserwägungen oder hektische Reaktionen auf Kursbewegungen an der Börse". Im Jahr 2002 fügte er hinzu: „Wie der bekannte Investor Benjamin Graham einmal gesagt hat, funktioniert der Aktienmarkt kurzfristig betrachtet wie eine Volksabstimmung, langfristig gesehen aber wie ein Expertenrat ... Wir sind eine

Firma, die sich lieber dem Urteil eines Expertenrates stellt; über einen längeren Zeitraum gesehen bleibt das gar nicht aus. Über einen längeren Zeitraum gilt das für alle Firmen."

Eine falsche Entscheidung ist besser als gar keine Entscheidung

Drucker: „Prioritätsentscheidungen müssen ‚wissentlich und willentlich' getroffen werden … es ist besser, eine falsche Entscheidung zu treffen und die Folgen zu tragen, als sich davor zu drücken, weil die Aufgabe unangenehm und unbequem ist; das führt im Ergebnis nämlich dazu, dass Ereignisse von außen falsche Prioritäten setzen."

Bezos: Ihm wurde einmal eine Frage zu Investitionsentscheidungen gestellt, die sich als Fehlschlag erwiesen haben. „Man muss so viele solcher Entscheidungen treffen, dass man manchmal auch danebengreift", erwiderte der Gründer von Amazon. Wenn die Unternehmensführung jedoch „bei den Investitionen keine Fehler macht … würden wir unsere Aufgabe und unsere Verantwortung gegenüber den Aktionären nicht erfüllen, denn wir würden dann nie aufs Ganze gehen. Man muss eben immer damit rechnen, dass auch Fehler passieren können."

Nimm Risiken auf dich, die sich erst in der Zukunft auszahlen

Drucker: „Selbstverständlich beinhaltet jede Innovation ein Risiko. Aber man kann auch im Supermarkt ausrutschen, obwohl man nur ein Brot kaufen wollte. Jede Geschäftsaktivität ist per definitionem mit einem Risiko verbunden. Sich lediglich am Status quo festzuklammern – was gleichbedeutend ist mit nicht innovativ zu sein – ist viel riskanter, als sich um das zu kümmern, was morgen geschehen soll."

Bezos: Er hatte von Anfang keine Bedenken, kalkulierte Risiken einzugehen. „Wenn wir eine ausreichende Wahrscheinlichkeit für einen Fortschritt in Richtung Marktführerschaft sehen, werden wir immer mutige Investitionsentscheidungen einem zögerlichen Vorgehen vorziehen. Einige dieser Entscheidungen werden sich auszahlen, andere nicht, aber wir können auf jeden Fall daraus etwas lernen." 2002 fügte er noch hinzu: „Viele von Ihnen haben gehört, dass ich von ‚kühnen Wetten' gesprochen habe, die wir eingegangen sind und weiterhin eingehen werden. Zu diesen Wetten zählt praktisch alles, was wir gemacht haben, unsere Investitionen in digitale und drahtlose Technologie bis hin zu unserer Entscheidung, in kleinere E-Commerce-Firmen zu investieren..."

Ziele stehen für die eingeschlagene Strategie

Drucker: „Zielvorgaben müssen festgelegt werden, das reicht von ‚Was ist unser Geschäftszweck?', ‚Was wird er in Zukunft sein?' bis zu ‚Was sollte er in Zukunft sein?' Das sind keine abstrakten Begriffe. Das sind Handlungsanweisungen und Handlungsverpflichtungen, durch die die selbstgesetzte Aufgabe eines Unternehmens in die Tat umgesetzt wird. Das ist die Vorgabe, an der die Leistung gemessen wird. Zielvorgaben stehen also für die Grundstrategie eines Unternehmens."

Bezos: Er hat immer wieder die Ziele für seine Firma vorgegeben: „Unsere Zielvorstellung ist, mithilfe unserer Plattform das größte Konsumentenunternehmen auf der ganzen Erde aufzubauen, einen Marktplatz oder ein Forum, wo die Verbraucher online wirklich restlos alles finden und bekommen, wonach sie suchen. Wir orientieren uns an den Wünschen der Kunden, verbessern uns ständig in ihrem Sinne und anhand ihres Bedarfs, personalisieren das Geschäft im Hinblick auf jeden einzelnen und arbeiten ständig daran, das Vertrauen unserer Kunden zu rechtfertigen."

Wachstum durch strategische Allianzen

Drucker: Er vertrat die Ansicht, dass Unternehmen, die Zugang zu neuen Märkten oder neuen Technologien suchen, über Partnerschaften, Joint Ventures oder Minderheitsbeteiligungen lieber strategisch sinnvolle Allianzen eingehen sollten, statt sich ganze Firmen einzuverleiben. „Solche Konstellationen werden, gerade in der globalisierten Wirtschaft, das Wachstumsmodell sein im Gegensatz zu dem herkömmlichen Modell einer Muttergesellschaft mit einer Anzahl von Tochtergesellschaften, die sich vollkommen im Besitz der Mutter befinden."

Bezos: Er tätigte Investitionen in Unternehmen wie drugstore.com, Sothebys, HomeGrocer.com. Die größte Neuerung bei Amazon war jedoch die Einführung der sogenannten zShops. Man könnte sie als Shopping-Mall im Internet bezeichnen. Dadurch bekamen die Abermillionen Kunden von Amazon Zugang zu Tausenden von Händlern, die ihrerseits eine monatliche Gebühr an Amazon entrichten. Das war eine der wesentlichen Erweiterungsstrategien von Bezos: „Es ist uns einigermaßen egal, ob wir etwas über zShops oder ob wir es selbst direkt verkaufen. Das ist uns ziemlich schnurz. Man kann nicht alles selbst anbieten. Man muss dazu mit anderen kooperieren."

Die Ergebnisse sprechen für sich. Es besteht kein Zweifel, dass sich Bezos' langfristig angelegte Managementstrategie ausgezahlt hat. Zehn Jahre nach dem Börsengang (zu einem nach Splits umgerechneten Preis von 1,50 Dollar pro Aktie) überstiegen die Erlöse 13 Milliarden Dollar. Der Aktienkurs bewegt sich um die 85 Dollar und Amazon hat einen Börsenwert von mehr als 33 Milliarden Dollar, das ist mehr als General Motors und Xerox zusammen. Der Aktienwert hat sich 1997 verdoppelt und es gibt keine Anzeichen, dass sich die Wertzunahme verlangsamt. Der Börsenwert ist neunzigmal so hoch wie die jüngsten Gewinne, was nichts anderes heißt, als dass die Investoren im Hinblick auf die Zukunft der Firma sehr optimistisch sind.

Drucker, der Stratege

Drucker fängt immer damit an, grundlegende Fragen nach dem Geschäftszweck einer Firma zu stellen. „Die Ziele müssen definiert werden, indem man Fragen beantwortet wie ‚Was ist unser Geschäftszweck?', ‚Was wird er in Zukunft sein?', ‚Was sollte er in Zukunft sein?' Er weist insbesondere darauf hin, dass die ‚Definition der Geschäftsvorhaben und der Aufgaben eines Unternehmens schwierig, mühsam und sogar riskant ist. Aber nur dadurch ist es für ein Unternehmen möglich, sich Ziele zu setzen, Strategien zu entwickeln, die vorhandenen Ressourcen richtig einzuteilen und alles ins Laufen zu bringen. Nur dadurch wird ein Unternehmen in die Lage versetzt, erfolgreich gemanagt zu werden."

„Die Strategie bestimmt die Struktur. Mit der Strategie werden die wesentlichen Geschäftsfelder festgelegt. Um eine Strategie festlegen zu können, müssen wir wissen, worin unser Geschäft besteht und was wir erreichen wollen." Drucker gab allerdings gleichzeitig zu bedenken, dass „die richtige Struktur nicht automatisch gute Ergebnisse garantiert". Andererseits wird aber auf jeden Fall mit einer falschen Struktur das Erreichen der Unternehmensziele unmöglich. Die Struktur eines Unternehmens „muss so angelegt sein, dass diejenigen Ergebnisse besonders zur Geltung kommen, die für das Unternehmen wirklich von Bedeutung sind; also die Ergebnisse, die in einem engen Zusammenhang mit der zentralen Geschäftsidee des Unternehmens, seinen besonderen Vorzügen und Vorteilen und seinen Marktchancen stehen."

Kapitel 13
Die vierte Informationsrevolution

„Wir stecken mitten in einer weiteren Informationsrevolution. Sie hat in den Wirtschaftsunternehmen begonnen und zwar mit Unternehmensinformationen. Aber mit Sicherheit werden alle Arten von Organisationen und Institutionen davon erfasst werden. Die Bedeutung dessen, was Information ist, wird sich für Unternehmen wie für jeden Einzelnen grundlegend verändern."

Eine von Druckers Stärken lag darin, jedes Ereignis so darstellen zu können, dass es praktisch jeder verstand. A. G. Lafley, der President von Procter & Gamble, der viele Jahre lang eng mit Drucker zusammenarbeitete, sagte: „Eine der herausragendsten Eigenschaften von Peter Drucker ist seine Fähigkeit, komplexe Sachverhalte einfach darzustellen. Seine Neugier war unersättlich und er hörte nie auf, Fragen zu stellen." Lafley bezeichnete Drucker als ganzheitlichen Soziökologen, weil er immer den Sinn des Ganzen zu verstehen versuchte und sich dabei gedanklich nicht auf die Wirtschaft und die Unternehmenswelt beschränkte, sondern neben vielem anderen auch Geschichte, Anthropologie, Kunst, Literatur, Soziologie und Wirtschaftswissenschaften mit einbezog.

Drucker verdankt seine offene, tolerante Weltsicht zumindest teilweise seiner Kindheit und den Erfahrungen seiner Jugend. Er wuchs in einer wohlhabenden, kultivierten Wiener Familie auf. In seinem Elternhaus verkehrten Künstler, Politiker, Intellektuelle und verschiedene kreative Köpfe; auch Sigmund Freud zählte zu den Bekannten. Drucker lernte Freud als achtjähriger Junge kennen (mehr dazu im Epilog).

Durch seine klassische Bildung und dank seiner ersten Jobs als Zeitungsjournalist in Frankfurt am Main und anschließend als Banker in London bekam er Kontakte zu allen möglichen Menschen, die seinen Horizont erweiterten. Seine treffenden Voraussagen über Hitler und über den späteren Holocaust sowie über die Auswirkungen des Hitler-Stalin-Paktes unmittelbar vor dem Zweiten Weltkrieg waren ein erster Hinweis auf seine visionären Fähigkeiten.

Drucker verfügte vor allen Dingen über die Fähigkeit, Wendepunkte im geschichtlichen Verlauf zu erkennen, und er befasste sich damit unter verschiedenen Blickwinkeln in mehreren seiner Bücher. Indem er die Blickwinkel veränderte, konnte er aufzeigen, welchen Einfluss ein Ereignis oder eine Neuerung auf Manager und Unternehmen hat; gleichzeitig ermöglichte er es dem Leser, die Entwicklung seiner Gedanken zu einer großen Anzahl von Themen mit zu verfolgen.

Das beste Beispiel hierzu ist, wie Drucker die sich ständig verändernde Rolle von Information und Wissen und deren Einfluss auf Unternehmen sowie auf die Gesellschaft als Ganzes nachvollzog. So untersuchte er in umfassender Weise, wie verschiedene Epochen in der Geschichte durch Information, ihren Gebrauch und ihre Anwendung geformt wurden. Er hat sich auch damit befasst, welchen Einfluss Informationstechnologien auf Managemententscheidungen genommen haben – und zwar zum Besseren wie zum Schlechteren. Überraschenderweise hat Drucker lange Zeit die These vertreten, dass dies eher zum Schlechteren gereicht hat.

Außerdem hat er aufgearbeitet, welche Art von Information Manager erhalten, wie sie sie aufnehmen und wie sich das auf ihre Arbeit auswirkt;

denn von der Information und von der Informationsaufnahme hängt es ab, wie sie ihre Firma und wie sie die Außenwelt sehen. Drucker zeigte außerdem, wie Information die Struktur, ja die „Gene" von Unternehmen und der Gesellschaft verändert hat. Dieses Kapitel befasst sich mit Druckers Ansichten über die sich ständig verändernden Auswirkungen von Information auf große Unternehmen und auf die Gesellschaft. Diese Veränderungen hat er über fünfzig Jahre lang in seinen Werken sehr gedankenreich und weit vorausschauend begleitet.

An dieser Stelle sei an Druckers Aussage erinnert, dass er seine Bücher nicht wiedergelesen habe. Es gibt keine zweiten oder dritten Auflagen von *Das Großunternehmen* oder *Die Praxis des Managements* oder von irgendeinem anderen seiner Bücher. (Drucker und sein Verlag veranstalteten allenfalls Neuzusammenstellungen früherer Kapitel aus einzelnen Werken in gesonderten Ausgaben wie etwa *The Essential Drucker* – dt.: *Was ist Management*, 2002.) Stattdessen schrieb Drucker, wann immer er eine neue Idee oder einen neuen wichtigen Gedanken hatte, einfach ein neues Buch, in dem oftmals bereits bearbeitete Themen unter einem neuen Aspekt betrachtet wurden. Um verstehen zu können, wie sich sein Denken zu einigen seiner Schlüsselthemen im Lauf der Zeit verändert hat, kommt man nicht umhin, einige seiner Hauptwerke zu lesen, um deren Behauptungen und Prognosen gegenüberzustellen und zu vergleichen.

Die Ausgangslage in den ersten Werken

Im Jahr 1954 behandelte Drucker das Thema Information in seinem bahnbrechenden Buch *Die Praxis des Managements* im Zusammenhang mit der Art und Weise, wie sich die Produktivität von Managern verbessern lässt. „Jeder Manager muss diejenigen Informationen erhalten, die er braucht, um seine eigene Leistung messen und beurteilen zu können. Er muss sie so frühzeitig erhalten, dass er auch die notwendigen Veränderungen im Hinblick auf die erwünschten Ergebnisse vornehmen kann. Und diese Information muss direkt an den Manager selbst gehen, nicht an seinen Vorgesetzten. Sie muss ein Mittel der Selbstkontrolle sein, nicht der Kontrolle von oben." Und Drucker fügte hinzu: „Nur wenn ein Manager alle Informationen über seine Aufgaben und Aktivitäten erhält, kann er für die Ergebnisse auch voll verantwortlich gemacht werden."

Man beachte, wie Drucker Information generell sah, als er Mitte der 1950er-Jahre darüber schrieb. Er betrachtete sie als rein *internes* Managementinstrument und nicht als etwas, was dem Manager dabei hilft, die Außenwelt besser zu verstehen. Dieser Punkt spielt erst in seinen späteren Werken eine herausragende Rolle.

In seinem Buch *Die ideale Führungskraft* beispielsweise brachte Drucker zwei seiner Hauptthemen zusammen: Er zeigt die Grenzen auf, die Computern als Entscheidungshilfe und zur Effektivitätssteigerung im Management gesetzt sind, und er weist darauf hin, wie überaus wichtig es für Manager ist, eine Außenperspektive auf ihr Unternehmen zu gewinnen und beizubehalten. Seiner Ansicht nach konzentrieren sich vor allem die größeren Unternehmen zu sehr auf die falschen Dinge: „Je größer und dem Anschein nach erfolgreicher ein Unternehmen wird, desto mehr wird die Aufmerksamkeit auf die internen Vorgänge und Ereignisse gelenkt. Das kann so weit führen, dass die Energien und die Fähigkeiten eines Managers derartig stark davon absorbiert werden, dass er seine eigentlichen Aufgaben gar nicht erfüllen und sich am Markt gar nicht mehr bewähren kann."

Außerdem sagte er noch: „Heutzutage wird diese Gefahr durch die Computer und die moderne Informationstechnologie nur noch größer. Alles, was der Computer, dieser elektronische Trottel, nämlich kann, ist, mit quantifizierbaren Daten umzugehen. Man kann aber im Großen und Ganzen lediglich die Daten quantifizieren, die intern verfügbar sind ... Wirklich entscheidungswichtige Außenwahrnehmungen sind aber in der Regel nicht in quantifizierbarer Form erhältlich – und wenn, dann ist es meist zu spät, um irgendetwas unternehmen zu können."

Die Manager auf die letztlich doch nur beschränkten Möglichkeiten und sogar auf die latenten Gefahren hinzuweisen, die im Gebrauch von Computern stecken, ist ein durchgehendes Thema in Druckers Werken. In seinem umfangreichsten Buch *Management: Tasks, Responsibilities, Practices* (dt.: Neue Managementpraxis, 2 Bände, 1974) beschrieb Drucker, welche Gefahren lauern, wenn man sich zu sehr auf Computer verlässt: „Sobald neue Computer angeschafft werden, beginnt in den Firmen eine hektische Suche nach neuen Einsatzmöglichkeiten für die Geräte. Meistens läuft es darauf hinaus, dass sie dafür verwendet werden, endlose Stapel von Information auszudrucken, die niemand will, niemand braucht und niemand liest. Allein der Gebrauch der Geräte wird so zum Selbstzweck. Und im Endergebnis verfügt niemand über irgendwelche Informationen."

Dagegen war Drucker der Ansicht, dass Unternehmen sich lieber die eine wesentliche Frage stellen sollten: „Was für eine Art von Informationen braucht das Top-Management, um seine Entscheidungen fällen zu können ... und zwar nicht nur die aktuellen Entscheidungen, sondern auch zukünftige Entscheidungen?"

Solche Überlegungen sind ganz typisch für Drucker. Er konnte sich nie für irgendwelche technischen Spielereien oder andere Krücken erwärmen, auf die sich Manager stützen und dadurch weniger nachdenken oder sich vor den wirklich harten Fragen drücken, die sie sich und anderen eigentlich stellen müssten. Mit der Zeit hat sich Druckers Meinung über derartige Informationen und ihre Funktion für Unternehmen und Manager verändert. Er beobachtete, wie Unternehmen Information zur Umorientierung verwendeten. Diejenigen Firmen, die sich damit ein besseres Verständnis der Außenwelt verschafften (und beispielsweise Daten über Kunden, den Markt, die Mitbewerber erhoben), erlangten natürlich einen Vorsprung gegenüber denjenigen, für die es nur ein internes Informationsinstrument war.

Das neue Unternehmensmodell

Ende der 80er-Jahre arbeitete Drucker das Unternehmensmodell der Zukunft deutlicher heraus, indem er es dem alten, streng hierarchischen Modell von früher gegenüberstellte. 1988 schrieb er einen zukunftsweisenden Artikel, der in der *Harvard Business Review* unter dem Titel *The Coming of the New Organisation* (dt.: Das Unternehmensmodell für die Zukunft) erschien. Darin definierte er die künftige Art und Weise, wie Unternehmen Information einsetzen, um einen Wettbewerbsvorteil zu gewinnen. Um das sich abzeichnende neue Modell besser verständlich zu machen, stellte er die Entwicklungsformen der Unternehmen dar.

In der frühen Entwicklungsphase vor dem Ersten Weltkrieg ebneten Industriebarone wie J. P. Morgan und Andrew Carnegie zunächst einmal den

Weg für professionelle Manager. „Dadurch wurde ein Management als eigenständiger Organisationsbestandteil von Unternehmen überhaupt erst ins Leben gerufen", erklärte er.

Die zweite Phase folgte dann in den 20er-Jahren. Damals entstanden Großunternehmen heutigen Zuschnitts. Führende Manager wie Pierre du Pont und Alfred Sloan führten das Mittelmanagement ein und strukturierten diese Unternehmen im Sinne umfassender Kommando- und Kontrollhierarchien, wie sie für das 20. Jahrhundert typisch wurden und in vielen Unternehmen bis auf den heutigen Tag existieren.

Die dritte Phase war laut Drucker „durch den Übergang von der Kommando- und Kontrollstruktur mit ihrer Bereichs- und Abteilungsorganisation zu der wissensbasierten Organisation der Wissensspezialisten" gekennzeichnet.

„Allmählich zeichnet sich ab", fährt Drucker fort, „wie solche Unternehmen einmal aussehen und funktionieren könnten. Wir können erst deren Grundzüge erkennen. Aber man kann auch schon zentrale Themen wie Werte, Struktur und Verhalten ins Auge fassen. Doch die Aufgabe, ein wirklich funktionierendes, wissensbasiertes Unternehmen aufzubauen, liegt erst noch vor uns. Das ist die Herausforderung für das Management in der Zukunft."

Die neuen Informationsrevolutionen

Rund zehn Jahre nach dem Artikel in der *Harvard Business Review* weitete Drucker dieses Thema aus, indem er seine Theorie der „vier Revolutionen" entwickelte. In seinem Buch *Management Challenges for the 21st Century* (dt.: Management im 21. Jahrhundert, 1999) beschrieb er die neue Informationsrevolution, die Unternehmen rund um den Globus verändern wird.

Drucker hat eine klare Vorstellung dieser neuartigen Revolution: Sie betrifft weder die Managementinformationssysteme (MIS) noch den Bereich der Informationstechnologie (IT). Er nannte sie eine „Revolution der Konzepte".

Drucker erklärt, dass sich die Informationstechnologie in den vergangenen 50 Jahren „hauptsächlich auf die Daten konzentriert hat, nämlich darauf, wie Daten gesammelt, gespeichert, übertragen und dargestellt werden. Der Schwerpunkt lag also auf dem T in IT. Das Hauptaugenmerk der neuen Informationsrevolution wird hingegen auf dem I liegen".

Die gegenwärtigen Neuerungen im Informationsbereich werden den Blickwinkel der Manager verändern. Heutzutage verlangen Manager mehr als bloße Daten. Sie benötigen Informationen, mit deren Hilfe sie die Qualität ihrer Entscheidungen verbessern können. Sie wollen nicht mehr orientierungslos durch die Informationsfluten ihrer (elektronischen oder sonstigen) Posteingangsfächer waten oder die neuesten Tageslisten durchgehen, sondern sie hinterfragen den Datenstrom. „Wozu dient der Bericht X oder welchen Zweck erfüllt Bericht Y?" Diese neue Herangehensweise führt also zu einer Neudefinition von Information und verändert dadurch die Aufgaben der Leute, die Information produzieren.

Drucker behauptete, er habe als einer der wenigen vorausgesehen, dass der Computer zu einem tiefgreifenden Wandel in der Geschäftswelt führen würde. Dabei sagte er auch voraus, dass der Computer vor allem die Entscheidungsfindung im Top-Management verändern würde. Mittlerweile räumt er ein, dass er sich in diesem Punkt völlig geirrt hat. Der Hauptanwendungsbereich von Computern liegt vielmehr im operationellen Tagesgeschäft.

Als Beispiele führt er Softwareprogramme an, mit deren Hilfe Architekten das komplizierte Innenleben von großen Gebäuden innerhalb eines Tages planen können, oder anspruchsvolle Lernsoftware für Chirurgen, die damit virtuelle Operationen ausführen können. „Vor fünfzig Jahren", sagte Drucker, „hätte sich niemand Softwareprogramme vorstellen können, mit denen ein großer Baumaschinenhersteller wie Caterpillar seine Tätigkeiten rund um den Kundendienst- und Reparaturbedarf seiner Kunden steuert, einschließlich seiner Produktion weltweit."

Trotz dieser erstaunlichen Entwicklung hat Drucker seine Grundeinstellung zu dem Problem nicht revidiert. Er ist nach wie vor der Meinung, dass IT an sich wenig dazu beigetragen habe, einem Manager die Entscheidung zu erleichtern, *ob* ein neues Bürogebäude oder eine Schule oder ein Krankenhaus gebaut werden soll oder nicht oder *wie* das neue Bürogebäude, die Schule oder das Krankenhaus konkret genutzt werden soll.

Dementsprechend waren und sind Computer für Manager auch keine große Hilfe bei der Frage, in welchen Markt sie eintreten oder welchen sie verlassen sollen oder welche Firma sie übernehmen könnten: „Für die Aufgaben des Top-Managements", so Drucker, „hat IT bisher allenfalls Daten, aber keine echte Information hervorgebracht. Ganz zu schweigen von neuartigen und andersartigen Fragestellungen oder Sichtweisen oder neuartigen und andersartigen Strategien."

Der Grund, warum die Führungsspitzen von Unternehmen in ihren Aufgaben bisher praktisch nicht von den neuen Technologien unterstützt werden, ist hauptsächlich Trägheit und Denkfaulheit. Seit dem Beginn der Industriellen Revolution am Anfang des 19. Jahrhunderts beruht ein Kerngedanken wirtschaftlichen Handelns und Denkens auf der Grundannahme, dass niedrige Kosten für Unternehmen eine der wesentlichen Voraussetzungen sind, um im Wettbewerb bestehen zu können. Seit es größere Firmen gibt, dienen interne Rechenberichte „letztinstanzlich der Auflistung der Vermögenswerte, die im äußersten Fall einer Liquidierung noch verteilt werden können".

In der Zeit des Zweiten Weltkrieges kamen Gelehrte wie Drucker allmählich auf den Gedanken, dass die Erhaltung der Vermögenswerte und die Kostenkontrolle nicht zu den vordringlichsten Aufgaben einer Unternehmensführung zählen. Denn das sind rein operative Aufgaben des Tagesgeschäfts.

Damit soll nicht gesagt sein, dass ein überdimensionaler Kostenblock ein Unternehmen nicht in den Abgrund reißen könnte. Aber der Unternehmenserfolg beruht letztlich nicht auf der Kostenkontrolle, sondern auf „der Schaffung von Werten und Vermögen", unterstreicht Drucker.

Unternehmen schaffen neues Vermögen, indem sie Risiken eingehen, neue Strategien entwickeln und sich von früheren Projekten aktiv verabschieden. Doch keines der gegenwärtigen Systeme im Daten- und Rechnungswesen der Unternehmen unterstützt die Führungsspitze bei diesen zentralen Entscheidungen. „Die weit verbreitete Unzufriedenheit mit der bisherigen Datenaufbereitung durch IT führt zu der nächsten Informationsrevolution." Deshalb bedarf es neuer Informationsmodelle; das hat die vierte Informationsrevolution ausgelöst, wie Drucker es nennt.

Drucker vertritt die Ansicht, es sei notwendig, „zu definieren, was wir unter Information verstehen". Es geht darum, diese Information für ihre Nutzer zweckdienlich und handhabbar zu machen. Da 90 Prozent der Daten, die in Unternehmen generiert werden, lediglich zur Darstellung dessen dienen, was innerhalb eines Unternehmens vorgeht, braucht man sich nicht zu wundern, wenn die Unternehmensleitungen allmählich die Geduld verlieren. In den letzten Jahren hat sich bei den Top-Managern das Bewusstsein verstärkt, dass sie andere Arten von Daten und Berichten benötigen, um ihre Aufgaben besser erfüllen zu können. Das verlangen sie nun von ihren Leuten im Rechnungs- und Finanzwesen. Drucker sagt, dieser Prozess sei in Gang gekommen, als die Manager sich fragten: „Welche Informationskonzepte benötigen wir eigentlich für unsere Aufgaben?"

Als Drucker über die vier Informationsrevolutionen sprach, beharrte er strikt auf seinem Standpunkt, dass dieser Bereich der Informationswelt bisher weitgehend unerschlossen sei. „Das ist jener neue Bereich ... der wichtigste von allen, wo wir bis jetzt noch keine systematisch organisierten Methoden der Informationsgewinnung entwickelt haben: Informationen über die *Außenwelt* eines Unternehmens. Diese Methoden müssen in ihren Grundannahmen und Grundlagen ganz anders sein ... Das Ziel muss sein, weniger Daten und dafür mehr Information zu liefern. Diese müssen auf das Top-Management, dessen Aufgaben und dessen Entscheidungen zugeschnitten sein."

Drucker sah diese Art von Information als etwas, das nicht nur Wirtschaftsunternehmen betrifft. „Diese neue Informationsrevolution hat in der Unternehmenswirtschaft begonnen, und ist dort am weitesten gediehen. Inzwischen hat sie aber auch den Bildungsbereich und das Gesundheitswesen erfasst. Wenn hier eine grundlegende konzeptionelle Veränderung in Gang gekommen ist, wird sie mindestens genauso wichtig sein wie die Veränderungen der Produktionstechnik in der Industrie ... Bereits jetzt geht jeder davon aus, dass in der Bildungstechnologie tief greifende Veränderungen bevorstehen und dass damit auch ein tief greifender struktureller Wandel einhergeht. Wenn es auf Unterrichtsformen hinausläuft, wie wir sie beispielsweise von den Fernuniversitäten kennen, dann kann es durchaus sein, dass in 25 Jahren eine typisch amerikanische Institution wie das autonome College von der Bildfläche verschwunden sein wird.

Im Gesundheitswesen könnte es ebenfalls zu einer konzeptionellen Neudefinition kommen. Die Zielrichtung wäre, das Gesundheitswesen nicht mehr primär aus dem Blickwinkel der Bekämpfung von Krankheiten, sondern vielmehr als Aufrechterhaltung der körperlichen und geistigen Funktionen zu definieren ... Das kann dazu führen, dass keine der traditionellen Säulen des gegenwärtigen Gesundheitswesen, wie etwa die Krankenhäuser oder die Arztpraxen, diesen Wandel übersteht; jedenfalls nicht in ihrer gegenwärtigen Form oder Funktion."

Drucker zog daraus den Schluss, dass sich im Bildungswesen wie im Gesundheitswesen die größte Veränderung in einer Schwerpunktverlagerung von den Wirtschaftsdaten hin zur Information vollziehen wird, weg vom T in IT hin zum I. Nachfolgend einige Kernpunkte aus Druckers ausführlichen Erörterungen über den Wandel der Bedeutung von Information für Wirtschaftsunternehmen:

- **Mit Informationen kann man vor allem dann etwas anfangen, wenn sie einem Manager etwas über die Außenwelt mitteilen: über Kunden, Nichtkunden, den Markt.**
  Andernfalls handelt es sich einfach um Daten. Diese Art von Information wird man aber erst dann bekommen, wenn danach verlangt wird, wenn die Manager begriffen haben, was sie brauchen, um die Produktivität zu erhöhen und im Wettbewerb besser bestehen zu können.

- **Erläutern Sie Ihren Kollegen im Rechungswesen und im Managementinformationssystem, wie wichtig es ist, Informationen über die Außenwelt des Unternehmens zu erhalten.**
  Dann erarbeiten Sie mit ihnen, welchen genauen Informationsbedarf sie haben, um durch Innovation die Profitbringer der Zukunft zu entwickeln.

- **Warten Sie nicht, bis sich im Rechnungswesen oder im Managementinformationssystem von selbst etwas tut.**
  Es wird vermutlich Jahre dauern, bis sich diese Art von revolutionärer Veränderung, die Drucker im Sinn hat, durchsetzt. Fordern Sie in der

Zwischenzeit andere und sich selbst heraus, um die benötigte Information zu erhalten. Verbringen Sie pro Woche zwei bis vier Stunden auf den Websites Ihrer Konkurrenten, mit Kundengesprächen oder wo man sonst Marktinformationen erhält. Informieren Sie sich auch ansonsten über alles, was außerhalb Ihres Unternehmens vor sich geht.

Die elektronische Revolution und die Macht des Gedruckten

Drucker beschrieb seine Sicht auf die Informationsrevolution in den späten 1990er-Jahren, als sich bereits abzeichnete, wie das Internet viele Branchen verändern würde. Aber auch hier hat Drucker das allzu Offensichtliche und den Hype der sogenannten New Economy durchschaut, die in Büchern und Zeitungsartikeln bereits als neues Utopia angepriesen wurde, wo die alten Regeln der Geschäftswelt keine Gültigkeit mehr haben.

So befürchteten beispielsweise viele, dass das Internet sehr rasch das gedruckte Buch verdrängen würde. Nicht so Drucker. Er ging davon aus, dass das Internet die Printmedien eher stärken würde. Wie das geschehen sollte, beschrieb er in *Management im 21. Jahrhundert*: „Und jetzt werden die Printmedien sich auch der elektronischen Kanäle bedienen." Er wies darauf hin, dass Amazon „innerhalb weniger Jahre" zum größten Versandhändler im Internet wurde.

Nicht nur die Buchverlage haben vom Internet profitiert: „Vor allem die Special-Interest-Zeitschriften gehen zunehmend dazu über, auch Online-Ausgaben herauszubringen. Sie werden im Internet angeboten und der Abonnent kann sie sich zu Hause ausdrucken. Es ist also keineswegs so, dass IT das gedruckte Wort ersetzt, vielmehr benutzen die Printmedien die neue Technologie als Vertriebskanal für *gedruckte Information*."

Ganz so einfach ist es allerdings nicht. „Dieser neue Vertriebsweg wird sicherlich auch das gedruckte Buch verändern. Neue Verteilungskanäle haben immer Rückwirkungen auf das, was sie verteilen, und verändern die Produkte. Aber Textinhalte werden auch immer Druckwerke bleiben, in welcher Form auch immer sie gespeichert oder ausgeliefert werden", ergänzte Drucker.

„Jenseits der Informationsrevolution"

1999 verfasste Drucker einen weiteren Artikel über dieses Thema. Er trug den Titel „Jenseits der Informationsrevolution" und erschien zuerst in der angesehenen amerikanischen literarischen Zeitschrift *The Atlantic Monthly* und später als Teil eines seiner letzten Bücher *Managing in the New Society*. In diesem Artikel beschrieb er weitere Aspekte der Informationsrevolution, namentlich im Zusammenhang mit dem Aufkommen von E-Commerce und dessen Einfluss auf die Informationsrevolution:

„Das wirklich Revolutionäre an der Informationsrevolution macht sich erst jetzt allmählich bemerkbar. Aber es sind nicht Informationsinhalte, die dieses Revolutionäre ausmachen. Es ist auch nicht die sogenannte Künstliche Intelligenz. Ebenso wenig sind es die Auswirkungen der Computertechnologie ... auf Entscheidungsprozesse oder Strategien. Es handelt sich vielmehr um einen Aspekt, den niemand voraussehen konnte und über den man vor zehn oder fünfzehn Jahren noch nicht einmal hätte sprechen können. Ich meine die explosionsartige Ausweitung des Internets als großer, womöglich größter weltweiter Vertriebskanal für Güter, Dienstleistungen und – überraschenderweise – auch für Jobs im Bereich Management und für bestimmte Fachkräfte. Dadurch werden sich ganze Märkte und Branchen, ja ganze Volkswirtschaften strukturell verändern. Genauso wie bestimmte Produkte und Dienstleistungen und deren Verteilungsströme. Ferner Konsumentengruppen, Konsumentenansprüche und Konsumentenverhalten sowie der Stellen- und Arbeitsmarkt. Vermutlich werden die Auswirkungen auf die Gesellschaften und die Politik noch größer sein und darüber hinaus auf unser Weltbild und darauf, wie jeder Einzelne seinen Platz in der Welt sieht."

In diesem Artikel wurde Druckers Überzeugung deutlich, dass die Informationstechnologie Unternehmen und Märkte verändern kann; es wurde auch klar, dass er persönlich sehr daran interessiert und von den Möglichkeiten völlig begeistert war.

Drucker schrieb dazu: „Gleichzeitig werden zweifellos neue und ungeahnte Industriezweige und Branchen in Erscheinung treten, und das wird sehr rasch geschehen." Als ein Beispiel nannte er die Biotechnologie. „Es ist stark anzunehmen, dass auch in Zukunft weitere von neuen Technologien geprägte Branchen auftauchen, die sich zu mächtigen Industriezweigen auswachsen können. Was das sein könnte, kann man im Augenblick nicht einmal vermuten. Aber es ist sehr wahrscheinlich – nein, es ist so gut wie sicher –, dass es so kommen wird und dass es schnell gehen wird. Und es ist so gut wie sicher, dass einige davon direkt mit Computern und Informationstechnologie zu tun haben."

„Natürlich sind das nur Voraussagen", fuhr Drucker fort. „Aber sie beruhen auf der Annahme, dass sich die Informationsrevolution ähnlich abspielt wie andere technikbasierte ‚Revolutionen' sich zuvor in den vergangenen 500 Jahren seit der Gutenberg-Revolution abgespielt haben ... Dabei gehe ich von der Annahme aus, dass die Informationsrevolution ähnlich wie die Industrielle Revolution Ende des 18. und zu Beginn des 19. Jahrhunderts verlaufen wird.

Die Informationsrevolution befindet sich jetzt an einem Punkt, an dem die Industrielle Revolution in den frühen 1820er-Jahren angelangt war, ungefähr vierzig Jahre nach der von James Watt verbesserten Dampfmaschine ... Diejenigen Industriezweige, die in der Frühzeit der Industriellen Revolution am stärksten betroffen waren – die Baumwollindustrie, die Textilindustrie im Allgemeinen, Eisen und Stahl sowie die Eisenbahn –, waren Boomindustrien, die praktisch über Nacht Millionäre hervorbrachten ... Diejenigen Industrien, die nach 1830 entstanden, brachten ebenfalls viele Millionäre hervor. Aber es dauerte rund zwanzig Jahre, bis es so weit war, und das waren zwanzig Jahre harter Kämpfe voller Enttäuschungen und Fehlschläge ... Man muss damit rechnen, dass dies auch für die neuen Branchen gilt, die von nun an in Erscheinung treten werden. Das gilt bereits jetzt für die Biotechnologie", behauptete Drucker.

Schließlich betonte Drucker wie wichtig es sei, die besten Leute an sich zu ziehen und an sich zu binden. Denn sie dürften sich für die Unternehmen der Zukunft als die mit Abstand wichtigsten Erfolgsfaktoren erweisen. Und er war der festen Überzeugung, dass man mit Geld allein hier nicht weiterkommt: „Es wird nicht genügen, die Wissensarbeiter, von denen diese Firmen abhängig sind, einfach nur mit Geld zu locken ... Für den Erfolg in diesen neuen wissensbasierten Branchen wird es darauf ankommen, sie so zu führen, dass sie für diese Spezialisten attraktiv sind – man muss diese Menschen motivieren und sie so in der Firma halten. Wenn man das nicht mehr allein dadurch erreichen kann, dass man – so wie es jetzt geschieht – ihre finanziellen Wünsche erfüllt, wird man in Zukunft auch in Betracht ziehen müssen, ihren Wertvorstellungen entgegenzukommen und ihnen soziale Anerkennung und Beteiligung zu gewähren. Das kann nur geschehen, indem man aus Mitarbeitern Mitentscheider macht und aus – wie auch immer gut bezahlten – Angestellten gleichberechtigte Partner."

Die vierte Informationsrevolution

Die Art wie Drucker seine Ansichten zum Thema Information bis hin zu der von ihm sogenannten Informationsrevolution entwickelte, sagt einiges über Drucker selbst. Zunächst sah er in Information nur ein unternehmensinternes Werkzeug zum Messen von Leistung. Im Laufe der Zeit hielt er es aber für zunehmend wichtig, Informationen auch als Hilfsmittel für ein besseres Verständnis der Außenwelt eines Unternehmens (Kunden, Konkurrenten, Märkte) durch die Manager zu begreifen. Gegen Ende der neunziger Jahre war Drucker jedoch enttäuscht, feststellen zu müssen, dass neunzig Prozent der von Unternehmen generierten Daten und Informationen immer noch nur zur Darstellung der internen Situation eines Unternehmens dient. Der entscheidende Anstoß für eine diesbezügliche Änderung wird daher von den zunehmend ungeduldig werdenden Unternehmensleitungen ausgehen, die mehr zweckdienliche Information über Kunden, Nichtkunden und Märkte erwarten.

Drucker betrachtete das Thema Information aber auch gleichzeitig unter verschiedenen Blickwinkeln. Als einer der ersten erkannte er, dass Computer einen großen Einfluss auf die Unternehmenswirtschaft haben werden, er sah aber auch deren Grenzen. Für ihn waren sie „elektronische Trottel" und niemals in der Lage, Managern die eigentlichen Entscheidungen abzunehmen.

Drucker konstatierte Informationsrevolutionen als Meilensteine der historischen Entwicklung, durch die sich verschiedene Epochen voneinander abgrenzen ließen. Die vierte Informationsrevolution hat bereits ihre Vorläufer, aber sie wird sich erst in vollkommen neuen Branchen auswirken. Wir können nicht vorhersehen, was das für Branchen und Aktivitäten sein werden und es kann zwanzig Jahre dauern, bis sich nach vielen Mühen und harter Arbeit die Dinge herauskristallisieren. Schließlich stellte Drucker erneut eine der Grundthesen seines Gesamtwerkes heraus, dass Menschen wichtiger sind als Technologien. Firmen und Organisationen, die in der Zukunft führend sein werden, werden diejenigen sein, die ihre Top-Leute nicht mit Aktienoptionen und anderen finanziellen Vorteilen zu ködern und zu halten wissen, sondern die aus Angestellten Partner machen.

Kapitel 14

Die wichtigste Aufgabe einer Führungskraft

„Ein Unternehmen muss in der Lage sein, einen Sturm vorherzusehen, ihm zu trotzen und ihm sogar vorauszueilen."

In vielen seiner Bücher hat Drucker mehr als deutlich gemacht, dass Manager bereit und in der Lage sein müssen, vorausschauend und vorbeugend mit drohendem Ungemach umzugehen. „Führung ist ein Schlecht-Wetter-Job", verkündete Drucker 1990, einer seiner apodiktischen Sätze, so wie er mir erklärt hatte: „Krankenhäuser lieben den Ausnahmezustand." Krisen und Ausnahmezustände sind aber nicht auf die Unfallstation in einem Krankenhaus beschränkt. „Die wichtigste Aufgabe der Unternehmensleitung ist es, Schwierigkeiten vorauszusehen. Vielleicht lassen sie sich nicht vermeiden, aber man muss sie voraussehen. Wenn man abwartet, bis die Krise zuschlägt, hat man versagt", meinte Drucker.

Während unseres Mittagessens lenkte Drucker das Gespräch auf eines seiner Lieblingsthemen: die gemeinnützigen Organisationen. Das war ein

Thema, auf das ich nicht vorbereitet war, da ich nie vorgehabt hatte, ein Buch über die Manager solcher Organisationen zu schreiben. Offen gestanden hatte ich mir immer vorgestellt, dass eine gemeinnützige Organisation leichter zu managen sei als ein Firmenbereich oder ein ganzes Unternehmen, das gewinnorientiert arbeiten muss. Zwei Dinge wurden mir schnell klar: Erstens war dies ein Thema, das Drucker regelrecht beflügelte, und zweitens kann man aus den Lektionen, die für gemeinnützige Organisationen gelten, auch viel für die Manager von Wirtschaftsunternehmen ableiten.

Wie bereits im dritten Kapitel erwähnt, arbeitete Drucker bereits seit den frühen 50er-Jahren als Berater für gemeinnützige Organisationen. Zu seinen Klienten zählten etwa die Hilfsorganisation CARE (bekannt durch die CARE-Pakete), die Heilsarmee, das amerikanische Rote Kreuz, der Navajo Tribal Council (die gesetzgebende Versammlung des Navajo-Stammes), die Gesundheitsorganisation American Heart Association (deren Schwerpunkt die Nothilfe bei Herzerkrankungen ist) sowie die Episcopal-Kirche in La Verne in Kalifornien, der Drucker selbst angehörte. Für diese Beratertätigkeiten verzichtete er oftmals auf Honorare.

Während der 1980er-Jahre spürte Drucker, dass gemeinnützige Organisationen seinen Rat und seine Managementerfahrung sogar noch dringender benötigten als gewinnorientierte Unternehmen. Dafür gab es zwei Gründe: Zunächst einmal, so sagte er zu mir, „haben zu viele dieser Organisationen, vor allem die größeren, keine klar formulierte Aufgabenstellung". Aber der zweite Punkt gab ihm noch sehr viel mehr zu denken. „Das zentrale Problem bei den gemeinnützigen Organisationen besteht darin, dass sie einfach keine Orientierungslinie haben. Zwar ist der Gewinn, der bei Wirtschaftsunternehmen am Ende herausschauen muss, auch nur ein ziemlich grobschlächtiger Maßstab, aber die Orientierung, die er bietet, sorgt doch für ein gewisses Mindestmaß an Disziplin."

An dieser Stelle hielt ich Drucker einen seiner eigenen Kernsätze entgegen: „Innerhalb einer Firma existieren keine Profitcenter, sondern nur Kostencenter, also Kostenstellen."

„Es ist sogar noch schlimmer", erwiderte Drucker sofort. Dazu erläuterte er mir, dass gemeinnützige Organisationen, wenn sie nicht die gewünschten Ergebnisse erzielten, sich einfach noch mehr reinhängen und immer wieder in der gleichen Weise weitermachen würden. Das gälte besonders für die kleineren, lokalen Organisationen. „Mit anderen Worten, sie können sich nicht von erwiesenermaßen erfolglosen Projekten oder Methoden trennen. Stattdessen verschleißen sie ihre besten Leute dort, wo es nichts zu gewinnen gibt oder keine Ergebnisse erzielt werden." „Sie verschleißen ihre besten Leute dort, wo es nichts zu gewinnen gibt" ist ein typisch Drucker'scher Kernsatz und ein wichtiger konzeptioneller Grundgedanke, der sowohl für Wirtschaftsunternehmen als auch für gemeinnützige Organisationen gilt.

Ein Schlecht-Wetter-Job

Selbstverständlich war sich Drucker darüber im Klaren, dass gemeinnützige Organisationen unter anderen Voraussetzungen und mit anderen Zielsetzungen arbeiten als Wirtschaftsunternehmen. Gleichwohl erkannte er als einer der Ersten, dass auch sie professionell gemanagt werden müssen. Er erzählte mir, dass die Reporter vom Fernsehen oder von den Zeitungen, die ihn zu diesem Thema interviewten, wie selbstverständlich davon ausgingen, er würde nur deswegen von den gemeinnützigen Organisationen engagiert, weil er ihnen beim Fundraising weiterhelfen sollte. Drucker wies das zurück. „Ich kümmere mich um ihre Zielsetzung, ihre Führungskonzeption, ihr Management." Darauf erwiderte ein Reporter einmal: „Aber das ist doch nichts anderes als Unternehmens-Management, oder?" Darin kommt eine gewisse Skepsis von Journalisten zum Ausdruck, die davon ausgehen, dass gemeinnützige Organisationen so etwas wie einfach gestrickte Unternehmen seien, die lediglich Geldspritzen benötigen, um überleben zu können.

Drucker belehrte sie diesbezüglich eines Besseren: „Gemeinnützige Organisationen benötigen vor allem anderen ein professionelles Management, eben weil sie keine Gewinnorientierung als rudimentäre Orientierung haben. Sie wissen inzwischen, wie sie professionelles Management als ein Führungsinstrument wahrnehmen müssen, sonst gerät bei ihnen alles aus den Fugen. Sie haben verstanden, dass sie ein Management brauchen, damit sie sich auf ihre Aufgaben, auf ihre Mission konzentrieren können."

Diese Überlegungen veranlassten Drucker schließlich dazu, das Buch *Managing the Non-Profit-Organisation* (1990) zu schreiben. Aus offensichtlichen Gründen wurde es von den Führungskräften in Wirtschaftsunternehmen nicht recht wahrgenommen. Damit ist den meisten Managern aber einer von Druckers überzeugendsten Texten zum Thema Führung entgangen, ein Kapitel, das die Überschrift „Führung ist ein Schlecht-Wetter-Job" trägt. Die meisten Zitate in diesem Kapitel stammen aus diesem oft übersehenen Buch.

Wenn der Markt wächst, wachse mit

Ironischerweise ist gerade der Erfolg eine der maßgeblichen Ursachen für eine Krise. „Die Probleme, die sich aus Erfolg ergeben, haben mehr Unternehmen in den Ruin getrieben als Probleme, die sich aus echten Problemen ergeben. Wenn in einer Firma etwas schiefläuft, dann weiß jeder, dass er anpacken muss", schrieb Drucker. „Erfolg hingegen bringt seine eigene Art von Euphorie hervor. Man schöpft seine Ressourcen aus. Und die Leute ruhen sich auf dem Erfolgspolster aus. Dagegen anzukämpfen ist vielleicht das Schwierigste von allem."

Drucker führte seine eigene Laufbahn als anschauliches Beispiel an. Er verließ die New York University nach 20 Jahren, weil man an der dortigen Wirtschaftsfakultät (sie nennt sich heute Stern School of Business) beschlossen hatte, auf die steigende Nachfrage einer stetig wachsenden Studentenzahl mit Kürzungen und Einsparungen zu reagieren statt mit einer Ausweitung des Angebots. Die Fakultät beschwor mit der Entscheidung, nicht zu expandieren, ihre eigene Krise herauf, obwohl das angesichts des Marktumfeldes leicht zu vermeiden gewesen wäre.

Als Drucker in Claremont in Kalifornien unter dem Dach der dortigen Universität seine eigene Managementschule aufbaute, gab er sich große Mühe, alles richtig zu machen. „Ich habe dafür gesorgt, dass wir uns nicht übernehmen. Ich habe sorgfältig darauf geachtet, dass wir die Fakultät klein, aber fein, sprich: auf hohem Niveau, halten, uns gegebenenfalls mit Gastprofessoren, Lehrbeauftragten und Zeitkräften behelfen und eine wirkungsvolle Verwaltung aufbauen. Dann können wir das Ganze mit Erfolg betreiben. Wenn der Markt wächst, muss man mitwachsen, sonst wird man marginalisiert."

Die wichtigsten Führungskompetenzen

Damit ein Unternehmen oder eine Organisation Erfolg hat – und zwar *dauerhaften* Erfolg – muss die Führungsspitze in der Lage sein, einem heraufziehenden Sturm immer einen Schritt voraus zu sein. In Druckers Terminologie bedeutet das „Innovation, ständige Erneuerung".

„Größere Katastrophen lassen sich ohnehin nicht abwenden", erklärt Drucker dazu, „aber man kann eine Organisation so aufbauen, dass sie jederzeit kampfbereit ist und immer eine hohe Einsatzbereitschaft zeigt. Wenn eine Krise überstanden ist, wissen alle, wie sie sich verhalten müssen, sie wissen um ihr Selbstvertrauen und dass sich alle aufeinander verlassen können. Bei der militärischen Ausbildung ist die Herstellung eines Vertrauensverhältnisses zwischen den Soldaten und ihren Offizieren das oberste Ziel, denn ohne dieses Vertrauen würde keiner kämpfen."

Drucker umriss auch den entgegengesetzten Führungstypus. Er meint, nicht jeder fürchte sich vor Krisen: „Es gibt Menschen, die sind auf Krisen wunderbar vorbereitet. Sie hassen alles andere."

Ein anschauliches und bekanntes Beispiel für eine Führungsfigur, die sich unter enormem Druck glänzend bewährte, ist für Drucker der englische Kriegspremier Winston Churchill. Drucker hält Churchill für einen der erfolgreichsten politischen Führer des 20. Jahrhunderts. Aber in den zwölf Jahren vorher, von 1928 bis zu Dünkirchen 1940, sei Churchill bestenfalls ein Zuschauer gewesen, er sei sogar „beinahe diskreditiert" gewesen. (Churchills erster Erfolg kurz nach seiner Amtsübernahme im Mai 1940 war die erfolgreiche Evakuierung der von den Deutschen eingekesselten, über 300 000 Mann starken britischen Armee über den Ärmelkanal in der Schlacht von Dünkirchen.) „Bis dahin", sagt Drucker, „bestand eben kein Bedarf für einen Churchill."

Als das politische Unheil in Europa seinen Lauf nahm und England 1939 keine andere Wahl mehr hatte, als gegen Deutschland in den Krieg einzutreten, erschien Churchill als überragende, entscheidende Figur auf der Weltbühne. Er war genau das, was sein Land in jener Zeit dringend benötigte, da er nun den „Sieg um jeden Preis" forderte und England unter „Blut, Schweiß und Tränen" zum Durchhalten gegen Hitler anfeuerte.

(Die Bewunderung war keineswegs einseitig. Winston Churchill sagte einmal: „Was mich an Peter F. Drucker wirklich beeindruckt hat, ist seine Fähigkeit, unser Denken positiv zu stimulieren. Außerdem rezensierte Churchill Druckers erstes Buch *The End of Economic Man* sehr positiv in *The Times Literary Supplement* vom 27. Mai 1939.)

Drucker stellte ferner fest: „Unglücklicherweise oder auch glücklicherweise erlebt jedes Unternehmen und jede Organisation Krisen. Das kommt mit Sicherheit. Dann hängt *wirklich* alles von der Unternehmensleitung ab."

Nach Druckers Ansicht sind Führungsfiguren vom Kaliber eines Churchill rar gesät. „Aber glücklicherweise gibt es noch genügend andere. Das sind diejenigen, die eine bestimmte Situation vorfinden und sich sagen: Dafür bin ich nicht eingestellt worden oder das habe ich so nicht erwartet. Aber ich habe eine Aufgabe zu erfüllen – und dann rollen sie die Ärmel hoch und machen sich an die Arbeit."

„Für jede große Führungsfigur gibt es einen Moment, wenn ihre Zeit gekommen ist. So tiefgründig wahr diese Feststellung ist – ganz so einfach ist die Sache doch nicht", schrieb Drucker. „In normalen, friedlichen und geordneten Zeiten wäre Winston Churchill nicht besonders effektiv gewesen. Er brauchte die Herausforderung. Dasselbe gilt für den amerikanischen Präsidenten Franklin D. Roosevelt, der eigentlich ein ziemlicher Faulpelz war. Ich glaube nicht, dass Roosevelt in den 20er-Jahren ein guter Präsident gewesen wäre. Das hätte ihm keine Adrenalinstöße versetzt.

Auf der anderen Seite gibt es Menschen, die Vorbildliches leisten, wenn alles routinemäßig abläuft, die aber mit dem Stress einer Ausnahmesituation nicht zurechtkommen. Die meisten Unternehmen brauchen Menschen, die unabhängig von den jeweiligen Umständen Führungsstärke zeigen. Worauf es ankommt, ist, dass sie in grundlegenden Kompetenzen funktionieren", gab Drucker zu bedenken. Drucker hatte klare Vorstellungen davon, welche Führungseigenschaften in guten wie in schlechten Zeiten gebraucht werden, und er benannte folgende Kompetenzen:

- „Die Bereitschaft, die Fähigkeit und die Selbstdisziplin, zuhören zu können" steht auf Druckers Rangliste der wichtigsten Kompetenzen eines „sturmerprobten Führers" ganz oben.
„Das kann jeder", bestätigte er. „Sie müssen einfach Ihren Mund halten."
- Die nächste Kompetenz „ist die Bereitschaft zu kommunizieren, sich eindeutig verständlich zu machen".
„Dafür braucht man unendlich viel Geduld. Da werden wir es nie weiter bringen als ein Liebhaber, der seine Angebetete belagert", schrieb Drucker ganz ehrlich. „Man muss es immer wieder sagen. Und man muss vorführen und zeigen, was man meint."
- Die dritte Kompetenz ist, „für sich selbst keine Ausreden gelten zu lassen".

Drucker verlangt von einer wetterfesten Führungspersönlichkeit, dass sie sich vor allem darum kümmert, was nicht funktioniert, und immer auf den höchstmöglichen Anforderungen und Standards insistiert: „Entweder machen wir eine Sache perfekt oder wir lassen es bleiben."

- Die letzte Kompetenz ist das „Verständnis dafür, wie unbedeutend man selbst ist im Vergleich zu der Aufgabe".

„Führungspersönlichkeiten brauchen eine gewisse Distanz", meinte Drucker. „Sie ordnen sich der Aufgabe unter, sie identifizieren sich nicht damit. Die Aufgabe ist immer größer als sie selbst und sie ist natürlich auch anders." Der schlimmste Vorwurf, den man Druckers Ansicht nach einer Führungsperson machen kann, ist der, dass ihr Unternehmen auseinanderfalle, sobald sie dieses verlasse. „Dann hat er oder sie nichts erreicht. Diese Leute haben vielleicht das Alltagsgeschäft gut im Griff, aber sie haben nichts Dauerhaftes, nichts Visionäres geschaffen." Führungspersonen müssen lernen, sich als Diener der Aufgaben zu verstehen, die im Sinne ihres Unternehmens erfüllt werden müssen.

Drucker war der Meinung, dass kleinliches Denken und übergroße Ich-Bezogenheit die schlimmsten Feinde wirkungsvoller Führerschaft seien. Noch einmal bemühte er die Gegenüberstellung von Churchill und Roosevelt, um unterschiedliche Führungstypen deutlich zu machen. Seiner Ansicht nach lag eine der großen Stärken von Winston Churchill darin, dass er selbst noch im hohen Alter von über neunzig die Karrieren von Nachwuchspolitikern gefördert hatte (was Drucker mit dem Nachwuchs ebenfalls tat). „Das ist ein typisches Kennzeichen für eine wirklich starke Führungspersönlichkeit, die sich von anderen starken Charakteren nicht bedroht fühlt. Roosevelt hingegen duldete vor allem in seinen letzten Jahren nur noch Ja-Sager neben sich, also niemanden, der auch nur kleine Anzeichen von Unabhängigkeit zeigte", schrieb Drucker. Das war eine für Druckers Verhältnisse wagemutige, weil heftig umstrittene Aussage. Schließlich war Roosevelt einer der beliebtesten amerikanischen Präsidenten des 20. Jahrhunderts und zweifellos eine Führungspersönlichkeit mit bemerkenswerten Stärken.

Erworbene Führungsfähigkeiten

In seinem Artikel über Führung als Schlecht-Wetter-Job und über dementsprechend wetterfeste Führungspersönlichkeiten stellte Drucker ferner die „geborenen Anführer" solchen gegenüber, die ihre Fähigkeiten sozusagen „on the job" gelernt haben. „Die meisten Führungspersönlichkeiten, die ich kennengelernt habe, wurden weder als solche geboren noch dazu gemacht. Sie haben es sich selbst beigebracht, Führungsperson zu sein. Wir benötigen viel zu viele Menschen mit Führungsqualitäten, als dass wir uns nur auf Naturtalente verlassen könnten." Um ein Beispiel für eine Führungspersönlichkeit zu geben, die weder von Natur aus talentiert war noch dementsprechend ausgebildet wurde, sondern sich von selbst dazu entwickelte, verweist Drucker besonders gerne auf Harry S. Truman, der von 1945 bis 1953 amerikanischer Präsident war. (Truman kam als Vizepräsident durch den unerwarteten Tod von Präsident Roosevelt kurz vor Ende des Zweiten Weltkrieges ins Amt. In seine Präsidentschaft fielen der Abwurf der ersten Atombombe, die Verhandlungen der Siegermächte auf der Konferenz in Potsdam mit der Folge der Teilung Europas, der Beginn des Kalten Krieges, der Marshall-Plan, die Berlinkrisen (Berliner Blockade und Luftbrücke), die Anerkennung des Staates Israel, die Gründung der Nato und der Beginn des Koreakrieges.

„Als Truman Präsident wurde, war er vollkommen unvorbereitet", erklärt Drucker. Truman sei von Roosevelt nur deswegen als Vizepräsident ausgewählt worden, weil Roosevelt das Gefühl hatte, Truman stelle keine Bedrohung für ihn dar. Drucker zeigte sich unter anderem beeindruckt von der in den USA sprichwörtlich gewordenen Einstellung zur eigenen Verantwortung: Trumans Satz „*The buck stops here*" bedeutet im Deutschen sinngemäß: Wir müssen endlich damit aufhören, den Schwarzen Peter weiterzugeben. Viel wichtiger war allerdings, dass Truman, der bei Amtsantritt über keinerlei außenpolitische Erfahrung verfügte, schnell verstand, dass das Hauptaugenmerk seiner Politik jenseits der amerikanischen Grenzen liegen musste, bei den internationalen Fragen. Er stellte eben die – laut Drucker – alles entscheidende Frage „Was muss jetzt getan werden?"

„Er unterzog sich selbst einem Schnellkurs in Sachen Außenpolitik und zwang sich gegen seinen inneren Widerstand dazu, diese für ihn neuen Aufgaben anzupacken."

Truman war nicht die einzige Führungspersönlichkeit in Amerika, der Drucker großen Respekt zollte. Auch wenn er General Douglas MacArthur für entsetzlich eitel hielt, sah er in ihm dennoch einen der letzten großen Strategen und einen „brillanten Mann". Aber seine Hauptstärke lag weder in seiner Intelligenz noch in seinen strategischen Fähigkeiten. „MacArthur hat ein nie wieder erreichtes Team um sich versammelt, weil er die Aufgaben an die erste Stelle rückte", meint Drucker. Eines seiner Erfolgsgeheimnisse lag darin, dass er fähig war, Lagebesprechungen auf eine Weise zu führen, die jeder Faser seines Naturells widersprach.

Trotz seines übergroßen Egos brachte der General die Disziplin auf, sich bei jeder Besprechung anzuhören, was auch noch der letzte kleine Stabsoffizier zu sagen hatte. Für einen Mann wie MacArthur war dies eine zermürbende Prozedur, die seinem innersten Wesen ganz konträr war, aber er zwang sich dazu, weil er wusste, dass der Erfolg seiner Einheiten davon abhing. Drucker war davon überzeugt, dass dies der Schlüssel zu MacArthurs militärischen Erfolgen gegenüber eigentlich überlegenen Gegnern war.

Der Schlüssel zum Erfolg liegt in der Ausgewogenheit

Nach Druckers Ansicht besteht eine der wichtigsten Herausforderungen für Führungskräfte darin, immer die richtige Balance zwischen zu vorsichtig und zu impulsiv zu finden. Drucker sagte von sich selbst, er sei einer von denen, die Resultate immer zu früh erwarten. Um dem entgegenzuwirken, senkte er seine Erwartungen: „Wenn ich irgendein Ergebnis eigentlich innerhalb von drei Monaten erwartete, zwang ich mich dazu, mir zu sagen, gib der Sache fünf Monate Zeit. Aber ich habe auch schon Leute erlebt, die sagen drei Jahre, wenn es eigentlich drei Monate sein müssten. Wie immer, wenn es um aristotelische Weisheit geht – das oberste Gebot lautet: ‚Erkenne dich selbst'. Erkenne deine eigenen Schwachstellen."

Drucker beobachtete, dass Unternehmen öfter durch zu große Vorsicht und Unentschlossenheit Einbußen erlitten als durch Unbesonnenheit oder Risikobereitschaft. „Vielleicht fällt mir das deshalb besonders auf, weil ich selbst so übervorsichtig war, wenn ich bei der Leitung eines Unternehmens in der Verantwortung oder in der Mitverantwortung stand. Dann habe ich keine Risiken, vor allem keine finanziellen Risiken, auf mich genommen, obwohl man es hätte tun sollen", sagte Drucker zu mir.

Er war der Meinung, dass man zwischen Chance und Risiko zu einer ausgewogenen Entscheidung kommen müsse. Die erste Frage, die man sich stellt, lautet: Kann die Entscheidung zur Not rückgängig gemacht werden? Wenn man diese Frage bejahen kann, kann man in der Regel durchaus beträchtliche Risiken eingehen. „Als Nächstes", erklärte Drucker, „stellt man sich die Frage, können wir uns dieses Risiko leisten?" Ein Manager kann selbstverständlich kein Risiko eingehen, das die Firma die Existenz kostet. Kleinere Einbußen sind hinnehmbar, aber die Zukunft eines Unternehmens darf man nicht dadurch aufs Spiel setzen, dass sich eine Entscheidung als falsch erweist.

Eine besonders schwierige Situation für Manager entsteht immer dann, wenn man etwas befürworten will, das zwar große Risiken birgt, wo die Chancen aber zu verlockend sind, um die Gelegenheit vorbeiziehen zu lassen. Drucker erzählte dazu eine Anekdote aus seinem persönlichen Leben, um die Situation zu erläutern. Er war einmal Mitglied im Verwaltungsrat eines Museums, dem eine große, aber auch teure Kunstsammlung angeboten wurde. Der Preis überstieg die finanziellen Möglichkeiten des Museums bei weitem. Dennoch erhielt das Museum die Chance, ein Kaufangebot abzugeben. Als die übrigen Verwaltungsratsmitglieder Drucker fragten, was man nun machen solle, antwortete er: „Hol's der Teufel, wir kaufen. Das ist die erste und letzte Chance, die wir haben. Wenn wir die Sammlung erwerben, werden wir ein erstklassiges Museum. Irgendwie werden wir das Geld schon aufbringen."

Als ich *Managing the Non-Profit-Organisation* nach meinem Interview mit Drucker wieder las, fielen mir zwei Dinge ganz besonders auf. Erstens war dies eines der ganz wenigen Bücher Druckers, in denen er sich selbst ein wenig öffnete und, wie in seiner Autobiografie, kleine persönliche Geschichten und Anekdoten preisgab. Und seine Autobiografie bezeichnete er bekanntlich nicht als Autobiografie. (Im Epilog werde ich noch etwas dazu sagen, was zur Klärung dieses Sachverhalts beiträgt.)

Zweitens fiel mir auf, dass er trotz seines Hangs zur Selbstverleugnung doch selbst mehr Manager war, als er zugab. Er hat mir gegenüber stets betont, dass er nie etwas *gemanagt* habe, dass er über keine eigenen „internen Managementerfahrungen" verfüge. Aber er hat die Peter F. Drucker Graduate School of Management an der Claremont Graduate University erfolgreich aufgebaut und geleitet. Außerdem hat er im Verlauf vieler Jahre Hunderten von Firmen und gemeinnützigen Organisationen bei konkreten Entscheidungsfindungen beigestanden. Als er sich selbst als den „schlechtesten Manager der Welt", der über „keinerlei Erfahrung" verfüge, bezeichnete, hat er ziemlich untertrieben – um das Mindeste zu sagen. Als Lehrer, Berater und Mentor hat Drucker bei mehr Entscheidungen eine Schlüsselrolle gespielt als die meisten Vorstandsvorsitzenden in ihrem ganzen Leben.

Die wichtigste Aufgabe einer Führungskraft

Einer der größten Fehler, der sowohl bei Wirtschaftsunternehmen wie bei gemeinnützigen Organisationen vorkommt, besteht darin, dass sie „ihre besten Leute dort verschleißen, wo es nichts zu gewinnen gibt". Dieser Fehler kann eine Krise heraufbeschwören, wenn man nichts dagegen unternimmt. Es hört sich wie eine Selbstverständlichkeit an, aber die Ressource Mensch wird allzu leicht vergeudet. Um sicherzustellen, dass Sie nicht denselben Fehler begehen, stellen Sie am besten eine Liste Ihrer wichtigsten Mitarbeiter zusammen und notieren die Ergebnisse, die jeder Einzelne innerhalb des vergangenen Jahres erzielt hat. Sind Ihre besten Leute mit Aufgaben beschäftigt, bei denen sie ihre Möglichkeiten ausschöpfen und die besten Chancen wahrnehmen können? Oder werden Ressourcen damit vergeudet, dass Ihre besten Mitarbeiter ständig Brandherde löschen müssen?

Unabhängig davon, wie effektiv ein Unternehmensleiter seine Firma führt, gerät jedes Unternehmen irgendwann in eine Krise. Dann ist der Zeitpunkt gekommen, dass eine Führungskraft in Aktion treten muss. Dazu gehören mit Sicherheit Maßnahmen, die nicht von Stellenbeschreibungen gedeckt sind, aber in einer Krise beschäftigt man sich nicht mit Memos und Berichten. Stattdessen muss gehandelt werden. Dabei sollte eine Führungsperson über folgende wichtige Fähigkeiten verfügen: den Mitarbeitern mit großer Selbstdisziplin zuhören können; die Bereitschaft, ausgiebig zu kommunizieren und sich wirklich verständlich zu machen; die Bereitschaft, Verantwortung zu übernehmen und sich vor nichts zu drücken; und die Bereitschaft, das Wohl und die Ziele des Unternehmens über die eigenen zu stellen.

Drucker betonte stets, dass die stärksten Führungspersönlichkeiten die Stärke ihrer Mitarbeiter nicht fürchten, sondern fördern. Und schließlich gehen sie bei der Entscheidungsfindung mit Augenmaß vor. Sie gehen kalkulierte Risiken ein, aber sie setzen nicht wie bei einer Wette die Zukunft der ganzen Firma aufs Spiel. Die einzige Ausnahme könnte eine einmalige Chance sein, die sich eine Firma nicht entgehen lassen darf, wie an dem Beispiel mit dem Museum gezeigt wurde.

Kapitel 15
Ein Schnellkurs in Innovation

„In vielen Unternehmen besteht die Tendenz, Überkommenes, Überholtes, unproduktiv Gewordenes nicht abzuschaffen; im Gegenteil, sie halten daran fest und verschwenden weiter Geld damit. Noch schlimmer ist es, wenn die fähigsten Leute, die man hat, damit beauftragt werden, etwas Überholtes zu ‚retten'. Das ist eine echte Vergeudung der knappsten und wertvollsten Ressource, die es gibt; die Menschen, ihr Wissen und ihre Arbeitskraft sollten lieber in zukunftsgerichtete Projekte investiert werden, falls die Firma eine Zukunft haben soll."

Peter Drucker war der erste Wirtschaftsautor, der Innovation in den Mittelpunkt des Managementhandelns stellte. Im Vorwort zu seinem 1985 speziell zu diesem Thema erschienenen Buch *Innovation and Entrepreneurship* (dt.: Innovations-Management für Wirtschaft und Politik, 1985) stellte er fest, dass Wirtschaftsautoren erst in den vergangenen Jahren – er meinte die frühen 80er-Jahre – damit begonnen hätten, „Innovation und Wirtschaftshandeln mehr Aufmerksamkeit zu widmen". Er wies ferner darauf hin, dass sein Buch „den ersten Versuch darstellt, das Thema in seiner Gesamtheit und in systematischer Form darzustellen".

Zu dem Zeitpunkt, als das Buch erschien, hatte Drucker sich als Autor, Berater und akademischer Lehrer bereits dreißig Jahre lang mit diesem Thema befasst. Doch er sagte zu mir, dass er erst dann ein wirklich überzeugendes Werk ausschließlich zu diesem Thema schreiben konnte, als er selbst dafür reif war. Er erklärte mir in diesem Zusammenhang, dass er seine Beratertätigkeit sozusagen als „Labor" betrachtete; da die einzelnen Beraterauftrage aber sehr unterschiedlich waren, machte es die Sache nicht leichter. Weil es keine zwei Unternehmen oder Organisationen gab, die gleich waren, war es schwierig, Schlussfolgerungen zu ziehen, die für alle Unternehmen Gültigkeit hatten. „Es dann in Form eines Buches zu bringen, ist erst der letzte Akt, wenn Sie so wollen", sagte er zu mir. „Wenn ich mich hinsetze und es schreibe, muss das Problem vorher wirklich durchdacht und nach Möglichkeit in der Praxis auch schon erprobt sein."

Drucker hellte diesen Hintergrund mir gegenüber noch weiter auf. So sagte er mir, dass er sein erstes Seminar zum Thema Innovation bereits irgendwann im Jahr 1958 abgehalten habe und dieses Seminar letztendlich den Anstoß zur Gründung von rund einem halben Dutzend größerer Unternehmen gegeben habe. Das in Amerika bekannteste von ihnen ist Donaldson, Lufkin & Jenrette, eine 1959 gegründete Investmentbank. Ein anderer Manager, der an dem Seminar teilnahm, war damals der Vertriebsleiter der bereits „sterbenskranken" Zeitung *Saturday Evening Post*, der später die Zeitschrift *Psychology Today* gründete. Drucker ließ sich dann aber fünfundzwanzig Jahre lang Zeit, bis er ein Buch zu dem Thema schrieb, weil er noch nicht so weit war, „damit ausreichend vertraut zu sein". Er hatte es noch nicht genug getestet.

Es ist kein Zufall, dass dieses Kapitel auf das vorhergehende mit dem Thema Krisenmanagement folgt. Drucker sah in Innovation einen wesentlichen Faktor zur Vermeidung von Krisen und zur Gesunderhaltung eines Unternehmens. Selbstzufriedenheit und Selbstbezogenheit eines Unternehmens waren in seinen Augen die größten Feinde von innovativen Ansätzen. Das wurde bereits in allen seinen Managementbüchern seit *Die Praxis des Managements* deutlich.

In diesem Kapitel wird auch dargestellt, welche profunden Beiträge zwei jüngere Autoren, der Praktiker Andy Grove und der bekannte Professor und Unternehmensberater Clay Christensen, zum Thema Innovation gemacht haben. Beide stehen dabei ganz in der Tradition, die Drucker in den 1950er-Jahren begründet hat.

Die Zukunft verwirklichen

Kein Buch, das Druckers Denken umfassend darstellen möchte, würde seinem Anspruch gerecht, ohne das Thema Innovation zu behandeln. Er verwendete sehr viel Mühe darauf, Managern beizubringen, wie die Dinge waren, wie sie sein könnten und wie sie sein sollten. Für ihn war die aktive Aufgabe von Projekten eine Voraussetzung für Innovationen. Unternehmen, die es nicht schaffen, sich von Produkten zu verabschieden, „bevor diese sich von selbst obsolet machen", haben keine Chance, Innovationen tatsächlich zu verwirklichen.

Seiner Ansicht nach reiben sich Manager zu sehr in dem Alltagskleinkram ihrer Firmen auf. „Die Zukunft kommt unausweichlich", schrieb er, „und sie sieht immer anders aus als gedacht. Selbst die größten Unternehmen geraten in Schwierigkeiten, wenn sie sich auf diese Zukunft nicht eingestellt haben. Die Folge wird dann nämlich sein, dass sie ihren Rang und ihre führende Stellung verlieren – alles, was bleibt, sind gewaltige Unkosten ... Wer nicht das Wagnis eingeht, etwas Neues zu verwirklichen, wird zwangläufig mit dem viel größeren Risiko konfrontiert, auf dem falschen Fuß erwischt zu werden, wenn es dann von selbst eintritt ... Und das ist ein Risiko, das sich die größten und reichsten Unternehmen nicht leisten können und das auch den kleinsten Firmen erspart bleiben kann."

„Die Führungsspitze eines Unternehmens trägt die Verantwortung dafür, die Zukunft ihres Unternehmens zu verwirklichen", fuhr Drucker fort. „Es geht um die Bereitschaft, diese Aufgabe gezielt anzupacken, die eigentliche wirtschaftliche Aufgabe in Unternehmen, die wirklich großartige Firmen von den lediglich gut funktionierenden unterscheidet und den unternehmerischen Unternehmer vom bloßen Nachtwächter in der Managementetage."

Was soll unser Geschäftszweck sein?

Drucker legte seine Forderung, zuallererst den Geschäftszweck zu definieren, und seinen Hinweis auf den Primat des Kunden erstmals Mitte der 50er-Jahre in seinem ersten großen Hauptwerk *Die Praxis des Managements* nieder: „Der Kunde bildet die Grundlage jedes Unternehmens und erhält es am Leben."

„Weil es der Sinn und Zweck eines Unternehmens ist, Kunden zu schaffen", fuhr Drucker fort, „hat ein Wirtschaftsunternehmen zwei – und nur diese zwei – Grundfunktionen: Marketing und Innovation. Das sind die wesentlichen unternehmerischen Tätigkeiten ... Ein Wirtschaftsunternehmen unterscheidet sich insofern von allen anderen gesellschaftlichen Organisationen, als es ein Produkt oder eine Dienstleistung vermarktet."

„Die zweite unternehmerische Funktion ist daher die Erneuerung. Um wirklich ein Unternehmen zu sein, genügt es nicht, einfach nur irgendwelche Güter oder Dienstleistungen anzubieten und zu verteilen. Diese müssen vielmehr laufend verbessert werden und auch ökonomischer sein. Ein Unternehmen muss nicht unbedingt größer werden. Aber es ist unabdingbar notwendig, besser zu werden."

Drucker sagte zum Beispiel, dass auch ein niedrigerer Preis bereits eine Innovation sein könne. „Das kann aber genauso gut ein neues und besseres Produkt sein (selbst zu einem höheren Preis), es kann ein verbesserter Bedienungskomfort sein oder die Schaffung eines neuen Bedürfnisses. Es kann auch eine neue Verwendung für ein bereits existierendes Produkt sein."

Bereits in dieser frühen Phase seiner Laufbahn betrachtete Drucker Innovation als ein Prinzip, von dem das ganze Unternehmen zutiefst durchdrungen sein muss, und nicht als ein separates „Projekt", mit dem eine oder mehrere Führungskräfte beauftragt werden. „Innovation erstreckt sich auf alle Bereiche eines Unternehmens ... Innovation betrifft sämtliche Formen von Unternehmen. Selbst innerhalb der konkreten Organisation, also praktisch im Organisationsplan jeder einzelnen Firma darf man Innovation nicht als Spezialaufgabe etwa nur dem Marketing zuweisen.

Es ist so unendlich schwierig festzustellen, was beim Konsumenten letztlich den Ausschlag für seine Wert- (und Kauf-)Entscheidung gibt, dass diese Frage nur der Kunde selbst beantworten kann. Das Management braucht darüber gar nicht erst Vermutungen anzustellen – man sollte mit dieser Frage immer zum Kunden gehen und sie sich systematisch beantworten lassen."

Drucker vertrat den Standpunkt, dass sich das Management auch stets die Frage stellen muss: „Was soll unser Geschäftszweck sein?" Die Beantwortung dieser Frage hängt von den folgenden vier Faktoren ab:

- **Wie sehen das Marktpotenzial und die Trends im Markt aus?**
Das Management muss eine Voraussage für einen Zeitraum von fünf bis zehn Jahren über die Größe des Marktes treffen – „unter der Voraussetzung, dass keine grundlegenden Änderungen der Marktstruktur oder der Technologie stattfinden". Ein Manager muss konkret bestimmen können, welche Faktoren die Märkte in der Zukunft beeinflussen.

- **„Mit welchen Veränderungen der Marktstruktur muss man rechnen?**
Das können Veränderungen sein, die sich durch gesamtwirtschaftliche Entwicklungen ergeben, Änderungen der Mode oder des Geschmacks oder durch die Aktivitäten der Konkurrenz." Und beim Stichwort „Konkurrenz" erinnerte Drucker die Manager stets daran, dass auch die Mitbewerber allein durch die Kundenwahrnehmung zu beurteilen seien (mit anderen Worten durch die Außenansicht, nicht die Innenansicht).

- **„Durch welche Innovationen können die Bedürfnisse der Konsumenten verändert werden?**
Wie kann man neue Bedürfnisse schaffen, bisher bestehende obsolet machen, neue Wege der Bedürfnisbefriedigung finden, die Wertmaßstäbe der Kunden verändern oder ihnen eine größere Kundenzufriedenheit verschaffen?"

- **„Welche Bedürfnisse hat der Kunde, die bisher durch die angebotenen Produkte oder Dienstleistungen nicht ausreichend befriedigt werden?"**
Dies ist eine ganz entscheidende Frage für jede Firma. Drucker war der festen Überzeugung, dass diejenigen Unternehmen, die diese Frage

richtig beantworten, mit gesundem Wachstum rechnen können. Diejenigen, denen das nicht gelingt, hängen von der Gnade und vom Glück äußerer Umstände und Faktoren ab, „wie etwa eine allgemein gute Konjunktur. Aber wer sich damit zufriedengibt, auf der Konjunkturwelle zu schwimmen, wird auch schnell abstürzen, wenn sich die Welle bricht."

Zu vielen Unternehmen fällt es schwer, sich zu entscheiden, wo sie wachsen wollen und wovon sie sich verabschieden sollen. Drucker sagte dazu im Jahr 1982: „Eine sinnvolle Wachstumspolitik muss in der Lage sein, zwischen gesundem Wachstum, Fett und krankhaften Wucherungen genau zu unterscheiden. In allen drei Fällen handelt es sich um Wachstum, aber es ist sicherlich nicht gleichermaßen erwünscht ... In Zeiten der Inflation ist ein Großteil des Wachstums pures Fett. Einiges kann sogar schon geschwürartig sein."

Drucker riet Managern stets, sich von marginalen Aktivitäten wohlüberlegt zu verabschieden. „Von den Profitbringern von gestern sollte man sich fast immer relativ zügig lösen", erklärte er. „Möglicherweise erwirtschaften sie zwar noch Nettoerlöse. Aber sie erweisen sich auch bald als Hindernis bei der Einführung und für den Erfolg der Profitbringer von morgen."

Nur mit neuen Ideen und dank bewusst vorangetriebener Innovation kann sich ein Unternehmen von der Meute absetzen. Sobald ein Unternehmen zurückfällt, wird es schnell gefährlich. Deshalb machte sich Drucker immer wieder dafür stark, dass Unternehmen „alten Ballast" über Bord werfen, selbst wenn das Boot damit noch recht gut fährt. Aber es kostet natürlich große Überwindung und erfordert rigide Disziplin, Produkte oder Dienstleistungsangebote abzuschaffen, die durchaus gesund und profitabel *erscheinen* oder wenigstens ihre Kosten einspielen, sprich, ihr Gewicht im Boot durch ihre Ruderkraft neutralisieren.

Die Innovation organisieren

Alle Organisationen und Unternehmen, die wachsen wollen, müssen sich dementsprechend organisieren, konstatierte Drucker 1990. Drucker wiederholte immer wieder, „dass der Ausgangspunkt dafür die Erkenntnis ist, dass der Wandel keine Bedrohung darstellt, sondern eine Chance bietet".

Das Wichtigste dabei ist, diejenigen Veränderungen zu erkennen, die eine echte Chance bieten, wie etwa unerwartete Erfolge eines Unternehmens.

Um diesen Punkt zu verdeutlichen, führte Drucker zwei Beispiele an: Das erste bezieht sich auf die explosionsartige Ausweitung der weiterführenden Bildung in den Vereinigten Staaten in den 80er-Jahren. Dabei handelte es sich in seinen Augen keineswegs um einen „Luxus" oder „eine Maßnahme, die zusätzliche Mittel oder ein gutes Image verspricht. Vielmehr handelt es sich um ein zentrales Anliegen unserer Wissensgesellschaft."

Das zweite Beispiel für Wandel und Veränderung, die Managern neue Chancen eröffnen, sind der demografische Wandel und die zunehmende Segmentierung der Bevölkerung, wie sie sich in den USA abzeichnen. In den späten 1970er-Jahren begriff man bei den Girl Scouts, dass die zunehmende Segmentierung der Bevölkerung ihrer Organisation neue Chancen eröffnete. Die Organisation stellte sich darauf ein und gewann mehr Mitglieder.

„Die Botschaft lautet hier, nicht tatenlos abzuwarten", mahnte Drucker. „Stellen Sie Ihre Organisation so auf, dass sie auf systematische Erneuerung vorbereitet ist. Halten Sie nach Anzeichen für Veränderungen aktiv Ausschau, sowohl drinnen wie draußen. Betrachten Sie solche Veränderungen als Hinweise auf Innovationschancen."

Um sicherzugehen, dass der Erneuerung oberste Priorität eingeräumt wird, muss die Unternehmensführung mit gutem Beispiel vorangehen. Die Herausforderung lautet, auf allen Ebenen eine auf Innovationen gerichtete Entscheidungskultur einzuführen und aufrechtzuerhalten; gleichzeitig muss gewährleistet sein, dass das operative Geschäft uneingeschränkt weiterlaufen kann, während sich der Wandel vollzieht. Drucker arbeitete mehrere Schritte heraus, damit dies geschehen kann.

„Als Erstes müssen Sie sich so organisieren, dass Sie die Gelegenheiten überhaupt wahrnehmen können. Wenn Sie nicht aus dem Fenster sehen, können Sie auch nichts erkennen." Das ist ein ganz entscheidender Punkt, weil alle Berichte, die von den IT-Abteilungen oder vom Rechnungswesen aufbereitet werden, nur die Vergangenheit abbilden; sie beziehen sich auf das, was bereits geschehen ist. Dadurch lassen sich zwar Problembereiche aufdecken, aber sie geben keine Hinweise auf neue Marktchancen. „Wir müssen daher über die reinen Berichtssysteme hinausgehen. Wenn Sie also nach Veränderungen suchen, dann fragen Sie sich: Wenn sich hier eine Gelegenheit für uns bietet, wie sieht sie konkret aus?"

Damit das Erneuerungsbewusstsein Wurzeln schlägt, sollten Manager weitere Maßnahmen ergreifen. Der Innovationskiller Nummer eins, das machte Drucker immer wieder deutlich, sind Unternehmen und Organisationen, die versuchen, sich nach allen Seiten abzusichern, die also Innovation ohne jegliches Risiko wollen. In solchen Fällen wird zwar viel über Innovation geredet, aber wenig dafür getan. Man klammert sich letztlich doch zu sehr an die Vergangenheit.

Die nächste Herausforderung besteht darin, „das Neue zum Laufen zu bringen". Jede neue Unternehmung und jedes neue Projekt braucht genügend Spielraum, um sich entfalten und zum Erfolg kommen zu können. Das bedeutet, dass sie als unabhängige Einheit organisiert sein müssen. „Babys gehören nicht ins Wohnzimmer, sondern ins Kinderzimmer", sagte Drucker. „Es wäre ausgesprochen fahrlässig, die neuen Konzepte, die neuen Ideen, egal welcher Art, auf bestehende Geschäftsbereiche aufzupfropfen. Der Grund dafür liegt einfach darin, dass die Abwicklung des Tagesgeschäfts und die Bewältigung all seiner kleinen Krisen immer den Vorrang vor der Zukunftsarbeit haben wird. Mit anderen Worten, wenn man ein Zukunftsprojekt innerhalb einer bestehenden Abteilung unterbringt, dann verschiebt man immer die Zukunft. Diese Dinge müssen organisatorisch eigenständig sein. Und dabei muss man auch dafür sorgen, dass die bestehenden Aktivitäten ihrerseits nicht den Reiz des Neuen verlieren. Sonst entwickeln sie sich nicht nur kontraproduktiv, sondern sie werden regelrecht gelähmt."

Innovation mit der Brechstange

Es gibt Situationen, in denen sich Firmen erneuern müssen, weil sie gar keine andere Wahl mehr haben. Irgendwo ist etwas passiert – irgendeine dramatische Veränderung im Markt, bei einem Mitbewerber oder durch irgendein politisches Ereignis –, was das Management zum Handeln zwingt. Wenn das der Fall ist, muss sich das Unternehmen neu erfinden oder es geht unter.

Ein klassisches Beispiel dafür ist die Gründung der Wal-Mart-Großmärkte durch Sam Walton. 1962, ungefähr zu der Zeit, als auch die Target-Märkte[1] und Kmart[2] gegründet wurden, eröffnete Sam Walton seine ersten Wal-Mart. Zu jener Zeit besaß Walton bereits rund ein Dutzend Läden, aber es waren keine Niedrigpreis-Geschäfte. Discounter machten aber damals bereits 2 Milliarden Dollar Umsatz. Walton befürchtete nun, dass er von der Discountwelle, die damals über Amerika schwappte, überrollt würde, wenn er sein Geschäftsmodell nicht änderte. Durch neuartige Konkurrenten sah sich Walton zum Handeln gezwungen. Der Rest ist Geschichte. Mit seinem extrem kostengeizigen Discountmodell, das er durch jahrelange Beobachtung seiner Mitbewerber verfeinerte und ständig verbesserte, hat Walton viele Konkurrenten zermalmt und Wal-Mart zu einem „Branchenkiller" gemacht. Aus der Firma wurde selbstverständlich der größte Einzelhandelskonzern der Welt.

Auch Andy Grove, der Mitgründer und frühere Vorstandsvorsitzende von Intel, kann von dieser Art von Erneuerung ein Lied singen, also von Veränderungen von außen, die so stark sind, dass sich eine Firmenleitung gezwungen sieht, ihre gesamte Strategie umzuwälzen. Diese Vorgänge hat er in seinem Buch *Only the Paranoid Survive* (dt.: Nur die Paranoiden überleben. Strategische Wendepunkte vorzeitig erkennen, 1997) beschrieben.

Intel war mehr als zehn Jahre lang der unangefochten führende Hersteller von Speicherchips für die Computerindustrie. Intel beherrschte diesen Markt zu beinahe 100 Prozent, weil die Firma den Vorteil hatte, der erste Hersteller überhaupt gewesen zu sein. Das sollte sich auf atemberaubende Weise ändern.

Mitte der 80er-Jahre hatten die Japaner Wege und Mittel gefunden, um die marktbeherrschende Stellung von Intel zu erschüttern. Denn die Chips, die von der japanischen Konkurrenz produziert wurden, waren nicht nur qualitativ hochwertiger, sie waren auch billiger. Grove kam selbst zu der

---

1) eine Art Ikea + Media Markt + H&M, Anm. d. Ü.
2) eine Art Kaufhof auf einer Riesenfläche Anm. d. Ü.

Überzeugung, dass Intel seine Probleme mitverschuldet hatte, weil das Unternehmen mit wichtigen neuen Produkten zu spät auf den Markt kam und nicht schnell genug neue Fabriken gebaut hatte.

Als die Japaner im Speicherchip-Markt die Oberhand gewonnen hatten, war das Schicksal von Intel besiegelt. Was auch immer die Firma unternahm, um ihre frühere Stellung zurückzugewinnen – alles schlug fehl. Grove beschrieb diese verzweifelte Lage später mit den Worten: „Wenn man die falsche Strategie umsetzt, geht man unter. Wenn man nicht die richtige Strategie umsetzt, geht man auch unter ... Sowohl unsere Umsetzung wie unsere Strategie waren mangelhaft."

Die Situation war in der Tat dermaßen schlimm, dass Intel nicht mehr viele und keine besonders guten Optionen verblieben. „Wir brauchten dringendst eine andere Strategie bei den Speichern, damit wir nicht vollends im Morast versanken", erinnert sich Grove.

Wenn Intel das Undenkbare wahr werden ließ und sich zur Aufgabe des Speicherchipmarktes durchringen würde, würde das bedeuten, dass das Unternehmen die Cash Cow schlachten müsste, die es groß gemacht hatte. Aber Intel hatte keine andere Wahl. Grove erklärt dazu: „Wir waren von unseren japanischen Konkurrenten völlig an den Rand gedrängt worden. Es gab wirklich keine einigermaßen aussichtsreiche Option mehr, wie wir das hätten ändern können ... Der Kernbereich des Unternehmens war nicht nur in ein Schlagloch geraten, sondern richtig vor die Wand gefahren. Daher blieb uns nur noch eine Verzweiflungstat."

Also fällten er und sein Mitgründer die schicksalhafte Entscheidung, aus dem Speichermarkt auszuscheiden. Ihnen blieb nichts anderes übrig, als ein Drittel der Firma in einem sehr schmerzlichen, drei Jahre dauernden Prozess zu liquidieren. Aber es gab immerhin Licht am anderen Ende des Tunnels.

Sie hatten sich entschieden, sich von nun an auf die Herstellung von Mikroprozessoren zu konzentrieren. Auch wenn dies nur einen kleineren Teil des bisherigen Geschäfts ausmachte, hatte Intel immerhin seit fünf Jahren die Mikroprozessoren für die Computer von IBM geliefert. Außerdem lag die Zukunft sowieso bei den Mikroprozessoren. Speicherchips können nicht mehr als Daten speichern, Mikroprozessoren hingegen können rechnen. Sie sind der denkende Teil in einem Computer. Nach einer schmerzvollen Übergangsphase von wenigen Jahren wurde Intel so der führende Hersteller von Mikroprozessoren in der Computerbranche.

Das Unglück für Grove und Intel lag natürlich darin, dass sie in dieser Situation nur reagierten und nicht aktiv handelten. Sie führten den Wandel erst herbei, als sie sich dazu gezwungen sahen. Das ist genau die Situation, vor der Drucker gewarnt hat, als er sagte: „Auch das größte Unternehmen gerät in Schwierigkeiten, wenn es nicht ausreichend für die Zukunft vorgesorgt hat." Intel ist „das Risiko, das Neue geschehen zu lassen, nicht eingegangen."

Andy Grove schrieb sein Buch *Only the Paranoid Survive* (dt.: Nur die Paranoiden überleben. Strategische Wendepunkte vorzeitig erkennen, 1997) hauptsächlich, um andere Manager vor solchen erdbebenartigen Verwerfungen zu warnen, die eine Firma zu einer „strategischen Wende" führen, wie er es bezeichnete. Das Ausmaß solcher Erschütterungen ist so groß, dass es ein Unternehmen aus dem Markt katapultieren kann, und zwar für immer. Grove verstand unter strategischer Wende einen „Zeitabschnitt, in dem sich die Grundausrichtung einer Firma völlig verändert".

Später fügte Grove noch hinzu, dass sich der Begriff strategische Wende „in meinem Verständnis auf größere Veränderungen im Wettbewerbsumfeld eines Unternehmens bezieht." Grove meinte, man könne nicht nur das Aufkommen neuer Technologien als strategische Wende bezeichnen. Der Anlass für solch ein Umdenken kann auch durch eine weitreichende Änderung von Gesetzesvorschriften, zusätzliche oder völlig neuartige Formen des Wettbewerbs oder neuartige Vertriebskanäle gegeben sein.

Sein persönliches Erlebnis des Kampfes von Intel gegen die Japaner ist ein hervorragendes Beispiel für solch eine strategische Wende. Ebenso war es im amerikanischen Einzelhandel Anfang der 1960er-Jahre, als das Discountgeschäft in der Branche Mode wurde. Der wichtigste Unterschied bei diesen beiden Beispielen besteht darin, dass Walton sich an die Spitze der Bewegung setzte. Bevor er sein eigenes Geschäftsmodell änderte, führte er Gespräche mit den Inhabern oder Managern dieser Discountunternehmen, stellte zahllose Fragen, sah sich in Läden der

Konkurrenten genau um und lernte daraus so viel wie möglich. Also, so würde es Drucker formulieren, veränderte er sich „bevor er sich dazu gezwungen sah". Discountmärkte waren zu jener Zeit noch bei weitem nicht die dominierende Verkaufsform im Einzelhandel, wie das heute der Fall ist; und ironischerweise sind gerade durch Waltons Wal-Mart-Märkte mehr Einzelhändler zur Aufgabe gezwungen worden als durch jeden anderen Einzelhändler davor oder danach.

Ein sicheres Anzeichen für eine bevorstehende strategische Wende kann man darin erkennen, „wenn etwas, was bisher gut funktioniert hat, auf einmal gar nicht mehr geht". Grove gab zu, bei Intel sei man in dieser Situation „völlig von der Rolle gewesen. Wir wanderten wie benommen durch eine Todeszone." Grove definierte sie als „gefährlichen Übergang zwischen der bisherigen und der neuen Art, unser Geschäft zu betreiben. „Man schreitet durch diese Wüste in dem vollen Bewusstsein voran, dass etliche Kollegen und Mitarbeiter die rettende Oase nicht erreichen werden. Die Aufgabe der Führungsspitze besteht darin, den Marsch zu diesem nebulösen Ziel weiter voranzutreiben, und es ist die Pflicht des mittleren Managements, diese Entscheidung zu unterstützen."

In *Only the Paranoid Survive* (dt.: Nur die Paranoiden überleben. Strategische Wendepunkte vorzeitig erkennen, 1997) berief sich Andy Grove mehrmals auf Peter Drucker und später erklärte er, dass er Druckers Ansichten sehr viel zu verdanken habe. „Wie viele andere große Denker", schrieb Grove im Hinblick auf Drucker, „bediente er sich einer klaren Sprache, die von Managern allgemein verstanden wurde. Dank seiner einfachen und deutlichen Aussagen hatte er einen großen Einfluss auf unzählige unserer Einzelentscheidungen. Sie haben über die Jahrzehnte nichts von ihrer Gültigkeit verloren."

Grove erklärte, die wichtigste Aufgabe bei der Umwandlung eines Unternehmens – beim Marsch durch die Todeszone – bestehe darin, „sämtliche vorhandenen Ressourcen, die für die bisherige Geschäftsidee tauglich waren, auf die neue zu übertragen", und berief sich in diesem Zusammenhang auf Drucker. „Um die Todeszone erfolgreich bewältigen zu können, besteht die vordringlichste Aufgabe darin, eine Vorstellung davon zu gewinnen, wie das Unternehmen aussehen soll, wenn man auf der anderen Seite angekommen ist."

Grove stellte nun dar, wie die Produktionsplaner bei Intel drei Jahre lang damit beschäftigt waren, die Ressourcen der Firma von der Herstellung von Speicherchips auf die Produktion von Mikroprozessoren umzustellen. „Sie mussten knappe und wertvolle Ressourcen aus einem minderwertigen Bereich in einen höherwertigen Bereich überführen." Grove wies darauf hin, dass es genau das war, was Drucker mit der Zentralaufgabe unternehmerischen Handelns meinte: Ressourcen aus Bereichen mit geringer Produktivität herausnehmen und in solchen mit höherer Produktivität und mit höheren Erträgen einsetzen. (Drucker wiederum berief sich im Hinblick auf dieses Prinzip im seinem Buch *Innovation and Entrepreneurship* auf den französischen Ökonomen J. B. Say, ca. 1800.)

Grove und Drucker stimmten darin überein, dass nicht nur materielle Ressourcen umgesteuert werden müssen, sondern genauso die Ressource Mensch: „Die knappste Ressource in jedem Unternehmen sind die *leistungsfähigen Mitarbeiter*", konstatierte Drucker.

Jedes Unternehmen in jeder Branche kann zu jedem beliebigen Zeitpunkt an solch einem strategischen Wendepunkt stehen. In den USA stellten beispielsweise Online-Broker wie TD AMERITRADE oder E*TRADE die traditionellen Brokerhäuser wie Merrill Lynch vor eine solche Situation. Praktisch über Nacht brachen diesen Millionen Dollar an Provisionen weg, weil Investoren bei den Online-Brokern plötzlich tausend Aktien für eine Provision zum Preis einer Kinokarte ordern konnten.

In seinem Buch *Only the Paranoid Survive* (dt.: Nur die Paranoiden überleben. Strategische Wendepunkte vorzeitig erkennen, 1997) machte Grove auch eine Reihe von Vorschlägen, wie eine Firma eine strategische Wende frühzeitig erkennen oder wenigstens die Auswirkungen eindämmen kann. Er hielt es für wichtig, „hilfreiche Kassandrarufer" ernst zu nehmen, also jene paranoiden Typen, die ständig fürchten, der Himmel könnte einstürzen und das Ende der Welt sei gekommen. Nach Groves Ansicht sind solche zugegebenermaßen extremen Positionen durchaus prädestiniert, einen Gezeitenwechsel vorauszuahnen, bevor sich eine strategische Wende abzeichnet; das liegt daran, dass sie sich normalerweise in der Außenwelt eines Unternehmens aufhalten und daher ganz selbstverständlich über eine Außenansicht verfügen. „Üblicherweise wissen sie wirklich mehr über Veränderungen als eine Unternehmensspitze, weil sie sich eben

,draußen' aufhalten, wo ihnen der Wind der Realität ins Gesicht bläst", meinte Grove nachdrücklich. Diese Leute finden sich häufig im mittleren Management und in den Verkaufsabteilungen. Und man braucht sich gar keine Sorgen darüber zu machen, wie man sie findet. Sie kommen schon von selbst auf einen zu, versicherte Grove, und geben ihre Befürchtungen an das Management weiter.

Grove gab seinen Manager-Kollegen auch den Ratschlag, öfter mal zu experimentieren und „das Chaos regieren zu lassen". Wenn Unternehmen nämlich nicht immer mal wieder mit neuen Ideen, Konzepten, Ablaufveränderungen und Produkten experimentieren, werden sie von der unglaublichen Wucht solch einer strategischen Wende, die sie unvermittelt trifft, aus der Bahn geworfen.

Dieser Gedankengang spiegelt einen wesentlichen Aspekt von Druckers Denken wider. In seinen Büchern kam er jahrzehntelang auf ein eng damit verbundenes Thema, die aktive Projektaufgabe, immer wieder zu sprechen.

Drucker war stets der Ansicht, dass Manager diesen Punkt, für den sich auch Andy Grove stark machte, allzu häufig vernachlässigen. Die meisten Manager an der Führungsspitze von Unternehmen sind zu eingesponnen in die Interna ihrer Firmen, zu stark abgeschnitten vom Marktgeschehen. Sie verbringen zu viel Zeit damit, interne Probleme zu lösen, statt nach neuen Chancen und Marktlücken Ausschau zu halten.

Die Firmenleiter stellen nicht oft genug die richtigen Fragen. Sie beschäftigen sich auch nicht genug damit, Trendveränderungen zu beobachten. Gerade Letzteres wird nicht in ausreichendem Maß betrieben, meint Drucker. Nur mithilfe des rechtzeitigen Aufspürens von Trendveränderungen sind Manager in der Lage, sich auf die Art von Gezeitenwechsel einzustellen, die Grove beschrieben hat; bleiben sie unentdeckt, kann das den Absturz eines Unternehmens zur Folge haben.

Technische Umwälzungen und Erneuerungen

Peter Drucker und Andy Grove waren nicht die Einzigen, die sich über marktumwälzende Kräfte in Wort und Schrift Gedanken machten. Clayton Christensen von der Harvard Business School ist der Autor eines der erfolgreichsten Wirtschaftsbücher der 1990er-Jahre und des erfolgreichsten Buches zum Thema Innovation überhaupt: *The Innovator's Dilemma* (1997). Die amerikanische Hardcover-Ausgabe war dermaßen erfolgreich, dass für die Taschenbuch-Ausgabe eine Vorschusszahlung von 1 Million Dollar erzielt wurde, eine bis dahin unerreichte Größenordnung für ein Wirtschaftssachbuch. Auch wenn Grove von der praktischen Seite der Unternehmensleitung herkam und Christensen von der akademischen Seite (wobei er auch als Berater tätig ist), gelangten beide doch zu ganz ähnlichen Ansichten.

Das Fazit von Christensens *Innovator's Dilemma* lautet, dass meistens gerade die besonders erfolgreichen Firmen diejenigen sind, die angesichts neuer oder sich verändernder technischer Möglichkeiten blind bleiben. Clay Christensen nannte ein technisch innovatives Produkt, das einen etablierten Markt regelrecht verwüsten kann, eine „umwälzende Technologie". Andy Grove sprach in diesem Zusammenhang vom „Christensen-Effekt" und die Wirtschaftszeitschrift Forbes nannte es eine „Stealth-Attacke", nach jenen „Tarnkappenbombern", die vom Radar nicht erfasst werden können.

Eine umwälzende Technologie setzt einen neuen Wertmaßstab. Sie ist „einfacher, billiger und weniger ertragreich", stellte Christensen als wesentliche Merkmale fest. Umwälzende Technologien generieren nur geringere Erträge und geringere Gewinne. Da nur wenige Unternehmen ein Interesse daran haben, neue Produkte mit niedrigen Margen und niedrigen Gewinnen zu entwickeln, ist es keineswegs überraschend, dass gerade die größten, gut etablierten Firmen völlig überrumpelt werden, wenn sich eine technische Neuerung Bahn bricht.

Das primäre Anliegen von Clay Christensens Buch *Innovator's Dilemma* besteht darin zu ergründen, warum viele optimal geführte Unternehmen in diesem Punkt scheitern. Christensens Nachforschungen ergaben, dass gerade im Erfolg dieser Unternehmen der Keim für die anschließenden Fehlgriffe zu suchen ist: „Sie scheitern oftmals deswegen, weil es ihnen genau die Managementpraktiken, denen sie ihren Erfolg und manchmal sogar die Marktführerschaft verdanken, besonders schwer machen, selbst umwälzende Technologien zu entwickeln, die ihre Erfolgsmärkte letztlich zerstören."

Bei Christensens „umwälzender Technologie" beziehungsweise „umwälzender Innovation" handelt es sich in der Tat fast immer um eine technische Neuerung, die ein neues Produkt oder eine neue Dienstleistung hervorbringt, durch die eine bestehende Technologie ersetzt und die Dynamik im Markt völlig verändert wird. Die „strategische Wende" ist ein inhaltlich weiter ausgelegtes Konzept, weil hier auch andere Faktoren und Ereignisse als technische Neuerungen berücksichtigt werden (man denke etwa an die Auswirkungen der Prohibition auf die Schnaps-, Bier- und Weinbranche in den Vereinigten Staaten zwischen 1919 und 1933). Doch bei beiden besteht die Gefahr, dass ein Unternehmen über Nacht aus der Bahn geworfen wird. (In seinem Newsletter *Strategy & Innovation* erweiterte Christensen denn auch seinen Begriff und bezog auch andere Arten von Umwälzungen mit ein. Demnach können auch niedrigere Preise, andere Zulieferer oder Veränderungen in der Wertschöpfungskette Grund für eine Umwälzung sein.)

Hier nun eine Übersicht mit Beispielen zu neuen Techniken oder Technologien, die bestehende Techniken ablösten oder für die alten existenzbedrohend wurden:

Alte Technologie	**Neue Technologie**
Pferdekutsche	Automobil
Buchhandlung	Online-Buchversand
Fotokamera	Digitalkamera
(Buch-)Lexikon	Wikipedia

Im Schlussteil seines Buches *Innovator's Dilemma* gibt Clay Christensen in seinen Gebrauchsanweisungen für die Leser folgenden Ratschlag: Unternehmen sollten „die Verantwortung für umwälzende Technologien auf

Unternehmen übertragen, deren Kunden sie benötigen, damit die Ressourcen zu ihnen hinüberfließen".

Er hielt es auch für wichtig, dass die Verantwortung für eine technische Neuerung nicht mit der für andere, bereits eingeführte Produkte in einen Topf geworfen wird. Stattdessen empfahl er den Unternehmen, dafür kleinere Ausgründungen einzurichten, für die auch kleine Gewinne bereits ein Erfolgsanreiz sind. Genau dieselbe Empfehlung hat auch Drucker gegeben, wie weiter oben bereits erwähnt wurde.

Drittens riet Christensen Managern dringend, „einen Notfallplan" auszuarbeiten. Sie sollten nicht alles darauf setzen, „dass schon beim ersten Mal auf Anhieb alles klappt". Sie sollten den Versuch, technische Neuerungen in kommerzielle Produkte umzuwandeln, auch als „Chance, etwas dazuzulernen" begreifen und gegebenenfalls korrigierend eingreifen.

„Rechnen Sie nicht mit einem Durchbruch", lautet seine Devise zum Schluss. Manager sollten rasch handeln und sich immer außerhalb ihrer angestammten Märkte umsehen. Denn dort sind die neuen Märkte. Gerade die Merkmale, die ein neues Produkt für einen kleineren, erst im Entstehen begriffenen Markt interessant machen, machen es in der Regel für angestammte Märkte ungeeignet.

Wegen solcher eher unkonventioneller Denkweisen war *Innovator's Dilemma* ein vielversprechender Neuansatz und wurde daher von Rezensenten, in der Geschäftswelt wie auch in der akademischen Welt enthusiastisch aufgenommen.

Sowohl Grove als auch Christensen waren voll des Lobes für Peter Drucker. Bei einer Konferenz der Academy of Management im August 1998 bekannte Grove öffentlich, wie ihm die Lektüre von *Die Praxis des Managements,* auch noch dreißig Jahre nachdem das Buch geschrieben worden war, einen neuen Weg gewiesen habe. Christensen bezeichnete Drucker als einen „geistigen Terroristen", weil er Bomben gelegt habe, „die manchmal erst nach vielen Jahren in den Köpfen ahnungsloser Leser hochgehen, wenn sie durch ein dementsprechendes Ereignis ausgelöst werden".

Ein Schnellkurs in Innovation

Drucker war der erste Wirtschaftsautor, der das Thema Innovation systematisch behandelte. Der wichtigste Punkt dabei ist, Innovation systematisch zu betreiben. „Wenn Sie nicht aus dem Fenster sehen, können Sie auch nichts erkennen", mahnte Drucker und er sagte außerdem: „Die Zukunft kommt unausweichlich. „Sie sieht immer anders aus als gedacht. Selbst die größten Unternehmen geraten in Schwierigkeiten, wenn sie sich auf diese Zukunft nicht eingestellt haben. Die Folge wird dann nämlich sein, dass sie ihren Rang und ihre führende Stellung verlieren."

Andy Grove von Intel und Professor Clay Christensen schrieben beide in ihren Büchern über machtvolle Kräfte, die Märkte umwälzen können; durch sie können sich Unternehmen gezwungen sehen, sich tiefgreifend zu verändern, andernfalls werden sie marginalisiert. Aber schon lange bevor Grove den Begriff „strategische Wende" und Christensen den Begriff „umwälzende Technologie" prägten, warnte Peter Drucker bereits vor ähnlichen Gefahren, ohne derart pathetische Schlagwörter zu verwenden. Obwohl sein Werk ebenso bahnbrechend war wie das von Grove und Christensen, gab es in der Presse wenig Resonanz auf seine Erkenntnisse. Das ist nicht weiter verwunderlich, denn dies zieht sich wie ein roter Faden durch Druckers gesamte Karriere, vor allem in der späteren Phase. In den 90er-Jahren war Drucker mit seinen Wirtschaftsbüchern, die bereits seit einem halben Jahrhundert erschienen, kein Neuling mehr. Auch wenn sich seine Bücher nach wie vor gut verkauften (Zehntausende, die man allerdings den Hunderttausenden von Grove und Christensen gegenüberstellen muss), so hielten ihn viele doch für etwas überholt.

Grove und Christensen hingegen waren neu und sogar hip, weswegen sich die Presse auf ihre Werke stürzte. So bildete beispielsweise das Wirtschaftsmagazin *Forbes* sowohl Grove als auch Christensen im Jahr 1997 auf der Titelseite ab (bei Christensen hängt ein gerahmtes Exemplar im Büro). In diesen Jahren – bis zu seinem Tod Ende 2005 – müsste man lange suchen, bis man ein Bild von Drucker auf dem Titel von einem der bedeutenderen Wirtschaftsmagazine wie *Forbes* oder *Business Week* findet.

Epilog

Von dem Ungeheuer zu dem Lamm – Menschen, die Peter Drucker geformt haben

„In all den Büchern, die ich im Verlauf von fünfzig Jahren geschrieben habe, waren meine Hauptanliegen stets Dezentralisierung, Diversifizierung und der Hinweis darauf, das Organisation von organisch kommt; gleichwohl geht es in meinen Büchern immer um Ideen, also um Abstraktionen. Mir kommt es darauf an, dass Manager meine Lehren und Gedanken anwenden können. Anerkennung in der akademischen Welt war mir dagegen nicht wichtig. Ich wollte etwas bewegen."

Dieses Buch ist über einen Zeitraum von fünf Jahren entstanden. Allerdings dachte ich schon viel früher darüber nach, genau genommen, seit ich als Verleger mein erstes Buch über Jack Welch herausbrachte (Robert Slater: *The New GE: How Jack Welch Revived an American Institution*, 1991). Denn damals wurde mir bewusst, welche tief gehende Verbindung zwischen Welch, General Electric und Drucker bestand. Ich wollte mehr über diesen rätselhaften Menschen hinter den Kulissen in Erfahrung bringen, der Management als eigenständige Disziplin „erfunden" hatte, ohne jemals selbst etwas gemanagt zu haben. „Weshalb hatte sein Werk so großen Einfluss gewonnen?" lautete die erste Frage, die mir durch den Kopf ging, nachdem ich mitbekommen hatte, was er bei General Electric bewirkt hat. Es interessierte mich, was diesen Mann im Innersten bewegte, der sich selbst lediglich als „Schriftsteller" bezeichnete, der aber das Vertrauen der angesehensten Unternehmensführer unserer Zeit besaß.

Nach meinem ganztägigen Interview mit Drucker war ich über ein Jahr lang damit beschäftigt, die Tonbandkassetten zu transkribieren. Wegen seines starken Akzents und seiner Schwerhörigkeit und weil ich das nur zwischendurch erledigen konnte, wenn ich neben meiner anderen Arbeit Zeit dafür fand, dauerte es so lange. Das führte dazu, dass ich das Interview monatelang immer wieder „durchlebte"; viele seiner Aussagen gingen mir deshalb immer wieder im Kopf herum.

Während dieser Zeit las ich auch einige seiner Bücher zum zweiten oder dritten Mal. Natürlich waren die Bücher die gleichen geblieben, aber unter dem Eindruck des Interviews gewann ich vielen Stellen eine neue Bedeutung ab. Drucker verfügt über außergewöhnliche Geistesgaben, was für einen Schriftsteller Vorzug und Bürde zugleich sein kann.

Als ich seine Werke wiederlas, wurde mir immer deutlicher bewusst, was für ein unglaublich gedankenreicher Autor Drucker war, allerdings sind seine Bücher nicht immer leicht zu lesen und manchmal ist es schwer, seinem Gedankengang zu folgen. Seine Ideen beziehungsweise Konzepte, wie er sie zu nennen pflegte, waren im Allgemeinen besser als die Sätze, mit denen er sie beschrieb. Auch in seinen wirklich bahnbrechenden Büchern finden sich Abschnitte oder Kapitel, die nur schwer verständlich sind.

Drucker hat einen Hang zu Wiederholungen, Abschweifungen und zum Ausbreiten tiefgründiger Gedanken und führt den Leser dadurch weit weg vom eigentlichen Thema. Bisweilen kommt es einem so vor, als seien ihm die Gedanken beim Schreiben weit vorausgeeilt und er hätte nun Mühe, hinterherzukommen. Er neigte dazu, zu viele Gedanken in ein Buch zu packen, da fehlte ihm ein Korrektiv, eine Art innerer Lektor, der den Text in der Spur hielt. Ich habe mich oft gefragt, wie viel Hilfe er tatsächlich von Verlagslektoren in Anspruch nahm, und hege den Verdacht, dass er sich beim Verfassen seiner Bücher wenig reinreden ließ und Hilfe, die ihm vielleicht angeboten wurde, eher zurückwies. Als Verleger fragte ich mich natürlich auch, wie es wohl gewesen sein muss, Druckers Bücher herauszubringen.

Ich konnte es kaum erwarten, ein bestimmtes Buch wieder zu lesen, nämlich Druckers persönlichstes Buch, das er auch als sein Lieblingsbuch bezeichnete, *Adventures of a Bystander* (dt.: Zaungast der Zeit, 1981), das im Allgemeinen als seine Autobiografie bezeichnet wird, aber es hat eher den Charakter eines Memoirenbuches. Drucker meinte dazu, das sei ein Buch, das er nur für sich selbst geschrieben hat. Im Untertitel der britischen Ausgabe ist Druckers Absicht treffend zusammengefasst: *Other Lives in My Times* (zu deutsch etwa: Aus dem Leben meiner Zeitgenossen). Das gibt einen guten Anhaltspunkt für den Inhalt des Buches, das lebendige Porträts von Menschen enthält, die großen Einfluss auf Peter Drucker hatten.

„Dieses Buch ist weder eine vollständige ‚Geschichte unserer Zeit', auch nicht einmal ‚meiner Zeit', noch ist es eine Autobiografie", stellte er in seinem Vorwort klar. Doch das musste genügen, denn so wie es war, war es nun einmal Druckers nächste Annäherung an eine Autobiografie. Er war einfach zu bescheiden, um ein Buch hauptsächlich über sich selbst zu schreiben. Außerdem sei er nicht interessant genug, um ein Memoirenwerk über sich selbst zu verfassen.

„Zaungäste haben keine eigene Geschichte", schrieb er. „Sie sind mit dabei, wenn etwas passiert, aber sie spielen nicht mit. Man kann sie nicht einmal als Publikum bezeichnen. Bei einem Bühnenstück, wenigstens bei einem improvisierten Bühnenstück, hängen der Fortgang der Handlung und jedes einzelne Rollenschicksal ja auch von der Reaktion des Publikums ab, aber ein Zaungast findet nur Widerhall in sich selbst. Weil er die Dinge nur vom Rande her beobachtet, nimmt er Dinge wahr, die weder die Schauspieler noch das Publikum sehen können. Vor allem nimmt er die Dinge anders wahr, als es Schauspielern und Publikum möglich ist. Die Wahrnehmung eines Zaungasts ist eine gebrochene Wahrnehmung – sie entspricht eher einem Prisma als der bloßen Reflexion eines Spiegels."

Diese Selbstbezeichnung, dass er mehr Zaungast und Zuschauer als aktiv Handelnder gewesen sei, brachte Drucker in Interviews öfter zur Sprache. Anfangs dachte ich, das sei hart am Rande zur falschen Bescheidenheit. Aber er wiederholte diese seine Geschichte fast bis zum letzten Atemzug. Noch sechs Monate vor seinem Tod sagte er zu John Byrne von *Business Week*, dass er seine besten Arbeiten Anfang der 1950er-Jahre geschrieben habe, und bezeichnete seine restlichen Werke als „marginal".

Dieses Interview mit John Byrne so kurz vor seinem Tod war recht enthüllend. An diesem Tag war Drucker in schlechter geistiger und gesundheitlicher Verfassung. Vielleicht war er aus diesem Grunde in seiner Selbsteinschätzung so negativ und so pessimistisch im Hinblick auf sein geistiges Vermächtnis. Er litt an Darmkrebs und hatte sich 2004 die Hüfte gebrochen. (Ich stand noch in Briefkontakt mit ihm, als das passierte, und er hatte mir vom Krankenbett aus kurz geschrieben.) „Man betet nicht für ein langes Leben, sondern für einen leichten Tod", war ein Satz, den er öfters wiederholte.

Drucker betonte bis zum Schluss, dass er sich immer am meisten für Menschen interessiert habe – andere Menschen. So schrieb er einmal, er habe nie „auch nur einen einzigen uninteressanten Menschen kennengelernt. Wie immer konformistisch, konventionell oder langweilig Menschen erscheinen mögen, sie werden in dem Augenblick interessant, wenn sie anfangen, davon zu sprechen, was sie tun, wissen oder wofür sie sich interessieren. In dem Moment wird jeder zum Individuum."

„Ich selbst bin völlig uninteressant", sagte er zu dem Journalisten von *Business Week*. „Ich bin eigentlich nicht introvertiert", antwortete er auf die Frage nach seinem geistigen Vermächtnis. „Ich würde mir zugute halten, dass ich einigen hervorragenden Leuten dabei geholfen habe, das Richtige zu tun. Ich bin ein Schriftsteller und Schriftsteller haben kein aufregendes Leben. Meine Bücher, meine Arbeit, ja, das ist etwas anderes", sagte er mutlos.

Ein Mensch, der sich so stark für andere Menschen interessiert, muss von ihnen auch beeinflusst worden sein, dachte ich mir. Wenn ich den Menschen hinter seinen Worten und Werken wirklich verstehen wollte, dann müsste ich die Menschen kennen, die großen Einfluss auf *ihn* hatten.

Zum Glück sprach Drucker immer gern über andere Menschen – in unserem Interview, in seinen Büchern und in seinen zahllosen Artikeln. Er ließ keinen Zweifel daran, welche Führungspersönlichkeiten er am meisten bewunderte, welche am allerwenigsten und welche er beispielsweise für korrupt hielt.

Auf der Bühne der Weltgeschichte galt Druckers allerhöchste Bewunderung Winston Churchill in seiner Rolle beziehungsweise in seiner Funktion als Kriegspremier.[3] Als Politiker vor dem Zweiten Weltkrieg fand Drucker Winston Churchill weniger beeindruckend. Jener Churchill war ein Mann der Reserve, aber kein politischer Faktor. Drucker glaubte, dass Ereignisse einen Menschen zu einer historischen Gestalt machen können, zumindest können sie das Beste aus ihm herausholen.

Was amerikanische Präsidenten anbelangt, galt seine größte Bewunderung Harry S. Truman für die Art, wie dieser in sein Amt hineinwuchs, doch für Franklin D. Roosevelt und John F. Kennedy hatte Drucker sehr viel weniger übrig. Er war der Meinung, das Roosevelt unsicher war und sich durch stärkere Menschen bedroht fühlte, weswegen er nach Möglichkeit jeden in seiner Umgebung entfernte, der ihm gefährlich werden konnte.

Über Kennedy sagte er, dieser habe mehr Charisma besessen als jeder andere amerikanische Präsident, aber er habe letztlich nichts zustande gebracht. Das sind natürlich umstrittene und unpopuläre Ansichten über diese beiden Präsidenten, besonders die über Roosevelt, der allgemein zu den gefeiertsten politischen Führern des Jahrhunderts gezählt wird.

Aber Druckers Einschätzungen von Premierministern und Präsidenten sagen uns wenig über ihn selbst. Um darüber etwas zu erfahren, müssen wir in seine Lebensvergangenheit zurück und uns diejenigen Menschen ansehen, die Drucker am meisten berührt und beeinflusst haben, diejenigen, an die er sich erinnerte und über die er Jahrzehnte später noch schrieb.

---

3) Winston Churchill kam im Mai 1940 als Nachfolger seines zurückgetretenen Vorgängers Chamberlain ins Amt des britischen Premierministers. Chamberlain war mit seiner Verständigungspolitik gegenüber Hitler gescheitert. Churchill führte Großbritannien kompromisslos gegenüber den Nazis letztlich erfolgreich durch den Krieg. Wenige Monate nach Kriegsende wurde er im Juli 1945 von den Briten abgewählt. Eine zweite Amtszeit als Premierminister von 1951 bis 1955 verlief vergleichsweise unspektakulär – Anm. d. Ü.

Die folgenden fünf Abschnitte schildern fünf bedeutende Wendepunkte in Druckers Leben. Sie erheben keinerlei Anspruch, auch nur so etwas wie eine Kurzbiografie darstellen zu wollen. Sie sind lediglich als biografische Momentaufnahmen gedacht, Schnappschüsse sozusagen, die zu verschiedenen Zeiten aufgenommen wurden. Jeder dieser Momente hat ihm eine wichtige Lehre erteilt – und natürlich auch uns, den Zaungästen *seines* Lebens.

Die Anfänge

Die Geschichte von Druckers Kindheit ist oft erzählt worden. Seine Eltern waren wohlhabend und hochgebildet. Der Vater Adolph war ein „hoher Beamter" und seine Mutter Caroline war Ärztin. Der kleine Peter wuchs in einer Doppelhaushälfte in einem ruhigen Wiener Vorort auf; das Haus war nach einem Entwurf des bekannten österrcichischen Architekten Josef Hoffmann – einer der Wegbereiter der Moderne – gebaut worden.

Der bemerkenswerte Aspekt in diesen Kindheitstagen Druckers dürften die Abendessenseinladungen seiner Eltern gewesen sein. Zwei- bis dreimal pro Woche waren Intellektuelle, Anwälte, hohe Beamte und andere im Hause Drucker zu Gast. Zu den bedeutendsten Gästen zählten etliche Mitglieder des „Wiener Kreises".

Zu dieser hochkarätigen Gruppe von Philosophen und Wissenschaftstheoretikern gehörten einige der intellektuell führenden Köpfe in Österreich; sie waren Vertreter des sogenannten „logischen Empirismus". Diese Denkrichtung postulierte, dass „verifizierbare Erfahrung und Beobachtung als einzige Erkenntnisquelle infrage kommt; logische Analyse unter Zuhilfenahme symbolischer Logik ist die wichtigste Methode zur Lösung philosophischer Probleme."

Ein häufiger Gast im Hause Drucker war der bekannte Ökonom Joseph Schumpeter, einer der bedeutendsten Wirtschaftswissenschaftler des 20. Jahrhunderts, der überdies auch beruflich mit Druckers Vater in Verbindung stand. Schumpeter stellte als einer der Ersten die Bedeutung der „Entrepreneure", der schöpferisch tätigen Unternehmer (im Gegensatz zum bloßen „Kapitalisten"), heraus; ihrem Unternehmergeist verdanke die Gesellschaft technologischen Wandel und Erneuerung und damit auch sozialen Wandel. Auch später in Harvard vertrat er den Standpunkt, dass Großunternehmen die treibenden Kräfte für Innovation sind, da sie über die notwendigen Ressourcen für Forschung und Entwicklung verfügen.

Im Alter von acht Jahren begegnete Peter Drucker einmal Sigmund Freud. Freud und Druckers Familie aßen zufällig im gleichen Restaurant zu Mittag und verbrachten die Ferien in der Nähe des gleichen Sees.

„Erinnere dich immer daran", sagte sein Vater zu dem kleinen Peter nach der Begegnung, „dass du gerade den bedeutendsten Menschen in ganz Österreich kennengelernt hast, vielleicht sogar den bedeutendsten Menschen von ganz Europa."

„Noch wichtiger als der Kaiser?", fragte Peter.

„Ja, noch wichtiger als der Kaiser", bestätigte sein Vater.

Peter Drucker hat diesen Tag nie vergessen, und er hat auch nicht vergessen, was er bei den Soireen in seinem Elternhaus lernte. Auch wenn das Gesprächsniveau für einen so jungen Menschen wie den kleinen Peter ziemlich abgehoben gewesen sein dürfte, war es ihm erlaubt, an diesen Zusammenkünften teilzunehmen, bis es für ihn um halb zehn Zeit war, ins Bett zu gehen. Allerdings verpasste er nicht viel, weil um halb elf alle aufbrechen mussten, um den letzten Zug in die Wiener Innenstadt zu erwischen. Drucker sagte später in Anspielung auf die angeregten Gespräche an jenen Abenden : „Das war meine wichtigste Bildungsstätte."

Auf jeden Fall wurde hier der Grundstein für seine umfassende Bildung gelegt. In den Theorien und Grundüberzeugungen so bedeutender Denker wie der des Wiener Kreises und eines Joseph Schumpeter kann man auch die Ansätze für Druckers eigenes späteres Gedankengebäude erkennen. Auch Druckers intensives Interesse an so vielen geistigen und künstlerischen Belangen – Malerei, Philosophie, Religion, Naturwissenschaften, Recht, Soziologie, Wirtschaft, Literatur – ist ein Reflex auf die sehr verschiedenen Menschen, die regelmäßig in das Haus der Druckers kamen, um sich hier im Gespräch über ihre Gedanken und Interessen auszutauschen.

Es gab natürlich noch viele andere, mit denen Drucker im Lauf seines Lebens in Berührung kam. Man müsste ein eigenes Buch schreiben, um das alles zu dokumentieren, und Drucker hat dies in der Tat in *Adventures of a Bystander* (dt.: Zaungast der Zeit) gemacht, das den Ausgangspunkt und die Grundlage für diesen Epilog bildet. Wie viele andere seiner Bücher ist *Adventures of a Bystander* keine leichte Lektüre, trotz der Schätze, die man darin findet, wenn man sich etwas bemüht.

Drucker bezeichnet dieses Buch als eine „Ansammlung von Kurzgeschichten, die jede für sich selbst stehen könnte. Aber es handelt sich auch um den Versuch eines Zeitporträts – ein Versuch, das Gefühl, das Aroma, die Essenz einer Epoche einzufangen und zu vermitteln, die nur sehr wenige der heute noch lebenden Menschen bewusst erlebt haben: die Zwischenkriegszeit in Europa, die 30er-Jahre mit dem New Deal in den USA und die unmittelbare Nachkriegszeit in Amerika nach dem Zweiten Weltkrieg."

Dieses ehrgeizige Ziel erreicht das Buch zweifellos, aber ich habe noch etwas anderes darin gefunden. Ich fand Drucker selbst darin – den Menschen, den ich in seinen anderen Büchern, seinen Artikeln, unserem Interview und in den Büchern, die über ihn geschrieben wurden, nicht zu fassen bekam. Denn erst unter diesen Menschen, in dem „Leben anderer Menschen" kommt die einzigartige Persönlichkeit von Peter Drucker zum Vorschein.

„Eine dumme alte Frau"

Das erste Kapitel von *Adventures of a Bystander* (dt.: Zaungast der Zeit) ist seiner Großmutter gewidmet, einer bizarren alten Dame, die sich kein noch so einfallsreicher Drehbuchautor hätte einfallen lassen können.

Peter Druckers Großmutter war im Alter von vierzig Jahren Witwe geworden. Sie wurde von etlichen Leiden geplagt, etwa von Rheuma, das ihr Herz schädigte, schwerer Arthritis, wodurch ihre Gelenke und vor allem ihre Finger schmerzhaft anschwollen, und als ob das noch nicht gereicht hätte, war sie so gut wie taub. Trotz dieser Gesundheitsprobleme war die alte Dame unentwegt in der Stadt unterwegs. Drucker erinnert sich insbesondere an ihren schwarzen Regenschirm, den sie auch als Stock benutzte und an ihre Einkaufstasche, „die mehr wog als sie selbst".

Sie wurde von allen „Großmama" genannt, auch von ihren eigenen Töchtern und den Nichten. Jedes Familienmitglied konnte seine eigenen Großmama-Geschichten erzählen und diese handelten fast immer von einer exzentrischen älteren Dame, die nur das tat, was sie für richtig hielt und sich nie Gedanken darüber machte, wie lächerlich das in den Augen anderer erscheinen mochte.

Dass sie allgemein als der „Familiendepp" bezeichnet wurde, störte sie selbst am allerwenigsten. Sie bezeichnete sich sogar selbst bei jeder Gelegenheit als „dumme, alte Frau". Ihre verblüffenden Fragen und die Dinge, die sie anstellte, waren dafür die beste Bestätigung.

So hatte ihr verstorbener Ehemann ihr beispielsweise „ein Vermögen" hinterlassen, das aber von der Inflation Anfang der 20er-Jahre vollkommen aufgezehrt wurde, sodass sie „arm wie eine Kirchenmaus" war. Aber selbst Druckers Vater, den Drucker als den „Schatzmeister der Familie" bezeichnete, gelang es nicht, ihr klarzumachen, was es mit der Inflation auf sich hatte, so sehr er sich auch bemühte.

Hierzu noch ein Beispiel: Wegen ihrer sich ständig verschlechternden finanziellen Situation verfügte sie nur noch über eine kleine Wohnung mit zwei Zimmern. Wenn sie das Gefühl hatte, sie könnte in dieser Enge irgendetwas nicht mehr gebrauchen und darauf verzichten, packte sie das eine oder andere ihrer Besitztümer in ihre Einkaufstasche und trug es zur Bank. Zu dieser Zeit hatte sie nur noch „ein paar Groschen" auf dem Konto. Aber ihr verstorbener Ehemann war der Gründer der Bank und bis zu seinem Tod ihr Direktor, sodass man die alte Dame mit allem Respekt behandelte, der der Witwe des Gründers gebührte.

Nun kam sie also an, um den Inhalt ihrer Einkaufstasche in ihrem Bankdepot abzulegen. Der neue Direktor versuchte ihr zu erklären, dass man keine „Gegenstände" in einem Bankdepot deponieren könne, nur Geld.

Großmama beschimpfte ihn daraufhin als „bösen und undankbaren Mann", ließ sich ihr Guthaben auszahlen und eröffnete ein neues Konto – in einer anderen Filiale derselben Bank!

Diese Eigentümlichkeiten einer „dummen, alten Frau" sind aber nur eine Facette des Charakters dieser alten Dame, die Drucker offensichtlich sehr mochte. Denn sie behandelte jeden, den sie kannte, mit großer Höflichkeit und erinnerte sich stets daran, was den Menschen, denen sie begegnete, besonders am Herzen lag, auch wenn sie sie lange Zeit nicht gesehen hatte.

Selbst die Prostituierte vor ihrer Wohnung wurde von Großmama mit großer Zuvorkommenheit behandelt. Kein Mensch wollte mit dieser Frau etwas zu tun haben, aber Großmama wünschte ihr stets eine guten Abend, erkundigte sich, ob sie in der kalten Nacht auch warm genug angezogen sei, und stieg, wenn nötig, auch die fünf Stockwerke in ihrem Haus bis zu ihrer Wohnung hinauf und wieder hinunter, um ihr einen Hustensaft zu bringen.

Alle hielten ihre Großmama für etwas einfältig, aber sie tat auch Dinge, die anderen nicht eingefallen wären. So benötigte man in Österreich – wie auch im gesamten übrigen Europa mit Ausnahme Russlands – vor 1918 keinen Pass, wenn man ins Ausland verreisen wollte. Aber nach dem Zusammenbruch der „alten Donaumonarchie" gaben sich die Regierungen alle erdenkliche Mühe, das Reisen zu erschweren, und verlangten von jedermann Pässe und Visa. Um an diese Dokumente zu gelangen, musste man stundenlang anstehen, um am Ende oft nur zu erfahren, dass noch irgendwelche weiteren oder andere Papiere benötigt wurden.

Doch Großmama kürzte diese Prozedur ab. Druckers Vater war ein höherer Beamter im österreichischen Außenwirtschaftsministerium. Daher wandte sie sich an den Büroboten und es gelang ihr, nicht nur einen, sondern vier verschiedene Pässe (einen britischen, österreichischen, tschechischen und ungarischen) zu erhalten.

Als Druckers Vater erfuhr, was sie getan hatte, war er außer sich: „Ein Bürobote des Ministeriums ist ein Staatsbeamter und darf nicht für private Zwecke missbraucht werden!", rief er. Worauf Großmama ganz ruhig erwiderte: „Das weiß ich. Aber bin ich nicht auch Teil des Staates?"

Die beste Geschichte um seine Großmutter stammt aus der Zeit, bevor er sie zum letzten Mal sah. Drucker gibt sie mit spürbarem Stolz in *Adventures of a Bystander* wieder. Anfang der 30er-Jahre fuhr er gemeinsam mit seiner Großmutter in einer Straßenbahn durch Wien, als ein junger Mann mit einer Hakenkreuzbinde am Arm zustieg. Großmama hielt es nicht lange auf ihrem Sitz. Sie stand auf, stupste den jungen Nazi mit ihrem Regenschirm an und sagte: „Mir ist es ja gleichgültig, was für politische Ansichten Sie vertreten; vielleicht bin ich ja auch in dem ein oder anderen Punkt sogar Ihrer Meinung. Immerhin wirken Sie auf mich wie ein intelligenter, wohlerzogener junger Mann. Aber meinen Sie nicht auch, dass dieses Ding" – und dabei zeigte sie auf die Hakenkreuzarmbinde – „für andere Menschen eine Art Beleidigung darstellt? Andere Menschen wegen ihrer Religion zu diffamieren, zeugt nicht gerade von guten Manieren. So wie es keine guten Manieren sind, sich über die Akne anderer Menschen lustig zu machen. Sie wollen doch auch nicht Pickelgesicht genannt werden, oder?"

Drucker schrieb, dass er vor lauter Angst, was nun folgen würde, den Atem anhielt. Schon damals wurde den Nazis beigebracht, „auch alte Frauen ohne Mitleid zu verprügeln". Doch zu Druckers Erleichterung zog der junge Nazi die Hakenkreuzbinde vom Ärmel und stopfte sie in seine Tasche. Als er ein paar Stationen weiter ausstieg, lüftete er sogar noch seinen Hut vor der alten Dame. Obwohl die gesamte Familie entsetzt war, als sie davon erfuhr, waren alle zugleich beeindruckt und amüsiert von dem, was passiert war.

Zu jener Zeit gehörte Druckers Vater noch zu denen, die vergeblich versuchten, die Nazis aus Österreich fernzuhalten. „Am besten wäre es, wenn Großmama den ganzen Tag über mit der Straßenbahn unterwegs wäre", sagte er lachend.

Damals fing Drucker an, die Vorstellung von Großmama als „dummer, alter Frau" zu hinterfragen.

„Es ging ja nicht alleine darum, dass ihre vermeintliche Einfalt durchaus funktionierte", schrieb er. „Sie umging die Behördenschikanen der Nachkriegszeit, ohne stunden- oder tagelang in der Schlange zu stehen. Sie brachte ihren Lebensmittelhändler dazu, ihr einen Rabatt zu gewähren. Sie brachte den jungen Nazilümmel dazu, seine Armbinde abzunehmen."

Drucker vermerkt nebenbei, dass er „sich schon seit Jahren mit Nazis herumstritt und heftige Diskussionen führte, aber sie zeigten nicht die geringste Einsicht. Und hier kam seine Großmutter an und richtete einfach einen Appell an die guten Manieren und es funktionierte."

Auch wenn man sie nicht als klug im landläufigen Sinne bezeichnen konnte, kam Drucker immer mehr zu der Überzeugung, dass sie eher über eine Art „Weisheit verfügte, die etwas anderes ist als Klugheit, Gebildetheit oder die berühmte schnelle Auffassungsgabe. Natürlich wirkte sie ein wenig lächerlich, aber was wäre, wenn sie letztlich recht hatte?"

Drucker schloss mit der Bemerkung, seine Großmama „stand fest auf dem Boden vertrauter Grundwerte. Diese versuchte sie in das 20. Jahrhundert hinüberzuretten, zumindest in ihr Lebensumfeld."

Druckers bedeutendste Lehrer

Peter Drucker sollte sich im Lauf seines Lebens als erstklassiger Lehrer erweisen, der als Professor sogar Berufungen nach Harvard und an andere angesehene Institutionen ablehnte. Seinerseits hatte er aber niemals bessere Lehrerinnen als in der vierten Klasse.

Sie hießen Fräulein Elsa und Fräulein Sophie und waren Schwestern.

Fräulein Elsa war die Schulleiterin der Schule, die Drucker besuchte, und zwar seit deren Eröffnung zwölf Jahre zuvor. Sie war außerdem Druckers Klassenlehrerin, also erteilte sie ihren Kindern vier Stunden pro Tag an sechs Tagen in der Woche Unterricht.

Am Anfang des Schuljahres erklärte Fräulein Elsa, dass sie in den ersten drei Wochen hauptsächlich mit Quizfragen und Tests herausfinden wolle, was die Kinder bereits wüssten. Der kleine Peter Drucker war von diesen Aussichten zunächst nicht besonders begeistert, aber es stellte sich als recht lustig heraus. Das lag daran, dass Fräulein Elsa die Schüler aufforderte, auch sich selbst und die anderen zu beurteilen. Am Ende dieser drei Wochen setzte sie sich mit jedem Einzelnen zusammen und fragte ihn, was er seiner Meinung nach besonders gut gemacht habe.

Sie bestätigte Drucker, dass er sehr gut im Lesen war, aber er brauchte noch mehr Übung im Aufsatzschreiben. Deshalb vereinbarte sie mit ihm, dass er pro Woche zwei Aufsätze schreiben sollte; einen mit einem Thema, das sie ihm geben wollte, und einen mit einem Thema, das er sich aussuchen konnte.

Zum Schluss sagte sie ihm noch, dass er seine Leistungen im Rechnen zu schlecht einschätze. Er sei eigentlich sogar sehr gut. Der junge Schüler war überrascht. Denn andere Lehrer hatten bisher immer gesagt, er sei schlecht im Rechnen. „Das liegt daran, dass deine Ergebnisse oft nicht stimmen", erklärte sie geduldig. „Und sie stimmen deshalb nicht, weil du nicht ordentlich nachrechnest und kontrollierst. Du machst auch nicht mehr Fehler als andere, aber du gibst dir keine Mühe, deine Rechenaufgaben zu kontrollieren. Deshalb rutschen dir zu viele durch. Also werden wir in diesem Jahr mit dir insbesondere das Nachrechnen üben. Damit ich sichergehen kann, dass du das tust, bekommst du die Aufgabe, die Rechenaufgabe aller fünf Kinder in deiner Reihe und in der Reihe vor dir nachzurechnen." Fräulein Elsa sagte Drucker, sie sollten sich einmal in der Woche zusammensetzen, um zu überprüfen, ob er Fortschritte machte.

Wenn ein Schüler zu übermütig wurde oder sich etwas Schlimmes zuschulden kommen ließ, indem er beispielsweise von anderen abschrieb, dann hielt uns Fräulein Elsa „eine Standpauke, die sich gewaschen hatte". Aber die Kinder wurden nie vor versammelter Klasse heruntergeputzt, sondern immer nur unter vier Augen.

Fräulein Elsa konzentrierte sich also auf die Stärken jedes einzelnen Schülers und setzte ihm kurzfristige wie auch langfristige Ziele, um seine Stärken weiterzuentwickeln. Dann und nur dann kümmerte sie sich auch um dessen Schwächen. Dann gab sie das Feedback, das die Schüler benötigten, um ihre Leistung zu verbessern und „sich eine Richtung zu geben". (Daraus sollte später einer von Druckers Managementgrundsätzen erwachsen: Er forderte, den Mitarbeitern Feedback zu geben, damit sie sich „selbst eine Richtung geben können", denn „alle Entwicklung ist Selbstentwicklung").

Am Beginn des Schuljahres machte Fräulein Elsa Peter sehr deutlich, dass sie ihn für die Sachen, die er gut konnte, nicht ausdrücklich loben müsse oder wolle, das brauche nicht besonders erwähnt zu werden. Aber sie würde uns „wie ein Racheengel verfolgen, wenn wir uns nicht anstrengen, in den Bereichen, wo wir noch nicht so gut waren, besonders dort, wo man sich einfach nur verbessern musste".

Auf die Frage, was Fräulein Elsa für die Kinder denn nun zu so einer großartigen Lehrerin gemacht habe, erklärte Drucker: „Sie war kein bisschen ,kindorientiert' ..., sondern ihr Interesse war einzig darauf gerichtet, dass wir etwas *lernen*. Natürlich kannte sie schon nach einer Woche die Namen ihrer Schüler, deren Eigenheiten und vor allem deren Stärken ... Wir liebten sie nicht, aber wir respektierten sie sehr."

„Im Gegensatz dazu war Fräulein Sophie völlig kindorientiert", schrieb Drucker. Die Schüler „schwärmten immer um sie her". Drucker beschrieb, wie immer eines von den Kindern bei ihr auf dem Schoß saß und selbst die älteren Schüler hatten keine Scheu, zu ihr zu rennen, wenn irgendetwas nicht in Ordnung war.

Die Kinder überschütteten Fräulein Sophie mit ihren kleinen Problemen, teilten aber auch ihre kleinen Triumphe mit ihr. Auch wenn sie sich nie an die Namen der Schüler erinnern konnte, hatte sie für jeden ein anerkennendes Tätscheln oder eine Umarmung übrig, und sie lobte viel und gratulierte jedem, wenn er etwas erreicht hatte.

Sie unterrichtete Kunst und Handarbeit in einer Art Atelier. Drucker beschreibt diesen Raum als einen magischen Ort, wo es alles gab, was ein Kind sich darin nur wünschen konnte, wie Staffeleien, Buntstifte, Pinsel, Werkzeuge, Hämmer, bis hin zu Nähmaschinen für Kinder. Fräulein Sophie überließ die Kinder weitgehend sich selbst, indem sie sie einfach ausprobieren ließ – „dabei bot sie stets ihre Hilfe an, erteilte aber nie Ratschläge und übte keinerlei Kritik".

Fräulein Sophie unterrichtete ihre Schüler „nonverbal und völlig gelassen". Wenn sich ein Kind mit Zeichnen oder Schnitzen beschäftigte, schaute sie höchstens eine Weile zu und ergriff dann allenfalls mit ihrer sehr kleinen Hand (sie war sehr zierlich) die Hand des Kindes und führte sie so lange, bis der Junge oder das Mädchen verstanden hatte, wie es ging. Und wenn ein Kind überhaupt nicht zeichnen konnte, nahm sie einen Stift oder einen Pinsel zur Hand und malte damit „ganz einfache geometrische Linien, aus denen sich dann aber die Figur einer Katze wie von selbst ergab". Irgendwann erkannte dann auch der Schüler, was dabei herauskommen sollte, und fing laut an zu lachen. Dann lächelte auch Fräulein Sophie und das war „das einzige Lob, das sie bei ihrem Unterricht je erteilte, aber für den jeweiligen Schüler bedeutete es das höchste Glück". Nie, niemals kritisierte sie ein Kind, egal wie schwerfällig es auch lernen mochte.

Drucker bezeichnete Fräulein Elsa als „die perfekte Ausprägung der sokratischen Methode" und Fräulein Sophie als „Zen-Meisterin".

Drucker machte daran anschließend ein erstaunliches Geständnis. Er gab zu, dass er sich auf jeden Fall auch mit einer Lehrtätigkeit verdingt hätte, weil er als junger Mann dringend auf einen Broterwerb angewiesen war, aber ohne diese beiden überragenden Lehrerinnen hätte er es nie gemacht.

„Wenn ich mich nicht an Fräulein Elsa und Fräulein Sophie hätte erinnern können, hätte ich es nie gewagt, selbst eine Lehrtätigkeit anzufangen." Aus dieser Erfahrung heraus wusste Drucker, „dass es möglich ist, Lehren und Lernen auf hohem Niveau mit großer Intensität und großer Freude zu betreiben. Diese beiden Frauen haben für mich dafür einen Maßstab gesetzt und das Vorbild dafür gegeben."

Das Ungeheuer und das Lamm

Im Frühjahr 1932 hatte sich Drucker entschlossen, Frankfurt zu verlassen, denn er war sich vollkommen darüber im Klaren, was es für Deutschland bedeutete, wenn die Nazis an die Macht kämen. Drucker war 1927 aus Österreich nach Deutschland gekommen, um in einer Import-Export-Firma in Hamburg ein Praktikum zu absolvieren. Nach einem knappen Jahr zog er nach Frankfurt um, um dort in einer Merchant-Bank der europäischen Filiale einer Wall-Street-Firma zu arbeiten. Doch der Börsenkrach von 1929 bereitete diesem Berufsweg schnell ein Ende und durch Zufall fand Drucker eine Stelle als Finanzkorrespondent bei der damals populärsten Zeitung Frankfurts. Drucker machte dort rasch Karriere und wurde innerhalb von zwei Jahren verantwortlicher Redakteur für Auslands- und Wirtschaftsnachrichten.

Drucker sagte, dass er seinen schnellen beruflichen Aufstieg weniger sich selbst verdanke als vielmehr dem Zustand Europas nach dem Ersten Weltkrieg. „Der Grund dafür, dass ich schon mit Anfang zwanzig zum Ressortleiter bei einer führenden Frankfurter Tageszeitung aufstieg, lag weniger darin, dass ich so gut war, sondern darin, dass die Generation vor mir im Krieg praktisch ausgelöscht wurde. Es gab einfach keine Dreißigjährigen mehr, als ich zwanzig war; sie lagen auf den Soldatenfriedhöfen von Flandern und Verdun, von Russland und am Isonzo ... Die Menschen können sich heutzutage – vor allem in Amerika – kaum vorstellen, wie die Nachwuchsführungsschicht in Europa durch den Ersten Weltkrieg dezimiert wurde."

Drucker war ein heller Kopf und schaffte es 1931 auch noch (mit zweiundzwanzig Jahren), seine Doktorarbeit in Völkerrecht und Staatsrecht abzuschließen.

Neben seiner Vollzeitarbeit als Journalist hatte er noch einen Lehrauftrag an der Juristischen Fakultät und schrieb Artikel für andere Zeitschriften. Inzwischen hatte er auch schon das Gefühl, dass ihn die Arbeit für die Zeitung nicht mehr ausfüllte, und sah sich nach einer anderen Tätigkeit um. Gleichzeitig bereitete er sich darauf vor, Deutschland zu verlassen. Drucker konnte sich nicht vorstellen, dass es mit Hitler und den Nazis gutgehen würde, deshalb fasste er einen Plan, „der es den Nazis unmöglich machen würde, dass sie mit mir und gleichfalls ich mit ihnen irgendetwas zu tun bekäme".

Drucker nahm sich vor, ein Buch zu schreiben, nein, etwas Kleineres, „eher eine Art Aufsatz oder Pamphlet über Deutschlands einzigen politischen Philosophen, den Staatsrechtler Friedrich Julius Stahl", der ebenfalls Jude war (1802–1861). Ein zustimmendes Buch über diesen Verteidiger der Freiheit bedeutete nach Druckers Worten „einen Frontalangriff gegen den Nazismus". Wie Drucker vorausgeahnt hatte, wurde es von den Nazis sogleich verbrannt. Trotzdem war es Drucker wichtig, sein Anliegen unbeirrt weiterzuverfolgen: „Ich wollte mit absoluter Klarheit deutlich machen, wo ich stand. Und ich wusste, dass ich um meiner selbst willen sicherstellen musste, dass ich meine Stimme erhoben hatte, selbst wenn es niemanden kümmerte."

Drucker veröffentlichte vier Jahre nach dem Buch über Stahl ein weiteres kleines Buch, auch eher eine Broschüre unter dem Titel *Die Judenfrage in Deutschland,* das ebenfalls verbrannt wurde. Das einzige noch existierende Exemplar befindet sich in der Österreichischen Nationalbibliothek und trägt einen Verwaltungsstempel mit einem Hakenkreuz.

Drucker war nicht überrascht, dass Hitler die Reichstagswahlen gewann und am 31. Januar 1933 an die Macht kam. Er beobachtete das Aufkommen der Nazis schon seit Jahren mit Furcht und Sorge und hatte schon 1927 (als sie bei den damaligen Reichstagswahlen starke Verluste hinnehmen mussten) völlig richtig vorhergesagt, dass sie eines Tages doch noch an die Macht kommen würden.

Insbesondere ein Ereignis überzeugte Drucker ein für allemal davon, dass er Deutschland verlassen musste. Dies war eine Fakultätskonferenz in Frankfurt, die erste und einzige, an der er jemals teilnahm. Es war die erste unter der Leitung eines frisch ernannten Kommissars der Nazis und sie verlief katastrophal.

Die erste Ankündigung lautete, dass alle Fakultätsmitglieder jüdischer Abstammung mit sofortiger Wirkung von der Universität ausgeschlossen und ohne weitere Gehaltszahlung entlassen würden. Danach wurde es noch schlimmer, denn der Nazi-Kommissar erging sich in einer vulgären Tirade. Er bedrohte jedes einzelne Fakultätsmitglied: Entweder sie gehorchten den Befehlen von oben oder sie würden in Konzentrationslager gesteckt. Da entschloss sich Drucker, Deutschland innerhalb von zwei Tagen zu verlassen. Als er nach Hause kam, waren die Druckfahnen seines Buches über Stahl gerade angekommen, wofür Drucker sehr dankbar war. Er las die Fahnen noch am selben Abend. Gegen zehn Uhr war er davon völlig ermüdet, aber überraschenderweise klopfte jemand an seine Tür. Er sagt, dass sein Herzschlag einen Moment aussetzte, als ein Sturmtrupp vor seiner Tür stand. Allerdings war er wieder einigermaßen beruhigt, als er dessen Anführer erkannte, einen Mann namens Hensch, ein früherer Kollege vom *Frankfurter General Anzeiger* – die Zeitung, für die Drucker gearbeitet hatte.

Drucker erinnert sich, dass die beiden bemerkenswertesten Dinge an Hensch seine zauberhafte jüdische Freundin (von der er sich trennte, als

Hitler an die Macht kam) und seine Mitgliedschaft sowohl in der Kommunistischen Partei wie in der NSDAP waren.

Hensch hatte bereits vernommen, dass Drucker seine Arbeit bei der Zeitung wie seinen Lehrauftrag aufgegeben hatte, und wollte ihn davon abhalten, bei der Zeitung aufzuhören. Davon wollte Drucker aber nichts wissen.

Daraufhin änderte Hensch seine Taktik und erging sich in einem Lamento, wie sehr er Drucker beneide, dass er selbst bei weitem nicht so „clever" sei und sich wünsche, er könnte ebenfalls die Arbeit dort aufgeben. Aber das gehe nicht. Er brauche Geld und er wolle eine angesehene Stellung und Macht. Aufgrund seiner niedrigen Parteimitgliedsnummer in der NSDAP (was bedeutete, dass er schon sehr lange dabei war und zu den „alten Kämpfern" zählte) sei er nun eben wer. „Denken Sie an meine Worte", sagte er zu Drucker, *„von jetzt an werden Sie von mir hören."*

In diesem Augenblick öffnete sich für Drucker ein Fenster in die Zukunft. Er wusste, dass Hitler seine Ankündigungen, die er in seinem Buch *Mein Kampf* niedergelegt hatte, wahr machen würde (das Buch war ein Flop, als es 1925 veröffentlicht wurde, aber es wurde nach Hitlers Machtübernahme zum Bestseller und verkaufte sich fast ebenso gut wie die Bibel). Das Buch enthielt bereits den Plan für Krieg und Völkermord, von denen Europa in den folgenden Jahren heimgesucht werden sollte. „Plötzlich sah ich, was alles auf uns zukommen würde, die ganze schreckliche, unmenschliche Bestialität."

Drucker sagte bereits in seinem ersten „richtigen" Buch den Holocaust voraus. Es erschien 1939 in New York auf Englisch: *The End of Economic Man: A Study of the New Totalitarism* (es handelt sich nicht um ein Managementbuch). An dem Abend, als Hensch ihn besuchte, wusste Drucker, dass es Hitler gelingen würde, seine umfassende Tötungsmaschinerie in Gang zu setzen. Hensch war ein durchschnittlicher, unauffälliger Mensch und das bedeutete, dass es Hunderttausende, ja Millionen andere wie ihn gab, die bereit waren, Hitlers Tötungsmaschine zu bedienen.

Drucker kam 1937 in den Vereinigten Staaten an und hörte nie mehr etwas von Hensch. Aber kurz nachdem die Nazis besiegt waren, fiel sein Blick 1945 zufällig auf eine kurze Notiz in der *New York Times*:

„Reinhold Hensch, einer der gesuchtesten Nazi-Kriegsverbrecher, beging Selbstmord, als er im Keller eines zerbombten Hauses in Frankfurt von amerikanischen Truppen entdeckt wurde. Hensch, der stellvertretender Leiter der SS war und den Rang eines Generalleutnants bekleidete, kommandierte die berüchtigten Exekutionskommandos und war verantwortlich für die Vernichtungskampagne gegen Juden und andere „Feinde des nationalsozialistischen Staates" ... Er war so brutal, grausam und blutrünstig, dass er selbst bei seinen eigenen Männern als ‚das Ungeheuer' verschrien war."

Drucker gelang es 1933, Deutschland in Richtung Wien zu verlassen, und er ging, wie geplant, einige Wochen später nach England. Dort kannte er einen einzigen Menschen: den renommierten deutschen Journalisten Graf Albert Montgelas, der Londoner Korrespondent für die Ullstein-Zeitungsverlage in Berlin war. Kurz bevor Drucker Wien verließ, schickte er Montgelas eine Nachricht und war freudig überrascht, als er von dem Grafen eine telegrafische Antwort erhielt, in der dieser ihn bat, so schnell wie möglich zu kommen: „Ich brauche Sie."

Als Drucker ankam, löste der Graf gerade sein Büro auf, da er ebenfalls kurz nach der Machtergreifung der Nazis seinen Posten aufgegeben hatte.

Montgelas war zutiefst beunruhigt, weil ein damals berühmter deutscher Journalist, Paul Scheffer, der seit 1930 auf Posten in New York gewesen war, ein Angebot angenommen hatte, das die Nazis ihm gemacht hatten: Er sollte Chefredakteur des angesehenen *Berliner Tageblatts* werden. Fünfzig Jahre lang erfreute sich die Zeitung eines Rufs, der nur mit dem der *New York Times* oder der *Times* in London vergleichbar war. Scheffer hatte den Aufstieg von Franklin D. Roosevelt vom Gouverneur von New York zum Präsidenten der USA beobachtet und journalistisch begleitet und wollte vor seiner Rückkehr nach Deutschland nun nur noch über dessen Amtseinsetzung berichten. Montgelas wollte Scheffer die Übernahme des Chefredakteurs-Postens mit Druckers Hilfe unbedingt ausreden.

(Anmerkung der Redaktion: Drucker schreibt eindeutig, dass Montgelas Ullstein-Korrespondent war; der Ullstein-Verlag gab das große hauptstädtische Konkurrenzblatt heraus, die altehrwürdige Vossische Zeitung. Das Ber-

liner Tageblatt gehörte hingegen zum Mosse-Verlag. Beides waren „jüdische" Verlage.)

Scheffer war kein Dummkopf. Er war sich völlig darüber im Klaren, was die Nazis im Schilde führten, aber er glaubte, er könne etwas dagegen tun. „Gerade weil es so entsetzlich ist, muss ich diese Aufgabe übernehmen", sagte er. „Ich bin der Einzige, der bei der Zeitung das Schlimmste verhüten kann. Die Nazis können auf mich und das *Berliner Tageblatt* nicht verzichten ... Sie brauchen jemanden wie mich, der sich im Westen auskennt, der weiß, mit wem man reden kann und auf wen man hören muss. Sie brauchen mich, weil keiner von ihnen eine Ahnung hat von der Welt außerhalb Deutschlands."

Montgelas fragte Scheffer, ob er nicht befürchte, von den Nazis „nur als Feigenblatt benützt zu werden, um den Anschein der Seriosität zu wahren und das Ausland an der Nase herumzuführen". Zudem hatte Scheffer ein schriftliches, von dem legendären *Time*-Verleger Henry Luce persönlich (auf *Time*-Briefpapier) unterzeichnetes Angebot in der Tasche: Wenn er wollte, konnte er europäischer Chefkorrespondent für *Time, Fortune* und ein damals in der Planung befindliches Illustrierten-Projekt werden (aus dem das berühmte *Life*-Magazin hervorgehen sollte); für später wurde ihm sogar der Chefredakteursposten in Aussicht gestellt. Bereits Scheffers Frau hatte ihren Mann dringend gebeten, das Angebot von Luce anzunehmen.

Doch Scheffer wollte von alledem nichts hören. Er meinte, er sei die Übernahme des Postens in Berlin seinem Mentor „schuldig", dem bisherigen Chefredakteur Theodor Wolff, einem Juden, der wenige Wochen nach der Machtergreifung auf Druck der Nazis seinen Posten räumen und aus Deutschland fliehen musste. So überstürzten sich die Ereignisse in jenem turbulenten Frühjahr 1933. Scheffer meinte, die Übernahme des Postens auch seinem Land schuldig zu sein, und ließ sich nicht davon abbringen.

Von Anfang an wurde er von den Nazis genau in der Weise benutzt, wie Drucker und Montgelas es befürchtet hatten. „Er wurde mit Titeln, Geld und Ehrungen überhäuft", schrieb Drucker. „Um zu zeigen, dass alle Geschichten, die über die Nazis und die Art und Weise, wie sie die Pressefreiheit einschränkten, in Umlauf waren, nichts als dreckige Lügen der Juden seien, verwiesen sie eben auf die Ernennung des anerkannten Scheffer zum Chefredakteur. Wenn dann doch irgendwelche Nachrichten über Gräueltaten der Nazis ruchbar wurden, wurde Scheffer in die westlichen Botschaften oder zu Treffen mit ausländischen Korrespondenten geschickt, um ihnen zu versichern, es handle sich lediglich um vereinzelte Exzesse, die nicht wieder vorkommen sollten."

Zwei Jahre nachdem Scheffer den Posten übernommen hatte und er und das *Berliner Tageblatt* in dieser Weise von den Nazis als publizistisches Feigenblatt missbraucht worden waren, „verschwand er spurlos", so Drucker – das Erscheinen der Zeitung wurde 1939 endgültig eingestellt.

In einem Kapitel seines Buches *Adventures of a Bystander*, das mit „Das Ungeheuer und das Lamm" überschrieben ist, macht sich Drucker Gedanken darüber, wofür diese beiden Menschen – Reinhold Hensch und Paul Scheffer – exemplarisch stehen. Er verweist in diesem Zusammenhang auf die deutsch-amerikanische Philosophin Hannah Arendt, die in ihrem Buch über den Organisator der Judenvernichtung, Adolf Eichmann, den Begriff von der „Banalität des Bösen" geprägt hat. Drucker hingegen bezeichnet dies als eine „höchst unglückliche Formulierung".

„Das Böse ist niemals banal. Menschen, die Böses tun, sind es in der Tat oft", konstatierte Drucker. „Das Böse bemächtigt sich der Henschs und Scheffers dieser Welt gerade deshalb, weil es so ungeheuerlich und Menschen bisweilen so trivial sind ... und weil das Böse niemals banal ist, Menschen es aber sehr oft sein können, darf man sich niemals und unter keinen Umständen mit den Bösen einlassen – denn die Bedingungen werden immer vom Bösen diktiert. Der Einzelne wird immer zum Werkzeug des Bösen, so ist es bei den Henschs, die glauben, sie könnten das Böse vor den Karren ihres persönlichen Ehrgeizes spannen, und so ist es auch bei den Scheffers, die gutgläubig meinen, sich mit dem Bösen einlassen zu können, um Schlimmeres zu verhüten."

Drucker beendet dieses Kapitel mit der Frage, wer mehr Schaden angerichtet habe, das Ungeheuer oder das Lamm? „Was ist schlimmer, Henschs sündiges Streben nach Macht oder Schäffers Hybris und sündiger Stolz? Vielleicht gehören beide jedoch gar nicht zu den größten Vergehen der Menschen, sondern die wirklich große Sünde der Menschheit überhaupt ist vielleicht die heutige generelle Indifferenz des 20. Jahrhunderts, die sich in dem Verhalten des Biochemikers widerspiegelt, der weder tötet noch lügt, aber sich weigert, bei der ‚Kreuzigung des Herrn' – um das Bild aus dem Evangelium zu verwenden – als Zeuge aufzutreten."[4]

Dies sind nur einige wenige Menschen – und Ereignisse –, die Peter Drucker auf seinem Lebensweg geformt haben. Es gibt noch zahllose andere. Ich habe diese wenigen ausgewählt, weil es sich dabei um Menschen handelte, deren Einfluss besonders nachhaltig wirkte. Sie berührten ihn in einer Weise, wie es bei anderen nicht der Fall war.

Diese Begegnungen hatten indes weniger Einfluss auf Druckers Denken, vielmehr formten sie seinen Charakter. Dieses Thema ist in Druckers Werken und in seinem Leben immer präsent. Sie gaben ihm seine offene, tolerante Weltsicht mit auf den Weg.

Die Menschen, die Drucker als Kind bei den Abendeinladungen im Hause seiner Eltern kennenlernte, weckten sein Interesse an einer Vielzahl von Dingen, wie Politik, Kunst, Naturwissenschaften, Recht, Wirtschaft und vieles andere. Sie erweiterten seinen geistigen Horizont, eine Vorbereitung auf all das, was ihn später beschäftigen sollte.

Seine Großmutter war natürlich alles andere als eine „dumme, alte Frau". Sie lehrte ihn durch ihre Art Bescheidenheit und Lebensweisheit. Außerdem besaß sie großen Mut, eine Eigenschaft, die auch Drucker in hohem Maß auszeichnete. Beide boten, jeder auf seine Art, den Nazis die Stirn. Seine Großmutter tat dies bei der Episode in der Straßenbahn und Drucker mit seinen verfemten Schriften.

Fräulein Elsa und Fräulein Sophie zeigten Drucker, dass das Unterrichten eine faszinierende Tätigkeit sein kann. Er räumte ein, dass er ohne dieses

---

4) Bei dem „Biochemiker" handelt es sich um einen sehr angesehenen Professor der Frankfurter Universität, laut Drucker in *Adventures of a Bystander* „nobelpreiswürdig", der für seine liberale Gesinnung bekannt war.
In *Adventures of a Bystander* schildert Drucker die Fakultätssitzung mit dem Nazi-Kommissar etwas ausführlicher: Der Nazi brüllte schlimmer als auf einem Kasernenhof herum, die jüdischen Universitätsmitglieder wurde praktisch fristlos entlassen – aber es erhob sich nicht ein Wort des Widerspruchs. Nur der besagte Biochemiker stand auf und fragte, ob er denn weiterhin Mittel für die Physiologie-Forschung bekäme ... Anm. d. Ü.

Beispiel seiner beiden Lehrerinnen in der vierten Klasse sein Leben vielleicht nicht auf seine Art dem Unterrichten anderer Menschen gewidmet hätte.

Beide Frauen lehrten ihn, sich auf seine Stärken zu konzentrieren. Fräulein Elsa brachte ihm bei, sich auf die Resultate zu konzentrieren, weil es die Ergebnisse sind, die am Ende stimmen müssen. Um durch Lernen etwas zu erreichen, muss man wissen, was man am besten kann, und man sollte diejenigen Bereiche kennen, in denen man sich noch verbessern kann. Die Art, wie Fräulein Elsa vorging, nachdem sie die Schüler zur Selbsteinschätzung aufgefordert hatte, ermöglichte es den Kindern, ihre eigenen Stärken zu erkennen, auf deren Grundlage sie sich weiterentwickeln konnten. Daraus wurde auch ein wesentlicher Ansatz in Druckers Managementlehre. In *Die Praxis des Managements* schrieb er: „Jeder Manager muss diejenigen Informationen erhalten, die er braucht, um seine eigene Leistung messen und beurteilen zu können. Er muss sie so frühzeitig erhalten, dass er auch die notwendigen Veränderungen im Hinblick auf die erwünschten Ergebnisse vornehmen kann."

Drucker erlebte beide Weltkriege, eine Erfahrung, die nur noch wenige lebende Schriftsteller am Ende des 20. Jahrhunderts teilten. Durch seine Begegnungen mit dem Ungeheuer und dem Lamm bekamen der Faschismus und der Nazismus für ihn ein Gesicht. Er beobachtete den Aufstieg der Nazis zur Macht aus nächster Nähe von den späten 20er-Jahren an bis zu Hitlers Machtübernahme 1933. An dem Abend, als Hensch, der später „das Ungeheuer" genannt wurde, ihn kurz vor seiner Abreise aus Deutschland aufsuchte, erkannte Drucker, welche Zukunft dem Land bevorstand. Er betrachtete den Nazismus in erster Linie als gesellschaftliches Phänomen; erst sehr viel später wurde sein Buch *The End of Economic Man* aus diesem Grund von der akademischen Welt zurückgewiesen.

Drucker beobachtete außerdem, dass die Todsünde des Hochmuts ebenso zerstörerisch sein kann wie ein Ungeheuer von der Art des Reinhold Hensch. Paul Scheffers Glaube – „nur ich kann das Schlimmste verhindern" – führte direkt in den Abgrund. Trotz seiner guten Vorsätze wurde Scheffer schnell zu einem Komplizen der Nazis. Er war ihr Aushängeschild auf der internationalen Bühne, der ihnen eine Zeitlang nach außen einen gewissen legitimen Anstrich gab. Indem er zu verschleiern half, was unter der Naziherrschaft in Deutschland vorging, lieferte er etlichen Politikern im Ausland möglicherweise einen Vorwand, sich auf eine neutrale Position zurückzuziehen.

Im Ergebnis beurteilt Drucker das Lamm als genauso fatal und destruktiv wie das Ungeheuer. Beiden verdankt er anschauliche Vorstellungen – dadurch, dass er diese beiden Männer kannte, wusste er genau, wogegen er sich wenden musste. In allen seinen Büchern, in seiner gesamten Lehr- und Beratungstätigkeit ging es ihm immer darum, Wissen zu verbreiten und zum Gebrauch des Verstandes anzuregen, unsere Institutionen zu stärken und anderen zu zeigen, dass es sich lohnt, dasselbe zu tun. Drucker war zeit seines Lebens ein äußerst bescheidener Mensch, der sich nie zu Hochmut oder Stolz hinreißen ließ. Wenn er einen Fehler gemacht hatte, gab er dies ohne Umschweife zu, zog seine Lehren daraus und fuhr mit seiner Arbeit fort.

Nach Meinung der Drucker-Biografin Elizabeth Haas Edersheim war Druckers unmittelbares Erleben der Krisenzeiten nach dem Ersten Weltkrieg – bei Kriegsende 1918 war Drucker neun Jahre alt, 1933 war er dreiundzwanzig – für sein gesamtes weiteres Leben prägend: „Peters Leidenschaft war die direkte Folge des Niedergangs der europäischen Wirtschaft um 1930, den er selbst erlebte.", schrieb sie in *The Definitive Drucker* (dt.: Peter F. Drucker – Alles über Management, Redline Wirtschaft, 2007, S. 32).

„Das Versagen und der Zusammenbruch, den er in den 30er-Jahren beschrieb, standen seiner Auffassung nach in direkter Verbindung mit dem schlechten Management in der Regierung und in der Wirtschaft. Er war überzeugt, dass das Fehlen eines entwicklungsfähigen Motors in der europäischen Wirtschaft Adolf Hitler erst an die Macht brachte."

Weiterhin erklärt sie: „Der Aufstieg von Faschismus und Kommunismus bestätigte Druckers Ansicht, dass in jeder Gesellschaft ein entscheidendes Bedürfnis nach dynamischen Unternehmen besteht. Ohne ökonomische Möglichkeiten, so schrieb er im Jahr 1933, „stellten die Menschen in Europa erstmals fest, dass die Existenz in dieser Gesellschaft nicht von Rationalität und Vernunft bestimmt wird, sondern von blinden, irrationalen und dämonischen Kräften". Nach seiner Meinung isoliert das Fehlen eines ökonomischen Motors die Menschen und lässt sie destruktiv werden."

Druckers erste zwei Bücher (die beiden von den Nazis unterdrückten Broschüren zählen hier nicht mit) befassten sich mit diesen Themen. Druckers erstes Buch *The End of Economic Man: A Study of the New Totalitarism* kam im Frühjahr 1939 in New York heraus. Schon kurz nach seiner Veröffentlichung erlangte es sehr viel Aufmerksamkeit, vor allem, wenn man bedenkt, dass es sich um ein Erstlingswerk handelte. Es enthielt eine genaue Voraussage des Holocaust.

Churchill war voll des Lobes über dieses Buch. Nachdem er britischer Premierminister geworden war, ordnete er an, dass Druckers Buch zur Grundausrüstung jedes Offiziersanwärters in Großbritannien gehören musste. (Das andere Buch, das zu dieser Ausrüstung gehörte, war *Alice im Wunderland* von Lewis Carroll. Als Drucker davon hörte, meinte er, da habe jemand aber einen eigenartigen Sinn für Humor.)

Auch wenn das Buch erst ein halbes Jahr vor Beginn des Zweiten Weltkrieges veröffentlicht wurde, so hatte Drucker schon sehr viel früher mit dem Schreiben begonnen, nämlich bereits kurz nach Hitlers Machtübernahme 1933. Die Art und Weise, wie das Buch von der akademischen Welt ignoriert und ablehnend behandelt wurde, war schon ein Vorzeichen für Druckers gesamte übrige berufliche Laufbahn. In den 1960er- und 1970er-Jahren wurde das Buch von der Gelehrtenwelt einfach nicht zur Kenntnis genommen, erzählte Drucker. Der Grund dafür war, dass es nicht in die beiden vorherrschenden Erklärungsmuster für das Aufkommen des Nazismus passte: Das eine besagte, der Nazismus sei ein „hauptsächlich deutsches Phänomen", das andere, es handle sich um „das letzte Aufbäumen des Kapitalismus".

Druckers Buch hingegen „behandelte den Nazismus – und den Totalitarismus insgesamt – als eine *gesamteuropäische* Krankheit, die im Hitler-Deutschland nur ihre extremste und wahrlich krankhafteste Ausprägung fand, wobei der Stalinismus aber auch nicht wesentlich anders und nicht wesentlich besser war. Das wurde „nicht als politisch korrekt" angesehen", lautet Druckers resignierter Kommentar dazu.

Der andere Grund, warum das Buch seiner Meinung nach ignoriert wurde, lag darin, dass es ein „komplexes gesellschaftliches Phänomen als gesellschaftliches Phänomen behandelte". – „Das wird immer noch als Ketzerei betrachtet", schrieb er 1994.

Im Jahr 1942 veröffentlichte Drucker das Buch *The Future of Industrial Man* (dt.: Die Zukunft der Industriegesellschaft, 1967), das seiner mehrjährigen Studie über General Motors und der Veröffentlichung seines ersten Wirtschaftsbuchs *Concept of the Corporation* unmittelbar vorausging. In diesem Buch vertritt Drucker den Standpunkt, „dass die fundamentalste Institution in einer Industriegesellschaft eine Gemeinschaft sein muss, die einen Status verleiht, und eine Gesellschaft, die ihren Mitgliedern eine Funktion überträgt. Die Gesellschaft braucht hierzu eine bestimmte Institution. Bisher nenne ich diese Institution allerdings noch nicht Unternehmen."

Drucker sagte, dass das Wort *Unternehmen* bis in die erste Nachkriegszeit nach dem Zweiten Weltkrieg nicht verwendet wurde; möglicherweise sei er der Erste gewesen, der das Wort in Sinne eines „großen Wirtschaftsbetriebs" in *Concept of the Corporation* gebraucht habe. In *Industrial Man* vertritt er den Standpunkt, dass sich die moderne Industriegesellschaft, wie sie sich zu jener Zeit abzeichnete, von allen vorausgegangenen Gesellschaftsformen unterscheide. „Sie ist anders strukturiert als die Gesellschaften des 19. und des frühen 20. Jahrhunderts, mit anderen Anforderungen, anderen Werten und anderen Chancen."

In diesen ersten beiden Büchern kann man schon den Drucker erkennen, der das moderne Management, wie wir es heute kennen, als eigenen Bereich des gesellschaftlichen Lebens herausarbeitet und „erfindet". Er betrachtete auch den Nazismus und den Totalitarismus als „gesellschaftliche" Phänomene. In *The Future of Industrial Man* sah er die aufkommende moderne Industriegesellschaft, die aufkommenden Großunternehmen (die man noch nicht so bezeichnete) als etwas, das sich von den Wirtschaftsinstitutionen des späten 19. Jahrhunderts wie denen des frühen 20. Jahrhunderts deutlich unterschied. Und dieser Unterschied besteht nicht nur hinsichtlich der Struktur oder der äußeren Form – es geht auch um andere Chancen und Werte.

Während der ersten Stunde meines Gespräches mit ihm, ließ er sich darüber aus, wie er das Management als gesellschaftliche Einrichtung begriffen und darzustellen versucht habe. Niemand habe bis dahin ein Wirtschaftsunternehmen als eine gesellschaftliche Einrichtung betrachtet. „Das hatte zwar keinen langanhaltenden Effekt, aber es hatte den größten Einfluss", stellte Drucker fest.

Drucker sagte zu mir, wenn es die beiden vorangegangenen Bücher nicht gegeben hätte, dann wäre *Concept of the Corporation* nie erschienen. Sein Verlag publizierte *Concept* nur deswegen, weil Druckers erste beiden Bücher sehr erfolgreich waren. Und wäre *Concept* nicht erschienen, dann hätte der Peter Drucker, wie wir ihn kennen – der Erfinder des Managements – möglicherweise einen ganz anderen Lebens- und Berufsweg eingeschlagen. Das möchte ich mir lieber nicht ausmalen.

Danksagung

Ohne die enge Zusammenarbeit mit Peter F. Drucker wäre dieses Buch nie zustande gekommen. Als Dr. Drucker von meinem Vorhaben erfuhr, bot er mir jede erdenkliche Hilfe an und löste dieses Versprechen auf vielerlei Weise ein. Ich stehe tief in seiner Schuld und werde mich seiner immer als eines großen, außergewöhnlichen Menschen erinnern, der er tatsächlich war.

Eine Reihe von Kollegen und Freunden haben das Manuskript in einem frühen Stadium gelesen und haben Verbesserungsvorschläge gemacht und alle waren so freundlich, dem Buch schriftliche Testimonials mit auf den Weg zu geben. Zu diesen sehr geschätzten Freunden und Kollegen gehören: Warren Bennis, Philip Kotler, Robert J. Herbold, Barbara Bund, Jack Zenger, Christopher Bartlett und Bill McDermott. Ich danke ihnen sehr, dass sich alle diese vielbeschäftigten Menschen die Zeit genommen haben, das Manuskript zu lesen und ihre Vorschläge dazu zu machen.

Die Portfolio-Gruppe im Penguin-Verlag ist ein unvergleichliches Team. Zuallererst möchte ich Adrian Zackheim erwähnen, der nicht nur der Begründer der Portfolio-Reihe ist, sondern auch mein Herausgeber (und mein Chef!). Von verlegerischer Seite hat er allein den Sinn und Zweck eines Buches erkannt, dessen Absicht es war, den Menschen Drucker und zugleich dessen wichtigste Ideen und Konzepte in einem einzigen Werk vorzustellen.

Danksagung

Courtney Young war mit ihren vielen hilfreichen und richtigen Vorschlägen wie immer die zuverlässigste Lektorin, die man sich wünschen kann. Außerdem möchte ich Will Weiser, Maureen Cole und Daniel Lagin für das perfekte Layout danken, Noirin Lucas für die herstellerische Betreuung und Joseph Perez für seinen inspirierten Umschlagentwurf.

Dank schulde ich weiterhin meiner Agentin Margret McBride und ihrem tollen Team – Donna Debutis, Faye Atchison und Anne Bomke. Dank ihrer Bemühungen ist das Buch viel besser geworden.

Unendlich viel Unterstützung verdanke ich meiner Familie. Meine Frau Nancy und die beiden Zwillinge Noah und Joshua ließen mir immer genug Zeit zum Schreiben, auch wenn ich dabei den einen im rechten und den anderen im linken Arm hielt. Sie sind das Wichtigste in meinem Leben und geben allem, was ich tue seinen Sinn. Ich kann mich einfach nur glücklich schätzen, dass ich sie habe.

Und zum Schluss möchte ich auch meiner Mutter und meinem Vater danken, die mich zu dem gemacht haben, was ich heute bin.

Quellenverzeichnis

Ohne die enge Zusammenarbeit mit Peter F. Drucker hätte dieses Buch nicht in dieser Form erscheinen können. Neben dem ausführlichen Interview, das er mir gewährte, gab er mir großzügig die Erlaubnis, nach Belieben aus allen seinen Büchern zu zitieren (sowie aus allen Büchern, die über ihn geschrieben wurden). Von seinem ersten Wirtschaftsbuch *Concept of the Corporation* (dt.: Das Großunternehmen) bis zu *Management Challenges for the 21st Century* (dt.: Management im 21. Jahrhundert) bilden seine Worte und seine Lehren den eigentlichen Stoff dieses Buches und dafür stehe ich tief in seiner Schuld. Viele der hier verwendeten Zitate stammen aus dem Gespräch, das ich am 22. Dezember 2003 in seinem Haus in Claremont in Kalifornien mit ihm führte. Weitere stammen aus den Briefen, die wir vor und nach diesem Interview noch austauschten. Gleichwohl stammt der Löwenanteil der Drucker-Zitate in diesem Buch aus den Werken, die unten aufgeführt sind.

Das mit Abstand nützlichste Buch von allen war *The Practice of Management* (dt.: Die Praxis des Managements), sein frühes Meisterwerk, das 1954 in Amerika erschien. Es war seiner Zeit weit voraus und ist möglicherweise das beste Buch über Management, das jemals geschrieben wurde. Andere Zitate stammen aus *Managing for Results* (1964, dt.: Sinnvoll wirtschaften, 1965) und *The Effective Executive* (1967, dt.: Die ideale Führungskraft, 1967), den beiden besten seiner früheren Werke. *Management Challenges for the 21st Century* (1999, dt.: Management im 21. Jahrhundert, 1999), eines von Druckers letzten Büchern, bot unschätzbare Einsichten über seine aktuellen Meinungen zu einer Reihe von wichtigen Themen. *Adventures of a Bystander* (1979, dt.: Zaungast der Zeit, 1981) Druckers einzigartiges Memoirenwerk, war die Hauptquelle für das Material, das im Epilog Verwendung fand.

Außerdem gab es noch weitere Artikel und Bücher, die sich bei der Ausarbeitung dieses Buches als unverzichtbar erwiesen haben. Im Anschluss findet sich eine ausführliche Liste mit Quellenangaben. An dieser Stelle möchte ich jedoch auf einige besonders hilfreiche Quellen ausdrücklich hinweisen: Dank John Byrnes ausgezeichneter Titelgeschichte in *Business Week* „Der Mann, der das Management erfand", die nur wenige Tage nach Druckers Tod erschien, konnte ich einige wichtige, pointierte Details über Drucker und sein Denken in der letzten Phase seines Lebens ergänzen.

Durch das Buch von Elizabeth Haas Edersheim *The Definitive Drucker* (2006, dt.: Peter F. Drucker – Alles über Management, 2007) konnte ich einige Lücken, insbesondere über Druckers allererste Schriften (neben anderem), füllen.

Das Interview, das Rich Karlgaard mit Peter Drucker geführt hat und das am 19. November 2004 in Forbes.com erschien, trug auch noch einmal dazu bei, Druckers Denken auf seinem neuesten Stand ein Jahr nach meinem Gespräch mit ihm und ein Jahr vor seinem Tod zu präsentieren.

John Micklethwaits und Adrian Wooldridges Buch *The Witch Doctors: Making Sense of the Management Gurus* (1996) erwies sich als hervorragendes Nachschlagewerk, dem ich sehr treffende Zitate und einiges an Hintergrundinformation entnehmen konnte.

Weitere Bücher, die sich als besonders hilfreich erwiesen, sind: *Only the Paranoid Survive* (dt.: Nur die Paranoiden überleben. Strategische Wendepunkte vorzeitig erkennen, 1997) von Andy Grove (1996), *The Innovator's Dilemma* von Clayton Christensen (1997), *Execution* von Larry Bossidy und Ram Charan (2002), *The Extraordinary Leader* von John Zenger und Joseph Folkman (2002) sowie *Now Discover Your Strength* (dt.: Entdecken Sie Ihre Stärken jetzt!, 2002) von Marcus Buckingham und Donald Clifton (2001).

Literaturliste

Bitte beachten: eine detaillierte Zitatenliste mit spezifischen Quellenangaben findet sich auf meiner Website: JeffreyKrames.com oder insidedruckersbrain.com

Beatty, Jack. *The World According to Drucker*. (dt.: Die Welt des Peter Drucker, 1998) New York: Free Press, 1998.

Bezos, Jeff. 1997, 1998, 1999, 2000 jährlicher Brief an die Aktionäre von Amazon.com.

Bossidy, Larry und Ram Charan. *Execution: The Discipline of Getting Things Done*. (dt.: Managen heißt machen, 2002) New York: Crown Business, 2002.

Buckingham, Marcus und Donald Clifton. *Now, Discover Your Strengths*. (dt.: Entdecken Sie Ihre Stärken jetzt!, 2002) New York: Free Press, 2001.

Byrne, John. „The Man Who Invented Management." *BusinessWeek*, 28. November 2005.

Christensen, Clayton. *The Innovator's Dilemma: When New Technologies Cause Great Firms to Fail*. Cambridge: Harvard Business School Press, 1997.

Collins, Jim. *Good to Great: Why Some Companies Make the Leap ... and Others Don't*. (dt.: Der Weg zu den Besten, 2003) New York: Collins, 2001.

Literaturliste

Collins, Jim. Aus dem Vorwort von *The Daily Drucker: 366 Days of Insight and Motivation for Getting the Right Things Done*. New York: Collins, 2003.

Colvin, Geoffrey. „Blue Cross Blue Shield." *Fortune*, 16. Oktober 2006.

Drucker, Peter F. *The End of Economic Man*. New York: Heinemann, 1939. Transaction edition, 1994.

Drucker, Peter F. *The Future of Industrial Man* (dt.: Die Zukunft der Industriegesellschaft, 1967). New York: The John Day Company, 1942.

Drucker, Peter F. *Concept of the Corporation*. New York: The John Day Company, 1946.

Drucker, Peter F. *The Practice of Management* (dt.: Die Praxis des Managements, 1956). New York: Harper & Row, 1954 (Verlängerung des Copyright 1982).

Drucker, Peter F. *Managing for Results* (dt.: Sinnvoll wirtschaften, 1965). New York: Harper & Row, 1964.

Drucker, Peter F. *The Effective Executive* (dt.: Die ideale Führungskraft, 1967). New York: Harper & Row, 1967.

Drucker, Peter F. *Technology, Management and Society*. New York: HarperCollins, 1970.

Drucker, Peter F. *Management: Tasks, Responsibilites, Practices*. New York: Harper & Row, 1974.

Drucker, Peter F. *The Changing World of the Executive*. New York: Times Books, 1982.

Drucker, Peter F. *Innovation and Entrepreneurship* (dt.: Innovations-Management für Wirtschaft und Politik, 1985). New York: HarperCollins, 1985.

Drucker, Peter F. „The Coming of the New Organization." *Harvard Business Review,* Januar – Februar 1988.

Drucker, Peter F. *Managing the Non-Profit Organization*. New York: HarperCollins, 1990.

Drucker, Peter F. *Managing for the Future*. New York: Plume, 1993.

Drucker, Peter F. *The Post-Capitalist Society* (dt.: Die postkapitalistische Gesellschaft, 1993). New York: HarperCollins, 1993.

Drucker, Peter F. *Adventures of a Bystander* (dt.: Zaungast der Zeit) New York: HarperCollins, 1998.

Drucker, Peter F. *Peter Drucker on the Profession of Management.* Cambridge: Harvard University Press, 1998.

Drucker, Peter F. *Management Challenges for the 21st Century* (dt.: Management im 21. Jahrhundert, 1999). New York: Collins, 1999.

Drucker, Peter F. *The Essential Drucker: The Best of Sixty Years of Peter Drucker's Essential Writings on Management* (dt.: Was ist Management – Das beste aus 50 Jahren, 2002). New York: Collins, 2001.

Drucker, Peter F. *Managing in the Next Society.* New York: St. Martin's Press, 2002.

Drucker, Peter F. Brief an Jeffrey A. Krames, 14. November 2003.

Drucker, Peter F. „Clayton Christensen on Peter Drucker." Thought Leader's Forum, Peter F. Drucker Biography, The Peter F. Drucker Foundation for Nonprofit Organizations.

Drucker, Peter F. und Joseph A. Maciariello. *The Effecitve Executive in Action: A Journal for Getting the Right Things Done.* New York: Collins, 2005.

Edersheim, Elizabeth Haas. *The Definitive Drucker* (dt.: Peter F. Drucker – Alles über Management, Redline Wirtschaft, 2007). New York: McGraw-Hill, 2007.

Grove, Andrew S. *Only the Paranoid Survive* (dt.: Nur die Paranoiden überleben. Strategische Wendepunkte vorzeitig erkennen, 1997). New York: Doubleday Currency, 1996.

Grove, Andrew S. „Andy Grove on Intel." *Upside*, 12. Oktober 1997.

Grove, Andrew S. Academy of Management speech, San Diego, Kalifornien, 9. August, 1998.

Grove, Andrew S. Interview mit John Heilemann. *Wired* magazine, Juni 2001.

Humby, Clive, Terry Hunt, und Tim Phillips. *Scoring Points: How Tesco Continues to Win Customer Loyality.* London: Kogan Page, 2007.

Karlgaard, Rich. Peter Drucker Interview mit Rich Karlgaard, „Peter Drucker on Leadership." Forbes.com, 19. November, 2004.

Kennedy, Carol. *Guide to the Management Gurus* (dt.: Management Gurus. 40 Vordenker und ihre Ideen, 1998). London: Random House, UK, fünfte Ausgabe, 1991.

Krames, Jeffrey A. *What the Best CEOs Know.* New York: McGraw-Hill, 2003.

Lafley, A. G., aus dem Vorwort, in Edersheim, *The Definitive Drucker* (dt.: Peter F. Drucker – Alles über Management, Redline Wirtschaft, 2007).

Magee, David. *How Toyota Became #1.* New York: Portfolio, 2007.

Micklethwait, John und Wooldridge, Adrian. *The Witch Doctors: Making Sense of the Management Gurus.* New York: Times Books, 1997.

Montgomery, David. *Fall of the House of Labor.* Boston: Cambridge University Press, 1989.

O'Toole, James. *Leadership A to Z: A Guide for the Appropriately Ambitious.* New York: Jossey-Bass, 1999.

Rothschild, William E. *The Secret to GE's Success.* New York: McGraw-Hill, 2007.

Spector, Robert. *Amazon.com: Get Big Fast* (dt.: amazon.com, 2000). New York: HarperBusiness, 2000.

Tichy, Noel M. und Stratford Sherman. *Control Your Destiny or Someone Else Will.* New York: Doubleday Currency, 1993.

Watson, Thomas J. *Father, Son & Company: My Life at IBM and Beyond* (dt.: Der Vater, der Sohn und die Firma. Die IBM-Story, 1996). New York: Bantam Books, 1991.

Welch, Jack. *Jack: Straight from the Gut* (dt.: Was zählt – Die Autobiographie des besten Managers der Welt, 2001). New York: Warner Books, 2001.

Zenger, John H. HR.com Webcast, 1. Juli, 2005.

Zenger, John H., und Joseph Folkman. *The Extraordinary Leader: Turning Good Managers into Great Leaders.* New York: McGraw-Hill, 2002.

Register

3M 120
80/20-Regel 48f., 61

A
Adventures of a Bystander (dt.: Zaungast der Zeit) 11, 221, 226
Alice im Wunderland 243
Amazon.com 160, 162f.
Amazon.com: Get Big Fast (dt.: Amazon.com) 163
American Booksellers' Association 161
American Heart Association 190
American Telephone and Telegraph Company (AT&T) 159
Andon-Leine 104
Apple 38
Arendt, Hannah 239
Automobilindustrie 101

B
Beatty, Jack 74
Berliner Tageblatt 237ff.
Bezos, Jeff 160ff.
Biotechnologie 184f.
Blanchard, Kenneth H. 145
Blue Books 138f., 151
Boeing 120
Books.com 162
Booz Allen and Hamilton 140

Börsenkrach von 1929 233
Bossidy, Larry 13, 40, 43
Brown, Donaldson 29
Buckingham, Marcus 13, 112f.
Bund, Barbara 58, 247
Bush, George W. 26
Business Strategies (dt.: Unternehmensstrategien) 157
Business Week 11, 75, 218, 222
Byrne, John 11, 21, 75, 222

C
CARE 190
Carnegie, Andrew 122, 177
Carrefour 65
Carroll, Lewis 243
Cash-Cow 38, 101f., 210
Champy, James 12
Chaplin, Charlie 89
Charan, Ram 13, 40, 43,
Cho, Fujio 102
Christensen, Clayton 13, 203, 215ff.
Chrysler 102, 105
Churchill, Winston 26, 124, 193ff.
clbooks.com 162
Clifton, Donald 13, 112f.
Clinton, Bill 143
Clinton, Hillary 143
Coca-Cola 54

Collins, Jim 12, 73f., 108, 128
Concept of the Corporation (dt.: Das Großunternehmen) 18, 25, 30f., 75, 78, 84, 89f., 125, 244
Cordiner, Ralph 135, 138ff., 151
Croson, David 13
Customer-Value 66

D

Der Weg zu den Besten 73, 108
Dell, Michael 13
Die Grundsätze wissenschaftlicher Betriebsführung 88
Die Praxis des Management 12, 42, 44, 58, 73ff., 78, 90, 175, 202, 204, 217, 241
Donaldson, Lufkin & Jenrette 202
Don Quixote (Cervantes) 21
Dow Jones 167
Drei-Stellvertreter-Regel 151
Drucker, Adolph 224
Drucker, Caroline 224
Drucker, Doris 20, 22
DuPont 76ff.
du Pont, Pierre S. 76f., 82, 178

E

Edersheim, Elizabeth Haas 12, 95, 119, 128, 137, 242
Edison, Thomas 103
Eichmann, Adolf 239
Eisenhower, Dwight D. 32, 124, 130
E*TRADE 213
Execution: The Discipline of Getting Things Done (dt.: Managen heißt machen) 40

F

Faschismus 25, 32, 241f.
Fayol, Henri 41, 88
Finkelstein, Sydney 106
Folkman, Joseph 115
Follett, Mary Parker 86f., 91
Forbes 124, 215, 218

Ford 74, 88, 101f., 126
Ford, Henry 88, 92, 103, 126
Fortune 30, 105f., 238
Frankfurter General Anzeiger 235
Freud, Siegmund 174, 225

G

Garrett, Paul 29
Gates, Bill 13
General Electric (GE) 8, 16, 40, 47, 57, 63, 65, 74, 78, 82, 94, 105f., 117ff., 126, 128, 133ff., 138ff., 220
General Motors (GM) 18, 28ff., 74, 77f., 85, 92, 101f., 118, 125, 133, 155, 170, 244
Gerstner, Lou 64
G.I. Bill of Rights 77
Good to Great (dt.: Der Weg zu den Besten) 12, 108, 128
Graham, Benjamin 167
Greenspan, Alan 143
Grove, Andy 13, 42, 126, 203, 209, 211f., 214f., 218

H

Hammer, Michael 12
Handy, Charles 12
Harvard Business Review 177f.
Heilsarmee 190
Hensch, Reinhold 235ff., 239, 241
Hewlett-Packard 73, 82
Hitler, Adolf 32, 124, 129, 174, 193, 223, 234ff., 241ff.
Hoffmann, Josef 224
Holocaust 174, 236, 243
Home Depot 65, 120
How Toyota Became No. 1 104
Human-Relations-Theorie 91

I

IBM 64, 93, 139, 159, 210
Immer erfolgreich 12, 74f., 128
Innovation and Entrepreneurship (dt.: Innovationsmanagement für Wirtschaft und Politik) 75, 201, 213

In Search of Excellence
    (dt.: Auf der Suche nach Spitzen-
    leistungen)   *12, 41, 145*
Intel   *13, 42, 126, 209ff.*
iPod   *38*

J

Jack – Straight from the Gut (dt.: Was
    zählt: Die Autobiographie des
    besten Managers der Welt)   *141*
Jefferson, Thomas   *83*
Johannes Paul II.   *143*
John Deere   *104*
Johnson, Spencer   *145*
Jones, Reginald   *133ff., 141f.*
J.P. Morgan   *177*

K

kaizen   *104f.*
Kennedy, John F.   *223*
Kmart   *209*
Krisen-Management   *202*

L

Lafley, A.G.   *112, 173*
Leahy, Sir Terry   *67*
Levitt, Theodore   *41*
Lincoln, Abraham   *130,*
Logischer Empirismus   *224*
Loyalität   *129, 132*
Luce, Henry   *238*

M

MacArthur, Douglas   *124, 130, 197*
Magee, David   *104*
Management by Objectives (MBO)   *41f.,
    116, 138*
*Management Challenges for the 21st Cen-
    tury* (dt.: Management im 21. Jahr-
    hundert)   *143, 178*
*Management: Tasks, Responsibilities,
    Practices* (dt.: Neue Management-
    Praxis)   *176*

Managing for Results (dt.: Sinnvoll Wirt-
    schaften)   *39, 58, 62, 75, 148f.,
    152, 157*
Managing Ignorance (dt.: Wie man
    Unwissenheit managt)   *100*
Managing in the Next Society   *126*
*Managing the Non-Profit-
    Organisation*   *192, 199*
Mao Tse-Tung   *124, 129*
Marshall, George   *124*
Massachusetts Institute of Technology
    (MIT)   *58*
Mayer, David N.   *84*
Mayo, George Elton   *41, 91f.*
McKinsey's Marvin Bower   *137*
McNerney, James   *120*
Mein Kampf (Hitler)   *236*
Medal of Freedom   *26*
Merck   *74*
Merrill Lynch   *213*
Micklethwait, John   *41, 90*
Mission Statement   *51f., 66*
Montgelas, Albert   *237f.*
Montgomery, Bernard   *124*
Montgomery, David   *89*
Morrison, Mike   *117*
Motorola   *74, 105*
muda   *104*
Mulally, Alan   *102*
Mussolini, Benito   *124*

N

Nabisco   *54, 64*
Navajo Tribal Council   *190*
New Deal   *160, 226*
New Economy   *160, 164, 183*
New York Times   *236f.*
Nixon, Richard   *26*
Nolan, Richard   *13*
Now, Discover your Strength (dt.: Entde-
    cken Sie Ihre Stärken jetzt!)   *112*
NutriSystem   *50*

O

Ohno, Taiichi 104
Only the Paranoid Survive (dt.: Nur die Paranoiden überleben. Strategische Wendepunkte vorzeitig erkennen) 209, 211ff.
Other Lives in My Times (dt.: Aus dem Leben meiner Zeitgenossen) 221
O'Toole, James 13, 42, 125

P

Packard, David 73
Peters, Tom 12, 41f.
Porras, Jerry 74
Post-Capitalist Society (dt.: Die postkapitalistische Gesellschaft) 107
Press, Jim 105
Procter & Gamble 74, 112, 173
Psychology Today 202

R

Random House 161
Reagan, Ronald 124
Reengineering the Corporation 12, 40
Roosevelt, Franklin D. 78, 124, 130, 194ff., 223, 237
Rothschild, William 139

S

Saturday Evening Post 202
Scheffer, Paul 237ff.
Schumpeter, Joseph 224f.
Scientific Management 41, 87, 91
Scoring Points: How Tesco Continues to Win Customer Loyalty 67
Shareholder-Value 66, 167
Shaw, David 161
Six-Sigma-Programm 105
Slater, Robert 219
Sloan, Alfred 77, 85, 92, 118, 125f., 133, 155, 178
Smiddy, Harold 140
Sony 38
Spector, Robert 163

Stahl, Friedrich Julius 234
Stärke-Doktrin 113, 117, 119
Stärke-Revolution 112f.
Stärke-Training 117
Stern School of Business 192

T

Talley, Truman 9
Target-Märkte 209
Taylor, Frederick 41, 87, 90ff.
Taylorismus 41, 87, 91f., 150
TD AMERITRADE 213
Tesco 65ff.
Thatcher, Margaret 74
The Age of Discontinuity (dt.: Die Zukunft bewältigen) 75
The Atlantic Monthly 184
The Coming of the New Organisation (dt.: Das Unternehmensmodell für die Zukunft) 177
The Daily Drucker 21
The Definitive Drucker (dt.: Alles über Management) 95, 242
The Economist 41
The Effective Executive (dt.: Die ideale Führungskraft) 21, 62, 75, 149
The End of Economic Man 25, 194, 236, 241, 243
The Effective Executive in Action 21
The Extraordinary Leader 115
The Future of Industrial Man (dt.: Die Zukunft der Industriegesellschaft) 244
The Innovator's Dilemma 13, 215
The new GE: How Jack Welch revived an American Institution 219
The One Minute Manager (dt.: Der Minuten-Manager) 145
The Practice of Management (dt.: Sinnvoll wirtschaften) 12f., 42f., 58, 75, 78
The Wall Street Journal 142
The World According to Drucker (dt.: Die Welt des Peter Drucker) 74
Tichy, Noel 57, 138f.
Toyoda, Sakichi 103

Toyota *101ff.*, *117*
Toyota Production Systems (TPS) *104*
Truman, Harry *124*, *130*, *196*, *223*
TWIST-Programm (Tesco Week in Store Together) *66f.*, *69*

U

University of Toyota *117*

V

Verlagswesen *20ff.*, *53ff.*

W

Wal Mart *65*, *68*, *104*, *209*, *212*
Walton, Sam *209*, *211f.*
Watson, Thomas J. *93*, *159*

Welch, Jack *8*, *16*, *40*, *63ff.*, *94*, *106*, *117*, *119ff.*, *125f.*, *128*, *133ff.*, *219*
Why Smart Executives Fail (dt.: Warum kluge Manager scheitern) *106*
Wiener Kreis *224f.*
Wooldridge, Adrian *41*, *90*, *250*
Wordsworth.com *162*

X

Xerox *170*

Z

Zenger, Jack *114f.*, *247*
zShops *170*

Lust auf mehr?
www.ftd.de/bibliothek

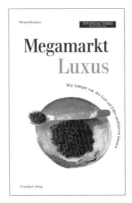

Karin Kneissl
Die Energiepoker
Wie Erdöl und Erdgas
die Weltwirtschaft
beeinflussen

ISBN 978-3-89879-448-0
Preis 29,90 Euro (D),
30,80 Euro (A), sFr. 49,90
266 Seiten

Michael Brückner
Megamarkt Luxus
Wie Anleger von der Lust auf
Edles profitieren können

ISBN 978-3-89879-376-6
Preis 34,90 Euro (D),
35,90 Euro (A), sFr. 59,00
212 Seiten

Michael Brückner
**Uhren als
Kapitalanlage**
Status, Luxus,
lukrative Investition

ISBN 978-3-89879-152-6
Preis 34,90 Euro (D),
35,90 Euro (A), sFr. 59,00
294 Seiten

:::: Lust auf mehr? www.ftd.de/bibliothek ::

Adrian Gostick/Chester Elton
**Zuckerbrot statt
Peitsche**
Wie man mit einer täglichen
Dosis Anerkennung sein Un-
ternehmen nach vorn bringt

ISBN 978-3-89879-374-2
Preis 34,90 Euro (D),
35,90 Euro (A), sFr. 59,00
234 Seiten

Bernard Baumohl
**Die Geheimnisse
der Wirtschafts-
indikatoren**

ISBN 978-3-89879-261-5
Preis 34,90 Euro (D),
35,90 Euro (A), sFr. 59,00
407 Seiten

Steffen Klusmann (Hrsg.)
**Die 101 Haudegen
der deutschen
Wirtschaft**
Köpfe, Karrieren
und Konzepte

ISBN 978-3-89879-186-1
Preis 29,90 Euro (D),
30,80 Euro (A), sFr. 49,90
471 Seiten

Jeffrey K. Liker
Der Toyota Weg
14 Managementprinzipien des weltweit erfolgreichsten Automobilkonzerns

ISBN 978-3-89879-188-5
Preis 34,90 Euro (D),
35,90 Euro (A), sFr. 59,00
432 Seiten

Jeffrey K. Liker/David P. Meier
Praxisbuch Der Toyota Weg
Für jedes Unternehmen

ISBN 978-3-89879-258-5
Preis 34,90 Euro (D),
35,90 Euro (A), sFr. 59,00
601 Seiten

Jeffrey K. Liker/David P. Maier
Toyota Talent
Erfolgsfaktor Mitarbeiter – wie man das Potenzial seiner Angestellten entdeckt und fördert

ISBN 978-3-89879-350-6
Preis 34,90 Euro (D),
35,90 Euro (A), sFr. 59,00
363 Seiten

::: **Lust auf mehr? www.ftd.de/bibliothek** :::

Rolf Elgeti
Der kommende Immobilienmarkt in Deutschland
Warum kaufen besser ist als mieten

ISBN 978-3-89879-373-5
Preis 34,90 Euro (D),
35,90 Euro (A), sFr. 59,00
252 Seiten

Daniel Nissanoff
Future Shop
Konsumgesellschaft im Wandel

ISBN 978-3-89879-259-2
Preis 29,90 Euro (D),
30,80 Euro (A), sFr. 49,90
248 Seiten

Howard Moskowitz/Alex Gofman
Selling Blue Elephants
Wie man Produkte kreiert, von denen der Konsument heute noch nicht weiß, dass er morgen nicht mehr auf sie verzichten kann

ISBN 978-3-89879-349-0
Preis 34,90 Euro (D),
35,90 Euro (A), sFr. 59,00
272 Seiten

Wenn Sie **Interesse** an **unseren Büchern** haben,

z. B. als Geschenk für Ihre Kundenbindungsprojekte, fordern Sie unsere attraktiven Sonderkonditionen an.

Weitere Informationen erhalten Sie bei Nikolas Kuplent unter +49 89 651285-276

oder schreiben Sie uns per E-Mail an:

nkuplent@finanzbuchverlag.de

FinanzBuch Verlag

Leander Kahney

Steve Jobs' kleines Weißbuch

Folgende Titel sind bisher in der Financial Times Deutschland Bibliothek erschienen:

Bernard Baumohl
Die Geheimnisse der Wirtschaftsindikatoren

Michael Brückner
Uhren als Kapitalanlage

Michael Brückner
Megamarkt Luxus

Rolf Elgeti
Der kommende Immobilienmarkt in Deutschland

Hans Joachim Fuchs
Die China AG

Charles R. Geisst
Die Geschichte der Wall Street

Adrian Gostick / Chester Elton
Zuckerbrot statt Peitsche

Robert L. Heilbroner
Die Denker der Wirtschaft

Leander Kahney
Steve Jobs' kleines Weißbuch

Steffen Klusmann
101 Haudegen der deutschen Wirtschaft

Steffen Klusmann
Töchter der deutschen Wirtschaft

Dr. Karin Kneissl
Der Energiepoker

Jeffrey K. Liker
Der Toyota Weg

Jeffrey K. Liker / David P. Meier
Praxisbuch „Der Toyota Weg"

Jeffrey K. Liker / David P. Meier
Toyota Talent

Paul Millier
Auf dem Prüfstand

Geoffrey A. Moore
Darwins Erben

Howard Moskowitz / Alex Gofman
Selling Blue Elephants

Peter Navarro
Das komplette Wissen der MBAs

Daniel Nissanoff
FutureShop

J. Porras, S. Emery, M. Thompson
Der Weg zum Erfolg

Joachim Schwass
Wachstumsstrategien für Familienunternehmen

www.finanzbuchverlag.de/ftd

Leander Kahney

Steve Jobs'
kleines
Weißbuch

Die bahnbrechenden
Managementprinzipien
eines Revolutionärs

FinanzBuch Verlag

Bibliografische Information der Deutschen Bibliothek:
Die Deutsche Bibliothek verzeichnet diese Publikation in der
Deutschen Nationalbibliografie; detaillierte bibliografische Daten
sind im Internet über http://dnb.ddb.de abrufbar.

Original edition copyright © Leander Kahney, 2008. All rights reserved.
Die Originalausgabe erschien 2008 unter dem Titel „Inside Steve's Brain"
bei Portfolio.
All rights reserved including the right of reproduction in whole or in part in
any form.
This edition published by arrangement with Portfolio, a member of Penguin
Group (USA) Inc.

Übersetzung: Moritz Malsch, Berlin
Lektorat: Magdalena Brnos, Berlin
Covergestaltung: Pamela Günther
Satz und Druck: Druckerei Joh. Walch, Augsburg

Leander Kahney · Steve Jobs' kleines Weißbuch
1. Auflage 2008
© 2008
FinanzBuch Verlag GmbH
Nymphenburger Straße 86
80636 München
Tel.: 089 651285-0
Fax: 089 652096

Alle Rechte vorbehalten, einschließlich derjenigen des auszugsweisen Abdrucks
sowie der photomechanischen und elektronischen Wiedergabe. Dieses Buch will keine
spezifischen Anlageempfehlungen geben und enthält lediglich allgemeine Hinweise.
Autor, Herausgeber und die zitierten Quellen haften nicht für etwaige Verluste,
die aufgrund der Umsetzung ihrer Gedanken und Ideen entstehen.

Den Autor erreichen Sie unter:
kahney@finanzbuchverlag.de

ISBN 978-3-89879-351-3

Weitere Infos zum Thema
www.finanzbuchverlag.de
Gerne übersenden wir Ihnen unser aktuelles Verlagsprogramm

Inhalt

Einleitung 9

Kapitel 1: Schwerpunkt: Wie Neinsagen Apple gerettet hat 21

Kapitel 2: Despotismus: Apples Ein-Mann-Fokusgruppe 47

Kapitel 3: Perfektionismus: Produktdesign und das Streben
nach Exzellenz 67

Kapitel 4: Elitebildung: Beschäftigen Sie nur die Besten,
entlassen Sie Idioten 101

Kapitel 5: Leidenschaft: Ein Ding in die Welt setzen 137

Kapitel 6: Erfindungsgeist: Woher kommt die Innovation? 157

Kapitel 7: Eine Fallstudie: Wie der iPod entstand 197

Kapitel 8: Das ganze System kontrollieren 213

Danksagungen 237

Index: 239

Für meine Kinder Nadine, Milo, Olin und Lyle; meine Frau Tracy; meine Mutter Pauline und meine Brüder Alex und Chris.
Und Hank, meinen lieben alten Vater, der ein großer Steve-Jobs-Fan war.

Einleitung

„Apple hat einige großartige Vermögenswerte, aber ich glaube, wenn wir nicht aufpassen, könnte die Firma – ich suche nach dem richtigen Wort –, könnte sie untergehen."

– Steve Jobs, als er am 18. August 1997 wieder Interim-CEO bei Apple wurde, im *Time-Magazine*

Steve Jobs schenkt den Pappkartons, in denen seine Produkte verpackt werden, fast so viel Aufmerksamkeit wie den Produkten selbst. Und das nicht wegen der Exklusivität oder Eleganz der Verpackungen – obwohl das Teil davon ist. Für Jobs ist der Vorgang des Auspackens ein wichtiger Teil der Käufererfahrung, und wie bei allem, was er tut, denkt er vorher sehr sorgfältig darüber nach.

Jobs sieht die Art und Weise, wie etwas verpackt wird, als eine sehr nützliche Methode, den Konsumenten neue unbekannte Technologien nahezubringen. Nehmen wir zum Beispiel den original Mac, der 1984 ausgeliefert wurde. Bis dahin hatte noch niemand etwas Ähnliches gesehen. Er wurde über dieses merkwürdige Ding gesteuert – eine Maus – nicht über

Einleitung

eine Tastatur wie andere Computer bis dahin. Um die Benutzer mit der Maus vertraut zu machen, sorgte Jobs dafür, dass diese separat verpackt wurde. Dadurch, dass der Benutzer gezwungen war, die Maus auszupacken, sie in die Hand zu nehmen und anzuschließen, würde ihm die Maus bei der ersten Benutzung nicht mehr ganz so fremd erscheinen. In den folgenden Jahren hat Jobs sorgfältig die „Auspackroutine" für jedes einzelne Apple-Produkt entworfen. Die iMac-Verpackung war so gestaltet, dass es offensichtlich war, wie man den Apparat ans Internet anschloss. Unter anderem war eine Styroporeinlage enthalten, die nur dafür da war, als Stütze für das schmale Benutzerhandbuch zu dienen. Wie die Verpackung kontrolliert Jobs auch jeden anderen Aspekt der Käufererfahrung – angefangen von den Fernsehwerbespots, die das Verlangen nach Appleprodukten stimulieren, bis hin zu den museumsartigen Geschäften, wo die Kunden sie kaufen; von der benutzerfreundlichen Bediensoftware des iPhones bis hin zu den iTunes-Läden im Internet, die es mit Songs und Videos bestücken.

Jobs ist ein Kontrollfreak par excellence. Er ist auch ein Perfektionist, er ist elitär und ein strenger Lehrmeister für seine Angestellten. Den meisten Quellen zufolge ist Jobs fast ein Verrückter. Er wird dargestellt als ein hoffnungsloser Fall, der Leute in Fahrstühlen ihre Kündigung überreicht, Geschäftspartner manipuliert und sich mit den Verdiensten anderer schmückt.[1] Neuere Biografien zeichnen das unvorteilhafte Bild eines Psychopathen, der durch die niederträchtigsten Wünsche geleitet wird: zu kontrollieren, zu dominieren, zu missbrauchen. Die meisten Bücher über Jobs sind eine deprimierende Lektüre. Sie sind voller Verachtung und lesen sich wie Kataloge von Wutanfällen und Missbräuchen. Kein Wunder, dass er sie „Axtschläge" genannt hat. Wo steckt da das Genie dahinter?

Ganz klar: Irgendetwas macht er richtig. Jobs rettete Apple ganz knapp vor dem Bankrott, und in zehn Jahren hat er das Unternehmen größer und effektiver gemacht, als es jemals vorher war. Er hat Apples Jahresumsatz verdreifacht, den Marktanteil des Macs verdoppelt und den Wert der Apple-Aktie um 1300 % gesteigert. Gegenwärtig verdient Apple mehr Geld und

---

1) Deutschman, Alan: *The Second Coming of Steve Jobs*. [Das unglaubliche Comeback des Steve Jobs. Campus Sachbuch, Frankfurt am Main/New York 2001] Broadway, New York 2001, S. 59,197, 239, 243, 254, 294f.; Simon, William L.: *Jeffrey S. Young: iCon: Steve Jobs, The Greatest Second Act in the History of Business*. John Wiley & Sons, New York 2005, S. 212, 213, 254.

liefert mehr Computer aus als jemals zuvor. Dank einer Reihe von erfolgreichen Produkten – und dank eines gigantischen Bestsellers.

Im Oktober 2001 wurde der iPod vorgestellt, der Apple veränderte. Genau wie Apple sich von einem Unternehmen der Ferner-liefen-Ränge in ein kraftstrotzendes globales Unternehmen verwandelte, hat sich der iPod von einem teuren exotischen Luxusartikel zu einer eigenen wichtigen Produktkategorie entwickelt. Unter Jobs' Führung wurde der teure Mac-Player iPod, den viele Leute ablehnten, zu einer Multimilliarden-Dollar-Branche, die Hunderte von Zulieferfirmen und viele Hersteller mit am Leben hielt.

Schnell und rücksichtslos wurden von Jobs immer neuere und bessere Modelle des iPod auf den Markt geworfen. Ein Online-Store wurde hinzugefügt, die Kompatibilität zu Windows hergestellt und um die Möglichkeit, Videos abzuspielen, erweitert. Das Resultat: Bis April 2007 wurden bereits mehr als 100 Millionen Stück verkauft, knapp die Hälfte seiner explodierenden Einnahmen. Das iPhone, ein iPod zum Telefonieren und zum Surfen im Internet, scheint schon der nächste Verkaufsschlager zu werden. Obwohl es erst im Juni 2006 eingeführt wurde, verändert das iPhone jetzt schon das riesige Handygeschäft radikal. Bereits jetzt teilen Experten das Handyzeitalter in zwei Perioden; die vor und die nach dem iPhone.

Betrachten wir einige Zahlen. Bis heute (November 2007) hat Apple bereits weit mehr als 100 Millionen iPods verkauft, und es ist realistisch, dass diese Zahl Ende 2008 bei 200 Millionen und Ende 2009 bei 300 Millionen liegen wird. Einige Analysten vermuten, dass Apple 500 Millionen iPods verkaufen kann, bis der Markt gesättigt ist. Damit ist der iPod ein Kandidat für den größten Verkaufsschlager im Bereich der Consumer Electronics aller Zeiten. Der gegenwärtige Rekordhalter, der Walkman von Sony, wurde während seiner 15-jährigen Alleinherrschaft in den 80er- und frühen 90er-Jahren 350 Millionen Mal verkauft.

Auf dem MP3-Player-Markt hält Apple ein Monopol, das an Microsoft erinnert. In den USA hat der iPod einen Marktanteil von nahezu 90 Prozent: neun von zehn MP3-Playern sind iPods.[2] Drei Viertel aller Autos des

---

2) Booth, Cathy: „Steves Job: Restart Apple". In: Time, 18. August 1997. (http://www.time.com/time/magazine/article/0,9171,986849,00.html)

Einleitung

Modelljahrgangs 2007 bieten die Möglichkeit, einen iPod anzuschließen. Nicht einen MP3-Player, sondern einen iPod. Apple hat 600 Millionen Exemplare seiner iTunes-Jukebox-Software unter die Leute gebracht, und der iTunes-Online-Store hat drei Milliarden Songs verkauft. „Wir sind selbst ziemlich erstaunt darüber", sagte Jobs bei einer Pressekonferenz im August 2007, bei welcher Gelegenheit er diese Zahlen bekannt gab. Der iTunes Music Store verkauft fünf Millionen Songs pro Tag – 80 Prozent aller online verkauften Musik. Der Online-Shop ist der drittgrößte Musikeinzelhändler in den USA, knapp hinter Wal-Mart und Best Buy. Bis Sie das hier lesen, haben sich die Zahlen wahrscheinlich verdoppelt, und aus dem iPod ist eine unaufhaltsame Dampfwalze geworden, mit der nicht einmal Microsoft konkurrieren kann.

Kommen wir nun zu Pixar. 1995 produzierte Jobs' kleines privates Filmstudio den ersten vollständig computeranimierten Film „Toystory". Dies war der erste in einer ganzen Reihe von Kinohits, die jährlich herauskamen. Jedes Jahr, regelmäßig und zuverlässig wie ein Uhrwerk. Disney kaufte Pixar 2006 für gigantische 7,4 Milliarden Dollar. Dies ist besonders wichtig, weil es Jobs zu Disneys größtem Einzelaktionär und damit zur wichtigsten Nervensäge in Hollywood machte. „Er ist der Henry J. Kaiser oder der Walt Disney seiner Zeit"[3], sagte Kevin Starr, Kulturgeschichtler und Chef der kalifornischen Staatsbibliothek.

Jobs kann eine bemerkenswerte Karriere vorweisen. Er hat einen riesigen Einfluss auf Computer, auf die Kultur und natürlich auf Apple. Ach ja, er ist ein Selfmade-Milliardär, einer der reichsten Männer der Welt. „In dem Computersegment, das wir Personal Computer nennen, war und ist er der einflussreichste Innovator", sagt Gordon Bell, der legendäre Informatiker und herausragende Computerhistoriker.[4]

Eigentlich hätte Jobs vor Jahren von der Bildfläche verschwinden sollen – und zwar 1985, um genau zu sein –, als er nach einem missglückten Machtkampf gezwungen wurde, Apple zu verlassen.

---

3) Markoff, John: „Oh, Yeah, He Also Sells Computers". In: New York Times, 25. April 2004.
4) Private E-mail von Gordon Bell, November 2007.

Einleitung

Steve wurde im Februar 1955 in San Francisco als Sohn zweier unverheirateter College-Studenten geboren, die ihn eine Woche nach seiner Geburt zur Adoption freigaben. Er wurde von Paul und Lara Jobs adoptiert, einem Arbeiterehepaar, das bald darauf nach Mountain View in Kalifornien, einem ländlich geprägten Städtchen voller Obstgärten, umzog. Dieses blieb allerdings nicht lange ländlich – Silicon Valley wuchs dort langsam aber sicher heran.

Während seiner Schulzeit wurde aus Steven Paul Jobs, der nach seinem Adoptivvater, einem Maschinisten, benannt war, fast ein Krimineller. Er sagte, sein Lehrer in der 4. Klasse rettete ihn, indem dieser Lehrer ihn mit Geld und Süßigkeiten bestach. „Ich wäre definitiv im Gefängnis gelandet", sagte er. Ein Nachbar führte ihn in die Wunderwelt der Elektronik ein, indem er ihm Heathkits schenkte (Hobby-Elektronik-Bausätze), die ihn das Innenleben verschiedener Produkte verstehen ließ. Selbst komplexe Dinge wie Fernseher waren ihm nun nicht mehr rätselhaft. „Diese Dinge waren kein Geheimnis mehr für mich", sagte er. „Ich sah, dass es sich dabei um Erfindungen von Menschen handelte und dass keine Magie im Spiel war."[5]

Jobs leibliche Eltern stellten bei seiner Freigabe zur Adoption die Bedingung, dass er später würde studieren können, aber nach dem ersten Semester flog er aus dem Reed-College in Oregon. Allerdings besuchte er inoffiziell weiter Kurse, die ihn interessierten, wie z. B. Kalligraphie. Da er absolut pleite war, recycelte er Cola-Flaschen, übernachtete bei Freunden auf dem Fußboden und aß im örtlichen Hare-Krishna-Tempel kostenlos. Er experimentierte mit einer reinen Apfeldiät rum, von der er hoffte, dass sie ihm das Waschen ersparen würde. Sie tat es nicht.

Jobs kehrte nach Kalifornien zurück und nahm für kurze Zeit einen Job bei Atari an, einem der ersten Hersteller von Computerspielen, um so Geld für eine Indienreise zusammenzusparen. Er kündigte jedoch sehr schnell und machte sich zusammen mit einem Kindheitsfreund auf die Suche nach Erleuchtung.

---

5) Morrow, David: „Steve Jobs". In: Smithsonian Institution Oral and Video Histories, 20. April 1995. (http://americanhistory.si.edu/collections/comphist/sji.html)

Einleitung

Nach seiner Rückkehr verbrachte er seine Zeit mit einem anderen Freund: Steve Wozniak, einem Elektronikgenie, der nur zum Spaß seinen eigenen privaten PC baute, aber kein Interesse daran hatte, ihn zu verkaufen. Jobs hatte andere Pläne. Zusammen gründeten sie Apple Computer Inc. in Jobs' Schlafzimmer, und bald darauf schraubten sie mit ein paar anderen Teenagern in der Garage seiner Eltern Computer per Hand zusammen, Um ihr Geschäft zu finanzieren, verkaufte Jobs seinen VW-Bus und Wozniak seinen Taschenrechner. Jobs war 21, Wozniak 26.

Apple sprang gerade noch auf den Zug der frühen PC-Revolution auf und hob ab wie eine Rakete. Der Börsengang 1980 war der größte seit dem von Ford 1956 und machte aus den Angestellten, die Aktienoptionen besaßen, auf einen Schlag Multimillionäre. 1983 stieg Apple als Nummer 411 in die Fortune-500-Liste ein, der schnellste Aufstieg einer Firma in der Wirtschaftsgeschichte. „Ich besaß knapp über eine Million Dollar, als ich 21 war, über zehn Millionen Dollar mit 24 und 100 Millionen mit 25, doch all das war nicht wichtig, weil ich es nie für Geld tat", sagte Jobs.

Wozniak war das Hardwaregenie, der Chipingenieur, aber Jobs sah den Gesamtzusammenhang. Dank Jobs' Ideen im Bereich Design und Werbung wurde aus dem Apple II der erste erfolgreiche Computer für den Massenmarkt – was Apple zum Microsoft der frühen 80er-Jahre machte. Doch das langweilte Jobs, und er wandte sich dem Mac zu, der ersten kommerziellen Anwendung der revolutionären graphischen Benutzeroberfläche, die in Computerlaboratorien entwickelt worden war. Jobs erfand die graphische Benutzeroberfläche, die heute in fast jedem Computer benutzt wird, einschließlich der vielen Millionen von Bill-Gates-Windows-PCs, nicht, aber er brachte sie auf den Massenmarkt, denn das war von Anfang an Jobs' erklärtes Ziel: benutzerfreundliche Technologie für das größtmögliche Publikum zu produzieren.

1985 wurde Jobs von Apple herausgeschmissen, weil er unproduktiv und völlig außer Kontrolle geraten war. Nachdem er den Machtkampf mit dem damaligen CEO John Sculley verloren hatte, kündigte Jobs, bevor er herausgeschmissen werden konnte. Er sann auf Rache und gründete NeXT, mit dem Ziel, hochmoderne Computer an Schulen zu verkaufen und Apple so das Geschäft zu vermiesen. Für zehn Millionen Dollar kaufte er außerdem eine schwächelnde Computergrafikfirma von dem Star-Wars-

Regisseur George Lucas, der Bargeld für seine Scheidung brauchte. Er benannte die Firma in Pixar um und päppelte das ums Überleben kämpfende Unternehmen zehn Jahre lang mit 60 Millionen Dollar seines privaten Vermögens auf, bis es am Ende einen Kinohit nach dem anderen produzierte und Hollywoods erstes Animationsstudio wurde.

NeXT hingegen kam nie auf die Beine. In acht Jahren verkaufte das Unternehmen nur 50.000 Computer und musste am Ende das Hardwaregeschäft aufgeben, um sich darauf zu konzentrieren, Software für Nischenkunden wie die CIA zu produzieren. An dieser Stelle hätte Jobs aus der Öffentlichkeit verschwinden können. Nach dem Scheitern von NeXT hätte Jobs seine Memoiren schreiben und Risikokapitalgeber wie viele andere vor ihm werden können. Aber rückblickend war NeXT ein erstaunlicher Erfolg, denn die NeXT-Software war am Ende der Grund für Jobs' Rückkehr zu Apple, und sie wurde zur Grundlage mehrerer Schlüsselinnovationen von Apple, insbesondere für das hochangesehene und einflussreiche Betriebssystem Mac OXS.

Jobs' Rückkehr zu dem Unternehmen 1996, das erste Mal seit elf Jahren, dass er seinen Fuß auf den Cupertino-Campus setzte, wurde zum großartigsten Comeback in der Wirtschaftsgeschichte. „Apple hat den Vorhang zum wahrscheinlich bemerkenswertesten zweiten Akt, der je in der Welt der Technologie gespielt wurde, geöffnet", verriet Eric Schmidt, Googles CEO dem *Time Magazine*. „Die Wiederauferstehung des Unternehmens ist einfach phänomenal und wahrlich beeindruckend."[6]

Jobs machte einen geschickten Schachzug nach dem anderen. Der iPod ist ein Hit, und das iPhone scheint auch einer zu werden. Sogar der Mac, einstmals abgeschrieben als teures Spielzeug für ein Nischenpublikum, legt ein rauschendes Comeback auf die Bühne. Der Mac, wie Apple selbst, ist jetzt so richtig im Mainstream angekommen. In zehn Jahren hat Jobs kaum einen Fehler gemacht. Außer einem großen. Er übersah Napster und die digitale Musikrevolution im Jahr 2000. Während die Kunden CD-Brenner wollten, stellte Apple iMacs mit DVD-Laufwerken her und be-

---

6) Caplan, Jeremy: „Google's Chief Looks Ahead". In: Time, 2. Oktober 2006. (http://www.time.com/time/business/article/0,8599,1541446,00.html)

warb diese als Videobearbeitungsgeräte. „Ich war ein Idiot", verriet er dem *Fortune*-Magazin.[7]

Natürlich war nicht alles genauestens von Jobs geplant. Jobs hatte auch Glück. Eines frühen Morgens im Jahr 2004 offenbarte eine ärztliche Untersuchung einen Tumor in seiner Bauchspeicheldrüse. Es war ein Todesurteil. Bauspeichelkrebs führt sicher und schnell zum Tod. „Mein Arzt riet mir, nach Hause zu gehen und meine Angelegenheiten zu regeln, was so viel bedeutet wie: Bereiten Sie sich aufs Sterben vor", sagte Jobs. „Es bedeutet, seinen Kinder möglichst alles in ein paar Monaten zu sagen, was man ihnen eventuell in den nächsten zehn Jahren hätte sagen wollen. Es bedeutet, sicherzustellen, dass alles erledigt ist, damit es für die Familie so einfach wie möglich wird. Es bedeutet, Abschied zu nehmen." Doch am Abend desselben Tages zeigte sich bei einer histologischen Untersuchung, dass der Tumor einer extrem seltenen Krebsart zuzuordnen war, die man operativ behandeln kann. Jobs wurde also operiert.[8]

Heute ist Jobs in seinen Fünfzigern und lebt zurückgezogen mit seiner Frau und seinen vier Kindern in einem großen prunkvollen Haus in einer Vorstadt von Palo Alto. Er ist Buddhist und Fischvegetarier und läuft oft barfuß zum Bioladen an der Ecke, um Obst oder etwas Süßes zu kaufen. Er arbeitet viel und macht gelegentlich Urlaub auf Hawaii. Sein Jahresgehalt beträgt einen Dollar, aber er wird durch seine Aktienoptionen immer reicher – dieselben Optionen, die ihm fast Ärger mit der SEC (der US-Börsenaufsicht) beschert hätten –, und er fliegt in seinem persönlichen 90 Millionen Dollar teuren Gulfstream V Jet, der ihm vom Apple-Vorstand zur Verfügung gestellt wurde, durch die Gegend.

Momentan konzentriert sich Jobs voll und ganz darauf, Apple weiterzuentwickeln. Der Apple-Motor läuft auf vollen Touren, doch sein Geschäftsmodell ist 30 Jahre veraltet. Apple ist eine Anomalie in einer Branche, die sich vor langer Zeit auf Microsoft-Standards festgelegt hat. Apple sollte längst beim großen Kaffeklatsch im Himmel sitzen, wie Osborne, Amiga und Hunderte andere Computerfirmen, die an ihrer eigenen inkompatib-

---

[7] Schlender, Brent: „How Big Can Apple Get?". In: Fortune, 21. Februar 2005.
[8] Jobs, Steve: Rede vor Absolventen der Stanford Universität. 12. Juni 2005. (http://newsservice.stanford.edu/news/2005/june15/jobs-061505.html)

len Technologie festhielten. Aber stattdessen ist Apple zum ersten Mal seit Jahrzehnten in der Lage, größer, mächtiger und präsenter zu werden als je zuvor – was neue Märkte öffnet, die potenziell viel größer sind als die Computerindustrie, deren Vorreiter Apple in den 1970er-Jahren war. Denn Apple hat sich in einen sehr revolutionären Bereich der Technologie vorgewagt: die digitale Unterhaltungsindustrie und Telekommunikation.

Der Arbeitsplatz wurde vor langer Zeit durch Computer revolutioniert, und er gehört Microsoft. Es gibt keine Chance für Apple, hier die Kontrolle an sich zu reißen, aber die eigenen vier Wände sind eine andere Sache. Unterhaltung und Kommunikation werden digitalisiert, Menschen kommunizieren über Mobiltelefone, Instant-Messaging und E-Mail. Und zur gleichen Zeit werden Musik- und Spielfilme zunehmend online gekauft. Jobs ist gut positioniert, um abzuräumen. All die Eigenschaften, all die Instinkte, die ihn in der Geschäftswelt fehl am Platz erscheinen lassen, sind perfekt für die Welt der Unterhaltungselektronik. Seine Design-Besessenheit, sein Können im Bereich Werbung und Vermarktung und sein Beharren darauf, eine perfekte Gesamterfahrung für die Benutzer zu kreieren, sind der Schlüssel für den Verkauf von Hightech-Produkten an ein Massenpublikum.

Apple ist das perfekte Vehikel geworden, um Jobs' langgehegte Träume zu verwirklichen, und zwar, benutzerfreundliche Technologie für Privatkunden zu entwickeln. Er hat Apple nach seinen ganz eigenen Vorstellungen erschaffen – und wiedererschaffen. „Apple ist Steve Jobs' mit 10.000 Leben", sagte Guy Kawasaki, Apples ehemaliger Chef-Verkünder, zu mir.[9] Nur wenige Unternehmen sind so genaue Spiegelbilder ihrer Gründer. „Apple hat immer das Beste und das Schlimmste von Steves Charakter widergegeben", sagte Gil Amelio, der CEO, den Jobs ablöste. „[Frühere CEOs] John Sculley, Michael Spindler und ich hielten den Laden am Laufen, aber wir veränderten die Identität der Firma nicht entscheidend. Obwohl ich mich über einiges bei Jobs ärgern könnte, erkenne ich an, dass vieles an Apple, das ich liebe, durch seine Persönlichkeit zustande gekommen ist."[10]

---

9) Kawasaki, Guy: Persönliches Interview, 2006.
10) Amelio, Gil, William L. Simon: *On the Firing Line: My 500 Days at Apple*. Harper Business, New York: 1999), S. X.

Einleitung

Jobs führt Apple mit einer einzigartigen Mischung aus kompromissloser Kunstfertigkeit und großartigen geschäftlichen Know-how Er ist eher Künstler als Geschäftsmann, aber er verfügt über die brillante Fähigkeit, mit seinen Kreationen Geld zu verdienen. In gewisser Weise ähnelt er Edwin Land, dem Wissenschaftler-Industriellen, der die Polaroidkamera erfand. Land ist eines von Jobs' Vorbildern. Land traf geschäftliche Entscheidungen auf der Grundlage dessen, was er als Wissenschaftler für richtig hielt, und da er Unterstützer von Bürger- und Frauenrechten war, war er weniger ein hartherziger Geschäftsmann. Jobs trägt auch ein wenig von Henri Ford in sich, einem weiteren Vorbild. Ford war ein Demokratisierer der Technik, dessen Methoden der Massenproduktion einem Massenpublikum den Zugang zu Automobilen ermöglichte. Außerdem erinnert er ein wenig an einen Medici der Neuzeit. Er ist ein Mäzen der Künste, dessen Unterstützung von Jonathan Ive eine Renaissance des Industriedesigns eingeläutet hat.

Jobs hat seine Interessen und Charaktereigenschaften – Besessenheit, Narzissmus, Perfektionismus – zum Markenzeichen seiner Karriere gemacht.

Er ist ein Snob, der die meisten Leute für Idioten hält, aber er baut Apparate, die so leicht zu bedienen sind, dass ein Idiot sie bedienen kann.

Er wird von launischer Besessenheit mit unvorhersehbaren Wutanfällen gesteuert und hat dennoch eine Reihe produktiver Allianzen mit kreativen Weltklasse-Mitarbeitern geschmiedet: mit Steve Wozniak, Jonathan Ive und dem Pixar-Regisseur John Lasseter.

Auch kulturell ist er ein Snob, der jedoch Trickfilme für Kinder produziert. Er ist ein Ästhet und Antimaterialist, der zugleich in asiatischen Fabriken Massenprodukte vom Fließband laufen lässt. Er vermarktet sie mithilfe seines Steckenpferds, der Werbung.

Er ist ein Autokrat, der eine große, ineffektive Firma in ein schlankes, diszipliniertes Schiff verwandelt hat, das seine sehr anspruchsvollen Produktpläne einhält.

Jobs nutzte seine natürlichen Gaben und Talente, um Apple zu erneuern. Er verschmolz Hightech mit Design, Branding und Mode. Apple ähnelt weniger einer langweiligen Computerfirma als einem multinationalen Markenkonzern wie Nike oder Sony: einem einzigartigen Zusammenspiel aus Technologie, Design und Vermarktung.

Sein Verlangen, Apples komplette Kundenerfahrung zu gestalten, sichert Apple die Kontrolle über Hardware, Software, Online-Angebote und alles andere. Und trotzdem schafft er es, Produkte herzustellen, die nahtlos zusammenarbeiten und nur selten abstürzen (sogar Microsoft, der Inbegriff der gegenteiligen Herangehensweise des Open-Licensing-Modells, übernimmt beim Verkauf der Xbox-Spielkonsolen und der Zune-MP3-Player die gleiche Arbeitsweise).

Jobs' Charme und Charisma führen zu den besten Produkteinführungen der Branche, einer Verbindung aus Theater und Infomercial. Seine anziehende Persönlichkeit hat ihm auch ermöglicht, großartige Verträge mit Disney, den Plattenfirmen und AT&T zu verhandeln, obwohl diese beim Aushandeln von Deals sonst nicht gerade zimperlich sind. Disney gab ihm bei Pixar vollständige kreative Freiheit und einen riesigen Anteil an den Profiten. Musiklabels halfen dabei, dass aus dem Experiment des iTunes-Musikshops eine Bedrohung für sie wurde. Und AT&T schloss den Vertrag über das iPhone ab, ohne je ein Auge auf den Prototyp geworfen zu haben.

Doch wo einige nur Kontrollzwang sehen, sehen andere den Wunsch, eine nahtlose und komplette Benutzererfahrung zu kreieren. Nicht Perfektionismus wird angestrebt, sondern Exzellenz. Und statt sich ausgenutzt zu fühlen, spürt man den Wunsch, eine Spur im Universum zu hinterlassen.

Wir haben es mit jemandem zu tun, der seine Persönlichkeit zu einer Geschäftsphilosophie gemacht hat.

Lesen Sie im Folgenden, wie.

Kapitel 1
Schwerpunkt: Wie Neinsagen Apple gerettet hat

„Ich suche nach Lösungen mit einer soliden Basis, ich bin bereit, Mauern einzureißen, Brücken zu bauen, Feuer anzuzünden. Ich habe viel Erfahrungen gesammelt, Unmengen an Energie zur Verfügung, ein bisschen von dieser ‚visionären Sache‘, und ich habe keine Angst davor, von vorne zu beginnen."

– Steve Jobs' Resümee auf Apples Mac-Website

An einem sonnigen Morgen im Juli 1997 kehrte Steve Jobs zu dem Unternehmen zurück, das er 20 Jahre zuvor in seinem Schlafzimmer mitbegründet hatte.

Apple befand sich in einer tödlichen Spirale. Das Unternehmen war nur sechs Monate vom Bankrott entfernt. Innerhalb weniger Jahre schrumpfte Apple von einem der größten Computerhersteller der Welt zu einem Ferner-liefen-Namen. Geld und Marktanteile verflüchtigten sich, niemand kaufte Apple-Computer, die Aktien waren so viel wert wie Toilettenpapier, und die Presse sagte sein unmittelbar bevorstehendes Ende voraus.

Apples führende Mitarbeiter wurden früh am Morgen zu einem Meeting in der Chefetage versammelt. Der damalige CEO, Gilbert Amelio, der seit ungefähr 18 Monaten im Amt war, wurde entlassen. Er hatte an dem Unternehmen herumgeflickt, aber darin versagt, das kreative Feuer neu zu entfachen. „Für mich ist es Zeit, zu gehen", sagte er und verließ still den Raum. Bevor irgendjemand reagieren konnte, kam Steve Jobs herein und sah aus wie ein Penner. Er trug Shorts, Turnschuhe und einen Dreitagebart. Er ließ sich in einen Sessel fallen und begann, langsam laut zu denken: „Sagen Sie mir, was in diesem Laden falsch läuft", sagte er. Bevor irgendjemand antworten konnte, platzte es aus ihm heraus: „Es sind die Produkte. Die Produkte sind MIST! An ihnen ist nichts mehr sexy."[1]

Apples Absturz

Apples Absturz ging schnell und dramatisch vonstatten. 1994 nannte Apple annähernd 10 % des weltweiten Multimilliardendollar-Markts für PCs sein Eigen. Apple war der zweitgrößte Computerhersteller der Welt, direkt hinter dem Computerriesen IBM.[2] 1995 lieferte Apple mehr Computer aus als je zuvor – 4,7 Millionen Macs weltweit –, aber das reichte nicht. Es wollte sein wie Microsoft. Mehrere Computerhersteller, u. a. Power Computing, Motorola, Umax erhielten Lizenzen für das Betriebssystem für Macintosh. Die Intention des Apple-Managements war dabei, dass diese „geklonten" Maschinen den Gesamtmarkt für Macs vergrößerten. Aber es funktionierte nicht. Der Mac-Markt blieb relativ klein, und die Klonhersteller nahmen einfach Marktanteile weg.

Im ersten Quartal 1996 bilanzierte Apple einen Verlust von 69 Millionen Dollar und entließ 1.300 Mitarbeiter. Im Februar entließ der Aufsichtsrat

---

1) Burrows, Peter, Grover, Ronald, Heather Green: „Steve Jobs' Magic Kingdom. How Apple's demanding visionary will shake up Disney and the world of entertainment". In: *Business Week*. 6. Februar 2006. (http://www.businessweek.com/magazine/content/06_06/b3970001.htm)
2) „IBM had a 10.8 percent market share; Apple 9.4 percent; and Compaq Computer 8.1 percent, according to market research firm *IDC*". In: *NewYork Times*, 26. Januar 1995, Vol. 144, No. 49953.

den CEO Michael Spindler und berief stattdessen Gil Amelio, einen alten Hasen der Chipbranche, der in dem Ruf stand, ein Turnaround-Künstler zu sein. Aber in den 18 Monaten seiner Amtszeit stellte er sich als ineffektiv und unbeliebt heraus. Apple machte einen Verlust von 1,6 Milliarden Dollar, der Marktanteil fiel von zehn Prozent auf drei Prozent, und die Aktie kollabierte. Amelio entließ Tausende Mitarbeiter, aber er selbst scheffelte etwa sieben Millionen Dollar an Gehalts- und Bonuszahlungen und saß laut *New York Times* auf einem Aktienberg, der 26 Millionen Dollar wert war. Er ließ die Chefetage von Apple großzügig renovieren und hatte, wie bald bekannt wurde, ein goldenes Sicherheitspolster ausgehandelt, das etwa sieben Millionen Dollar wert war. Die *New York Times* nannte Apple unter Amelio eine „Kleptokratie".[3]

Aber Amelio hat auch einiges richtig gemacht. Er stoppte eine Reihe von Verlustprojekten und -produkten und schrumpfte das Unternehmen gesund, um die Verluste bewältigen zu können. Am wichtigsten war, dass er Jobs' Firma NeXT kaufte, in der Hoffnung, dass deren modernes und robustes Betriebssystem an die Stelle des Macintosh-Betriebssystems treten könnte, das nach und nach alt und anfällig geworden war.

Der Kauf von NeXT wurde durch einen Zufall in die Wege geleitet. Amelio war daran interessiert, BeOS zu kaufen, ein junges Betriebssystem, das von einem früheren Apple-Vorstand, Jean Louis Gassée, entwickelt wurde. Doch während sie noch feilschten, rief Garret L. Rice, ein Vertriebler von NeXT, aufs Geratewohl Apple an und schlug vor, sich mal zu unterhalten. Apples Ingenieure hatten nicht einmal an NeXT gedacht.

Sein Interesse war geweckt, und Amelio bat Jobs, das NeXT-Betriebssystem vorzustellen.

Im Dezember 1996 führte Jobs Amelio auf beeindruckende Weise das NeXT-Betriebssystem vor. Anders als BeOS war NeXT bereits ausgereift. Auch bot NeXT eine ganze Palette fortgeschrittener und sehr hoch angesehener Programmiertools, die es anderen Unternehmen sehr leicht machten, Software dafür zu schreiben. „Seine Leute hatten sehr viel Zeit damit

---

3) Carreso, Denise: „Apple's Executive Mac Math: The Greater the Lows, the Greater the Salary". In: *New York Times*, 14. Juli 1997.

verbracht, über Schlüsselfragen wie Networking und die Welt des Internets nachzudenken – viel mehr als alle anderen weit und breit. Das Ergebnis war besser als alles, was Apple hervorgebracht hatte, besser als NT und möglicherweise besser als das, was Sun zu bieten hatte", schrieb Amelio.[4]

Bei den Verhandlungen verhielt sich Jobs sehr zurückhaltend. Seine Angebote waren nicht überteuert. Er bot „eine erfrischend ehrliche Herangehensweise, besonders für Steve Jobs' Verhältnisse", sagte Amelio.[5] „Ich war erleichtert, dass er nicht ankam wie ein Hochgeschwindigkeitszug. Die Präsentation bot Raum zum Nachdenken, zum Hinterfragen und zum Diskutieren."

Die beiden arbeiteten den Vertrag bei einer Tasse Tee in Jobs' Küche in Palo Alto aus. Die erste Frage war der Preis, der auf dem Aktienkurs basierte. Die zweite Frage betraf die Aktienoptionen, die seine NeXT-Mitarbeiter hielten. Amelio war beeindruckt, dass er auf die Belange seiner Angestellten Rücksicht nahm. Traditionell sind Aktienoptionen eine der wichtigsten Formen der Bezahlung in Silicon Valley, und Jobs hat sie viele Male benutzt, um wichtige Mitarbeiter zu rekrutieren und zu halten, wie wir später in Kapitel 5 sehen werden. Doch im November 2006 leitete die Börsenaufsicht eine Untersuchung in mehr als 130 Unternehmen, einschließlich Apple, ein, die Jobs in Anschuldigungen verwickelte, er habe irregulär Optionen zurückdatiert, um deren Wert zu erhöhen. Jobs bestritt, bewusst das Gesetz gebrochen zu haben. Doch die Ermittlungen der Börsenaufsicht sind noch immer im Gange.

Jobs schlug Amelio einen Spaziergang vor, der für diesen eine Überraschung, aber für Jobs eine Standardtaktik war.

„Steves Energie und Enthusiasmus hatten mich in den Bann gezogen", sagte Amelio. Ich erinnere mich sehr gut daran, wie das Gehen ihn anregt, wie seine kompletten geistigen Fähigkeiten zum Tragen kommen, wenn er rauskommt und sich bewegt, wie er sich dabei besser ausdrücken kann. Wir kehrten zum Haus um, und der Handel war perfekt."[6]

---

4) Amelio, Gil, William L. Simon: *On the Firing Line: My 500 Days at Apple*. Harper Business, New York: 1999), S. 192.
5) Ebd., S. 193.
6) Ebd., S. 199.

Zwei Wochen später, am 20. Dezember 1996, gab Amelio bekannt, dass Apple NeXT für 427 Millionen Dollar kaufen würde. Jobs kehrte als Amelios Sonderberater zu Apple zurück, um beim Übergang zu helfen. Zum ersten Mal seit fast elf Jahren hatte Jobs das Firmengelände betreten. Jobs hatte Apple 1985 nach einem gescheiterten Machtkampf gegen den damaligen CEO John Sculley verlassen. Jobs hatte gekündigt, bevor er selbst entlassen werden konnte, und hatte NeXT als direkten Rivalen Apples gegründet, um Apple das Geschäft zu vermiesen. Nun dachte er, dass es schon zu spät sein könnte, um Apple zu retten.

Der Auftritt des iCEO

Anfangs hatte Jobs gezögert, bei Apple wieder eine Aufgabe zu übernehmen. Er war bereits der Geschäftsführer einer anderen Firma – Pixar, die dank des riesigen Erfolgs ihres ersten Spielfilms *Toy Story* gerade begann abzuheben. Angesichts diesen Erfolges in Hollywood scheute sich Jobs, bei Apple wieder ins Technologiegeschäft einzusteigen. Jobs war es leid, neue technologische Produkte auszuhecken, die sowieso bald überholt waren. Er wollte Dinge von längerer Dauer erschaffen. Einen guten Spielfilm zum Beispiel, denn eine gute Geschichte lebt Jahrzehnte. 1997 verriet Jobs der *Time*:

„Ich glaube nicht, dass sie in 20 Jahren noch in der Lage sein werden, einen Computer zu booten, aber der Film *Schneewittchen* wurde 28 Millionen Mal verkauft, und er ist eine 60 Jahre alte Produktion. Die Leute lesen ihren Kindern nicht mehr Herodot oder Homer vor, aber jeder sieht sich Spielfilme an. Dies sind unsere heutigen Mythen. Disney bringt diese Mythen in unsere Kultur ein, und Pixar wird dies hoffentlich auch tun."[7]

Noch wichtiger war vielleicht, dass Jobs Apple ein Comeback nicht zutraute. Er war so skeptisch, dass er im Juni 1997 die 1,5 Millionen Aktien, die er für den Kauf von NeXT erhalten hatte, zu einem unglaublich schlechten Kurs verkaufte – alle bis auf eine symbolische Aktie. Er glaubte nicht, dass Apple eine Zukunft hatte, die mehr als eine Aktie wert war.

---

7) Booth, Cathy: „Steves Job: Restart Apple". In: *Time*, 18. August 1997. (http://www.time.com/time/magazine/article/0,9171,986849,00.html)

Doch Anfang Juli 1997 bat Apples Vorstand Amelio um seinen Rücktritt, nachdem es eine Reihe katastrophaler Quartalsbilanzen gegeben hatte, u. a. eine, in der ein Verlust von einer Dreiviertelmilliarde Dollar ausgewiesen wurde, dem größten Quartalsverlust, den jemals ein Unternehmen des Silicon Valley ausgewiesen hatte.[8]

Die gängigste Interpretation ist, dass Jobs Amelio verdrängte, indem er ihm bei einem sorgfältig geplanten Chefetagen-Coup in den Rücken fiel. Aber es gibt keine Hinweise, die nahelegen, dass Jobs das Unternehmen an sich reißen wollte. Das Gegenteil scheint der Fall zu sein. Mehrere Leute, die für dieses Buch interviewt wurden, sagten, dass Jobs anfangs keinerlei Interessen hatte, zu Apple zurückzukehren. Er war zu sehr mit Pixar beschäftigt, und er hatte zu wenig Hoffnung, dass Apple gerettet werden könnte.

Selbst Amelios Autobiografie verdeutlicht, wenn man einmal von Amelios Versicherungen des Gegenteils absieht, dass Jobs kein Interesse daran hatte, das Ruder bei Apple an sich zu reißen. „Er hatte niemals vorgehabt, sich darauf einzulassen, dass der Vertrag ihn dazu verpflichtete, Apple mehr als einen Teil seiner Aufmerksamkeit zu schenken",[9] schrieb Amelio. Am Anfang seines Buches bemerkte Amelio, dass Jobs für den Kauf von NeXT in bar bezahlt werden wollte; er wollte keine Apple-Aktien. Aber Amelio bestand darauf, einen großen Teil in Aktien zu bezahlen, weil er nicht wollte, dass Jobs das Unternehmen wieder verließ. Er wollte Jobs an Apple binden, er wollte, dass er „seinen Arsch für Apple verwettete".[10]

Amelio wirft Jobs in der Tat mehrere Male vor, seine Entlassung inszeniert zu haben, so dass er, Jobs, das Steuer übernehmen konnte, aber er präsentiert keine Beweise. Für Amelio ist es natürlich bequemer, seine Entlassung Jobs Manövern zuzuschreiben als der ehrlicheren Erklärung, dass der Apple-Vorstand das Vertrauen zu ihm verloren hatte.

Nachdem Amelio gefeuert war, wusste der Vorstand von Apple nicht, an wen er sich wenden sollte. Jobs hatte dem Unternehmen bereits in seiner

---

8) Im ersten Quartal 1996 verzeichnete Apple einen Verlust von 740 Million US-Dollar.
9) Amelio, Gil mit William L. Simon: *On the Firing Line: My 500 Days at Apple*. Harper Business, New York: 1999), S. 200.
10) Ebd., S. 198.

Rolle als Amelios Sonderberater Ratschläge erteilt (nichts daran ist besonders skrupellos). Der Vorstand bat Jobs, das Kommando zu übernehmen. Er sagte zu – vorübergehend. Nach sechs Monaten nahm Jobs den Titel des Interim-CEO oder iCEO, wie er innerhalb des Unternehmens genannt wurde, an. Im August machte der Vorstand Jobs offiziell zum Interim-CEO, suchte aber weiterhin nach einem dauerhaften Ersatz. Spaßvögel behaupteten, dass Apple beim Kauf von NeXT nicht etwa Jobs mitgekauft habe, sondern Jobs Apple. Aber er habe es so clever arrangiert, dass Apple ihn dafür bezahlte.

Als Job das Steuer übernahm, hatte Apple etwa 40 verschiedene Produkte im Angebot – vom Tintenstrahldrucker bis zum Newton-PDA. Wenige davon waren Marktführer. Die Produktpalette bei Computern war besonders rätselhaft. Es gab mehrere große Produktlinien – Quadras, Power Macs, Performas und PowerBooks –, jede davon mit einem Dutzend verschiedener Modelle. Aber zwischen den Modellen gab es kaum einen Unterschied, außer ihren verwirrenden Produktnamen – der Performa 5200CD, Performa 5210CD, Performa 5215CD und Performa 5220CD.

„Was ich bei meiner Ankunft vorfand, waren Myriaden von Produkten", soll Jobs später gesagt haben. „Es war erstaunlich, und ich fragte Leute, warum würden Sie mir lieber einen 3400 als einen 4400 empfehlen? Warum sollte jemand zu einem 6500 wechseln und nicht zu einem 7300? Nach drei Wochen hatte ich es immer noch nicht herausgefunden. Und wenn ich es nicht herausfinden konnte, wie sollten die Kunden es herausfinden?"[11]

Einer der Ingenieure, die ich befragte, der Mitte der 90er-Jahre bei Apple gearbeitet hat, erinnert sich an ein Plakat mit Flussdiagramm, das im Apple-Hauptquartier an eine Wand geheftet war. Das Plakat war überschrieben HOW TO CHOSE YOUR MAC und sollte die Kunden durch das Dickicht der Möglichkeiten führen, aber es illustrierte nur, wie widersprüchlich Apples Produktstrategie war. „Man merkt, dass etwas falsch läuft, wenn man ein Poster braucht, um seinen Mac auszuwählen", sagte der Ingenieur.

---

11) Apple's World Wide Developers Conference. 11. Mai 1998.

Apples Organisationsstruktur war in ähnlicher Unordnung. Apple hatte sich in ein großes, aufgeblasenes Fortune-500-Unternehmen verwandelt mit Tausenden von Ingenieuren und noch mehr Managern. „Apple war vor Jobs' Rückkehr glanzvoll, tatkräftig, chaotisch und nicht funktional", erinnert sich Don Norman, der die Advanced Technology Group von Apple leitete, als Jobs übernahm. Diese Gruppe, die ATG genannt wurde, war Apples sagenumwobene Forschungs- und Entwicklungsabteilung und hat mehrere wichtige Technologien auf den Weg gebracht.

„Als ich 1993 zu Apple kam, war es wunderbar", verriet er mir in einem Telefoninterview. „Man konnte kreative und innovative Dinge tun, aber es war chaotisch. So funktioniert ein Unternehmen nicht. Man braucht ein paar kreative Leute, und der Rest muss dafür sorgen, dass die Arbeit erledigt wird."[12] Laut Norman wurden die Apple-Ingenieure dafür belohnt, dass sie einfallsreich und erfinderisch waren, und nicht dafür, sich unterzuordnen und die Dinge zum Laufen zu bringen. Sie beschäftigten sich den ganzen Tag mit Erfindungen, aber taten kaum jemals, was man von ihnen verlangte. Norman als Vorgesetzten trieb dies in den Wahnsinn. Es wurden Anweisungen erteilt, und unglaubliche sechs Monate später hatte sich noch nichts getan. „Es war unglaublich", sagte Norman.

John Warnock von Adobe, einem von Apples größten Softwarepartnern, sagte, dass sich dies nach Jobs' Rückkehr rasch änderte. „Er hat einen sehr starken Willen, und man muss ihm folgen oder den Platz räumen", sagte Warnock. „Man muss Apple auf diese Weise führen – sehr direkt, sehr autoritär. Man darf es nicht auf die leichte Schulter nehmen. Wenn Steve ein Problem angeht, geht er es mit aller Macht an. Ich glaube, dass er während der NeXT-Jahre zahmer geworden war, aber heute ist er alles andere als zahm."[13]

---

12) Norman, Don: Persönliches Interview, Oktober 2006.
13) Deutschman, Alan: *The Second Coming of Steve Jobs*. [Das unglaubliche Comeback des Steve Jobs. Campus Sachbuch, Frankfurt am Main/New York 2001] Broadway, New York 2001, S. 256.

Steves Bestandsaufnahme

Nach seiner Berufung als iCEO von Apple ging Jobs innerhalb von wenigen Tagen an die Arbeit. Nachdem er sich einmal dazu verpflichtet hatte, hatte Jobs es eilig, Apple wieder auf die Beine zu verhelfen. Er begann sofort mit einer gründlichen Bestandsaufnahme für jedes einzelne Produkt, das Apple je produziert hatte. Er ging das Unternehmen Stück für Stück durch und fand heraus, worin das Unternehmenskapital bestand. „Er musste so ziemlich alle Abläufe neu durchdenken", sagte Jim Oliver, der nach Jobs' Rückkehr mehrere Monate lang sein Assistent war. „Er sprach mit allen Produktgruppen. Er wollte von jeder Entwicklungsgruppe deren Verantwortungsbereich und Größe wissen. Er sagte beispielsweise: ‚Alles muss gerechtfertigt sein. Brauchen wir wirklich eine Betriebsbibliothek?'"

Jobs richtete sich in einem großen Konferenzraum ein und bat ein Produktteam nach dem anderen zu sich herein. Sobald sich alle versammelt hatten, ging es sofort an die Arbeit. „Es gab keine Einführung, absolut keine", erinnert sich Peter Hoddie. Hoddie ist ein Star-Programmierer, der später der Chef-Architekt von Apples QuickTime-Multimedia-Software wurde. „Doch irgendjemand machte sich Notizen. Steve sagte: ‚Sie brauchen sich keine Notizen zu machen. Wenn es wichtig ist, werden Sie sich daran erinnern.'"

Die Ingenieure und Programmierer erklärten detailliert, woran sie gerade arbeiteten. Sie beschrieben ihre Produkte bis in alle Einzelheiten, erklärten, wie sie funktionierten, wie sie verkauft wurden und was als Nächstes anstand. Jobs hörte genau zu und stellte eine Menge Fragen. Er war voll dabei. Ganz am Ende der Präsentationen stellte er manchmal hypothetische Fragen wie „Was würden Sie tun, wenn Geld keine Rolle spielen würde?".[14]

Jobs' Bestandsaufnahme dauerte mehrere Wochen. Sie ging ruhig und systematisch vonstatten. Es gab keine Wutanfälle, für die Jobs berüchtigt ist. „Steve sagte, dass das Unternehmen einen Schwerpunkt haben müsse, jede einzelne Gruppe müsse am selben Strang ziehen", sagte Oliver. „Die Atmosphäre war formell. Es war sehr ruhig. Er sagte: ‚Apple ist in ernsten

---

14) Oliver, Jim: Persönliches Interview, Oktober 2006.

finanziellen Nöten, und wir können es uns nicht leisten, irgendetwas Überflüssiges zu tun.' Er sagte dies zwar leise, aber bestimmt."

Jobs löste nicht einfach wahllos Gruppen auf. Er bat jede Produktgruppe, Vorschläge zu machen, was gekürzt und was erhalten bleiben sollte. Wenn die Gruppe ein Projekt am Leben erhalten wollte, musste sie Jobs zuerst überzeugen – und das mit allem Einsatz. Verständlicherweise sprachen sich einige Teams dafür aus, Projekte zu erhalten, die zwar marginal, aber von strategischer Bedeutung waren oder die beste am Markt verfügbare Technologie boten. Jobs antwortete daraufhin regelmäßig: Was keinen Gewinn erzielt, wird eingestellt. Oliver erinnerte sich, dass die meisten Teams freiwillig ein paar Opferlämmer anboten, worauf Jobs antwortete: „Das reicht nicht."

„Wenn Apple überleben soll, müssen wir mehr kürzen", sagte Jobs laut Oliver. „Es wurde nicht rumgeschrien, niemand beschimpfte einen anderen. Die Botschaft war einfach: ‚Wir müssen uns konzentrieren und das machen, was wir am besten können.'" Mehrmals zeichnete Jobs in Olivers Gegenwart ein einfaches Diagramm von Apples jährlichen Umsatzerlösen auf eine Tafel. Das Diagramm zeigte den scharfen Rückgang von zwölf Milliarden pro Jahr auf zehn Milliarden und dann auf sieben Milliarden. Jobs erklärte, dass Apple nicht als Zwölf-Milliarden-Dollar-Unternehmen profitabel sein könne, nicht einmal als Zehn-Milliarden-Dollar-Unternehmen, aber es könne profitabel sein mit sechs Milliarden Dollar Umsatz.[15]

Apples Kapital

Während der nächsten paar Wochen nahm Jobs mehrere wichtige Veränderungen vor.

Spitzenmanagement. Er ersetzte die meisten von Apples Vorstandsmitgliedern mit Verbündeten aus der Hightech-Industrie, u. a. mit einem Freund, dem Oracle-Mogul Larry Ellison. Mehrere von Jobs' Adjutanten bei NeXT hatten bereits Top-Positionen bei Apple übernommen: David

---

15) Oliver sagte, er sei später erstaunt gewesen, dass Apples Umsätze ihren Tiefpunkt tatsächlich bei etwa 5,4 Milliarden Dollar erreichten.

Manovich wurde zum Chef der Vertriebsabteilung gemacht; Jon Rubinstein übernahm die Hardware-Abteilung; Avadis „Avie" Tevanian die Software-Abteilung. Jobs machte sich daran, auch den Rest der Vorstandsmitglieder auszutauschen, jedoch mit einer Ausnahme. Er behielt Fred Anderson, den Chef der Finanzabteilung, der erst kürzlich von Amelio eingestellt worden war und dem man nicht unterstellte, der alten Garde anzugehören.

Microsoft. Jobs löste einen langjährigen und verheerenden Patentrechtsstreit mit Microsoft. Die Plagiatsvorwürfe, die das Windows-Betriebssystem betrafen, wurden fallen gelassen, und Jobs überzeugte Gates davon, im Austausch dafür die alles entscheidende Office-Suite weiterhin für den Mac zu entwickeln. Ohne Office war der Mac zum Scheitern verurteilt. Jobs bekam Gates auch dazu, das Unternehmen in aller Öffentlichkeit mit einem 150-Millionen-Dollar-Investment zu unterstützen. Diese Investition war weitgehend symbolisch, aber die Wall Street war begeistert: Die Apple-Aktie schoss um 30 % in die Höhe. Wiederum im Gegenzug überzeugte Gates Jobs, den Internet Explorer von Microsoft zum Standard-Webbrowser des Mac zu machen. Ein wichtiges Zugeständnis, da Microsoft von Netscape die Kontrolle über das Web erobern wollte.

Jobs begann die Verhandlungen mit Gates persönlich, doch später sandte dieser Microsofts Finanzvorstand, Gregory Maffei, um ein Abkommen auszuarbeiten. Maffei ging zu Jobs nach Hause, und Jobs schlug vor, einen Spaziergang durch das grüne Palo Alto zu machen. Jobs ging barfuß. „Das war ein ziemlich radikaler Einschnitt für die Beziehung zwischen den zwei Unternehmen", sagte Maffei. [Jobs] war flexibel und charmant. Er sagte: ‚Dies sind die Dinge, die uns am Herzen liegen und die wichtig sind.' Und so konnten wir die Liste der Verhandlungspunkte kürzen. Mit Amelio hatten wir eine Menge Zeit verbracht, und sie hatten einen Haufen Ideen, die sich als Rohrkrepierer erwiesen. Jobs war weitaus kompetenter. Er stellte nicht 23.000 Bedingungen, er betrachtete das Gesamtbild und fand heraus, was er brauchte. Und wir hatten das Gefühl, dass er die Glaubwürdigkeit besaß, die Apple-Leute zu überzeugen und ihnen den Deal zu verkaufen."[16]

---

16) Booth, Cathy: „Steves Job: Restart Apple". In: *Time*, 18. August 1997. (http://www.time.com/time/magazine/article/0,9171,986849,00.html)

Die Marke. Jobs verstand, dass die Produkte zwar nichts taugten, Apple als Marke jedoch immer noch großartig war. Er betrachtete die Marke Apple als Kernstück des Firmenkapitals, vielleicht als das entscheidende Kernstück. Doch es musste mit neuem Leben gefüllt werden. „Wie heißen die großartigsten Marken? Levis, Coca Cola, Disney, Nike", sagte Jobs 1998 zur *Time*.[17] „Die meisten Leute würden Apple in genau diese Kategorie einordnen. Man könnte Milliarden Dollar ausgeben, um eine Marke zu erschaffen, die weniger gut ist als Apple, und dennoch hatte Apple nichts mit diesem ungeheuren Kapital angefangen. Denn was ist Apple im Grunde? Apple wendet sich an Leute, deren Denkweise jenseits eingefahrener Strukturen liegt, Leute, die Computer benutzen wollen, um die Welt zu verändern, um Dinge zu erschaffen, die etwas bewirken, und nicht nur, um ihre Arbeit zu erledigen."

Jobs veranstaltete auf Apples Rechnung einen Wettbewerb zwischen drei Top-Werbeagenturen, er bat diese, eine große, breite Kampagne für die Erneuerung der Marke zu entwerfen. Der Gewinner war TBWA/Chiat/Day, die bereits Apples legendäre Anzeige für den allerersten Mac zur Superbowl 1984 entworfen hatten. TBW kreierte in enger Zusammenarbeit mit Jobs die „Think Different"-Kampagne (mehr über „Think Different" in Kapitel 4).

Jobs fand, dass Apples zweites großes Kapital seine Kunden waren – zu dieser Zeit etwa 25 Millionen Mac-User. Sie waren treue Kunden, einige davon die treuesten Kunden irgendeines Unternehmens überhaupt. Wenn sie weiterhin Apples Rechner kaufen würden, wären sie ein großartiges Fundament für ein Comeback.

Die Klone. Jobs beendete das Klongeschäft. Der Schritt war höchst umstritten, sogar im Unternehmen selbst, aber er ermöglichte Apple, sofort den gesamten Mac-Markt wieder an sich zu reißen, indem man die Wettbewerber eliminierte. Die Kunden konnten nicht länger einen billigeren Mac von Power Computing oder Motorola oder Umax kaufen. Der einzige Konkurrent war Windows, und das Angebot von Apple unterschied sich von diesem. Die Klone zu töten, war bei den Mac-Usern, die sich

---

17) Ebd.

daran gewöhnt hatten, von den Klon-Herstellern zu kaufen, unpopulär. Aber die Entscheidung war für Apple der richtige strategische Zug.

Die Zulieferer. Jobs handelte neue Verträge mit Apples Zulieferern aus. Damals belieferten sowohl IBM als auch Motorola Apple mit Chips. Jobs entschied sich, die beiden gegeneinander auszuspielen. Er teilte ihnen mit, dass Apple sich für einen von beiden entscheiden würde und dass er von dem Hersteller, den er auswählte, große Zugeständnisse verlangte. Am Ende ließ er keinen der beiden Anbieter fallen, aber weil Apple der einzige Großkunde von PowerPC-Chips beider Firmen war, bekam er die Zugeständnisse, die er wollte und noch wichtiger: Garantien, dass die Chips weiterhin entwickelt werden würden. „Es ist, wie ein großes Tankschiff umzusteuern", sagte Jobs dem *Time Magazine*. „Es gab eine Menge miserabler Verträge, die wir nun rückgängig machten."[18]

Die Pipeline. Die allerwichtigste Sache, die Jobs in Angriff nahm, war die radikale Vereinfachung von Apples Produktpipeline. In seinem bescheidenen Büro in der Nähe des Konferenzsaals der Firma (Berichten zufolge hasste er Amelios renovierte Büroräume und weigerte sich, in diese einzuziehen) zeichnete Jobs ein sehr einfaches Raster mit zwei Mal zwei Feldern an die Tafel. Über die eine Spalte schrieb er „Consumer" und über die andere „Professional". Die Reihen betitelte er „Portable" und „Desktop". Fertig war Apples neue Produktstrategie. Sie bestand aus nur vier Geräten: zwei Notebooks und zwei Desktoprechnern, von denen sich jeweils einer an private und einer an professionelle Benutzer richtete.

Die Produktpipeline zu schrumpfen war zunächst ein extrem mutiger Schritt. Er brauchte gute Nerven, um eine Multimilliarden-Dollar-Firma auf ihr Grundgerüst zu reduzieren. Alles abzuschaffen und sich nur auf vier Geräte zu konzentrieren, war radikal. Mache nannten es auch verrückt oder selbstmörderisch. „Wir waren fassungslos, als wir davon hörten", sagte der ehemalige Apple-Aufsichtsratsvorsitzende Edgar Woolard jr. gegenüber der *Business Week*. „Aber es war brillant."[19]

---

18) Ebd.
19) Burrows, Peter / Grover, Ronald und Heather Green: „Steve Jobs' Magic Kingdom. How Apple's demanding visionary will shake up Disney and the world of entertainment". In: *Business Week*. 6. Februar 2006. (http://www.businessweek.com/magazine/content/06_06/b3970001.htm)

Jobs wusste, dass Apple nur ganz wenige Monate vom Bankrott entfernt war, und die einzige Möglichkeit, das Unternehmen zu retten, bestand darin, den Fokus auf genau das zu richten, was es am besten konnte: benutzerfreundliche Computer für Konsumenten und Kreativprofis zu bauen.

Jobs sagte Hunderte Software-Projekte und fast alle Hardwareprojekte ab. Amelio hatte bereits nahezu 300 Projekte bei Apple gestoppt – von Computer-Prototypen bis hin zu neuer Software – und Tausende Arbeiter entlassen, aber an dieser Stelle musste er aufhören. „Ein einzelner CEO kann nur eine bestimmte Menge an Kürzungen vornehmen", sagte Oliver. „Als er es tat, lastete ein enormer Druck auf ihm. Das hat es für Steve viel einfacher gemacht, die 50 Projekte, die übrig waren, zusammenzustreichen."

Die Monitore, Drucker und – was höchst umstritten war – der Newton-PDA fielen Jobs' radikalen Kürzungen zum Opfer. Ein Schritt, der Newton-Fans veranlasste, mit Plakaten und Lautsprechern auf Apples Firmenparkplatz zu protestieren. NEWTON KANN MICH MAL stand auf einem Plakat zu lesen. NEWTON IST MEIN PILOT stand auf einem anderen.

Die Streichung des Newton wurde allgemein als Racheakt an dem früheren CEO John Scully, der Jobs in den späten Achtzigern von der Apple-Spitze verdrängt hatte, angesehen, denn Newton war Scullys Erfindung, und nun schien Jobs diesen aus Rache umzubringen. Dabei hatte die Newton-Abteilung gerade Überschüsse erzielt und war dabei, in eine separate Firma ausgegliedert zu werden. Eine ganz neue Branche für Handheld-Computer schoss aus dem Boden, die bald darauf durch den Palm-Pilot dominiert werden sollte.

Aber für Jobs war der Newton eine Ablenkung. Apple war im Computer-Geschäft, und das bedeutete, sich auf Computer zu konzentrieren. Das Gleiche galt für Laserdrucker. Apple war eine der ersten Firmen im Laserdruckergeschäft und hatte sich einen großen Marktanteil gesichert. Viele dachten, dass Jobs auf mehrere Millionen Dollar Gewinn verzichtete, wenn er auf den Newton verzichtete.

Aber Jobs argumentierte, dass Apple Premium-Computer verkaufen sollte: gut designte, gut konstruierte Geräte für die anspruchsvollen Kunden, wie Luxusautos. Jobs erklärte, dass alle Autos das Gleiche tun würden – von A nach B fahren –, aber eine Menge Leute zahlten eine Menge Geld für einen BMW oder Chevy. Jobs gestand zu, dass die Analogie hinkte (Autos fuhren mit jedem Benzin, aber Macs konnten nichts mit Windows-Software anfangen), aber er hielt dafür, dass Apples Kundenbasis groß genug war, um Apple gute Margen zu ermöglichen. Für Jobs war das die Schlüsselfrage. Es gab und hatte immer Druck auf Apple gegeben, spottbillige Computer zu verkaufen, aber Jobs bestand darauf, dass Apple niemals in den Wettbewerb auf dem Billigcomputer-Markt einsteigen würde, der ein Wettrennen nach unten ist. Dell, Compaq und Gateway sowie ein halbes Dutzend anderer Computerbauer machten im Grunde alle das gleiche Produkt und unterschieden sich nur im Preis. Anstatt es mit Dell im Kampf um den billigst möglichen Computer aufzunehmen, sollte Apple erstklassige Produkte herstellen, um weitere erstklassige Produkte zu entwickeln. Das Absatzvolumen würde dann für Preissenkungen sorgen. Die Zahl der Produkte zu reduzieren, war operationell ein guter Schachzug. Weniger Produkte bedeuteten geringere Lagerbestände und einen unmittelbaren Einfluss auf die Unternehmensergebnisse. Jobs hat es in nur einem Jahr geschafft, Apples Lagerbestände von über 400 Millionen Dollar auf unter 100 Millionen Dollar zu senken.[20] Zuvor war das Unternehmen gezwungen gewesen, Abschreibungen auf unverkäufliche Geräte in Millionenhöhe vorzunehmen. Dadurch, dass die Anzahl der Produkte auf ein Minimum reduziert wurde, minimierte Jobs das Risiko, von teuren Abschreibungen, die leicht den Todesstoß für das Unternehmen hätten bedeuten können, getroffen zu werden.

Die Kürzungen und Umstrukturierungen waren für Jobs nicht einfach. Er verbrachte lange, zermürbende Stunden damit. „Ich bin in meinem ganzen Leben nicht so müde gewesen", verriet Jobs *Fortune* im Jahre 1998. „Ich kam regelmäßig gegen zehn Uhr abends nach Hause und fiel ins Bett, quälte mich am nächsten Morgen um sechs aus dem Bett, duschte und ging zur Arbeit. Es ist das Verdienst meiner Frau, dass ich weitermachte. Sie unterstützte mich und hielt die Familie zusammen, während ihr Ehemann ständig abwesend war."[21]

---

20) Ebd.
21) Schlender, Brent und Steve Jobs: „The Three Faces of Steve. In this exclusive, personal conversation, Apple's CEO reflects on the turnaround, and on how a wunderkind became an old pro". In: *Fortune*, 9. November 1998. (http://money.cnn.com/magazines/fortune/fortune_archive/1998/11/09/250880/index.htm)

Er fragte sich manchmal, ob er das Richtige tat. Er war bereits CEO von Pixar, das gerade den Erfolg von *Toy Story* genoss. Er wusste, dass seine Rückkehr Pixar, seine Familie und seinen Ruf unter Druck setzen würde. „Ich wäre nicht ehrlich, wenn ich nicht zugeben würde, dass ich an manchen Tagen daran zweifelte, dass ich die richtige Entscheidung getroffen hatte, mich darauf einzulassen", sagte er dem *Time Magazine*.[22] „Aber ich glaube, nichts im Leben passiert zufällig."

Es war Jobs' größte Sorge, zu scheitern. Apple hatte entsetzliche Probleme, und vielleicht war er nicht in der Lage, Apple zu retten. Er hatte sich bereits einen Platz in den Geschichtsbüchern verdient, nun wollte er diesen nicht ruinieren. In dem *Fortune*-Interview von 1998 sagte Jobs, dass er sich von seinem Vorbild Bob Dylan inspirieren ließ. Eines der Dinge, die Jobs an Dylan bewunderte, war seine Weigerung, stillzustehen. Viele erfolgreiche Künstler erstarren zu irgendeinem Zeitpunkt ihrer Karriere. Sie tun weiterhin das, womit sie am Anfang Erfolg hatten, aber sie entwickeln sich nicht mehr. „Wenn sie weiterhin riskieren, zu scheitern, sind sie weiterhin Künstler", sagte Jobs. „Dylan und Picasso riskierten immer, zu scheitern."

„Gesteved" werden

Obwohl es nach Jobs' Übernahme der Unternehmensleitung in den Medien keine Berichte über Massenentlassungen Tausender Mitarbeiter gab, fanden diese dennoch statt. Die meisten, wenn nicht sogar alle davon, wurden durch Produktmanager ausgeführt, die die meisten Mitarbeiter entließen, nachdem Projekte gestoppt waren. Doch dies ging sehr still vor sich und wurde aus den Zeitungen herausgehalten.

Es gibt – wahrscheinlich erfundene – Geschichten, aus denen hervorgeht, dass Jobs Angestellte in Fahrstühlen in die Ecke getrieben und sie über ihre Rolle im Unternehmen ausgefragt haben soll. Wenn die Antworten nicht zufriedenstellend gewesen seien, wären sie auf der Stelle entlassen worden. Diese Praxis wurde als „gesteved" werden bekannt. Der Ausdruck ist mittlerweile Teil des technischen Jargons und meint alle Projekte, die

---

22) Booth, Cathy: „Steves Job: Restart Apple". In: *Time*, 18. August 1997. (http://www.time.com/time/magazine/article/0,9171,986849,00.html)

kurzerhand begraben werden: „Mein Online-Strickmuster-Generator ist gesteved worden."

Jim Oliver bezweifelt, dass irgendein Angestellter persönlich im Fahrstuhl „gesteved" wurde. Jobs mag jemanden auf der Stelle gefeuert haben, aber nicht in Olivers Gegenwart – und er begleitete Jobs drei Monate lang fast überallhin als dessen persönlicher Assistent. Falls Jobs irgendjemanden so entließ, bezweifelt Oliver, dass er es mehr als einmal getan hat. „Aber diese Geschichten machten in der Tat die Runde und hielten die Leute auf Trab", sagte Oliver. „Diese Geschichten werden ständig wiederholt, aber ich habe nie die Person gefunden, der er dies angeblich antat."[23]

Nach dem, was er gehört hatte, erwartete Oliver, dass Jobs ein unberechenbarer, cholerischer und hoffnungsloser Fall war, und er war positiv überrascht, als er ihn ziemlich entspannt vorfand. „Jobs' Wutausbrüche werden übertrieben", sagte Oliver. Er wurde zwar Zeuge einiger Temperamentsausbrüche, aber diese waren „sehr selten" und oft vorsätzlich. „Die öffentlichen Standpauken waren ganz klar kalkuliert", sagte Oliver. (Jobs hat allerdings eine Tendenz, die Dinge zu polarisieren. Er hat einen bestimmten Lieblingskugelschreiber der Marke Pilot, und alle anderen bezeichnet er als „Mist". Menschen sind entweder Genies oder Idioten.)

Jobs hatte zwar den Newton begraben, aber er behielt den größten Teil des Newton-Teams, die er als gute Ingenieure einstufte. Er brauchte sie, um eines der Geräte seiner vereinfachten Produktmatrix zu bauen: den Consumer Portable, der später iBook genannt wurde. Während Jobs die Bestandaufnahme seiner Produkte durchführte, tat er das Gleiche mit den Angestellten. Das Kapital der Firma waren nicht nur die Produkte, sondern genauso die Mitarbeiter. Und es fanden sich einige Juwelen. „Vor zehn Monaten fand ich das beste Industriedesign-Team vor, das ich je gesehen habe", sagte Jobs später und meinte damit Jonathan Ive und sein Designer-Team. Ive arbeitete bereits vorher für Apple – er war seit vielen Jahren bei Apple und hatte sich zum Chef des Design-Teams hochgearbeitet. (Über Ive wird in Kapitel 3 ausführlicher gesprochen.)

---

23) Oliver, Jim: Persönliches Interview, Oktober 2006.

Jobs suchte aufmerksam nach den Talenten in den Produktteams, selbst wenn sie nicht die Leute waren, die das Sagen hatten. Peter Hoddie sagte, dass Jobs ihn nach der Präsentation von QuickTime, während der er viel über die Software sprach, nach seinem Namen gefragt hatte. „Ich wusste nicht, ob das ein gutes oder ein schlechtes Zeichen war", sagte Hoddie. „Aber er erinnerte sich an meinen Namen." Später wurde Hoddie der leitende Architekt von QuickTime.

Jobs' Vorhaben war schlicht: kürzen, damit das Hauptteam – sein Kader ehemaliger NeXT-Verantwortlicher sowie die besten Programmierer, Ingenieure, Designer und Vertriebsleute des Unternehmens – wieder innovative Produkte entwickeln, verbessern und auf den neuesten Stand bringen konnte. „Wenn wir vier großartige Produktplattformen erschaffen können, ist das alles, was wir brauchen", erklärte Jobs in einem Interview 1998. „Wir können unsere A-Mannschaft an jede einzelne davon setzen, anstatt bei einigen mit einer B- oder C-Mannschaft arbeiten zu müssen. Wir kommen viel schneller mit deren Entwicklung voran."[24] Wie wir in einem späteren Kapitel sehen werden, ist es eine von Jobs' Schlüsselstrategien in Jobs' Karriere gewesen, die talentiertesten Leute, die er finden konnte, zu rekrutieren.

Jobs stellte sicher, dass der Organisationsapparat von Apple schlank und wenig verzweigt war. Seine neue Managementstruktur war ziemlich einfach: Jon Rubinstein leitete die Technikabteilung, Avie Tevanian leitete die Softwareabteilung, Jonathan Ive kümmerte sich um die Designgruppe, Tim Cook um das operationelle Geschäft und Mitch Mandich um den weltweiten Vertrieb. Jobs insistierte auf einer klaren Befehlskette von ganz oben nach ganz unten: Jeder im Unternehmen wusste, an wen er sich halten musste und was von ihm erwartet wurde. „Die Organisation ist gradlinig, einfach zu verstehen und sehr nachvollziehbar", sagte Jobs der *Business Week*.[25] „Wir haben alles vereinfacht. Das war eines meiner Mantras – einen Schwerpunkt festlegen und für Einfachheit sorgen."

---

24) Seybold San Francisco/Publishing '98: Web Publishing Conference, Eröffnungsrede Steve Jobs, 31. August 1998.
25) Reinhart, Andy: „Steve Jobs on Apple's Resurgence: ‚Not a One-Man Show'," In: *Business Week Online,* 12. Mai 1998. (http://www.businessweek.com/bwdaily/dnflash/may1998/nf80512d.htm)

Dr. No

Jobs' radikale Schwerpunktfestlegung funktionierte. Apple stellte im Verlauf der nächsten zwei Jahre vier Geräte vor, die sich als eine Reihe von Verkaufsschlagern erwiesen.

Zuerst kam der Power Macintosh G3, ein schnelles Profigerät, das im November 1997 vorgestellt wurde. Es ist heute weitgehend in Vergessenheit geraten, aber der G3 war unter Apples Kernkunden – den Profi-Usern – ein großer Hit und wurde in seinem ersten Jahr in einer sehr respektablen Stückzahl von einer Million Einheiten verkauft. G3 folgten das vielfarbige iBook und das seidig titanfarbene PowerBook, die beide Bestseller waren. Der Verkaufsrenner Nummer 1 wurde aber der iMac. Ein bonbonfarbener Rechner in der Form eines Regentropfens. Vom iMac wurden sechs Millionen Stück verkauft, und er war damit der am häufigsten verkaufte Computer aller Zeiten. Der iMac wurde ein kulturelles Phänomen und löste eine Welle durchsichtiger Plastikprodukte aus, von Zahnbürsten bis zu Föhnen. Bill Gates war durch den Erfolg des iMac irritiert. „Es gibt eine Sache, in der Apple nun führend ist, nämlich die Farben", sagte er. „Ich glaube aber, es wird nicht lange dauern, bis wir in diesem Bereich aufholen."[26] Gates sah einfach nicht, dass jenseits der ungewöhnlichen Farbgebung des iMacs der Computer noch anderes aufweisen konnte, was ihn bei Verbrauchern zum Verkaufshit machte: Er verfügte über ein einfaches Set-Up, eine benutzerfreundliche Software und war einfach einmalig!

Jobs setzte den Schwerpunkt von Apple auf eine kleine Auswahl von Produkten, die Apple gut beherrschte. Doch der Akt der Festlegung an sich hat auch in Bezug auf die einzelnen Produkte Anwendung gefunden. Um „Feature Creep" – die wachsende Liste neuer Funktionen, die oft während der Designphase und auch nach der ersten Markteinführung neuen Produkten hinzugefügt wurden – zu vermeiden, besteht Jobs darauf, einen Schwerpunkt festzulegen. Viele Mobiltelefone sind leuchtende Beispiele des „Feature Creep". Sie können alles Vorstellbare, aber grundlegende Funktionen wie die Anpassung der Lautstärke oder das Abrufen von Voicemails werden manchmal durch die überbordende Komplexität der Ge-

---

26) CNET News.com: „Gates Takes a Swipe at iMac". 26. Juli 1999. (http://www.news.com/Gates-takes-a-swipe-at-iMac/2100-l001_13-229037.html).

räte erschwert. Um zu vermeiden, dass der Verbraucher durch eine endlose Reihe komplizierter Entscheidungen verwirrt wird, ist eines von Jobs' Lieblingsmantras bei Apple: „Einen Schwerpunkt zu setzen bedeutet, Nein zu sagen."

Einen Schwerpunkt zu setzen bedeutet auch, Selbstbewusstsein zu haben, Nein zu sagen, wenn alle anderen Ja sagen. Als Jobs den iMac einführte, hatte dieser z. B. kein Diskettenlaufwerk, was damals noch zur Standardausrüstung aller Computer gehörte. Heute wirkt es albern, aber damals gab es Protestgeheule von Kunden und Presse. Viele Experten sagten voraus, dass das Fehlen eines Diskettenlaufwerkes ein fataler Fehler sei, der den iMac zum Scheitern verurteile. „Der iMac ist klar, elegant, diskettenfrei – und zum Scheitern verurteilt", schrieb Hiawatha Bray im *Boston Globe* im Mai 1998.[27]

Jobs war sich bei der Entscheidung selbst nicht hundertprozentig sicher, sagte Hoddie. Aber er vertraute seinem Bauchgefühl, dass das Diskettenlaufwerk dabei war, überflüssig zu werden. Der iMac war als Internet-Computer konzipiert, und die Besitzer würden das Netz benutzen, um Dateien zu übertragen oder Software zu downloaden, überlegte Jobs. Außerdem war der iMac einer der ersten Computer auf dem Markt mit einer USB-Schnittstelle, einem neuen Standard zum Anschließen von Peripheriegeräten, der von niemandem außer Intel benutzt wurde (er war sogar von Intel erfunden worden). Doch die Entscheidung, auf Disketten zu verzichten und USB zu nutzen, gab dem iMac den Glanz eines Vorausschauenden. Er wirkte wie ein futuristisches Produkt, ob dies beabsichtigt war oder nicht.

Jobs sorgt auch dafür, dass Apples Produktpalette sehr einfach und schwerpunktbezogen ist. Während der gesamten späten 1990er und frühen 2000er brachte Apple höchstens ein halbes Dutzend größerer Produktlinien auf den Markt: je zwei größere Desktop-Computer und -Laptops, einige Monitore, den iPod und iTunes. Später kamen der Mac mini, das iPhone, AppleTV und einige iPod-Accessoires wie Wollsocken und Armbänder hinzu. Stellen Sie sich einmal Jobs' Beharren auf einem Schwerpunkt ganz im Gegensatz zu anderen Unternehmen in der High-Tech-

---

27) Bray, Hiawatha: „Thinking Too Different". In: *Boston Globe,* 14. Mai 1998.

Industrie vor, insbesondere den Giganten Samsung oder Sony, die den Markt am laufenden Bande mit Hunderten verschiedener Produkte bombardieren. Im Laufe der Jahre hat Sony 600 verschiedene Modelle des Walkman verkauft. Sonys CEO, Sir Howard Stringer, hat einmal seinem Neid auf Unternehmen mit einer engen Produktpalette Ausdruck verliehen. „Manchmal wünsche ich mir, dass wir nur drei Produkte hätten", lamentierte er.[28]

Sony kann kein Produkt, egal welches, auf den Markt bringen, ohne gleich beim Start vielfältige Varianten anzubieten. Dies wird normalerweise als gut für den Kunden erachtet. Grundsätzlich gilt, dass mehr Auswahl immer eine gute Sache ist. Aber jede Variante kostet das Unternehmen Zeit, Energie und Ressourcen. Während einem Riesen wie Sony diese Mittel vielleicht zur Verfügung stehen, musste Apple sich konzentrieren und die Zahl der Varianten reduzieren, um überhaupt irgendetwas auf den Markt zu bringen.

Natürlich hat Apple beim iPod heute eine Angebotspalette, die Sony ähnelt. Es gibt mehr als ein halbes Dutzend Modelle, von der reduzierten Standardausführung bis hin zum High-End-Video-iPod und dem iPhone, deren Preise jeweils im 50-Dollar-Abstand zwischen 100 Dollar und 350 Dollar liegen. Aber um dahin zu kommen, brauchte Apple mehrere Jahre – nicht nur einen einzigen Starttermin.

Persönliche Schwerpunktlegung

Auf der persönlichen Ebene konzentriert sich Jobs auf die Gebiete, auf denen er stark ist, und delegiert alles andere. Bei Apple hat er ein genaues Auge auf die Gebiete, in denen er sich genau auskennt: die Entwicklung neuer Produkte, die Überwachung des Marketing und das Halten von Schlüsselreden. Bei Pixar war er das genaue Gegenteil. Er delegierte den Prozess des Filmemachens an seine fähigen Mitarbeiter. Jobs' wichtigste Funktion bei Pixar war, Geschäfte mit Hollywood abzuschließen, eine

---

28) Szalai, Georg: „Stringer: Content Drives Digitization". In: *TheHollywood Reporter*, 9. November 2007. (http://www.hollywoodreporter.com/hr/content_display/business/news/e3idd293825dd51c45cff4f1036c8398c0e)

Fähigkeit, die er hervorragend beherrscht. Lassen Sie uns diese verschiedenen Gebiete einmal gegenüberstellen.

Worin Jobs gut ist:

Neue Produkte zu entwickeln.
Jobs ist ein Meister darin, sich neue innovative Produkte auszudenken und bei deren Verwirklichung zu helfen. Jobs erfindet leidenschaftlich gerne neue Produkte, angefangen beim Mac über den iPod zum iPhone.

Produktpräsentationen.
Steve Jobs ist das Gesicht von Apple. Wenn das Unternehmen ein neues Produkt hat, ist Jobs derjenige, der es der Welt präsentiert. Darauf bereitet er sich wochenlang vor.

Geschäfte abschließen.
Jobs ist ein Meister im Verhandeln. Er schloss großartige Verträge mit Disney ab, um die Pixar-Filme zu vertreiben, und überzeugte alle fünf großen Plattenlabels, über iTunes Musik zu verkaufen.

Worin Jobs nicht gut ist:

Bei Spielfilmen Regie zu führen.
Bei Apple hat Jobs den Ruf eines Mikro-Managers und Einmischers. Bei Pixar hat er sich nicht besonders viel eingemischt. Jobs kann nicht Regie führen, also versucht er es nicht einmal (mehr über Pixar in Kapitel 4).

Sich um die Wall Street zu kümmern.
Jobs hat wenig Interesse daran, sich mit der Wall Street zu beschäftigen. Jahrelang vertraute er die Finanzen des Unternehmens seinem Finanzvorstand Fred Anderson an. Bis zum Aktienoptionsskandal 2006 und 2007 wurde Anderson überall dafür bewundert und respektiert, wie gut er die finanziellen Angelegenheiten des Unternehmens im Griff hatte.

Der operative Geschäftsbereich.
Auf dieselbe Weise delegiert Jobs den kniffligen Job des operativen Geschäfts an seinen altgedienten Leiter des operativen Geschäfts Tim Cook, der allgemein als seine rechte Hand angesehen wird (als Jobs' Krebs-

erkrankung behandelt wurde, übernahm Cook zeitweise das Amt des CEO). Unter Cook hat Apple extrem schlanke und effiziente Betriebsabläufe entwickelt. Jobs prahlt damit, dass Apple effizienter ist als Dell, dem angeblichen Maß aller Dinge in der Branche (mehr darüber in Kapitel 6).

Den Schwerpunkt aufrechtzuerhalten.

Im Laufe der Jahre ist die Liste der Produkte, die Jobs nicht produziert hat, ziemlich lang geworden: angefangen von PDAs über Webtablets bis hin zu schlichten Billigcomputern. „Wir sprechen hier von sehr vielen Dingen, aber ich bin genauso stolz auf die Dinge, die wir nicht gemacht haben, wie auf die, die wir gemacht haben", teilte Jobs dem *Wall Street Journal* mit.[29]

Apples Laboratorien sind mit Produktprototypen, die es nie in die Läden geschafft haben, zugestellt. Das Produkt, auf dessen Nichterschaffung Jobs am meisten stolz ist, ist ein PDA, ein Personal Digital Assistent, dem Nachfolger des Newton, dessen Entwicklung er 1998 abgebrochen hatte. Jobs hat zugegeben, dass er über einen PDA lange *nachgedacht* hat, aber zu der Zeit, als Apple dann so weit war – in den frühen 2000ern – entschied er, dass die große Zeit der PDAs schon vorbei war. Die PDAs wurden schnell durch Mobiltelefone mit Adressbüchern und Kalenderfunktionen ersetzt. „Es gab einen enormen Druck auf uns, einen PDA zu machen. Aber wir sahen es uns an und sagten: ‚Moment mal, 90 Prozent der Leute, die diese Dinger benutzen, wollen nur Informationen aus ihnen herauskriegen. Sie wollen nicht unbedingt regelmäßig Informationen in sie hineingeben. Und diesen Teil werden die Mobiltelefone übernehmen'", sagte Jobs gegenüber dem *Wall Street Journal*.[30] Er hatte recht: Sehen Sie sich das iPhone an (und der PDA, der nicht mit dem iPhone kompatibel ist, hängt jetzt in den Seilen).

Es hat auch Ratschläge gegeben, dass Apple an das Big Business, den sogenannten Geschäftskundenmarkt, verkaufen solle. Jobs hat dem widerstanden, weil Verkäufe an Firmen – wie groß auch immer der potentielle Markt sein mochte – nicht zu Apples Schwerpunkt gehörte. Seit Jobs'

---

29) Mossberg, Walter S.: „The Music Man: Apple CEO Steve Jobs Talks About the Success of iTunes, Mac's Future, Movie Piracy". In: *Wall Street Journal*, 14. Juni 2004. (http://online.wsj.com/article_email/SB108716565680435835-IrjfYNolaV3nZyqaHmHcKmGm4.html)
30) Ebd.

Rückkehr hat sich Apple auf die Konsumenten konzentriert. „Apples Ursprung ist das Bauen von Computern für Menschen, nicht für Firmen", hat Jobs einmal gesagt. „Die Welt braucht keinen weiteren Dell oder Compaq."[31]

Man kann mit einem 3.000 Dollar teuren Gerät wesentlich größere Profite machen als mit einem 500 Dollar teuren Gerät, selbst wenn man weniger davon verkauft. Indem Apple auf das mittlere und höhere Segment des Marktes zielte, kam es in den Genuss einiger der besten Umsatzrenditen in der Branche: ungefähr 25 Prozent. Die Umsatzrendite von Dell liegt nur bei ungefähr 6,5 Prozent. Die von Hewlett Packard liegt noch niedriger, ungefähr bei fünf Prozent.

Im Sommer 2007 war Dell mit einem erstaunlichen Anteil von 30 Prozent am US-Markt der größte PC-Hersteller der Welt. Apple kam als Dritter über die Ziellinie mit einem viel kleineren Marktanteil von 6,3 Prozent.[32] Im dritten Quartal 2007 bilanzierte Apple jedoch einen Rekordgewinn von 818 Millionen Dollar, während Dell mit mehr als fünfmal so viel verkauften Geräten lediglich 2,8 Millionen Dollar verdiente. Ja, ein großer Anteil von Apples Profiten kam durch den Verkauf von iPods zustande, und Dell durchlief gerade eine Restrukturierung. Jedoch verdient Apple mit dem Verkauf eines 3.500 Dollar teuren High-End MacBook Pro Laptop mehr Geld (und zwar 875 Dollar), als Dell an einem 500 Dollar teuren PC verdient (ungefähr 25 Dollar). Deswegen kaufte Dell 2006 Alienware, einen Hersteller von PC-Systemen, die speziell auf die Bedürfnisse von Computerspielern und deren Hardwareanforderungen zugeschnitten sind. Es ist seit Jahren klar, dass Apple nicht den gleichen Markt bedient wie die PC-Firmen, aber viele Jahre lang wurde das geschäftliche Wohlergehen des Unternehmens daran gemessen, wie viele Computer verkauft wurden, nicht wie viel diese Computer wert waren. Der Erfolg auf dem Computermarkt wurde traditionell über die Quantität, nicht über die Qualität gemessen. Experten sowie der Branchenbeobachter Gartner Inc. riefen Apple regelmäßig dazu auf, das Hardwaregeschäft abzugeben, weil der Marktanteil in den 2000ern auf niedrige einstellige Prozentzahlen sank.

---

31) Krantz, Michael und Steve Jobs: „Steve Jobs at 44". In: *Time*, 10. Oktober 1999.
32) IDC, Top 5 Vendors, United States PC Shipments, Third Quarter 2007. (http://www.idc.com/getdoc.jsp;jsessionid=Z53BVCY1DTPR2CQJAFICFGAKBEAUMIWD?containerId=prUS20914007)

Aber Apple holt sich das profitabelste Segment des Marktes und nicht die höchste Anzahl der verkauften Geräte, obwohl sich dies beginnt zu ändern.

Steves Lehren

- *Packen Sie es an.* Krempeln Sie die Ärmel hoch, und fangen Sie sofort mit der Arbeit an.
- *Stellen Sie sich schwierigen Entscheidungen geradewegs.* Jobs musste einige schwere und schmerzhafte Entscheidungen treffen, aber er stellte sich der Situation.
- *Werden Sie nicht emotional.* Beurteilen Sie die Probleme Ihrer Firma mit einem kühlen klaren Kopf.
- *Seien Sie konsequent.* Es kann nicht gerade einfach gewesen sein, aber als Jobs zu Apple zurückkehrte und seine radikale Umstrukturierung einleitete, verhielt er sich konsequent und fair. Er wusste, was getan werden musste. Er nahm sich die Zeit, es zu erklären, und er erwartete von den Mitarbeitern, mitzuziehen.
- *Raten Sie nicht, informieren Sie sich.* Inspizieren Sie die Firma gründlich, und treffen Sie Ihre Entscheidungen auf der Basis von Daten, nicht von Gefühlen. Das ist hart, aber fair.
- *Sehen Sie sich nach Hilfe um.* Versuchen Sie nicht, die Last allein zu schultern. Jobs bittet das Unternehmen um Hilfe und bekommt sie. Das Management hilft Ihnen, die Last aller Einschnitte zu tragen.
- *Einen Schwerpunkt festzulegen bedeutet, Nein zu sagen.* Jobs legte Apples Schwerpunkt auf eine kleine Anzahl von Projekten, die Apple gut beherrschte.
- *Bleiben Sie fokussiert; vermeiden Sie „Feature Creep".* Machen Sie es nicht zu kompliziert, Einfachheit ist in einer Welt übertrieben komplexer Technologie eine Tugend.
- *Konzentrieren Sie sich auf das, worin Sie gut sind; delegieren Sie alles andere.* Jobs führt nicht in Animationsfilmen Regie oder fordert die Wall Street heraus. Er konzentriert sich auf das, was er kann.

Kapitel 2
Despotismus: Apples Ein-Mann-Fokusgruppe

„Wir lassen die Buttons auf dem Bildschirm so gut aussehen, dass Sie sie am liebsten ablecken wollen."

– Steve Jobs am 24. Januar 2000 gegenüber *Fortune* über das neue Mac OS X Benutzerinterface

Bevor Jobs zu Apple zurückkehrte, hatte das Unternehmen mehrfach erfolglos versucht, eine moderne Version des Macintosh-Betriebssystems zu entwickeln. Seit seiner Einführung im Jahre 1984 hat sich das alte Mac OS zu einem überladenen, instabilen Patchwork aus Programmiercodes entwickelt. Verwaltung und Aktualisierung waren zu einem Alptraum geworden, was ständige Abstürze, eingefrorene Bildschirme und Neustarts zur Folge hatte – außerdem eine Menge Datenverlust, Frustration und Ärger.

Weil ein Großteil des Mac OS immer noch aus altersschwachen Codes bestand, entschied sich Apple, ganz von vorne anzufangen. 1994 fingen die

Programmierer an, das Betriebssystem von Grund auf neu zu schreiben; das Ganze ging unter dem Codenamen Copland, nach dem berühmten amerikanischen Komponisten, vonstatten. Jedoch wurde nach einigen Jahren klar, dass das Projekt gigantischen Ausmaßes war und nie vollendet sein würde. Das Apple-Vorstands-Team entschied, dass es einfacher (und klüger) wäre, das Betriebssystem der nächsten Generation von einem anderen Unternehmen zu kaufen, anstatt selbst eines zu entwickeln. Die Suche führte am Ende zum Kauf von Steve Jobs' NeXT.

Apple interessierte sich für den Kauf von NeXTstep, einem erstaunlich ausgereiften und vielseitigen Betriebssystem, das Jobs während seiner Jahre in der Wildnis, fern von Apple, entwickelt hatte. NeXTstep bot alles, was das alte Mac OS vermissen ließ. Es war schnell, stabil und fast absturzsicher. Es bot moderne Netzwerkfunktionen – essentiell im Internet-Zeitalter – und einen modularen Aufbau, der einfach zu modifizieren und zu aktualisieren war. Außerdem war ein umfangreiches Paket großartiger Programmiertools im Paket enthalten, was es den Softwareentwicklern sehr einfach machte, Programme dafür zu schreiben. Programmiertools sind ein riesiger Wettbewerbsvorteil in der Hightech-Industrie. Computerplattformen sind zum Scheitern verurteilt, wenn talentierte Programmierer kein Interesse daran zeigen und Anwendungen für sie schreiben, genau wie Spielkonsolen scheitern, wenn sie keine großartigen Spiele hervorbringen. Egal, ob Mac, Palm Pilot oder Xbox, der Erfolg einer Plattform ist in allererster Linie von der Software bestimmt, die darauf läuft. In einigen Fällen ist dies die sogenannte Killerapplikation – eine notwendige Software wie Office für Windows oder das Spiel Halo auf der Xbox, das den Erfolg der Plattform garantiert.

Was kam als Nächstes?

Nach dem Kauf von NeXT musste Apple herausfinden, wie es NeXTstep zu einem Macintosh-Betriebssystem machen konnte. Zuerst schien diese Aufgabe so schwierig, dass die Programmierer von Apple sich entschieden, die alte Benutzeroberfläche von Mac OS 8 auf die Codebasis von NeXTstep zu übertragen. Laut Cordell Ratzlaff, dem Manager, der dieses Projekt betreuen sollte, sah die Übertragung der alten Oberfläche nicht nach einer riesigen Herausforderung aus. „Wir betrauten einen einzigen

Grafiker mit OS X", erinnert er sich. „Seine Aufgabe war ziemlich langweilig: das neue Zeug aussehen zu lassen wie das alte Zeug."

Doch Ratzlaff fand es schade, eine hässliche Fassade auf so ein elegantes System zu übertragen, und bald ließ er Grafiker Entwürfe neuer Oberflächendesigns entwickeln. Ratzlaff sagte mir, dass diese Entwürfe den Sinn hatten, viele der fortgeschrittenen Technologien unter Anwendung von NeXTstep aufzuzeigen – insbesondere die starken grafischen und Animationsfähigkeiten.[1]

Ratzlaff, der zurückhaltende Kreativdirektor von Frog Design, der legendären und international bekannten Designschmiede, arbeitete neun Jahre lang bei Apple. Er begann als Grafiker und kletterte die Karriereleiter empor, bis er die Benutzeroberflächengruppe für Mac OS leitete. In dieser Funktion war Ratzlaff für das Aussehen und die Wirkung von Apples Betriebssystemen verantwortlich, von Mac OS 8 bis zum ersten OS X.

Heutzutage sind Benutzeroberflächen bunt und dynamisch, aber in den späten 1990ern waren sowohl Apples als auch Microsofts Betriebssysteme schlicht und grau, mit rechteckigen Fenstern, scharfen Kanten und einer ziemlich verpixelten Oberfläche. Doch dann kam Apple mit dem iMac in Regentropfenform heraus, einem Computer mit einem transparenten Plastikkorpus und kurvigen organischen Linien. Er war für Ratzlaff und seine Kollegen eine große Inspirationsquelle. Bald hatten sie Prototypen mit farbigen, luftigen Oberflächen, durchsichtigen Menüs, weichen Kanten und runden, organischen Buttons vorbereitet.

Ratzlaffs Chef Bertrand Serlet, der heute Apples Vizevorstandsvorsitzender und zuständig für den Bereich Software-Engineering ist, bewunderte die Entwürfe, aber er sagte klar und deutlich, dass weder Zeit noch Ressourcen vorhanden waren, diese zu verwenden. Der einsame Grafiker von OS X übertrug also weiter die alte Mac-Benutzeroberfläche auf NeXTstep.

Nachdem Apple einige Monate an OS X gearbeitet hatte, wurde außerhalb des Unternehmens ein Treffen für alle Ingenieurgruppen, die an OS X beteiligt waren, veranstaltet, um einen Zwischenbericht einzuholen. Ratzlaff

---

1) Ratzlaff, Cordell: Persönliches Interview, September 2006.

wurde gebeten, seine Oberflächenentwürfe vorzuführen, vorwiegend zur Unterhaltung. Sein Vortrag sollte nach einer langen und arbeitsintensiven Woche etwas Entspannung bringen. Er war als letzter Sprecher am letzten Tag vorgesehen. Heimlich hoffte er aber, dass es Unterstützung für die neuen Designs geben würde und dass diese doch noch verwirklicht werden würden, obwohl er sich keine wirklich großen Chancen ausrechnete. Im Verlauf der zweitätigen Veranstaltung wurde immer deutlicher, was für ein enormes Projekt OS X war. Jeder fragte sich, wie man jemals damit fertig werden sollte. „Und dann, ganz am Ende, stand ich da und sage: ‚Ach, und hier ist übrigens eine neue Oberfläche. Sie ist durchsichtig, es gibt Echtzeitanimationen und einen kompletten Alpha-Channel'", erinnerte sich Ratzlaff. „Es brach schallendes Gelächter aus, weil es absolut unwahrscheinlich war, dass wir die Benutzeroberfläche überarbeiten durften. Ich war danach ziemlich deprimiert."

„Ihr seid ein Haufen Idioten"

Zwei Wochen später bekam Ratzlaff einen Anruf von Steve Jobs' Assistent. Jobs hatte die Entwürfe bei der Tagung nicht gesehen – er hatte nicht teilgenommen –, aber nun wollte er einen Blick darauf werfen. Zu diesem Zeitpunkt war Jobs immer noch bei seiner Bestandsaufnahme aller Produktgruppen. Ratzlaff und seine Grafiker saßen in einem Konferenzraum und warteten auf Jobs, als dieser plötzlich hereinkam und sie „einen Haufen Amateure" nannte.

„Ihr seid doch die Typen, die Mac OS entworfen haben, richtig?", fragte er sie. Betreten nickten sie. „Nun, ihr seid ein Haufen Idioten."

Jobs rasselte all die Dinge herunter, die er an der alten Mac-Oberfläche hasste, was so ziemlich alles war. Eine Sache, die er mit am meisten hasste, waren die vielen verschiedenen Optionen, Fenster und Ordner zu öffnen. Es gab mindestens acht verschiedene Möglichkeiten, auf Ordner zuzugreifen – Drop-down-Menüs, Pop-up-Menüs, den DragStrip, den Launcher und den Finder. „Das Problem war, dass man zu viele Fenster hatte", sagte Ratzlaff. „Steve wollte die Fensterorganisation vereinfachen." Weil Ratzlaff derjenige war, der primär für diese Funktion verantwortlich war, fürchtete er so langsam um seinen Arbeitsplatz. Aber nach 20 Minuten harscher

Kritik verstand Ratzlaff, dass sein Arbeitsplatz sicher war. „Ich dachte, wenn er uns rausschmeißen wollte, hätte er es schon längst getan", sagte Ratzlaff.

Jobs, Ratzlaff und die Grafiker begannen eine eingehende Diskussion über die alte Mac-Oberfläche und wie sie überarbeitet werden könnte. Ratzlaffs Team zeigte Jobs die Entwürfe, und das Meeting nahm doch noch eine positive Wendung. „Bauen Sie diese Entwürfe aus, und zeigen Sie sie mir", sagte Jobs.

Das Grafikerteam arbeitete drei Wochen lang Tag und Nacht und baute Prototypen mit Micromedia Director, einem Multimedia-Programmiertool, das oft dazu verwendet wird, maßgeschneiderte Oberflächen für Software oder Internetseiten zu entwerfen. „Wir wussten, dass unsere Arbeitsplätze auf der Kippe standen, also haben wir uns ziemliche Sorgen gemacht", sagte er. „Er [Jobs] kam rüber zu unseren Büros, und wir verbrachten den gesamten Nachmittag mit ihm. Er war begeistert. Von da an war klar, dass es eine neue Benutzeroberfläche für OS X geben würde."

Jobs war so beeindruckt, dass er zu Ratzlaff sagte: „Dies ist der erste Hinweis bei Apple auf einen dreistelligen Intelligenzquotienten." Ratzlaff freute sich über das Kompliment. Für Jobs' Verhältnisse ist die Bestätigung, dass man einen IQ hat, der über 100 liegt, ein Zeichen glühender Verehrung. Zuversichtlich, dass ihre Arbeitsplätze nun gesichert waren, feierten Ratzlaff und die Grafiker mit ein paar Sixpacks Bier. Doch als sie Jobs zusammen mit Phil Schiller, Apples Vertriebschef, den Korridor entlang kommen sahen, wurden sie nervös. Glücklicherweise war Jobs zufrieden. Als Jobs näherkam, hörten sie ihn aufgeregt zu Schiller sagen: „Du musst dir das unbedingt anschauen."

„Von diesem Augenblick an hatten wir keine Probleme mehr", sagte Ratzlaff.

Jedes kleinste Detail ist wichtig

Während der folgenden 18 Monate hatte Ratzlaffs Team jede Woche ein Meeting mit Jobs, bei dem sie ihm ihre neuesten Entwürfe zeigten. Jobs verlangte für jedes Element der neuen Oberfläche – die Menüs, die Dialoge, die Radiobuttons – mehrere Varianten, sodass er von diesen die besten auswählen konnte. Wie wir später sehen werden, verlangt Jobs immer mehrere Varianten der Produkte, die gerade entwickelt werden – das gilt sowohl für Hardware als auch für Software. Bei den Meetings mit Ratzlaff gab Jobs eine Menge Anregungen, wie die Designs verbessert werden konnten, und nur wenn er zufrieden war, konnte eine Aufgabe abgehakt werden.

Die Prototypen des Designteams in Macromedia Director waren zwar dynamisch, aber sie waren keine funktionierende Software. Jobs konnte Fenster öffnen und schließen, Drop-down-Menüs ansehen und einen Eindruck gewinnen, wie das System funktionieren würde, aber es handelte sich nur um Animationen, nicht um funktionierenden Programmiercode. Das Team ließ den funktionierenden Code auf einem anderen Rechner, der direkt neben den Macromedia-Director-Animationen aufgestellt war, laufen. Als sie Jobs den tatsächlichen Programmiercode zeigten, lehnte er sich vor, die Nase dicht am Bildschirm, und untersuchte ihn genau. Dabei bewegte er sich zwischen den Animationen und den Prototypen hin und her.

„Er verglich sie Pixel für Pixel, um zu sehen, ob sie übereinstimmten", sagte Ratzlaff. „ Er kümmerte sich um jedes einzelne Detail, er suchte alles ab, bis hin zu den einzelnen Pixel." „Wenn sie nicht übereinstimmten", sagte Ratzlaff, „wurde irgendein Entwickler angeschrien."

Ratzlaffs Team verbrachte unglaubliche sechs Monate damit, die Scrollbars zu Jobs' Zufriedenheit zu verbessern. Scrollbars sind zwar ein wichtiger Teil jedes Betriebssystems, aber sie sind kaum das sichtbarste Element auf der Benutzeroberfläche. Dennoch bestand Jobs darauf, dass die Scrollbars genau so aussahen, wie er sie sich vorstellte. Also programmierte Ratzlaffs Team eine Version nach der anderen. „Es musste ganz genau stimmen", sagte Ratzlaff und lachte über den Aufwand für solch ein scheinbar nebensächliches Detail.

Anfangs fand das Grafikerteam es sehr schwierig, die Scrollbar-Details richtig hinzubekommen. Die kleinen Pfeile hatten die falsche Größe oder befanden sich an der falschen Stelle, oder die Farbe stimmte nicht. Die Scrollbars mussten unterschiedlich aussehen, je nachdem, ob das Fenster gerade aktiv oder im Hintergrund war. „Es war ziemlich schwierig, sie während all dieser Phasen jeweils passend zu dem restlichen Design hinzubekommen", sagte Ratzlaff mit einem Anflug von Müdigkeit in der Stimme. „Wir blieben dran, bis alles so war, wie es sein sollte. Wir arbeiteten sehr lange daran."

Die Vereinfachung der Benutzeroberfläche

Die Oberfläche von OS X wurde für gänzlich neue Benutzer konzipiert. Weil das System für alle neu sein würde – selbst für erfahrene Mac-User – konzentrierte sich Jobs darauf, sie so weit wie möglich zu vereinfachen. Beispielsweise waren im alten Mac OS die meisten Einstellungen, die das Systemverhalten beeinflussten, in Myriaden von Systemerweiterungen und Controlpanel-Menüs sowie speziellen Dialogboxen der verschiedenen Systemkomponenten verborgen. Eine Internetverbindung herzustellen bedeutete, an bis zu sechs verschiedenen Stellen knifflige Einstellungen vorzunehmen.

Um alles zu vereinfachen, wollte Jobs so viele Einstellungen wie möglich in eine einzige Systemeinstellungsbox legen lassen, welche sich in einem neuen Navigationselement, dem sogenannten „Dock", befand. Das Dock ist eine Leiste mit Symbolen, die sich unten auf dem Bildschirm befindet. Dort findet man häufig benutzte Anwendungen sowie den Systempapierkorb. Außerdem ist dort beispielsweise Platz für häufig benutzte Ordner bis hin zu Miniprogrammen, die „Scripte" genannt werden.

Jobs bestand darauf, so viele Oberflächenelemente wie möglich wegzulassen, weil er der Meinung war, dass der Inhalt der Fenster wichtig war, nicht so sehr die Fenster selbst. Sein Wunsch, Dinge wegzulassen und zu vereinfachen, setzte mehreren größeren Funktionen ein Ende. Unter anderem einem Einzelfenstermodus, an dem das Entwurfsteam viele Monate gearbeitet hatte.

Jobs hasste es, wenn viele Fenster gleichzeitig geöffnet waren. Jedes Mal, wenn ein neuer Ordner oder ein neues Dokument geöffnet wurde, erzeugte das ein neues Fenster. Dadurch war der Bildschirm sehr schnell mit überlappenden Fenstern angefüllt. Also kreierten die Entwickler einen speziellen Einzelfenstermodus. Alles wurde im gleichen Fenster angezeigt, egal, in welchem Programm der Benutzer gerade arbeitete. Das Fenster würde beispielsweise erst ein Tabellenkalkulationsprogramm, dann ein Textdokument und dann ein digitalisiertes Foto anzeigen. Der Effekt war, wie in einem einzigen Browserfenster von Website zu Website zu springen, außer dass man eben zwischen Dokumenten wechselte, die auf der lokalen Festplatte gespeichert waren.

Manchmal funktionierte dieses Fenstersystem sehr gut, aber die Fenstergröße musste oft angepasst werden, um verschiedene Arten von Dokumenten anzuzeigen. Wenn man mit einem Textdokument arbeitete, war das Fenster am besten schmal, um das Hoch- und Herunterscrollen im Text zu vereinfachen, wenn der Benutzer dagegen ein breites Landschaftsbild öffnete, musste man das Fenster verbreitern.

Aber das war noch nicht das größte Problem. Entscheidend für Jobs war, dass zum Ein- und Ausschalten des Systems ein eigener Button in der Werkzeugleiste geschaffen werden musste. Jobs entschied im Interesse der Einfachheit, den Button wegzulassen. Er konnte damit leben, dass die Größe der Fenster angepasst werden musste, aber nicht mit dem zusätzlichen Button, der die Menüleiste vollstopfte. „Der zusätzliche Button war durch die Funktionalität nicht gerechtfertigt", sagte Ratzlaff.

Während die Grafiker an der neuen Oberfläche arbeiteten, schlug Jobs häufig Dinge vor, die zuerst verrückt schienen, sich aber später als gute Ideen herausstellten. Bei einem Meeting untersuchte er beispielsweise die drei winzigen Buttons in der oberen linken Ecke jedes Fensters, die zum Schließen, Verkleinern beziehungsweise Maximieren der Fenster dienten, ganz genau. Die Grafiker hatten alle drei Buttons im gleichen gedeckten Grau entworfen, damit sie den Benutzer nicht ablenkten. Es war jedoch schwer zu erkennen, wozu die Buttons jeweils zuständig waren. Daraufhin wurde vorgeschlagen, dass die Funktionen durch Animationen illustriert werden sollten, die dadurch ausgelöst wurden, dass man mit der Maus darüber ging.

Doch dann machte Jobs einen scheinbar merkwürdigen Vorschlag: Die Buttons sollten der Farbgebung einer Ampel entsprechen: rot zum Schließen des Fensters, gelb zum Verkleinern und grün zum Maximieren. „Als wir das hörten, dachten wir, dass es seltsam war, eine Ampel mit einem Computer in Verbindung zu bringen", sagte Ratzlaff. „Aber wir arbeiteten eine Weile daran, und es stellte sich heraus, dass er recht hat." Die Farbe des Buttons ließ einen intuitiv die Folge des Klickens darauf erahnen. Dies galt insbesondere für den roten Button, der „Gefahr" suggerierte, falls der Benutzer das Fenster nicht schließen wollte.

Die Vorstellung von OS X

Jobs wusste, dass OS X eine riesige Protestwelle seitens der externen Software-Entwicklungsabteilung von Apple auslösen würde, die nun ihre gesamte Software neu schreiben musste, damit sie auf dem neuen System lief. Trotz der neuen Programmiertools von OS X war Widerstand von den Entwicklern zu erwarten. Jobs und seine Führungskräfte überlegten intensiv, wie sie die Software-Community dafür begeistern konnten. Am Ende dachten sie sich eine Strategie aus: Wenn sie nur drei der größten Unternehmen überzeugen konnten, OS X zu akzeptieren, würden alle anderen folgen. Die drei Großen waren: Microsoft, Adobe und Macromedia.

Es funktionierte – zumindest letzten Endes. Microsoft unterstützte OS X dank Jobs' Vereinbarung mit Bill Gates aus dem Jahre 1998, die einen Software-Support für fünf Jahre festgeschrieben hatte, von Beginn an. Doch Adobe und Macromedia waren nicht so begeistert davon, ihre großen Anwendungen wie Foto-Shop und Dreamweaver anzupassen. Beide Hersteller portierten sie am Ende, aber sie weigerten sich, ihre Applikationen für OS X neu zu schreiben; eine Entscheidung, die Apple dazu veranlasste, seine eigenen Applikationen und indirekt den iPod zu entwickeln (mehr dazu später).

Zwar war es kein Geheimnis, dass Apple an OS X arbeitete, aber die Tatsache, dass es eine neue Oberfläche bekommen sollte, war eines. Die Oberfläche war in strenger Geheimhaltung entworfen worden. Sehr wenige Leute bei Apple wussten überhaupt, dass die Oberfläche überholt wurde, und nur eine Handvoll Menschen arbeitete daran. Eine von Jobs' ausdrücklichen Begründungen für die Geheimhaltung war, andere – besonders Microsoft – davon abzuhalten, sie zu kopieren.

Noch wichtiger aber war, dass Jobs dem zukünftigen Verkauf des gegenwärtigen Macintosh-Betriebssystems nicht schaden wollte. Jobs wollte das vermeiden, was als Osborne-Effekt bekannt ist, in dem ein Unternehmen durch die Ankündigung beeindruckender neuer Technologien, die noch nicht fertig entwickelt sind, Selbstmord begeht.

Ab dem Zeitpunkt, an dem Entwicklung von OS X begann, verbot Jobs allen Apple-Mitarbeitern, das gegenwärtige Mac OS in der Öffentlichkeit zu kritisieren. Seit Jahren hatten die Apple-Programmierer ziemlich offen über die Probleme und Unzulänglichkeiten des Systems gesprochen. „Mac OS X war seine Erfindung. Deswegen wusste er, wie großartig es war", sagte Peter Hoddie. „Er sagte, in den nächsten Jahren müssten wir uns auf Mac OS konzentrieren, weil wir ohne dieses nie zum Ziel gelangen würden. Er war wie Chruschtschow, der seinen Schuh auf den Tisch knallte. ‚Ihr müsst Mac OS unterstützen, Kinder. Schreibt euch das hinter die Ohren.'"[2]

Nachdem etwa 1.000 Programmierer fast zweieinhalb Jahre an Mac OS X gearbeitet hatten, lüftete Jobs im Januar 2000 bei der Macworld das Geheimnis um Mac OS X. Es war ein kolossales Unterfangen. Es war – und ist vielleicht immer noch – die ausgefeilteste Computeroberfläche, die bis heute entworfen wurde, mit komplexen Echtzeitgrafikeffekten wie Transparenz, Schatten und Animationen. Sie musste trotzdem auf jedem G 3-Prozessor, den Apple auf dem Markt hatte, funktionieren, und sie musste mit nicht mehr als acht Megabyte Video Memory auskommen. Das war ein ziemlich anspruchsvolles Ziel.

Als er OS X bei der Macworld vorstellte, verkündete Jobs gleichzeitig, dass er Apples fester CEO werden würde, was riesigen Applaus von den Wichtigen der Branche nach sich zog. Mehrere Apple-Mitarbeiter haben angemerkt, dass Jobs erst nach der Auslieferung von OS X im März 2001 der feste CEO des Unternehmens wurde. Zu diesem Zeitpunkt hatte Jobs seit zweieinhalb Jahren die Leitung von Apple inne und hatte so gut wie alle

---

2) Hoddie, Peter: Persönliches Interview, September 2006.

Führungskräfte und Abteilungsleiter ausgetauscht, Marketing und Werbung auf den neuesten Stand gebracht, die Hardware-Abteilung mit dem iMac gestärkt und den Vertrieb reorganisiert. Ratzlaff bemerkte, dass Jobs mit OS X das gesamte Unternehmen und alle wichtigen Produkte von Apple überholt hatte. „Er wartete, bis auch die letzten größeren Teile des Unternehmens nach seinen Maßstäben funktionierten, und erst dann übernahm er die Rolle des Apple-CEO", sagte Ratzlaff.

Jobs' Design-Prozess

Viele Jahre lang wurde bei Apple auf die strenge Befolgung seiner Human Interface Guidelines Wert gelegt, ein Buch mit Standards, das entwickelt wurde, um eine einheitliche Benutzererfahrung über alle Software-Anwendungen hinweg zu gewährleisten. Die Guidelines schrieben den Entwicklern vor, wo sie die Menüs hinzusetzen hatten, welche Art von Befehlen diese enthalten sollten und wie die Dialogboxen aussehen mussten. Der Gedanke dahinter war, dass alle Mac-Software sich gleich verhalten würde, egal, von welchem Hersteller sie produziert wurde.

Die Guidelines wurden in den 80er Jahren entwickelt, als Computer vorwiegend dafür genutzt wurden, Dokumente zu erstellen und auszudrucken. Doch im Zeitalter des Internets werden Computer mindestens genauso sehr für Kommunikation und Medienkonsum eingesetzt wie zum Drucken von Dokumenten und zur Videobearbeitung. Software zum Abspielen von Filmen oder für Videokonferenzen mit Freunden kann viel einfacher sein als Anwendungen wie Photoshop oder Excel. Oft werden nur einige wenige Funktionen benötigt, damit alle Dropdown-Menüs und Dialogboxen über Bord geworfen werden können, weil ein paar einfache Buttons diese ersetzen. In den späten 1990er und frühen 2000er Jahren gab es sowohl beim Mac (Widgets) als auch bei Windows (Gadgets) einen kontinuierlichen Trend in Richtung auf Minianwendungen mit einem einzigen Zweck.

Apples QuickTime Player konnte von einer Überarbeitung der Benutzeroberfläche profitieren, da er zum Abspielen von Multimediadateien, vor allen Dingen für Musik und Videos, der Player lediglich einige wenige Funktionen zum Starten und Anhalten von Filmen und zum Anpassen der

Lautstärke benötigte. Es wurde entschieden, dass der QuickTime Player eines der ersten Programme sein sollte, das ein einfaches anwendungsbezogenes Erscheinungsbild erhielt.

Die Oberfläche des Players wurde von Tim Wasko, einem zurückhaltenden Kanadier, entworfen, der später auch die Oberfläche des iPod designte. Wasko wechselte von NeXT zu Apple. Er hatte zuvor bei NeXT mit Jobs zusammengearbeitet. Wasko gilt bei Apple als Design-Gott. „Mit Photoshop kennt er sich teuflisch gut aus", sagte Hoddie. „Man konnte sagen, wie wäre es mit diesem oder jenem, und er würde klick, klick, klick machen" – Hoddie imitierte das Geräusch von Fingern, die über eine Tastatur flogen – „und schon hatte er es umgesetzt."

Das Design-Team für den QuickTime Player bestand aus Hoddie, Wasko und einem halben Dutzend Grafikern und Programmierern. Ein halbes Jahr lang trafen sie sich ein- bis zweimal die Woche mit Jobs. Jede Woche stellte das Team ihm ein Dutzend oder mehr neue Designs vor, wobei oft mit verschiedenen Strukturen und Stilen herumgespielt wurde. Unter den frühen Ideen waren ein gelbes Plastikmotiv, das durch Sonys Sport Walkman inspiriert war, und diverse Holz- oder Metalloberflächen. Alles war möglich. „Steve forciert neue Designs nicht unbedingt, aber er ist bereit, Neues auszuprobieren", sagte Hoddie.

Zunächst wurden die Entwürfe an einem Computer präsentiert. Aber das Team fand das Hin- und Herschalten am Bildschirm bald zu mühsam, sodass sie dazu übergingen, die Entwürfe auf großen Bögen Hochglanzpapier auszudrucken. Die Ausdrucke wurden auf einem großen Konferenztisch verteilt und konnten schnell durchgesehen werden. Jobs und die Designer fanden es sehr viel bequemer, die Entwürfe, die ihnen gefielen, aus dem Stapel herauszugreifen und zu sagen, welche Oberfläche mit welcher Form kombiniert werden sollte. Diese Methode erwies sich als so effektiv, dass die meisten Apple-Designer sie inzwischen übernommen haben.

Nach den Meetings nahm Jobs manchmal einige der Ausdrucke mit und zeigte sie anderen Leuten. „Er hat einen großartigen Sinn für Design, aber er hört auch zu", sagte Hoddie.

Nach mehreren Wochen der Herumprobiererei mit verschiedenen Entwürfen wartete Wasko mit einem metallischen Look auf, der Jobs gefiel, der allerdings seiner Meinung nach noch nicht perfekt war. Bei dem nächsten Meeting hatte Jobs eine Broschüre von Hewlett-Packard dabei, auf der das HP-Logo in mattiertem Metall abgebildet war. Es sah aus wie ein Luxus-Küchengerät. „Das hier gefällt mir", sagte Jobs der Gruppe. „Schauen Sie, was Sie tun können."

Beim nächsten Mal brachte das Team ein mattiertes Metalldesign für den QuickTime Player mit, das von da an zum vorherrschenden und bei Apples gesamter Software sowie seiner Highend-Hardware extensiv genutztem gestalterischem Motiv wurde. Während der frühen 2000er Jahre bekamen die meisten Apple-Programme vom Safari Web Browser bis zum iCal Calender ein mattiertes Metalldesign verpasst.

Jobs nimmt sehr intensiv am Designprozess teil. Er hat eine Menge Ideen und macht immer wieder Vorschläge, um die Gestaltung zu verbessern. Jobs wählt nicht nur aus, was ihm gefällt und nicht gefällt. „Er sagt nicht nur ‚das ist gut, das ist schlecht'", sagte Hoddie. „Er nimmt wirklich an der Gestaltung teil."

Trügerische Einfachheit

Jobs interessiert sich nie für Technologie um der Technologie willen. Er lässt sich nie durch irgendwelchen Schnickschnack verführen oder stopft Funktionen in ein Produkt, weil sie ganz einfach leicht hinzuzufügen sind. Er tut das genaue Gegenteil. Jobs reduziert die Komplexität seiner Produkte so lange, bis sie so einfach und leicht wie möglich zu benutzen sind. Viele Apple-Produkte werden aus der Perspektive des Benutzers heraus entworfen.

Nehmen Sie z. B. den iTunes Online Music Store, der im Jahr 2001 gestartet wurde, als das File Sharing gerade auf dem Höhepunkt seiner Popularität angekommen war. Viele Leute stellten damals die Frage, wie der Onlineshop mit der Piraterie würde konkurrieren können. Warum sollte man einen Dollar pro Song ausgeben, wenn man den gleichen Song umsonst bekommen konnte? Jobs' Antwort darauf war: „Kundenbequemlichkeit." Anstatt ihre Zeit in File-Sharing-Portalen damit zu verschwenden, Songs zu finden, konnten Musikfans sich bei iTunes einloggen und Songs mit einem einzigen Klick kaufen. Mit diesem einen Klick erhielt man garantierte Qualität und Zuverlässigkeit. „Wir wissen nicht, wie man die Leute davon überzeugen will, keine Diebe mehr zu sein; es sei denn, man bietet ihnen eine Karotte an – und nicht nur einen Stock", sagte Jobs. „Und die Karotte ist: Wir bieten ihnen ein besseres Erlebnis an ... und es kostet sie nur einen Dollar pro Song."[3]

Jobs ist extrem kundenorientiert. In Interviews sagte Jobs, dass der Ausgangspunkt für den iPod nicht eine kleinere Festplatte oder ein neuer Chip war, sondern die Benutzererfahrung. „Steve beobachtete sehr früh, dass es vor allem um die Organisation der Inhalte ging", sagte Jonny Ive über den iPod. „Es ging darum, sich zu konzentrieren und nicht zu versuchen, mit dem Gerät zu viel erreichen zu wollen – was eine Verkomplizierung und daher seinen Tod bedeutet hätte. Die Administrationsfunktionen sind nicht ganz leicht zu finden, weil das Wichtigste war, Dinge loszuwerden."[4]

Beim Entwicklungsprozess achtet Apple vor allem darauf, Dinge zu vereinfachen. Die Einfachheit der Apple-Produkte rührt daher, dass Entscheidungen vorab für den Kunden getroffen werden. Für Jobs ist weniger immer mehr. „Da die Komplexität der Technologie voranschreitet, ist Apples Kernkompetenz, zu wissen, wie man sehr komplizierte Technik einfachen Sterblichen verständlich macht, wichtiger denn je", sagt er gegenüber der *Times*.[5]

John Sculley, Apples CEO von 1983 bis 1993, sagte, dass Jobs sich genauso sehr auf das konzentrierte, was er wegließ, wie auf das, das er einschloss. „Was Steves Methode von derjenigen aller anderen Leute unterscheidet, ist, dass er daran glaubt, dass es wichtiger ist, etwas nicht zu tun, als etwas zu tun", sagte Sculley zu mir.[6]

---

3) Goodell, Jeff: „Steve Jobs: The Rolling Stone Interview. He changed the computer industry. Now he's after the music business". Gepostet am 3. Dezember 2003. (http://www.rollingstone.com/news/story/5939600/steve_Jobs_the_rolling_stone_interview)
4) Walker, Rob: „The Guts of a New Machine". In: *New York Times Magazine*, 30. November 2003. (http://www.nytimes.com/2003/11/30/magazine/3 0IPOD.html)
5) Ebd.
6) Sculley, John: Persönliches Interview, Dezember 2007.

Laut einer Studie von Elke den Ouden von der Technischen Universität Eindhoven gaben fast die Hälfte aller Kunden Produkte nicht zurück, weil sie kaputt waren, sondern weil deren neue Eigentümer einfach nicht herausfinden konnten, wie sie funktionierten. Sie entdeckte, dass der durchschnittliche amerikanische Verbraucher an einem neuen Gerät nur durchschnittlich 20 Minuten herumfummelt, bis er aufgibt und das Gerät wieder zurückgibt. Das galt für Mobiltelefone, DVD-Player und MP3-Player in gleichem Maße. Noch überraschender: Sie bat mehrere Manager von Philips (der niederländische Elektronik-Riese ist einer ihrer Kunden), einige Produkte übers Wochenende mit nach Hause zu nehmen und auszuprobieren. Die Manager, von denen die meisten technikerfahren waren, haben ihre eigenen Produkte nicht zum Laufen gebracht. „Produktentwickler, die zu Zeugen des Kampfes von Durchschnittsverbrauchern gemacht worden waren, staunten, was sie für ein Chaos angerichtet hatten", schrieb sie.

Den Ouden schloss daraus, dass die Produkte in frühen Entwicklungsstadien nicht gut genug definiert worden waren: Niemand hatte klar artikuliert, was die primäre Funktion des Produkts sein sollte. Das hatte zur Folge, dass die Entwickler die Produkte mit Funktionen und Fähigkeiten überhäuften, bis diese nur noch ein verwirrendes Chaos bildeten. Dies kommt in den Bereichen Consumer Electronics und Software-Entwicklung leider sehr oft vor. Ingenieure tendieren dazu, Produkte zu kreieren, die nur sie selbst verstehen können. Nehmen Sie z. B. die ersten MP3-Player wie die Nomad Jukebox von Creatives, die eine undurchschaubare Oberfläche hatte, die höchstens einem Computer-Freak gefallen konnte.

Viele elektronische Geräte werden mit der Vorstellung entwickelt, dass mehr Funktionen einen größeren Wert bedeuten. Ingenieure stehen oftmals unter Druck, neuen Versionen neue Funktionen hinzuzufügen, damit die Produkte dann als „neu und verbessert" vermarktet werden können. Ein großer Teil dieser schleichenden Erweiterung kommt durch die Verbrauchererwartungen zustande. Man erwartet von neuen Modellen neue Funktionen. Warum sollte man sonst umsteigen? Außerdem suchen Kunden meistens nach den Geräten, die so viel Funktionen wie möglich aufweisen. Mehr Funktionen stehen für einen höheren Wert. Apple versucht, dem zu widerstehen. Mit der Hardware des ersten iPods hätte man Radio empfangen und Stimmen aufnehmen können. Jedoch wurden diese

Funktionen nicht implementiert, damit sie das Gerät nicht verkomplizierten. „Interessant daran ist, dass diese Einfachheit, eine fast ... schamlose Zurschaustellung von Einfachheit, ein völlig anderes Produkt hervorbrachte", sage Ive. „Doch etwas anders zu machen, war gar nicht das Ziel. Es ist eigentlich sehr einfach, etwas Anderes zu erschaffen. Aufregend daran ist nur, dass diese Tatsache eine Konsequenz des Strebens nach Einfachheit war."

Viele Unternehmen behaupten gerne, sie seien kundenorientiert. Sie gehen auf ihre Kunden zu und fragen sie, was sie wollen. Diese sogenannte kundenorientierte Innovation wird durch Feedback und Gesprächsrunden vorangetrieben. Jobs jedoch meidet aufwändige Studien mit in Konferenzräume gesperrten Usern. Er spielt selbst mit der neuen Technologie herum, hält seine eigenen Reaktionen fest, die er an seine Ingenieure weiterleitet. Wenn etwas zu schwierig zu benutzen ist, gibt Jobs die Anweisung, es zu vereinfachen. Alles, was unnötig oder verwirrend ist, muss entfernt werden. Wenn er damit klarkommt, kommen auch die Apple-Kunden damit klar.

John Sculley sagte mir, dass Jobs sich immer auf die Benutzererfahrung konzentriert. „Er betrachtete die Dinge immer aus der Perspektive der Benutzererfahrung", sagte Sculley. „Aber anders als viele Leute, die heutzutage im Produktmarketing arbeiten und die Konsumentenbefragungen durchführen, glaubte Steve nicht an so etwas. Er sagte: ‚Wie kann ich jemanden fragen, was ein grafikbasierter Computer können muss, wenn derjenige keine Ahnung hat, was ein grafikbasierter Computer überhaupt ist. Noch hat ja niemand je einen gesehen.'"[7]

Bei der Kreativität in der Kunst wie auch in der Technologie geht es um individuellen Ausdruck. Genau wie ein Künstler kein Gemälde produzieren könnte, indem er eine Gesprächsrunde veranstaltet, benötigt auch Jobs eine solche nicht. Jobs kann nichts verbessern, indem er die Teilnehmer einer Gesprächsrunde fragt, was sie wollen – sie wissen nicht, was sie wollen. Wie Henry Ford einst sagte: „Wenn ich meine Kunden fragen würde, was sie wollen, würden sie sagen, ein schnelleres Pferd."

---

7) Ebd.

Patrick Whitney, der Direktor des Institute of Design am Illinois Institute of Technology, der größten Graduiertenschule für Design in den Vereinigten Staaten, sagte, dass Benutzer-Gesprächsrunden nicht dazu geeignet sind, technologische Innovationen voranzubringen. Schon seit langem führt die Hightech-Branche sorgfältig überwachte Studien über neue Produkte, speziell Benutzeroberflächen, durch. Diese Studien über die Interaktion zwischen Mensch und Computer werden normalerweise durchgeführt, nachdem ein Produkt entwickelt wurde, um herauszufinden, was funktioniert wie geplant und was noch verbessert werden muss. Per Definition setzen diese Studien Benutzer voraus, die nicht mit der Technologie vertraut sind, sonst würden sie eine Verzerrung verursachen. „Benutzergruppen brauchen unwissende Benutzer", erklärte Whitney. „Aber genau diese Benutzer können ihnen nicht sagen, was sie wollen. Sie müssen sie beobachten, um herauszufinden, was sie wollen."

Whitney sagte, dass Sony niemals den Walkman erfunden hätte, wenn es auf seine Käufer gehört hätte. Bevor er auf den Mark kam, hat das Unternehmen tatsächlich eine Menge recherchiert. „Alle Erhebungen sagten aus, dass der Walkman scheitern würde. Es war eindeutig, niemand würde ihn kaufen. Aber [der Gründer Akio] Marita drückte ihn trotzdem durch. Er wusste Bescheid. Und Jobs tut das auch. Er braucht keine Benutzergruppen, weil er ein Experte für Benutzererfahrung ist."[8]

„Wir haben eine Menge Kunden, und wir führen eine Menge Erhebungen durch", sagte Jobs der *Business Week*. „Auch Branchentrends beobachten wir sorgfältig. Jedoch ist es in so einem komplizierten Bereich sehr schwierig, Produkte mithilfe von Fokusgruppen zu entwickeln. Sehr oft wissen die Leute einfach nicht, was sie wollen, bis man es ihnen zeigt."[9]

Jobs ist Apples Ein-Mann-Fokusgruppe. Eine seiner größten Stärken ist, dass er kein Ingenieur ist. Jobs hat keine formelle Ausbildung als Ingenieur oder Programmierer. Er besitzt auch keinen BWL-Abschluss. Er besitzt eigentlich überhaupt keinen Abschluss. Er ist ein Studienabbrecher. Jobs denkt daher nicht wie ein Ingenieur. Er denkt wie ein Laie, was ihn zum perfekten Tester für Apple-Produkte macht. Er ist Apples Jedermann,

---

8) Whitney, Patrick: Persönliches Interview, Oktober 2006.
9) „Steve Jobs on Apples Resurgence".

der ideale Apple-Kunde. „Was die Technik betrifft, kennt er sich aus wie ein ernsthafter Amateur", sagte Dag Spicer, leitender Kurator des Museums für Computergeschichte in Mountain View, Kalifornien. „Er besitzt keine formelle Ausbildung, aber er hat die technische Entwicklung verfolgt, seit er ein Teenager war. Er ist technikbewusst genug, um Trends zu folgen, wie ein guter Aktienanalyst. Er hat die Perspektive eines Laien. Das ist ein großes Plus."[10]

Guy Kawasaki, Apples ehemaliges Hauptsprachrohr, sagte mir, dass Apples Budget für Fokusgruppen und Marktbefragungen im negativen Bereich liegt – und er übertrieb dabei nur ganz leicht. Apple gibt, wie die meisten Unternehmen, Geld für Marktforschung aus, aber Jobs lässt keinesfalls die Benutzer abstimmen, wenn es um neue Produktentwicklungen geht. „Steve Jobs macht keine Marktbefragungen", sagte Kawasaki. „Marktbefragungen sind für Jobs, als würde die rechte Gehirnhälfte mit der linken sprechen."[11]

---

10) Spicer, Dag: Persönliches Interview, Oktober 2006.
11) Kawasaki, Guy: Persönliches Interview, Oktober 2006.

Steves Lehren

- *Seien Sie ein Despot.* Irgendeiner muss das Sagen haben. Jobs ist Apples Ein-Mann-Fokusgruppe. Andere Unternehmen machen es anders, aber es funktioniert auch so.
- *Schaffen Sie verschiedene Alternativen, und suchen Sie die beste heraus.* Jobs besteht darauf, mehrere Möglichkeiten zur Auswahl zu haben.
- *Entwickeln Sie ein Pixel nach dem anderen.* Kümmern Sie sich um jedes noch so kleine Detail. Jobs schenkte auch noch so kleinen Details Aufmerksamkeit. Sie sollten das auch tun.
- *Vereinfachen Sie.* Vereinfachung bedeutet, zu kürzen. Hier liegt Jobs Schwerpunkt wieder auf dem Neinsagen.
- *Haben Sie keine Angst, noch einmal ganz von vorn zu beginnen.* Mac OS X war es wert, neu überarbeitet zu werden, auch wenn es drei Jahre ununterbrochener Schwerstarbeit von 1.000 Programmierern bedeutete.
- *Vermeiden Sie den Osborne-Effekt.* Halten Sie ein neues Produkt geheim, bis es fertig zur Auslieferung ist, damit die Kunden nicht aufhören, die bisherigen Produkte zu kaufen, weil sie auf die neuen warten.
- *Beschmutzen Sie nicht ihr eigenes Nest.* Apples Ingenieure hassten das alte Mac OS, doch Jobs verlangte eine positive Einstellung dazu.
- *Wenn es um neue Ideen geht, ist alles erlaubt.* Jobs ist niemand, der unbedingt neue Designs durchsetzen will, aber er ist bereit, neue Dinge auszuprobieren.
- *Finden Sie eine Möglichkeit, möglichst einfach neue Ideen zu präsentieren.* Wenn das bedeutet, Hochglanzpapier auf einem großen Konferenztisch auszubreiten, besorgen Sie sich einen leistungsstarken Drucker.
- *Hören Sie nicht auf Ihre Kunden.* Sie wissen nicht, was sie wollen.

Kapitel 3
Perfektionismus: Produktdesign und das Streben nach Exzellenz

„Seien Sie ein Maßstab für Qualität. Einige Leute sind nicht an ein Umfeld gewöhnt, in dem Exzellenz erwartet wird."

– Steve Jobs.

Im Januar 1999, einen Tag vor der Einführung einer neuen Produktlinie vielfarbiger iMacs, übte Steve Jobs seine Präsentation in einem großen Vortragssaal in der Apple-Zentrale. Ein Reporter vom *Time-Magazine* saß in dem leeren Saal und beobachtete Jobs dabei, wie er den großen Moment, in dem die neuen iMacs das Licht der Öffentlichkeit erblicken würden, probte. Fünf der Geräte in strahlenden Farben waren auf einem beweglichen Podest angebracht, das hinter einem Vorhang verborgen war, und standen bereit, um auf Jobs' Stichwort im Rampenlicht zu stehen.

Jobs wollte, dass der Moment, wenn sie hinter dem Vorhang hervorgleiten, auf eine große Video-Leinwand über der Bühne übertragen würde. Die Techniker bauten alles auf, aber Jobs fand, dass die Beleuchtung den transparenten Maschinen nicht gerecht wurde. Die iMacs sahen auf der Bühne gut aus, aber auf der Projektionsleinwand strahlten sie nicht genug. Jobs wollte, dass die Lichter stärker aufgedreht und früher eingeschaltet wurden. Er wies den Produzenten an, es noch einmal zu probieren. Über sein Headset gab der Produzent der Bühnen-Crew entsprechende Anweisungen. Die iMacs glitten zurück hinter den Vorhang, und auf Steves Stichwort glitten sie wieder heraus.

Aber das Licht stimmte immer noch nicht. Jobs kam den halben Gang heruntergejoggt, fiel in einen Sitz und ließ die Beine über den Stuhl vor ihm baumeln. „Lassen Sie es uns so lange probieren, bis wir es richtig hinbekommen, okay?", befahl er.

Die iMacs rollten also wieder zurück hinter den Vorhang und wieder heraus, aber es stimmte immer noch nicht. „Nein, nein", sagte er kopfschüttelnd. „Das geht so nicht." Sie probierten es ein weiteres Mal. Dieses Mal strahlten die Lichter hell genug, aber sie kamen zu spät. Jobs begann die Geduld zu verlieren. „Ich verliere langsam meine Geduld", knurrte er.

Die Crew versuchte es ein viertes Mal, und endlich stimmte die Beleuchtung. Die neuen Computer glitzerten auf der riesigen Leinwand. Jobs war euphorisch. „Ja, genau so. Das ist großartig!", ruft er. „Das ist perfekt!"

Während dieser ganzen Zeit beobachtete der *Times*-Reporter das Vorhaben völlig verblüfft. Warum wurde so viel Energie in das richtige Timing der Beleuchtung investiert? Es schien so viel Arbeit für so einen kleinen Teil der Show zu sein. Warum sollte man einen solchen Aufwand betreiben, nur damit jedes kleine Detail genau richtig saß? Zuvor hatte Jobs Lobeshymnen über die neuen Schraubverschlüsse von Odwalla Saftflaschen zum Besten gegeben, für den Reporter ein weiteres Mysterium. Wen interessierten Schraubverschlüsse, und wen interessierte, dass die Bühnenlichter genau eine Sekunde vor dem Öffnen des Vorhangs angingen? Was machten diese Dinge für einen Unterschied?

Doch als die iMacs hervorglitten und die Lichter strahlend hell auf sie herab schienen, war der Reporter extrem beeindruckt. Er schrieb: „Wissen Sie was? Er hat recht. Die iMacs sehen tatsächlich besser aus, wenn die Lichter eine Sekunde früher angehen. Odwalla-Flaschen sind besser mit Schraubverschluss. Der Normalbürger will tatsächlich bunte Computer, die ihm einen Plug-and-Play-Zugang zum Internet ermöglichen."[1]

Jobs' Streben nach Perfektion

Jobs ist ein Verfechter des Details. Er ist ein kleinlicher pedantischer Perfektionist, der seine Untergebenen mit seinen pingeligen Wünschen verrückt macht. Doch wo manche kleinliche Haarspalterei sehen, sehen andere das Streben nach Exzellenz.

Jobs' kompromissloses Ethos ist Vorbild für eine einzigartige Herangehensweise an die Produktentwicklung bei Apple geworden. Unter Jobs' Anleitung werden Produkte in endlosen Entwurfs- und Prototypstadien, die immer wieder überarbeitet und modifiziert werden, entwickelt. Das gilt sowohl für Hardware als auch für Software. Die Produkte werden zwischen Designern, Programmierern, Ingenieuren und Managern hin- und hergereicht, um dann wieder an ihren Ausgangspunkt zurückzukehren. Es gibt keine festgelegte Reihenfolge. Es gibt Unmengen an Meetings und Brainstorming-Sessions. Mal um Mal wird die Arbeit korrigiert, wobei der Schwerpunkt auf der kontinuierlichen Vereinfachung liegt. Es ist ein fließender, sich wiederholender Prozess, der manchmal dazu führt, dass man zurück zum Zeichentisch muss oder das Produkt komplett eingestellt wird.

Wie bei der Markteinführung der iMacs werden Dinge immer wieder neu überarbeitet, bis alles stimmt. Nachdem er auf den Markt kam, wurde der iMac kontinuierlich überarbeitet. Zusätzlich zu den Upgrades bei Chips und Festplatten wurde das cyanblaue Gehäuse des iMac durch eine Reihe strahlender Farben ersetzt – zuerst Blaubeere, Weintraube, Limette, Erd-

---

1) Krantz, Michael: „Steve's Two Jobs". In: *Time,* 10. Oktober 1999. (http:// www.time.com. time/magazine/article/0,9171,32209-2,00.html)

beere und Mandarine, später kamen gesetztere Farben wie Grafit, Indigo, Rubin, Salbei und Schnee hinzu.

Jobs legt grundsätzlich Wert darauf, dass jedem Detail ein ungeheures Maß an Beachtung geschenkt wird. So stellt er sicher, dass Apple-Produkte mit der Passgenauigkeit und Vollendung eines Handwerksmeisters hergestellt werden. Apples Produkte haben regelmäßig große und kleine Designpreise gewonnen und rufen bei Kunden eine fast an Wahnsinn grenzende Loyalität hervor.

Jobs' Streben nach Exzellenz ist das Geheimnis von Apples großartigem Design. Für Jobs ist Design nicht gleichbedeutend mit Dekoration. Es ist nicht nur das äußere Erscheinungsbild eines Produktes, es geht dabei nicht nur um die Farbe oder die stilistischen Details. Für Jobs bestimmt das Design die Funktion eines Produktes. Design ist *Funktion,* nicht Form. Und um herauszufinden, wie das Produkt funktioniert, muss es während des Designprozesses gründlich auseinandergenommen werden. Jobs erklärte es in einem Interview mit dem *Wired*-Magazin, 1996 so: „Design ist ein lustiges Wort. Manche Leute denken, Design bedeutet, wie etwas aussieht. Wenn man sich jedoch genauer damit beschäftigt, geht es natürlich darum, wie etwas funktioniert. Das Design des Mac bestand nicht darin, wie er aussah, obwohl das ein Teil dessen war. Es ging vorwiegend darum, wie er funktionierte. Um etwas wirklich gut designen zu können, muss man es verstehen. Mann muss wirklich kapieren, worum es dabei geht. Man muss sich leidenschaftlich darum bemühen, um etwas wirklich gründlich zu verstehen. Man muss es gründlich kleinkauen und nicht einfach runterschlucken. Die meisten Leute nehmen sich nicht die Zeit, das zu tun."

Wie der rumänische Bildhauer Constantin Brancusi es ausdrückte: „Einfachheit ist aufgelöste Komplexität." Der Designprozess des ursprünglichen Macintosh dauerte drei Jahre; drei Jahre unglaublich harter Arbeit. Er wurde nicht nach dem typischen hektischen Zeitplan vieler technologischer Produkte auf den Markt geworfen. Er durchlief eine Revision nach der anderen. Jeder Aspekt seines Designs, von dem genauen Beige-Ton seines Gehäuses bis hin zu den Symbolen auf der Tastatur, wurde bis zur Erschöpfung immer wieder überarbeitet, bis alles stimmte.

"Wenn man sich mit einem Problem beschäftigt und anfangs denkt, dass es leicht zu lösen sei, ist einem nicht bewusst, wie kompliziert das Problem tatsächlich ist", sagte Jobs 1983 zu den Mac-Designern. „Wenn Sie sich einmal in das Problem eingearbeitet haben ... werden Sie sehen, dass es schwierig ist, und daraufhin werden lauter komplizierte Lösungen präsentiert. An dieser Stelle hören die meisten Leute auf, sich damit zu beschäftigen, und die Lösungen funktionieren meistens eine Zeit lang. Aber die wirklich guten Leute machen weiter, erkennen das eigentlich zugrunde liegende Problem und finden eine elegante Lösung, die auf jeder Ebene funktioniert. Und genau dort wollten wir mit dem Mac hin."[2]

Die Anfänge

Natürlich *ist* Ästhetik ein Teil des Designs. Jobs' Interesse an Computer-Ästhetik lässt sich bis zu dem ersten Computer des Unternehmens, dem Apple I, zurückverfolgen. Er wurde von Steve Wozniak entworfen und per Hand in der Garage von Jobs' Eltern zusammengeschraubt. Der Apple I war damals kaum mehr als ein schlichtes, in ein paar Chips verpacktes Motherboard. Damals wurden Heimcomputer an eine winzige Nischenzielgruppe verkauft: bärtige Ingenieure und Hobbytüftler. Sie kauften ihre Computer in Einzelteilen und löteten sie auf einer Werkbank zusammen. Sie fügten ihre eigene Energieversorgung, ihren eigenen Monitor und ihr eigenes Gehäuse hinzu. Die meisten Gehäuse waren aus Holz gebaut, normalerweise alten Bananenkisten. Einer verpackte sein Apple-I-Motherboard in eine lederne Aktentasche, aus deren Rückseite sich ein normales Lampenkabel schlängelte – der erste Laptop war geboren.

Jobs gefiel diese amateurhafte Bastler-Ästhetik nicht. Er wollte fertige Computer an zahlende Kunden verkaufen, je mehr, desto besser. Um normale Kunden anzusprechen, mussten Apples Computer aussehen wie richtige Produkte, nicht wie halbfertige Heathkits-Bausätze. Was die Computer brauchten, waren schöne Gehäuse, die ihre Funktion als Gebrauchsgegenstände signalisierten. Seine Idee war, komplett zusammengebaute Rechenmaschinen anzubieten, Maschinen, die sofort funktionierten, ohne

---

2) Kunkel, Paul, Rick English: *Apple Design: The Work of the Apple Industrial Design Group.* Watson-Guptill Publications, 1997, S. 22.

dass sie erst montiert werden mussten. Man sollte sie einfach anschließen und sofort loslegen können.

Jobs' Design-Feldzug begann mit dem Apple II, der kurz nach der Unternehmensgründung 1976 entworfen wurde. Während Wozniak an der bahnbrechenden Hardware arbeitete (die ihm einen Platz in der National Inventors Hall of Fame sicherte), konzentrierte sich Jobs auf das Gehäuse. „Mir war klar, dass auf jeden Hobby-Hardware-Bastler, der seinen eigenen Computer zusammenschrauben wollte, 1.000 Leute kamen, die das nicht konnten, aber sich am Programmieren versuchen wollten … genau wie ich, als ich zehn war. Mein Traum für den Apple II war, den ersten Computer in einem Gehäuse zu verkaufen … und irgendetwas hatte mich geritten, dass ich den Computer in einem Plastikgehäuse haben wollte."[3]

Niemand anders steckte Computer in Plastikgehäuse. Um herauszufinden, wie das aussehen könnte, sah sich Jobs zur Inspiration in Kaufhäusern um. Er fand, was er suchte, in der Küchenabteilung von Macy's, als er Cuisinart-Küchenmaschinen betrachtete. Hier stand, was der Apple II brauchte: ein schön geformtes Plastikgehäuse mit abgerundeten Ecken in gedeckten Farben und mit einer leicht strukturierten Oberfläche.

Da er nichts über Industriedesign wusste, suchte Jobs nach einem professionellen Designer. Wie es seine Art ist, begann er seine Suche ganz oben. Er wandte sich an zwei von Silicon Valleys führenden Design-Firmen, wurde aber zurückgewiesen, weil er nicht genug Geld hatte. Er bot ihnen Apple-Aktien an, die zu dieser Zeit wertlos waren. Sie sollten ihre Entscheidung später bereuen.

Er hörte sich also um und fand am Ende Jerry Manock, einen freiberuflichen Designer, der gerade einen Monat zuvor Hewlett-Packard verlassen hatte und Arbeit brauchte. Sie passten gut zusammen. Jobs hatte sehr wenig Geld und Manock war fast pleite. „Als Steve mich bat, das Gehäuse für den Apple II zu entwerfen, kam mir gar nicht in den Sinn, Nein zu sagen", sagte er. „Aber ich habe darum gebeten, im Voraus bezahlt zu werden."[4]

---

3) Ebd., S. 13.
4) Ebd.

Manock entwarf ein funktionales Gehäuse, dessen Form durch Wozniaks Motherboard vorgegeben wurde. Die wichtigste Überlegung war, dass es schnell und billig gegossen werden konnte. Manock setzte die eingebaute Tastatur auf einen ansteigenden Keil und erhöhte das Gehäuse, um hinten die Erweiterungsschächte unterzubringen. Jobs wollte, dass das Gehäuse hübsch aussah, wenn die Benutzer es öffneten, und bat Manock, es von innen zu verchromen. Aber Manock ignorierte seine Bitte, und Jobs bestand nicht darauf.

Um das Gehäuse rechtzeitig für das große Debüt des Apple II bei der ersten West Coast Computer Faire im April 1977 fertigzustellen (die heute als die Veranstaltung angesehen wird, die die Geburt der Personalcomputer-Branche einleitete), ließ Manock eine kleine Ladung Gehäuse in einer örtlichen Billig-Computer-Gusswerkstatt anfertigen. Als die Abgüsse eintrafen, waren sie ziemlich rau. Sie mussten abgeschliffen werden, damit die Deckel auf die Unterteile passten, und einige mussten ausgebessert und angemalt werden, damit sie präsentabel aussahen. Manock bereitete 20 Stück für die Messe vor, doch nur drei Stück waren mit allen Schaltplatinen im Inneren ausgestattet. Jobs stellte diese drei auf die Theke, die übrigen leeren Maschinen stapelte er sehr professionell im hinteren Teil des Standes. „Verglichen mit dem primitiven Zeug, das sonst überall auf der Messe ausgestellt wurde, hauten unsere fertigen Plastikteile alle Leute um", erinnert sich Manock. „Obwohl Apple erst ein paar Monate alt war, ließen die Plastikgehäuse den Eindruck entstehen, dass wir bereits in die Massenproduktion gegangen waren."[5]

Das modellierte Gehäuse half Jobs dabei, den Apple II als Konsumartikel zu positionieren, genau wie Hewlett-Packard es mit dem Taschenrechner getan hatte. Bevor Bill Hewlett den ersten „Taschen-"Rechner entworfen hatte, waren die meisten Rechner große teure Modelle für den Schreibtisch. Laut früheren Marktstudien von HP, gab es ungefähr einen Markt für den Absatz von 50.000 Taschenrechnern. Aber Bill Hewlett spürte, dass Wissenschaftler und Ingenieure einen kleinen, in der Tasche transportierbaren Rechner in einem schmalen Plastikgehäuse lieben würden. Er hatte recht. HP verkaufte von dem ikonischen HP 35-Rechner bereits in den ersten Monaten 50.000 Stück.

---

5) Ebd., S. 15.

Auf die gleiche Weise verwandelte das Plastikgehäuse des Apple II den Personalcomputer von einem Bastlerprojekt für Computer versessene Hobbybastler in ein Plug and Play-Gerät für normale Kunden. Jobs hatte gehofft, dass der Apple II auch Software-Junkies ansprechen würde und nicht nur Bastler, die an Elektronik herumpfuschen wollten, und genau so war es auch. Zwei studentische Programmierer aus Harvard, Dan Bricklin und Bob Frankston erfanden VisiCalc – das erste Tabellenkalkulationsprogramm –, das bald die „Killer-Applikation" des Apple II werden sollte. VisiCalc automatisierte lästige geschäftliche Kalkulationen. Die Buchführung, die früher viele Stunden mühevoller Rechnerei seitens der Buchhalter bedeutete, war plötzlich ganz einfach geworden. VisiCalc – und damit der Apple II – wurden so für jedes Unternehmen zum Muss. Die Umsätze mit dem Apple II stiegen von 770.000 Dollar im Jahr 1977 auf 7,9 Millionen Dollar im nächsten Jahr, auf 49 Millionen Dollar im Jahr 1979 – womit der Apple II der meistverkaufte Personalcomputer seiner Zeit war.

Jobs konvertiert zur Design-Religion

Nach dem durchschlagenden Erfolg des Apple II machte Jobs in Sachen Industrie-Design Ernst. Design war ein Schlüsselmerkmal, das Apples Herangehensweise der Anwenderfreundlichkeit und des Sofort-Funktionierens von den minimalistischen, nüchternen Verpackungen früher Rivalen wie IBM unterschied.

Im März 1982 entschied Jobs, dass Apple einen „weltklasse" Industrie-Designer benötigte, einen Designer mit internationalem Ruf. Jerry Manock und die übrigen Mitglieder des Apple-Design-Teams wurden dem nicht gerecht. In den frühen 1980er Jahren wurde Design zu einem wichtigen Faktor in der Industrie, insbesondere in Europa. Der Erfolg von Memphis, einem Produkt- und Möbel-Design-Kollektiv aus Italien, überzeugte Jobs, dass es an der Zeit war, das Flair und die Qualität hoher Designkunst ins Computergeschäft zu übertragen. Jobs war vor allem daran interessiert, eine einheitliche Designsprache für alle Produkte des Unternehmens herzustellen. Er wollte der Hardware die gleiche gestalterische Konsistenz geben, die Apple zur selben Zeit im Bereich der Software erreichte, sodass etwas auf den ersten Blick als Apple-Produkt erkennbar war. Das Unternehmen veranstaltete einen Design-Wettbewerb, bei dem die Kandidaten, die man sich aus Design-Magazinen wie *I. D.* zusammengesucht hatte, sieben Produkte zeichnen mussten, von denen jedes den Namen eines von Schneewittchens sieben Zwergen trug.

Der Gewinner war Hartmut Esslinger, Mitte 30 und ein deutscher Industrie-Designer, der wie Jobs das Studium abgebrochen hatte und sehr ehrgeizig und ambitioniert war. Esslinger hatte sich mit dem Gestalten von Fernsehern für Sony einen Namen gemacht. 1983 wanderte Esslinger nach Kalifornien aus und eröffnete sein eigenes Studio Frog Design, Inc. Er arbeitete für beispiellose 100.000 Dollar pro Monat plus Stundenvergütung und Spesen für Apple. [6]

Der Apple erhielt durch Esslinger ein wiedererkennbares Aussehen, das als die „Snow-White-Design-Sprache" bekannt wurde, welche das Design von Computergehäusen – und zwar nicht nur der Apple-Computer, sondern in der gesamten Computerbranche – über ein ganzes Jahrzehnt dominierte.

Esslingers Snow-White-Kennzeichen waren der geschickte Gebrauch von Rillen, Schrägen und abgerundeten Ecken. Ein gutes Beispiel dafür ist der Macintosh SE, ein ikonischer Komplett-Computer, den man heutzutage häufig als Aquarium sieht. Viele Besitzer brachten es nicht übers Herz, ihre geliebten Rechner wegzuschmeißen, und machten einfach ein Aquarium draus!

Wie Jobs hatte auch Esslinger ein Auge fürs Detail. Unverkennbar war der Gebrauch von vertikalen und horizontalen Streifen, die die sperrigen Linien der Gehäuse geschickt aufbrachen, wodurch sie kleiner aussahen, als sie waren.

Viele dieser Streifen nahmen auch Belüftungsschlitze wieder auf und überschnitten sich mit diesen an präzise gearbeiteten S-förmigen Kreuzungen, die Objekte wie Papierschnitzel daran hinderten, ins Innere gezogen zu werden. Esslinger beharrte auch darauf, den qualitativ hochwertigsten Herstellungsprozess zu verwenden, und überredete Jobs, ein spezielles Formungsverfahren zu übernehmen, welches Zero-Draft ge-

---

6) Ebd., S. 28ff.

nannt wurde. Die Zero-Draft-Formung war zwar teuer, machte die Apple-Gehäuse jedoch klein und präzise und war so passgenau verarbeitet, wie Jobs es schätzte. Es machte es Nachahmern auch schwer, die Gehäuse zu kopieren, denn Apple kämpfte zu der Zeit mit billigen Imitaten.

Apples Snow-White-Design gewann Unmengen Designpreise, und dessen Grundprinzipien wurden von den Konkurrenten so allgemein übernommen, dass sie zur unausgesprochenen Industrienorm für die Gehäusegestaltung wurden. All die beigen Computer, die während der gesamten 80er und 90er Jahre von Dell, IBM, Compaq und anderen ausgeliefert wurden, sahen dank Snow-White ziemlich gleich aus.

Der Macintosh, Jobs' „Volkscomputer"

Während der Arbeit am ursprünglichen Macintosh fing Jobs an, einen Designprozess zu entwickeln, der durch die ständige Revision der Prototypen gekennzeichnet war. Jobs trug Manock auf, unter seiner genauen Anleitung das äußere Gehäuse des Macs zu entwickeln. Manock war mittlerweile Vollzeit angestellt bei Apple und arbeitete eng mit einem weiteren talentierten Apple-Designer, Terry Oyama, zusammen. Oyama war vor allem für die ursprünglichen Entwürfe verantwortlich.

Jobs stellte sich den Mac als eine Art Volkswagen ohne Kurbelwelle vor – einen billigen demokratischen Computer für das Massenpublikum. Um seinen „Volks-Computer" billiger zu produzieren, imitierte er eines seiner großen Vorbilder, Henry Ford. Jobs bot den Mac in nur einer einzigen Konfiguration an, wie das T-Modell, über das Spötter sagten, es werde in jeder Farbe ausgeliefert, solange sie „schwarz" sei. Der ursprüngliche Mac war beige, hatte keinerlei Erweiterungsschächte und nur sehr begrenzten Speicher. Das waren damals kontroverse Entscheidungen, und viele sagten voraus, dass das Gerät zum Scheitern verurteilt war. Niemand würde so einen untermotorisierten Computer, der kaum aufzurüsten war, kaufen. Aber wie Ford traf Jobs seine Entscheidung vorwiegend, um bei den Produktionskosten zu sparen. Jedoch hatte sie auch noch einen Nebeneffekt, von dem sich Jobs ebenfalls Vorteile für die Käufer versprach: Sie vereinfachte den Rechner.

Jobs wollte, dass der Mac unmittelbar für jeden zugänglich war, der ihn in die Hand nahm, egal, ob er schon einmal einen Computer gesehen hatte oder nicht. Er bestand darauf, dass die Käufer ihn nicht erst aufbauen mussten, sie sollten nicht erst den Monitor ins Gehäuse stecken und schon gar nicht irgendwelche obskuren Befehle auswendig lernen müssen, um ihn zu benutzen.

Um das Aufbauen zu erleichtern, entschieden Jobs und das Designteam, Bildschirm, Diskettenlaufwerke und Schaltkreise des Macs in einem einzigen Gehäuse zu beherbergen, mit separater Tastatur und Maus, welche auf der Rückseite angeschlossen wurden. Dieses All-in-one-Design erlaubte es, auf all die Kabel und Stecker anderer PCs zu verzichten. Und damit er auf dem Schreibtisch nicht so viel Platz wegnahm, sollte der Mac einen damals ungewöhnlichen vertikalen Aufbau haben. Deswegen wurde das Diskettenlaufwerk unterhalb des Bildschirms angebracht und nicht, wie damals üblich, an der Seite, wodurch die damaligen Computer wie flache Pizza-Schachteln aussahen.

Die aufrechte Anordnung gab dem Mac ein anthropomorphes Erscheinungsbild: Er sah aus wie ein Gesicht. Der Schlitz für das Diskettenlaufwerk ähnelte einem Mund und die Einbuchtung für die Tastatur am unteren Ende war das Kinn. Jobs knüpfte daran an. Er wollte, dass der Mac freundlich und leicht zu bedienen sei, und leitete das Designteam an, dem Gehäuse ein „freundliches Aussehen" zu geben. Anfangs hatten die Designer keine Vorstellung davon, was das heißen sollte: „Obwohl Steve nicht eine einzige Linie daran gezeichnet hat, haben seine Ideen und seine Inspiration das Design zu dem gemacht, was es ist", sage Oyama später. „Um ehrlich zu sein, wussten wir nicht, was es bedeutete, dass ein Computer ‚freundlich' aussehen sollte, bis Steve es uns sagte."[7]

Jobs missfiel das Design des Mac-Vorgängers, des Lisa, der einen breiten Plastikstreifen über seinem Bildschirm hatte. Es erinnerte Jobs an die Stirn eines Cro-Magnon-Menschen. Er bestand darauf, dass die Stirn des Macs schmaler und intelligenter aussehen sollte. Jobs wollte auch, dass das Gehäuse robust und kratzresistent war. Manock wählte einen harten ABF-Kunststoff aus – die Art, die für Lego-Steine verwendet wird – und gab ihm

---

7) Ebd., S. 26.

eine feine Textur, die Abnutzungen verbergen würde. Er wählte außerdem ein Beige, Pantone 453, von dem er dachte, dass die Alterung im Sonnenlicht günstig verlaufen würde. Hellere Farben, die bei früheren Geräten verwendet worden waren, nahmen später ein hässliches helles Orange an. Außerdem schien ein erdiger Farbton am besten zu der Umgebung in Büros und Privathäusern zu passen, vor allem, da die Farbe, die Hewlett-Packard für seine Computer benutzte, ähnlich war. Und so begann ein Trend, der für Computer und Bürogeräte annähernd 20 Jahre lang Gültigkeit besaß.

Oyama stellte ein vorläufiges Gipsmodell her und Jobs versammelte den größten Teil des Entwicklungsteams, um sich ein Feedback zu holen. Andy Hertzfeld, ein führendes Mitglied des Teams, der einen Großteil der Systemsoftware schrieb, fand, es sähe niedlich und attraktiv aus und habe eine eigene Persönlichkeit. Jobs sah jedoch noch Spielraum für Verbesserungen. „Nachdem jeder seine Meinung gesagt hatte, brach eine Flut schonungsloser Kritik aus Steve hervor. ‚Es sieht aus wie eine Schachtel. Es muss kurviger werden. Der Radius der ersten Phase muss größer sein, und mir gefällt die Größe der Einfassung nicht. Aber es ist ein Anfang'", schrieb Hertzfeld. „Ich wusste nicht mal, was eine Phase ist. Aber Steve war die Sprache der Industriedesigner offensichtlich geläufig, und er legte extrem viel Wert darauf."[8]

Jobs achtete genau auf jedes Detail. Selbst die Maus wurde so gestaltet, dass sie der Form des Computers entsprach: Sie hatte dieselben Proportionen und ihre einzige quadratische Taste entsprach der Form und Platzierung des Bildschirms.

An dem Computer befand sich nur ein Knopf – der Ein-/Ausknopf. Er befand sich auf der Rückseite, wo der Benutzer ihn nicht versehentlich betätigen und den Computer ausschalten konnte. Da er hinten versteckt war, hatte Manock in weiser Voraussicht rund um den Schalter eine glatte Fläche angebracht, damit man diesen leicht ertasten konnte. Nach Manocks Einschätzung war diese Art der Sorgfalt beim Detail einer der Gründe, dass der Mac später zu einem Objekt historischen Interesses wurde. „Diese

---

[8] Hertzfeld, Andy: *Revolution in the Valley*. O'Reilly Media, Sebastapol, Calif. 2004, S.30.

Art von Detail ist es, die ein gewöhnliches Produkt zu einem Kunstwerk macht", sagte Manock.

Jobs dachte ebenfalls viel darüber nach, wie das Design des Mac so gestaltet werden könnte, dass es die Interaktion des Benutzers mit ihm beeinflusste. Er entfernte beispielsweise alle Funktions- und Pfeiltasten, die damals zum Standard jeder Computertastatur gehörten. Jobs wollte nicht, dass die Benutzer Eingaben machten, indem sie Funktionstasten drückten – sie würden stattdessen die Maus benutzen müssen. Das Fehlen dieser Tasten hatte noch einen Nebeneffekt: Es zwang die Software-Entwickler, ihre Programme für die Mac-Oberfläche komplett neu zu schreiben, anstatt einfach ihre Apple II-Software mit minimalen Veränderungen darauf zu portieren. Die grafische Benutzeroberfläche des Mac war eine völlig neue Art der Interaktion mit Computern, und Jobs wollte die Software-Entwickler zwingen, diesen neuen Standard zu akzeptieren.

Eine Zeit lang stellten Manock und Oyama monatlich neue Modelle her, und Jobs versammelte das Team zur Feedback-Runde. Jedes Mal gab es ein neues Modell, und alle Vorgänger waren zum Vergleich in einer Reihe aufgestellt. „Das vierte Modell konnte ich kaum noch vom dritten unterscheiden, doch Steve war immer kritisch und entscheidungsfreudig und äußerte sein Gefallen oder Missfallen über Details, die ich kaum wahrnehmen konnte", erinnerte sich Hertzfeld. Manock und Oyama bauten fünf oder sechs Prototypen, bevor Jobs endlich zufrieden war. Anschließend wandten sie sich der Umwandlung des Gehäuses in ein Massenprodukt zu. Um zu feiern – und um die Kunstfertigkeit der Bemühungen anzuerkennen – gab Jobs eine „Signierparty", bei der Champagner ausgeschenkt und das Innere des Gehäuses von den Mitgliedern des Teams signiert wurde. „Künstler signieren ihre Arbeit", erklärte Jobs.[9]

Als der Mac im Januar 1984 endlich herauskam, war er allerdings nicht leistungsstark genug. Um Geld zu sparen, hatte Jobs ihn nur mit 128 KB Arbeitsspeicher ausgestattet, ein Bruchteil dessen, was er eigentlich benötigte. Einfache Vorgänge wie das Kopieren von Dateien waren qualvolle Angelegenheiten, bei denen die Benutzer mehrfach neue Disketten in das

---

9) Hertzfeld, Andy: „Signing Party". In: Folklore.org. (http://www.folklore.org/StoryView.py?project = Macintosh&story=Signing_Party.txt&showcomments=1)

Diskettenlaufwerk schieben mussten. Die ersten Benutzer liebten den Mac prinzipiell, aber nicht in der Praxis. „Worin ich mich (und wahrscheinlich jeder andere, der damals den Rechner gekauft hat) verliebt habe, war nicht der Rechner selbst, der lächerlich langsam und schwach ausgestattet war, sondern eine romantische Idee des Rechners", schrieb der Sciencefiction Autor Douglas Adams.[10]

Glücklicherweise hatte der verantwortliche Hardware-Ingenieur des Macs, Burrell Smith, dies vorhergesehen und heimlich dafür gesorgt, den Speicher durch das Hinzufügen mehrerer Schaltkreise auf dem Mainboard des Macs auf 512 KB zu erweitern – gegen Jobs ausdrückliche Anweisung. Dank Smiths weiser Voraussicht war Apple jedoch in der Lage, nur wenige Monate später eine stark verbesserte Version des Macs mit mehr Speicher herauszubringen.

Das Auspacken des Apple

Jobs schenkte *jedem Detail* des Designs seine Aufmerksamkeit, sogar der Verpackung des Macs. Es war sogar so, dass Jobs die Verpackung des ersten Macintoshs zu einem integralen Bestandteil der Kundeneinführung seiner „revolutionären" Computerplattform erklärte.

Damals, im Jahr 1984, hatte abgesehen von einigen Forschungslaboratorien niemand je etwas Ähnliches wie den Macintosh gesehen. Personalcomputer wurden von bebrillten Ingenieuren und Hobbybastlern benutzt. Computer wurden in Einzelteilen gekauft und auf einem Werkstatttisch zusammengelötet. Sie führten mathematische Berechnungen aus und wurden durch rätselhafte Befehle gesteuert, die man mit einem blinkenden Cursor eingab.

Im Gegenzug dazu hatten Jobs und das Mac-Team einen leicht bedienbaren Apparat mit bildhaften Symbolen und Benutzermenüs in normalem Englisch entwickelt, der durch eine ungewöhnliche Zeige- und Klickvorrichtung gesteuert wurde, der Maus.

---

10) nach: Levy, Steven: *Insanely Great: The Life and Times of Macintosh, the Computer That Changed Everything.* Penguin, New York 1994, S 186.

Damit sich die Verbraucher mit der Maus und den anderen Komponenten des Macs selbst vertraut machen konnten, entschied Jobs, dass der Käufer den Mac beim Auspacken selbst zusammensetzen sollte. Der Akt des Zusammensetzens der Maschine sollte dem Benutzer alle ihre Komponenten vorstellen und ihm ein Gefühl dafür geben, wie sie funktionierten.

Alle Teile – der Computer, die Tastatur, Maus, Kabel, Disketten und Benutzerhandbuch – waren separat verpackt. Jobs half bei dem minimalistischen Designs des Kartons, auf dem ein Schwarz-Weiß-Bild des Macs sowie ein paar Aufschriften in der Apple-Schriftart Garamond zu sehen waren. Damals sprach Jobs von „Eleganz" und „Geschmack", jedoch führten seine Verpackungsideen genau das in die Hightechbranche ein, was später „Auspackroutine" genannt wurde; ein Ritual, das seither von allen übernommen wurde, von Dell bis hin zu Handyproduzenten.

Noch heute wird bei Apple die Verpackung in Hinblick darauf, dass das Produkt dem Kunden beim Auspacken zugänglich gemacht werden soll, sorgfältig designt.

1999 sagt Jonathan Ive gegenüber dem Magazin *Fast Company*, dass die Verpackung des ersten iMacs ebenfalls sorgfältig und im Hinblick darauf konzipiert wurde, den neuen Konsumenten die neue Maschine vorzustellen. Das Zubehör des iMacs, die Tastatur und das Handbuch, waren in einem Schaumstoffstück verpackt, das sie in dem Karton fixierte. Nachdem der Käufer dieses erste Stück Schaumstoffverpackung entfernt hatte, sah er den Griff auf der Oberseite des iMacs, der den Benutzer deutlich dazu aufforderte, das Gerät aus dem Karton zu heben und auf einen Tisch zu stellen. „Das ist das Tolle an Griffen", sagte Ive. „Man weiß, wozu sie da sind."[11]

Anschließend wandte sich der Benutzer automatisch der Zubehörschachtel zu, die drei Kabel enthielt: eines für Strom, eines fürs Internet und eines für die Tastatur. Ive sagte, dass die Präsentation dieser Dinge in genau dieser Reihenfolge – erst der Griff des iMacs, dann die Anschlusskabel – sorgfältig überlegt war, sodass sie dem Konsumenten, der vielleicht nie zu-

---

11) Fishman, Charles: „Why We Buy: Interview with Jonathan Ive". In: *Fast Company*, Oktober 1999, S. 282. (http://www.fastcompany.com/magazine/29/buy.html)

vor einen Computer gekauft hatte, klar verriet, welche Schritte sie zum Ingangsetzen des Gerätes unternehmen mussten. „Es klingt alles so einfach und offensichtlich", sagte Ive. „Doch oft bedarf es, um bis zu diesem Grad an Einfachheit vorzudringen, enormer Zwischenschritte im Design. Man muss erhebliche Energie dafür aufwenden, die vorhandenen Probleme und die Anliegen der Leute zu verstehen – selbst wenn es für sie schwierig ist, diese Anliegen und Probleme selbst zu artikulieren."[12]

Diese Form von Detailbesessenheit mag krankhaft wirken und ist es manchmal auch. Kurz vor dem Start des iPod war Jobs enttäuscht, dass der Stecker der Kopfhörer beim Anschließen und Herausziehen keinen zufriedenstellenden Klick hervorbrachte. Dutzende an Muster-iPods sollten bei der Produktpräsentation an Reporter und VIPs verteilt werden. Jobs wies einen Ingenieur an, allen iPods nachträglich einen neuen Stecker zu verpassen, der zufriedenstellend klickte.

Hier ist ein weiteres Beispiel: Einmal wollte Jobs, dass das ursprüngliche Mac-Motherboard neu designt wurde – aus ästhetischen Gründen. Teile des Motherboards waren seiner Meinung nach „hässlich", und er wollte, dass das Motherboard für eine gefälligere Anordnung der Chips und Schaltkreise neu konfiguriert wurde. Seine Ingenieure waren natürlich entsetzt. Motherboards sind extrem komplizierte technologische Produkte. Ihr Aufbau wird sorgfältig gestaltet, um robuste und zuverlässige Verbindungen zwischen Komponenten zu garantieren. Sie sind peinlich genau darauf ausgelegt, dass Chips sich nicht lösen und elektrische Spannungen nicht von einem Kreislauf auf den anderen überspringen können. Das Motherboard neu zu entwerfen, damit es hübsch aussehen würde, wäre nicht gerade einfach. Natürlich protestierten die Ingenieure und sagten, dass sowieso niemand das Motherboard sehen würde. Und was noch wesentlich gewichtiger war: Sie sahen voraus, dass eine neue Anordnung elektronisch nicht funktionieren würde. Aber Jobs blieb stur. „Ein großartiger Tischler würde auch kein miserables Holz für die Rückseite eines Schrankes verwenden, nur weil sie keiner sieht", sagte Jobs. Widerwillig entwarfen die Hardware-Ingenieure ein neues Design und verschwendeten dabei mehrere 1.000 Dollar, um ein hübscheres Mainboard zu entwickeln. Doch

---

12) Ebd.

wie vorausgesagt, funktionierte das neue Board nicht und Jobs war gezwungen, seine Idee aufzugeben.[13]

Jobs' Bestehen auf Exzellenz verzögert manchmal den Start neuer Produkte, und er ist durchaus dazu bereit, Projekte zu begraben, an denen sein Team jahrelang gearbeitet hat. Doch seine Kompromisslosigkeit stellt sicher, dass Apple-Produkte niemals auf den Markt geworfen werden, bevor sie zu seiner Zufriedenheit aufgebessert wurden.

Die große Waschmaschinen-Debatte

Jobs lebte während der frühen 80er Jahre bekanntermaßen fast ohne Möbel in einer Villa, weil er minderwertige Einrichtungsgegenstände nicht ertragen konnte. Er schlief auf einer Matratze, die von einigen riesigen Fotografien umgeben war. Irgendwann kaufte er einen deutschen Konzertflügel, obwohl er kein Klavier spielte, nur weil er dessen Design und handwerkliche Qualität bewunderte. Als der frühere Apple-CEO John Sculley Jobs besuchte, war er über das ungepflegte Erscheinungsbild des Hauses schockiert. Es sah verlassen aus, besonders im Vergleich zu den perfekt manikürten Palästen rundherum. „Es tut mir leid, dass ich nicht viele Möbel besitze", entschuldigte sich Jobs bei Sculley. „Ich bin einfach noch nicht dazu gekommen."[14]

Sculley sagte, dass Jobs einfach nicht bereit war, sich mit irgendetwas anderem als dem Besten zufriedenzugeben. „Ich kann mich erinnern, wie ich in Steves Haus kam und er keine Möbel hatte, nur ein Bild von Einstein, den er sehr bewunderte, sowie eine Tiffanylampe, einen Stuhl und ein Bett", sagte Sculley mir. „Es war ihm einfach nicht wichtig, sich mit vielen Dingen zu umgeben, und er war unglaublich sorgfältig bei der Auswahl."[15]

---

13) Hertzfeld, Andy: „PC Board Esthetics". In: Folklore.org. (http://www.folklore.org/StoryView.py?project=Macintosh&story= PC Board_Esthetics.txt)
14) Sculley, John: *Odyssey: Pepsi to Apple: The Journey of a Marketing Impresario.* HarperCollins, New York 1987, S. 154.
15) Sculley, John: Persönliches Interview, Dezember 2007.

Jobs fällt es nicht leicht, etwas zu kaufen. Er kann sich für kein Handy entscheiden. „Das führt dazu, dass ich nicht besonders viel kaufe", antwortete er auf eine Frage, welche Geräte und technologischen Produkte er kaufe, „weil ich sie lächerlich finde."[16]

Wenn er doch einmal einkaufen geht, kann es zu einem mühsamen Vorgang werden. Als es um die Anschaffung einer neuen Waschmaschine und eines Trockners ging, verwickelte Jobs seine ganze Familie in eine zweiwöchige Debatte darüber, welches Modell sie wählen sollte. Die Familie Jobs' traf ihre Entscheidung nicht auf der Grundlage eines schnellen Blicks über die Funktionen und den Kaufpreis, wie dies die meisten anderen Familien tun würden. Stattdessen drehte sich die Diskussion um amerikanisches gegenüber europäischem Design, die verbrauchten Wasser- und Waschmittelmengen, die Dauer des Waschgangs und die Langlebigkeit der Kleidungsstücke.

„Wir verbrachten in unserer Familie viel Zeit damit, über unsere Ziele und Wünsche beim Waschmaschinenkauf zu reden. Am Ende ging es sehr häufig um das Design, aber auch um die Werte unserer Familie. War es uns am wichtigsten, die Wäsche in einer anstatt in eineinhalb Stunden hinter uns zu bringen, oder ging es uns vor allem darum, dass die Kleider sich wirklich weich anfühlten und länger hielten, oder wollten wir vor allem nur ein Viertel des Wassers verbrauchen? Wir verbrachten zwei Wochen damit, jeden Abend am Esstisch darüber zu reden. Dann kamen wir wieder auf die alte Waschmaschinen-/Trockner-Diskussion zurück, und in all diesen Gesprächen ging es um Design."[17]

Am Ende entschied sich Jobs für deutsche Geräte, die er zwar für „zu teuer" hielt, die aber die Kleidung gut und mit geringem Wasser- und Waschmittelverbrauch wuschen. „Sie sind wirklich wunderbar verarbeitet und gehören zu den wenigen Einkäufen der letzten paar Jahre, die uns wirklich alle rundum zufrieden stellen", sagte Jobs. „Diese Leute haben sich wirklich Gedanken bei der Herstellung der Geräte gemacht. Sie haben beim Design dieser Waschmaschinen und Trockner wirklich großartige

---

16) Arthur, Charles: „The Guru: Steve Jobs". In: *The Independent* (London, UK), 29. Oktober 2005.
17) Wolf, Gary: „The Wired Interview: Steve Jobs: The Next Insanely Great Thing". In: *Wired* 4.02, Februar 1996.

Arbeit geleistet. Ich habe daran wirklich mehr Freude gehabt als an jedem anderen Hightech-Produkt der letzten Jahre."

Die große Waschmaschinendebatte erscheint exzessiv, doch Jobs wendet die gleichen Werte – und die gleichen Abläufe – auf den Vorgang der Produktentwicklung bei Apple an. Industriedesign wird bei Apple nicht nur als der letzte Schliff eines Produktes, das vorher entwickelt wurde, behandelt, wie das in vielen anderen Unternehmen geschieht. Zu viele Unternehmen betrachten das Design als die Haut, die in letzter Minute übergeworfen wird. In vielen Unternehmen wird das Design sogar komplett ausgelagert. Eine separate Firma kümmert sich darum, wie das Produkt aussieht – wie sich vermutlich auch eine separate Firma um die Herstellung kümmert.

„Es ist traurig und frustrierend zu sehen, dass wir von Produkten umgeben sind, deren Ausführung es offensichtlich an Sorgfalt mangelt", sagte Ive, der freundliche Brite, der das kleine Designteam von Apple leitet. „Genau das ist das Spannende an einem Objekt. Ein Objekt spricht Bände über das Unternehmen, das es produziert hat, über dessen Werte und Prioritäten."

Apple lagert fast die gesamte Herstellung seiner Produkte aus, nicht aber das Design. Ganz im Gegenteil: Apples Industriedesigner werden vom allerersten Meeting an eng eingebunden.

Jonathan Ive, der Designer

Ive ist Engländer, Ende 30, hat die muskuläre Figur eines Ringkämpfers und kurz geschorene Haare. Doch Ive ist freundlich und zugänglich. Er ist extrem zurückhaltend, fast schüchtern, was für jemanden in seiner Position an der Spitze einer knallharten Firma wie Apple ziemlich ungewöhnlich ist. Er zieht sich so sehr zurück, dass er einmal sogar Jobs auf die Bühne gehen ließ, um für ihn eine Auszeichnung entgegenzunehmen, obwohl er selbst im Publikum saß.

Als Student gewann er einen wichtigen Designpreis bereits zweimal. Das gelang bisher keinem Studenten. Seit damals wurde er mit Auszeichnungen überhäuft. Dank einer Reihe sehr richtungsweisender Produkte vom iMac bis hin zum iPhone wurde Ive zweimal der Titel „Designer des Jahres" von Londons angesehenem Design-Museum verliehen. 2006 wurde er zum Ritter geschlagen, eine Ehrung die vom britischen Monarchen verliehen wird.

Ives Persönlichkeit ist schwer zu beschreiben. Oft spricht er ziemlich abstrakt und fällt gelegentlich ins Unternehmenskauderwelsch. Persönlichen Fragen weicht er aus. Aber wenn er über Design spricht, ist er schwer zu stoppen. Über Design spricht er mit großem Enthusiasmus, leidenschaftlich gestikulierend und setzt dabei zur Unterstützung seine Hände ein.

Anlässlich einer Produktpräsentation von Apple bat ich ihn um ein paar kurze Kommentare bezüglich des Designs des Aluminiumgehäuses, in dem Apples High-End-Profi-Rechner untergebracht sind (dasselbe Gehäuse wird seit mehreren Jahren für eine Reihe von Produkten verwendet, angefangen vom Power Mac G5 von 2003 bis hin zum gegenwärtigen Mac Pro). Dieses Gehäuse ist aus unbearbeiteten Platten aus blankem Aluminium gefertigt, die so schlicht sind wie der außerirdische Monolith in dem Film *2001, Odyssee im Weltraum*.

Mit Vergnügen beschrieb er die Philosophie – und all die harte Arbeit –, die hinter dem Design des Rechners stand. „Ich nehme an, dass man immer, wenn man etwas tut, besonders glücklich über das ist, was man gerade entwickelt hat", sagte er. „Diesmal war es wirklich eine schwierige Geburt." Ive ging hinüber zu einem Vorführmodell, das in der Nähe stand. Er zeigte auf das schlichte Aluminiumgehäuse. „Es gibt einen aufgesetzten minimalen und einfachen Stil. Und dann gibt es wirkliche Einfachheit", sagte er. „Das hier sieht einfach aus, weil es wirklich einfach ist."

Ive sagte, die übergeordnete Designphilosophie für den Rechner sei es gewesen, ihn möglichst einfach zu halten. „Wir wollten alles loswerden, was nicht absolut essenziell war. Aber diese Mühe sieht man natürlich nicht", sagte er. „Wir fingen immer wieder von vorne an. ‚Brauchen wir dieses Teil? Können wir es dazu kriegen, die Funktionen dieser anderen vier Teile zu übernehmen?' Wir reduzierten, so viel wir konnten, damit das Gerät leichter zu bauen und leichter zu bedienen ist."

Dann begann Ive mit einer leidenschaftlichen zwanzigminütigen Vorführung und Beschreibung des neuen Computerdesigns. Er hätte noch weitergeredet, wenn er nicht von einem Mitglied des PR-Teams von Apple unterbrochen worden wäre, das ihn an seine weiteren Termine erinnerte. Ive konnte nichts dagegen tun. Design ist seine Berufung. Wenn er einmal loslegt, spricht er lang und breit mit großer Ernsthaftigkeit und großem Enthusiasmus über das Design von etwas scheinbar so Einfachem wie einem Riegel für einen Zugangsdeckel. Beim Gehen bat ich Ive, den Power-Mac G5 mit teuren Design-Computern aus der Welt der Windows-PCs, wie beispielsweise Alienware oder Falcon Northwest, zu vergleichen. Diese Geräte sehen manchmal aus wie aufgemotzte Protz-Autos, die mit aufgemalten Flammen oder verchromten Kühlergrillen verziert sind.

„Es ist wirklich viel wirksamer, wenn man seine Leistung nicht nur durch eine dünne Schicht Tünche vortäuscht", sagte er. „Ich betrachte den Rechner als Werkzeug. Er ist ein extrem kraftvolles Werkzeug. Es gibt keine Plastikfassade, die noch zusätzlich hervorheben könnte, dass es sich um ein wirklich leistungsstarkes Werkzeug handelt. Es ist sehr offensichtlich, dass er ist, was er ist." Er sprach weiter. „Aus der Perspektive eines Designers spielen wir nicht mit Äußerlichkeiten. Unsere Arbeit ist sehr utilitaristisch. Es geht um die Verwendung des Materials in einer sehr minimalistischen Art und Weise."

Ives improvisierte Einführung zum Aluminiumgehäuse des Computers verrät eine Menge über den Designprozess, aus dem es hervorgegangen ist: das Bemühen, zu reduzieren und zu vereinfachen, sowie die Genauigkeit in Bezug auf Details und Materialbewusstsein. Hinzu kommt Ives Leidenschaft und Energie. All diese Faktoren unterstützen Ives einzigartigen Designprozess.

Eine Vorliebe für Prototypen

Jonathan Ive und seine Frau Heather wohnen mit ihren Zwillingen in einem Haus in der Nähe der Twin Peaks Gipfel oberhalb von San Francisco. Das Haus wird als „schlicht" beschrieben. Doch Ive fährt ein James Bond-Auto – einen 200.000 Dollar teuren Aston Martin.

Ive wollte eigentlich ursprünglich Autos entwerfen. Er hat einen Kurs in der Central Saint Martins Art School in London besucht, fand jedoch die übrigen Studenten seltsam. „Sie machten ‚Brumm-brumm-Geräusche', während sie zeichneten", sagte er.[18] Er schrieb sich stattdessen in einen Produkt-Design-Kurs an der Newcastle Polytechnic ein.

Ives Vorliebe für den Bau von Prototypen entstand in Newcastle. Clive Grinyer, ein Kommilitone und späterer Kollege Ives, erinnert sich an einen Besuch in Ives Wohnung in Newcastle. Er war verblüfft, sie mit Hunderten Schaumstoffmodellen von Ives Studienabschlussprojekt vollgestopft vorzufinden: eine Kombination aus Hörgerät und Mikrofon, die Lehrern bei der Kommunikation mit tauben Schülern helfen sollten. Die meisten anderen Designstudenten bauten fünf oder sechs Modelle ihrer Projekte. Ive war „von allen Menschen, die ich je getroffen habe, von dem, was er erreichen wollte, am meisten besessen", sagte Grinyer.[19]

Merkwürdigerweise hatte Ive als Student keinerlei Affinität zu Computern. „In meiner gesamten Collegezeit hatte ich ein echtes Problem mit Computern", sagte Ive. „Ich war überzeugt davon, dass ich technisch wirklich unbegabt war."[20] Doch kurz bevor er Newcastle 1989 verließ, entdeckte er den Mac. „Ich erinnere mich noch, wie erstaunt ich war, wie viel besser er war als alles andere, was ich je ausprobiert hatte", sagte er. „Mir fiel sofort auf, wie viel Sorgfalt auf die gesamte Benutzererfahrung verwendet worden war. Ich hatte das Gefühl, über das Objekt mit den Designern verbunden zu sein. Ich begann mich über das Unternehmen zu informieren. Ich wollte wissen, wie es gegründet worden war, was seine Werte und seine Struktur waren. Je mehr ich über dieses aufmüpfige – fast rebellische – Unternehmen erfuhr, desto mehr sprach es mich an, da es wie selbstverständlich innerhalb einer selbstzufriedenen und kreativ bankrotten Branche eine Alternative aufzeigte. Apple stand für etwas und orientierte sich nicht nur an Geld."

---

18) Arlidge, John: „The Observer Profile: Father of Invention". In: *The Observer* (UK), 21. Dezember 2003.
19) Ebd.
20) Design Museum Interview, 29. März 2007. (http://www.designmuseum.org/design/jonathan-ive)

Im Laufe der Jahre sind Computer ein Teil seines Lebens geworden. In einem Interview mit dem *Face* Magazin erklärt er, dass ihn deren multifunktionale Natur fasziniert. „Es gibt kein anderes Produkt, das die Funktion ändern kann wie ein Computer", sagte er. „Der iMac kann eine Musikbox, ein Werkzeug zur Videobearbeitung oder ein Fotoalbum sein. Sie können damit entwerfen oder schreiben. Weil das, was er tut, so neu und so variabel ist, können wir neue Materialien verwenden und neue Formen erschaffen. Die Möglichkeiten sind endlos. Das gefällt mir daran."

Nachdem er Newcastle verließ, gründete Ive 1989 in London zusammen mit anderen das Tangerine Design-Kollektiv, bei dem er an einer großen Bandbreite von Produkten arbeitete, von Toiletten bis hin zu Kämmen. Doch die Auftragsarbeit frustrierte ihn, da er kaum Einfluss darauf hatte, wie der Auftraggeber seine Ideen umsetzte.

1992 bekam er einen Anruf von Apple und wurde um ein paar Konzepte für die ersten Laptops gebeten. Apple war so beeindruckt, dass Ive als Designer angestellt wurde und nach Kalifornien umzog. Doch da Apple zu dem Zeitpunkt nicht gerade gut lief, wurde die Designabteilung in einen staubigen Keller abgeschoben. Die Apple-Manager fingen an, sich bei der Konkurrenz nach Inspirationen umzusehen. Sie wollten Fokusgruppen. Ive war kurz davor, zu kündigen. Er arbeitete allein und unabhängig. Er entwarf weiterhin Prototypen, die aber oftmals nicht einmal sein Büro verließen.

Selbstverständlich änderten sich die Dinge bei Jobs' Rückkehr sehr. Ive ist noch immer derselbe Designer wie früher, doch die Resultate sind das genaue Gegenteil.

Ive führt ein relativ kleines Team von ungefähr einem Dutzend Industriedesignern, die seit vier Jahren bei Apple zusammenarbeiten. „Wir haben ein himmlisches Designteam", sagt Ive.[21] Das Team arbeitet in einem eigenen kleinen Studio abseits des restlichen Apple-Firmengeländes. Es ist in einem nichtssagenden Gebäude untergebracht und aus Angst vor der Enthüllung bevorstehender Neuheiten den meisten Apple-Mitarbeitern nicht zugänglich. Der Zugang ist nur einer erlesenen Minderheit mit elektronischen Zugangspässen gewährt. Türen und Fenster sind nach außen

---

21) Ebd.

schwarz getönt. Selbst dem früheren CEO John Sculley wurde der Zugang zum Designstudio verwehrt. „Sie können sich vorstellen, wie er das findet", sagte Robert Brunner, der damalige Kopf der Designgruppe.[22]

Im Inneren des Studios gibt es sehr wenig Möglichkeiten, sich zurückzuziehen. Es gibt weder Büros noch Arbeitskabinen. Es handelt sich um einen sehr großen offenen Raum mit mehreren gemeinschaftlichen Designbereichen. Er steckt voller teurer und hochmoderner Geräte zur Herstellung von Prototypen: 3D-Druckern, gut ausgestatteten CAD-Arbeitsplätzen und CNC- (computergesteuerten) Maschinen. Es gibt auch eine riesige Hi-Fi-Anlage, auf der den ganzen Tag elektronische Musik läuft, die zum Teil von Ives Freunden aus Großbritannien stammt. Ive ist ein bekennender Musikfreak und guter Freund des bekannten Techno DJs John Digweed.

Wenn es um Werkzeuge geht, werden weder Kosten noch Mühe gescheut. Anstatt immer mehr Designer einzustellen, steckt Ive die Ressourcen lieber in Werkzeuge und Maschinen. „Indem das Kernteam klein gehalten und signifikant in Werkzeuge und in Arbeitsprozesse investiert wird, können wir so eng zusammenarbeiten, wie es selten möglich ist", sagte Ive. „Die Erinnerung daran, wie wir arbeiten, wird sogar die Produkte, die wir kreieren, überleben."[23]

Die kleine intime Arbeitsgruppe sei der Schlüssel zu Kreativität und Produktivität, sagte Ive. Er stritt ab, dass Apples Innovationen von dem einen oder anderen individuellen Designer stammen. Laut Ive sind alle durch die enge Zusammenarbeit des Teams entstanden.

Es sei ein Prozess des „kollektiven Lernens und sich Verbesserns. Eines der Markenzeichen des Teams ist die Neugier. Die Freude daran, falschzuliegen, weil es bedeutet, dass man etwas Neues entdeckt hat."[24]

Immer wenn Ive über seine Arbeit spricht, stellt er das Team in den Vordergrund. Er hat keinerlei Ego. Als Digweed Ive kennenlernte, benötigte er

---

22) „An Evening into Former Apple Industrial Designers". Öffentliche Vorlesung, 4. Juni 2007, Computer History Museum, Mountain View, California.
23) Ebd.
24) Abrams, Janet: „Radical Craft: The Second Art Center Design Conference". In: Core77 Webseite, Mai 2007. (http://www.core77.com/reactor/04.06_artcenter.asp)

Monate, um Ives Rolle bei Apple herauszufinden. „Jonathan redete darüber, wie sie verschiedene Dinge designt hätten, und ich saß da und dachte: ‚Wie verrückt! Seine Arbeit wird Tag für Tag von den Kreativen auf der ganzen Welt genutzt, und er ist kein bisschen arrogant.'"[25]

Ives Designprozess

Ive hat schon oft gesagt, dass die Einfachheit der Apple-Designs täuscht. Vielen Leuten erscheinen die Produkte vollkommen offensichtlich. Sie sind so schlicht und einfach, dass es so etwas wie ein „Design" gar nicht zu geben scheint. Es gibt keine Rüschen oder Beiwerk, die den Designprozess hinausposaunen. Aber für Ive geht es genau darum. Die Aufgabe sei, sagte Ive, „unglaublich komplizierte Probleme zu lösen und die Lösungen so unabdingbar und unglaublich einfach aussehen zu lassen, dass man nicht mehr merkt, wie schwierig etwas war."[26]

Die Einfachheit ist das Ergebnis eines Designprozesses, der dadurch gekennzeichnet ist, viele Ideen zu generieren und diese dann fortlaufend zu verbessern – auf die gleiche Weise wurde die Benutzeroberfläche von OS X entworfen. Mit diesem Prozess sind zahlreiche Teams bei Apple beschäftigt, nicht nur die Designer. Ingenieure, Programmierer und sogar Marketingleute sind involviert. Ives Industriedesigner werden aber von Anfang an bei jedem Projekt miteinbezogen. „Wir sind wirklich von einem ziemlich frühen Stadium an beteiligt", sagte Ive. „Es gibt eine sehr selbstverständliche kontinuierliche Zusammenarbeit mit Steve sowie den Hardware- und Software-Leuten. Ich denke, das ist eines der Dinge, die Apple von anderen unterscheidet. Wenn wir eine Idee entwickeln, ist keine endgültige Architektur vorgegeben. Ich denke, dass man genau in diesen frühen Phasen, wenn man noch sehr offen ist, neue Möglichkeiten aufspüren kann."[27]

---

25) Arlidge, John: „The Observer Profile: Father of Invention". In: *The Observer* (UK), 21. Dezember 2003.
26) Abrams, Janet: „Radical Craft: The Second Art Center Design Conference". In: Core77 Webseite, Mai 2007. (http://www.core77.com/reactor/04.06_artcenter.asp)
27) Fairs, Marcus: Jonathan Ive interview. In: iconeye, icon004, Juli/August 2003. (http://www.iconeye.com/articles/20070321_31)

Um diese Möglichkeiten zu finden, vermeidet Jobs gewissenhaft, einen automatisierten fließbandartigen Designprozess, bei dem Produkte von einem Team zum nächsten weitergereicht werden und es ein Hin und Her zwischen den verschiedenen Abteilungen gibt. Das ist bei anderen Unternehmen nicht immer der Fall. Jobs vergleicht das mit einer teuren Autostudie, die bei einer Automobilmesse vorgestellt wurde. Wenn vier Jahre später das serienreife Modell erscheint, taugt es nichts mehr. „Da fragt man sich, was passiert ist. Sie hatten die Lösung! Sie hielten den Schlüssel in ihren Händen! Sie ließen sich kleinkriegen! ... Was geschehen war, war Folgendes: Die Designer kamen mit einer wirklich tollen Idee an. Sie gingen damit zu den Ingenieuren, und die Ingenieure sagten: ‚Nein, das geht so nicht. Das ist unmöglich.' Das ist der erste Schritt zurück. Dann gingen sie damit zu den Leuten, die das Auto bauen, und diese sagten: ‚Das können wir nicht.' Und wieder verschlechtert sich das Produkt."[28]

In Interviews spricht Ive über „enge Zusammenarbeit", „gegenseitige Befruchtung" und „konkurrierende Entwicklung". Produkte, die bei Apple entwickelt werden, werden nicht von Team zu Team, von den Designern zu den Ingenieuren, zu den Programmierern und am Ende zur Marketingabteilung weitergereicht. Der Designprozess ist nicht seriell. Stattdessen arbeiten alle diese Gruppen gleichzeitig an dem Produkt, und es gibt eine Revisionsrunde nach der anderen.

Die Meetings dauern endlos. Sie sind ein integraler Bestandteil der „engen Zusammenarbeit", und ohne sie wäre die „gegenseitige Befruchtung" nicht so effizient. „Die herkömmliche Art und Weise, Produkte zu entwickeln, funktioniert einfach nicht, wenn man so ehrgeizig ist wie wir", sagte Ive dem *Time Magazine*. „Wenn die Herausforderungen so kompliziert sind, muss man bei einem neuen Produkt mehr und intensiver zusammenarbeiten."

Der Designprozess beginnt mit vielen Zeichnungen. Ives Team arbeitet zusammen, sie kritisieren die Ideen der jeweils anderen und bekommen Feedback von den Ingenieuren und natürlich von Jobs selbst. Anschließend arbeitet das Team 3D-Computermodelle in diversen CAD-Anwen-

---

28) Grossman, Lev: „How Apple Does It". In: *Time*, 16. Oktober 2005. (http://www.time.com/time/magazine/article/0,9171,1118384,00.html)

dungen aus, die dazu dienen, Modelle aus Schaumstoff und anderen Modelliermaterialien herzustellen. Oft stellt das Team eine ganze Reihe von Modellen her, mit deren Hilfe nicht nur die äußere Form des neuen Produktes, sondern auch die innere überprüft wird. Prototypen, die den Innenraum und die Dicke der Verkleidungen genau nachbilden, werden zu den Hardware-Ingenieuren gesandt, die darauf achten, dass die inneren Komponenten hineinpassen. Sie stellen auch sicher, dass es genügend Luftzirkulation im Gehäuse gibt und dass die Anordnung von internen Komponenten wie Schnittstellen und Batteriefächern funktioniert.

„Wir stellen eine Menge Modelle und Prototypen her, und wir gehen des Öfteren an den Anfang zurück und beginnen von vorn", sagte Ive. „Wir glauben fest an Prototypen und die Herstellung von Modellen, die man in die Hand nehmen und anfassen kann." Die Anzahl der Modelle ist unerschöpflich. „Wir machen haufenweise Prototypen: Die Anzahl der Lösungswege, die wir uns ausdenken, um eine Lösung zu finden, ist zwar peinlich, aber das ist wichtig für den gesamten Prozess", sagte Ive.[29]

Robert Brunner, ein Partner, von Pentagram Design und früherer Chef der Apple Design-Group, sagte: Entscheidend sei, dass Apples Prototypen immer sehr stark im Hinblick auf den Herstellungsprozess entworfen werden. „Apples Designer verbringen zehn Prozent ihrer Zeit mit klassischem Industriedesign: Einfälle haben, Zeichnen, Modelle bauen, Brainstorming", sagte er. „90 Prozent ihrer Zeit sind sie mit der Herstellung beschäftigt, um herauszufinden, wie sich ihre Ideen umsetzen lassen."

Die Methode ist mit einer Technik verwandt, die Psychologen, die sich mit Problemlösungen beschäftigen, „erzeuge und teste"-Prozess nennen. Um ein Problem zu lösen, werden alle möglichen Lösungen generiert und anschließend ausprobiert, um herauszufinden, ob sie eine Lösung enthalten. Das Prinzip ist mit der Trial-and-Error-Methode verwandt, aber es wird nicht ganz so wahllos agiert, sondern geplanter und methodischer. Apples Designer schaffen Dutzende möglicher Lösungen und überprüfen ständig ihre Arbeit, um zu sehen, ob sie der Sache näher kommen. Der Prozess entspricht im Grunde Techniken, die bei vielen kreativen Prozessen An-

---

29) Fairs, Marcus: Jonathan Ive interview. In: iconeye, icon004, Juli/August 2003. (http://www.iconeye.com/articles/20070321_31)

wendung finden, angefangen vom Schreiben bis hin zum Komponieren. Ein Autor beginnt oft damit, einen groben Entwurf aufs Papier zu bringen, Wörter und Ideen, ohne viele Gedanken an Struktur und Kohärenz. Anschließend geht man zurück und bearbeitet das Werk, oft viele Male. „Der Versuch, zu vereinfachen und zu verbessern, ist eine enorme Herausforderung", sagte Ive.[30]

Konzentration aufs Detail: Unsichtbares Design

Ives Team achtet auch die Art von Details, die andere Unternehmen oft übersehen, wie etwa einfache Ein-/Aus-Leuchten und Netzteile. Das Stromkabel des ersten iMac war durchsichtig – wie der Computer, den man damit anschloss – und legte somit die drei verdrehten Drähte im Inneren offen. Kaum ein anderer Hersteller achtet so genau auf scheinbar nebensächliche Einzelheiten. Doch gerade dadurch unterscheidet sich Apple von anderen Unternehmen. Auf kleine Details zu achten, ist normalerweise handwerklich hergestellten Produkten vorbehalten. Apples Produkte verfügen über eben jene Feinheiten, die eigentlich eher für maßgeschneiderte Anzüge oder handgemachte Keramik als für Massenprodukte von Fließbändern asiatischer Fabriken typisch sind. „Ich glaube, eine Sache, die wirklich typisch für unsere Arbeit bei Apple ist, ist, dass wir uns selbst um die allerkleinsten Details kümmern", sagte Ive. „Das findet man eher bei handwerklich hergestellten Produkten statt bei der Massenproduktion. Ich glaube aber, es ist sehr wichtig."[31]

Selbst über das Innere der Maschinen wird viel gegrübelt. In der Ausstellung des Design Museums zeigte Ive einen Laptop ohne Gehäuse, sodass die Besucher das sorgfältige Design seines inneren Aufbaus sehen konnten. „So konnte man unsere Bemühungen bei einem Teil des Produktes sehen, das nie sichtbar ist", sagte Ive.[32]

---

30) Abrams, Janet: „Radical Craft: The Second Art Center Design Conference". In: Core77 Webseite, Mai 2007. (http://www.core77.com/reactor/04.06_artcenter.asp)
31) Fairs, Marcus: Jonathan Ive interview. In: iconeye, icon004, Juli/August 2003. (http://www.iconeye.com/articles/20070321_31)
32) Ebd.

Diese Art unsichtbaren Designs kennzeichnet viele der Apple-Produkte. Neuere Modelle des iMacs sind große, flache Bildschirme mit Computern dahinter. Der Bildschirm ist an einem Sockel aus einem einzigen Aluminiumteil befestigt, das einen Fuß formt. Dank dieses Aluminiumfußteils kann man den Monitor durch einen leichten Druck vor- und zurückstellen. Doch dass man ihn so leicht bewegen kann und er trotzdem fest stehen bleibt, war das Resultat monatelanger Arbeit. Der Computer musste perfekt ausbalanciert werden, damit der Bildschirm stehen blieb. „Das war sehr schwierig hinzubekommen", sagte Ive bei einer Designkonferenz.

Die Unterseite des Aluminiumsockels ist mit einem speziellen rutschfesten Material ausgestattet, damit sich das Gerät beim Verstellen des Bildschirms nicht bewegt. Wozu ein spezielles Material? Weil Ive Gummifüße nicht mag. Es wäre spielend einfach gewesen, stattdessen diese zu benutzen. Kaum jemand hätte sie bemerkt. Doch Ives Meinung nach treiben Gummifüße den Stand der Technik einfach nicht genügend voran.

Auch Aufkleber hasst Ive. Zahlreiche Apple-Produkte tragen Informationen, die per Laser direkt ins Gehäuse geschrieben worden sind, selbst ihre einmaligen Seriennummern. Es wäre natürlich viel einfacher, einen Aufkleber an dem Produkt anzubringen. Doch die Lasertechnik ist für Apple ein weiteres Verfahren, das die Herstellung der Produkte fortschrittlicher macht.

Materialien und Herstellungsprozesse

Im Laufe der letzten Jahre gab es mehrere unterschiedliche Phasen beim Design der Apple-Produkte, von den fruchtfarbenen iMacs bis zu den schwarzen MacBook-Laptops. Apples Design-„Sprache" verändert sich etwa alle vier Jahre. In den späten 1990er Jahren unterschieden sich Apple-Produkte durch die Verwendung von strahlend bunten und durchsichtigen Plastikteilen (das eBook und der erste Bondy-blaue iMac). Dann, in den frühen 2000ern, kam eine Phase mit Produkten aus weißem Polykarbonatplastik und glänzendem Chrom (der iPod, das eBook, der iMac mit Luxo-Lampe). Anschließend kamen Laptops aus Metall wie Titan und Aluminium (das PowerBook und das MacBook Pro). In jüngster Zeit begann Apple schwarzes Plastik, mattiertes Aluminium und Glas zu verwenden (das iPhone, der iPod nano, die Intel-iMacs und die MacBook-Laptops).

Der Wechsel von Apples verschiedenen Designfarben wird nicht vorausgeplant, jedenfalls nicht bewusst, sondern findet eher graduell statt – erst wird ein Produkt mit einem neuen Design vorgestellt, dann ein weiteres. Die Veränderungen gehen natürlich aus Experimenten mit neuen Materialien und Produktionsmethoden hervor. Sowie die Apple-Designer verstanden haben, wie man mit einem neuen Material arbeiten kann, fangen sie an, es in mehr und mehr Produkten zu verwenden. Aluminium zum Beispiel, ein Metall, das schwer zu verarbeiten ist, tauchte zuerst beim Gehäuse des PowerBooks im Januar 2003 auf. Anschließend wurde das Metall im Juni 2003 für das Gehäuse des Power Macs verwendet und im Januar 2004 für den iPod mini. Inzwischen steckt in vielen Apple-Produkten Aluminium, angefangen von der Rückseite des iPhones bis hin zur Tastatur des iMacs.

Ive hat schon oft gesagt, dass das Apple-Design niemals erzwungen ist. Die Designer sagen niemals zueinander: „Lasst uns einen organischen, feminin aussehenden Computer machen." Der iMac mag zwar zugänglich wirken, doch das war niemals Teil des Designauftrages gewesen. Stattdessen sagen Apple-Designer: „Mal sehen, was wir aus Plastik machen können. Vielleicht können wir einen durchsichtigen Computer machen." Und so geht es los.

Ive und seine Designer interessieren sich sehr für Materialien und Materialforschung. Viele Unternehmen denken beim Produktionsprozess erst sehr spät an Materialien. Doch für Ive und sein Designteam sind Materialien das erste Kriterium. Der erste iMac zum Beispiel sollte von Anfang an ein „harmloses Plastikprodukt" sein, erklärte Ive einmal. Doch Plastik assoziiert man normalerweise mit billig. Damit der iMac als chic und nicht als geschmacklos betrachtet werden würde, entschied sich das Team, ihm eine transparente Oberfläche zu geben. Doch anfangs hatten sie Probleme mit Flecken und Streifen – die durchsichtigen Plastikgehäuse rollten nicht gleichmäßig transparent vom Fließband. Um eine gleichmäßige Färbung zu gewährleisten, besuchte das Designteam eine Bonbonfabrik, wo sie etwas über Färbungsprozesse in der Massenproduktion lernten.

Über den Aluminiumsockel des neuen Flatpanel iMac sagte Ive: „Es gefällt mir, dass wir ein unbearbeitetes Stück Material nahmen – ein dickes Stück Aluminium – und damit einen solchen Grad an Nutzen erreichen konnten: Man biegt es, stanzt ein Loch hinein und eloxiert es ... Um ein bestimmtes Detail hinzubekommen, verbrachten wir sogar Zeit in Nord-Japan und sprachen mit einem Meister der Metallformung. Wir mögen es, Dinge in Einzelteile zu zerlegen, um zu verstehen, wie sie gemacht werden. Der Prozess des Produktaufbaus beginnt damit, das Material wirklich zu verstehen."[33]

Ive und sein Team beschäftigten sich nicht nur mit Materialien, sondern auch mit neuen Produktionsmethoden. Das Team hält ständig nach neuen Möglichkeiten, Dinge herzustellen, Ausschau, und einige von Apples brillantesten Designs sind das Resultat neuer Herstellungstechniken.

Mehrere Generationen des iPods hatten z. B. eine dünne durchsichtige Schicht auf der Oberseite ihres Plastikkörpers kleben. Diese dünne Schicht aus durchsichtigem Kunststoff verlieh dem Aussehen des iPods zusätzlich Gewicht und Tiefe, ohne jedoch tatsächlich Gewicht oder Tiefe hinzuzufügen. Es gab ihm auch ein viel raffinierteres Aussehen, als eine einfache flache Plastikoberfläche es getan hätte.

Diese dünne durchsichtige Plastikschicht ist das Ergebnis einer Kunststoffverformungstechnik namens „Twin-shot", bei der zwei verschiedene Kunststoffe zugleich in eine Form eingespritzt und nahtlos miteinander verbunden werden. Dadurch sieht die Vorderseite des iPods aus wie aus zwei verschiedenen Materialien gemacht – aber man sieht keine Fugen dazwischen.

„Wir können heute Dinge mit Kunststoff tun, von denen man uns vorher sagte, sie seien unmöglich", sagte Ive dem Designmuseum. „Die Twin-shot-Methode ermöglicht uns eine ganze Bandbreite funktionaler und formaler Möglichkeiten, die vorher praktisch nicht existierten. Der iPod ist aus Twin-shot-Kunststoff ohne Befestigungen und ohne Batteriefächer,

---

33) Abrams, Janet: „Radical Craft: The Second Art Center Design Conference". In: Core77 Webseite, Mai 2007. (http://www.core77.com/reactor/04.06_artcenter.asp)

wodurch wir ein dichtes und komplett geschlossenes Design schaffen konnten."[34]

Vor dem iPod hat Ives Team bereits bei mehreren Produkten aus transparentem Kunststoff mit diesen neuen Formungstechniken experimentiert, beispielsweise beim Cube, mehreren Studio-Flachbildschirmen sowie bei einem Lautsprecher- und Subwoofer-Set für Harman Kardon. Der iPod sah frisch und neu aus, aber sein Erscheinungsbild war das Ergebnis mehrjähriger Experimente mit neuen Gussverfahren. „Einige der weißen Produkte, die wir gemacht haben, sind nur eine Fortsetzung davon", sagt Ive.

Die Fähigkeit, fugenlose Objekte herzustellen, führte beim iPod zu einer Designentscheidung, die durch die Verbraucher scharf kritisiert wurde, weil man den Akku nicht auswechseln kann. Der Akku des iPods liegt fest versiegelt im Inneren des Geräts, den meisten Besitzern also nicht zugänglich, außer sie sind bereit, die metallene Rückseite aufzustemmen. Apple und mehrere Drittfirmen bieten den Akkuwechsel als Serviceleistung an, jedoch gegen Bezahlung.

Apple hat sich damit gerechtfertigt, dass der Akku für eine langjährige Lebensdauer ausgelegt sei, länger als die vieler iPods selbst. Aber für einige Verbraucher schmeckt der versiegelte Akku nach geplantem Verschleiß oder schlimmer – es vermittelt den Eindruck, dass man ihn nach der Nutzung irgendwann wegschmeißen kann.

---

34) Interview des Designmuseums, 29. März 2007. (http://www.designmuseum.org/design/jonathan-ive)

Steves Lehren

- *Gehen Sie keine Kompromisse ein.* Jobs' Besessenheit mit Exzellenz hat zu einem einmaligen Entwicklungsprozess geführt, der großartige Produkte hervorbringt.
- *Design ist Funktion, nicht Form.* Für Jobs ist Design die Art und Weise, wie das Produkt funktioniert.
- *Tüfteln Sie es aus.* Jobs findet während des Designprozesses genau heraus, wie ein Produkt funktioniert.
- *Beteiligen Sie alle am Prozess.* Design ist nicht nur Sache der Designer. Ingenieure, Programmierer und Marketingleute können zum Gelingen des Produktes betragen.
- *Vermeiden Sie automatisierte Prozesse.* Jobs schickt Prototypen immer wieder zwischen den Teams hin und her und nicht nur von einer Station zur nächsten.
- *Erzeugen und testen Sie.* Arbeiten Sie nach der Trial-and-Error-Methode – erschaffen und bearbeiten Sie – produzieren Sie eine „peinliche" Anzahl an Lösungsmöglichkeiten, um zu einer Lösung zu gelangen.
- *Erzwingen Sie nichts.* Jobs versucht nicht bewusst, ein „freundliches" Produkt zu kreieren. Die „Freundlichkeit" entwickelt sich im Laufe des Designprozesses.
- *Lassen Sie sich vom Material leiten.* Der iMac war aus Kunststoff, das iPhone ist aus Glas. Ihre Formen sind von ihrem Material abgeleitet.

Kapitel 4
Elitebildung: Beschäftigen Sie nur die Besten, entlassen Sie Idioten

„In unserer Branche kann eine Person allein überhaupt nichts mehr ausrichten. Sie müssen sich ein ganzes Team zusammenstellen."

– Steve Jobs bei der Smithsonian Institution Oral and Video Histories

Steve Jobs eilt der Ruf eines grausamen Chefs voraus, der ein Terrorregime führt, ständig Arbeiter anschreit und nach dem Zufallsprinzip ahnungslose Untergebene feuert. Doch Jobs hat im Laufe seiner gesamten Karriere viele produktive Partnerschaften aufgebaut – sowohl zu Personen wie auch zu Unternehmen. Jobs' Erfolg hing maßgeblich mit der Fähigkeit zusammen, gute Leute anzuziehen, die gute Arbeit für ihn leisteten. Er hat sich immer die besten Leute ausgesucht – angefangen vom Apple-Mitbegründer Steve Wozniak bis hin zu dem Designgenie Jonathan Ive aus London, der für den iMac, den iPod und andere Designikonen verantwortlich war.

Jobs hat erfolgreich Arbeitsbeziehungen mit einigen der innovativsten Leute seines Gebietes aufgebaut, Beziehungen, die häufig viele Jahre hielten. Auch hat er (in der Regel) harmonische Beziehungen zu einigen der weltweit führenden Marken geschmiedet – Disney, Pepsi und den großen Plattenlabeln. Außerdem wählt er nicht nur großartige kreative Partner aus, er holt auch das Beste aus ihnen heraus. Durch den ausgewogenen Einsatz von Zuckerbrot und Peitsche hat es Jobs geschafft, viele erstklassige Talente zu halten und zu motivieren.

Jobs denkt elitär und glaubt, dass ein kleines Spitzenteam bei weitem effektiver ist als ganze Armeen von Ingenieuren und Designern. Jobs hat immer die besten Leute, die besten Produkte und die besten Werbestrategien ausfindig gemacht. Anders als sehr viele Unternehmen, die, wenn sie wachsen, immer mehr Mitarbeiter einstellen, hielt Jobs den Kern von Apple relativ klein, insbesondere sein Schlüsselteam ausgewählter Designer, Programmierer und Manager. Viele seiner Spitzenleute arbeiten seit Jahren für Apple und für ihn. Nach seiner Rückkehr zu Apple besetzte er die meisten Spitzenmanager des Unternehmens mit ehemaligen Mitarbeitern von NeXT. Es ist nicht einfach, für Jobs zu arbeiten, doch die, die durchhalten, sind meistens loyal.

Es ist Jobs' Strategie, die smartesten Programmierer, Ingenieure und Designer einzustellen, die verfügbar sind. Mit Hilfe von Aktienoptionen bemüht er sich, sich deren Loyalität zu erhalten. Außerdem fördert er kleine Arbeitsgruppen. „Ich habe es immer als Teil meiner Aufgabe betrachtet, das Qualitätsniveau in den Organisationen, mit denen ich zusammenarbeite, sehr hochzuhalten", sagte Jobs. „Einem Unternehmen einzuimpfen, nur erstklassige Mitarbeiter einzustellen, ist eines der wenigen Dinge, die ich als Individuum beitragen kann. Meine bisherige Erfahrung zeigt, dass es sich wirklich auszahlt, den besten Leuten auf der Welt hinterherzulaufen."[1]

---

[1] Morrow, David: „Steve Jobs". In: *Smithsonian Institution Oral and Video Histories*, 20. April 1995. (http://americanhistory.si.edu/collections/comphist/sji.html).

Jobs' Ansicht nach ist der Unterschied zwischen einem schlechten oder guten Taxifahrer bzw. Restaurantkoch nicht besonders groß. Jobs hat einmal gesagt, dass ein guter Taxifahrer vielleicht zwei- oder dreimal so gut ist wie ein schlechter. Der Unterschied zwischen guten und schlechten Taxifahrern ist also nicht besonders groß. Jedoch wenn es um Industriedesign oder Programmieren geht, sind die Unterschiede zwischen Gut und Schlecht riesengroß. Ein guter Industriedesigner ist hundert- oder zweihundertmal besser als ein schlechter. Beim Programmieren, glaubt Jobs, gibt es viele Fähigkeiten, die großartige Programmierer von mittelmäßigen trennen.[2]

Jobs will immer das Beste – das beste Auto, das beste Privatflugzeug, den besten Kugelschreiber und die besten Angestellten. „Er tendiert dazu, die Dinge zu polarisieren", sagte Jim Oliver zu mir, Jobs' früherer persönlicher Assistent. „Die Leute sind Genies oder Dummköpfe. Er hatte einen Lieblingskugelschreiber von der Firma Pilot. Alle anderen Kugelschreiber waren ‚Mist'. Als er am Mac arbeitete, waren alle außer dem Mac-Team – sogar innerhalb von Apple – ‚Idioten'." „Im Unternehmen gab es eine Menge Elitedenken", sagte Daniel Kottke, ein enger Freund von Jobs, der mit ihm durch Indien gereist ist. „Steve kultivierte definitiv die Idee, dass sich der gesamte Rest der Branche aus Dummköpfen zusammensetzte."[3]

Jobs' erster und vielleicht wichtigster Partner war sein Highschool-Freund Steve Wozniak. Wozniak war ein langweiliges Hardware-Genie, und er baute seinen eigenen PC, weil er es sich nicht leisten konnte, einen zu kaufen. Jobs hatte jedoch die Idee, Wozniaks Designs tatsächlich zu bauen und zu verkaufen. Und er war es auch, der arrangierte, dass ihre Teenagerfreunde diese Computer in einer Garage zusammenschraubten. Auch den Verkauf in einem örtlichen Elektronikladen für Hobbybastler organisierte er. Bald stellte Jobs weitere Talente ein, um das Unternehmen zu vergrößern und seine Produkte zu entwickeln. Um nichts unversucht zu lassen, probierte Jobs, die zwei führenden Designfirmen aus Silicon Valley zu überreden, die ersten Apple-Computer zu entwerfen. Leider konnte er sie sich nicht leisten. Seit damals ist Jobs dieser Vorgehensweise treu geblie-

---

2) Ebd.
3) Hawn, Carleen: „If He's So Smart ... Steve Jobs, Apple, and the Limits of Innovation". In: *Fast Company*, Ausgabe 78, Januar 2004, S.68.

ben – die Besten einzustellen und zu halten, vom ursprünglichen Mac-Team bis hin zu den Geschichtenschreibern von Pixar.

Pixar: Kunst als Teamsport

Die Hingabe, mit der sich Jobs ein Spitzenteam zusammenstellte, wird am besten bei Pixar deutlich, dem Animationsstudio, das er 2006 für 7, 4 Milliarden Dollar an Disney verkaufte. 1995 brachte Disney *Toy Story* heraus, den ersten abendfüllenden computeranimierten Spielfilm, der finanziell zum erfolgreichsten Film des Jahres wurde und einen Oscar gewann. Seit 1995 hat Pixar einen Kinohit nach dem anderen gelandet – *Das große Krabbeln, Toy Story 2, Die Monster AG* und vor allen Dingen *Findet Nemo*. Diese Filme haben drei Milliarden Dollar eingespielt und eine ganze Palette an Oscars und Golden Globes gewonnen. Das ist ein bemerkenswerter Rekord, dem kein anderes Hollywoodstudio nahekam. Noch bemerkenswerter daran war: Das Ganze wurde dadurch erreicht, dass Hollywoods herkömmliche Arbeitsmethoden auf den Kopf gestellt wurden.

Die Firmenzentrale von Pixar befindet sich, verteilt auf mehrere Gebäude aus getöntem Glas und Stahl, auf einem grünen Gelände in Emeryville, einer früheren Hafenstadt auf der anderen Seite der Bucht von San Francisco. Auf dem Firmengelände herrscht eine entspannte kollegiale Atmosphäre. Es strotzt nur so von all den Vergünstigungen, die ein Hightech-Arbeitsplatz des 21. Jahrhunderts zu bieten hat: Swimmingpools, Kinos und eine Kantine mit Holzofen. Überall gibt es Spielereien: lebensgroße Trickfilmfiguren-Statuen, Türen, die als schwingende Bücherregale verkleidet sind, und eine Rezeption, an der Spielzeuge verkauft werden. Statt in gleichförmigen Bürozellen arbeiten die Animatoren in ihren eigenen privaten Hütten, buchstäblichen Gartenlauben, die wie Strandhäuser in einer Reihe aufgestellt sind, jede davon individuell gestaltet – z. B. konnte eine Tiki-Hütte gleich neben einer mittelalterlichen Burg mit Burggrabenattrappe in Miniaturformat stehen.

Pixar wird von Ed Catmull geleitet, einem freundlichen zurückhaltenden CGI-Pionier (Computer-Generated-Imagerie, Computer-generierte Bilder), der einige Schlüsseltechnologien, mit denen Computeranimationen erst möglich wurden, erfunden hat. Seit der Übernahme von Pixar durch Disney im Januar 2006 ist Catmull Präsident der zusammengeschlossenen Animationsstudios von Pixar und Disney. In Bezug auf die Geschichten ist John Lasseter das Herz des Unternehmens. Er ist Pixars Oscar-gekröntes Kreativgenie. Der große onkelhafte Mann, der normalerweise in bunten Hawaiihemden herumläuft, hat bei vier Pixar-Kassenschlagern Regie geführt: *Toy Story 1* und *2*, *Das große Krabbeln* und *Cars*. Als Vorstand der Kreativabteilung von Disney ist Lasseter heute dafür verantwortlich, etwas von Pixars Magie in der angeschlagenen Animationsabteilung von Disney zu versprühen.

Bei Apple ist Jobs ein Mikromanager, der sich überall einmischt. Bei Pixar dagegen hält sich Jobs ziemlich heraus und belässt das Tagesgeschäft in den Händen der fähigen Kollegen Catmull und Lasseter. Jahrelang war er hauptsächlich ein gutmütiger Wohltäter, der Schecks ausstellte und Verträge aushandelte. „Wenn ich 1986 gewusst hätte, wie viel es kosten würde, Pixar am Laufen zu halten, hätte ich das Unternehmen wahrscheinlich nicht gekauft", jammerte Jobs im September 1995 gegenüber dem *Fortune*-Magazin.

„Ich nenne diese Typen Vater, Sohn und Heiliger Geist", sagte Brad Bird scherzhaft, der Regisseur des Pixar-Films *Incredibles – Die Unglaublichen*. „Ed, der dieses coole Medium erfunden und die menschliche Maschine Pixar entworfen hat, ist der Vater, John, die treibende kreative Kraft, ist der Sohn, und Sie wissen schon, wer, ist der Heilige Geist."[4]

Laut den Autoren Polly LaBarre und William C. Taylor, die Pixar für ihr Buch *Mavericks at Work* untersuchten, ist die Unternehmenskultur von Pixar genau das Gegenteil von Hollywood, wo Filmemacher meist *projektweise* eingestellt werden. In Tinseltown kaufen die Studios die Talente, die sie für einen Film benötigen, auf freier Basis ein. Der Produzent, der Regisseur, die Schauspieler und die gesamte Crew arbeiten freiberuflich. Jeder ist selbständig, und sobald ein Film abgedreht ist, sind alle verschwunden. „Das Problem des Hollywoodmodells ist, dass man meistens am Abschlusstag einer Produktion feststellt, wie man gut zusammenarbeiten kann", verriet Randy F. Nelson, Dekan der Pixar University[5], Taylor und LaBarre.

---

4) Schlender, Brent: *Cases in Organizational Behavior*. Sage Publications, Thousand Oaks, Calif. 2004, S. 206.
5) Taylor, William C., Polly LaBarre: „How Pixar Adds a New School of Thought to Disney". In: *New York Times*, 29. Januar 2006.

Pixar verfolgt das gegenteilige Modell. Bei Pixar sind Regisseure, Drehbuchautoren und Crew fest angestellt und bekommen großzügige Vergütungen in Form von Aktienoptionen. Die Filme von Pixar haben zwar unterschiedliche Regisseure, doch das gleiche Kernteam fest angestellter Autoren, Regisseure und Animatoren arbeiten an allen Filmen.

In Hollywood finanzieren Studios Ideen für neue Geschichte – den sogenannten berühmten Hollywoodstoff, das Gesamtkonzept. Pixar hingegen investiert in die berufliche Entwicklung seiner Angestellten. Nelson erklärt: „Wir haben den Sprung von einem ideenzentrierten Geschäftsmodell zu einem menschenzentrierten Geschäftsmodell geschafft. Anstatt Ideen zu entwickeln, entwickeln wir Leute. Anstatt in Ideen zu investieren, investieren wir in Menschen."

Im Zentrum des Mottos „Investition in Menschen" steht die Pixar University, ein berufliches Weiterbildungsprogramm, das Hunderte an Kursen aus den Bereichen Kunst, Animation und Filmemachen anbietet. Alle Pixar-Angestellten werden ermutigt, Kurse in allen Bereichen zu belegen, die sie interessieren, ganz unabhängig davon, ob sie für ihre Arbeit relevant sind oder nicht. In anderen Studios gibt es eine klare Unterscheidung zwischen den „Kreativen", den „Technikern" und der Crew. Doch Pixars einmalige Unternehmenskultur unterscheidet nicht zwischen diesen Gruppen – jeder, der an den Filmen arbeitet, wird als Künstler angesehen. Alle arbeiten zusammen daran, Geschichten zu erzählen, und daher wird auch jeder ermuntert, mindestens vier Stunden pro Arbeitswoche der Weiterbildung zu widmen. In den Kursen treffen Leute aus allen Teilen der Organisation zusammen: Hausmeister sitzen neben Abteilungsleitern. „Wir versuchen, eine Kultur des Lernens zu etablieren, getragen von lebenslang Lernenden", sagte Nelson.[6]

Bei Pixar sagt man: „Kunst ist ein Teamsport." Dieses Mantra wird oft wiederholt. Niemand kann alleine Filme machen, und ein Team guter Geschichtenerzähler kann eine schlechte Geschichte retten. Ein schlechtes Team kann dies nicht. Wenn ein Script nicht gut ist, arbeitet das ganze Team zusammen, um es zu verbessern: die Autoren, die Animatoren und der Regisseur packen alle zusammen an, ohne Rücksicht auf Stellenbeschreibungen

---

[6] Ebd.

oder Titel. Dieses Modell nimmt eines der am weitesten verbreiteten Managementprobleme aller Branchen in Angriff: „Wie schafft man es, nicht nur hoch talentierte Leute für die Arbeit in einer Firma zu gewinnen, sondern diese hoch talentierten Leute auch noch dazu zu kriegen, dass sie kontinuierlich zusammen großartige Arbeit leisten?", fragte LaBarre.

Die Antwort von Pixar ist: Arbeitsplätze schaffen, die gut bezahlt sind und Spaß machen. In Hollywood verbringen Filmemacher viel Zeit damit, möglichst vorteilhafte Lösungen für sich zu finden, Kollegen in den Rücken zu fallen, um sich eine bessere Position zu verschaffen, sowie sich ständig Gedanken darüber zu machen, ob sie gerade in oder out sind. Sie befinden sich ständig in einem Konkurrenzkampf, fühlen sich nie sicher und werden regelrecht verschlissen. Bei Pixar dreht sich der Arbeitsprozess nur um Zusammenarbeit, Teamwork und Lernen. Es gibt natürlich Druck, besonders dann, wenn Projekte sich ihrem Abgabedatum nähern. Doch insgesamt ist die Arbeitsatmosphäre förderlich und unterstützend. Die Gelegenheit zu lernen, zu erschaffen und vor allen Dingen mit anderen talentierten Leuten zusammenzuarbeiten ist die Belohnung – außerdem kommen natürlich noch die großzügigen Aktienoptionen hinzu. Bei Pixar werden die Animatoren reich und haben gleichzeitig Spaß. Wie die lateinische Inschrift auf dem Giebel der Pixar University sagt: *ALIENUS NON DIUTIUS*, Nicht länger allein.

Das hatte zur Folge, dass Pixar einige der größten Animationstalente von Hollywood abgezogen hat. Einige weitere führende Pixar Animatoren sind Andrew Stanton (*Findet Nemo*), Brad Bird (*Incredibles – Die Unglaublichen, Ratatouille*) und Pete Doctor (*Die Monster AG*), denen die Headhunter anderer Konkurrenten aggressiv hinterhergelaufen sind. Viele Jahre lange hatte Lasseter ein dauerhaftes Angebot von Disney, die Seiten zu wechseln, dem er wegen der einmaligen kreativen Arbeitsumgebung bei Pixar widerstand. Keines der anderen Studios konnte mithalten, nicht einmal Disney. Jobs prahlt: „Pixar hat bei weitem die größten Computergrafiktalente der ganzen Welt, und mittlerweile hat es auch die größten Animations- und Künstlertalente der Welt, um diese Art von Film zu realisieren. Es gibt wirklich niemanden auf der Welt, der das hinkriegt, was sie machen. Es ist wirklich phänomenal. Wir sind allen anderen wahrscheinlich zehn Jahre voraus."[7]

---

7) Morrow, David: „Steve Jobs". In: *Smithsonian Institution Oral and Video Histories*, 20. April 1995. (http://americanhistory.si.edu/collections/comphist/sji.html)

Das ursprüngliche Mac-Team

Bei Apple vertritt Jobs eine ähnliche Ansicht: Das Talent der Belegschaft ist ein Wettbewerbsvorteil, der das Unternehmen seinen Rivalen voraus sein lässt. Jobs versucht, die besten Leute eines bestimmen Gebietes zu finden und setzt sie auf seine Gehaltsliste. Als Jobs nach seiner Rückkehr die Produkt-Bestandsaufnahme machte, hat er zwar die meisten Apple-Produkte „gesteved", doch er stellte sicher, dass die größten Talente unter den Mitarbeitern blieben, darunter der Designer Jonathan Ive. Als Jobs 2001 eine Apple-Einzelhandelskette aufmachen wollte, war sein erster Schritt, *sein allererster Schritt*, die beste Person zu finden, die ihn im Einzelhandel beraten konnte. Jobs hatte Angst, sich die Finger zu verbrennen, und suchte deswegen nach einem Experten. „Wir schauten uns die Sache an und sagten: ‚Das wird wahrscheinlich wirklich hart, und es kann leicht passieren, dass wir auf die Nase fallen'", sagte Jobs gegenüber dem *Fortune*-Magazin. „Also taten wir Folgendes: Erstens hörte ich mich um, wer damals der beste Einzelhandelsvorstand war. Alle sagten [Millard] Mickey Drexler, damals Chef von Gap." Jobs gab Drexler folglich einen Posten im Apple-Vorstand, um das Unternehmen beim erfolgreichen Start der Einzelhandelskette zu beraten (zu der Ladenkette später mehr).

Jobs' erstes Spitzenteam – Bill Atkinson, Andy Hertzfeld, Burrell Smith etc. – wurde 1980 zusammengestellt, um den ersten Mac zu bauen. Sie arbeiteten geheim in der Apple-Zentrale.

Der Kern des Mac-Teams wurde von Jef Raskin zusammengesetzt, dem ersten Mac-Teamleiter, doch Jobs übernahm einen großen Teil der Einstellungen selbst. Er suchte Talente in dem gesamten Unternehmen sowie im Silicon Valley, ohne dabei auf Titel oder Erfahrung zu achten. Wenn er von jemandem annahm, er könne etwas beitragen, tat er alles, um ihn zu bekommen. Bruce Horn zum Beispiel, ein Programmierer, der den Finder des Macs erfand, also das Herzstück des Mac-Betriebssystems, wollte anfangs nicht für Apple arbeiten, bis er von Jobs dazu verführt wurde. Horn hatte gerade eine Stelle bei einem anderen Unternehmen, VTI, angenommen. Bei Vertragsunterzeichnung sollte er einen Bonus von 15.000 Dollar erhalten, damals eine hohe Summe. Dann rief Jobs an.

Horn erinnerte sich:

Freitagabend bekam ich einen Anruf. „Bruce, hier ist Steve. Was hältst du von Apple?" Es war Steve Jobs. „Nun, Steve, Apple ist cool, aber ich habe gerade einen Job bei VTI angenommen."

„Wie bitte? Du hast was gemacht? Vergiss das. Komm morgen früh hierher. Wir haben dir eine Menge zu zeigen. Sei um neun Uhr bei Apple." Steve war unnachgiebig. Ich dachte, ich gehe mal hin, schaue mir alles an und sage ihm dann, dass ich mich für VTI entschieden hatte.

Steve drehte den Realitätsverzerrungsfilter voll auf. Ich wurde so ziemlich jedem im Mac-Team vorgestellt, von Andy über Rod Holt zu Jerry Manock und den übrigen Software-Ingenieuren und dann wieder zu Steve. Zwei ganze Tage lang bekam ich Demos, Zeichnungen verschiedenster Entwürfe und Marketingpräsentationen zu sehen – ich war überwältigt.

Montag rief ich Doug Fairbairn bei VTI an, um zu sagen, dass ich es mir anders überlegt hatte."[8]

Als er sein Team beisammen hatte, gab Jobs ihm alle Freiheit, kreativ zu sein, und schirmte sie vor der wachsenden Bürokratie von Apple ab, die mehrmals versuchte, das Mac-Projekt zu beenden, weil es als unwichtige Ablenkung angesehen wurde. „Die Leute, die die Arbeit machen, sind die treibende Kraft hinter dem Macintosh. Meine Aufgabe ist es, ihnen den Raum zu schaffen, ihre Arbeit machen zu können, und den Rest des Apparates von ihnen fernzuhalten"[9], schrieb Jobs in einem Essay 1984, der in der ersten Ausgabe des *Macworld*-Magazins gedruckt wurde. Hertzfeld formulierte es direkter: „Das Wichtigste, was Steve tat, war, einen riesigen Scheiße abwehrenden Schirm aufzuspannen, der das Projekt vor den bösartigen Anzugträgern auf der anderen Straßenseite schützte."[10]

---

8) Horn, Bruce: „Joining the Mac Group". In: Folklore.org. (http://folklore.org/StoryView.py?project=MacIntosh&story=Joining_the_Mac_Group.txt)
9) Essay von Steve Jobs in der ersten Ausgabe von *Macworld* 1984, S. 135. (http://www.macworld.com/2004/02/features/themacturns20jobs/)
10) *Rolling Stone*, 4. April 1996.

Genauso schnell, wie Jobs die besten Talente verpflichtet, wird er auch die los, die seinen Ansprüchen nicht genügen. Ausschließlich wahnsinnig großartige Mitarbeiter einzustellen und die Idioten zu feuern, ist eines von Jobs' ältesten Managementprinzipien. „Es tut weh, wenn man einige Leute hat, die nicht die besten Leute auf der Welt sind, und man sie loswerden muss. Doch ich fand, dass genau das meine Aufgabe war und ist – die Leute, die den Ansprüchen nicht genügten, mussten gehen. Ich habe immer versucht, das auf humane Weise zu tun. Dennoch muss es getan werden, und es macht nie Spaß", sagte Jobs in einem Interview 1995.[11]

Klein, aber fein

Jobs mag kleine Teams. Er wollte nicht, dass das ursprüngliche Mac-Team 100 Mitglieder überschritt, damit es nicht unkonzentriert und unkontrollierbar wurde. Jobs glaubt fest daran, dass kleine Teams mit talentierten Mitarbeitern größere Gruppen um Längen schlagen. Bei Pixar versuchte Jobs immer sicherzustellen, dass das Unternehmen niemals über eine Größe von einigen 100 Leuten hinauswuchs. Als Jobs gebeten wurde, Apple und Pixar zu vergleichen, führte er den Erfolg beider Unternehmen auf ihre geringe Größe zurück. „Apple hat einige ziemlich erstaunliche Leute. Aber die Menschenansammlung bei Pixar ist die höchste Konzentration bemerkenswerter Leute, die ich je gesehen habe", sagte Jobs 1998 gegenüber dem *Fortune*-Magazin. „Da gibt es jemanden, der eine Doktorarbeit über Computer-generierte Pflanzen geschrieben hat – 3D-Gras, -Bäume und -Blumen. Ein anderer ist Weltbester darin, Bilder in Filmen umzusetzen. Außerdem hat Pixar Experten in mehr Disziplinen, als Apple je haben wird. Doch das Wichtigste ist, dass es viel kleiner ist. Bei Pixar arbeiten 450 Leute. Es wäre unmöglich, solch ausgezeichnete Mitarbeiter bei Pixar zu haben, wenn man das Unternehmen auf 2.000 Mitarbeiter anwachsen ließe."

Jobs' Philosophie geht auf die alten Zeiten zurück, in denen er, Wozniak und ein paar Teenagerfreunde Computer manuell in einer Garage zusammenschraubten. In gewissem Grade ist Jobs' heutige Vorliebe für kleine Designteams bei Apple die gleiche Sache: die Simulation eines Garagen-

---

11) Morrow, David: „Steve Jobs". In: *Smithsonian Institution Oral and Video Histories*, 20. April 1995. (http://americanhistory.si.edu/collections/comphist/sji.html)

Startup-Unternehmens innerhalb einer riesigen Firma mit mehr als 21.000 Angestellten.

Bei seiner Rückkehr zu Apple 1997 machte Jobs sich daran, ein Spitzenteam zusammenzusuchen, um das Untenehmen wiederauferstehen zu lassen. Mehrere der Spitzenmanager, die er berief, hatten vorher bei NeXT mit ihm zusammengearbeitet, unter anderem John Rubinstein, der für die Hardware zuständig, Avie Tevanian, der für die Software verantwortlich war, und David Manovich, der den Vertrieb leitete. Jobs steht im Ruf eines Mikromanagers, aber bei NeXT hatte er gelernt, diesem Führungsteam zu vertrauen. Heute überwacht er nicht mehr jede einzelne Entscheidung wie früher. Bei Pixar delegierte Jobs fast alles an Catmull und Lasseter. Bei Apple überlässt er viel vom alltäglichen Management Tim Cook, dem Leiter des operativen Geschäfts, ein Spitzenexperte im Bereich Arbeitsabläufe und Logistik, der allgemein als die Nummer 2 bei Apple angesehen wird. Als Jobs nach seiner Krebsoperation 2005 sechs Wochen krankgeschrieben war, übernahm Cook kommissarisch das Amt des CEO. Ron Johnson, der Leiter des Endkundengeschäfts, managte fast alles, was mit Apples Einzelhandelskette zu tun hat, während der Finanzvorstand Peter Oppenheimer sich um die Finanzen und die Geschäfte der Wall Street kümmerte. Das Delegieren schafft Jobs bei Apple die Freiräume, das zu tun, was ihm am meisten Spaß macht – neue Produkte zu entwickeln.

Jobs' Job

Umgeben von Partnern wie Jonathan Ive und John Rubinstein hat Jobs selbst eine einzigartige Rolle. Er entwirft zwar keine Schaltkreise oder schreibt Programmiercodes, doch Jobs drückt der Arbeit seines Teams fest seinen Stempel auf. Er ist der Anführer, der für die Visionen sorgt, der die Entwicklung lenkt und viele der Schlüsselentscheidungen trifft. „Er hat nicht wirklich etwas erschaffen, und dennoch hat er alles erschaffen", schrieb der frühere CEO John Sculley über Jobs' Beitrag zum ersten Mac. Laut Sculley sagte Jobs einmal zu ihm: „Der Macintosh ist in mir drin, und ich muss ihn herausbringen und zu einem Produkt machen."[12]

---

12) Sculley, John: *Odyssey: Pepsi to Apple: The Journey of a Marketing Impresario.* [Meine Karriere bei PepsiCo und APPLE. Econ, München; Auflage: 2. Aufl. (1988)] HarperCollins, New York 1987, S. 87.

Jobs agiert als Teamdirektor, als Richter, der die Arbeit seiner kreativen Partner akzeptiert oder zurückweist und sie so auf ihrem Weg zur Lösung begleitet und ihnen die Richtung weist. Aus einer Quelle wurde mir berichtet, Ive habe ihr einmal anvertraut, dass er seine Arbeit ohne Jobs' Anweisungen nicht tun könne. Ive mag zwar ein kreatives Genie sein, aber er braucht Jobs' führende Hand.

Im Sprachgebrauch des Silicon Valley ist Jobs der „product picker". „Product picker" ist ein Ausdruck, der von Risikokapitalgebern in Silicon Valley benutzt wird, um in Startup-Unternehmen, die für das Schlüsselprodukt verantwortliche Person zu bezeichnen. Per Definition muss ein Startup-Unternehmen mit seinem ersten Produkt Erfolg haben. Hat es keinen, geht es unter. Aber nicht alle Startups fangen mit einem Produkt an. Manche Startups bestehen aus einer Gruppe Ingenieure, die viel Talent und viele Ideen haben, aber sich noch nicht entschieden haben, welches Produkt sie entwickeln möchten. Dieser Fall kommt in Silicon Valley häufig vor. Doch um ein solches Startup zum Erfolg zu führen, muss es eine Person geben, die einen Riecher dafür hat, welches Produkt auf den Markt geworfen werden soll. Das muss nicht immer der CEO oder ein anderer Spitzenmanager sein, und es muss auch nicht immer ein Experte aus dem Bereich Management oder Marketing sein: „Product picker" können aus dem Sturzbach der Ideen das Schlüsselprodukt auswählen.

„Die Produkte sprudeln nur so hervor, doch einer muss den Hut aufhaben", erklärte Geoffrey Moore, ein Risikokapitalgeber und Technologieberater. Moore hat das Buch *Crossing the Chasm* geschrieben, den Bestseller darüber, wie man Hightech-Produkte zum Mainstream macht. Dieses Buch gilt als Marketing-Bibel von Silicon Valley. „Der Erfolg oder Misserfolg eines Startups hängt von seinem ersten Produkt ab", fährt Moore fort. „Es ist ein Hitgeschäft. Startups müssen einen Hit haben, oder sie scheitern. Wenn man das richtige Produkt auswählt, hat man den Hauptgewinn in der Hand."[13]

Moore sagte, dass Jobs der perfekte „product picker" ist. Eines der wichtigsten Dinge, auf die Moore bei Erstkontakten zu Startups, die nach Risikokapital suchen, achtet, ist der „product picker" des Jungunternehmens. „Product

---

13) Moore, Geoffrey: Persönliches Interview, Oktober 2006.

picking" funktioniert nicht im Rahmen eines Komitees, es muss einen Einzelnen geben, der in der Lage ist, eine Entscheidung zu treffen.

Der Vizechef von General Motors, der legendäre „Autozar" Bob Lutz ist ein gutes Beispiel dafür. Der ehemalige Chrysler-, Ford- und BWM-Vorstand hat eine Reihe Autos mit unverwechselbarem Design, unter anderem den Dodge Viper, Plymouth Prowler und BWM 2002, berühmt gemacht. Er ist ein absoluter Auto-Freak, der lieber Fahrzeuge mit klarer Handschrift als die vom Komitee entworfenen Einheitsautos der Konkurrenz auf den Markt wirft. Ein weiteres Beispiel ist Ron Garriques, ein früherer Motorola-Vorstand, der für das erfolgreiche Razr-Handy verantwortlich ist. 2007 wurde Garriques von Michael Dell – der gerade zu seinem in Schwierigkeiten steckenden Unternehmen zurückgekehrt war – rekrutiert, um Dells Endkundengeschäft zu führen und – natürlich – Erfolgsprodukte auszuwählen.

„Es ist ein Drahtseilakt", sagte Moore. „Wenn man scheitert, ist es offensichtlich. Man muss immer alles riskieren. Es ist, als würde man in Wimbledon auf dem Center Court spielen. Man muss eine Menge Kraft haben. Nicht viele haben die Kraft oder den Willen, etwas ohne Modifikationen, Kompromisse oder Verwässerungen durch den Apparat zu forcieren. Es funktioniert nicht, wenn man ein Produkt im Rahmen eines Komitees aussucht."

Bei Apple ist es Jobs gelungen, alle zwei oder drei Jahre ein Erfolgsprodukt auszusuchen und durch die Entwicklung zu führen – den iMac, den iPod, das MacBook, das iPhone. „Apple wird von Verkaufshits angetrieben", sagte Moore. „Es hat einen Hit nach dem anderen."

Während des größten Teils des letzten Jahrhunderts gab es unzählige Unternehmen, die von vergleichbar willensstarken Produktkaisern geleitet wurden, von Thomas Watson jun. bei IBM bis hin zu Walt Disney. Doch die Zahl der erfolgreichen Unternehmen unter der Führung von Produktkaisern wie Sony unter Akio Morita hat in den letzten Jahren abgenommen. Viele heutige Unternehmen werden von einem Komitee geleitet. „Was heute fehlt, ist genau diese Art von Entrepreneuren", bedauert Dieter Rams, das Designgenie, das der Firma Braun für mehrere Jahrzehnte zu Prominenz verhalf. „Heute gibt es nur Apple und – mit Abstrichen – Sony."[14]

---

14) „Dieter Rams". In: *Icon* Magazine, Februar 2004.

Kampfbereite Partner

Während der Produktentwicklung ist Jobs an zahlreichen wichtigen Entscheidungen beteiligt, angefangen von der Frage, ob ein Gerät mit Ventilatoren gekühlt werden soll, bis hin zur Schriftart, die auf der Verpackung verwendet wird. Doch obwohl Jobs den Hut aufhat, werden Entscheidungen bei Apple nicht nur von oben nach unten gefällt. Streit und Auseinandersetzung spielen bei Jobs' kreativem Denkprozess eine zentrale Rolle. Jobs braucht Partner, die seine Ideen unter die Lupe nehmen und deren Ideen er wiederum unter die Lupe nehmen kann, und das oft mit Nachdruck. Jobs trifft Entscheidungen im intellektuellen Nahkampf. Das ist anstrengend und zeigt seine kämpferische Natur, aber es ist auch eine gründliche und kreative Herangehensweise.

Nehmen Sie z. B. die Preisgestaltung des ersten Macs aus dem Jahre 1984. Jobs und Sculley rangen mehrere Wochen lang bei mehreren Meetings darum. Sie diskutierten diese Fragen wochenlang, Tag und Nacht. Die Preisgestaltung des Macs war ein großes Problem. Apples Umsätze sanken und die Entwicklung des Macs war teuer gewesen. Sculley wollte die Forschungs- und Entwicklungsinvestition wieder hereinbekommen, und er wollte genug Geld einnehmen, um die Konkurrenz bei der Werbung zu übertreffen. Doch wenn der Mac zu teuer wäre, würde er Käufer abschrecken und sich nicht in großen Stückzahlen verkaufen lassen. Beide Männer nahmen in der Diskussion immer wieder wechselnde Positionen ein – These und Antithese –, spielten des Teufels Advokaten, um herauszufinden, wohin die Argumente führen würden. Sculley nannte das Diskutieren mit Jobs euphemistisch „einen Zweikampf". „Steve und mir gefiel es, jeweils eine Position einzunehmen, anschließend die Sache herumzudrehen und einem anderen Argument zu folgen", schrieb Sculley. „Wir übten uns ständig darin, um neue Ideen, Projekte und Kollegen zu kämpfen."

Wahrscheinlich gab es bei dem Start des iPhone im Sommer 2007 einen ähnlichen Zweikampf. Anfangs kostete das iPhone 600 Dollar, doch nach nur zwei Monaten senkte Jobs den Preis auf 400 Dollar. Es gab wütende Proteste früherer Käufer, die sich zu Recht betrogen fühlten. Der Aufschrei war so laut, dass Jobs eine seiner seltenen öffentlichen Entschuldigen aussprach und 100 Dollar Rückerstattung anbot.

Jobs senkte den Preis des iPhones, weil die Anfangserlöse Apples Erwartungen übertroffen hatten – mehr als eine Million Stück waren verkauft worden –, sodass Jobs eine Gelegenheit sah, die Verkäufe in dem wichtigen Weihnachtsgeschäft rasch zu steigern. Von vielen elektronischen Geräten für Konsumenten, einschließlich des iPods, werden im Weihnachtsgeschäft genauso hohe Stückzahlen verkauft wie im gesamten Rest des Jahres. „Das iPhone ist ein bahnbrechendes Produkt, und wir haben in dieser Weihnachtszeit die Chance, es allen zu zeigen", schrieb Jobs in einem Brief an Kunden auf der Apple-Website. „Das iPhone ist der Konkurrenz meilenweit voraus, und jetzt können es sich noch mehr Kunden leisten. Es nützt sowohl Apple als auch jedem iPhone-Nutzer, wenn so viele neue Kunden wie möglich in das iPhone-‚Zelt' eintreten."

Es ist Alltag bei Apple, dass Meetings mit Jobs in Diskussionen ausarten – zu langen aggressiven Diskussionen. Jobs genießt den intellektuellen Kampf. Er will Diskussionen – oder sogar Kämpfe – auf hohem Niveau, weil das der effektivste Weg ist, einem Problem auf den Grund zu gehen. Und indem er die besten Leute einstellt, die er finden kann, sorgt er dafür, dass die Debatte auf höchstmöglichem Niveau stattfindet.

Ein Meeting mit Jobs kann eine Feuerprobe sein. Er stellt alles in Frage, was gesagt wird, und das manchmal extrem ruppig. Doch das ist nur ein Test. Er zwingt die Leute, für ihre Ideen zu kämpfen. Wenn sie von ihren Ideen überzeugt sind, verteidigen sie ihre Positionen. Indem er die Einsätze und damit den Blutdruck der Leute erhöht, überprüft er, ob sie ihre Hausarbeiten gemacht haben und gute Argumente präsentieren können. Je souveräner sie sich halten, desto wahrscheinlicher haben sie recht. „Wenn man ein Ja-Sager ist, hat man bei Steve verloren, denn er ist ziemlich selbstsicher, also benötigt er jemanden, der ihn herausfordert", sagte mir der ehemalige Apple-Programmierer Peter Hoddie. „Manchmal sagt er: ‚Ich glaube, wir müssen dieses oder jenes tun.' – Doch es ist nur ein Test, ob ihn jemand herausfordert, denn nach dieser Art von Leuten sucht er."

Es ist ziemlich schwierig, Jobs etwas vorzumachen. „Wenn man nicht weiß, wovon man redet, findet er es heraus", sagte Hoddie. „Er ist sehr intelligent. Er ist extrem gut informiert. Er hat Zugang zu einigen der besten Leute der Welt. Wenn Sie nicht wissen, wovon Sie reden, durchschaut er es."

Hoddie beschrieb eine Gelegenheit, bei der er sich mit Jobs über irgendeine neue Chiptechnologie stritt, die gerade bei dem Prozessorzulieferer Intel entwickelt wurde. Gelegentlich schwindelte Hoddie Jobs einfach an, nur um ihn loszuwerden. An diesem Tag stellte Jobs Hoddie noch einmal zur Rede und konfrontierte ihn mit seiner vorherigen Aussage über Intel. Jobs hatte inzwischen den Vorstandsvorsitzenden von Intel Andy Grove angerufen und ihn über die Technologie, über die Hoddie gesprochen hatte, ausgefragt. Glücklicherweise hatte Hoddie diesmal nicht gelogen. „Sie können niemanden anlügen, der das Telefon in die Hand nehmen und mit Andy sprechen kann", lachte Hoddie.[15]

Während seiner gesamten 30-jährigen Karriere unterhielt Jobs eine Reihe kreativer Partnerschaften, angefangen bei seinem Highschool-Kumpel Steve Wozniak. Auf der Liste befindet sich das Designteam des ursprünglichen Macs, darunter das Hardwaregenie Burrell Smith und Programmierkoryphäen wie Alan Kay, Bill Atkinson und Andy Hertzfeld. In dem Jahrzehnt, in dem Jobs mit Designgenie Jonathan Ive zusammengearbeitet hat, lag Apple in Sachen Industriedesign weltweit an der Spitze. Weitere seiner Partner bei Apple sind John Rubinstein, unter dessen Leitung eine Reihe von Hardwarebestsellern vom iMac bis zum iPod entstanden, und Ron Johnson, der Apples Einzelhandelskette, eine der rentabelsten Handelsketten aller Zeiten (dazu später mehr), konzipierte. Bei Pixar führte seine Teamarbeit mit Ed Catmull und John Lasseter zu einem neuen Kraftzentrum der Filmbranche.

„Think Different"

Eine von Jobs' produktivsten Arbeitsbeziehungen ist die zu Lee Clow, einem großen bärtigen Anzeigenfachmann mit hippiehaftem Aussehen, und zu dessen Agentur TBWA/Chiat/Day. Jobs' Partnerschaft mit Clow und seiner Agentur besteht schon seit mehreren Jahrzehnten und hat einige der denkwürdigsten und einflussreichsten Werbekampagnen aller Zeiten hervorgebracht, angefangen von dem TV-Spot, der 1984 den Macintosh vorstellte, bis hin zu den Plakaten mit der Silhouette des iPods, die auf Werbetafeln der ganzen Welt zu sehen waren.

---

15) Hoddie, Peter: Persönliches Interview, September 2006.

TBWA/Chiat/Day, mit Sitz in Los Angeles, wird als eine der kreativsten Werbeagenturen der Welt angesehen. Sie wurden 1968 von Guy Day, einem Veteranen der Branche aus LA und Jay Chiat, einem toughen New Yorker, der sich Mitte der 60er Jahre im sonnigen Süden Kaliforniens angesiedelt hatte, gegründet und wird nun durch ihren langjährigen Kreativdirektor Lee Clow geleitet. Das Unternehmen wurde früher wegen seiner kontroversen, manchmal sogar gewagten Herangehensweise als „exzentrisch" angesehen, ist aber inzwischen gereift und kann sich nun seriöser großer Kunden wie Nissan, Shell und Visa rühmen.

Für Apple hat die Agentur allgemein anerkannte preisgekrönte Kampagnen produziert, die oft eher als kulturelle Events anstatt als Werbeschlachten angesehen werden. Anzeigen wie „Think different", „Switchers" und „I'm a Mac" wurden überall diskutiert, kritisiert, parodiert und kopiert. Wenn eine Kampagne Hunderte von Parodien auf YouTube hervorbringt und in Late-Night-Comedy-Shows in Sketche verwandelt wird, dann ist sie vom Reich des Kommerziellen ins Reich des Kulturellen aufgestiegen.

Jobs' Zusammenarbeit mit dem Werbeunternehmen begann in den frühen 1980er Jahren, als es – damals unter dem Namen Chiat/Day bekannt – eine Reihe erfolgreicher Anzeigen für Apples Computer produzierte. 1983 begann die Arbeit an dem, was einmal zu einer der vielgerühmtesten Werbebotschaften der Geschichte werden sollte: die Fernsehwerbung, die während des dritten Viertels der Super Bowl im Januar 1984 den Macintosh bekannt machte.

Die Werbung begann mit dem Slogan eines anderen verworfenen Spots: „Why 1984 won't be like ‚1984'" (Zitat: Warum 1984 nicht wie ‚1984' werden wird)" – eine Anspielung auf George Orwells Grauen erweckenden Roman. Der Slogan war zu gut, um ihn einfach wegzuwerfen, also passte die Agentur ihn einfach für Apple an, und natürlich war er perfekt für die Einführung des Macs geeignet. Die Agentur kaufte den britischen Regisseur Ridley Scott ein, der gerade die Dreharbeiten an *Blade Runner* beendet hatte und nun in einem Londoner Filmstudio den Werbespot drehen sollte. Mit britischen Skinheads als Akteure zeigte Scott eine düstere orwellsche Zukunft, in der ein Big Brother mittels kreischender Propaganda aus einem riesigen Fernseher das Volk unterwirft. Plötzlich eilt eine athletische Frau mit einem Macintosh-T-Shirt herein und zerstört den Bildschirm mit einem Vorschlaghammer. In dem 60-Sekunden-Spot waren weder der Mac noch irgendein anderer Computer zu sehen, doch die Botschaft war klar: Der Mac würde die unterdrückten Computerbenutzer aus der Herrschaft von IBM befreien.

Apples Vorstandsgremium bekam den Spot erst eine Woche vor der Ausstrahlung zu Gesicht und wurde panisch. Es wurde entschieden, den Spot aus der Super Bowl zurückzuziehen, doch Chiat/Day schafften es nicht, den Werbespot rechtzeitig zu verkaufen, und der Spot lief.

Das erwies sich als glücklicher Umstand: Der Film erntete mehr Aufmerksamkeit und bekam mehr Presse als das Footballspiel selbst. Obwohl der Spot nur zweimal gezeigt wurde (während der Super Bowl und vorher bei einem unbekannten TV-Sender mitten in der Nacht, nur um zu ermöglichen, dass er einen Werbepreis gewinnen konnte), lief daraufhin immer wieder in zahlreichen Nachrichten und bei *Entertainment Tonight*. Apple schätzte, dass mehr als 43 Millionen Menschen den Spot sahen. Nach Rechnung des damaligen CEO John Sculley ein Gegenwert von mehreren Millionen Dollar kostenloser Werbung.

„Der Spot veränderte die Werbung, das Produkt veränderte die Werbebranche, und die Technologie veränderte die Welt", schrieb der Kolumnist von *Advertising Age* Breadly Johnson 1994 retrospektiv. „Aus der Super Bowl wurde das Werbeevent des Jahres, und das leitete die Ära ein, in der eine Werbung als Nachricht angesehen werden konnte."[16]

Der „1984-"Spot ist typisch für Jobs. Er war frech und gewagt und anders als jeder andere Werbefilm seiner Zeit. Anstatt eine schnörkellose Produktpräsentation war „1984" ein Mini-Spielfilm mit Rollen, einer Handlung und hoher Produktionsqualität. Jobs hat sich den Spot nicht ausgedacht, ihn nicht geschrieben oder Regie geführt, doch er war klug genug, sich mit Lee Clow und Jay Chiat zusammenzutun und ihnen Raum für Kreativität zu geben.

Der „1984"-Spot gewann der Agentur mindestens 35 Preise, unter anderen den Grand Prix in Cannes, und brachte ihr neue Aufträge und neue Kun-

---

16) Johnson, Bradley: „10 Years After '1984'". In: *Advertising Age,* 10. Januar 1994, S. 1, 12ff.

den in Millionenhöhe. Auch leitete er die Zeit der Lifestyle-Werbung, die die Anziehungskraft eines Produktes mehr in den Vordergrund stellte als seine Eigenschaften. Niemand anders, insbesondere in der Computerbranche, dachte so über Werbung, und sehr wenige Unternehmen waren bereit, mit der Öffentlichkeit auf so originelle unorthodoxe Weise zu kommunizieren. Jobs verließ Apple 1985, und nur wenig später wechselte das Unternehmen die Agentur. Bei seiner Rückkehr 1996 brachte er auch die Agentur zurück und ließ sie eine Kampagne entwerfen, die Apple einen neuen „Fokus" verpassen sollte.

Jobs macht sich Sorgen wegen Apples mangelndem Fokus und bat Chiat Day, eine Kampagne zu erstellen, die an Apples zentrale Werte appellierte. „Sie baten uns um einen Termin, um darüber zu sprechen, was Apple zur Wiedererlangung seines Fokus benötigte", sagte Clow. „Es war wirklich nicht schwer. Es ging nur darum, sich auf Apples Wurzeln zu besinnen."[17]

Clow, meist in T-Shirts, Shorts und Sandalen gekleidet, erzählte, dass die Idee für die „Think Different"-Kampagne aus dem Gedanken an die Kundenbasis des Macs hervorging – die Designer, Künstler und Kreativen, die dem Unternehmen selbst während der schwärzesten Tage die Treue hielten. „Jeder war sofort mit dem Gedanken einverstanden, dass es in der Kampagne um Kreativität und unkonventionelles Denken gehen sollte", sagte Clow. Größer wurde die Sache, als wir uns sagten: Warum feiern wir nicht irgendjemanden, der sich Möglichkeiten ausgedacht hat, die Welt zu verändern. Und da kamen Gandhi und Edison ins Gespräch."[18]

Schnell war die Kampagne fertig. Sie zeigte eine Reihe Schwarz-Weiß-Fotos von ungefähr 40 Querdenkern, unter anderem Mohamed Ali, Lucille Ball und Desi Arnaz, Maria Callas, Cesar Chavez, Bob Dylan, Miles Davis, Amelia Earhart, Thomas Edison, Albert Einstein, Jim Hensen, Alfred Hitchcock, John Lennon und Yoko Ono, Martin Luther King jr., Rosa Parks, Pablo Picasso, Jackie Robinson, Jerry Seinfeld, Ted Turner und Frank Lloyd Wright. Apple zeigte die Anzeigen in Zeitschriften und auf Werbetafeln

---

17) Elliott, Stuart: „Apple Endorses Some Achievers Who 'Think Different'". In: *New York Times*, 3. August 1998.
18) Clow, Lee: „Here's to the Crazy Ones: The Crafting of 'Think Different'". In: http://www.electric-escape.net/node/565.

und ließ einen TV-Spot senden, der „die Außenseiter, Rebellen, Unruhestifter und ... die Verrückten" feierte.

„Die Leute, die verrückt genug sind zu denken, dass sie die Welt ändern können, tun es", verkündete die Werbung.

Die Kampagne kam zu einem kritischen Zeitpunkt in Apples Firmengeschichte. Das Unternehmen brauchte eine öffentliche Aussage zu seinen Werten und seiner Mission: für seine Angestellten genauso wie für die Kunden. Die „Think Different"-Kampagne verkündete Apples Stärken: Kreativität, Einzigartigkeit, Ambitioniertheit. Wieder war es ein großes lautes Statement – Apple brachte sich und seine Benutzer mit einigen der berühmtesten Führungspersönlichkeiten, Denkern und Künstlern der Menschheit in Verbindung.

Die Fotos wurden ohne Namensunterschrift gezeigt, eine Strategie, die die Agentur bereits bei einer Nike-Kampagne mit berühmten Sportlern 1984 verwendet hatte. Der Mangel an Bildunterschriften forderte den Betrachter dazu heraus, die Namen der Person herauszufinden. Durch diese Strategie schließt die Werbung die Leute ein und lässt sie teilnehmen. Sie belohnt die Kenner. Wenn man weiß, wer abgebildet ist, wird man als Insider, als Teil der Wissenden begrüßt.

Jobs war von Anfang an beteiligt und schlug persönliche Vorbilder wie Buckminster Fuller und Ansel Adams vor. Auch nutzte er seine weitläufigen Kontakte und seine formidable Überzeugungskraft, um die Erlaubnis von Leuten wie Yoko Ono, John Lennons Witwe, und den Erben von Albert Einstein zu bekommen. Den Vorschlag der Agentur, in einer der Anzeigen Jobs selbst zu porträtieren, lehnte er jedoch ab.

Die Konkurrenz mit Werbung schlagen

Die Werbung ist Jobs schon immer extrem wichtig gewesen, noch wichtiger ist für ihn nur noch die Technologie. Jobs' seit langem geäußerter Anspruch ist es, allen den Zugang zu Computern zu ermöglichen, was auch bedeutet, dass man für sie öffentlich Werbung betreiben muss. „Mein Traum ist, jeden Menschen auf der Welt mit seinem eigenen Apple-Computer auszustatten. Um das zu erreichen, müssen wir großartiges Marketing betreiben", hat er einmal gesagt.[19] Jobs ist auf Apples Werbung wahnsinnig stolz. Oft stellt er eine neue Werbung bei einer seiner Grundsatzreden auf der Macworld vor. Seine Produktpräsentationen werden meistens von einer passenden Werbung für das neue Produkt begleitet, und Jobs gibt immer öffentlich damit an. Wenn ein Werbefilm besonders gut ist, zeigt er ihn zweimal, und seine Begeisterung wird sichtbar.

Mehr als jeder andere in der Computerbranche hat Jobs angestrebt, den Computern ein besonderes, nicht langweiliges Image zu geben. In den späten 1970er Jahren rekrutierte Jobs Regis McKenna, einen Werbepionier des Silicon Valley. Er sollte dabei helfen, Apples erste Rechner bei Normalverbrauchern beliebt zu machen. Die Werbung musste den Verbrauchern sagen, warum sie einen dieser neuen Computer brauchten. Es gab keine natürliche Nachfrage nach Computern für zu Hause: Die Werbung würde diese erst erzeugen müssen. McKenna zeichnete bunte Anzeigen, die Computer in häuslichen Umgebungen zeigten. Die Anzeigentexte waren in einfacher, leicht zu verstehender Sprache gehalten und verzichteten auf den technischen Jargon, der die Anzeigen der Mitbewerber dominierte. Diese wollten schließlich auch einen komplett anderen Markt ansprechen – die Bastler. Die erste Anzeige für den Apple II zeigt einen adretten jungen Mann, der am Küchentisch mit dem Rechner spielt, und seine Frau, die gerade den Abwasch macht, schaut ihm bewundernd zu. Diese geschlechtliche Rollenverteilung mag altmodisch gewesen sein, doch die Botschaft wurde transportiert, dass Apple-Computer nützliche, praktische Geräte sind. Die Küchenumgebung ließ den Computer einfach als ein weiteres zeitsparendes Küchengerät erscheinen.

Der Stellenwert, den Jobs der Werbung einräumt, wird durch den von ihm gewählten Apple-CEO in der Anfangszeit deutlich: John Scully, Marketing-Vorstand von PepsiCo, der mithilfe von Werbekampagnen aus Pepsi ein Fortune-500-Unternehmen gemacht hatte. Sculley war zehn Jahre lang Apples CEO, und obwohl er einige strategische Fehler zu verantworten hat, war er erstaunlich erfolgreich darin, Apple mithilfe des Marketings

---

19) Sculley, John: *Odyssey: Pepsi to Apple: The Journey of a Marketing Impresario.* [Meine Karriere bei PepsiCo und APPLE. Econ, München; Auflage: 2. Aufl. (1988)] HarperCollins, New York 1987, S. 108.

wachsen zu lassen. Als er im April 1983 das Ruder übernahm, hatte Apple einen Umsatz von einer Milliarde Dollar. Als er zehn Jahre später ging, waren es bereits zehn Milliarden Dollar.

1983 war Apple eine der am schnellsten wachsenden Firmen Amerikas, doch um das Wachstum zu managen, war ein erfahrener CEO vonnöten. Mit seinen nur 26 Jahren wurde Jobs vom Apple-Vorstand als zu jung und unerfahren eingeschätzt, um den Job selbst zu übernehmen. Darum verbrachte Jobs viele Monate damit, einen älteren Manager zu finden, mit dem er zusammenarbeiten konnte.

Er wählte Sculley, den 38-jährigen Vorsitzenden von PepsiCo, der die „Pepsi-Generation"-Kampagne geleitet hatte, die Pepsi zum ersten Mal Coca Cola als führende Marke verdrängen ließ. Jobs bekniete Sculley, einen erfahrenen Vorstand und außergewöhnlichen Marketing-Fachmann, monatelang, das Unternehmen zu führen.

Während der „Cola-Kriege" der 70er Jahre baute Sculley Pepsis Marktanteil massiv aus, indem er riesige Summen auf geschickte Fernsehwerbung verwandte. Teure, raffinierte Kampagnen wie der „Pepsi Challenge" verwandelten Pepsi von einem Underdog in einen Getränkegiganten, auf Augenhöhe mit Coca Cola. Jobs wollte, dass Sculley das gleiche Prinzip der Expansion durch Werbung auf den jungen Personal-Computer-Markt übertrug. Jobs machte sich besonders um den Macintosh Sorgen, der wenige Monate später herauskommen sollte. Jobs spürte, dass Werbung einer der primären Faktoren für seinen Erfolg war. Er wollte, dass der Mac die allgemeine Öffentlichkeit ansprach – nicht nur Elektronik-Freaks –, und das merkwürdige und unbekannte neue Produkt richtig zu bewerben, würde der Schlüssel dazu sein. Sculley hatte keinerlei Technologie-Erfahrung, aber das machte nichts. Jobs wollte sein Marketingkönnen. Jobs wollte eine „Apple-Generation" schaffen.

Sculley führte Apple in Zusammenarbeit mit Jobs. Er wurde zu Jobs' Mentor und Lehrer und wandte dabei sein Marketing-Fachwissen auf den neuen, aber rapide wachsenden Personal-Computer-Markt an. Sculleys und Jobs' Strategie bei Apple war, die Verkäufe schnellstmöglich zu steigern und anschließend die Konkurrenz durch Werbung zu schlagen. „Apple hatte bislang noch nicht verstanden, dass es als Milliarden-Dollar-

Unternehmen immense Vorteile hatte, die wir noch nicht ausgeschöpft hatten", schrieb Sculley in seiner Autobiographie *Meine Karriere bei PepsiCo und Apple*. „Es ist für eine Firma mit 50 oder sogar 200 Millionen Dollar Umsatz nahezu unmöglich, die Summen für effektive Fernsehwerbekampagnen aufzubringen, die man benötigt, wenn man überhaupt irgendeinen Eindruck hinterlassen möchte."[20]

Jobs und Sculley stockten sofort Apples Werbebudget von 15 Millionen auf 100 Millionen Dollar auf. Sculley sagte, ihr Ziel war, aus Apple „zuallererst ein Produktvermarktungsunternehmen" zu machen. Viele Kritiker haben Apples Spürsinn für Werbung abgelehnt und als trivial und unwichtig zurückgewiesen. Purer Schein, keine Substanz. Doch für Apple war das Marketing immer eine Schlüsselstrategie. Apple hat Werbung als extrem wichtige und effektive Möglichkeit, sich von der Konkurrenz zu unterscheiden, genutzt. „Steve und ich waren überzeugt davon, dass wir das Geheimrezept gefunden hatten – eine Kombination aus revolutionärer Technologie und Vermarktung", schrieb Sculley.[21]

Sculleys Vorstellungen haben Jobs stark beeinflusst und haben die Grundlage für viele von Jobs' heute bei Apple angewandten Marketingtechniken gelegt.

Bei PepsiCo war Sculley für einige der ersten und erfolgreichsten Lifestyle-Werbekampagnen verantwortlich – emotional aufgeladene Spots, die die Köpfe der Leute durch ihre Herzen erreichen sollten. Anstatt spezifische Vorteile von Pepsi gegenüber anderen Erfrischungsgetränken, die zu vernachlässigen waren, zu vermarkten, schaffte Sculley Werbung, die einen „beneidenswerten Lifestyle" artikulierte.

Sculleys „Pepsi-Generation"-Werbung zeigte normale amerikanische Teenager bei idealisierten Freizeitbeschäftigungen: Sie spielten auf einem Feld mit Welpen oder aßen bei einem Picknick Wassermelone. Gezeigt wurden unkomplizierte Schablonen der magischen Momente des Lebens, die im mythischen Herzen Amerikas spielten. Die Werbung war auf die Baby-Boomer zugeschnitten, die am schnellsten wachsende, wohlha-

---

20) Ebd., S. 247.
21) Ebd., S. 191.

bendste Konsumentengruppe nach dem Zweiten Weltkrieg – genau der von ihnen angestrebte Lebensstil wurde porträtiert. Dabei handelte es sich um die ersten „Lifestyle"-Werbungen.

Die Pepsi-Werbungen wurden wie kleine Spielfilme behandelt und mit höchsten Produktionsbudgets von Filmemachern aus Hollywood gedreht. Wenn andere Firmen 15.000 Dollar für einen Werbefilm ausgaben, ließ sich Pepsi einen einzigen Spot zwischen 200.000 und 300.000 Dollar kosten.[22]

Jobs tut heute bei Apple genau das Gleiche. Apple ist berühmt für seine Lifestyle-Werbung. Es überlädt seine Werbung nicht mit Geschwindigkeit, Funktionen, Eigenschaften und Daten wie alle anderen. Stattdessen betreibt Apple Lifestyle-Marketing. Es zeigt hippe junge Leute mit „beneidenswertem Lebensstil", den ihnen großzügigerweise die Apple-Produkte verschaffen. Apples höchst erfolgreiche iPod-Werbekampagne zeigt junge Leute, die zu der Musik in ihren Köpfen tanzen. An keiner Stelle wird die Festplattenkapazität des iPod erwähnt.

Sculley perfektionierte auch große, aufsehenerregende Marketingevents wie die Macworld und brachte sie so in die Nachrichten. Sculley erfand den „Pepsi Challenge" – einen Blinden-Geschmackstest, bei dem Pepsi gegen Coca Cola antrat und der in Supermärkten, Einkaufszentren und bei großen Sportereignissen stattfand. Diese Wettbewerbe erregten oft so viel Aufsehen, dass sie lokale Fernsehteams anzogen. Ein Platz in den örtlichen Fernsehnachrichten des Abends war weitaus wertvoller als irgendein 30 Sekunden langer Werbespot. Und Sculley trieb es noch weiter: Er organisierte Prominenten-Wettbewerbe, bei großen Sportveranstaltungen, die oft riesige öffentliche Aufmerksamkeit erlangten. „Im Grunde ist Marketing nichts anderes als Theater", schrieb Sculley. „Es ist wie eine Bühnenaufführung. Man motiviert Leute, indem man ihr Interesse an dem Produkt weckt, sie unterhält und das Produkt zu einem unglaublich wichtigen Event macht. Die „Pepsi-Generation"-Kampagne leistete all das, indem sie Pepsi auf mythische Dimensionen überhöhte und eine überlebensgroße Marke erschaffte.[23]"

---

22) Ebd., S. 29.
23) Ebd.

Jobs verwendet bei der Einführung neuer Produkte auf der jährlichen Macworld-Ausstellung die gleiche Technik. Jobs machte aus seinem Markenzeichen, den „one more thing"-Schlüsselreden bei der Macworld, riesige Medienereignisse. Sie sind Marketingtheater, aufgeführt für die Weltpresse.

One More Thing:

Koordinierte Marketingkampagnen

Die Macworld-Reden sind nur Teil viel größerer koordinierterer Kampagnen, die mit einer Präzision ausgeführt werden, die einen General beeindrucken könnte. Die Kampagnen kombinieren Gerüchte und Überraschungen mit traditionellem Marketing und hängen, wenn sie wirken sollen, voll und ganz von der Geheimhaltung ab. Von außen können sie etwas chaotisch und unkoordiniert wirken, aber sie sind genau geplant und koordiniert. Und so funktionieren sie:

Wochen vor der Veröffentlichung eines geheimen Produktes schickt Apples PR-Abteilung Einladungen an Presse und VIPs. Die Einladung gibt die Zeit und den Ort eines „Special Events" an, enthält aber kaum Informationen darüber, was geschehen wird und was für ein neues Produkt möglicherweise enthüllt werden wird. Es ist ein Anreiz. Jobs sagt im Grunde: „Ich habe ein Geheimnis, raten Sie mal welches?"

Sofort brodelt die Gerüchteküche. Explosionsartig vermehren sich Log-Einträge und Presseartikel, die darüber spekulieren, was Jobs ankündigen wird. Vor Jahren beschränkte sich die Spekulation auf Apple-Websites und Foren für Spezialisten und Fans. Doch in jüngster Zeit berichtet auch die Tagespresse über die Gerüchte. Das *Wall Street Journal*, die *New York Times*, CNN und die *International Harold Tribune* veröffentlichen spannungsgeladene Beiträge, in denen sie sich auf Jobs' Produktpräsentationen freuen. Die Gerüchteküche rund um die Macworld 2007 – bei der Jobs das iPhone vorstellte – schaffte es sogar in die Abendnachrichten aller wichtigen Fernsehsender, was keinem Unternehmen, egal, welcher Branche, jemals gelungen ist; nicht einmal Hollywood erhält bei seinen Spielfilmpremieren so viel Aufmerksamkeit.

Diese Art weltweiter Publicity kommt kostenloser Werbung im Wert von vielen 100 Millionen Dollar gleich. Der Start des iPhones im Januar 2007 war bis heute das größte derartige Event. In San Francisco auf der Bühne stehend verdrängte Jobs im Alleingang die viel größere Consumer-Electronics-Show in Las Vegas, die zeitgleich stattfand, aus den Nachrichten. Die Messe in Las Vegas ist ökonomisch gesehen viel wichtiger als die Macworld, dennoch stahlen Jobs und das iPhone ihr die Show. Jobs' iPhone-Start überragte auch die Ankündigungen viel größerer Unternehmen, unter anderem die Einführung der Privatanwenderversion von Windows Vista, und wurde zum größten technologischen Event des Jahres. David Yoffie, Professor an der Harvard BusinessSchool, schätzte, dass die Gerüchte und Berichte über das iPhone kostenlose Werbung im Wert von 400 Millionen Dollar waren. „Kein anderes Unternehmen hat je diese Art von Aufmerksamkeit für einen Produktstart erhalten", sagt Yoffie. „So etwas gab es noch nie."[24]

Das war so erfolgreich, dass Apple vor dem Produktstart nicht einen Penny für Werbung ausgeben musste. „Es gab kein geheimes Marketing-Programm für das iPhone", teilte Jobs den Apple-Beschäftigten in einem Brief mit. „Wir haben nichts unternommen."

Natürlich würde es nicht solche Aufmerksamkeit erregen, wenn die geplanten Produkte vorher bekannt wären. Der ganze Trick basiert auf Geheimhaltung, die streng durchgesetzt wird. Die Apple Booth war im Moscone Center in San Francisco hinter einem 7 m hohen schwarzen Vorhang abgeschirmt. Der einzige Zugang auf der Rückseite ist mit einer Wache besetzt, die sorgfältig die Zugangsberechtigungen überprüft. Zwei weitere Wachen sind an entgegengesetzten Enden des rechteckigen Standes postiert und überwachen die Seiten. Innerhalb des Vorhangs ist ebenfalls alles verpackt, einschließlich des oberen Teils der Informationsstände. Selbst die Hauptpräsentationsbühne genau in der Mitte ist komplett in Stoff eingehüllt. Alle Werbebanner, die von der Decke herabhängen, sind von allen Seiten verdeckt. Die Hüllen der Banner sind mit einem komplizierten Zugmechanismus versehen, damit die Abdeckungen nach Jobs'

---

24) Graham, Jefferson: „Apple Buffs Marketing Savvy to a High Shine". In: *USA Today*, 8. März 2007. (http://www.usatoday.com/tech/techinvestor/industry/2007-03-08-apple-marketing_N.htm)

Verkündigung entfernt werden können. Oben, beim Eingang, gibt es große Banner-Werbungen, die ebenfalls in schwarzer Leinwand verpackt sind. Diese Banner werden rund um die Uhr bewacht. Einmal erwischten die Wachen ein paar Blogger beim Fotografieren und zwangen sie, ihre Speicherkarten zu löschen. „Der Drang, immer strenger mit Informationen umzugehen, grenzt manchmal an Paranoia", schrieb Tom McNichol im *Wired*-Magazin.

Mehrere Wochen vor dem Start schickt Apples PR-Abteilung das Gerät mit strikten Sperrfristvereinbarungen an drei der einflussreichsten Rezensenten für technologische Produkte: Walt Mossberg vom *Wall Street Journal*, David Pogue von der *New York Times* und Edward Baig von *USA Today*. Es sind immer die gleichen drei, weil diese drei bewiesen haben, dass sie über Erfolg oder Misserfolg eines Produkts entscheiden können. Eine schlechte Besprechung kann ein Gerät zum Scheitern verurteilen, doch eine gute kann es zum Verkaufsschlager machen. Mossberg, Pogue und Baig bereiten ihre Besprechungen zur Publikation am Tag des Produktstarts vor.

Inzwischen kontaktiert Apples PR-Abteilung überregionale Nachrichten- und Wirtschaftsmagazine, um ihnen einen Blick hinter die Kulissen über die Entstehung des Produkts anzubieten. Dieses „Making of" verdient seinen Namen meist nicht – die meisten Details werden zurückgehalten –, es ist jedoch besser als nichts, und die Zeitschriften gehen immer auf Jobs' Angebot ein. Jobs' Gesicht auf dem Cover macht sich am Zeitungskiosk bezahlt. Jobs spielt alte Rivalen gegeneinander aus: *Time* gegen *Newsweek* und *Fortune* gegen *Forbes*. Das Magazin, das die umfangreichste Berichterstattung verspricht, bekommt die Exklusivrechte. Diesen Trick benutzt Jobs immer wieder, und er funktioniert immer. Beim ersten Mac fing er damit an, er nannte die Einblicke „Sneaks" wie im Sneak Preview. Einem Journalisten vorab Einblicke in ein neues Produkt zu gewähren, führte meistens zu einem positiveren Bericht. Als Jobs 2002 den neuen iMac vorstellte, erhielt das *Time Magazine* den Zuschlag für die exklusive Hinter-den-Kulissen-Geschichte, und im Austausch dafür bekam Jobs die Titelgeschichte und einen siebenseitigen Hochglanzteil im Inneren. Das Timing zur Produkteinführung bei der Macworld war perfekt.

Bei den Reden spart er sich die wichtigste Ankündigung immer bis zum Schluss auf. Ganz am Ende sagt er, es gäbe „one more thing" („noch eine Sache"), ganz so, als handele es sich um eine Nachbemerkung.

In dem Moment, in dem Jobs das Produkt enthüllt, zieht Apples Marketing-Maschinerie in die Werbeschlacht, die Flyer über den geheimen Werbebannern bei der Macworld werden gelüftet, und sofort wird das neue Produkt auf der Startseite von Apples Website präsentiert. Anschließend beginnt eine koordinierte Kampagne: in Zeitschriften, Zeitungen, im Radio und im Fernsehen. Innerhalb von Stunden hängen an Werbetafeln und Bushaltestellen im ganzen Land neue Plakate. Alle Werbemittel transportieren eine einheitliche Botschaft und einen einheitlichen Stil. Die Botschaft ist einfach und direkt: „Tausend Songs in deiner Tasche" ist alles, was man über den iPod wissen muss. „Man kann nicht zu dünn oder zu mächtig sein" ist eine klare Botschaft über Apples MacBook.

Das Geheimnis der Geheimhaltung

Unter der Führung von Jobs verhält Apple sich regelrecht obsessiv heimlichtuerisch, fast so heimlichtuerisch wie ein Geheimdienst. Genau wie CIA-Agenten sprechen Apple-Angestellte nicht über ihre Arbeit, nicht einmal mit ihren engsten Vertrauten: Ehefrauen, Partnern, Eltern. Mitarbeiter würden niemals mit Leuten außerhalb des Unternehmens über ihre Arbeit reden. Viele nennen das Unternehmen nicht einmal beim Namen. Wie abergläubische Theaterleute, die über *Macbeth* als „das schottische Stück" reden, nennen einige Apple-Angestellte ihr Unternehmen „die Obstfirma".

Außerhalb der Firma über die Firma zu reden, ist ein Kündigungsgrund. Viele Mitarbeiter wissen allerdings sowieso nichts. Betriebsangehörige erhalten nur die Informationen, die sie unbedingt benötigen. Programmierer schreiben Software für Produkte, die sie nie gesehen haben. Eine Ingenieurgruppe entwirft die Stromversorgung für ein neues Produkt, während eine andere an dem Display arbeitet. Keine der Gruppen bekommt das endgültige Design zu Gesicht. Das Unternehmen verfügt über eine Zellenstruktur, in der jede Gruppe von der anderen isoliert ist, wie bei einem Geheimdienst oder einer Terrororganisation.

In früheren Tagen sickerten die Informationen so schnell aus dem Unternehmen, dass die legendäre Wochenzeitschrift *MacWeek* überall nur MacLeek (deutsch etwa „MacLeck", Anm. d. Ü.) genannt wurde. Jeder, vom Ingenieur zum Manager, gab der Presse Neuigkeiten preis. Seit Jobs' Rückkehr sind Apples 21.000 Mitarbeiter sowie Dutzende von Zulieferfirmen allerdings extrem schmallippig. Trotz Dutzender Journalisten und herumschnüffelnder Blogger gelangen nur sehr wenige zuverlässige Informationen über neue Pläne oder Produkte an die Öffentlichkeit.

Im Januar 2007 entschied ein Gericht, dass Apple die 700.000 Dollar Gerichtskosten zweier Websites bezahlen musste, die Details über ein unveröffentlichtes Produkt mit dem Codenamen „Asteroid" publiziert hatten. Apple hatte die Seiten verklagt, um darüber die Personen in den eigenen Reihen zu identifizieren, die die Information herausgegeben hatten. Doch Apple verlor den Prozess.

Von einigen wurde spekuliert, dass Jobs den Prozess angestrengt hatte, um sich die Presse gefügig zu machen. Der Prozess wurde als Einschüchterung der Presse gesehen, eine Drohungstaktik, um die Medien von Berichten über Gerüchte abzuhalten. Die öffentliche Diskussion drehte sich vorwiegend um Pressefreiheit und darum, ob Blogger die gleichen Rechte wie professionelle Journalisten haben, welche einen gewissen gesetzlichen Schutz genießen. Deswegen nahm sich die Electronic Frontier Foundation des Falls an und machte ihn zu einer öffentlichen Angelegenheit – um die Pressefreiheit zu verteidigen. Doch aus Jobs' Sicht hatte der Fall nichts mit Pressefreiheit zu tun. Er verklagte die Blogger, um seinen eigenen Angestellten einen gewaltigen Schrecken einzujagen. Er wollte nicht die Presse knebeln, sondern Mitarbeiter, die etwas an die Presse durchsickern ließen – oder zumindest solche, die dies für die Zukunft in Erwägung zogen. Apples Gerüchtevermarktung ist Hunderte Millionen Dollar wert, und Jobs wollte die Lecks dicht machen.

Einige von Jobs' Geheimhaltungsmaßnahmen erscheinen allerdings etwas extrem. Als Jobs Ron Johnson von Target abwarb, um Apples Einzelhandelspläne zu verwirklichen, musste dieser monatelang einen Decknamen benutzen, damit niemand Wind von den Plänen bekam, dass Apple Einzelhandelsgeschäfte eröffnen wollte. Johnson stand unter falschem Namen in Apples Telefonverzeichnis und benutzte diesen auch an der Hotelrezeption.

Apples Marketingchef Phil Schiller sagte, es sei ihm verboten worden, seiner Frau oder seinen Kindern zu sagen, woran er arbeitete. Sein Sohn, im Teenageralter, war ein eifriger iPod-Fan und zum Umfallen neugierig, was sein Vater bei der Arbeit aussheckte, aber Papi musste Stillschweigen bewahren, wenn er nicht gefeuert werden wollte. Sogar Jobs selbst hält sich an seine eigenen Restriktionen: Er nahm ein tragbares iPod Hifi-Gerät zum Testen mit nach Hause, hielt es aber in einem schwarzen Tuch versteckt und benutzte es nur, wenn niemand in der Nähe war.

Apples obsessive Geheimniskrämerei ist keine Marotte, die mit Jobs' Kontrollzwang zu tun hat, sie ist ein Schlüsselelement von Apples extrem effektiver Marketingstrategie. Wann immer Jobs eine Bühne betritt, um ein neues Produkt anzukündigen, kommt Apple in den Genuss von kostenloser Werbung im Wert von mehreren Millionen Dollar. Viele fragen sich, warum es bei Apple keine Blogger gibt. Der Grund ist, dass Lecks bei Apple wirklich Schiffe sinken lassen. Bei Pixar gab und gibt es Dutzende von Bloggern, und das war schon vor dem Verkauf an Disney so. Bei Pixar plaudern die Blogger fröhlich über alle Aspekte von Pixars Projekten und ihrem Arbeitsleben. Der Unterschied ist, dass Pixars Spielfilme keinen Überraschungseffekt benötigen, um Presseaufmerksamkeit zu erhalten. Über neue Filme wird in Hollywoods Fachpresse immer berichtet. Jobs kontrolliert nicht um der Kontrolle willen, sein Wahnsinn hat Methode.

Apples Persönlichkeit

Jobs hat Apple sehr erfolgreich einen eigenen Charakter gegeben. Durch die Werbung hat er der Öffentlichkeit die Dinge gezeigt, für die er und Apple stehen. In den späten 1970er Jahren war es die Revolution durch die Technologie, später ging es um Kreativität und um neues Denken. Jobs' Persönlichkeit ermöglicht es Apple, sich als menschlich, als cool, zu vermarkten. Seine Persönlichkeit ist das Rohmaterial von Apples Werbung. Nicht einmal eine Agentur wie Chiat/Day könnte Bill Gates cool aussehen lassen.

Apples Werbung hat es meisterhaft verstanden, das Unternehmen als eine Ikone der Veränderung, der Revolution und des gewagten Denkens zu transportieren. Doch das geschieht auf eine subtile und indirekte Weise.

Apple prahlt selten. Es sagt niemals: „Wir sind revolutionär. Wirklich." Stattdessen wird bei der Werbung das Geschichtenerzählen eingebaut, um die Botschaft zu transportieren; oft als Subtext.

Ein Beispiel sind die Anzeigen mit der iPod-Silhouette. Die Bildsprache der Kampagne war frisch und neu. Sie sah nicht so aus wie etwas, was man schon einmal gesehen hatte: „Ihr Grafikdesign ist immer etwas völlig Neues. Der Stil ist sehr einfach und sehr ikonisch. Es ist so speziell und unterscheidet sich so stark, dass es Apple dadurch einen eigenen Stil verpasst", sagte der Werbejournalist Warren Berger, Autor der Bücher *Advertising Today* und *Hoopla*, in einem Telefoninterview.[25]

Berger sagte, der beste Weg, um kreative Werbung zu erhalten, ist, die kreativste Agentur zu beauftragen. Chiat/Day gehört zu einer Handvoll der kreativsten Agenturen der Welt. Doch der eigentliche Trick ist, zu kommunizieren, was die Marke bedeutet. „Lee Clow und Jobs verstanden einander so gut, dass sie Freunde wurden", sagte Berger. „Clow hat die Unternehmenskultur, die Mentalität von Apple wirklich verstanden. Er hat wirklich kapiert, was sie zu tun versuchten, und Jobs gab Clow vollständige kreative Freiheit. Er erlaubte Clow, ihm alles zu zeigen, egal, wie verrückt es aussehen mochte. Das bringt Menschen dazu, Grenzen zu erweitern. IBM könnte dies nie tun. Sie würden Chiat/Day nie die Freiheit geben, die Jobs ihnen gab."

2006 begann Hewlett Packard, mit Kampagnen sehr gute Werbung zu machen, die Menschen, keine Computer, in Spots zeigten. Sie hätten von Apple stammen können. In einem der Fernsehspots mit dem Slogan „The computer is personal again" (Deutsch etwa: Der Computer ist wieder persönlich, Anm. d. Ü.) zeigt der Hip Hop-Star Jay Z den Inhalt seines Computers, der als spezieller 3D-Effekt zwischen seine gestikulierenden Händen hervorgezaubert wird. Sein Gesicht wird nie gezeigt.

Hewlett Packard beauftragte Goodbye Silverstine, eine weitere Top-Agentur. Die Werbung war interessant und sehr gut gemacht, doch sie zeigte nie das Maß an Persönlichkeit von Apples Werbung, weil das Unternehmen keine starke Persönlichkeit wie Apple hat. So sehr die Werbung auch versuchte,

---

25) Berger, Warren: Persönliches Interview, Oktober 2006.

dem Unternehmen HP durch prominente wie Jay Z eine Persönlichkeit zu verpassen, so fühlte es sich dennoch wie ein Unternehmen an. Apple ist eher ein Phänomen als eine Firma. Hewlett-Packard kann niemals so magisch sein, denn das Unternehmen hat keine Persönlichkeit. Apple erging es nach Jobs' Abschied 1985 genauso. „Als Steve ging, wurde aus Apple wieder ein Unternehmen", sagte Berger. „Die Werbung war gut, aber sie strahlte nicht diese Magie aus. Sie sah nicht mehr nach dem gleichen Unternehmen aus. Sie war kein Phänomen mehr. Sie fühlte sich nicht mehr wie eine Revolution an. Sie versuchte nur noch, die Situation stabil zu halten."

Die großen, frechen Kampagnen zum Markenaufbau wie „Think Different" und die iPod-Silhouetten werden mit traditionellerer Produktwerbung vermischt. Diese Produkt-Promotions konzentrieren sich auf ein Produkt, so zum Beispiel die Kampagne „I'm a Mac/I'm a PC", die szenisch darstellte, warum der Kauf eines Apple-Computers sich lohnt.

In der Kampagne wurden die rivalisierenden Plattformen Mac und Windows als zwei Leute dargestellt. Der vielversprechende junge Schauspieler Justin Long personifizierte die unangestrengte Coolness des Mac, während der Kabarettist und Autor John Hodgeman den dämlichen, absturzanfälligen PC verkörperte. In einem Spot hat Hodgeman eine Erkältung. Er hat sich mit einem Virus infiziert. Er bietet Long, dem Mac, ein Taschentuch an, doch dieser lehnt dankend ab, denn Macs sind weitgehend gegen Computerviren immun. In nur 30 Sekunden transportiert der Spot geschickt und effizient eine Botschaft über Computerviren. Die Werbung erschafft eine dramatische Situation, die im Gedächtnis bleibt – mehr als die HP-Individuen, die den Inhalt ihres Computers zeigen.

Wie „Think Different" hatte diese Kampagne großen Einfluss. Sie fand viel Beachtung in den Medien und wurde oft parodiert – was ein gutes Maß für den kulturellen Einfluss einer Kampagne ist.

„Sie erschaffen dieses Zeug, das in die Kultur übergeht", sagte Berger. „Schnell sprechen die Leute darüber, und es gelangt in die Werbung der anderen. Man sieht plötzlich das gleiche Layout, die gleichen Motive in anderen Werbespots, in Zeitungs- und Zeitschriftenanzeigen. Es handelt sich dabei um ein ganz eigenes grafisches Design, und plötzlich wird es komplett von anderen Werbemachern übernommen. Die Think-Different-

Plakate hängen sich die Menschen an die Wand. Das ist wirklich erfolgreiche Werbung. Die Werbemittel wurden zum Phänomen. Man musste die Leute nicht dafür bezahlen, sie zu verbreiten."

Nicht allen gefällt die Apple-Werbung. Seth Godin, der Autor mehrerer Bestseller zum Thema Marketing, sagt, dass Apples Werbung oft mittelmäßig gewesen ist. „Der Großteil von Apples Werbung beeindruckt mich nicht", sagte er mir bei einem Telefonat aus seinem New Yorker Büro. „Sie ist bislang nicht effektiv gewesen. Bei Apples Werbung geht es mehr darum, an die Insider zu appellieren, anstatt neue Kreise anzusprechen. Wenn man einen Mac hat, gefällt einem Apples Werbung, weil sie aussagt: ‚Ich bin klüger als du.' Wenn man keinen Mac hat, sagt sie: ‚Du bist dumm.'"[26]

Die „I'm a Mac/I'm a PC"-Werbung wurde als unerträglich blasiert beschrieben. Viele Kritiker konnten Justin Longs selbstbewusst hippen Mac-Charakter, der eine Selbstsicherheit im Auftreten hatte, die so manche Leute nervt, einfach nicht ertragen. Zu der Irritation trugen auch die Bartstoppeln und der Kapuzenpulli bei. Viele in der Zielgruppe identifizierten sich mehr mit Hodgemans erbärmlichem PC-Charakter, der herzzerreißend linkisch war.

„Ich hasse Macs", schrieb der britische Kabarettist Charlie Bucker in einer Besprechung der Anzeigen. „Ich habe Macs schon immer gehasst. Ich hasse Leute, die Macs benutzen. Ich hasse sogar Leute, die keinen Mac benutzen, aber es sich manchmal wünschen ... PCs haben Charme; Macs triefen vor Überheblichkeit. Wenn ich mich an einen Mac setze, denke ich sofort: ‚Ich hasse Macs', danach denke ich: ‚Warum hat dieser anspruchsvolle Müll nur eine Maustaste?'"

Booker sagte, das größte Problem der Kampagne sei, dass sie sich über „die Wahrnehmung, dass Konsumenten sich irgendwie über die von ihnen gewählten Technologien ‚definieren', lebendig erhält."

Booker weiter: „Wenn Sie ernsthaft glauben, dass Sie ein Mobiltelefon aussuchen müssen, welches etwas über ihre Persönlichkeit ‚sagt', dann be-

---

26) Godin, Seth: Persönliches Interview, Oktober 2006.

mühen Sie sich nicht. Sie haben keine Persönlichkeit. Eine psychische Krankheit vielleicht – aber keine Persönlichkeit."[27]

Umgekehrt wurde die „Switchers"-Kampagne, die zu Beginn dieses Jahrzehnts lief, dafür zerrissen, dass sie Apple-Kunden als Loser darstelle. Die Werbung, die von dem Oscar-gekrönten Dokumentarfilmer Errol Morris gedreht wurde, zeigt eine Reihe gewöhnlicher Leute, die vor kurzem von Windows-Computern zu Macs gewechselt waren. Mit geradem Blick in Morris' Kamera erklärten sie die Gründe ihres Wechsels, die Probleme, die sie mit Windows hatten, und besangen ihre neue Zuneigung zum Mac. Nur: Die meisten sahen so aus, als ob sie vor ihren Problemen davonrannten. Sie kamen nicht zurecht und hatten sich aufgegeben.

„Apple hätte sich keinen größeren Haufen an Verlierern und Versagern aussuchen können, um damit den Macintosh zu bewerben", schrieb der Journalist Andrew Orlowski.[28] „Die Spots transportieren ein Chaos sich widersprechender Signale. Nachdem der Mac zunächst als ein Computer für Leistungsträger dargestellt worden ist, soll er nun eine Art Flüchtlingslager für die armseligsten Verlierer sein."

Die „Think-different"-Kampagne" wurde dafür kritisiert, dass in ihr postmaterialistische Figuren, Leute, die offensichtlich nicht an die kommerzielle Kultur glaubten, auftraten. Sie schloss sogar bekennende Nichtmaterialisten wie Gandhi und den Dalai Lama ein, die sich aktiv gegen den Kommerz einsetzten. Diese Menschen würden niemals Werbung für ein Produkt machen – und Apple kommt nun daher und benutzt sie für Werbezwecke. Viele Kritiker konnten Apples Chuzpe nicht fassen und fanden, dass das Unternehmen einen Schritt zu weit gegangen war.

Zu Apples Verteidigung sagte Clow gegenüber der *New York Times*, dass man die Figuren in der Kampagne ehren und nicht ausbeuten wolle. „Wir versuchen nicht zu vermitteln, dass diese Leute Apple-Benutzer sind oder es wären, wenn sie die Gelegenheit dazu gehabt hätten. Stattdessen geht

---

27) Booker, Charlie: „I Hate Macs". In: *The Guardian*, 5. Februar 2007. (http://www.guardian.co.uk/commentisfree/story/0,,2006031,00.html)
28) Orlowski, Andrew: „Monday Night at the Single's Club? Apple's Real People". In: *The Register*, 17. Juni 2002. (http://www.theregister,co.uk/2Co2/o6/i7/monday_nightjar_the_singJes/)

es uns darum, Kreativität emotional zu zelebrieren, und Kreativität sollte immer ein Teil dessen sein, wie die Marke Apple in der Öffentlichkeit präsentiert wird."[29]

Allen Olivio, ein damaliger Sprecher Apples, sagte: „Wir würden diese Leute niemals mit irgendeinem Produkt in Verbindung bringen; es geht hier um die Frage: ehren oder benutzen. Zu behaupten, Albert Einstein hätte einen Computer benutzt, wäre jenseits der Grenze. Wozu hätte er einen gebraucht? Aber es ist etwas anderes, zu sagen, dass auch er die Welt mit anderen Augen gesehen hat."[30]

Berger, der Werbekritiker, sagte, ihm gefiele die „Think-different"-Kampagne. „Die amerikanische Kultur ist sehr kommerziell. Diese Dinge vermischen sich. Quentin Tarantino spricht über Burger King. Apple macht einen Poster von Rosa Parks. Das ist unsere Kultur. Den Leuten steht frei, alles zu verwenden, wo auch immer sie es hernehmen."

---

29) Elliott, Stuart: „Apple Endorses Some Achievers Who 'Think Different'". In: *New York Times*, 3. August 1998.
30) Ebd.

Steves Lehren

- *Lassen Sie sich nur auf die Besten ein, und entlassen Sie die Idioten.* Talentierte Mitarbeiter sind ein Wettbewerbsvorteil, mithilfe dessen Sie Ihre Rivalen abhängen können.
- *Machen Sie die höchste Qualität ausfindig* – an Leuten, Produkten und Werbung.
- *Investieren Sie in Menschen.* Als Jobs nach seiner Rückkehr zu Apple die Produkte zusammenstrich, hat er zwar viele Projekte „gesteved", aber die besten Leute behalten.
- *Arbeiten Sie mit kleinen Teams.* Jobs mag keine Teams mit mehr als 100 Mitgliedern, weil diese unkonzentriert und unkontrollierbar sind.
- *Hören Sie nicht auf Jasager.* Streit und Diskussion fördern kreatives Denken. Jobs will Partner, die seine Ideen hinterfragen.
- *Scheuen Sie keine intellektuellen Kämpfe.* Jobs trifft Entscheidungen, indem er um Ideen kämpft. Das ist anstrengend und fordernd, aber gründlich und effektiv.
- *Geben Sie Ihren Partnern Freiheiten.* Jobs führt seine kreativen Partner an einer sehr langen Leine.

Kapitel 5
Leidenschaft: Ein Ding in die Welt setzen

„Ich will ein Ding in die Welt setzen."

– Steve Jobs

Indem er sich auf eine höhere Mission berief, hat Steve Jobs in jeder Phase seiner Karriere Mitarbeiter inspiriert, Softwareentwickler gelockt und Kunden geködert. Jobs' Programmierer arbeiten nicht daran, eine benutzerfreundliche Software zu entwickeln, sondern daran, die Welt zu ändern. Apples Kunden kaufen sich ihren Mac nicht, um ein Tabellenkalkulationsprogramm zu benutzen, sondern sie treffen eine moralische Entscheidung gegen das böse Monopol von Microsoft.

Nehmen Sie zum Beispiel den iPod. Das ist ein cooler MP3-Player. Das Zusammenspiel von Hardware, Software und Onlinediensten funktioniert großartig. Er ist der Motor von Apples Comeback. Doch für Jobs geht es primär darum, das Leben von Menschen durch Musik zu bereichern. Er sagte dem *Rolling Stone* 2003: „Wir hatten großes Glück – wir sind in einer Generation aufgewachsen, für die Musik ein unglaublich wichtiger Bestandteil des Lebens war. Wichtiger als früher und vielleicht auch wichtiger als heute, weil es heute so viele Alternativen gibt. Wir hatten keine Videospiele und keine PCs. Heutzutage gibt es so viele andere Dinge, mit denen sich die Jugendlichen beschäftigen können. Und dennoch wird Musik gerade für das digitale Zeitalter neu erfunden, und das macht sie wieder zu einem Teil des Lebens der Menschen. Das ist großartig. Und auf unsere eigene bescheidene Art und Weise arbeiten wir daran, die Welt zu einem besseren Ort zu machen."[1]

Lassen Sie sich das auf der Zunge zergehen: „Wir arbeiten daran, die Welt zu einem besseren Ort zu machen." Bei allem, was Jobs tut, schwingt etwas Missionarisches mit. Und wie bei jedem, der eine Vision hat, treibt ihn Leidenschaft bei seiner Arbeit an. Natürlich führt seine Hingabe zu einer Menge Kritik. Jobs geht mit seinen Untergebenen nicht gerade zimperlich um. Er weiß, was er will, und wird oft laut, um es zu bekommen. Komischerweise gefällt es vielen seiner Mitarbeiter, angeschrien zu werden. Oder zumindest gefällt ihnen, welche Auswirkungen das auf ihre Arbeit hat. Sie schätzen seine Leidenschaft. Er treibt sie zu Spitzenleistungen an, und auch wenn sie ein Burnout riskieren, lernen sie eine Menge dabei. Jobs' Motto ist: Ein Arschloch zu sein ist okay, solange man ein leidenschaftliches Arschloch ist.

Die Welt in einen besseren Ort zu verwandeln, war von Anfang an Jobs' Mantra. 1983 existierte Apple seit sechs Jahren, und das Unternehmen wuchs explosionsartig. Es entwickelte sich von einem klassischen Silicon-Valley-Startup junger Hippies zu einem Großunternehmen mit Blue-Chip-Kunden. Es brauchte einen erfahrenen Geschäftsmann an der Spitze.

Jobs hatte bereits Monate darauf verwendet, John Sculley, den Chef von PepsiCo, abzuwerben. Doch Sculley war nicht davon überzeugt, dass es klug sei, die Leitung eines großen, etablierten Unternehmens zugunsten eines riskanten Hippie-Startup-Unternehmens wie Apple aufzugeben. Doch es reizte ihn. Personalcomputer waren die Zukunft. Die beiden trafen sich zahllose Male in Silicon Valley und New York. Schließlich wandte

---

1) „Steve Jobs: The Rolling Stone Interview".

sich Jobs eines Abends, als sie gerade vom Balkon von Jobs' Luxusappartment im San-Remo-Building aus über den Central Park blickten, an den älteren Mann und forderte ihn auf unverschämte Weise heraus: „Wollen Sie den Rest Ihres Lebens Zuckerwasser verkaufen, oder wollen Sie die Welt verändern?"

Das war die vielleicht berühmteste Provokation der modernen Wirtschaftsgeschichte: Beleidigung, Kompliment und eine gewissensprüfende, philosophische Herausforderung in einer einzigen Frage. Natürlich schnitt diese Sculley ins Herz. Sie verunsicherte ihn sehr und wühlte ihn tagelang auf. Letzten Endes konnte er nicht widerstehen, Jobs' Fehdehandschuh aufzuheben. „Wenn ich nicht angenommen hätte, hätte ich mich den Rest meines Lebens gefragt, ob ich die richtige Entscheidung getroffen habe", sagte Sculley zu mir.

Die 90-Stunden-Woche lieben

Das Team, das den ersten Mac entwickelte, war ein bunt zusammengewürfelter Haufen ehemaliger Akademiker und Techniker, die an einer kaum erwähnenswerten Sache arbeiteten, die bestimmt nie das Tageslicht erblicken würde – bis Jobs das Ruder übernahm. Vom ersten Tag an überzeugte Jobs das Team, dass sie etwas Revolutionäres erschufen. Es ging nicht nur um einen coolen Computer oder eine ingenieurtechnische Herausforderung. Die leicht zu bedienende grafische Benutzeroberfläche des Macs würde die Computerwelt revolutionieren. Zum ersten Mal würden Computer einer technisch nicht geschulten Öffentlichkeit zugänglich sein.

Die Mitglieder des Mac-Teams leisteten drei Jahre lang Sklavenarbeit, und selbst wenn Jobs sie anschrie, hielt er doch die Moral aufrecht, indem er ihnen klarmachte, dass sie zu Höherem berufen waren. Ihre Arbeit war nichts Geringeres als die Arbeit Gottes. „Das Ziel war nie, die Konkurrenz zu schlagen oder eine Menge Geld zu verdienen, sondern die großartigste Sache zu tun, die möglich war; oder sogar etwas noch Größeres", schrieb Andy Hertzfeld, einer der Chef-Programmierer.

Jobs sagte den Teammitgliedern, sie seien Künstler, die Technologie mit Kultur verschmolzen. Er überzeugte sie davon, dass sie die einmalige Gelegenheit hätten, das Gesicht der Computerwelt zu verändern, und dass es ein Privileg sei, ein solch bahnbrechendes Produkt zu entwickeln. „Sie alle sind in einem besonderen Moment zusammengekommen, um dieses neue Produkt zu erschaffen", schrieb Jobs in einem Aufsatz für die erste Ausgabe des *Macworld*-Magazins 1984. „Wir haben das Gefühl, dass dies vielleicht die beste Sache ist, die wir je in unserem Leben machen werden."

Rückblickend stellte sich das als wahr heraus. Der Mac war ein revolutionärer Durchbruch in der Computerwelt. Doch damals war es noch Glaubenssache. Der Mac war nur einer von Dutzenden Computern, die damals gerade entwickelt wurden. Es gab keinerlei Garantie, dass er besser sein oder dass er überhaupt auf den Markt kommen würde. Doch das Team schenkte Jobs' Überzeugung Glauben. Sie scherzten, dass ihr Glaube an Jobs' Visionen dem Glauben ähnele, den charismatische Sektenführer hervorrufen können.

Jobs gelang es, im Team Leidenschaft für seine Arbeit zu erwecken, was bei der Erfindung neuer Technologien unerlässlich ist. Anderenfalls könnten die Mitarbeiter das Vertrauen in ein Projekt verlieren, das mehrere Jahre zur Verwirklichung benötigt. Ohne leidenschaftliche Hingabe an ihre Arbeit könnten sie das Interesse verlieren und das Projekt aufgeben. „Sie bleiben nicht lange hier, wenn Sie nicht genug Leidenschaft dafür aufbringen", sagte Jobs einmal. „Sie geben sonst auf. Sie müssen also eine Idee haben, ein Problem oder ein Übel, das Sie beseitigen wollen, etwas, das die eigene Leidenschaft auflodern lässt, oder Sie werden nicht die Ausdauer haben, bis zum Ende dabeizubleiben. Ich denke, das ist die halbe Miete."

Jobs' Leidenschaft ist eine Überlebensstrategie. Oftmals wenn Jobs und Apple etwas Neues ausprobiert haben, gab es ein paar treue Anhänger, doch die restliche Welt rümpfte die Nase. 1984 wurde die grafische Benutzeroberfläche des ersten Macs allgemein als „Spielzeug" abgetan. Bill Gates war verblüfft, dass die Leute bunte Computer wollten. Kritiker forderten Apple anfangs auf, den iPod zu öffnen. Ohne einen starken Glauben an seine Visionen, eine Leidenschaft für das, was er tat, wäre es für

Jobs viel schwieriger geworden, den Kritikern zu widerstehen. „Ich habe mich immer von den besonders bahnbrechenden Änderungen angezogen gefühlt", sagte Jobs zum *Rolling Stone*. „Ich weiß nicht, warum. Vielleicht, weil sie schwieriger sind. Emotional sind sie viel anstrengender. Und meistens muss man eine Phase durchstehen, in der einem jeder komplettes Versagen bescheinigt."

In den Angestellten die Leidenschaft für das zu entfesseln, was ein Unternehmen macht, hat einen praktischen Nebeneffekt: Die Mitarbeiter leisten bereitwillig extrem viele Überstunden, selbst nach den Workaholic-Maßstäben des Silicon Valley. Das Mac-Team arbeitete lange und angestrengt, weil Jobs sie glauben ließ, dass der Mac ihre Erfindung war. Ihre Kreativität und Arbeit erweckte das Produkt zum Leben. Er verankerte den Glauben in ihnen, dass sie eine tiefgreifende Veränderung bewirken würden. Was für eine bessere Motivation könnte es geben? Bei Apple ist Technologie ein Teamsport. Das Mac-Entwicklungsteam arbeitete so hart, dass es ein Ehrenabzeichen bekam. Jeder erhielt einen Pullover mit der Aufschrift: „90 hours a week and loving it".

Vom Helden zum Arschloch und zurück

Viele Apple-Mitarbeiter sind felsenfest davon überzeugt, dass Apple eine Spur im Universum zurücklässt. Sie sind sich sicher, dass ihr Unternehmen Technologieführer, Trendsetter und Neuland-Entdecker in einem ist. Teil davon zu sein, ist sehr verlockend. „Die Leute glauben tatsächlich, dass Apple die Welt verändert", sagt ein früherer Mitarbeiter. „Nicht jeder glaubt es zu 100 Prozent, aber alle glauben zumindest ein bisschen daran. Für einen Ingenieur ist das, was Apple macht, sehr aufregend. Das Unternehmen ist unglaublich innovativ."

Die Unternehmenskultur sickert von Jobs durch das gesamte Unternehmen hindurch. Genau wie Jobs seinen unmittelbaren Untergebenen gegenüber außerordentlich fordernd ist, fordern die mittleren Manager ähnliche Leistungen von der nächsten Ebene. Das Resultat ist eine Herrschaft des Terrors. Alle haben ständig Angst, ihre Arbeit zu verlieren. Das Ganze ist unter dem Namen „Held-Arschloch-Achterbahn" bekannt. An einem Tag ist man ein Held, am nächsten ein Arschloch. Bei NeXT hieß das gleiche Prinzip „Held-Blödmann-Achterbahn". „Man lebt für die Tage, an denen man ein Held ist, und versucht die Arschloch-Tage zu überstehen", sagte ein früherer Mitarbeiter. „Es gibt unglaubliche Höhen und unglaubliche Tiefen."

Laut mehreren Mitarbeitern, mit denen ich gesprochen habe, gibt es eine ständige Spannung zwischen der Angst, entlassen zu werden, und dem messianischen Eifer, einen Eindruck zu hinterlassen. „Die Sorge, entlassen zu werden, ist größer als sonst irgendwo, wo ich vorher oder später gearbeitet habe", erklärt Edward Eigerman, ein früherer Apple-Ingenieur. „Man fragt seine Kollegen: ‚Kann ich diese E-Mail senden?' oder ‚Kann ich diesen Bericht einreichen?' Die Antwort lautet: ‚Du kannst an deinem letzten Tag bei Apple alles tun, was du willst.'"[2]

Eigerman blieb vier Jahre bei Apple und arbeitete als Ingenieur in einem New Yorker Verkaufsbüro. Alle, mit denen er zusammenarbeitete, wurden früher oder später entlassen, sagt er, meistens wegen zu geringer Leistung, etwa weil sie nicht schafften, die an sie gestellten Anforderungen zu erfüllen. Von sich aus kündigte jedoch niemand. Obwohl die Arbeit bei Apple fordernd und anstrengend war, gefiel jedem sein Job, und alle waren dem Unternehmen und Steve Jobs gegenüber extrem loyal.

„Den Leuten gefällt die Arbeit hier", sagte Eigerman. „Sie sind begeistert, dabei zu sein. Sie sind sehr mit Herz und Seele bei der Arbeit. Die Leute lieben die Produkte. Sie glauben wirklich an die Produkte. Sie sind wirklich überzeugt von dem, was sie tun."

Trotz des Eifers betreiben die Angestellten keinen Kult. Groupies werden bewusst draußen gehalten. Das Schlechteste, was ein Kandidat beim Bewerbungsgespräch sagen kann, ist: „Ich wollte schon immer bei Apple arbeiten" oder „Ich war schon immer ein großer Fan." Das ist das Letzte, was Apple-Angestellte hören wollen. Die Mitarbeiter beschreiben einander als „nüchtern".

Der Stress, den die Held-Arschloch-Achterbahn unter den Angestellten verbreitet, wäre nicht auszuhalten, wenn die Leute nicht so begeistert da-

---

2) Eigerman, Edward: Persönliches Interview, November 2007.

rüber wären, bei Apple arbeiten zu dürfen. Außer dem Wunsch, ein Ding in die Welt zu setzen, nannten mir mehrere Angestellte weitere Anreize, bei Apple zu arbeiten: zum Beispiel die große Kompetenz der Kollegen, eine außergewöhnlich gute Firmenkantine sowie die Herausforderung, an der Spitze der technologischen Entwicklung zu arbeiten.

Aktienoptionen und Reichtum

Ein weiterer Anreiz sind aber auch die Aktienoptionen, die sehr wertvoll geworden sind, da die Apple-Aktie laut *Business Week* seit Jobs' Rückkehr als CEO 1997 split-bereinigt um 1250 Prozent gestiegen ist. Bei Apple gibt es wenig Luxus. Jobs hat einen eigenen Gulfstream-V-Jet, doch die meisten Abteilungsleiter und Manager fliegen mit Linienmaschinen. Es gibt keine großzügigen Spesenetats. Die verschwenderischen Klausuren aus Apples früheren Tagen, bei denen Hunderte von Vertriebsmitarbeitern eine Woche lang in einer Hotelanlage auf Hawaii unterhalten wurden, gibt es schon lange nicht mehr.

Doch die meisten Vollzeitangestellten erhalten Aktienoptionen, wenn sie in das Unternehmen eintreten. Nach einer Sperrzeit, normalerweise von einem Jahr, dürfen sie zu einem vergünstigten Kurs, meist dem Kurs des Tages, an dem sie eingestellt wurden, Aktienpakete kaufen. Wenn sie diese wieder verkaufen, ist die Differenz zwischen Kauf- und Verkaufskurs ihr Gewinn. Je stärker der Kurs steigt, desto mehr Geld verdienen sie. In der Technologiebranche sind Aktienoptionen eine beliebte Form der Bezahlung. Die Bezahlung erfolgt nicht in bar, was die Kosten des Unternehmens niedrig hält, und es ist mehr oder weniger eine Garantie dafür, dass die Angestellten wie Sklaven arbeiten müssen, um den Aktienkurs zu steigern.

Ingenieure, Programmierer, Manager und andere mittlere Angestellte, die die Mehrheit von Apples Belegschaft ausmachen, erhalten üblicherweise mehrere 1000 Aktienoptionen. Zu den Kursen von 2007 wären diese ungefähr zwischen 25.000 Dollar und 100.000 Dollar wert – oder erheblich mehr, abhängig von der Entwicklung des Aktienkurses und dem Ausübungszeitplan des Angestellten.

Manager der oberen Ränge und Vorstandsmitglieder erhalten wesentlich höhere Zuwendungen. Im Oktober 2007 verkaufte Apples Einzelhandelsvorstand Ron Johnson 700.000 Aktien im Wert von etwa 130 Millionen Dollar (unversteuert). Laut der Pflichtmeldung an die US-Börsenaufsicht betrug der Ausübungspreis 24 Dollar, und Johnson verkaufte die Aktien sofort wieder für 185 Dollar pro Stück. 2005 verdiente Johnson ungefähr 22,6 Millionen Dollar mit Aktienoptionen, 2004 waren es Berichten zufolge zehn Millionen Dollar.

Außerdem hat Apple ein beliebtes Aktienkaufprogramm. Mitarbeiter können proportional zu ihrem Gehalt verbilligte Aktienpakete kaufen. Als Basis wird der niedrigste Kurs der letzten sechs Monate genommen, von dem ein Prozentsatz abgezogen wird, was einen kleinen Gewinn garantiert und oft zu einem ziemlich großen Gewinn führt. Ich habe von Apple-Mitarbeitern gehört, die luxuriöse Autos kauften, Häuser in bar bezahlten oder riesige Summen an Bargeld auf die hohe Kante legten.

„Bei Apple gaben wir allen Angestellten sehr früh Aktienoptionen", sagte Jobs 1998 gegenüber dem *Fortune*-Magazin. „In Silicon Valley waren wir fast die Ersten, die das taten. Und als ich zurückkehrte, strich ich fast die gesamten Bonuszahlungen und ersetzte sie durch Optionen. Keine Autos, keine Flugzeuge, keine Bonuszahlungen. Praktisch jeder bekommt ein Gehalt und Aktien. (...) Das ist eine sehr egalitäre Art der Unternehmensführung, deren Vorreiter Hewlett-Packard war und die Apple, bilde ich mir ein, dabei half, sich zu etablieren."

Später bekam Jobs Schwierigkeiten wegen seiner eigenen Aktienoptionen; eine Situation, an der sich zum Zeitpunkt des Verfassens dieses Buches noch nichts geändert hatte. 2006 nahm die Börsenaufsicht umfangreiche Ermittlungen in mehr als 160 Unternehmen einschließlich Apple und Pixar auf, die mutmaßlich Aktienoptionen zurückdatiert hatten. Laut der Behörde hatten die Unternehmen regelmäßig Optionen auf ein Datum ausgestellt, zu dem die Aktienkurse niedriger waren als am eigentlichen Datum der Optionsgewährung, was den Wert der Optionen vergrößerte. Optionen zurückzudatieren ist an sich nicht illegal, doch dieses nicht ordentlich zu melden, ist verboten und laut Börsenaufsicht dennoch weit verbreitet.

Kapitel 5 · Leidenschaft: Ein Ding in die Welt setzen

Anfang dieses Jahrzehnts erhielt Jobs zwei große Options-Vergütungen, die laut Börsenaufsicht zurückdatiert waren. Im Juni 2006 begannen bei Apple interne Untersuchungen unter der Leitung von zwei Aufsichtsratsmitgliedern: dem früheren US-Vize-Präsidenten Al Gore sowie dem früheren IBM- und Chrysler-Finanzvorstand Jerry York. Im Dezember 2006 veröffentlichten Gore und York einen Bericht, der „kein Fehlverhalten" seitens Jobs' feststellte, dieser jedoch etwas über das Zurückdatieren gewusst haben sollte. Jobs seien aber die buchhalterischen Folgen nicht bewusst gewesen. Der Bericht gab zwei hohen Managern die Schuld, die nicht mehr bei dem Unternehmen beschäftigt waren und die später als der frühere Chefsyndikus Nancy Heinen sowie der frühere Finanzvorstand Fred Anderson identifiziert wurden. Im Dezember korrigierte Apple die ausgewiesenen Gewinne und akzeptierte eine Strafzahlung von 84 Millionen Dollar. Anteilseigner verklagten das Unternehmen, doch die Klage wurde im November 2007 zurückgewiesen.

Wegen der wiederholten Optionsvergütungen haben Mitarbeiter, die seit vielen Jahren bei Apple sind, sehr viel Geld in ihrem Unternehmen angelegt. Für viele Mitarbeiter gibt es keine bessere Motivation, die Interessen des Unternehmens zu schützen. Als Konsequenz daraus sagten mir mehrere Angestellte, dass sie gern im Gleichschritt marschieren und eifrig die Regeln durchsetzen. Eine Quelle, die namentlich nicht genannt werden möchte, bekannte, dass sie bereitwillig Kollegen anschwärzen würde, die Produktpläne an die Medien geben. Der Mitarbeiter wies auf den Engadget-Blog hin, der 2006 das Gerücht veröffentlichte, das iPhone würde verschoben. Die Falschmeldung verursachte einen Kursverlust von 2,2 Prozent – womit die Marktkapitalisierung um vier Milliarden Dollar sank. „Ich habe ein begründetes Interesse daran, diese Art von Mist zu stoppen", sagte er.

Auch Eigerman sagte, er wisse, dass es bei Apple jemanden gebe, der Hinweise und Bilder an eine Apple-Gerüchte-Website schickt. Er kennt den Namen der Person nicht, ist aber erstaunt, dass irgendjemand seinen Job und möglicherweise Straf- oder Zivilprozesse riskiert, um Produktpläne und Bilder an eine Website zu senden. Es ist unwahrscheinlich, dass sie für die Information Geld erhalten. „Das kommt mir sehr merkwürdig vor", sagte Eigerman. „Das Risiko ist enorm. Wer würde das tun? Seine Veranlassung verstehe ich wirklich nicht."

Mit Zuckerbrot und Peitsche winken

Jobs verwendet sowohl Zuckerbrot als auch Peitsche, um sein Team zu großartiger Arbeit anzustacheln. Er ist kompromisslos, und die Arbeit muss höchsten Ansprüchen genügen. Manchmal besteht er auf Dingen, die unmöglich erscheinen, weil er weiß, dass am Ende das kniffligste Problem lösbar sein wird. John Sculley war von Jobs' Überzeugungskraft beeindruckt: „Steve sorgte für eine unglaubliche Inspiration und anspruchsvolle Standards, um sein Team zu unglaublichen Leistungen zu bewegen", schrieb Sculley. „Er trieb sie bis an ihre Grenzen, bis sie selbst verblüfft waren, wie viel sie zustande bringen konnten. Er besaß einen angeborenen Sinn dafür, wie er das Beste aus seinen Leuten herausholen konnte. Er schmeichelte ihnen, indem er seine eigenen Verletzlichkeiten preisgab, er tadelte sie, bis sie sein kompromissloses Ethos teilten, er lobte sie und war stolz wie ein Vater."[3]

Sculley beschrieb, wie Jobs die Leistungen des Teams mit „ungewöhnlichem Gespür" feierte. Um erreichte Etappenziele zu feiern, öffnete er Champagnerflaschen, und häufig veranstaltete er mit dem Team Bildungsausflüge in Museen oder Ausstellungen. Er spendierte verschwenderische, bacchanalische „Klausurtagungen" in teuren Hotelanlagen. 1983 veranstaltete Jobs eine Weihnachtsfeier in Abendgarderobe im Festsaal des schicken St.-Francis-Hotels in San Francisco. Das Team tanzte die ganze Nacht zu den Klängen von Strauß-Walzern, die vom San Francisco Symphony Orchestra gespielt wurden. Er bestand darauf, dass das Team die Innenseite des Mac-Gehäuses signierte, wie Künstler ihre Werke signieren. Als der Mac endlich fertig war, überreichte Jobs jedem Teammitglied sein eigenes Exemplar mit einer personalisierten Plakette. In den letzten Jahren hat er seine Großzügigkeit auf das gesamte Unternehmen ausgedehnt, zumindest auf alle Festangestellten. Er hat allen Apple-Angestellten einen iPod shuffle geschenkt, und 2007 erhielten alle 21.600 Vollzeitbeschäftigten ein iPhone.

Dennoch kann Jobs auch extrem herabsetzend und grausam sein. Es gibt zahllose Berichte, dass Jobs die Arbeit von Angestellten „ein Haufen Mist"

---

[3] Sculley, John: *Odyssey: Pepsi to Apple: The Journey of a Marketing Impresario*. HarperCollins, New York 1987, S. 164.

genannt und sie angeschrien hat. „Ich war erstaunt über sein Verhalten, auch wenn die Kritik gerechtfertigt war", sagte Sculley.[4] „Er zwang die Leute ständig dazu, ihre Ansprüche an sich selbst und ihre Fähigkeiten zu erhöhen", erzählte mir Sculley. „Die Leute brachten Dinge zustande, die sie sich selbst nie zugetraut hätten. Das war vor allem Steves Charisma und seiner Motivation zu verdanken. Er begeisterte sie und ließ sie spüren, dass sie Teil von etwas wahnsinnig Wichtigem waren. Andererseits wies er ihre Arbeit auch erbarmungslos zurück, bis er meinte, sie habe den Grad an Perfektion erreicht, dass sie in das Macintosh-Gehäuse hineingehöre."[5]

Einer der großen Einschüchterer

Jobs ist als „großer Einschüchterer" bekannt, eine Kategorie gefürchteter Unternehmenslenker, die von Roderick Kramer, einem Sozialpsychologen in Stanford, beschrieben wurde. Laut Kramer treiben große Einschüchterer Menschen durch Angst und Einschüchterung an, sind aber keine bloßen Tyrannen. Sie sind eher wie strenge Vaterfiguren, die Menschen sowohl durch Angst als auch durch den Wunsch, zu gefallen, antreiben. Andere Beispiele sind Harvey Weinstein von Miramax, Carly Fiorina von Hewlett-Packard und Robert McNamara, der US-Verteidigungsminister während des Vietnamkriegs. Große Einschüchterer treten gehäuft in Bereichen mit hohen Risiken und großen Chancen auf: Hollywood, Technologie, Finanzen und Politik.

In den vergangenen 25 Jahren wurde bei Ratschlägen fürs Management vor allem betont, wie wichtig Empathie und Mitgefühl sind. Ratgeberbücher fordern dazu auf, durch Freundlichkeit und Verständnis Teamgefühl aufzubauen. Wenig geschrieben wurde hingegen darüber, dass man Angestellte in Angst und Schrecken versetzen sollte, um bessere Leistungen zu erzielen. Doch wie schon Richard Nixon sagte, „reagieren [die Menschen] auf Angst, nicht auf Liebe – das lernt man nicht im Religionsunterricht, aber es ist wahr".

---

4) Ebd., S. 165.
5) Sculley, John: Persönliches Interview, Dezember 2007.

Wie andere große Einschüchterer ist Jobs sehr energisch. Er übt Druck aus und bedrängt seine Mitarbeiter, oftmals sehr intensiv. Er kann brutal und rücksichtslos sein. Er ist bereit, alle Mittel, die ihm zur Verfügung stehen – die Menschen in Angst und Schrecken zu versetzen –, zu gebrauchen, damit die Arbeit getan wird. Dieser Führungsstil ist in Krisensituationen wie Turnarounds extrem effektiv, weil dann jemand die Zügel in die Hand nehmen und radikale Änderungen durchsetzen muss. Doch wie Jobs bewiesen hat, hilft sein Führungsstil auch dabei, Produkte schnell auf den Markt zu bringen. Kramer stellte fest, dass viele Geschäftsführer gerne so agieren würden. Sie behandeln Angestellte fair und mitfühlend, und sie werden vielleicht auch gemocht, doch hin und wieder wären sie gern in der Lage, auch mal jemandem in den Hintern zu treten, um die Dinge voranzutreiben.

Jobs hat schon vielen Leuten in den Hintern getreten und oft die Grenze überschritten, besonders als er noch jünger war. Larry Tessler, Apples früherer Forschungschef, sagte, dass Jobs gleichermaßen gefürchtet und geachtet wurde. Als Jobs Apple 1985 verließ, gab es im Unternehmen diesbezüglich gemischte Gefühle. „Jeder war früher oder später einmal durch Steve Jobs terrorisiert worden, also gab es eine gewisse Erleichterung, dass der Terrorist gehen würde", sagte Tessler. „Doch anderseits hatten die gleichen Leute wohl auch erstaunlichen Respekt Jobs gegenüber, und wir waren alle besorgt, was ohne den Visionär, den Gründer und sein Charisma aus diesem Unternehmen werden würde."[6]

Einiges davon ist reine Show. Jobs hat Untergebene vor aller Öffentlichkeit zusammengestaucht, nur um den Rest des Unternehmens einzuschüchtern. General George S. Patton übte sein „Generalsgesicht" immer vor dem Spiegel. Reggie Lewis, ein Unternehmer, gab ebenfalls zu, vor dem Spiegel ein finsteres Gesicht für Verhandlungen einstudiert zu haben, die mit harten Bandagen geführt wurden. Unter Politikern ist künstliche Empörung an der Tagesordnung und wurde einmal „Stachelschweinärger" genannt, wie Kramer berichtet.

---

6) „Triumph of the Nerds: How the Personal Computer Changed the World". In: PBS TV show, Gastgeber: Robert Cringely, 1996. (http://www.pbs.org/nerds/part3.html)

Jobs besitzt einen scharfen politischen Verstand, den Kramer als „markante und kraftvolle Führungsintelligenz" bezeichnet. Er kann Menschen gut einschätzen. Er beurteilt sie klinisch-kühl als seine Handlungsinstrumente, die ihm helfen, sein Ziel zu erreichen. Kramer beschrieb ein Vorstellungsgespräch, das von Mike Ovitz, dem gefürchteten Hollywood-Agenten, der die Creative Artists Agency zu einem schlagkräftigen Unternehmen machte, geführt wurde. Ovitz ließ den Bewerber auf einem Stuhl Platz nehmen, so dass er von der Nachmittagssonne geblendet wurde, und er rief außerdem ständig seine Sekretärin herein, um ihr Anweisungen zu geben. Ovitz hatte die ständigen Unterbrechungen vorab arrangiert, um die Bewerber zu testen. Er wollte sie unter Druck setzen, um zu sehen, wie sie in Belastungssituationen reagierten. Jobs tut dasselbe: „In Vorstellungsgesprächen provoziere ich oft absichtlich: Ich kritisiere ihre bisherige Arbeit. Vorher mache ich meine Hausaufgaben, finde heraus, woran sie mitgearbeitet haben, und dann sage ich: ‚Na, das ist ja nicht gerade ein Bringer. Daraus ist ja wirklich ein idiotisches Produkt geworden. Warum haben Sie denn da mitgearbeitet?', und so weiter. Ich will sehen, wie die Leute sich verhalten, wenn sie unter Druck gesetzt werden. Ich will sehen, ob sie einfach aufgeben oder eine feste Überzeugung, einen Glauben haben und stolz auf ihre bisherige Arbeit sind."[7]

Eine leitende Personalmanagerin von Sun beschrieb einmal im *Upside*-Magazin ein Vorstellungsgespräch mit Jobs. Sie hatte bereits über zehn Wochen Gespräche mit hohen Apple-Managern über sich ergehen lassen, bis sie Jobs erreichte. Sofort forderte er sie heraus: „Er sagte mir, dass meine bisherige Berufserfahrung mich nicht für die Position qualifiziert. Sun sei schön und gut, sagte er, aber ‚Sun ist nicht Apple'. Er sagte, er hätte meine Bewerbung von Anfang an aussortiert."

Jobs fragte die Frau, ob sie noch irgendwelche Fragen habe, also fragte sie ihn über die Unternehmensstrategie aus. Jobs wehrte die Frage ab. „Wir teilen von unserer Strategie jedem nur das mit, was er unbedingt wissen muss", sagte er zu ihr. Also fragte sie ihn warum er einen Personalvorstand wollte. Großer Fehler. Jobs antwortete: „Ich habe noch nie einen von euch kennengelernt, der kein Idiot war. Ich kenne keinen Personal-Menschen,

---

[7] Jager, Rama Dev: *In the Company of Giants: Candid Conversations with the Visionaries of the Digital World*. Rafael Ortiz, 1997.

der etwas anderes als eine mittelmäßige Mentalität hat." Dann nahm er einen Telefonanruf entgegen und ließ die Frau als Wrack zurück.[8] Wenn sie sich selbst verteidigt hätte, wäre es ihr viel besser ergangen.

Nehmen Sie zum Beispiel eine Apple-Vertriebsmitarbeiterin, der Jobs bei einem der jährlichen Vertriebstreffen eine öffentliche Standpauke hielt. Jedes Jahr versammeln sich mehrere Hundert Gebietsvertreter von Apple ein paar Tage lang, meistens in der Firmenzentrale in Cupertino. Im Jahre 2000 saßen etwa 180 Vertreter im großen Auditorium und warteten auf aufmunternde Worte ihres Chefs. Apple hatte gerade erstmals seit drei Jahren Verluste aufgezeigt. Sofort drohte Jobs damit, die gesamte Vertriebsmannschaft hinauszuschmeißen. Alle. Seine Drohung wiederholte er während seiner stundenlangen Rede mindestens viermal. Außerdem stellte er eine Vertreterin bloß, die mit Pixar verhandelte – damals seinem anderen Unternehmen – und ging sie vor aller Öffentlichkeit an: „Sie leisten keine gute Arbeit", bellte er. Drüben bei Pixar hatte er in seiner anderen Funktion gerade einen Zwei-Millionen-Dollar-Vertrag mit Hewlett-Packard, dem Rivalen von Apple, unterzeichnet. Die Apple-Vertreterin hatte sich um den Auftrag bemüht, aber verloren. „Er stellte diese Frau vor allen Leuten an den Pranger", erinnerte sich Eigerman. Doch die Mitarbeiterin verteidigte sich. Sie fing an zurückzuschimpfen. „Sie hat mich sehr beeindruckt", sagte Eigerman. „Sie war eine Furie. Sie verteidigte sich, aber er ließ sie nicht ausreden. Er befahl ihr, sich hinzusetzen. Die Mitarbeiterin ist immer noch bei Apple, und es geht ihr sehr gut ... Das ist mal wieder die Held-Arschloch-Achterbahn."

Vielleicht ging es vor allem darum, dass die öffentliche Demütigung der armen Vertreterin alle anderen Vertreter das Fürchten lehrte. Davon ging die klare Botschaft aus, dass jeder bei Apple persönlich zur Rechenschaft gezogen werden konnte.

Bei dem Vertriebstreffen zwei Jahre später war Jobs extrem freundlich und höflich. (Er hatte das Treffen von 2001, das außerhalb stattfand, nicht besucht.) Jobs dankte allen Gebietsvertretern für ihre großartige Arbeit und beantwortete eine halbe Stunde lang Fragen. Er war wirklich sehr nett. Wie andere Einschüchterer kann Jobs unglaublich charmant sein, wenn es

---

8) Upside.com, Juli 1998.

sein muss. Robert McNamara stand in dem Ruf, kühl und distanziert zu sein, aber er konnte funkelnden Charme versprühen, wenn er wollte. „Große Einschüchterer können zugleich große Einschmeichler sein", schreibt Kramer.

Jobs ist berühmt für sein Realitätsverzerrungsfeld – ihn umgibt ein Charismafeld, das so stark ist, dass sich für jeden, der unter seinem Einfluss steht, die Realität verzerrt. Andy Hertzfeld begegnete dem Phänomen kurz nachdem er ins Mac-Entwicklungsteam aufgenommen wurde: „Das Realitätsverzerrungsfeld war eine verwirrende Mischung aus charismatischer Rhetorik, einem unbezähmbaren Willen und der Bereitschaft, jede Tatsache zu verbiegen, so dass sie seinem augenblicklichen Zweck diente. Wenn eine Argumentationslinie versagte, wechselte er flink zu einer anderen. Manchmal brachte er einen aus dem Gleichgewicht, indem er plötzlich die Position des Gegenübers zu seiner eigenen machte und so tat, als ob er nie anders gedacht habe. Erstaunlicherweise funktioniert dieses Realitätsverzerrungsfeld auch dann, wenn man sich seiner genau bewusst ist, auch wenn seine Auswirkungen nachließen, sobald Steve den Raum verließ. Wir haben oft Möglichkeiten diskutiert, wie wir diesem Phänomen begegnen könnten, aber nach einer Weile gaben die meisten von uns auf und akzeptierten es als eine Naturgewalt."

Der Biograf Alan Deutschman war vom ersten Treffen an von Jobs fasziniert. „Er nennt einen oft beim Vornamen und sieht einen mit seinem laserartigen Blick direkt in die Augen. Seine Augen sind hypnotisch wie die eines Filmstars. Doch was einen wirklich umhaut, ist seine Art zu sprechen – irgendetwas an dem Rhythmus seiner Sprache und dem unglaublichen Enthusiasmus, den er bei allem, worüber er redet, ausstrahlt, ist ansteckend. Am Ende meines Interviews mit ihm sagte ich mir: ‚Ich muss einen Artikel über diesen Typen schreiben, nur um wieder in seiner Nähe zu sein – es macht so viel Spaß!' Wenn Steve charmant und verführerisch sein will, schafft es niemand, ihn dabei zu übertreffen."[9]

---

9) Brown, Janelle: „The New, Improved Steve Jobs". Interview mit Alan Deutschman, In: *Salon*, 11. Oktober 2000. (http://dir.salon.com/story/tech/books/2000/10/11/deutschman/index1.html)

Kapitel 5 · Leidenschaft: Ein Ding in die Welt setzen

Mit Jobs zusammenarbeiten: Es gibt nur einen Steve

Wegen seines gefürchteten Rufes versuchen viele Mitarbeiter, Jobs zu meiden. Eine ganze Reihe früherer und heutiger Mitarbeiter empfahlen im Grunde das Gleiche: den Kopf gesenkt halten. „Wie viele andere auch versuchte ich, ihn so weit wie möglich zu meiden", sagte ein früherer Angestellter. „Man versucht, außer Sichtweite zu bleiben, um nicht Gegenstand seiner Wut zu werden." Selbst leitende Angestellte gehen Jobs aus dem Weg. David Sobotta, der früher die für Verkäufe an Bundesbehörden zuständige Abteilung leitete, beschreibt, wie er einmal die Chefetage betrat, um ein Vorstandsmitglied zu einem Briefing abzuholen. „Dieser schlug gleich einen Weg vor, der nicht an Steves Büro vorbeiführte", schrieb Sobotta auf seiner Internetseite. „Er erklärte, das sei sicherer."[10]

Umgekehrt hält Jobs ein eher distanziertes Verhältnis zu der breiten Masse der Mitarbeiter aufrecht. Eine Ausnahme bilden die anderen Vorstände, mit denen er auf dem Firmengelände relativ vertraulich umgeht. Kramer schreibt, dass die Unnahbarkeit zu einer Mischung aus Angst und Paranoia führt, welche die Mitarbeiter auf Trab hält. Diese arbeiten infolgedessen immer sehr hart, um ihn zufriedenzustellen, außerdem ermöglicht es ihm, Entscheidungen zu revidieren, ohne an Glaubwürdigkeit zu verlieren.

Doch Jobs zu meiden, ist nicht immer leicht. Er hat die Angewohnheit, unangekündigt in verschiedenen Abteilungen aufzutauchen und Leute zu fragen, woran sie gerade arbeiten. Ab und zu verteilt Jobs auch Lob. Er tut es nicht allzu oft, und er wird dabei nicht überschwänglich. Seine Zustimmung ist maßvoll und durchdacht, was den Effekt verstärkt. „Es steigt einem wirklich zu Kopf, weil man es so selten zu hören bekommt", sagte ein Mitarbeiter. „Er ist sehr geschickt darin, die Egos der Leute anzusprechen."

Natürlich haben nicht alle den Wunsch, Jobs aus dem Weg zu gehen. Es gibt genügend Mitarbeiter bei Apple, die es allzu sehr darauf anlegen,

---

10) Sobotta, David: „Lessons Learned from Nearly Twenty Years at Apple". In: *Applepeels*, 27. Oktober 2006. (http://viewfromthemountain.typepad.com/applepeels/2006/10/lessons_learned.html)

seine Aufmerksamkeit zu erlangen. Apple hat einen großen Anteil aggressiver, ehrgeiziger Angestellter, die darauf aus sind, aufzufallen und befördert zu werden.

Oft drehen sich die Gespräche am Arbeitsplatz um Jobs. Er ist ein häufiges Gesprächsthema. Ihm wird alles als Verdienst angerechnet, was bei Apple gut läuft, aber auch alles angelastet, was schlecht läuft. Jeder hat etwas zum Thema beizutragen. Die Angestellten reden fürs Leben gerne über seine Wutausbrüche und seine gelegentlichen Marotten.

Genauso wie der texanische Milliardär Ross Perot, der seinen Angestellten verbot, Bärte zu tragen, verfügt auch Jobs über einige Eigenheiten. Ein früherer Manager, der regelmäßig an Sitzungen in Jobs' Büro teilnahm, hatte immer ein Paar Leinen-Turnschuhe unter seinem Schreibtisch stehen. Immer wenn er zu einer Sitzung mit Jobs gerufen wurde, zog er seine Lederschuhe aus und die Turnschuhe an. „Steve ist ein militanter Veganer", erklärte er.

Unternehmensintern wird Jobs nur „Steve" oder „S. J." genannt. Jeder andere, der den Namen Steve trägt, wird mit Vor- und Nachnamen gerufen. Bei Apple gibt es nur einen Steve.

Es gibt auch F.O.S. – Friends of Steve – wichtige Leute, die mit Respekt und manchmal mit Vorsicht behandelt werden müssen: Man weiß nie, was so jemand weitererzählt. Die Mitarbeiter mahnen einander zur Vorsicht, wenn F.O.S. in der Nähe sind. Steves Freunde müssen nicht zwangsläufig in Apples höherem Management sitzen – manchmal sind es normale Kollegen, die als Programmierer und Ingenieure arbeiten und ihm nahestehen.

Unter Jobs gibt es bei Apple flache Hierarchien. Es gibt nur wenige Management-Ebenen. Jobs' Wissen über die Betriebsstruktur – wer macht wo was – ist herausragend. Er hat nur ein kleines Führungsteam – nur zehn Spitzenmanager –, doch er kennt Hunderte der wichtigsten Programmierer, Designer und Ingenieure.

Jobs ist ziemlich leistungsorientiert: Formelle Hierarchien oder Stellenbezeichnungen interessieren ihn nicht. Wenn er will, dass etwas getan wird, weiß er meistens, zu wem er gehen muss, und kontaktiert denjenigen direkt und nicht über dessen Vorgesetzten. Er ist natürlich der Chef und kann sich so etwas erlauben, doch es zeigt seine Geringschätzung gegenüber Hierarchien und Formalitäten. Er nimmt einfach das Telefon und ruft an.

Kritiker haben Jobs mit einem Psychopathen ohne Verständnis oder Mitgefühl verglichen. Mitarbeiter sind angeblich nur Objekte, bloße Werkzeuge. Laut Kritikern dient das Stockholm-Syndrom als Erklärung dafür, warum Angestellte und Mitarbeiter es mit ihm aushalten. Seine Angestellten sind Geiseln, die sich in ihren Entführer verliebt haben. „Alle, die seinen Managementstil kennen, wissen, dass sein Grundprinzip die Trennung von Spreu und Weizen unter den Mitarbeitern ist – wobei diejenigen die Spreu sind, die nicht klug und psychisch stark genug für seine ständigen Forderungen, etwas Unmögliches zu produzieren (wie zum Beispiel einen MP3-Player, bei dem man jedes Musikstück mit drei Klicks starten kann), sind. Sie müssen sich dann anhören, dass ihre Lösung ‚scheiße' sei. Und nur ein paar Tage später wird ihnen aber genau diese Lösung vorgeschlagen", schrieb Charles Arthur in seinem Buch *The Register*. „So wollen die meisten Menschen nicht arbeiten und behandelt werden. In Wahrheit ist Steve Jobs also kein Vorbild für andere Manager, wenn man einmal von den Psychopathen unter ihnen absieht."

Im Vergleich zu anderen großen Psychopathen unter Managern ist Jobs fast ein sanftes Lamm, jedenfalls jetzt in seinen mittleren Jahren. Andere Einschüchterer wie der Filmemacher Harvey Weinstein sind wesentlich aggressiver. Larry Summers, der ehemalige Präsident der Harvard University, der eine Reihe von Reformen durchgeboxt hat, führte berüchtigte „Kennenlern-Sitzungen" mit wissenschaftlichen und sonstigen Mitarbeitern durch, die mit Konfrontation, Skepsis und unbequemen Fragen begannen und von da an immer schlimmer wurden. Jobs ist eher ein fordernder, schwer zufriedenzustellender Vater. Er arbeitet nicht nur mit Angst und Einschüchterung. Untergebene arbeiten hart, um seine Aufmerksamkeit und seine Anerkennung zu bekommen. Ein früherer Pixar-Mitarbeiter äußerte gegenüber Kramer, dass er genauso Angst davor hatte, Jobs hängen zu lassen, wie er Angst davor hatte, seinen Vater zu enttäuschen.

Viele Leute, die für Jobs arbeiten, werden verheizt, doch rückblickend sind sie froh über die Erfahrung, die sie machen durften. Kramer sagte, dass ihn bei seinen Recherchen überraschte, wie viele Mitarbeiter großer Einschüchterer die Erfahrung „höchst lehrreich, sogar bewusstseinsverändernd" fanden. Jobs lässt die Leute hart arbeiten und lädt ihnen eine Menge Stress auf, doch das Resultat ist großartig. „Ob ich es genossen habe, mit Steve Jobs zusammenzuarbeiten? Ja, das habe ich", sagte Cordell Ratzlaff, der Designer von Mac OS X. „Das war wahrscheinlich das Beste, was ich je zustande gebracht habe. Es war beglückend. Es war aufregend. Manchmal war es schwierig, doch er hat die Fähigkeit, das Beste aus den Leuten herauszuholen. Ich habe ungeheuer viel von ihm gelernt. Es gab Höhen und Tiefen, doch auf jeden Fall war es eine Erfahrung." Ratzlaff arbeitete etwa 18 Monate lang direkt mit Jobs zusammen und sagt, auch nur einen Tag länger zu bleiben, wäre schwierig geworden. „Einige Leute halten es jedoch länger aus. Avie Tevanian und Bertrand Serlet zum Beispiel. Ich war Zeuge, wie er beide anschrie, doch irgendwie haben sie herausgefunden, wie sie es ohne großen Schaden durchstehen können. Es gab Fälle, wo Leute eine sehr, sehr lange Zeit für ihn gearbeitet haben. Seine Büroleiterin arbeitete viele Jahre lang bei ihm. Eines Tages schmiss er sie einfach hinaus. Er sagte laut Ratzlaff zu ihr: ,Das war's, du arbeitest hier nicht mehr.'"

Nach neun Jahren bei Apple, die letzten davon in enger Zusammenarbeit mit Jobs, kündigte der Programmierer Peter Hoddie ziemlich verbittert. Nicht weil er ausgebrannt war, sondern weil er bei Apple mehr Einfluss haben wollte. Er hatte es satt, Befehle von Jobs zu erhalten, und wollte mehr bei den Plänen und Produkten des Unternehmens mitbestimmen. Sie hatten einen Streit, Hoddie kündigte, doch später tat es Jobs leid. Er versuchte, Hoddie zum Bleiben zu bewegen. „So leicht kommst du mir nicht davon", sagte Jobs zu Hoddie. „Lass uns darüber reden." Doch Hoddie blieb dabei. An seinem letzten Tag rief Jobs von seinem Büro am anderen Ende des Firmengeländes aus an. „Steve war bis zum letzten Moment sehr nett zu mir", sagte Hoddie. „Er wünschte mir viel Glück. Er sagte nicht: ,Fuck you'. Natürlich ist alles, was er tut, in gewisser Weise kalkuliert."

Steves Lehren

- *Es ist in Ordnung, ein Arschloch zu sein, solange man ein leidenschaftliches Arschloch ist.* Jobs schreit und brüllt seine Mitarbeiter an, doch dem liegt sein Wunsch, die Welt zu verändern, zugrunde.
- *Seien Sie leidenschaftlich bei Ihrer Arbeit.* Jobs ist es, und es ist ansteckend.
- *Verwenden Sie Zuckerbrot und Peitsche, um zum Ziel zu gelangen.* Jobs lobt und tadelt, und alle müssen mit der Held-Arschloch-Achterbahn fahren.
- *Treten Sie Leuten in den Hintern, um Ihr Ziel zu erreichen.*
- *Belohnen Sie das Erreichen von Zielen mit ganz besonderem Flair.*
- *Bestehen Sie auf Dingen, die angeblich unmöglich sind.* Jobs weiß, dass am Ende sogar das kniffligste Problem lösbar ist.
- *Werden Sie ein großer Einschüchterer.* Helfen Sie den Leuten durch Angst und den Wunsch, zu gefallen, auf die Sprünge.
- *Seien Sie nicht nur ein großer Einschüchterer, sondern auch ein großer Einschmeichler.* Wenn er ihn braucht, schaltet Jobs seinen Charme ein.
- *Lassen Sie die Leute schuften.* Jobs lädt ihnen viel Stress auf, doch die Mitarbeiter bringen großartige Leistungen.

Kapitel 6
Erfindungsgeist: Woher kommt die Innovation?

„Innovation hat nichts damit zu tun, wie viele Forschungsgelder man ausgibt. Als Apple den Mac erfand, gab IBM mindestens hundertmal so viel für Forschung und Entwicklung aus. Es geht nicht um Geld. Es geht um die Leute, die man hat, darum, wie man beraten wird und wie viel man versteht."

– Steve Jobs im *Fortune* Magazin, 9. November 1998

Am 3.7.2001 legt Apple seinen von der Kritik gepriesenen PowerMac G4 Cube auf Eis. Jobs hatte das würfelförmige Gerät erst ein Jahr zuvor unter dem Jubel der Kritiker vorgestellt. Der 22 cm große Würfel aus durchsichtigem Plastik, der die CDs an der Oberseite auswarf wie ein Toaster die Brotscheiben, begeisterte die Journalisten. Walt Mossberg vom *Wall Street Journal* sagte, er sei „einfach der großartigste Computer, den ich je gesehen oder benutzt habe". Jonathan Ive gewann mehrere Preise für das Design. Doch bei den Verbrauchern war der Cube kein großer Hit. Er verkaufte sich schlecht. Apple hatte sich einen Absatz von 800.000 Stück im ersten Jahr erhofft, erreichte aber weniger als 100.000. Ein Jahr nach der Markteinführung setzte Jobs die Produktion aus und veröffentlichte eine ungewöhnliche Pressemitteilung.[1] „Das Unternehmen teilte mit, es gebe zwar eine geringe Chance für eine überarbeitete Variante, zurzeit bestünden aber keine dahingehenden Pläne", war in der Mitteilung zu lesen. Es schien, als könne Jobs nicht ertragen, den Cube offiziell einzustellen, doch er wollte auch keine weiteren verkaufen. So wurde er also in ein dauerhaftes Produkt-Fegefeuer geschickt.

Der Cube war Jobs' Idee: eine wunderschön designte, technisch ausgereifte Maschine, in der Monate, vielleicht Jahre an Experimenten und zahlreiche Prototypen steckten. Der Cube brachte eine Menge leistungsstarker Hardware auf sehr engem Raum unter. Er war schnell und sicher und machte komplett Schluss mit einem von Steve Jobs' roten Tüchern: dem internen Lüfter. Doch außer ein paar Designmuseen interessierte sich kaum jemand dafür. Mit 2.000 Dollar war er zu teuer für die meisten Konsumenten, die einen billigen, monitorlosen Mac wie den darauffolgenden Mac Mini wollten. Und die, die ihn sich leisten konnten – professionelle Kreative, die in den Bereichen Grafik oder Design arbeiteten –, brauchten einen noch leistungsstärkeren Rechner, in den man leicht neue Grafikkarten oder zusätzliche Festplatten einbauen konnte. Sie kauften stattdessen den billigeren PowerMac G4 Tower. Er war hässlich, funktionierte aber.

Jobs hatte den Markt vollkommen falsch eingeschätzt. Der Cube war das falsche Gerät zum falschen Preis. Im Januar 2001 wies Apple einen Quartalsverlust von 247 Millionen Dollar, den ersten Verlust seit Jobs' Rückkehr, auf. Er war angekratzt.

Der Cube war einer von Jobs' wenigen Fehlern, seit er wieder bei Apple war, und er lernte daraus. Der Cube war eines der wenigen Produkte unter seiner Verantwortung, die völlig vom Design bestimmt waren. Er war ein Experiment, in dem die Form über die Funktion gestellt wurde. Der Würfel war schon immer eine von Jobs' Lieblingsformen. Der Computer, den er

---

[1] „Apple Puts Power Mac G4 Cube on Ice". (http://www.apple.com/ pi/library/2001/jul/03cube.html)

bei NeXT verkaufte – der NeXT Cube –, war ein preisgünstiger, per Laser geschnittener Magnesium-Würfel (der ironischerweise ebenfalls ein Verkaufsflop war). Der unterirdische Apple-Laden in der Fifth Avenue in Manhattan wird durch einen gigantischen Glaswürfel, den Jobs mit entworfen hat (und der kein Flop ist) nach oben abgeschlossen. *The Register* nannte den G4 Cube ein „ruhmreiches Experiment, in dem die Ästhetik über den gesunden Menschenverstand gestellt wurde"[2]. Anstatt sich darauf zu konzentrieren, was die Kunden wollten, dachte Jobs, er könne ihnen ein elegantes Museumsstück geben, und er musste die Konsequenzen dafür tragen.

Jobs achtet normalerweise sehr genau auf die Kundenerfahrung. Das ist einer der Faktoren, die ihm den Ruf eines Innovators eingebracht haben. Eine zentrale Frage über Jobs und Apple ist: Woher kommt die Innovation? Wie jedes komplexe Phänomen hat auch dieses mehrere Quellen, doch ein großer Teil davon ist Jobs' Aufmerksamkeit und Sorgfalt zu verdanken. Vom Scrollrad des iPods bis hin zu dessen Verpackung achtet Jobs auf jeden Aspekt der Kundenerfahrung. Sein Instinkt für die Benutzererfahrung seiner Produkte ist der Motor und die Inspirationsquelle von Apples Innovationen, und der Cube war eine der seltenen Gelegenheiten, bei denen er unachtsam war.

Lust auf Innovation

Innovation ist heutzutage eines der aktuellsten Themen in der Geschäftswelt. Bei ständig zunehmendem Wettbewerb und sich verkürzenden Produktzyklen suchen die Unternehmen verzweifelt nach der Innovations-Zauberformel. Auf der Suche nach einem System werden Mitarbeiter zu Innovations-Workshops geschickt, bei denen sie mit Lego-Steinen spielen müssen, um ihre Kreativität zu entfesseln. Unternehmen stellen Innovationsleiter ein oder eröffnen Innovationszentren, in denen Manager, von Lego-Kisten umgeben, brainstormen, frei assoziieren oder Ideen ersinnen.

---

2) Andrew Orlowski in *The Register*, 15. März 2001. (http://www.theregister.co.uk/2001/03/15/apple_abandons_cube/)

Jobs findet solche Vorstellungen lächerlich. Bei Apple gibt es kein System, um Innovation zu erschließen. Als der *New-York-Times*-Journalist Rob Walker ihn fragte, ob er bewusst über Innovation nachdenkt, antwortete Jobs: „Nein. Wir denken bewusst darüber nach, wie wir großartige Produkte machen. Wir denken nicht: ‚Lasst uns innovativ sein! Lasst uns einen Kurs besuchen! Hier sind die fünf Regeln der Innovation, lasst sie uns im ganzen Unternehmen verwirklichen!'" Jobs verglich die Versuche, Innovation zu systematisieren, „mit jemandem, der nicht cool ist und versucht, cool zu sein. Es tut weh zuzusehen ... Es ist, als würde man Michael Dell beim Tanzen zusehen. *Furchtbar.*"[3]

Dennoch ist Jobs' Ruf als Innovator geradezu legendär. Wie beschrieben sind seine Vorbilder einige der größten Erfinder und Entrepreneure aus der Industrie: Henry Ford, Thomas Edison und Edwin Land. Apples früherer CEO John Sculley schrieb, dass Jobs häufig über Land sprach. „Steve vergötterte Land, sah in ihm einen der größten Erfinder Amerikas. Es ging nicht in seinen Kopf, dass Polaroid Land nach dem einzigen größeren Misserfolg in dessen Karriere – Polavision, einer Sofort-Filmkamera, die sich nicht gegen die Videokamera durchsetzen konnte und 1979 zu einer Abschreibung in Höhe von 70 Millionen Dollar führte – hinauswarf. ‚Alles, was er getan hatte, war, ein paar lausige Millionen in den Wind zu schießen, und sie nahmen ihm seine Firma weg', sagte Steve angewidert."[4]

Sculley erinnerte sich an eine Reise, die er mit Jobs zusammen unternahm, um Land nach seinem Rausschmiss bei Polaroid zu besuchen. „Er hatte sein eigenes Labor am Charles River in Cambridge", berichtete Sculley. „Es war ein faszinierender Nachmittag, wir saßen in einem riesigen Konferenzsaal mit einem leeren Tisch. Dr. Land und Steve schauten während der gesamten Unterhaltung auf die Mitte des Tisches. Dr. Land sagte: ‚Ich hatte eine Vision davon, wie die Polaroid-Kamera werden sollte. Schon bevor ich sie überhaupt gebaut hatte, war sie für mich so real, als ob sie vor mir läge.' Und Steve sagte: ‚Ja, genau auf die gleiche Weise sah ich den Macintosh.' Er sagte: ‚Wenn ich jemanden, der nur einen Taschen-

---

3) Walker, Rob: „The Guts of a New Machine". In: Magazin der *New York Times,* 30. November 2003. (http://www.nytimes.com/2003/11/30/ magazine/30IPOD.html)
4) Sculley, John: *Odyssey: Pepsi to Apple: The Journey of a Marketing Impresario.* HarperCollins, New York 1987, S. 285.

rechner kannte, gefragt hätte, wie der Macintosh aussehen soll, hätte er es mir nicht sagen können. Es gab keine Möglichkeit, Marktforschung darüber zu betreiben. Ich musste ihn einfach erschaffen und ihn anschließend den Leuten zeigen und sie fragen, was sie darüber denken.' Beide hatten diese Fähigkeit, Produkte – nun, nicht zu erfinden, sondern zu entdecken. Beide sagten, die Produkte hätten immer existiert, nur dass sie vor ihnen einfach niemand gesehen habe. Sie waren diejenigen, die sie entdeckten. Die Polaroid-Kamera und den Macintosh hatte es schon immer gegeben. Sie haben sie nur entdeckt. Steve fühlte eine tiefe Bewunderung für Dr. Land. Diese Reise faszinierte ihn."

In Fernseh- und Zeitschrifteninterviews beruft sich Jobs oftmals auf Innovation als Apples Zaubertrank. Auch bei seinen Grundsatzreden hat er mehrmals über Innovation gesprochen. „Wir werden uns durch Innovationen aus diesem Abschwung herausarbeiten", erklärte Jobs 2001, als sich die Computerbranche in der Rezession befand. „Innovation ist unser Tagesgeschäft", prahlte er bei der Macworld Paris im September 2003.

Unter Jobs' Führung hat sich Apple den Ruf als eines der innovativsten Technologieunternehmen überhaupt erworben. Die *Business Week* kürte Apple 2007 zum innovativsten Unternehmen der Welt vor Google, Toyota, Sony, Nokia, Genentech und einer Heerschar anderer Spitzenunternehmen. Es war das dritte Jahr in Folge, dass Apple an der Spitze stand.[5]

Apple hat in der Vergangenheit in regelmäßigen Abständen Innovationen auf den Markt gebracht, darunter drei der vielleicht wichtigsten Innovationen der modernen Computertechnik: den ersten komplett zusammengebauten Personalcomputer – den Apple II –, die erste kommerzielle Anwendung der grafischen Benutzeroberfläche – den Mac – sowie 2001 den iPod, ein internetfähiges Gerät für digitale Medien, das sich als schlichter MP3-Player tarnt.

Apple produzierte Sensationserfolge wie den iMac, den iPod und das iPhone, doch es gibt auch eine Reihe kleinerer und dennoch wichtiger und einflussreicher Produkte wie Airport, eine Produktlinie leicht zu be-

---

5) „The World's 50 Most Innovative Companies". In: *Business Week*. (http://bwnt.businessweek.com/interactive_reports/most_innovative/index.asp)

dienender W-LAN-Basisstationen, die Apples Laptops mit zu den ersten drahtlosen Notebooks machte – einem Trend, der später durch und durch Mainstream wurde –, und AppleTV, das den Fernseher im Wohnzimmer mit dem Computer im Arbeitszimmer verbindet.

Apple genießt für seine Innovationen einen unübertroffenen Ruf, wurde jedoch traditionell eher als eine Art Forschungs-und-Entwicklungs-Labor für den Rest der PC-Branche angesehen. Es mag eine Innovation nach der anderen kreiert haben, doch viele Jahre lang schien es unfähig zu sein, aus seinen Durchbrüchen Kapital zu schlagen. Apple war Vorreiter der grafischen Oberfläche, doch Microsoft brachte diese auf 95 Prozent der weltweiten Computerbildschirme. Apple erfand den ersten PDA, den Newton, doch Palm machte daraus eine Drei-Milliarden-Dollar-Branche. Während Apple die Technik voranbrachte, verdienten Unternehmen wie Microsoft und Dell das große Geld. In dieser Hinsicht ist Apple mit Xerox PARC verglichen worden, der legendären Forschungseinrichtung des Kopiererunternehmens, die mehr oder weniger die gesamte moderne Computerwelt erfunden hat – die grafische Benutzeroberfläche, das Ethernet-Netzwerk sowie den Laserdrucker –, aber nichts davon kommerziell verwertete. Genauso erging es Apple, das die grafische Benutzeroberfläche auf den Markt brachte, jedoch Microsoft damit so richtig abräumen ließ.

Jobs selbst war früher geradezu für seine halsbrecherischen Innovationen bekannt. Er war so damit beschäftigt, das nächste bahnbrechende Produkt herauszubringen, dass er unfähig war, aus dem letzten Kapital zu schlagen. Kritiker sagen, dass er so schnell weitereilte, dass er fahrlässig versäumte, seine Produkte weiterzuentwickeln. Nehmen Sie zum Beispiel den Mac und den Apple II. Mitte der achtziger Jahre war der Apple II der erfolgreichste Computer der PC-Branche, 1981 hatte er einen Marktanteil von 17%. Doch als drei Jahre später der Mac herauskam, war er vollständig inkompatibel mit dem Apple II. Dessen Software lief nicht auf dem Mac, und dieser ließ sich auch nicht mit den Peripheriegeräten des Apple II verbinden. Die Entwickler konnten nicht einfach ihre Apple II-Software auf den Mac portieren, sondern mussten sie komplett neu schreiben. Und auch Kunden, die zum Mac wechselten, mussten ganz von vorn anfangen. Sie mussten für teures Geld ganz neue Software und Peripheriegeräte kaufen. Doch Jobs war nicht daran interessiert, auf der starken Position des Apple II aufzubauen. Er war interessiert an der Zukunft, und diese hieß grafische Oberfläche. „Jobs ist ein Erzeuger, keine Krankenschwester", schrieb der frühere Apple-Vorstand Jean Louis Gassée.[6]

Bill Gates hat nie solche Fehler gemacht. Windows wurde auf der Basis von Microsoft DOS und Office auf der Basis von Windows entwickelt. Jede Windows-Version ist zur vorhergehenden kompatibel. Der Fortschritt war langsam, aber regelmäßig – und so floss das Geld.

Produkt- oder Geschäfts-Innovation? Apple will beides

Bis vor kurzem sagte man Jobs nicht gerade nach, Dinge durchziehen zu können. Für die meiste Zeit seines Bestehens wurde Apple zwar als kreativ angesehen, doch Unternehmen wie Microsoft und Dell waren die Ausführenden. Experten unterschieden zwischen Unternehmen wie Apple, die gut in der Produktinnovation waren, und Unternehmen wie Dell, die „Geschäfts-Innovation" praktizierten. In der Wirtschaftsgeschichte waren die erfolgreichsten Unternehmen keine Produkt-Innovatoren, sondern diejenigen, die innovative Geschäftsmodelle entwickelten. Geschäfts-Innovatoren bauen auf den Durchbrüchen von anderen auf, indem sie neue Wege der Herstellung, Distribution oder Vermarktung erfinden. Henry Ford war nicht der Erfinder des Automobils, doch er perfektionierte die Massenproduktion. Dell entwickelt keine neue Arten von Computern, hat aber ein sehr effizientes Direktvermarktungssystem erfunden.

Doch Jobs' Ruf als Produktgenie ohne die Fähigkeit, etwas in die Tat umzusetzen, wird ihm nicht gerecht. Seit er zu Apple zurückkehrte, hat er sich als Meister der Umsetzung erwiesen. Apple hat sich durch hervorragende Ausführung – und Inszenierung – an allen Fronten hervorgehoben: Produkte, Vertrieb, Marketing und Support.

Beispielsweise saß Apple bei Jobs' Übernahme 1997 auf Bergen von Lagerbeständen im Umfang von 70 Tagesproduktionen. Im November 1997 startete Jobs einen Online-Shop, der hinter den Kulissen auf einem Dell-ähnlichen On-Demand-Produktionsprozess basierte. „Mit unseren neuen

---

6) Gassée, Jean Louis: *The Third Apple: Personal Computers and the Cultural Revolution.* Harcourt Brace Jovanovich, Orlando, Fla. 1985, S. 115.

Produkten, unserem neuen Shop und unserem neuen On-Demand-Verfahren sind wir dir auf den Fersen, Freund", warnte Jobs Michael Dell.

Innerhalb eines Jahres reduzierten sich Apples Lagerbestände von 70 Tagen auf einen Monat. Er warb Tim Cook von Compaq als neuen Chef des operativen Geschäfts an und betraute ihn mit der Aufgabe, Apples komplizierte Lieferantenstruktur zu vereinfachen. Damals kaufte Apple Teile von mehr als 100 verschiedenen Zulieferern. Cook lagerte den größten Teil von Apples Herstellung nach Übersee zu Vertragspartnern in Irland, Singapur und China aus. Die meisten tragbaren Produkte – die MacBooks, der iPod und das iPhone – werden jetzt durch Vertragspartner auf dem chinesischen Festland gefertigt. Cook reduzierte die Anzahl der Komponentenzulieferer radikal auf ungefähr 24.[7] Außerdem überzeugte er die Zulieferer, ihre Fabriken und Lagerhallen nahe an Apples Montagewerken anzusiedeln, was einen extrem effizienten Just-in-Time-Fertigungsprozess ermöglichte. Innerhalb von zwei Jahren reduzierte Cook die Lagerbestände weiter auf den heutigen Stand von nur noch sechs bis sieben Tagen.

Das heutige Unternehmen Apple führt das straffste Regiment in der Computerbranche. 2007 nannte AMR Research, ein Marktforschungsunternehmen, Apple das weltweit zweitbeste Unternehmen nach Nokia im Hinblick auf Management und Leistung der Zulieferkette. AMR berechnete mehrere ausführungsbezogene Kennzahlen, darunter Ertragswachstum und Lagerumschlaghäufigkeit. „Apples unvergleichliche Fähigkeit der Nachfragesteuerung lässt seine Zulieferkette spektakuläre Resultate erzielen, und das ohne die horrenden Kosten aller anderen", hieß es bei AMR. Apple schlug Toyota, Wal-Mart, Cisco und Coca-Cola.[8] Dell schaffte es noch nicht einmal auf die AMR-Liste.

Jobs prahlt gern damit, dass Apple effizienter arbeitet als Dell. „Bei den operationalen Kennzahlen schlagen wir Dell jedes Quartal", teilte Jobs dem *Rolling Stone* mit. „Wir sind auf jeden Fall ein genauso guter Hersteller wie Dell. Unsere Logistik ist so gut wie die von Dell. Unser Online-Shop

---

7) Burrows, Peter, Jay Greene: „Apple. Yes, Steve, You Fixed It. Congrats! Now What's Act Two? ". In: *Business Week,* 31. Juli 2000. (http://www.businessweek.com/2000/00_31/b3692001.htm)
8) AMR Research: „The 2007 Supply Chain Top 25". 31. Mai 2007. (http://www.amrresearch.com/content/view.asp?pmillid = 20450)

ist besser als der von Dell."⁹ Allerdings muss man auch dazusagen, dass Apple nur halb so viele Computer verkauft wie Dell und eine viel einfachere Produktpalette hat.

Jobs hat durchaus auch innovative Geschäftsmodelle entwickelt. Zum Beispiel den iTunes-Music Store. Bis zu dem Moment, als Jobs die Musiklabels davon überzeugte, Songs einzeln für 99 Cent anzubieten, hatte keiner ein Rezept zum Online-Verkauf von Musik gefunden, das mit illegalen Filesharing-Netzwerken konkurrieren konnte. Seither ist der iTunes-Music Store zum Dell der digitalen Musik geworden.

Außerdem gibt es auch noch Apples Einzelhandelsgeschäfte, die sich so stark vom gesamten übrigen Einzelhandel abheben, dass sie schon einmal als „Erlebnis-Innovation" bezeichnet wurden. Im modernen Einzelhandel dreht sich alles um das Kauferlebnis, und Apples zwanglose, freundliche Läden haben dem Erlebnis des Computerkaufs eine neue Dimension hinzugefügt (mehr dazu später in diesem Kapitel).

Woher kommt die Innovation?

Jobs scheint ein angeborenes Innovationstalent zu besitzen. Es scheint, als träfen ihn die Ideen wie Blitze aus heiterem Himmel. Die Glühbirne geht an, und plötzlich gibt es ein neues Apple-Produkt.

Ganz so ist es aber nicht. Das soll nicht heißen, es gäbe keine Geistesblitze, doch viele von Jobs' Produkten speisen sich aus den üblichen Quellen: der Markt- und Branchenbeobachtung sowie der Wahrnehmung, welche neuen Technologien sich gerade in der Entwicklung befinden und welche möglichen Anwendungen sich daraus ergeben. „Das System besteht darin, dass es kein System gibt", ließ Jobs die *Business Week* 2004 wissen. „Das bedeutet nicht, dass wir keinen Ablauf haben. Apple ist ein sehr diszipliniertes Unternehmen, und wir haben großartige Abläufe. Doch darum geht es nicht. Abläufe steigern die Effizienz."

---

9) „Steve Jobs: The Rolling Stone Interview".

Er fuhr fort: „Doch Innovation entsteht, wenn Leute sich auf dem Korridor treffen oder einander abends um 22:30 Uhr mit einer neuen Idee anrufen oder weil sie plötzlich begriffen haben, dass die Art und Weise, wie wir bislang über ein Problem dachten, auf den Kopf gestellt werden kann. Jemand, der die coolste Erfindung aller Zeiten gefunden zu haben glaubt, ruft dann einfach spontan sechs Leute zusammen und will wissen, was die anderen von seiner Idee halten."[10]

Ein Teil des Prozesses ist Apples übergeordnete Unternehmensstrategie: Auf welche Märkte zielt etwas und wie? Ein anderer Teil ist, mit neuen technologischen Entwicklungen Schritt zu halten und für neue Ideen empfänglich zu sein, besonders außerhalb des Unternehmens. Ein weiterer Teil hat mit Kreativität zu tun und mit ständigem Lernen, außerdem mit Flexibilität und der Bereitschaft, alte Ansichten über Bord zu werfen. Und ganz besonders wichtig ist die Kundenorientierung. Innovation bei Apple bedeutet vor allem, Technologien an die Bedürfnisse des Kunden anzupassen und nicht den Benutzer zwingen zu wollen, sich an die Technologie anzupassen.

Jobs' Innovationsstrategie: die digitale Schnittstelle

An die Grundsatzrede, die Jobs bei der Macworld in San Francisco im Januar 2001 hielt, erinnert man sich heute vor allem wegen der „One more thing"-Überraschung am Ende: Jobs ließ das „i" von „iCEO" fallen und wurde zu Apples dauerhaftem Chef. Doch zuvor in seiner Rede legte Jobs Apples Vision dar – eine Vision, die so überwältigend war, dass sie über ein Jahrzehnt an Innovationen verkörperte und fortan fast alles formte, was das Unternehmen machte, vom iPod bis hin zur Einzelhandelskette und sogar zur Werbung.

Die Strategie der digitalen Schnittstelle ist vielleicht das Wichtigste, was Jobs je in einer Grundsatzrede verkündet hat. Die Grundidee, die heute ziemlich naheliegend wirkt, hatte weitreichende Implikationen für fast alles, was Apple tat. Sie zeigt, wie das Festhalten an einer einfachen, gut

---

10) Burrows, Peter: „The Seed of Apple's Innovation". In: *Business Week,* 12. Oktober 2004. (http://www.businessweek.com/bwdaily/dnflash/oct2004/nf20041012_4018_dbo83.htm)

formulierten Idee ein Unternehmen strategisch zum Erfolg führen und dabei alles, von der Produktentwicklung bis hin zur Ausstattung der Läden, beeinflussen kann.

Glatt rasiert und mit einem schwarzen Rollkragenpullover und Bluejeans bekleidet, zeichnete Jobs zu Beginn seiner Rede ein ziemlich düsteres Bild der Computerbranche. Er stellte fest, dass das Jahr 2000 für Apple sowie für das Computergeschäft als Ganzes ein ziemlich schwieriges Jahr gewesen war. (Im März 2000 war die Dotcom-Blase geplatzt, und die Verkäufe von Computer-Ausrüstung fielen ins Bodenlose.) Jobs zeigte dem Publikum ein Dia, auf dem ein Grabstein mit der Aufschrift „Hier ruht der PC, 1976 bis 2000" zu sehen war.

Jobs stellte fest, dass viele Leute in der Branche besorgt waren, der PC könne seine besten Jahre hinter sich haben und aus der Aufmerksamkeit der Öffentlichkeit verschwinden. Doch Jobs sagte, der PC sei ganz und gar nicht am Verschwinden, sondern befände sich an der Schwelle zu seinem dritten Goldenen Zeitalter.

Das erste, das Zeitalter der Produktivität, hatte um 1980 mit der Erfindung von Tabellenkalkulation, Textverarbeitung und Desktop-Publishing begonnen. Das Goldene Zeitalter der Produktivität habe fast 15 Jahre lang angehalten und die Branche beflügelt, sagte Jobs, die Bühne der Macworld mit Schritten durchmessend. Dann, Mitte der 1990er-Jahre, habe das zweite Goldene Zeitalter begonnen, das Zeitalter des Internets. „Das Internet trieb den PC sowohl bei geschäftlichen als auch bei privaten Anwendungen zu neuen Höhen", bemerkte Jobs.

Doch nun betrete der Computer seine dritte große Epoche: das Zeitalter des digitalen Lebensstils, das durch eine explosionsartige Vermehrung digitaler Endgeräte gekennzeichnet sei. Er wies darauf hin, dass jeder ein Mobiltelefon, einen DVD-Player und eine Digitalkamera besaß. „Wir leben einen digitalen Lebensstil mit einer Explosion digitaler Geräte", sagte er. „Das ist eine riesige Sache."

Besonders wichtig war: Der Computer stand nicht an der Peripherie, sondern genau im Zentrum des digitalen Lebensstils, argumentierte Jobs. Der Computer war die „digitale Schnittstelle", die Zentrale, an die alle digitalen

Geräte andocken konnten. Und indem die Geräte an den Computer angeschlossen wurden, wurden sie durch ihn in ihrer Funktion erweitert: Mit der Hilfe des Computers lud man Musik auf den MP3-Player oder bearbeitete die Videoaufnahmen eines digitalen Camcorders.

Jobs erklärte, dass er die Idee einer digitalen Schnittstelle erst durch die Entwicklung von iMovie, einer Video-Bearbeitungs-Software, verstanden habe. Mit der iMovie-Software lässt sich rohes Filmmaterial am Computer bearbeiten, was den Camcorder viel wertvoller macht, als er für sich genommen wäre. „Es steigert den Wert Ihres Camcorders um den Faktor 10, weil Sie Rohmaterial in einen unglaublichen Film mit Übergängen, Überblendungen, Vor- und Abspann und Soundtrack verwandeln können", sagte Jobs. „Sie können Rohmaterial, das Sie normalerweise nie wieder ansehen würden, zu einem unglaublich emotionalen Kommunikationsmittel machen. Professionell. Persönlich. Es ist erstaunlich – das Ergebnis hat einen zehnmal größeren Wert für Sie."

Heute erscheint all das selbstverständlich, doch damals benutzten wenige Leute ihre Computer zu solchen Zwecken, und Mainstream war es ganz bestimmt nicht, dies zu tun. Gewiss, Jobs war mit der Erkenntnis, dass Computer gerade zu einem Lifestyle-Gerät wurden, nicht allein. In derselben Woche hatte Bill Gates bei einer Rede auf der Consumer Electronics Show in Las Vegas über den „digitalen Lifestyle" gesprochen. Der Intel-CEO Craig Barrett hielt ebenfalls Reden, in denen er feststellte, der Computer sei „wirklich der Mittelpunkt der digitalen Welt". Doch Jobs' Äußerung lief auf ein Leitbild für Apple hinaus. Die „digitale Schnittstelle" war die Anerkennung eines wichtigen Trends in der Computerbranche und zugleich eine Anleitung für Apple, seinen Platz darin zu finden. Sie ermöglichte Jobs einen Blick auf entstehende Technologien und das Verbraucherverhalten sowie die Formulierung geeigneter Produktstrategien. (Mehr über die digitale Schnittstelle in Kapitel 7.)

Produkte als Orientierung

Ein Aspekt des Innovationsprozesses bei Apple ist es, sich auf die Produkte zu konzentrieren, die das Endziel, das die Innovation anleitet und hervorbringt, sind. Ziellose Innovation ist Verschwendung. Es muss eine Richtung geben, etwas, was alles zusammenhält. Einige Silicon-Valley-Unternehmen entwickeln neue Technologien und suchen hinterher nach Problemen, die diese lösen können. Nehmen Sie zum Beispiel die Internetblase der späten 1990er Jahre. Diese Denkweise machte die Blase aus. Es war ein Feuerwerk wertloser Innovation – halbgare Geschäftsideen wurden in riesige geldverbrennende Unternehmen gepumpt, die in den törichten Versuch verfallen waren, schnell zu wachsen und die Konkurrenz zu schlagen. Entrepreneure starteten Internetseiten, um Tierfutter über das Netz zu verkaufen, oder bauten riesige Lagerhäuser, um Lebensmittel an die Haustür zu liefern, bevor es irgendein Anzeichen gab, dass die Kunden auf diese Weise einkaufen wollten. Am Ende stellte sich heraus, dass sie es nicht wollten. Niemand wollte seine Lebensmittel aus den automatisierten Lagerhäusern der Firma Webvan geliefert bekommen. Die Internetblase platzte und riss die Unternehmen, die Lösungen zu nichtexistenten Problemen entwickelt hatten, mit in den Abgrund.

„Man braucht eine sehr produktorientierte Unternehmenskultur, selbst in einem Technologieunternehmen", sagte Jobs. „Viele Unternehmen haben massenweise großartige Ingenieure und kluge Leute, doch am Ende muss es irgendeine Orientierung geben, die alles zusammenhält."[11]

Jobs bemerkt, dass Apple vor seiner Rückkehr seine produktorientierte Kultur verloren hatte. In den späteren 1980er und frühen 1990er Jahren wurden in den Laboren des Unternehmens großartige Technologien entwickelt, doch es gab keine Produktkultur, um diese Technologien einzusetzen. Stattdessen beschränkte sich das Unternehmen darauf, die wichtigste Kuh im Stall zu melken: die Mac-Benutzeroberfläche. Jobs wies darauf hin, dass Apple fast zehn Jahre lang das Monopol auf die grafische Oberfläche hatte, was den Samen für seinen Niedergang aussäte. Anstatt neue, bahnbrechende Produkte zu entwickeln, konzentrierte sich Apple darauf, den größtmöglichen Profit aus seinem Oberflächenmonopol zu ziehen.

„Die Produktentwickler sind nicht mehr die, die das Unternehmen voranbringen", konstatierte Jobs während dieser Zeit. „Die Marketingleute oder diejenigen, die die Expansion nach Lateinamerika durchführen, oder wer

---

11) Ebd.

auch immer sind dafür zuständig. Denn warum sollte man sich darauf konzentrieren, ein Produkt weiter zu verbessern, wenn das einzige Unternehmen, dem man Marktanteile abjagen kann, man selbst ist?" Jobs sagte, in Situationen wie diesen würden die Leute, die ein Unternehmen ursprünglich aufgebaut hatten – die produktorientierten Mitarbeiter –, häufig durch Leute, die sich vor allem auf den Vertrieb konzentrieren, ersetzt. „Wer schmeißt am Ende meistens den Laden?", fragte Jobs. „Der Vertriebsmensch."[12]

Jobs führte als gutes Beispiel Steve Ballmer, den Vertriebschef von Microsoft, an, der von Bill Gates, dem Programmierer, die Führung übernahm. „Eines Tages läuft nämlich das Monopol aus, aus welchem Grund auch immer", so Jobs weiter. „Doch inzwischen sind die besten Produktmitarbeiter gegangen, oder ihnen wird nicht mehr zugehört. Und dann durchlebt das Unternehmen diese turbulente Zeit, und entweder überlebt es oder nicht." Apple überlebte zum Glück.

Reine gegen angewandte Wissenschaft

Geld ist nicht der Schlüssel zur Innovation. Apple gibt viel weniger für Forschung und Entwicklung aus als andere Unternehmen und scheint doch mehr für sein Geld zu bekommen. Microsoft hat 2006 über sechs Milliarden Dollar für F&E ausgegeben und wird 2007 vermutlich 7,5 Milliarden Dollar ausgeben. Das Unternehmen unterhält mehrere große und finanziell gut ausgestattete Forschungszentren in Redmond, Silicon Valley, Cambridge (UK) und China. In Microsofts Forschungslaboren werden einige sehr beeindruckende Technologien entwickelt. Das Unternehmen prahlt damit, dass es bei der Spracherkennung und der schnellen Suche in großen Datenbanken führend ist. Jedes Jahr führt Microsoft Journalisten durch die Forschungseinrichtung in Redmond, und für alle Eingeladenen ist es ein Genuss, all die coolen Spielzeuge und klugen Technologien zu sehen, die gerade entwickelt werden. Doch es bleibt unklar, wie viel von Microsofts Forschung auf seine Produkte gerichtet ist. Abgesehen von der Spracherkennung in Vista, die ein positives Echo fand, gibt es kaum Hinweise, dass die Arbeit der Labore in größere neue Produktinitiativen einfließt.

---

12) Ebd.

„Wissen Sie, unsere Freunde oben im Norden gaben über fünf Milliarden Dollar für F&E aus, doch alles, was sie zurzeit zu tun scheinen, ist, Google und Apple zu kopieren", sagte Jobs anlässlich von Apples World Wide Developers Conference. „Das zeigt, dass man für Geld nicht alles kaufen kann."

2007 veröffentlichte das Strategieberatungsunternehmen Booz Allen Hamilton eine Studie über die weltweiten Unternehmensausgaben für F&E und kam darin zu dem Schluss, es gebe kaum Hinweise, dass höhere F&E-Investitionen zu besseren Ergebnissen führen. „Der Prozess zählt, nicht die Brieftasche", schloss Booz Allen. „Überlegene Ergebnisse scheinen eher von der Qualität des Innovationsprozesses bei einem Unternehmen abzuhängen – auf welche Entwicklungen es setzt und wie es diese verfolgt – als von der absoluten oder relativen Größe seiner Innovationsausgaben."

Booz Allen führt Apple als eines der, was die F&E-Ausgaben angeht, sparsamsten, aber zugleich als eines der erfolgreichsten Unternehmen der Technologiebranche an. Laut Booz Allen lag Apples F&E-zu-Umsatz-Verhältnis 2004 bei 5,9 Prozent, im Vergleich zu einem Branchendurchschnitt von 7,6 Prozent. „Seine 489 Millionen Dollar an Ausgaben sind ein Bruchteil der Ausgaben seiner größeren Mitbewerber", sagte Booz Allen. „Doch durch die rigorose Konzentration seiner Entwicklungsressourcen auf die kurze Liste der Projekte mit dem größten Potenzial hat das Unternehmen eine Innovationsmaschine geschaffen, die am Ende iMac, iBook, iPod und iTunes produzierte."[13]

Apples F&E-Ausgaben entsprechen der alten Unterscheidung zwischen reiner und angewandter Wissenschaft. Reine Wissenschaft ist das Streben nach Wissen um seiner selbst willen. Angewandte Wissenschaft ist die Anwendung der Wissenschaft auf konkrete Probleme. Selbstverständlich ist die reine Wissenschaft extrem wichtig und wird gelegentlich zu der Art an fundamentalen Durchbrüchen führen, mit denen sich angewandte Wissenschaftler gar nicht erst beschäftigen. Doch die angewandte Wissenschaft, etwa die Ingenieurswissenschaften, konzentriert sich mehr auf praktische, drückende Probleme. Der frühere Leiter von Microsofts Forschungslaboren, Nathan Myhrvold, verdiente sich seine wissenschaftli-

---

[13] Hamilton, Booz Allen: „Global Innovation 1000". 17. Oktober 2007. (http://www.boozallen.com.au/media/image/Global_Innovation_1000_17Octo7.pdf)

chen Lorbeeren mit akademischen Aufsätzen über Dinosaurier. Er mag auf dem Feld der Paläontologie einen wirklich wichtigen Beitrag geleistet haben, doch hat Microsoft den iPod erfunden?

Jobs lässt sich von Hewlett-Packard inspirieren, einem der ersten Silicon-Valley-Unternehmen und einem, das schon immer von Ingenieuren geleitet wurde, die für die Produkte verantwortlich waren. „Je älter ich werde, desto mehr bin ich überzeugt davon, dass die Motive einen riesigen Unterschied machen", sagte Jobs. „HPs primäres Ziel war es, großartige Produkte zu machen. Und unser primäres Ziel hier ist es, die besten PCs der Welt zu machen – und nicht, dass wir die Größten oder Reichsten werden." Jobs sagte, Apple habe ein zweites Ziel, und zwar, Profit zu machen – sowohl um Geld zu verdienen, als auch um weiter Produkte entwickeln zu können. „Eine Zeit lang", sagte Jobs, „wurden diese beiden Ziele bei Apple verwechselt, und diese kleine Veränderung machte den ganzen Unterschied aus. Als ich zurückkam, mussten wir daraus wieder ein Produktunternehmen machen."[14]

Der Seher – und Dieb

Jobs hält seine Augen nach vielversprechenden neuen Technologien oder nach vorhandenen Technologien offen, die Apple verbessern kann, wie den ersten MP3-Playern oder jüngst den Smartphones. Jobs hat den Ruf eines Sehers. Er scheint die magische Fähigkeit zu besitzen, in die Zukunft sehen zu können und vor allen anderen zu wissen, was die Verbraucher wollen. Jobs spielt seinen Ruf als Orakel herunter: „Man kann nicht wirklich genau voraussehen, was geschehen wird, aber man kann die Richtung fühlen, in die wir gehen", sagte Jobs dem *Rolling Stone*. „Näher kommt man der Sache nicht. Anschließend hält man sich zurück, geht aus dem Weg, und die Dinge beginnen ein Eigenleben zu entwickeln."[15]

Jobs hat einmal gesagt, er halte nach „Vektoren im Zeitverlauf" Ausschau – danach, welche neuen Technologien auf den Markt kommen und welche

---

14) Burrows, Peter: „The Seed of Apple's Innovation". In: *Business Week,* 12. Oktober 2004. (http://www.businessweek.com/bwdaily/dnflash/oct2004/nf20041012_4018_db083.htm)
15) „Steve Jobs: The Rolling Stone Interview".

auslaufen. „Man versucht, diese Dinge auszumachen, wie sie sich mit der Zeit verändern werden und auf welche Pferde man zum jeweiligen Zeitpunkt setzen sollte", sagte Jobs. „Man darf nicht zu weit voraus sein, aber man muss weit genug voraus sein, weil die Umsetzung eine Weile dauert. Man muss also auf einen fahrenden Zug zielen."[16]

Jobs führte den USB als Beispiel an. Intel hatte den heute allgegenwärtigen Universal Serial Bus erfunden, und Apple war einer der ersten PC-Hersteller, der ihn in Computer eingebaut hat. Jobs erkannte sein verbraucherfreundliches Potenzial: Er war nicht schnell, funktionierte aber nach dem Plug-and-Play-Prinzip und konnte Geräte mit Energie versorgen, was ein eigenes Kabel und einen zusätzlichen Akku überflüssig machte. Heute erscheint es als nicht besonders bemerkenswert, dass der USB so populär ist, doch Apple war eines der ersten Unternehmen, das ihn übernahm – und ohne Apple hätte der USB vielleicht nie die notwendige Masse erreicht.

Innovation kann aber auch von anderen Unternehmen kommen – und tut dies auch oft. Es gibt eine lange Liste von Technologien, die nicht bei Apple entwickelt wurden, bei denen Jobs und seine Ingenieure aber das innovative Potenzial erkannten. Das von Lucent und Agere entwickelte W-LAN-Drahtlosnetzwerk gewann erst an Fahrt, als Apple es für ganze Produktlinien von Computern benutzte und es in seine Airport-Basisstationen einbaute, womit die Ära der drahtlosen Laptops eingeleitet wurde.

Einige Beobachter merken an, dass Innovation bei Apple weniger mit der Erfindung brandneuer Technologien zu tun hat als damit, vorhandene Technologien benutzerfreundlich zu machen. Jobs trägt Technologien aus den Laboren heraus und legt sie in die Hände gewöhnlicher Benutzer.

Das erste und beste Beispiel dafür ist die grafische Benutzeroberfläche, die Jobs bereits 1979 mit 24 Jahren bei einer bezahlten Führung durch das berühmte Forschungszentrum von Xerox in Palo Alto in den Blick nahm. Bei seinem Besuch wurde Jobs der Xerox Alto vorgeführt, der erste Computer mit einer Maus und einer Oberfläche zum Ziehen und Klicken. „Ich fand, das war das Beste, was ich je in meinem Leben gesehen hatte. Und

---

16) Krantz, Michael, Steve Jobs: „Steve Jobs at 44". In: *Time*, 10. Oktober 1999.

bedenken Sie, wie fehlerhaft das Ganze noch war; was wir sahen, war unfertig, und sie hatten so einige Dinge falsch gemacht. Doch das wussten wir damals noch nicht, jedenfalls dachten wir, dass sie den Keim der Idee in den Händen hielten und dass sie es sehr gut gemacht hatten. Innerhalb von zehn Minuten war mir klar, dass eines Tages alle Computer so funktionieren würden."[17]

Doch das Management von Xerox hatte keine Vorstellung davon, was seine Forscher da im Labor ausgeheckt hatten. Trotz Dutzender Vorführungen erkannten die Verantwortlichen nicht dessen Potenzial. „Im Grunde waren sie Kopiermaschinen-Bauer, die einfach keine Ahnung von Computern hatten und von dem, was diese zu leisten in der Lage sind", sagte Jobs. „Und so wurde für sie der größte Sieg in der Computerbranche zu einer Niederlage. Xerox könnte heute die gesamte Computerbranche beherrschen."[18]

Wenn es um Innovation geht, gefällt es Jobs, Picassos berühmtes Diktum zu zitieren: Gute Künstler kopieren, großartige Künstler stehlen. Und Jobs fügt hinzu: „Und wir waren immer schamlos, was das Stehlen großartiger Ideen angeht."

Die kreative Verbindung

Für Jobs geht es bei Innovation und Kreativität darum, Dinge auf einmalige Weise zusammenzusetzen. „Kreativität bedeutet einfach, Dinge zu verbinden", sagte Jobs dem *Wired*-Magazin. „Wenn man kreative Leute fragt, wie sie etwas gemacht haben, fühlen sie sich ein wenig schuldig, weil sie nicht wirklich etwas gemacht haben, sondern einfach etwas gesehen haben. Es erschien ihnen nach einer Weile naheliegend. Das liegt daran, dass sie in der Lage waren, ihre verschiedenen Erfahrungen miteinander zu verbinden und so neue Dinge zusammenzusetzen. Und das konnten sie nur deshalb tun, weil sie mehr Erfahrungen durchlebt oder über ihre Erfahrungen mehr nachgedacht haben als andere Leute. (...) Unglück-

---

17) „Triumph of the Nerds: How the Personal Computer Changed the World". In: PBS TV show, Gastgeber: Robert Cringely, 1996. (http://www.pbs.org/nerds/part3.html)
18) Ebd.

licherweise ist das ein seltener Luxus. Viele Leute in unserer Branche haben keine besonders vielfältigen Erfahrungen gemacht. Daher haben sie nicht genügend Punkte, die sie verbinden können, und werden daher am Ende zu sehr geradlinigen Lösungen ohne einen umfassenden Blick auf das Problem gelangen. Je besser jemand die Auswirkungen der menschlichen Erfahrung versteht, desto besseres Design wird es geben."[19]

Apples Verwendung des Magnetismus ist ein gutes Beispiel dafür, wie das Unternehmen eine Technologie – etwas so Simples wie Magnete – in die Hand nimmt und damit spielt, sie verschiedenen Verwendungen zuführt. Die ersten Magnete erschienen in den Einrastverschlüssen von Apples Notebooks. Ein Magnet zog den Riegel beim Schließen der Klappe aus dem Gehäuse. Anschließend befestigte Apple Magnete an den Fernbedienungen, so dass diese, an der Seite des Computers klebend, sicher verwahrt werden konnten. Bei den neueren MacBooks wird zugunsten stärkerer Magnete, die die Klappe bei Bedarf geschlossen halten können, ganz und gar auf den Riegel verzichtet; außerdem haben diese Mag-Safe-Netzteile, die dank Magneten an Ort und Stelle bleiben. Sie sind so beschaffen, dass sie sich leicht lösen können, damit der Computer nicht mit dem Stromkabel auf den Boden gerissen werden kann. Die Idee hatte Apple von japanischen Reiskochern, die seit Jahren aus demselben Grund magnetische Netzteile verwenden. So kann kein kochendes Wasser durch die Küche geschleudert werden, wenn ein Kind über das Stromkabel stolpert.

Jobs sagt, dass er alles, was er über Produkte weiß, durch Heathkit-Baukästen gelernt habe. Heathkits waren beliebte Baukästen für elektronische Basteleien wie Amateurfunkgeräte, Verstärker und Oszillatoren. Die Baukästen lehrten Jobs, dass Produkte Manifestationen des menschlichen Geistes waren und keine magischen Objekte, die vom Himmel fielen. „Es stärkte meine Selbstsicherheit enorm, dass man durch Erforschen und Lernen scheinbar sehr komplexe Dinge in seiner Umgebung verstehen konnte", sagte er. „In dieser Hinsicht war meine Kindheit sehr glücklich."[20]

---

19) „The Wired Interview: Steve Jobs".
20) Morrow, David: „Steve Jobs". In: *Smithsonian Institution Oral and Video Histories*, 20. April 1995. (http://americanhistory.si.edu/collections/comphist/sji.html)

Jobs ist schon immer ein wissbegieriger Student gewesen. Er interessiert sich für Architektur, Design und Technologie. Seine Büros sind oft vollgestopft mit elektronischen Geräten, deren Verkleidung er entfernt hatte, um zu sehen, wie sie funktionieren. John Sculley erinnerte sich, dass Jobs immer die Produkte anderer Hersteller untersucht hat. „Elektronische Bauteile und Gehäuse von Produkten waren im Raum verteilt", schrieb er. „Alles lag verstreut und chaotisch herum, und an den Wänden klebten Plakate und Bilder. Er war gerade mit einem neuen Produkt, das er auseinandergenommen hatte, aus Japan zurückgekehrt. Teile davon lagen auf seinem Schreibtisch. Ich entdeckte, dass Steve immer, wenn er etwas Neues sah, das ihn interessierte, es kaufte, auseinandernahm und zu verstehen versuchte, wie es funktionierte."[21]

Sculley erinnerte sich an eine Reise, die er zusammen mit Jobs nach Japan unternommen hatte, um Akio Morita, den legendären Mitbegründer von Sony, zu treffen. Morita zeigte den beiden zwei der ersten Walkmans, die aus der Produktion kamen. „Steve war fasziniert", erinnert sich Sculley. „Also war das Erste, was er mit seinem eigenen tat, ihn auseinanderzunehmen und jedes einzelne Teil zu untersuchen. Er wollte wissen, wie die Verarbeitung war und wie es hergestellt wurde."[22]

Jobs lud seine Mitarbeiter oft zu Museumstouren und in besondere Ausstellungen ein, um ihnen etwas über Design oder Architektur beizubringen. Mit dem Mac-Entwicklungsteam ging er einmal in eine Ausstellung des großen Jugendstil-Designers Louis Comfort Tiffany, weil Tiffany ein Künstler war, der seine Arbeit kommerziell vermarktete. Bei NeXT nahm Jobs einmal eine Gruppe auf einen Ausflug zu Frank Lloyd Wrights Haus Fallingwater in Pennsylvania mit, um den Entwurf des großen Architekten zu studieren. Öfters spazierte Jobs bei NeXT auch zu den Sony-Büros auf der anderen Seite des Korridors hinüber. Er nahm Sony-Broschüren mit und untersuchte sorgfältig die Schriftarten und das Layout sowie das Gewicht des Papiers.

Bei einer Gelegenheit traf Sculley Jobs dabei an, wie er gerade wie verrückt auf dem Parkplatz der Apple-Zentrale hin und her hüpfte und Autos unter-

---

21) Sculley: *Odyssey.* S. 63.
22) John Sculley, persönliches Interview, Dezember 2001.

suchte. Er analysierte Details von deren Design und suchte nach Anregungen, die er für das Design des Macintosh-Gehäuses verwenden konnte. „Sehen Sie sich das Mercedes-Design an", forderte er Sculley auf, „die Proportion zwischen fließenden Linien und hervorstechenden Details. Im Laufe der Jahre haben sie das Design weicher gemacht, aber die Details stärker hervortreten lassen. Das ist es, was wir mit dem Macintosh tun müssen."[23]

Jobs interessiert sich seit langem für deutsches Design. In den achtziger Jahren war seine Junggesellen-Behausung leer bis auf einen Konzertflügel und ein großes schwarzes BMW-Fahrrad. Schon immer hat er Braun, den deutschen Elektronikhersteller, der für sein sauberes Industriedesign berühmt ist, sehr bewundert. Braun verschmolz Hochtechnologie mit künstlerischem Design. Jobs hat schon mehrfach geäußert, dass er technologische Kreativität und künstlerische Kreativität für zwei Seiten derselben Medaille hält. Als ihn das *Time Magazine* nach dem Unterschied zwischen Kunst und Technologie fragte, sagte er: „Ich habe nie geglaubt, dass man sie voneinander trennen kann. Leonardo da Vinci war ein großartiger Künstler und ein großartiger Wissenschaftler. Michelangelo wusste unglaublich viel darüber, wie im Steinbruch der Stein abgebaut wurde. Das beste Dutzend an Informatikern, das ich kenne, besteht nur aus Musikern. Der eine ist besser, der andere ist schlechter, doch alle betrachten Musik als wichtigen Teil ihres Lebens. Ich glaube nicht, dass die besten Leute beider Gebiete sich nur als einen Zweig eines gegabelten Baumes betrachten. Es entspricht einfach nicht meiner Beobachtung. Die Leute verbinden diese Dinge sehr häufig. Dr. Land von Polaroid sagte: ‚Ich will, dass Polaroid am Schnittpunkt von Kunst und Wissenschaft steht', und das habe ich nie vergessen. Ich glaube, dass das möglich ist und dass es eine Menge Leute probiert haben."[24]

Flexibles Denken

Früher war Apple ausgesprochen eigenbrötlerisch, schickte seine eigene Technologie ins Rennen und mied Industriestandards. Während seiner frühen Jahre verwendete Apple für fast alles nichtstandardisierte Technologie. Tastaturen, Mäuse und Monitore hatten alle vom Standard abwei-

---

23) Sculley: *Odyssey*, S. 156.
24) Krantz, Michael, Steve Jobs: „Steve Jobs at 44". In: *Time*, 10. Oktober 1999.

chende Anschlussstecker. Doch seit Jobs' Rückkehr ist Apple viel flexibler und praktischer geworden. Es macht sich von einer Menge Ballast frei. In allen Bereichen verwendet Apple so viele Standardkomponenten und -schnittstellen wie möglich, etwa USB oder Intel-Chips. Der Mac unterstützt sogar die Maus mit zwei Tasten.

Kreativität bedeutet, offen und flexibel zu sein und nicht Protektionismus für sein eigenes Geschäftsmodell zu betreiben. Es muss ein Element waghalsiger Sorglosigkeit geben, die Bereitschaft, das Unternehmen für die nächste Neuheit zu verwetten. Ein Beispiel dafür ist Jobs' Entscheidung, den iPod Windows-Usern zugänglich zu machen. Anfangs war der iPod als reines Mac-Produkt gedacht. Jobs wollte ihn verwenden, um Windows-Benutzer zu ködern. Er hoffte, der iPod sei für sie ein Anreiz, um zum Mac zu wechseln. Darüber gab es Apple-intern eine lange, intensiv geführte Debatte. „Es gab eine lange Diskussion", sagte Jon Rubinstein, der ehemalige Leiter von Apples Hardware- und iPod-Abteilung. „Für uns war das eine wichtige Entscheidung. Wir wussten nicht, wie die Auswirkungen sein würden, also diskutierten wir das Für und Wider beider Möglichkeiten und spielten des Teufels Advokat."

Laut Rubinstein kam man am Ende zu dem Schluss, das wenn man Windows-Usern eine Kostprobe von Apples Technologie gäbe, es zu einem „Heiligenschein-Effekt" führen würde – es würde die restlichen Produkte des Unternehmens in einem heiligen Glanz erstrahlen lassen. „Am Ende war dieser Heiligenschein-Effekt viel wichtiger, als ein paar Mac-Verkäufe zu verlieren", sagte Rubinstein. „Der iPod lockte die Leute in die Läden, und bei der Gelegenheit schauten sie sich den Mac an." Rubinstein sagte, dass die Kombination aus Einzelhandelsgeschäften, dem iPod, den Macs und der Windows-fähigen iTunes-Software eine Gesamtstrategie bildete. „Sie beflügeln sich gegenseitig", sagte er. „Sie benutzen iTunes auf Windows-Rechnern und merken dabei, wie sich ein Mac anfühlt."[25]

Den ersten Windows-kompatiblen iPod stellte Jobs im Juli 2002 vor. Dieser war zwar für Windows konfiguriert, benötigte jedoch noch immer einen FireWire-Anschluss, was bei Windows-Rechnern eine Seltenheit war. Die wirkliche Veränderung trat etwa ein Jahr später ein, als Apple die An-

---

25) Jon Rubinstein, persönliches Interview, Oktober 2006.

schlussmöglichkeiten des iPod an den Windows-Computer verbesserte. Mit der Markteinführung der dritten iPod-Generation im Mai 2003 fügte Apple der FireWire- eine USB2-Schnittstelle hinzu. Für Steve Jobs war das eine unglaublich große Änderung. Sie markierte den Abschied von seinem Prinzip, Produkte primär für die Mac-Plattform zu entwickeln. Doch der Schritt hatte auch dramatische Auswirkungen auf den Absatz. Bis dahin hatte Apple eine Million iPods verkauft. Innerhalb der folgenden sechs Monate gingen eine weitere Million, im Laufe eines Jahres drei Millionen Exemplare über den Ladentisch. Innerhalb der folgenden 18 Monate wurden weitere neun Millionen Stück abgesetzt. Heute ist der iPod ganz klar ein Windows-Gerät. Alle iPods werden ab Werk für Windows konfiguriert – nicht für den Mac. Doch während Windows-Computer nicht mit Mac-Dateiformaten kompatibel sind, ist dies umgekehrt der Fall, weswegen der Mac keine Schwierigkeiten hat, eine Verbindung zu für Windows formatierten iPods herzustellen. Auch andere Apple-Geräte sind Windows-freundlich geworden. 2007 kam der Safari-Browser für Windows heraus: Ein weiterer Versuch, einen Heiligenschein rund um die Apple-Software zu erzeugen, gerade weil viele Windows-Benutzer Safari auf ihren iPhones benutzen. Das iPhone funktioniert zusammen mit Windows und Microsoft Outlook genauso gut wie mit einem Mac. AppleTV ist genauso Windows-kompatibel wie die Airport-WiFi-Basisstationen. Apples alter Modus Operandi, sich nur auf die eigene Technologie zu stützen, wurde ein Ende gesetzt. Jobs hat die Windows-Welt voll und ganz akzeptiert.

Sir Howard Stringer strengt sich zurzeit gerade an, Sony zu neuem Leben zu erwecken, etwas von der vitalen Erfindungskraft, die das Unternehmen aufgebaut und definiert hat, zurückzuholen, doch das Unternehmen scheint sein Gespür für Innovation verloren zu haben. Digitale Musik ist das perfekte Beispiel. Das Geschäft hätte Sony gehören können. Schließlich hat Sony mit dem Walkman die Musik zum Mitnehmen erfunden und den Markt tragbarer Abspielgeräte selbst dann noch dominiert, als bereits Dutzende andere Unternehmen Walkman- und Discman-Nachahmer auf den Markt geworfen hatten. Doch bei dem Versuch, seine Musik-Label zu schützen, hat Sony seine ersten digitalen Abspielgeräte verstümmelt. Erstaunlicherweise konnte Sonys digitaler Walkman keine MP3-Dateien abspielen, obwohl diese sich gerade zum Standard für digitale Musik entwickelten. Stattdessen zwang Sony die Benutzer, ihre Musikdateien in das Sony-eigene ATRAC-Format umzuwandeln, wozu diese verständlicherweise keine Lust hatten. Sie hatten bereits Festplatten voller Musik im MP3-Format, die nun nicht auf Sony-Playern abgespielt werden konnten.

Eine Bereitschaft wie die von Jobs, Experimente mit offenem Ausgang zu wagen und anschließend die Ideen zu verbessern, sieht man bei anderen Unternehmen selten. Bei Sony tauchen die Manager zum Beispiel oft mit einem einzigen Screenshot in Sitzungen auf und sagen: „Das ist unser Design". Ein Ingenieur, der mehrere Jahre lang eng mit dem japanischen Giganten zusammengearbeitet hat, sagte, dies hätte er oft erlebt. Erstaunt und etwas schockiert hatte er gefragt, wie man zu diesem speziellen Design gekommen war: Welche Entscheidungen waren getroffen worden? Warum machten sie es auf diese anstatt auf jene Weise? Doch seine Fragen wurden immer mit der schroffen Feststellung: „Dies ist das genehmigte Design" abgeblockt.

„Sie halten sich für wirklich innovativ, doch sie haben Angst, irgendetwas wirklich Neues zu machen", erklärte der Ingenieur. „Ein wichtiger Grund ist, dass niemand schuld sein will. Sie fürchten sich so sehr, einen Fehler zu machen, dass sie immer bei dem bleiben, was sie zuvor gemacht haben."[26]

Dasselbe gilt für die Hardware. Wenn ein Produkt entwickelt wurde, präsentierten Sonys Manager häufig eine Liste mit den Funktionen der Konkurrenzprodukte, die dann als Vorlage diente. Doch wenn das Sony-Produkt endlich fertig war, hatte sich der Markt weiterentwickelt. Rubinstein fand, dass der iPod Sonys Produkt hätte sein sollen. „Der Sony-Walkman änderte die Art und Weise, wie die Menschen Musik hörten", sagte er. „Wie sie sich das haben entgehen lassen, werde ich nie verstehen. Er hätte von ihnen kommen müssen. Der iPod hätte ein Sony sein müssen." Rubinstein sagte, Sony habe den iPod nicht entwickelt, weil es Angst hatte, seinen übrigen Produkten zu schaden. „Einen großen Anteil hat die Angst, die eigenen Produkte überflüssig zu machen", sagte er. „Man möchte seine eigenen Produkte nicht überflüssig machen, wenn sie erfolgreich sind."[27] Jobs aber hat keine Angst. Er stoppte Apples beliebtestes iPod-Modell – den Mini – auf dem Höhepunkt seiner Popularität zugunsten eines neueren,

---

26) Ebd.
27) Ebd.

dünneren Modells, des Nano. „Eine Menge davon liegt an Steve", sagte Rubinstein. „Er ist so ein Typ, der einfach alles wieder zunichte macht, was er vorher aufgebaut hat. Und wenn man das tut, muss man wieder von vorne anfangen und kämpfen."[28]

Die phänomenal erfolgreichen Einzelhandelsgeschäfte sind ein nicht ganz vergleichbares, aber dennoch beredtes Beispiel für Apples funktionierende Innovation. Die Läden wurden aus der Not geboren, durch die digitale Schnittstelle inspiriert und nach dem gleichen Schema wie jedes andere Apple-Produkt entwickelt: Prototyp, Testphase, Verbesserung.

Eine Innovations-Fallstudie: die Apple-Handelskette

Fahren Sie einmal in Ihr nächstgelegenes gehobenes Einkaufszentrum – die Chancen stehen gut, dass Sie dort einen Apple-Store finden werden. Zwischen all den herausgeputzten Lane-Bryant- und Victoria's-Secret-Läden macht es sich eine Hightech-Boutique voller strahlend weißem Plastik und silbernem Metall gemütlich. Der Laden trägt keinen Namen – sondern nur ein großes, hell erleuchtetes Apple-Logo in der Mitte der Fassade aus rostfreiem Stahl. Unterhalb von dieser metallischen Stirn des Ladens werden Sie ein großes, breites Schaufenster vorfinden, in dem als Blickfang die neuesten iPhones oder iPods ausgestellt sind.

Wenn Sie eintreten, werden Sie sehen, dass der Laden von moderater Größe ist, nicht zu groß und nicht zu klein. Außerdem ist er voller Menschen. Wenn er morgens öffnet, muss man oft Schlange stehen, und abends bei Ladenschluss gibt es immer ein paar Nachzügler, die nicht gehen wollen.

Der Laden ist sehr verführerisch. Man fühlt sich wie in einer kubrickschen Zukunftsvision, die mit glitzernder Hardware des Weltraumzeitalters vollgestopft ist. Die Atmosphäre ist einladend und zwanglos. Man darf mit allem, was ausgestellt ist, herumspielen und kann dableiben, solange man will. Man beantwortet ein paar E-Mails und spielt ein paar Spiele. Es gibt keinen Druck, Geld auszugeben, und die Mitarbeiter beantworten bereit-

---

28) Ebd.

willig alle Fragen, sogar die grundlegendsten. Am Nachmittag gibt es in dem kleinen Vorführraum im hinteren Teil des Ladens einen Videobearbeitungskurs. Kostenlos.

Apple eröffnete seinen ersten Laden am 19. Mai 2001 in Glendale, Kalifornien, und seither ist aus der Kette mit über 200 Läden die größte Erfolgsstory des Einzelhandels geworden.

Apples Ladenkette hat innerhalb von drei Jahren einen Umsatz von einer Milliarde Dollar erreicht, womit sie den bisherigen Rekord von The Gap, die in der Geschichte des Einzelhandels am schnellsten wachsende Kette aller Zeiten, übertroffen hat. Im Frühjahr 2006 setzten die Läden bereits eine Milliarde Dollar pro Quartal um.

Die Läden sind für einen großen – und wachsenden – Teil von Apples Geschäft verantwortlich und spielen bei dem Comeback des Unternehmens eine Schlüsselrolle. Das Wachstum der Läden fiel zeitlich mit dem gigantischen Wachstum des iPod zusammen. Die Kunden suchten die Läden auf, um den iPod anzusehen, blieben aber, um mit den Macs zu spielen – und die Umsätze beider Produkte hoben ab.

Die Läden sind unglaublich profitabel. Ein Apple-Laden kann so viel Geld verdienen wie sechs andere Läden im gleichen Einkaufszentrum zusammen – und kann fast so viele Erträge erzielen wie eine große Best-Buy-Filiale – mit nur zehn Prozent der Fläche.

Die Läden sind wie edle Kleiderboutiquen. Sie sind nobel und schick und verkaufen einen Lifestyle, keine Billigangebote. Es wird kein Druck ausgeübt, Geld auszugeben, und die Mitarbeiter sind freundlich und hilfsbereit. Der Service macht den Unterschied aus. Apples Läden sind, ganz anders als die lauten und grell beleuchteten Elektronik-Discounter, entspannte Treffpunkte, wo Kunden mit den Geräten spielen und wieder gehen können, ohne sich schuldig zu fühlen. Es gibt dort keine aggressiven Verkäufer, die den Kunden teures Zubehör und unnötige Garantieverlängerungen aufnötigen.

In anderen Geschäften ist dies üblich, aber bei Apple ist freundliche, einfache Kundenberatung der Schlüssel zum Verkaufserfolg. Es ist erstaunlich, wie wichtig dies gerade dann ist, wenn man neue Kunden gewinnen möchte, die mit der Technologie nicht vertraut sind. Kürzlich wurde ich Zeuge, wie ein potentieller Kunde fragte, ob er einen Computer brauche, um seinen neuen iPod zu benutzen. Eine andere Kundin buchte eine Sitzung an der Genius Bar, die normalerweise für Technische Schwierigkeiten vorbehalten ist, um zu lernen, wie sie ihren iPod an den Computer anschließt und Musikstücke lädt.

Wenn ein Kunde einen neuen Mac kauft, wird der Rechner kostenlos an dessen Bedürfnisse angepasst, bevor er den Laden verlässt. Die Mitarbeiter installieren Treiber für den Drucker oder die Kamera des Kunden und helfen bei der Installation der Internetverbindung. Kunden, die vorher mit Windows gearbeitet haben, gefällt dieses Händchenhalten, und es unterscheidet sich wesentlich von dem Einkauf in großen Kaufhäusern, in denen der einzige Mitarbeiterkontakt das Sicherheitspersonal am Ausgang ist, das Ihre Tasche kontrolliert.

Die Läden werden stark frequentiert. Sie sind immer voll, oft sogar gedrängelt voll. Laut Apple sind es die mit am stärksten frequentierten Geschäfte des gesamten Einzelhandels einschließlich großer Supermärkte und beliebter Restaurants. Wenn Apple einen neuen Laden eröffnet, gibt es immer ein paar Fans, die die Nacht zuvor in der Schlange übernachten. Einige Fans reisen zu jeder Eröffnung in ihrer Gegend, und ein paar besonders Eifrige fliegen quer durchs Land oder sogar ins Ausland, um an großen Eröffnungen in London, Tokio oder Kalifornien teilzunehmen.

Als Jobs zu Apple zurückkehrte, wusste er, dass das Unternehmen eine Präsenz im Einzelhandel brauchte, allein schon deshalb, um zu überleben. Bevor Apple seine Ladenkette eröffnete, war der einzige direkte Kontakt zu den Kunden die Macworld Conference, die in ihren besten Zeiten halbjährlich 80.000 Teilnehmer anzog. (Heutzutage besuchen jeden Vormittag über 80.000 Leute die Apple-Geschäfte, und nachmittags sind es noch einmal so viele!)

Mitte der neunziger Jahre wurden Macs in Versandkatalogen angeboten oder bei Einzelhändlern wie Circuit City und Sears verkauft, bei denen sie häufig in den hinteren Regalen verstaubten. Vernachlässigt und ignoriert, bekamen die Macs nur selten Aufmerksamkeit. Die Verkäufer lenkten die

Kunden zu den Windows-PCs in der vorderen Reihe. Es stand so schlecht um Apple, dass einige Mac-Fans die Sache selbst in die Hand nahmen, abends sowie am Wochenende als inoffizielle Verkaufsmitarbeiter in Geschäften Dienst taten und in ihrer Freizeit verzweifelt versuchten, Macs zu verkaufen.

In den späten 1990ern begann Apple bei CompUSA, einem Elektronikgeschäft, mit eigenen kleinen Filialen im Hauptgeschäft zu experimentieren, was von bescheidenem Erfolg gekrönt war. Jobs lernte daraus, dass Apple zugleich seine Marktpräsenz steigern und den Kauf eines Mac zu einer Apple-gemäßeren Erfahrung machen musste. Doch er wollte die vollständige Kontrolle darüber, die er nur erlangen konnte, wenn Apple seine eigenen Läden eröffnete. Jobs wollte „die beste Kauferfahrung für die Produkte, und ich fand, dass die meisten Einzelhändler nicht genügend in ihre Läden investierten oder andere Maßnahmen zur Verkaufsförderung durchführten", sagte Jobs dem *Wall Street Journal*. Beachten Sie die vielsagende Phrase: „die beste Kauferfahrung". Wie alle Unternehmungen von Jobs werden die Läden von der Kundenerfahrung geleitet.

Damals sagte Jobs, dass 95 Prozent der Kunden „Apple nicht einmal in Erwägung ziehen" und dass das Unternehmen einen Ort mit fachkundigem Personal benötigt, um den potentiellen Kunden zu zeigen, wie der Mac zum Mittelpunkt ihres Lebens werden könnte. Die Läden sollten vor allem Windows-Benutzer ins Visier nehmen. Es sollten angenehme Orte sein, an denen diese Macs ausprobieren konnten. Ein früherer Werbespruch für die Läden lautete: „5 geschafft, noch 95", was sich auf den fünfprozentigen Marktanteil des Mac gegenüber dem 95-prozentigen von Microsoft bezog.

Jobs hütete sich davor, sich im Einzelhandel die Finger zu verbrennen, stattdessen wandte er seinen üblichen Trick an und suchte sich den besten Mitarbeiter, den er finden konnte, der in diesem Fall Milliard „Mickey" Drexler hieß und CEO von The Gap war. Im Mai 1999 trat Drexler in den Apple-Vorstand ein. Drexlers „Expertise in Marketing und Einzelhandel wird eine immense Ressource sein, wenn Apple im Konsumentengeschäft weiter wächst", sagte Jobs in einer Pressemitteilung. „Er wird dem Vorstand von Apple eine komplett neue Dimension hinzufügen."

Dann rief Jobs Ron Johnson an, einen Veteranen des Einzelhandels, der geholfen hatte, Target von einem unbedeutenden Wal-Mart-Konkurrenten zu einem gehobenen Händler erschwinglicher Designartikel zu machen. Johnson hatte Markendesigner beauftragt, Haushaltswaren für Target zu entwerfen, was dem Unternehmen den französisch ausgesprochenen Spitznamen „Targét" einbrachte. „Heute, acht Jahre später, ist Design ein Eckpfeiler ihrer Unternehmensstrategie", sagte Johnson, heute Apples Einzelhandelsvorstand.[29]

Jobs warb Johnson, einen kräftigen, freundlichen Mann aus dem Mittleren Westen der USA mit glattem grauem Haar und breitem Lachen, im Januar 2000 an. Seine ersten drei Worte waren: „Einzelhandel ist schwierig." Jobs ergänzte: „Wir werden mit etwas Angst agieren, weil Einzelhandel ein schwieriges Geschäft ist."[30]

Anfangs durfte Johnson niemandem sagen, dass er für Apple arbeitete. Er verwendete das Pseudonym John Bruce (eine Variation seines zweiten Vornamens) sowie einen falschen Titel, damit die Konkurrenz nicht von Apples Einzelhandelsplänen Wind bekam. Johnson verwendete selbst unternehmensintern seinen richtigen Namen erst, nachdem Apple bereits mehrere Läden eröffnet hatte.

Als Apple im Mai 2001 sein erstes Ladengeschäft eröffnete, befanden die meisten Experten, dass das Unternehmen einen teuren Fehler machte. Gateway, der einzige weitere Computerhersteller mit eigenen Läden, schloss diese gerade. Gateways Läden zogen keine Kunden an. Rätselhafterweise hatten die Gateway-Läden keinerlei Lagerbestand. Die Kunden konnten die Ware ausprobieren, mussten sie aber online bestellen, was die Möglichkeit spontaner Käufe zunichte machte. Stattdessen wurden Gateways Kunden in die großen Kaufhäuser getrieben, wo sie Angebote verschiedener Hersteller vergleichen und das, was sie wollten, an Ort und Stelle kaufen konnten.

---

29) Allen, Gary: Report der Rede Ron Johnsons auf der ThinkEquity Partners Conference in San Francisco, 13. September 2006. In: ifoAppleStore.com. (http://www.ifoapplestore.com/stores/ thinkequity2006rj.html)
30) Ebd.

Unterdessen wurden bei Apple noch kaum Anzeichen einer Umsatzwende sichtbar. Die Internetblase platzte gerade, die NASDAQ war im Keller und Dell, das das perfekte Geschäftsmodell für Computer zu haben schien – Direktverkauf über das Internet – erdrückte alle Neuankömmlinge auf dem Markt. Apples Umsätze waren von zwölf Milliarden auf fünf Milliarden Dollar gesunken, und es wies gerade so überhaupt einen Gewinn aus. Bis zum Start des iPod waren es noch sechs Monate (und niemand konnte ahnen, was für ein Verkaufshit er werden würde). Es schien der denkbar ungünstigste Moment für ein Unternehmen in Schwierigkeiten zu sein, sich auf ein teures, unerprobtes Einzelhandelsexperiment einzulassen.

„Ich gebe ihnen zwei Jahre, bis sie nach einem sehr schmerzhaften und teuren Fehler die Lichter ausschalten", wettete der Einzelhandelsexperte David A. Goldstein in der *Business Week* und gab damit eine damals weit verbreitete Meinung wieder. Kein einziger Branchenbeobachter, Wallstreet-Analyst oder Journalist gab zu Protokoll, dass es eine gute Idee sei. „Kaum jemand außerhalb des Unternehmens denkt, dass neue Läden, wie gut sie auch angenommen werden, Apple auf den Wachstumspfad zurückbringen werden", schrieb die *Business Week*.[31]

Nebenbei das Leben bereichern

Bis in die Neunzigerjahre hinein verkaufen die meisten Läden Waren von einer Vielzahl von Herstellern. Das war das sogenannte Kaufhausprinzip. Ab den späten Achtzigerjahren jedoch revolutionierte The Gap den Einzelhandel, indem andere Marken fallengelassen wurden und man sich auf die eigene Modelinie konzentrierte. Mit seinem großen Angebot an modischer, aber dennoch bezahlbarer Freizeitkleidung hob The Gap ab wie eine Rakete. Die Umsätze stiegen von 480 Millionen Dollar im Jahr 1983 auf 13,7 Milliarden Dollar im Jahr 2000, was dem Unternehmen einen Eintrag in die Geschichtsbücher als am schnellsten wachsende Handelskette aller Zeiten brachte. (Danach stagnierten die Umsätze, aber das ist eine andere Geschichte.) Inzwischen wurde das Modell von Dutzenden von Einzelhandelsunternehmen kopiert, insbesondere von Modeläden, aber

---

31) Edwards, Cliff: „Commentary: Sorry, Steve: Here's Why Apple Stores Won't Work". In: *Business Week*. 21. Mai 2001.

auch von Elektronikfirmen wie Sony, Nokia und Samsung. Selbst Dell, das in den boomenden Neunzigerjahren hartnäckig an seiner Nur-im-Web-Strategie festgehalten hatte, eröffnet in Einkaufszentren sowie in Wal-Mart-, Costco- und Carrefour-Supermärkten kleine Verkaufsräume.

Die meisten Einzelhändler sind nur daran interessiert, so viel Ware wie möglich zu verkaufen. Gateway nannte das: Metall bewegen. Diese Philosophie führte Gateway zu einigen unausweichlichen Schlussfolgerungen: günstig zu sein, den Wettbewerb über den Preis zu führen und die Läden dort zu eröffnen, wo die Mieten günstig sind wie zum Beispiel an abgelegenen Parkplätzen. Doch all diese Entscheidungen erwiesen sich als Desaster.

Das größte Problem war, dass niemand kam. Die meisten Leute kaufen etwa alle zwei bis drei Jahre einen neuen Computer. Um ihn bei Gateway zu kaufen, mussten die Kunden die Läden extra aufsuchen, denn sie befanden sich nicht dort, wo sie normalerweise einkauften – im Einkaufszentrum –, sondern an einem entfernten Parkplatz. Auf dem Höhepunkt seiner Einzelhandels-Operation besaß das Unternehmen fast 200 Läden und beschäftigte etwa 2500 Mitarbeiter – und wöchentlich kamen 250 Besucher. Sie haben richtig gelesen: 250 Besucher *pro Woche*. Im April 2004, nach mehreren Jahren mit indiskutablen Verkaufszahlen, machte Gateway alle seine Läden dicht – und zog damit den Schlussstrich unter einen schmerzhaften und teuren Fehler.

Jobs dagegen wollte die Leute in die Läden bringen. Er wollte „Lifestyle"-Läden, in denen die Kunden an Apples digitalem Lifestyle Gefallen finden konnten – und hoffentlich einen Computer kauften.

Eine frühe Grundsatzentscheidung war, die Läden in Gegenden mit großer Laufkundschaft anzusiedeln. Diese Entscheidung brachte den großen Durchbruch, obwohl sie anfangs allgemein kritisiert worden war, weil in beliebten Gegenden die Mieten hoch waren.

Apple suchte sich gehobene Einkaufszentren und angesagte Stadtviertel aus und suchte nicht nach billigen Mieten am Stadtrand. Die Idee dahinter war, Laufkundschaft zu bekommen und die Art von Geschäften aufzubauen, in denen Neugierige vorbeischauen und einen Eindruck von der anderen Seite, der Mac-Seite, gewinnen konnten. Da die meisten Computerkäufer den Kauf eines Apples nicht einmal in Erwägung zogen, würden sie mit Sicherheit nicht eine 20-minütige Fahrt zu einem entlegenen Laden auf sich nehmen. „Die Mieten waren sehr viel teurer", verriet Jobs dem *Fortune*-Magazin. Doch die Leute „mussten nicht 20 Minuten ihrer Zeit aufs Spiel setzen. Sie mussten nur 20 Schritte riskieren."[32] Das ist das alte Immobilien-Mantra: Lage, Lage und nochmals Lage.

Apple plante seine Geschäftslagen sehr sorgfältig und verwendete dabei Daten von Volkszählungen und von registrierten Kunden. Zwar hat Apple seine Kriterien bei der Auswahl der Standorte nie bekanntgegeben, doch Gary Allen, der Apples Einzelhandelsstrategie genau beobachtet und seine Erkenntnisse auf der Internetseite ifoAppleStore.com mitteilt, hat einiges darüber herausgefunden. Laut Allen sind die wichtigsten Kriterien die Anzahl der registrierten Apple-Kunden in der Region, bestimmte demografische Daten, insbesondere Durchschnittsalter und Durchschnittseinkommen, sowie die Nähe zu größeren Schulen, Universitäten und – geschickterweise – stark frequentierte Autobahnen. Am schwierigsten war es für Apple, Lokalitäten in geeigneten Einkaufszentren zu finden. Selbst in der Heimatstadt des Unternehmens, San Francisco, wartete Apple drei Jahre auf einen guten Standort.

In einer früheren Strategiesitzung mit Jobs wurde Ron Johnson Apples gesamte Produktlinie präsentiert: zwei Laptops und zwei Desktops. Das war noch vor dem Start des iPod. Johnson wurde mit der Aufgabe konfrontiert, 600 m²-Läden mit nur vier Produkten zu füllen. „Das war vielleicht eine Herausforderung", erinnert sich Johnson. „Doch es stellte sich auch als einmalige Gelegenheit heraus, denn wir sagten: ‚Wir haben nicht genügend Produkte, um einen Laden dieser Größe zu füllen, füllen wir ihn also mit dem Erlebnis, einen Mac zu besitzen.'"[33]

Als Jobs und Johnson begannen, über die Läden nachzudenken, hatten sie eine ungewöhnliche Vision, „das Leben zu bereichern", sagte Johnson. „Als wir Apples Einzelhandelskonzept entwarfen, dachten wir, es müsse

---

32) Useem, Jerry: „Apple: America's Best Retailer". In: *Fortune*. 8. März 2007. (http://money.cnn.com/magazines/fortune/fortune_archive/2007/03/19/8402321/)
33) Allen, Gary: „The Stores". In: ifoAppleStore.com, 18. Oktober 2007 (http://www.ifoapplestore.com/the_stores.html)

die Leute mit Apple verbinden. Nichts leichter als das – bereichern wir deren Leben. Das Leben bereichern – das ist das, was Apple schon seit über 30 Jahren tut."[34]

Das Ziel, das Leben der Kunden zu bereichern, führte zu zwei klaren Maßstäben: zum einen, die Läden rund um das Kundenerlebnis zu gestalten, und zum anderen, die Besitzer-Erfahrung während der gesamten Lebenszeit des Produkts anzupreisen.

Zunächst ist es nicht das Gleiche, den Laden rund um das Kundenerlebnis zu gestalten, wie ihn rund um die Kauferfahrung zu gestalten. Die meisten Einzelhändler konzentrieren sich darauf, wie die Kunden die Artikel im Laden finden und aussuchen und wie man sie dazu bewegt, möglichst viel Geld auszugeben. Doch Jobs und Johnson fragten sich, wie die Produkte in den Kontext des Lebens der Kunden passen würden, in deren Lebenswirklichkeit. Johnson erklärte: „Wir dachten nicht über deren Erfahrung im Laden nach. Wir sagten: ‚Lasst uns diesen Laden rund um deren Lebenserfahrung entwerfen.'"

Als Nächstes „wollten wir, dass unsere Läden eine Besitzer-Erfahrung für den Kunden schaffen", erklärte Johnson. Die Läden sollten die Lebenszeit des Produkts darstellen, nicht nur den Moment der Transaktion. In vielen Läden endet die Beziehung zum Kunden mit dem Kauf. Anders bei Apple: „Uns gefällt die Vorstellung, dass die Beziehung dann erst beginnt."

„Also machten wir zuerst eine Liste", sagte Johnson. „Wie bereichert man das Leben?" Sie entschieden, dass es in den Läden nur die eigentlichen Produkte geben solle. Zu viele Extra-Artikel verwirren die Kunden. Johnson hatte die Vorteile einer begrenzten Auswahl bei Target kennengelernt. Einige der Target-Vorstände wollten die Regale mit so vielen Produkten wie möglich vollstopfen. Einmal führte Target 31 verschiedene Toastermodelle zur gleichen Zeit. Doch Johnson stellte fest, dass der führende Küchengeräte-Händler – Williams Sonoma – nur zwei verschiedene Toas-

---

34) Allen, Gary: Report der Rede Ron Johnsons auf der ThinkEquity Partners conference in San Francisco, 13. September 2006, In: ifoAppleStore.com. (http://www.ifoapplestore.com/stores/ thinkequity2006rj.html)

ter am Lager hatte. „Es geht nicht um ein breites Sortiment", sagte er. „Es geht um das richtige Sortiment."[35]

Außerdem entschieden Jobs und Johnson, dass die Kunden alle Produkte ausprobieren können sollten. Damals stellten die meisten Computergeschäfte funktionierende Geräte aus, doch die Kunden konnten weder Software installieren noch ins Internet gehen oder Bilder von ihrer Digitalkamera herunterladen. In den Apple-Läden sollten die Kunden vor dem Kauf alle Aspekte eines Geräts testen können.

Anfangs erwog Jobs, einfach ein paar Läden aufzumachen, um zu sehen, was passiert. Doch auf Mickey Drexlers Anraten ließ er in einer Lagerhalle in der Nähe der Apple-Zentrale in Cupertino zunächst heimlich ein Modell des Ladens bauen. Der Laden wurde also auf die gleiche Weise entworfen wie Apples Produkte: Es wurde ein Prototyp gebaut, der verbessert wurde, bis er perfekt war.

Johnson stellte ein Team von ungefähr 20 Einzelhandelsexperten und Ladendesignern zusammen und begann mit verschiedenen Entwürfen zu experimentieren. Im Sinne einer freundlichen und zugänglichen Gestaltung entschied das Team sich, Naturmaterialien zu verwenden: Holz, Stein, Glas und Stahl. Diese Palette war neutral, und die Läden sollten eine sehr gute Beleuchtung erhalten, um die Produkte erstrahlen zu lassen. Wie üblich gab es eine kompromisslose Sorgfalt beim Detail. In der Anfangszeit traf sich Jobs jede Woche einen halben Tag lang mit dem Designteam. Bei einer der Sitzungen evaluierte die Gruppe der Zeitschrift *Business 2.0* zufolge bis zur Erschöpfung drei Arten von Beleuchtung, nur um sicherzustellen, dass die vielfarbigen iMacs so leuchteten wie in den Hochglanzanzeigen. „Jedes kleine Element in dem Laden ist bis in diese Details hinein durchgestaltet", sagte Johnson.[36]

Als der Musterladen im Oktober 2000 nach mehreren Monaten Arbeit so gut wie fertig war, hatte Johnson eine Eingebung. Ihm fiel auf, dass der Laden nicht Apples Philosophie der digitalen Schnittstelle widerspiegelte, die den Computer ins Zentrum des digitalen Lifestyles setzte. In dem

---
35) Ebd.
36) Ebd.

Musterladen standen wie bei Best Buy die Computer in der einen Ecke, während die Kameras in der anderen Ecke lagen. Johnson wurde klar, dass der Laden die Computer mit den Kameras verbinden sollte, um den Kunden zu zeigen, was sie eigentlich alles mit ihrem Mac machen konnten, zum Beispiel ein Buch mit digitalen Fotos zusammenzustellen oder eigene Filmaufnahmen auf DVD zu brennen.

„Steve, ich denke, wir liegen falsch", teilte Johnson Jobs mit. „Ich glaube, wir machen einen Fehler. Es geht um die digitale Zukunft, nicht einfach nur um Produkte."[37] Johnson wurde klar, dass es effektiver wäre, den Kunden funktionierende digitale Schnittstellen mit Kameras, Camcordern und MP3-Playern, die an einen Computer angeschlossen sind, vorzuführen. Diese Zusammenstellungen sollten in „solution zones" arrangiert werden, die zeigten, wie man den Mac für digitale Fotografie, Videobearbeitung und zum Musikmachen benutzen konnte – die Anwendungen, die zukünftige Kunden tatsächlich interessierten.

Zuerst war Jobs alles andere als begeistert: „Ist dir klar, was du sagst? Weißt du, dass wir nun von vorne anfangen können?", brüllte Jobs und stürmte verärgert in sein Büro. Doch schnell änderte er seine Meinung. Eine Stunde später kehrte Jobs besser gelaunt in Johnsons Büro zurück. Er sagte zu Johnson, dass bei fast allen der besten Produkte von Apple, einschließlich des iMacs, noch einmal von vorne begonnen wurde. Das war Teil der Entwicklung. Später sagte Jobs in einem *Fortune*-Interview, seine anfängliche Reaktion sei gewesen: „Oh Gott, wir sind am Ende!", doch Johnson habe recht gehabt. „Es hat uns vielleicht sechs oder neun Monate gekostet. Doch es war die absolut richtige Entscheidung", sagte er.[38]

Nach dem Neubeginn wurde der Musterladen in vier Sektionen unterteilt, jede einer von Johnsons „solution zones" gewidmet. Ein Viertel im vorderen Teil gehört den Produkten, ein weiteres beschäftigt sich mit Musik und Fotos, das dritte ist der Film-Abteilung und der Genius-Bar gewidmet, und im vierten geht es um weitere Produkte. Die Idee dahinter ist, einen Ort zu schaffen, an dem den Kunden komplette Lösungen für die Probleme ihres

---

37) Allen, Gary: „Apple Has a List of 100 Potential Store Sites". In: ifoAppleStore.com, 27. April 2004. (http://www.ifoapplestore.com/stores/risd_johnson.html)
38) Useem, Jerry: „Apple: America's Best Retailer"". In: *Fortune*. 8. März 2007. (http://money.cnn.com/magazines/fortune/fortune_archive/2007/03/19/8402321/}

digitalen Alltags – wie das Aufnehmen und Weitergeben digitaler Fotos oder das Bearbeiten und Erstellen von DVDs – angeboten werden.

Die Läden sind als öffentlicher Ort konzipiert, wie eine Bibliothek, und sie sind mehr als eine reine Produktausstellung. „Wir wollen nicht, dass es in dem Laden um das Produkt geht, sondern um eine Reihe von Erfahrungen, die mehr als einen Laden daraus machen", sagte Johnson.[39]

Apple sorgt dafür, dass die Läden immer voll sind, indem es Computer mit unlimitiertem Internetzugang zur Verfügung stellt und im Laden jede Menge Events organisiert. Jede Woche gibt es kostenlose Workshops und Kurse, und in größeren Läden finden Vorträge von Profis aus der Kreativ-Branche und Band-Auftritte statt. Während der Sommerferien, im Einzelhandel traditionell eine ruhige Zeit, zieht Apples Angebot an kostenlosen Computerkursen im Rahmen von „Apple Camp" Tausende Schüler an.

In den größeren Flagship Stores gibt es gläserne Treppen, nur um die Kunden zum Besuch des oberen Stockwerks, in dem es meistens leerer ist, einzuladen. (Die Glastreppen wurden zu einer großen Attraktion und gewannen mehrere Preise.)

Die Genius Bar

Die wichtigste Innovation war die Genius Bar, in der praktisches Training und Service angeboten wurden. Zur damaligen Zeit konnten Computerreparaturen mehrere Wochen dauern. Der Kunde musste eine technische Hotline anrufen, den Rechner einschicken und auf dessen Rücksendung warten. „Das bereichert nicht gerade das Leben von jemandem", sagte Johnson.[40] Apple wollte Reparaturen innerhalb weniger Tage erledigen und machte in Sachen Schnelligkeit somit der örtlichen Chemischen Reinigung Konkurrenz.

---

39) Allen, Gary: „Apple Has a List of 100 Potential Store Sites". In: ifoAppleStore.com, 27. April 2004. (http://www.ifoapplestore.com/stores/risd_johnson.html)
40) Allen, Gary: Report der Rede Ron Johnsons auf der ThinkEquity Partners conference in San Francisco, 13. September 2006, In: ifoAppleStore.com. (http://www.ifoapplestore.com/stores/ thinkequity2006rj.html)

Die Genius Bar macht heute den größten – und beliebtesten – Unterschied zu anderen Fachgeschäften aus. Die Kunden sind begeistert, ihre Computerprobleme Auge in Auge ansprechen und ihre defekten Geräte im örtlichen Einkaufszentrum abgeben zu können, anstatt sie einschicken zu müssen. „Die Kunden lieben unsere Genius Bars", sagte Johnson.

Apple schätzte, dass die Genius Bars 2006 durchschnittlich von einer Million Kunden pro Woche aufgesucht wurden. In den Flagship Stores stehen die Leute oft schon vor Ladenöffnung Schlange, um an die Genius Bar zu kommen. Die Bars sind fast zu erfolgreich. Dank des phänomenalen Anstiegs der Besucherzahlen in den Läden sind die Genius Bars zunehmend überlastet, und viele haben ein Terminvergabesystem eingerichtet, um mit dem Andrang fertig zu werden.

Die Idee der Genius Bar kam von Kunden. Johnson fragte eine Fokusgruppe nach deren bester Erfahrung in Sachen Kundenservice überhaupt. Die meisten erwähnten die Hotelrezeptionen, die da sind, um zu helfen, nicht um zu verkaufen. Johnson wurde klar, dass eine Rezeptionstheke für Computer eine gute Idee sein könnte. Er stellte sie sich wie eine gemütliche Bar in der Nachbarschaft vor, in der der Wirt anstelle von alkoholischen Getränken kostenlose Ratschläge verteilt.

Als Johnson diese Idee erstmals Jobs vorschlug, war sein Chef skeptisch. Ihm gefiel die Idee einer persönlichen Beratung, doch da er viele Computerfreaks kannte, bezweifelte er, dass er genug geschultes Personal bekommen konnte, um genau diese Kunden zufriedenzustellen. Doch Johnson überzeugte ihn, dass die meisten jungen Leute mit Computern sehr vertraut waren und es ihnen deswegen leicht gelingen würde, sympathische, serviceorientierte Mitarbeiter zu gewinnen, die mit der Technologie umgehen konnten.

Die wichtigste Idee, die Johnson in Sachen Personalpolitik hatte, war, die Verkaufsprovisionen abzuschaffen, die damals im Elektronik-Einzelhandel allgemein üblich waren. „Die Leute bei Apple dachten, ich sei verrückt", sagte er.[41] Doch Johnson wollte in den Läden keine umsatzorien-

---

41) Allen, Gary: „Apple Has a List of 100 Potential Store Sites". In: ifoAppleStore.com, 27. April 2004. (http://www.ifoapplestore.com/stores/risd_johnson.html)

tierte Expressabfertigung. Er wollte, dass die Angestellten den Kunden sympathisch waren und es nicht lediglich auf deren Brieftasche abgesehen hatten.

Apple-Mitarbeiter müssen die Kunden – viele davon Windows-Benutzer, die Apple gegenüber skeptisch eingestellt sind – behutsam überzeugen, zum Mac zu wechseln. Johnson wusste, dass viele potentielle Kunden sich dazu nicht über Nacht entscheiden würden. Viele würden den Laden wahrscheinlich drei- oder viermal besuchen, bevor sie den Schritt wagten, und auf keinen Fall sollten sich die Kunden Sorgen machen, dass der Mitarbeiter, mit dem sie beim ersten Mal gesprochen hatten, diesmal keinen Dienst hatte.

Johnson entschied, dass die Mitarbeiter anstelle von Provisionen Statusverbesserungen erhalten sollten. Die besten Mitarbeiter sollten zum „Mac-Genie" oder zum Kursdozenten befördert werden. „Über den Job kann man zu einem Status gelangen wie: ‚Ich bin ein Mac-Genie. Ich bin der größte Mac-Experte in der Stadt. Die Leute suchen mich im Internet auf, um sich mit mir im Laden zu verabreden, damit ich Ihnen helfen kann'", sagte Johnson. „Es ist mein Job, meine Erfahrung zu einer Bereicherung für den Laden und die Leute zu machen."

Das Fehlen einer Provision macht den Arbeitsplatz zu mehr als einem reinen Verkaufsjob, es wird eher so etwas wie ein richtiger Beruf daraus. Obwohl viele Mitarbeiter auf Teilzeitbasis arbeiten oder nach Stunden bezahlt werden, genießen sie teilweise den Status von Profis. „Es hat nichts zu tun mit den üblichen langweiligen, mühsamen ‚Ich-muss-Umsatz-machen-und-mich-um-die-Kunden-kümmern'-Jobs", sagt Johnson. „Plötzlich bereichere ich das Leben der Leute. Und nach diesem Gesichtspunkt wählen wir unsere Leute aus, motivieren und schulen wir sie." Das ist natürlich typisch Apple: Sogar der Einzelhandel wird zur Mission gemacht.

Apple versucht kreative, computerinteressierte High-School-Absolventen einzustellen, die Art von jungen Leuten, die die Arbeit in einem Apple-Laden für einen guten ersten Job halten. Als Anreiz bietet Apple ihnen hausinterne Weiterbildung. Während sie im Laden arbeiten, lernen Mitarbeiter den Umgang mit professionellen Anwendungen wie Final Cut Pro, Garageband und weiteren Programmen, die sich später als nützlich erweisen können. Die Kündigungsrate ist im Branchenvergleich relativ gering: Sie liegt laut Apple bei etwa 20 Prozent bei einem Branchendurchschnitt von über 50 Prozent.

Die Läden entwickeln sich von durchgestylten Einkaufsparadiesen hin zu Lernumgebungen. In einigen der größeren Geschäfte hat Apple zusätzliche Hilfe-Theken eingerichtet, unter anderem eine iPod-Theke für Hilfe und Reparaturen sowie eine Studio-Theke, an der den Kunden bei kreativen Projekten wie Filmen oder der Gestaltung von Fotobüchern geholfen wird. Langsam verbreitet sich die Idee der kostenlosen Hilfe-Theken bei anderen Einzelhändlern. Der Lebensmittelhändler Whole Foods zum Beispiel experimentiert seit 2006 in einem Laden in Austin, Texas, mit einer Hilfe-Theke, an der man kostenlose Ratschläge zu Rezepten und Zutaten erhält.

Während die meisten Computerhersteller ihre Waren in Geschäften anbieten, die es auf große Umsätze anlegen und Service nur per Telefon anbieten, ist das Angebot der Apple-Läden ein radikal anderes. Johnson nennt das Prinzip „high touch" – eine Parallelbildung zu „Hightech", die sich auf den Umgang mit Menschen anstatt mit Computern bezieht. Der Begriff wird manchmal verwendet, um guten Kundenservice zu bezeichnen. Nordstrom und Starbucks werden mit „high touch" betitelt, doch niemand hat den Begriff je in der Computerbranche verwendet. „Wäre es nicht schön, in dieser Hightech-Welt etwas high touch zu haben?", fragte Johnson. Jobs und Johnson entschieden sich, guten Service in den Computerhandel zu bringen und so die Art und Weise, wie die Leute technologische Produkte kauften, zu verändern.

Die Handelskette ist ein praktisches Beispiel dafür, wie bei Apple Innovation funktioniert. Geschäftsphilosophie, Design und Aufbau der Läden wurden von der Strategie der digitalen Schnittstelle abgeleitet, die Ausführung ist ein Resultat von Jobs' kompromissloser Konzentration auf die Kundenerfahrung.

Steves Lehren

- *Verlieren Sie die Kunden nicht aus dem Blick.* Der Cube floppte, weil er für Designer, nicht für die Kunden gemacht war.
- *Beobachten Sie den Markt und die Branche.* Jobs hält ständig nach neuen Technologien Ausschau.
- *Denken Sie nicht bewusst über Innovation nach.* Innovation zu systematisieren ist wie Michael Dell beim Tanzen zuzusehen: schmerzhaft.
- *Konzentrieren Sie sich auf die Produkte.* Produkte sind die Orientierung, die alles zusammenhält.
- *Denken Sie daran, dass die Motive einen Unterschied machen.* Konzentrieren Sie sich darauf, großartige Produkte herzustellen, nicht darauf, der Größte oder Reichste zu werden.
- *Stehlen Sie.* Stehlen Sie schamlos die guten Ideen anderer.
- *Stellen Sie Zusammenhänge her.* Für Jobs ist Kreativität ganz einfach die Fähigkeit, Zusammenhänge zwischen Dingen herzustellen.
- *Lernen Sie.* Jobs bildet sich eifrig über Kunst, Design und Architektur weiter. Er rennt sogar auf Parkplätzen herum, um sich Mercedes-Limousinen genau anzusehen.
- *Seien Sie flexibel.* Jobs warf zahlreiche langgehegte Traditionen über Bord, die Apple besonders machten – und klein hielten.
- *Machen Sie Dinge wieder zunichte.* Jobs stellte die beliebteste iPod-Variante ein, um Platz für ein neues, dünneres Modell zu schaffen. Machen Sie Dinge zunichte, um von vorne anzufangen und zu kämpfen.
- *Bauen Sie Modelle.* Selbst die Läden von Apple wurden entwickelt wie jedes andere Produkt: Prototyp, Testphase, Verbesserung.
- *Fragen Sie die Kunden.* Die beliebte Genius Bar war eine Kundenidee.

Kapitel 7

Eine Fallstudie: Wie der iPod entstand

„Software ist die Kundenerfahrung. Wie iPod und iTunes beweisen, ist sie nicht nur zur Schlüsseltechnologie der Computer-, sondern der gesamten Elektronikbranche geworden."

– Steve Jobs

Der iPod ist das Produkt, das Apple von einem kränkelnden PC-Hersteller zu einem starken Elektronik-Unternehmen machte. Die Entstehung des iPod illustriert viele der Aspekte, die in den vorherigen Kapiteln dargestellt wurden: Bei seiner Entwicklung arbeiteten kleine Teams eng zusammen. Er wurde aus Jobs' Innovationsstrategie heraus entwickelt: der digitalen Schnittstelle. Sein Design wurde durch das Verständnis für die Kundenerfahrung bestimmt – zum Beispiel in Bezug auf die Navigation einer großen digitalen Musikbibliothek. Er kam durch Apples mehrstufigen Designprozess zustande, und einige der Schlüsselideen kamen aus ungewöhnlichen Quellen (das Scrollrad war von einem Marketing-Manager, nicht von einem Designer vorgeschlagen worden). Viele der Schlüsselkomponenten waren nicht im Unternehmen entstanden, doch Apple kombinierte diese auf einmalige, innovative Weise. Und er wurde in solcher Geheimhaltung entwickelt, dass nicht einmal Jobs wusste, dass Apple sich den Namen iPod schon als Marke hatte registrieren lassen.

Doch vor allem war der iPod wirklich eine Teamleistung. „Wir hatten eine Menge Brainstorming-Sitzungen", erklärte ein Teilnehmer. „Die Produkte von Apple entstehen sehr organisch. Es gibt massenhaft Sitzungen mit vielen Leuten und einer Menge Ideen. Es ist ein Teamkonzept."[1]

Die digitale Schnittstelle II

Notwendigkeit ist die Mutter der Erfindung. Apple begann, Anwendungssoftware für OS X zu schreiben, weil andere Softwarefirmen zögerten. Daraus ergab sich eine weitere Chance für das Unternehmen.

Im Jahr 2000 führte der iMac die Offensive für Apples Comeback an, doch Jobs' Versuche, die Entwickler zum Schreiben von Software für OS X zu bewegen, stießen auf ein geteiltes Echo.

Jobs' Handel mit Bill Gates stellte sicher, dass Microsoft neue Versionen von Office und Internet Explorer für OS X bereitstellen würde. Doch Adobe, einer der größten Software-Anbieter für den Mac, weigerte sich rundheraus, seine Anwendersoftware für OS X neu zu schreiben.

„Sie sagten geradeheraus Nein", verriet Jobs dem *Fortune*-Magazin. „Wir waren schockiert, weil sie anfangs große Unterstützer des Mac gewesen waren. Doch wir sagten: ‚Okay, wenn uns niemand helfen will, müssen wir es eben alleine machen.'"

Etwa zur selben Zeit begannen die Verbraucher zahlreiche Geräte zu kaufen, die zum Anschließen an den Computer vorgesehen waren – PDAs, Digitalkameras und Camcorder –, doch Jobs' Meinung nach gab es weder

---

1) Persönliches Interview, 2. Oktober 2006.

für den Mac noch für Windows gute Software, um Bilder zu verwalten oder Filme zu bearbeiten.

Jobs dachte, wenn Apple Software schreiben würde, die diese Geräte verbesserte – die zum Beispiel die Videobearbeitung zu Hause leicht machte –, würden die Kunden vielleicht Macs kaufen, um ihre Bilder zu verwalten, Videos zu bearbeiten und Mobiltelefone zu synchronisieren. Der Mac würde zur digitalen Schnittstelle des Hauses werden, zum technologischen Herzstück, das alle diese digitalen Geräte verbindet.

Wie in Kapitel 6 beschrieben, verkündete Jobs bei der Macworld 2001 das dritte große Computerzeitalter. „Dieses Zeitalter ist durch die allgemeine Verbreitung digitaler Geräte gekennzeichnet: CD-Player, MP3-Player, Mobiltelefone, PDAs, digitale Kameras, digitale Camcorder und vieles mehr. Wir sind zuversichtlich, dass der Mac die Schnittstelle dieses neuen digitalen Lebensstils sein kann, indem er den Einsatz der anderen Geräte so erleichtert."[2]

Die digitale Schnittstelle ist eine neue Wendung der alten „Killerapplikation"-Strategie, die seit langer Zeit das Technologiegeschäft bestimmt. Die Kunden kaufen Computer nur selten wegen der Hardware; die Software, die darauf läuft, interessiert sie mehr. Eine exklusive Killer-Applikation reicht meistens, um den Erfolg des Gerätes, auf dem sie läuft, sicherzustellen. Der Apple II war dank VisiCalc, des ersten Tabellenkalkulationsprogramms, ein Renner. Nintendo wurde nur durch seine Super-Mario-Spiele zu einer Größe im Konsolengeschäft. Und der Mac hob erst ab, als Adobe PostScript entwickelte, eine standardisierte Programmiersprache für Dokumente und Drucker, die die Revolution im Desktop-Publishing einleitete.

Jobs' Strategie der digitalen Schnittstelle ist nur teilweise ein Erfolg. Die darauf basierenden Software-Programme – Anwendungen wie iPhoto, iMovie und Garageband – wurden zwar von Kritikern hochgelobt und werden von einigen als die besten Programme überhaupt angesehen, doch für sich genommen haben sie es nicht geschafft, scharenweise neue Mac-User anzuziehen. Sie haben sich nicht als Killer-Applikationen erwiesen.

---

2) Grundsatzrede bei der Macworld 2001.

Dennoch, als Unternehmensstrategie ist die Idee des Computers als digitale Schnittstelle bis heute phänomenal erfolgreich.

Als die meisten Beobachter Apple immer noch mit Microsoft verglichen und nicht über diesen alten Wettstreit hinausblicken konnten, konzentrierte sich Jobs auf die Verbraucher und sah die Revolution der digitalen Unterhaltung heraufziehen. Computer waren nicht mehr nur die Schlüsseltechnologie für den Arbeitsplatz, sie wurden gerade zur Schlüsseltechnologie des Lebens. Aus der Idee der digitalen Schnittstelle entstand Apples Anwendungs-Suite, die zum Lifestyle-Gegenstück der Office-Suite von Microsoft wird. Und wie wir gesehen haben, inspirierte sie auch den iPod, iTunes sowie Apples phänomenal erfolgreiche Handelskette.

Jobs' Fehleinschätzung: Die Leute wollten Musik, nicht Video

Eine der wichtigsten Funktionen des frühen iMac war seine Fähigkeit, per FireWire eine Verbindung zum Camcorder des Kunden herzustellen. FireWire gehört zur Standard-Ausrüstung vieler Camcorder, und der iMac war einer der ersten Computer, die als häusliches Videobearbeitungsstudio benutzt werden konnten.

Jobs interessierte sich seit langem für den Videobereich und dachte, dass der iMac für die Videobearbeitung das Gleiche leisten könne, wie der erste Mac es für das Desktop Publishing getan hatte. Das erste Programm, was für die digitale Schnittstelle geschrieben wurde, war iMovie, eine benutzerfreundliche Video-Bearbeitungs-Software.

Nur leider waren die Konsumenten in den späten 1990er Jahren mehr an digitaler Musik als an digitalen Videos interessiert. Jobs war so sehr mit den Videos beschäftigt, dass er die Anfänge der digitalen Musikrevolution verpasste. Jobs hat den Ruf eines Technologiepropheten. Angeblich hat er die Fähigkeit, die Technologie der Zukunft vorauszusehen – die grafische Benutzeroberfläche, die Maus, schicke MP3-Player –, doch die Millionen Musikliebhaber, die auf Napster und in anderen Filesharing-Netzwerken Milliarden von Dateien austauschten, waren ihm entgangen. Die Benutzer knackten den Kopierschutz ihrer CD-Sammlung und gaben die Musik über das Internet weiter. Um das Jahr 2000 herum begann die Musik von der Stereoanlage in den Computer zu wandern. Die Digitalisierungswelle machte sich besonders in Studentenwohnheimen bemerkbar, und obwohl College-Studenten große Abnehmer von iMacs waren, hatte Apple keine Jukebox-Software zur Verwaltung digitaler Musiksammlungen.

Im Januar 2001 verkündete Apple einen Verlust von 195 Millionen Dollar, der durch einen allgemeinen wirtschaftlichen Abschwung sowie einen starken Rückgang der Umsätze hervorgerufen worden war. Das war der erste und bisher einzige Quartalsverlust seit Jobs' Rückkehr. Ohne CD-Brenner kauften die Kunden keine iMacs mehr. In einer Telefonkonferenz mit Analysten gab Jobs zu, dass Apple „den Zug verpasst" hatte, indem die iMac-Linie nicht mit CD-Brennern ausgestattet worden war.[3] Er war zerknirscht. „Ich fühlte mich wie ein Dummkopf", sagte er später. „Wir hatten das Ziel verfehlt. Wir mussten hart arbeiten, um den Rückstand aufzuholen."[4]

Andere PC-Hersteller dagegen sind rechtzeitig auf den Zug aufgesprungen. Hewlett-Packard zum Beispiel lieferte seine Computer mit CD-Brenner aus, eine wichtige Funktion, die Apple in Zugzwang brachte. Um aufzuholen, kaufte Apple von einem kleinen Unternehmen die Lizenz eines beliebten Musikplayers namens SoundJam MP und warb zugleich deren fähigsten Programmierer, Jeff Robbin, ab. Dieser verbrachte mehrere Monate damit, den Player unter Jobs' Anleitung zu iTunes umzuprogrammieren (hauptsächlich vereinfachte er ihn). Bei der Macworld im Januar 2001 stellte Jobs das Programm der Öffentlichkeit vor.

„Apple hat das getan, was es am besten kann: komplexe Anwendungen leicht bedienbar zu machen und zu verbessern", sagte Jobs der Zuhörerschaft. „Und wir hoffen, dass die drastisch vereinfachte Benutzeroberfläche noch mehr Leuten den Zugang zur digitalen Musikrevolution ermöglicht."

---

3) George, Wes: „Detailed Analysis—Apple Warns: Inventories Still Growing, Lops 20% off 2001 Revenue Forecast". In: macobserver.com, 6. Dezember 2000. (http://www.macobserver.com/article/2000/12/06.10.shtml)
4) Levy, Steven: *The Perfect Thing: How the iPod Shuffles Commerce, Culture, and Coolness.* Simon & Schuster, New York 2007, S. 29.

Während Robbin an iTunes arbeitete, hielten Jobs und sein Vorstandsteam nach passenden Hardware-Geräten Ausschau. Sie fanden, dass Digitalkameras und Camcorder ziemlich gut konzipiert waren, es bei MP3-Playern aber anders aussah. „Die Produkte waren Schrott", sagte Greg Joswiak, der stellvertretende Leiter der Produktmarketing-Abteilung für den iPod gegenüber *Newsweek*.[5]

Digitale Musikplayer waren entweder groß und klobig oder klein und nutzlos. Die meisten hatten ziemlich kleine Speicherchips, entweder 32 oder 64 MB, auf die nur ein paar Dutzend Songs passten – kein großer Vorteil gegenüber billigen portablen CD-Playern.

Doch ein paar wenige Player hatten eine neue 2,5-Inch-Festplatte von Fujitsu. Der beliebteste davon war die Nomad Jukebox des Unternehmens Creative aus Singapur. Sie war etwa so groß wie ein tragbarer CD-Player, aber doppelt so schwer, und versprach somit, bei relativ geringer Größe Tausende Songs speichern zu können. Doch sie hatte ein paar furchtbare Macken: Die Musikstücke mussten manuell über eine USB-1-Schnittstelle vom Computer übertragen werden, was unerträglich langsam vonstatten ging. Die Oberfläche hatten sich Ingenieure ausgedacht (sie war grauenhaft), und die Batterien waren oft nach 45 Minuten leer.

Das war Apples Chance.

„Ich weiß nicht mehr, wessen Idee es war, einen MP3-Player herzustellen, doch Steve griff die Sache ziemlich schnell auf und bat mich, sie mir anzusehen", sagte Jon Rubinstein, ein altgedienter Ingenieur, der über zehn Jahre lang Apples Hardwareabteilung geleitet hat.[6] Der heutige Vorstandsvorsitzende von Palm ist ein großer, schlanker New Yorker Anfang 50, der sich kurz und knapp fasst und immer freundlich lächelt.

Er kam 1997 von NeXT, wo er ebenfalls für die Hardware verantwortlich war. Bei Apple entstanden unter Rubinsteins Leitung eine ganze Reihe bahnbrechender Geräte vom ersten bondi-blauen iMac über die Worksta-

---

5) Levy, Steven: „iPod Nation". In: *Newsweek*, 26. Juli 2004. (http://www.newsweek.com/id/504529)
6) Jon Rubinstein, persönliches Interview, September 2006.

tions mit Wasserkühlung bis hin zum iPod. Als Apple sich 2004 in eine iPod- und eine Macintosh-Abteilung aufteilte, wurde Rubinstein der iPod-Teil unterstellt, was zeigt, wie wichtig sowohl der iPod als auch er für Apple waren.

Das Apple-Team wusste, dass es die meisten Probleme des Nomad lösen konnte. Mit seiner FireWire-Verbindung konnten Songs schnell vom Computer auf den Player übertragen werden: eine ganze CD in wenigen Sekunden, eine riesige MP3-Bibliothek innerhalb von Minuten. Und dank der rapide wachsenden Mobiltelefonindustrie kamen ständig neue Akkus und Displays auf den Markt. Das sind Jobs' „Zeitvektoren" – er achtet darauf, welche nützlichen technologischen Neuerungen bevorstehen. Zukünftige Versionen des iPod würden von den Fortschritten der Mobiltelefon-Technologie profitieren können.

Anlässlich der Macworld in Tokio im Februar 2001 war Rubinstein für ein Arbeitstreffen bei Toshiba, Apples Festplattenlieferant, zu Gast, und die Vorstände zeigten ihm eine winzige neue Festplatte, die sie gerade entwickelt hatten. Sie hatte nur einen Durchmesser von 4,5 Zentimetern – war also wesentlich kleiner als die 6,5-Zentimeter-Variante von Fujitsu, die in den anderen Playern steckte –, doch bei Toshiba hatte man keinerlei Vorstellung, was man damit anfangen konnte. „Sie sagten, sie wüssten nicht, was sie damit tun sollten. Sie überlegten, sie für ein kleines Notebook zu verwenden", erinnerte sich Rubinstein. „Ich kam zurück zu Steve und sagte: ‚Ich weiß, wie wir es machen. Ich habe alle Teile zusammen.' Er sagte: ‚Leg los.'"

„Jon ist sehr gut darin, die Qualität einer neuen Technologie unglaublich schnell zu beurteilen", sagte Joswiak gegenüber dem *Cornell Engineering* Magazin. „Der iPod ist ein großartiges Beispiel dafür, dass Jon das Potenzial einer technologischen Entwicklung erkannt hat: diese sehr kleine genormte Festplatte."

Rubinstein wollte die Ingenieure, die an den neuen Macs arbeiteten, nicht ablenken, deswegen stellte er im Februar 2001 einen Berater, den Ingenieur Tony Fadell, ein, um die Details auszutüfteln. Fadell hatte eine Menge Erfahrung mit mobilen Produkten: Er hatte zahlreiche Geräte für General Magic und für Philips entwickelt. Ein gemeinsamer Bekannter gab seine Telefonnummer an Rubinstein weiter. „Ich rief Tony an", sagte Rubinstein. „Er befand sich gerade im Skiurlaub. Bis er hier zur Tür hereinkam, wusste er nicht, woran er arbeiten würde."

Jobs wollte den Player bis Herbst in die Läden bringen, rechtzeitig zum Weihnachtsgeschäft. Fadell wurde ein kleines Team von Ingenieuren und Designern unterstellt, die das Gerät rasch zusammenbauten. Der iPod wurde unter einem Mantel extremer Geheimhaltung gebaut, sagte Rubinstein. Von Anfang bis Ende wussten von den 7.000 Mitarbeitern, die damals in der Apple-Firmenzentrale arbeiteten, nur etwa 50 bis 100 von der Existenz des iPod-Projekts. Um das Projekt so schnell wie möglich abzuschließen, wurden so viele Standard-Teile wie möglich verwendet: die Festplatte von Toshiba, der Akku von Sony und einige Steuerungschips von Texas Instruments.

Der Bauplan der Hardware basierte auf einem Player, der von einem Silicon-Valley-Startup namens PortalPlayer gekauft worden war. Dieses arbeitete an sogenannten Referenzdesigns mehrerer digitaler Abspielgeräte, unter anderem einem Player in Normalgröße für das Wohnzimmer und einem portablen Player von der Größe einer Zigarettenschachtel.

Doch das Team griff auch stark auf die Kompetenzen im eigenen Hause zurück. „Wir mussten nicht von vorne anfangen", sagte Rubinstein. „Uns steht eine Hardware-Konstruktionsgruppe zur Verfügung. Wir benötigen eine Stromversorgung, und wir haben eine Stromversorgungsgruppe. Wir brauchen ein Display, und wir haben eine Displaygruppe. Wir verwendeten das Konstruktionsteam. Dieses Produkt ist durch die Technologien, die wir bereits im Haus hatten, in hohem Maße verbessert worden."

Das kniffligste Problem war die Akkulaufzeit. Wenn das Festplattenlaufwerk in Bewegung blieb, während die Musik abgespielt wurde, wäre der Akku schnell leer. Die Lösung war, mehrere Tracks zugleich in den Arbeitsspeicher zu laden, der sehr viel weniger Energie verbrauchte. Die Festplatte konnte zum Stillstand kommen, bis weitere Songs gebraucht wurden. Andere Hersteller verwendeten einen ähnlichen Aufbau, um Unterbrechungen in der Wiedergabe zu vermeiden. Der erste iPod hatte bereits einen 32-Megabyte-Arbeitsspeicher, der die Akku-Laufzeit von zwei oder drei auf zehn Stunden verlängerte.

Weil alle Einzelteile vorlagen, ergab sich die äußere Form des iPod von selbst. Alle Teile passten ganz natürlich zusammen in ein dünnes Gehäuse von der Größe eines Kartenspiels.

„Manchmal sind die Dinge schon allein aufgrund der Materialien, aus denen sie gemacht sind, vollkommen klar. Und diesmal war das der Fall", sagte Rubinstein. „Es war offensichtlich, wie das Gerät aussehen würde, wenn man es zusammenbaut."

Und dennoch baute Apples Designgruppe unter der Leitung von Jonathan Ive einen Prototyp nach dem anderen. Ives Designgruppe arbeitete eng mit den Herstellern und Ingenieuren zusammen und verfeinerte und optimierte das Design dabei kontinuierlich.

Um die Fehlerbehebung zu vereinfachen, wurden die ersten iPod-Prototypen in Schuhkarton-großen Polykarbonat-Boxen, genannt „stealth units" (Deutsch etwa „Geheimhaltungseinheiten", Anm. d. Ü.), gebaut. Wie sehr viele andere Silicon-Valley-Unternehmen ist auch Apple Opfer von Industriespionage durch Rivalen, die nur zu gern einen Blick auf das werfen würden, woran gerade gearbeitet wird.

Einige Beobachter vermuteten, dass die Polykarbonat-Boxen die Prototypen vor den Blicken von Möchtegern-Spionen schützen sollen. Doch den Ingenieuren zufolge haben die Boxen rein funktionale Gründe: Sie sind groß und zugänglich und erleichtern die Fehlersuche, wenn es ein Problem gibt.

Um bei der Software-Entwicklung des iPod Zeit zu sparen, wurde ebenfalls ein vorhandenes einfaches Betriebssystem eingebracht, das als Basis verwendet wurde. Die Software wurde von Pixo, einem von Paul Mercer gegründeten Silicon-Valley-Startup, eingekauft. Mercer hatte früher bei Apple als Ingenieur am Newton mitgearbeitet und entwickelte nun mit seiner Firma ein Betriebssystem für Mobiltelefone. Die Pixo-Software bewegte sich auf sehr niedrigem Niveau: Sie konnte Dinge wie Anfragen an die Festplatte nach Musik-Dateien verarbeiten. Auch enthielt sie die Bibliotheken mit Befehlen zum Zeichnen von Linien oder Kästen auf einem Display, die zum Aufbau von Oberflächen notwendig waren. Eine fertige Benutzeroberfläche war jedoch noch nicht dabei. Apple baute die gefeierte Benutzeroberfläche des iPod auf der Basis von Pixos einfachem System.

Die Idee für das Scrollrad kam von Apples Marketingchef Phil Schiller, der in einem der ersten Meetings entschieden sagte: „Das Rad ist das richtige Eingabegerät für dieses Produkt." Ein weiterer Vorschlag Schillers war, dass man sich schneller durch die Menüs bewegen solle, je länger man am Rad dreht – ein Geniestreich, der gegenüber dem quälenden Gebrauch der Konkurrenzprodukte einen echten Vorteil darstellt. Die Idee des Scrollrads wäre vielleicht nicht entstanden, wenn Apple den traditionellen stufenweisen Designprozess verfolgt hätte.

Das Scrollrad des iPod war dessen auffälligste Neuerung. Ein Rad zu verwenden, um einen MP3-Player zu steuern, war damals etwas vollkommen Neues, funktionierte aber überraschend gut. Konkurrierende MP3-Player verwendeten normale Knöpfe. Das Scrollrad scheint wie in einem magischen Schöpfungsakt entstanden zu sein. Warum ist vorher niemandem eine derartige Steuerungsvorrichtung eingefallen? Allerdings ist Schillers Scrollrad nicht vom Himmel gefallen, Scrollräder sind in der Elektronik ziemlich weit verbreitet, beispielsweise an Mäusen oder an der Seite von Palm Pilots. Die BeoCom-Telefone von Bang&Olufsen haben für die Navigation der Ruflisten und Kontakte ein Eingabegerät, das einem sehr bekannt vorkommt. Bereits 1983 hatte der Arbeitsplatzrechner Hewlett-Packard 9836 eine Tastatur mit einem ähnlichen Rat, mit dem man sich durch Texte bewegen konnte.

Was die Software angeht, so beauftragte Jobs den Programmierer Jeff Robbin damit, die Entwicklung der Benutzeroberfläche des iPods sowie die Interaktion mit iTunes zu beaufsichtigen. Entworfen wurde die Oberfläche durch den Designer Tim Wasko, der bereits für die saubere, einfache Oberfläche von Apples Quicktime-Player verantwortlich gewesen war. Wie die Hardware-Designer lieferte Wasko einen Entwurf nach dem anderen ab. Er präsentierte die Varianten auf riesigen Hochglanz-Ausdrucken, die auf einem Konferenztisch verteilt wurden und so rasch sortiert und diskutiert werden konnten.

„Ich erinnere mich daran, wie ich mit Steve und einigen anderen Leuten Abend für Abend bis ein Uhr nachts zusammengesessen und die Benutzeroberfläche des ersten iPod ausgearbeitet habe", sagte Robbin. „Im Trial-and-Error-Verfahren wurde das Ganze Tag für Tag, Stück für Stück vereinfacht. Eines Tages sahen wir einander an und sagten: ,Ja, natürlich. Wieso sollte man es irgendwie anders machen?' Da wussten wir, dass wir am Ziel waren."[7] Wie Jonathan Ives Hardware-Prototypen wurde die intuitive Benutzeroberfläche des iPod durch einen mehrstufigen Trial-and-Error-Prozess erreicht.

Jobs bestand darauf, dass der iPod und iTunes perfekt miteinander funktionierten und dass viele Funktionen automatisiert wurden, besonders die Übertragung von Songs. Das Vorbild war die HotSync-Software von Palm, die den Palm Pilot automatisch aktualisiert, sobald er angeschlossen wird. Die Benutzer sollten ihren iPod an den Computer anschließen und damit Songs automatisch auf den Player laden können – ohne dass ein manuelles Eingreifen erforderlich ist. Diese Bequemlichkeit in der Benutzung ist eines der großen Erfolgsgeheimnisse des iPod. Gegenüber früheren Playern machten iPod und iTunes die Verwaltung einer digitalen Musiksammlung viel einfacher. Bei den meisten anderen Playern musste der Benutzer vieles selbst tun. Um Songs zu laden, mussten sie diese manuell auf ein Icon ihres MP3-Players ziehen. Das war lästig und ging den meisten Leuten auf die Nerven. Der iPod änderte dies. Gegenüber dem *Fortune*-Magazin fasste Jobs die leichte Funktionsweise des iPod in fünf Worten zusammen: „Schließ ihn an. Brrrrrrrrrrrt. Fertig."[8]

Wie der iPod zu seinem Namen kam

Während Apples Ingenieure die Hardware fertigstellten und Robbin mit seinen Leuten an der iTunes-Software arbeitete, machte sich ein freier Texter Gedanken um einen Namen für das neue Gerät. Der Name iPod wurde von Vinnie Chieco, einem Freiberufler aus San Francisco, angeboten, und Jobs hatte ihn ursprünglich abgelehnt.

---

7) Schlender, Brent: „How Big Can Apple Get? ". In: *Fortune,* 21. Februar 2005.
8) Schlender, Brent: „Apple's 21st-century Walkman CEO Steve Jobs thinks he has something pretty nifty. And if he's right, he might even spook Sony and Matsushita". In: *Fortune,* 12. November 2001. (http://money.cnn.com/magazines/fortune/fortune_archive/2001/11/12/ 313342/index.htm)

Chieco wurde von Apple beauftragt, zusammen mit einem kleinen Team herauszufinden, wie man den neuen MP3-Player der allgemeinen Öffentlichkeit, und nicht nur ein paar Computerfreaks, nahebringen konnte. Zu der Aufgabe gehörte, einen Namen für das Gerät zu finden sowie Werbe- und Infomaterial, das die Vorzüge des Gerätes darlegte, zu entwickeln.

Chieco beriet sich mehrere Monate lang mit Apple und traf Jobs während der Arbeit am iPod teilweise zwei- bis dreimal wöchentlich. Das Viererteam arbeitete unter strenger Geheimhaltung und traf sich in einem kleinen, fensterlosen Büro im obersten Stockwerk des Gebäudes, das Apples Grafikdesignabteilung beherbergt. Der Raum hatte ein elektronisches Schloss, und nur vier Leute hatten Zugangsschlüssel, darunter Jobs. In dem Raum gab es einen großen Konferenztisch und einige Computer. Einige Ideen waren an die Wand geheftet worden.

Die Grafikdesignabteilung ist unter anderem für den Entwurf von Apples Produktverpackungen, Broschüren, Werbebannern und Ladenbeschilderung zuständig. Innerhalb von Apples Organisationsstruktur nimmt die Grafikabteilung eine privilegierte Position ein: Sie erfährt oft wesentlich vor dem Produktstart von Apples geheimen Produkten. Um die Geheimhaltung zu wahren, ist Apple in viele Abteilungen unterteilt. Wie bei einem Geheimdienst erfahren die Mitarbeiter nur das, was sie unbedingt wissen müssen. Viele Abteilungen wissen über kleine Einzelheiten neuer Produkte Bescheid, doch nur das Vorstandsteam kennt alle Details.

Um die Verpackungen und Ladenschilder rechtzeitig fertigstellen zu können, erfahren die Künstler und Designer der Grafikabteilung oft als Erste gleich nach dem Vorstandsteam Details über neue Produkte. Beispielsweise erfuhr die Grafikabteilung innerhalb von Apple mit als Erstes den Namen des iPod, damit die Verpackung vorbereitet werden konnte. Die übrigen am iPod beteiligten Gruppen – einschließlich des Hardware- und des Software-Teams – kannten das Gerät nur unter seinem Codenamen: „Dulcimer". Sogar innerhalb der Grafikabteilung wurden die Informationen streng rationiert. Die Abteilung hat etwa 100 Mitarbeiter, doch nur eine kleine Untergruppierung – etwa 20 bis 30 Leute – wussten überhaupt von der Existenz des iPod, geschweige denn alle Details. Der Rest der Abteilung erfuhr erst vom iPod, als Jobs ihn im Oktober 2001 vor der Presse enthüllte.

Während des Namensfindungsprozesses entschied sich Jobs für den deskriptiven Werbespruch: „1000 Songs in deiner Tasche". Dieser Werbespruch befreite den Namen von dem Zwang, erklärend zu sein. Er musste nicht unbedingt einen Bezug zur Musik oder zu Songs geben. Bei der Beschreibung des Players bezog sich Jobs ständig auf Apples Strategie der digitalen Schnittstelle. Der Mac ist eine Schnittstelle oder ein zentraler Verbindungspunkt für eine Reihe von Geräten, was Chieco dazu anregte, über Schnittstellen nachzudenken: Objekte, mit denen sich andere Dinge verbinden.

Die ultimative Schnittstelle, fand Chieco, wäre ein Raumschiff. Man konnte ein Raumschiff mit einem kleineren Schiff (engl. „pod", Anm. d. Ü.) verlassen, doch dieses musste zum Auftanken und Auffüllen der Vorräte zum Mutterschiff zurückkehren. Schließlich wurde Chieco der Prototyp des iPod mit seiner Vorderseite aus gänzlich weißem Plastik gezeigt. „Sobald ich den weißen iPod sah, dachte ich an den Film *2001 – Odyssee im Weltraum*", sagte Chieco. „,Open the pod bay door, Hal!'" („Öffne die Tür zum Schiff, Hal!", Anm. d. Ü.)

Dann musste nur noch das Präfix „i" ergänzt werden – wie beim iMac. Laut Apple stand das „i" ursprünglich für „Internet". Doch das ergibt heute, wo das Präfix für so viele unterschiedliche Produkte vom iPhone bis hin zur Software iMovie verwendet wird, keinen Sinn mehr. Einige verstehen das „i" auch als englische erste Person, wodurch auf die persönliche Natur von Apples Produkten verwiesen würde.

Chieco präsentierte Jobs den Namen zusammen mit mehreren Dutzend auf Karteikarten geschriebenen Alternativen. Er lehnte es ab, mir irgendwelche der übrigen Namensalternativen, die zur Diskussion standen, zu nennen. Als Jobs die Karteikarten einzeln durchging, machte er zwei Stapel, einen für abgelehnte Vorschläge, einen für Kandidaten. Die iPod-Karte wanderte in den abgelehnten Stapel. Doch am Ende der Sitzung fragte Jobs die vier Anwesenden nach deren Meinung. Chieco griff über den Tisch und zog die iPod-Karte wieder hervor. „Die Art und Weise, wie Steve die ganze Sache erklärt hatte, schien mir zu dem Namen zu passen", sagte Chieco. „Es war die perfekte Analogie. Es war sehr logisch. Außerdem war es ein guter Name." Jobs sagte Chieco, er würde darüber nachdenken.

Nach der Sitzung begann Jobs, mehrere der potentiellen Namen an Leuten von innerhalb und außerhalb des Unternehmens, denen er vertraute, auszuprobieren. „Er warf mit einer Menge Namen um sich", sagte Chieco. „Er hatte viele Varianten. Er fragte herum." Ein paar Tage später teilte Jobs Chieco mit, dass er sich zugunsten von iPod entschieden habe. Er erläuterte das nicht näher. Er sagte Chieco einfach: „Ich habe über den Namen nachgedacht. Er gefällt mir. Es ist ein guter Name." Eine Quelle bei Apple, die nicht genannt werden möchte (weil sie ihren Job nicht verlieren will), bestätigte Chiecos Geschichte.

Athol Foden, ein Namensgebungs-Experte und Chef des Unternehmens Brighter Naming in Mountain View, Kalifornien, weist daraufhin, dass Apple sich den Namen iPod bereits am 24.7.2000 als Marke für einen Internet-Kiosk, ein Projekt, das nie das Tageslicht erblickte, hat eintragen lassen. Apple registrierte den Namen iPod laut Akteneintrag für „einen öffentlichen Internet-Kiosk, der Computerzubehör anbietet".

Foden bemerkte, dass der Name „iPod" mehr zu einem Internet-Kiosk passt, den man als „Schiff" für einen Menschen betrachten kann, als für einen MP3-Player. „Sie stießen in ihrer Sammlung registrierter Markennamen auf ‚iPod'", sagte er. „Wenn man an das Produkt denkt, passt das nicht so richtig. Aber das macht nichts. Er ist kurz und griffig."

Foden hält den Namen für einen Geniestreich: Er ist einfach, bleibt im Gedächtnis und, ganz besonders wichtig, beschreibt das Gerät nicht, so dass er, falls sich die Technologie weiterentwickelt oder sich gar die Funktionen des Gerätes ändern, weiterhin verwendet werden kann. Auch er verwies auf die doppelte Bedeutung des „i"-Präfixes, für „Internet" wie in iMac oder für „I" im Sinne von „Ich".

Chieco war überrascht, als ich ihm sagte, Apple habe den Namen iPod schon zuvor registriert gehabt. Es war ihm nicht bewusst und Steve Jobs offensichtlich ebenso wenig. Chieco sagte, der Internet-Kiosk müsse ein Zufall sein. Er vermutete, dass vielleicht ein anderes Apple-Team den Namen für das andere Projekt registriert habe, aber dies wegen des Hangs zur Geheimhaltung bei Apple niemandem bewusst gewesen sei.

Am 23.10.2001, etwa fünf Wochen nach den Ereignissen des 11. September, stellte Jobs das fertige Produkt im Rahmen einer besonderen Veranstaltung in Apples Firmenzentrale vor. „Dies ist ein großer Durchbruch", ließ Jobs die versammelten Journalisten wissen.

Und er hatte recht. Der erste iPod sieht aus heutiger Sicht primitiv aus: eine große, weiße Zigarettenschachtel mit einem eckigen Schwarz-Weiß-Display. Doch alle sechs Monate hat Apple das Gerät verbessert, aktualisiert und erweitert, so dass es heute eine ganze Familie verschiedener Modelle vom schlichten iPod Shuffle bis zum luxuriösen iPhone gibt.

Das Resultat: Bis April 2007 wurden mehr als 100 Millionen Stück verkauft, knapp die Hälfte seiner explodierenden Umsätze macht Apple mit dem iPod. Bis Ende 2008 kann das Unternehmen voraussichtlich die Marke von 200 Millionen und bis Ende 2009 300 Millionen Stück erreichen. Einige Analysten schätzen, dass vom iPod 500 Millionen Stück verkauft werden können, bis der Markt gesättigt ist. All das würde den iPod zu einem Anwärter auf den größten Elektronik-Verkaufshit aller Zeiten machen. Vom gegenwärtigen Rekordhalter, dem Walkman von Sony, wurden während dessen fünfzehnjähriger Herrschaft in den 1980er und frühen 1990er Jahren 350 Millionen Einheiten verkauft.

Der vielleicht wichtigste Aspekt beim Erfolg des iPods ist die totale Kontrolle, die Jobs über das Gerät ausübte: über Hardware, Software und den Online-Musicstore. Die vollständige Kontrolle ist der Schlüssel zur Funktionalität, Benutzerfreundlichkeit und Zuverlässigkeit des iPods. Und sie wird für die Zukunft von Apple im mächtig hereinbrechenden Zeitalter der digitalen Unterhaltung entscheidend sein, wie wir im nächsten Kapitel sehen werden.

Steves Lehren

- *Wenn Sie den Zug verpassen, müssen Sie sich anstrengen, um aufzuholen.* Jobs verpasste den Anfang der digitalen Musikrevolution, holte aber schnell auf.
- *Suchen Sie nach Gelegenheiten.* Apple war nicht im Abspielgeräte-Geschäft, doch Jobs hielt nach Marktlücken Ausschau.
- *Suchen Sie nach „Zeitvektoren" – größeren Veränderungen auch außerhalb der Branche, die Sie zu Ihrem Vorteil nutzen können.* Der iPod profitierte in hohem Maße von Verbesserungen von Batterien und Displays, die aus der Mobiltelefonbranche hervorgingen.
- *Setzen Sie Fristen.* Jobs wollte den iPod im Herbst in den Läden sehen. Das waren sechs Monate, um ihn marktreif zu machen. Das war strapaziös, aber notwendig.
- *Kümmern Sie sich nicht darum, wo die Ideen herkommen.* Phil Schiller, Apples Marketingchef, schlug das Scrollrad des iPod vor. Bei anderen Unternehmen würde ein Marketingmitarbeiter nicht einmal bei einer Produktentwicklungssitzung dabei sein.
- *Kümmern Sie sich nicht darum, wo die Technik herkommt – es kommt auf die Kombination an.* Der iPod ist mehr als die Summe seiner Teile.
- *Greifen sie auf vorhandene Stärken zurück.* Fangen Sie nie ganz von vorn an – Apples Stromversorgungsteam kümmerte sich um den Akku, die Programmierer arbeiteten an der Oberfläche. Sechs Monate bis zur Marktreife wäre eine unmögliche Frist gewesen, wenn Apple das Rad neu erfunden hätte.
- *Vertrauen Sie Ihren Abläufen.* Der iPod war kein plötzlicher Geistesblitz und keine einzelne bahnbrechende Idee. Er ging aus Apples altbewährtem und sich wiederholendem Designprozess hervor.
- *Haben Sie keine Angst vor „Trial and Error".* Wie Jonathan Ives zahllose Prototypen wurde auch die bahnbrechende Benutzeroberfläche des iPods mithilfe von „Trial and Error" entwickelt.
- *Beziehen Sie das Team mit ein.* Der iPod hat keinen alleinigen Urheber, es gibt keinen einzelnen „Podfather". Es ist nie nur eine Person – der Erfolg hat immer viele Väter.

Kapitel 8
Das ganze System kontrollieren

„Ich wollte immer die Haupttechnologie dessen, was wir tun, besitzen und kontrollieren."

– Steve Jobs

1984 wurde Steve Jobs' Erfindung – der erste Macintosh-Computer – ohne internen Lüftungsventilator ausgeliefert. Das Geräusch eines Ventilators machte Jobs verrückt, also bestand er darauf, dass der Mac keinen haben sollte, obwohl seine Ingenieure hartnäckig dagegen protestierten (und in spätere Modelle sogar ohne sein Wissen Lüfter einbauten). Um die Überhitzung ihrer Rechner zu vermeiden, kauften die Kunden einen „Mac-Kamin" – eine Art Ofenrohr aus Pappe, das man oben auf dem Rechner platzierte und das durch Konvektion Hitze nach außen transportierte. Der Kamin sah lächerlich aus – wie eine Narrenkappe –, bewahrte die Rechner aber vor dem Schmelzen.

Jobs ist ein kompromissloser Perfektionist, eine Eigenschaft, die ihn und die von ihm gegründeten Unternehmen zu einer ungewöhnlichen Arbeitsweise führte: die genaue Kontrolle über Hardware, Software und die Dienste, die durch sie zugänglich gemacht werden, aufrechtzuerhalten. Vom ersten Tag an hat Jobs immer vollständig geschlossene Geräte produziert. Vom ersten Mac bis zum neuesten iPhone waren Jobs' Systeme immer komplett versiegelt, um deren Nutzer am eigenmächtigen Basteln und Modifizieren zu hindern. Selbst die Software ist schwer anzupassen.

Diese Herangehensweise ist für eine Branche, in der Hacker und Ingenieure dominieren, die ihre Technologie gern personalisieren, ungewöhnlich. In den von Microsoft dominierten Zeiten günstig verfügbarer Hardware-Bauteile wurde sie sogar als ärgerliche Einschränkung empfunden. Heute wollen die Verbraucher jedoch gut gemachte, leicht bedienbare digitale Geräte für Musik, Fotografie und Video. Jobs' Beharrlichkeit, „die ganze Sache" zu kontrollieren, ist in der Hightech-Branche zum neuen Mantra geworden. Selbst Bill Gates, der Vorreiter des gegenteiligen Ansatzes, ist umgeschwenkt und ahmt Jobs nach. Microsoft bringt neuerdings neben Software auch Hardware auf den Markt – Zune und die Xbox bilden das Zentrum von Microsofts eigener „digitaler Schnittstelle". Das ganze System zu kontrollieren, mag während der vergangenen 30 Jahre das falsche Modell gewesen sein, für die kommenden 30 Jahre – das Zeitalter der digitalen Unterhaltung – ist es jedenfalls das Richtige.

In dieser neuen Ära machen Hollywood und die Musikindustrie CDs und DVDs durch Filme und Musikstücke übers Internet zugänglich, und die Konsumenten wollen zum Abspielen leicht bedienbare Unterhaltungselektronik wie den iPod. Steve Jobs' Modell liefert sie ihnen. Apples Trumpfkarte ist, dass das Unternehmen seine eigene Software machen kann, vom Mac-Betriebssystem bis hin zu Anwendungen wie iPhoto und iTunes.

Jobs als Kontrollfreak

Jobs ist ein unglaublicher Kontrollfreak. Er kontrolliert Apples Software, Hardware, Design, Marketing und Apples Online-Angebote. Er kontrolliert jeden Aspekt der Unternehmensabläufe, von den Mahlzeiten, die die Angestellten erhalten, bis hin zu der Frage, wie viel diese ihren Familien über ihre Arbeit verraten dürfen (fast nichts).

Vor Jobs' Rückkehr war das Unternehmen berühmt für seine Entspanntheit. Die Mitarbeiter kamen später und gingen früher. Sie faulenzten auf der Rasenfläche des Hofes, spielten Hacky-Sack oder warfen die Frisbee-Scheibe für ihre Hunde. Doch Jobs implementierte rasch neue Regeln und eine neue Strenge. Das Rauchen und das Mitbringen von Hunden wurden verboten, und im Unternehmen herrschte ein neues Gefühl von Dringlichkeit und Fleiß.

Einige Leute unterstellen, dass Jobs bei Apple die Zügel so straff hält, um nicht wieder verdrängt zu werden. Beim letzten Mal, als er die Kontrolle an seinen vermeintlichen Freund und Verbündeten John Sculley abtrat, warf ihn dieser aus dem Unternehmen. Andere spekulieren, Jobs' Kontrollversessenheit sei eine Folge seiner Adoption als Kind. Sein Wunsch, zu kontrollieren, sei eine Reaktion auf die Hilflosigkeit, von seinen leiblichen Eltern verlassen worden zu sein. Doch wie wir gesehen haben, wirkt sich seine Kontrollsucht in letzter Zeit günstig auf das Geschäft sowie auf die Entwicklung verbraucherfreundlicher Geräte aus. Die enge Aufsicht über Hardware und Software macht sich in Benutzerfreundlichkeit, Sicherheit und Zuverlässigkeit bezahlt.

Was auch immer der Ursprung für Jobs' Tendenz zum Kontrollieren ist, sie ist jedenfalls legendär. In früheren Jahren stritt er sich mit seinem Freund und Apple-Mitbegründer Steve Wozniak, der unbedingt für offene, zugängliche Rechner war. Wozniak, der ultimative Hacker, wollte Computer, die man leicht öffnen und umbauen konnte. Jobs wollte das genaue Gegenteil: Computer, die fest verschlossen und nicht zu verändern waren. Die ersten Macs, die Jobs weitgehend ohne Wozniaks Hilfe konzipierte, waren mit Spezialschrauben versiegelt, die man nur mit einem speziellen 30 cm langen Schraubenzieher öffnen konnte.

In jüngerer Zeit schloss Jobs Softwareentwickler vom iPhone aus, jedenfalls zu Beginn. In den Wochen nach Jobs' Einführung des iPhone gab es einen Sturm der Entrüstung von Bloggern und Fachleuten, die wild dagegen wetterten, dass das iPhone eine geschlossene Plattform war. Keine Fremdsoftware würde auf ihm laufen. Das iPhone war kurz davor, zu einem der größten Unterhaltungselektronik-Hits der jüngeren Geschichte zu werden, doch für die Softwarebranche war es eine verbotene Frucht. Anwendungen Dritter waren mit Ausnahme von Internetprogrammen, die

Kapitel 8 · Das ganze System kontrollieren

über den Browser des Telefons liefen, verboten. Viele Kritiker sagten, die Softwareentwickler auf diese Weise auszuschließen, sei typisch für Jobs' Hang zum Kontrollieren. Er wollte nicht, dass irgendwelche schmierigen Programmierer die vollkommene Welt seines Erzeugnisses ruinierten.

„Jobs ist ein willensstarker, elitärer Künstler, der seine Kreationen nicht von unwürdigen Programmierern verschandeln lassen möchte", schrieb Dan Farber, Chefredakteur von ZDNet. „Das wäre, als wenn irgendjemand einfach ein paar Pinselstriche an einem Picasso-Gemälde hinzufügen oder den Text eines Bob-Dylan-Songs verändern würde."[1]

Kritiker hielten das Ausschließen von Fremdsoftware für einen schwerwiegenden Fehler. Es würde das iPhone seine Killerapplikation kosten – die entscheidende Anwendung, die das Gerät zu einem Muss machen würde. In der Geschichte des PCs war der Erfolg einer Hardware oft von einer exklusiven Software-Anwendung abhängig: VisiCalc beim Apple II, Aldus Pagemaker und das Desktop Publishing beim Mac, Halo bei der Xbox.

Jobs' strategische Entscheidung, das ipod-/iTunes-Ökosystem vor potentiellen Partnern zu verschließen, wurde von Fachleuten ebenfalls als Beispiel für seinen Wunsch gesehen, die Kontrolle zu behalten. Kritiker verlangten, dass Jobs iTunes-Lizenzen an die Konkurrenz vergeben sollte, wodurch online bei iTunes gekaufte Songs auf fremdproduzierten MP3-Playern abgespielt werden könnten. Gegenwärtig können bei iTunes gekaufte Songs wegen des in den Dateien enthaltenen Kopierschutzes (genannt Digital Rights Management, DRM) nur auf iPods abgespielt werden.

Andere haben das Gegenteil vorgeschlagen: Jobs sollte den iPod für das konkurrierende Windows-Media-Format von Microsoft öffnen. WMA ist das Standardformat für Musikdateien auf Windows-PCs. CDs, die auf einem Windows-PC gerippped wurden, oder Musikstücke, die in Online-Shops wie Napster oder Virgin Digital gekauft wurden, sind normalerweise im WMA-Format gespeichert. (Im Augenblick importieren der iPod und

---

1) Farber, Dan: „Steve Jobs, the iPhone and Open Platforms", In: ZDnet.com, 13. Januar 2007.

iTunes WMA-Dateien und konvertieren diese in das vom ipod bevorzugte Format: AAC.)

Natürlich wurde auch Jobs' Weigerung, ipod und iTunes gegenüber den Microsoft-Formaten oder Kooperationspartnern zu öffnen, mit Jobs' extremem Kontrollzwang in Verbindung gebracht. Rob Glaser, der Gründer und Chef von RealNetworks, das den konkurrierenden Rhapsody Musikservice anbietet, äußerte gegenüber der *New York Times*, dass Jobs die wirtschaftliche Vernunft seiner „Ideologie" opfere. 2003 sagte Glaser: „Es ist bereits heute absolut klar, dass Apple in fünf Jahren bei Playern einen Marktanteil von drei bis fünf Prozent haben wird. (...) Die Weltgeschichte hat gezeigt, dass Hybridisierung bessere Resultate hervorbringt."[2]

Glaser und andere Kritiker sahen klare Parallelen zu dem alten Krieg Windows gegen Mac: Apples Weigerung, den Mac zu lizensieren, kostete das Unternehmen seinen riesigen Vorsprung auf dem Computermarkt. Während Microsoft allen Herstellern Lizenzen seines Betriebssystems gab und so rasch eine dominierende Marktposition erreichte, behielt Apple seine Spielzeuge für sich. Obwohl der Mac viel ausgereifter war als Windows, war er zu einer Nischenexistenz am Markt verurteilt.

Einige Kritiker prophezeien, dass ipod und iTunes das gleiche Schicksal droht. Jobs' Weigerung, Kooperationsbereitschaft zu zeigen, wird Apple im Bereich der digitalen Musik die gleichen Prügel bescheren, die es auf dem PC-Markt erhalten hat. Beobachter sind der Meinung, dass am Ende offene, an jeden Interessenten lizensierte Systeme wie Microsofts PlayForSure, das von Dutzenden von Online-Musikgeschäften und Herstellern von MP3-Playern übernommen wurde, Apples Alleingangs-Ansatz schlagen wird. Kritiker sagten, Apple würde einem rauen Wettbewerb gegenüberstehen, der automatisch aus einem offenen Markt hervorgeht. Konkurrierende Hersteller, die einander im Preis und in der Funktionalität übertrumpfen wollten, würden die Preise kontinuierlich nach unten schrauben und zugleich ihre Geräte verbessern. Apple dagegen würde in sein eigenes Wolkenkuckucksheim der teureren Player, die nur Songs aus dem eigenen Laden abspielen konnten, eingeschlossen sein. Für Kritiker

---

2) Walker, Rob: „The Guts of a New Machine". In: *New York Times Magazine,* 30. November 2003. (http://www.nytimes.com/2003/11/30/magazine/30IPOD.html)

war es dasselbe Spiel wie immer bei Steve Jobs: Sein Wunsch, alles für sich zu behalten, würde den iPod zum Scheitern verurteilen. Microsoft mit seinen Legionen an Kooperationspartnern würde mit dem iPod das Gleiche tun, wie es mit dem Mac getan hatte.

Und mit der Markteinführung des iPhone, das sich ursprünglich ebenfalls fremden Softwareentwicklern verschloss, wurden die gleichen Kritiker wieder auf den Plan gerufen. Auf dem iPhone liefen eine Handvoll Anwendungen von Apple und Google wie GoogleMaps, iPhoto und iCal. Anwendungen von Drittanbietern war der Zugang versperrt.

Der Wunsch der Entwickler, ihre Programme auf das Gerät zu bekommen, war von Beginn an offensichtlich. Innerhalb von Tagen nach seiner Veröffentlichung war das iPhone von tatkräftigen Hackern geknackt worden, sodass die Besitzer Fremdanwendungen auf das Telefon laden konnten. Ein paar Wochen später gab es bereits über 200 Anwendungen für das iPhone, unter anderem innovative Spiele und clevere Programme zur Adresssuche.

Doch der Hacker-Zugang basierte auf einer Sicherheitslücke, die Apple rasch mit einem Software-Update schloss. Das Update schloss ebenfalls ein paar Löcher, die es einigen – um genau zu sein, ziemlich vielen – iPhone-Besitzern ermöglichte, ihre Telefone aus dem AT&T-Netz zu „befreien" und sie mit anderen Mobilfunkanbietern zu betreiben. (Apple teilte mit, dass 25.000 iPhones nicht bei AT&T registriert worden waren, was bedeutet, dass annähernd 1/6 der verkauften iPhones mit anderen Anbietern benutzt wurden, viele wahrscheinlich in Übersee.)

Das Update machte einige iPhones unbrauchbar, insbesondere solche, die gehackt worden waren. Dies scheint von Apples Seite aus Versehen passiert zu sein, doch das „Abschneiden" so vieler Geräte wurde zu einem PR-Albtraum. Für viele Kommentatoren, Kunden und Blogger war das Apple von seiner schlechtesten Seite: Die ersten und loyalsten Kunden wurden wie Dreck behandelt, ihre Geräte wurden abgeschnitten, weil sie gewagt hatten, daran herumzubasteln.

Die Entwickler-Community war ebenfalls schockiert und verärgert und warf Apple vor, die Gelegenheit, sich auf dem Smartphone-Markt einen

Vorsprung auf Konkurrenten wie Microsoft, Google, Nokia und Symbian zu sichern, in den Sand zu setzen. Um die Gemüter zu beruhigen, verkündete Apple den Plan, das iPhone im Februar 2008 mithilfe eines Software-Entwicklungs-Kits für Drittentwickler zu öffnen.

Die ganze Sache kontrollieren

Jobs' Wunsch, die ganze Sache unter Kontrolle zu halten, gründet sowohl auf Weltanschauung wie auch auf praktischer Erfahrung. Er kontrolliert nicht um der Kontrolle willen. Jobs möchte komplizierte Geräte wie Computer und Smartphones zu Produkten für den Massenmarkt machen, und dazu muss Apple seiner Überzeugung nach den Konsumenten einen Teil der Kontrolle über die Geräte wegnehmen. Der iPod ist ein gutes Beispiel. Die Kompliziertheit eines MP3-Players wird vor dem Kunden verborgen, indem die iTunes-Software und der iTunes-Online-Shop dazwischengeschaltet werden. Die Kunden können zwar keine Musikstücke bei anderen Online-Shops ihrer Wahl kaufen, doch dafür stürzt der iPod nicht ab, wenn man Musik auf ihn überträgt. Das ist der praktische Aspekt. Die enge Integration von Hardware und Software führt zu einem kontrollier- und berechenbareren System. Ein geschlossenes System begrenzt die Auswahl, ist aber dafür stabiler und zuverlässiger. Ein offenes System ist weitaus fragiler und unzuverlässiger – das ist der Preis der Freiheit.

Jobs' Wunsch, geschlossene Systeme zu bauen, kann bis zum allerersten Mac zurückverfolgt werden. In den frühen Tagen des PC waren Computer notorisch unzuverlässig. Ständig stürzten sie ab, froren ein und starteten neu. Die Chancen, Stunden an Arbeit an einem Dokument zu verlieren oder dieses Dokument erfolgreich auszudrucken, hielten sich in etwa die Waage. Das galt für Apple-Computer genauso wie für solche von IBM, Compaq oder Dell.

Eines der größten Probleme waren die Steckplätze, die es den Besitzern erlaubten, ihre Computer aufzurüsten und mit zusätzlicher Hardware wie neuen Grafik- oder Netzwerkkarten, Fax oder Modem auszustatten. Diese Steckplätze waren bei Geschäftsleuten und Elektronikbastlern beliebt, die die Option haben wollten, ihre Rechner anzupassen. Für viele dieser Kunden war das der entscheidende Punkt: Sie wollten Computer, die leicht für ihre Zwecke umgebaut werden konnten. Doch die Steckplätze waren auch dafür verantwortlich, dass die ersten Computer so unzuverlässig wurden. Das Problem war, dass jede zusätzliche Hardware eine eigene Treibersoftware benötigte, damit sie auf dem Betriebssystem des Computers lief. Treibersoftware hilft dem Betriebssystem dabei, die Hardware zu erkennen und Befehle an sie zu senden, jedoch kann sie auch Konflikte mit anderer Software verursachen, was zu Abstürzen führt. Mehr noch, Treiber waren oft schlecht programmiert: Sie waren fehlerhaft und unzuverlässig, besonders in der Anfangszeit.

1984 entschieden Jobs und das Mac-Entwicklungsteam, dass sie mit den Abstürzen und eingefrorenen Bildschirmen Schluss machen wollten. Sie trafen die Entscheidung, dass der Mac keine zusätzlichen Steckplätze haben würde. Wenn er nicht ausgebaut werden könnte, würde er nicht unter Treiberkonflikten leiden. Um sicherzustellen, dass an dem Gerät nicht herumgebastelt wurde, wurde das Gehäuse mit speziellen Schrauben, die nicht mit einem normalen Schraubenzieher geöffnet werden konnten, versiegelt.

Kritiker sahen darin klare Anzeichen für Jobs' Kontrollzwang. Nicht nur, dass sein Rechner nicht ausbaufähig war, nein, er verschloss und versiegelte ihn physisch. Jobs hat damit geprahlt, dass der Mac die „perfekte Maschine" sein würde, und nun stellte er dies sicher. Die Perfektion des Mac würde sogar überleben, nachdem dieser an seine Benutzer ausgeliefert war. Er war verschlossen, um diese vor sich selbst zu schützen: Sie würden es nicht schaffen, ihn zu ruinieren.

Doch er wollte die Benutzer nicht bestrafen; es ging darum, den Mac stabiler und weniger anfällig für Fehler zu machen sowie die Integration der einzelnen Programme miteinander zu ermöglichen. „Das Ziel, das System geschlossen zu halten, sollte das Chaos, das ältere Computer betraf, beenden", sagte Daniel Kottke, ein Jugendfreund von Jobs und zugleich einer von Apples ersten Mitarbeitern.[3]

---

3) Hawn, Carleen: „If He's So Smart ... Steve Jobs, Apple, and the Limits of Innovation". In: *Fast Company*, Ausgabe 78, Januar 2004, S. 68.

Zusätzlich erlaubte der Mangel an Steckplätzen, dass die Hardware einfacher gestaltet und billiger produziert werden konnte. Der Mac würde ohnehin ein teurer Rechner sein, die Kartensteckplätze zu eliminieren würde ihn ein kleines bisschen billiger machen.

Doch dies sollte sich zu Beginn des schnelllebigen PC-Zeitalters als Fehlentscheidung erweisen. Wie Andy Hertzfeld, der Programmier-Crack im Entwicklungsteam des ersten Mac, erklärte: „Das größte Problem der Macintosh-Hardware war ziemlich offensichtlich: nämlich seine begrenzte Ausbaufähigkeit", schrieb Hertzfeld. „Doch das Problem war nicht unbedingt ein technisches, sondern eher ein strategisches. Wir wollten die Komplexität, die eine unausweichliche Konsequenz der Ausbaufähigkeit gewesen wäre, vermeiden – sowohl im Interesse des Benutzers wie auch des Entwicklers. Jeder Macintosh sollte gleich sein. Das war ein diskutabler Standpunkt, sogar ein ziemlich mutiger, doch leider kein sehr praktischer, denn die Dinge änderten sich in der Computerindustrie zu schnell, als dass es so hätte funktionieren können."[4]

Die Vorteile des Kontrollzwangs: Stabilität, Sicherheit und leichte Bedienung

Heutzutage sind die meisten Apple-Computer ausbaufähig. Die Computer am oberen Ende von Apples Qualitätsscala haben mehrere zusätzliche Steckplätze. Dank neuer Programmiertools und Zertifizierungsprogramme, die rigorose Tests vorschreiben, laufen sowohl Mac- als auch Windows-Treiber heute wesentlich zuverlässiger. Dennoch stehen die Macs noch immer in dem Ruf, viel stabiler als Windows-Computer zu sein.

Moderne Macs bestehen weitgehend aus den gleichen Komponenten wie Windows-PCs. Das Innere ist fast identisch, von den Intel-Prozessorkernen bis zum Arbeitsspeicher. Das Gleiche gilt für Festplatten, Videokarten, PCI-Slots sowie die Chipsätze für USB, WiFi und Bluetooth. Die internen Komponenten der meisten Computer sind austauschbar, egal, ob sie von

---

4) Hertzfeld, Andy: „Mea Culpa". In: Folklore.org. (http://www.folklore.org/StoryView.py?project=Macintosh&story=Mea_Culpa.txt)

Dell, HP oder Apple kommen. Die Folge ist eine wesentlich größere Kompatibilität im Computergeschäft als früher. Viele Peripheriegeräte wie Drucker oder Webcams sind mit beiden Plattformen kompatibel. Microsofts IntelliMouse kann man direkt an den Mac anschließen, und sie funktioniert sofort und ohne Probleme.

Der größte Unterschied zwischen Mac und PC ist heute das Betriebssystem. Apple ist branchenweit der letzte Anbieter, der noch immer seine eigene Software produziert. Dell und HP kaufen Betriebssystem-Lizenzen von Microsoft. Das Problem ist, dass das Betriebssystem von Microsoft Hunderte – vielleicht Tausende – verschiedener Hardware-Komponenten unterstützen muss, die potentiell auf Millionen verschiedene Arten kombiniert werden können. Apple hat es viel einfacher. Apple stellt nur zwei oder drei größere Computer-Produktlinien her, von denen die meisten aus den gleichen Komponenten bestehen. Der Mac Mini, der iMac und das MacBoock sind im Wesentlichen der gleiche Computer in verschiedenen Verpackungen.

Aus dieser Perspektive stellt Windows eine außerordentliche Ingenieurleistung dar. Die Breite und die verschiedenen Anwendungsbereiche der Hardware, auf der es läuft, sind ziemlich beeindruckend. Doch es gibt so viele unbekannte Faktoren, dass keine Hoffnung besteht, jemals den gleichen Grad an Kompatibilität und Stabilität zu erreichen. Microsofts große Initiative, die Hardware kompatibler zu machen – Plug and Play – wurde bald „Plug and Pray" genannt, weil es so viele Kombinationen aus Hardware und Software gab, dass das Resultat unvorhersehbar war.

Apple dagegen muss sich um eine viel kleinere Hardware-Basis kümmern, daher sind die Resultate viel vorhersehbarer. Wenn etwas schiefläuft, muss man außerdem nur ein Unternehmen anrufen. Die Kunden von Dell oder Compaq fürchten den telefonischen Kundendienst wie der Teufel das Weihwasser, weil der Hardware-Hersteller Microsoft und Microsoft wiederum dem Hardware-Hersteller die Schuld in die Schuhe schiebt.

„PlaysForShit". Nehmen Sie beispielsweise Microsofts Musiksystem „PlaysForSure", das 2005 herauskam. Mit der Lizenzierung an Dutzende Online-Musikfirmen und Hersteller tragbarer MP3-Player sollte PlaysForSure den iPod in die Knie zwingen. Es würde zu mehr Wettbewerb und besseren Preisen führen. Das Problem war, dass es unglaublich unzuverlässig war.

Ich habe selbst mehr als eine albtraumhafte Erfahrung damit gemacht. Ich wusste, dass es Probleme gab, aber ich war schockiert darüber, wie schlecht es wirklich funktionierte. 2006 führte Amazon einen Video-Download-Service namens Amazon Unbox ein. Mit Pauken und Trompeten gestartet, versprach der Dienst, Hunderte von Spiel- und Fernsehfilmen auf Abruf bereitzustellen, die man schnell und einfach per Mausklick auf eine PC-Festplatte herunterladen könne. Es wurde versprochen, dass die Videos problemlos auf PlaysForSure-Geräte wie den SanDisk-Player mit 8 GB Speicher, den ich gerade testete, laufen würden.

Genau genommen versprach Amazon nicht, dass seine Videos auf Plays-ForSure-Geräten laufen würden; es wurde behauptet, die Videos *könnten* abspielbar sein. „Wenn ihr Gerät PlaysForSure-kompatibel ist, könnte es funktionieren", war auf der Amazon-Webseite zu lesen. *Könnte* funktionieren? Das war doch ein Witz, oder? Bei PlaysForSure ging es, wie der Name schon sagte, doch gerade darum, dass Mediendateien *sicher* abspielbar waren. Leider funktioniert es nicht. Nach stundenlangem Gefummel, und nachdem ich den Player angeschlossen und wieder getrennt, den PC neu gestartet, die Software neu installiert und das Internet nach Tipps durchsucht hatte, gab ich auf. Für so etwas ist das Leben zu kurz.

Das Problem ist, dass Microsoft die Software für den Computer, aber SanDisk die Software für den Player macht. Im Laufe der Zeit hat Microsoft mehrere Updates seiner PlaysForSure-Software veröffentlicht, die Programmierfehler und Sicherheitslücken korrigierten; doch um die neue Software wirklich nutzen zu können, mussten die SanDisk-Player ebenfalls ein Update erhalten. Dadurch, dass Microsoft und SanDisk ihre Updates koordinieren mussten, gab es einige Male Konflikte und Verzögerungen. Je mehr Unternehmen beteiligt waren, desto mehr Chaos richteten die Probleme an. Microsoft kämpfte damit, Dutzende von Online-Shops sowie Dutzende von Player-Herstellern zu betreuen, die ihrerseits wieder Dutzende verschiedener Modelle anboten. Die Hardware-Firmen hatten Schwierigkeiten, Microsoft zum Beheben der PlaysForSure-Probleme (unter anderem Fehler bei der Übertragung der gekauften Songs und sogar Fehler beim Erkennen der angeschlossenen Player) zu überreden. „Wir können sie nicht überzeugen, die Fehler zu beheben", teilte Anu Kirk, ein Direktor von Real CNet mit.[5]

Außerdem mussten alle Updates vom Benutzer selbst vorgenommen werden, sie mussten diese erst mühsam heraussuchen und installieren.

Apple dagegen konnte die entsprechenden Updates Millionen von iPod-Benutzern schnell und effizient über die iTunes-Software zur Verfügung stellen. Sobald es eine neue Version der iPod-Software gab, nahm diese ein automatisches Update an den iPods vor, sobald sie das nächste Mal an den Computer angeschlossen waren – mit der Zustimmung des Benutzers natürlich. Das war und ist ein hocheffizientes, automatisiertes System. Es gibt nur eine Software und im Wesentlichen ein Gerät, was betreut werden muss (auch wenn es mehrere verschiedene Modelle gibt).

Anfangs gab es eine Menge Kritik an Apples zunehmendem Monopol auf dem Online-Musikmarkt und an der engen Integration zwischen iPod und iTunes. Und obwohl es mich rational stört, an Apples System gebunden zu sein, muss ich feststellen: Es funktioniert wenigstens. Ich benutze seit mehreren Jahren einen iPod, und man vergisst leicht, wie reibungslos das System funktioniert. Nur wenn mit Geräten etwas schiefläuft, nimmt man sie überhaupt wahr. In den Jahren, seit ich einen iPod benutze, hatte ich nie Probleme – keine verlorenen Dateien, keine Synchronisierungsprobleme, keinen leeren Akku und keine kaputte Festplatte.

Stabilität und Benutzererfahrung: das iPhone. Eines der großen Verkaufsargumente für den Mac ist die iLive-Suite: iTunes, iPhoto, Garageband und Ähnliche. Die Anwendungen sind für alltägliche kreative Aktivitäten konzipiert: zum Ablegen und Verwalten digitaler Fotos, zur Herstellung von Amateurfilmen, zum Aufnehmen von Songs für MySpace.

Die iLive-Anwendungen sind ein großer Teil dessen, was den Mac zum Mac macht. Für Windows gibt es nichts Vergleichbares. Steve Jobs hebt dies oft als Alleinstellungsmerkmal hervor. Es ist wie eine exklusive Ver-

---

5) Kim, James: „The Sansa-Rhapsody Connection". In: CNet Reviews, 5. Oktober 2006. (http://reviews.cnet.com/4520-6450_7-6648758-1.html)

sion von Microsoft Office, die es nur für den Mac gibt, mit dem Unterschied, dass es um Spaß, um kreative Projekte, nicht um Arbeit geht.

Ein Verkaufsargument, was für die iLive-Suite spricht, ist, dass die Anwendungen eng integriert sind. Das Foto-Programm, iPhoto, kann auf die gesamte Musikbibliothek von iTunes zurückgreifen, was es leicht macht, einer Dia-Show einen Soundtrack hinzuzufügen. Der HTML-Editor iWeb hat Zugang zu allen iPhoto-Bildern, wodurch man mit nur zwei Klicks Fotos in eine Online-Galerie laden kann. Doch die Integration ist beim Mac nicht auf die iLive-Suite beschränkt. Ein großer Teil von Apples Software ist aufeinander abgestimmt: das Adressbuch mit iCal, iCal mit iSync, iSync mit dem Adressbuch und so weiter. Diesen Grad an Zusammenspiel gibt es nur bei Apple. Die Microsoft Office-Suite ist in ähnlichem Maße integriert, doch bleibt die Integration auf die zum Office-Paket gehörenden Anwendungen beschränkt und erstreckt sich nicht auf das ganze System.

Dieselbe Philosophie der Integration und des Benutzerkomforts gilt auch für das iPhone. Jobs musste eine Menge Kritik dafür einstecken, dass er das iPhone für fremde Entwickler gesperrt hat, doch er tat dies, um Stabilität, Sicherheit und Benutzerkomfort zu garantieren. „Man will nicht, dass das eigene Telefon eine offene Plattform darstellt", erklärte Jobs der *Newsweek*. „Man will, dass es funktioniert, wenn man es braucht. Cingular will schließlich auch nicht, dass deren Westküsten-Netz wegen irgendeiner Anwendung zusammenbricht."[6]

Auch wenn Jobs mit der Behauptung, eine defekte Anwendung könne ein Mobiltelefon-Netz zusammenbrechen lassen, übertreibt – ein einzelnes Telefon kann sie sicher zusammenbrechen lassen. Schauen Sie sich nur an, was der Ansatz der offenen Plattform mit Windows (und, zugegeben, in geringerem Maße auch mit Mac OS X) gemacht hat: Es ist eine Welt der Viren, Trojaner und der Spyware. Was kann man dagegen tun? Das iPhone zum geschlossenen System machen. Jobs geht es nicht um Ästhetik, sondern um Benutzererfahrung. Um die beste Benutzererfahrung sicherzustellen, müssen Software, Hardware und Online-Dienste eng integriert sein. Einige sehen dies nur als Abriegelung, für Jobs dagegen macht dies

---

6) Levy, Steven: „Apple Computer Is Dead; Long Live Apple". In: *Newsweek*. 10. Januar 2007. (http://www.newsweek.com/id/52593)

den Unterschied zwischen dem Komfort des iPhones und der Qual eines verwirrenden No-Name-Handys aus. Ich würde das iPhone wählen. Weil Apple das ganze System kontrolliert, kann es eine größere Stabilität, eine größere Integration und schnellere Innovation anbieten.

Ein Gerät wird immer gut funktionieren, wenn seine Bestandteile gut zusammenarbeiten, und es ist leichter, neue Funktionen hinzuzufügen, wenn alle Teile eines Systems unter demselben Dach entwickelt wurden. Samsungs Fernsehgeräte stürzen nicht ab, weil Samsung sich sowohl um die Software als auch um die Hardware kümmert. TiVo tut dasselbe.

Selbstverständlich ist Apples iPhone-/iPod-/iTunes-System nicht perfekt. Es stürzt ebenfalls manchmal ab, friert ein und verliert Dateien. Die Integration der Apple-Anwendungen bietet eine Menge Vorteile, führt aber zugleich dazu, dass Apple sich manchmal zu sehr auf sich selbst konzentriert, wenn ein neuer, besserer Anbieter auf den Markt kommt. Viele Leute halten Flickr beim Hochladen und Austauschen von Fotos für die insgesamt komfortablere Anwendung, jedoch benötigt man ein Plug-in eines Fremdanbieters, um das Hochladen von Fotos so einfach zu gestalten, wie dies bei Apples Webangeboten der Fall ist. Macs können immer noch abstürzen und Peripheriegeräte nicht erkennen – normalerweise ist ihre Stabilität und Kompatibilität jedoch besser als die von Windows. Und das alles dank Jobs' Kontrollzwang.

Der System-Ansatz

Jobs' Verlangen, das ganze System zu kontrollieren, hatte eine unerwartete Folge, die Apple zu einem fundamental neuen Produktentwicklungsprozess führte. Anstatt einzelne Computer und sonstige Geräte zu produzieren, stellt Apple heute komplette Geschäftssysteme her.

Zum ersten Mal warf Jobs bei der Entwicklung von iMovie 2 im Jahr 2000 sein Auge auf den Systemansatz. Das Programm war eine der ersten benutzerfreundlichen Videobearbeitungsanwendungen auf dem Markt. Mithilfe dieser Software konnten die Leute aus den Filmaufnahmen ihres Camcorders fertige Filme mit Schnitten, Überblendungen, Soundtrack und Abspann machen. Mit den Folgeversionen konnten die Filme dann auch ins Internet gestellt oder auf DVD gebrannt werden, um sie der Großmutter vorzuführen.

Jobs war entzückt von der Software – er liebt digitale Videos –, doch rasch wurde ihm klar, dass die Magie, die von iMovie ausging, nicht nur durch die Software hervorgerufen wurde. Um richtig zu funktionieren, musste diese in Verbindung mit mehreren anderen Komponenten verwendet werden: einer schnellen Plug-and-Play-Verbindung zum Camcorder, einem Betriebssystem, das die Kamera erkannte und automatisch eine Verbindung herstellte, sowie einer ganzen Reihe von im Hintergrund laufenden Multimedia-Tools, die Videocodes und Echtzeiteffekte bereitstellten (QuickTime). Jobs fiel auf, dass es nicht mehr viele Unternehmen in der Computerbranche gab, die all diese Elemente zur Verfügung stellten.

„Wir bemerkten, dass Apple wie geschaffen dafür war, weil wir das letzte Unternehmen der Branche waren, das alle Komponenten unter einem Dach hatte", sagte Jobs bei der Macworld 2001. „Wir halten das für eine große Stärke, und bei iMovie bemerkten wir, dass diese den Wert eines digitalen Geräts wie einem Camcorder verzehnfachen kann. Dadurch ist es zehnmal mehr wert."

Nach der Auslieferung von iMovie wandte Jobs seine Aufmerksamkeit der digitalen Musik zu und schmiedete damit den größten Durchbruch seiner Karriere, denn das beste Beispiel für Jobs' neuen Systemansatz ist der iPod, der nicht nur einen MP3-Player, sondern eine Kombination aus Gerät, Computer, iTunes-Software und Online-Musikgeschäft ist.

„Ich denke, die Definition von ‚Produkt' hat sich im Laufe der Jahrzehnte geändert", sagte Tony Fadell, der stellvertretende Leiter der iPod-Abteilung, der seinerzeit die Hardware-Entwicklung des ersten iPod betreute. „Das Produkt besteht heute aus dem iTunes-Online-Shop, iTunes, dem iPod und der Software, die auf dem iPod läuft. Viele Unternehmen haben keine Kontrolle über alle Bestandteile, oder sie haben nicht die kooperativen Abläufe, um ein wirkliches System zu schaffen. Unser Vorteil ist wirklich das System."[7]

---

7) Grossman, Lev: „How Apple Does It". In: *Time,* 16. Oktober 2005. (http://www.time.com/time/magazine/article/0,9171,1118384,00.html)

Im Anfangsstadium des iPods erwarteten viele, dass Apple bald von Konkurrenten überholt werden würde. Ständig rief die Presse neue „iPod-Killer" aus. Doch bis zum Erscheinen von Microsofts Zune gab es keine anderen Geräte, die mehr waren als einfach nur Player. Apples Konkurrenten konzentrierten sich auf das Gerät, nicht auf die Software und die Dienste, die es begleiteten.

Apples früherer Hardware-Chef, Jon Rubinstein, unter dessen Leitung die erste Generation des iPods entstand, ist skeptisch, dass irgendein Mitbewerber in nächster Zeit den iPod überholen kann. Einige Kritiker hatten den iPod mit Sonys Walkman verglichen, der am Ende durch billigere Nachahmer verdrängt wurde. Doch Rubinstein hält es für unwahrscheinlich, dass es dem iPod genauso ergehen wird. „Der iPod ist erheblich schwieriger zu kopieren, als es der Walkman war", sagte er. „Er enthält einen ganzen Kosmos verschiedener Elemente, die aufeinander abgestimmt sind: Hardware, Software und unser iTunes Music Store im Internet."[8]

Heute sind die meisten Apple-Produkte genau solche Kombination aus Hardware, Software und Onlinediensten. AppleTV, das Computer per WiFi mit dem Fernseher verbindet, ist ein weiteres Kombi-Produkt: Es besteht aus dem Kasten, der an den Fernseher angeschlossen wird, der Software, die eine Verbindung zu anderen Computern im Haus herstellt – sowohl zu Mac- als auch zu Windows-Rechnern – sowie der iTunes-Software nebst Online-Shop zum Kaufen und Herunterladen von Fernsehshows und Spielfilmen. Zum iPhone gehören neben dem Telefon selbst die iTunes-Software, die es mit dem Computer synchronisiert, sowie Netzwerkdienste wie Visual Voicemail, die das Abrufen von Nachrichten erleichtern.

Mehrere von Apples iLive-Anwendungen nutzen das Internet. Apples Foto-Software iPhoto kann Bilder über einen Mechanismus namens „photocasting" ins Internet stellen sowie Abzüge und Fotoalben online bestellen. iMovie hat eine Exportfunktion, um Filme auf Homepages einzustellen, Apples Backup-Programm kann wichtige Daten online speichern und iSync benutzt das Netz, um Kalender und Kontaktinformationen verschie-

---

8) Oswald, Ed: „iPod Chief Not Excited About iTunes Phone". In: *BetaNews*, 27. September 2005. (http://www.betanews.com/amcle/iPod_Chief_Not_Excited_About_iTunes_Phone/1127851994?do=reply&reply_to=91676)

dener Computer zu synchronisieren. Sicher, nichts davon für sich genommen gibt es nur bei Apple, doch kaum ein anderes Unternehmen hat das Hardware, Software und Dienste einschließende Integrationsmodell so umfassend und effektiv umgesetzt.

Die Rückkehr der vertikalen Integration

Mittlerweile fangen Apples Konkurrenten ebenfalls an, die Vorteile der vertikalen Integration oder des System-Ansatzes zu verstehen. Im August 2006 übernahm Nokia Loudeye, ein Musiklizenzierungsunternehmen, das mehrere Online-Musikshops für andere Unternehmen aufbaute. Nokia kaufte Loudeye, um seinen eigenen iTunes-Dienst für seine Multimedia-Handys anzukurbeln.

2006 taten sich RealNetworks und SanDisk, der zweitgrößte Hersteller nach Apple in den Vereinigten Staaten, zusammen, um ihre Hardware- und Software-Angebote à la iPod miteinander zu verknüpfen. Sie ließen den Zwischenschritt – Microsofts PlaysForSure – einfach weg und entschieden sich, das Real-Programm Helix, das eine engere Integration versprach, zur digitalen Rechteverwaltung zu verwenden.

Sony, das Jahrzehnte an Erfahrung im Hardware-, aber wenig bis keine Erfahrung im Software-Bereich hat, hat in Kalifornien eine Software-Gruppe aufgebaut, die die Software-Entwicklung quer durch all die verschiedenen Produktgruppen des Riesen koordinieren soll.

Diese Gruppe wird von Tim Schaff geleitet, einem früheren Apple-Vorstand, der zu Sonys „Software-Zar" gekrönt wurde. Schaff wurde vor die Aufgabe gestellt, eine einheitliche, wiedererkennbare Software-Plattform für die zahlreichen Sony-Produkte zu schaffen. Er wird auch versuchen, die Zusammenarbeit zwischen den verschiedenen Produktgruppen, von denen jede bisher in ihrer eigenen Welt arbeitet, zu fördern. Bei Sony gab es in der Vergangenheit wenig wechselseitige Beeinflussung zwischen den einzelnen Produktgruppen, vieles wird doppelt gemacht und nur wenig untereinander ausgetauscht.

Sir Howard Stringer, der erste nichtjapanische CEO von Sony, strukturierte das Unternehmen um und ermöglichte Schaffs Software-Entwicklungs-Gruppe, diese Probleme anzugehen. „Es steht außer Zweifel, dass der iPod ein Weckruf für Sony war", sagte Sir Howard in der CBS-Sendung *60 Minutes*. „Uns wurde bewusst, dass Steve Jobs es in Sachen Software klüger angestellt hatte als wir."

Besonders bedeutsam aber war, dass Microsoft sein eigenes PlaysForSure-System zugunsten des Zune, einer Kombination aus Player, digitaler Jukebox und Onlinestore, aufgab.

Auch wenn Microsoft versprochen hat, den Support für PlaysForSure weiterzuführen, zeigt die Entscheidung für das neue, vertikal integrierte Zune-Musiksystem deutlich, dass der horizontale Ansatz gescheitert ist.

Zune und Xbox

Der Zune ist in Microsofts Entertainment & Devices-Abteilung entstanden, einer einzigartigen Hardware- und Software-Werkstatt, die der Technik-Journalist Walt Mossberg als „kleines Apple" innerhalb von Microsoft beschrieben hat.[9] Die von Robbie Bach, einem Microsoft-Veteranen, der sich emporgearbeitet hat, geleitete Abteilung ist für die Zune-Player sowie für die Xbox-Spielekonsolen verantwortlich. Wie Apple entwickelt sie ihre eigene Hardware und Software und betreibt die Online-Stores und Community-Dienste, die an die Geräte angebunden sind. Im Frühjahr 2007 enthüllte die Abteilung ein neues Produkt: eine interaktive Touchscreen-Tischplatte namens Surface.

Die Abteilung hat Sony und Nintendo sowie Apple im Blick und verfolgt eine Strategie, die sie „integrierte Unterhaltung" nennt – laut Microsofts Website handelt es sich dabei um „neue und fesselnde Marken-Unterhaltungserlebnisse über die Grenzen von Musik, Spielen, Videos und mobiler Kommunikation hinweg".

---

9) Mossberg, Walt: „Hardware and Software – The Lines Are Blurring". In: *All Things Digital*, 30. April 2007. (http://mossblog.alkhingsd.com/20070430/hardware-software-success/)

„Man soll zu seinen Medien – egal, ob es sich um Musik, Videos, Fotos, Spiele oder um etwas anderes handelt – immer Zugang haben, wo auch immer man ist und welches Gerät man auch benutzt – den PC, die Xbox, den Zune, das Handy; alles funktioniert überall", sagte Bach dem *San Francisco Chronicle*. „Um das zu erreichen, hat Microsoft Kapazitäten aus dem gesamten Unternehmen in dieser Abteilung zusammengezogen. (...) Wir arbeiten auf den einzelnen Gebieten – Video, Musik, Spiele und Mobilfunk – und versuchen zugleich, all diese Dinge auf schlüssige, logische Weise zusammenzuführen."[10]

Doch damit das auf schlüssige, logische Weise funktioniert, muss ein Unternehmen alle Komponenten kontrollieren. Im Technologie-Jargon nennt man das „vertikale Integration".

Als der *Chronicle* Bach bat, die Ansätze von Apple und Microsoft im Bereich der Endverbrauchergeräte – horizontale gegenüber vertikale Integration – zu vergleichen, druckste Bach ein wenig herum, um dann die Stärke des Ansatzes seiner Konkurrenz anzuerkennen. „Auf einigen Märkten kommen die Vorteile von Wahlmöglichkeiten und Umfang erfolgreich zum Tragen. Auf der anderen Seite gibt es Märkte, auf denen die Leute wirklich nach der Benutzerfreundlichkeit einer vertikal integrierten Lösung suchen. Was Apple mit seinem iPod gezeigt hat, ist, dass eine vertikal integrierte Lösung auf dem Massenmarkt Erfolg haben kann." Bach gab zu, dass seine Abteilung Apples Modell der vertikalen Integration übernommen hat: Hardware, Software und Onlinedienste werden aufeinander abgestimmt. „Der Markt machte deutlich, dass die Verbraucher genau das wollen", sagte er.

Was Verbraucher wollen

Heutzutage sprechen Technologieunternehmen zunehmend weniger von Produkten und stattdessen von „Lösungen" oder „Kundenerfahrungen". Microsofts Pressemitteilung, in der der Zune-Player angekündigt wurde,

---

10) Post, Dan, Ryan Kim: „Getting in the game at Microsoft. Robbie Bach's job is to make software giant's entertainment division profitable". In: *San Francisco Chronicle*, 28. Mai, 2007. (http://www.sfgate.com/cgi-bin/article.cgi?f=/c/a/2007/05/28/MICROSOFT.TMP)

enthielt die Überschrift: „Microsoft wird die Zune-Erfahrung am 14. November in die Hände der Verbraucher legen." Die Mitteilung betonte nicht den Player selbst, sondern die nahtlose Kundenerfahrung einschließlich der Möglichkeit, sich mithilfe der WiFi-Schnittstelle des Zune online und offline mit anderen Musikliebhabern in Verbindung zu setzen. Der Zune sei „eine komplette Lösung für die integrierte Unterhaltung", sagte Microsoft.

Das Marktforschungsunternehmen Forrester Research publizierte im Dezember 2005 eine Untersuchung mit dem Thema: „Verkaufen Sie digitale Erfahrungen, keine Produkte." Forrester wies darauf hin, dass die Konsumenten ein Vermögen für teure neue Spielzeuge wie große, hochauflösende Fernseher ausgaben, jedoch anschließend keine Dienste oder Inhalte kauften, die sie zum Leben erweckten, wie hochauflösendes Kabelfernsehen. Die Firma empfahl: „Um diese Lücke zu schließen, müssen die digitalen Branchen aufhören, einzelne Geräte und Dienste anzubieten, und anfangen, digitale Erfahrungen zu liefern – integrierte Produkte und Dienste, die von Anfang bis Ende von einer einzigen Anwendung gesteuert werden."[11] Kommt Ihnen das bekannt vor?

Bei einem speziellen Presse-Event im September 2007 in San Francisco sprang Steve Jobs mit einem breiten Grinsen auf die Bühne, um den iPod Touch vorzustellen: den ersten berührungsempfindlichen iPod. Während der 90-minütigen Präsentation enthüllte Jobs eine Fülle von Weihnachts-Leckerbissen, unter anderem eine völlig umgearbeitete iPod-Linie sowie einen WiFi-Musikladen, der bald in Tausende von Starbucks-Filialen Einzug halten sollte.

Den Branchenanalysten Tim Bajarin, Chef von Creative Strategies, der die Hightech-Branche schon seit Jahrzehnten beobachtet und schon so ziemlich alles gesehen hat, haut so schnell nichts um. Und dennoch, als Jobs nach seiner Präsentation im Gang stand und mit Journalisten sprach, schüttelte Bajarin ungläubig den Kopf. Er zählte die Neuheiten, eine nach der anderen, auf – neue iPods, der WiFi-Musikladen, die Starbucks-Part-

---

11) Schadler, Ted: „Sell digital experiences, not products. Solution boutiques will help consumers buy digital experiences". In: *Forrester Research*, 20. Dezember 2005. (http://www.forrester.com/Research/ Document/Excerpt/0,7211,38277,00.html)

nerschaft – und stellte fest, dass Apple in allen Bereichen und in jedem Preissegment unschlagbare Geräte im Angebot hatte und dazu ein umfassendes Medienvertriebssystem. „Ich weiß nicht, wie Microsoft und der Zune da mithalten wollen", sagte er. „Das Industriedesign, die Preisgestaltung, die neue Maßstäbe setzt, die Innovation, WiFi." Nun schüttelte er noch entschiedener den Kopf. „Es ist nicht nur Microsoft. Wen gibt es sonst, der damit konkurrieren kann?"

In den 30 Jahren seit der Apple-Gründung ist Jobs sich auf bemerkenswerte Weise treu geblieben. Die Forderung nach Exzellenz, das Streben nach großartigem Design, der Vermarktungsinstinkt, das Bestehen auf Bedienkomfort und Kompatibilität, all das ist von Anfang an da gewesen. Nur, dass dies die richtigen Instinkte zur falschen Zeit waren.

In der Anfangszeit der Computerindustrie – der Ära der Großrechner und zentralisierten Datenverarbeitung – war vertikale Integration das Gebot der Stunde. Die Giganten des Großrechnergeschäfts, IBM, Honeywell und Burroughs, sandten Armeen von Beratern mit Schlips und Kragen aus, die die Systeme entwickelten, entwarfen und bauten. Sie bauten IBM-Hardware und installierten IBM-Software und betrieben, unterhielten und warteten das System im Auftrag des Kunden. Für die technophoben Unternehmen der sechziger und siebziger Jahre war vertikale Integration genau das Richtige, doch sie hatte zur Folge, dass man an das System eines Herstellers gebunden war.

Doch dann reifte die Computerindustrie heran und diversifizierte sich. Die Unternehmen begannen sich zu spezialisieren. Intel und National Semiconductor produzierten Chips, Compaq und HP bauten Computer und Microsoft stellte die Software bereit. Die Branche wuchs, was den Wettbewerb ankurbelte und zu einer größeren Auswahl sowie ständig fallenden Preisen führte. Die Kunden konnten sich ihre Hardware und Software aus den Angeboten verschiedener Unternehmen auswählen. Sie betrieben Datenbanken von Oracle auf Hardware von IBM.

Nur Apple blieb bei seiner ganzheitlichen Strategie. Apple war der letzte vertikal integrierte Computerhersteller. Alle übrigen Unternehmen, die sowohl Hardware als auch Software produziert hatten – Commodore, Amiga und Olivetti – sind längst verschwunden.

Kapitel 8 · Das ganze System kontrollieren

Damals gab die Kontrolle über das ganze System Apple zwar einen Vorteil in Bezug auf die Stabilität und den Bedienkomfort, dieser wurde jedoch bald durch die Skaleneffekte, die sich mit der Kommodifizierung der PC-Industrie einstellten, zunichte gemacht. Preis und Leistung wurden wichtiger als Integration und Benutzerfreundlichkeit, und Apple stand in den späten neunziger Jahren, als Microsoft an Dominanz gewann, kurz vor dem Aus.

Doch die PC-Branche ändert sich. Wir stehen am Beginn eines neuen Zeitalters, das das Potenzial hat, die produktive Ära der vergangenen 30 Jahre in den Schatten zu stellen. Das Zeitalter der digitalen Unterhaltung ist angebrochen. es ist durch Apparate und Kommunikationsgeräte gekennzeichnet, die kleine PC-Ableger sind: Smartphones und Video-Player, Digitalkameras, Set-Top-Boxen und Spielekonsolen mit Internetanschluss.

Die Experten sind besessen von der alten Arbeitsplatz-Schlacht Apple gegen Microsoft. Doch Jobs hat schon vor zehn Jahren gegenüber Microsoft nachgegeben. „Der Ursprung von Apple war, Computer für Menschen, nicht für Unternehmen zu bauen", sagte Jobs gegenüber dem *Time Magazine*. „Die Welt benötigt kein weiteres Dell oder Compaq."[12] Jobs hat seine Augen auf den explodierenden Markt der digitalen Unterhaltung gerichtet – und der iPod, das iPhone und AppleTV sind Geräte der digitalen Unterhaltung. Auf diesem Markt wollen Verbraucher Geräte, die gut konzipiert und leicht zu benutzen sind und reibungslos laufen. Heute müssen sich Hardware-Unternehmen mit Software beschäftigen und umgekehrt.

Weil sie nicht das ganze System kontrollierten, hat es kein anderes Unternehmen geschafft, einen iPod-Killer zu bauen. Die meisten Rivalen konzentrieren sich auf die Hardware – das Gerät –, doch das Erfolgsgeheimnis ist das nahtlose Zusammenspiel von Hardware, Software und Diensten.

Heute besitzt auch Microsoft zwei komplette Produktsysteme – die Xbox und Zune –, und die Verbraucherelektronik-Branche drängt verstärkt ins Software-Geschäft. Jobs ist beständig geblieben, während sich die Welt um ihn herum verändert hat. „Die Zeiten haben sich unglaublich geän-

---

12) Krantz, Michael und Steve Jobs: „Steve Jobs at 44". In: *Time,* 10. Oktober 1999.

dert", sagte Walt Mossberg. „Heute, wo die Computer, das Internet und die Verbraucherelektronik verschmelzen und ineinander übergehen, sieht Apple mehr wie ein Rollenmodell als etwas, das man bemitleiden sollte, aus."[13] Die Dinge, die Jobs wichtig sind – Design, Benutzerfreundlichkeit, gute Werbung – sind genau das, was in der neuen Computerindustrie im Fokus steht.

„Apple ist das einzige Unternehmen in der Branche, das nie aufgehört hat, das ganze System zu gestalten", sagte Jobs dem *Time Magazine*. „Hardware, Software, Zielgruppenkontakte und Marketing. Meiner Meinung nach zeigt sich, dass dies Apples größter strategischer Vorteil ist. Als wir noch kein übergreifendes Konzept hatten, sah dies nach einem gewaltigen Defizit aus. Doch mit einem Konzept besteht darin der Kern von Apples strategischem Vorsprung, zumindest wenn man glaubt, dass es in dieser Branche noch Raum für Innovationen gibt (ich glaube daran), denn bei Apple gehen Innovationen schneller als irgendwo sonst."[14]

Jobs war seiner Zeit um 30 Jahre voraus. Die Werte, die er dem frühen PC-Markt anbot – Design, Marketing, Benutzerfreundlichkeit –, waren damals die falschen. Das Wachstum des frühen PC-Markts kam aus den Verkäufen an Unternehmen, denen der Preis wichtiger als die Eleganz, die Standardisierung wichtiger als die Benutzerfreundlichkeit war. Doch heute werden die Wachstumsmärkte von der digitalen Unterhaltung sowie den privaten Verbrauchern, die digitale Unterhaltung, Kommunikation und Kreativität wollen, regiert – drei Gebiete, auf denen Jobs stark ist. „Das Großartige ist, dass Apples DNA sich nicht geändert hat", sagte Jobs. „Apple befindet sich seit 20 Jahren an einem Punkt, wo die Märkte für Computertechnologie und Unterhaltungselektronik zusammenfließen. Es ist also nicht so, dass wir den Fluss überqueren müssen, um irgendwohin zu gelangen, das andere Ufer des Flusses kommt stattdessen zu uns."[15]

Auf einem Endverbrauchermarkt sind Design, Zuverlässigkeit, Einfachheit, gute Vermarktung und elegante Verpackung Schlüsselwerte. Wir

---

13) Mossberg, Walt: „Hardware and Software — -The Lines Are Blurring". In: *All Things Digital,* 30. April 2007. (http://mossblog.alkhingsd.com/20070430/hardware-software-success/)
14) Krantz, Michael und Steve Jobs: "Steve Jobs at 44". In: *Time,* 10. Oktober 1999.
15) Schlender, Brent: „How Big Can Apple Get? ". In: *Fortune,* 21. Februar 2005.

kommen so also zum Ausgangspunkt zurück – das Unternehmen, das alles das macht, ist in der besten Ausgangsposition.

„Es ist offenbar eine ganz ungewöhnliche Kombination aus Technologien, Talent, Geschäftssinn, Marketing und Glück nötig, um in unserer Branche signifikante Änderungen zu bewirken", sagte Steve Jobs 1994 gegenüber dem *Rolling Stone*. „Das gab es nicht sehr oft."

Danksagungen

Vielen Dank für die Hilfe und Unterstützung von allen, die mir ihre Zeit für Interviews zur Verfügung stellten, ihr Wissen und ihre Geschichten beitrugen und mir ihre Ermutigung und Unterstützung zuteil werden ließen. Zu diesen Personen gehören ohne Anspruch auf Vollständigkeit: Gordon Bell, Warren Berger, Robert Brunner, Vinnie Chieco, Traci Dauphin, Seth Godin, Evan Hansen, Nobuyuki Hayashi, Peter Hoddie, Guy Kawasaki, John Maeda, Geoffrey Moore, Bill Moggridge, Pete Mortensen, Don Norman, Jim Oliver, Cordell Ratzlaff, Jon Rubinstein, John Sculley, Adrienne Schultz, Dag Spicer, Patrick Whitney sowie andere Quellen, die nicht namentlich erwähnt werden möchten.

Besonderer Dank geht an Ted Weinstein, der dieses Buch angeregt und mich kontinuierlich ermutigt hat.

Index

90 hours a week and loving it 141
2001, Odyssee im Weltraum 86

A

ABF-Kunststoff 77
Adobe 28
Advanced Technology Group 28
Airport-WiFi-Basisstation 179
Akkulaufzeit
 des iPods 204
Aktienkaufprogramm
 für Apple Mitarbeiter 144
Aktienoptionen
 als Bezahlung 143
 als Form der Bezahlung 24
Alienware 44
All-in-one-Design 77
Alpha-Channel 50
Amelio, Gil 17
Amiga 16
Apple 10
 als Marke 32
Apple-Aktie 10
Apple erfand den ersten PDA 162
Apple Handelskette
 als Lifestyle-Läden 187
 Service der 183
 Umsatz der 182
Apple-Handelskette 181
Apple I 71
Apple II 72
Apples QuickTime-Multimedia-Software 29
Apple-Stores
 als öffentliche Orte 191
AppleTV 40
Atari 13
Atkinson, Bill 108
ATRAC-Format 179
AT&T 19

B

Bajarin, Tim 232
Ballmer, Steve 170
Bang&Olufsen 206
Bell, Gordon 12
BeOS 23
Best Buy 12
Bird, Brad 105
Blade Runner 117
Booz Allen Hamilton 171
Börsenaufsicht 24
Boston Globe 40
Brancusi, Constantin 70
Bray, Hiawatha 40
Bricklin, Dan 74
Bruce, John 185
Brunner, Robert 90, 93
Bucker, Charlie 133
Business 2.0 190
Business Week 38, 143

C

Catmull, Ed 104
Chiat, Jay 118
Chruschtschow 56
CIA 15
Circuit City 183
Clow, Lee 116, 118
Coca Cola 32
Codename
 Dulcimer. 208
Cola-Kriege 122
Compaq 35, 44
CompUSA 184
Computer
 als Lifestylegerät 168
Computer-Generated-Imagerie 104
Consumer Electronics 11
Cook, Tim 38, 111

Index

Copland
    Codename   *48*
Cornell Engineering Magazin   *203*
Crossing the Chasm   *112*
Cube   *158*
Cupertino-Campus   *15*

D

Das große Krabbeln   *104, 105*
Da Vinci, Leonardo   *177*
Day, Guy   *117*
Dell   *35*
Demütigung
    der Mitarbeiter   *150*
Design   *95*
    als Funktion   *70*
    unsichtbares   *95*
Design-Besessenheit   *17*
Designgenauigkeit   *80*
Designphilosophie   *86*
Designprozess   *91*
    als gegenseitige Befruchtung   *92*
    Jobs und der   *59*
Detail
    Konzentration aufs   *94*
Detailanalysen   *177*
Deutschman, Alan   *151*
Die Monster AG   *104*
digitale[n] Schnittstelle
    Apples Philosophie der   *190*
Digital Rights Management   *216*
Digweed, John   *90*
Disney   *12, 32*
Disney , Walt   *12*
Dock   *53*
Dotcom-Blase   *167*
Drexler, Mickey   *108*
Drexler, Milliard Mickey   *184*
DVD-Laufwerke   *15*

E

Eigerman, Edward   *142*
Ein-Mann-Fokusgruppe   *63*
Einschüchterer
    großer   *147*
Einzelhandelsstrategie
    Apples   *188*
Electronic Frontier Foundation   *129*
Elke den Ouden   *61*
Ellison, Larry   *30*
E-Mail   *17*
Engadget-Blog   *145*
Entertainment Tonight   *118*
Erlebnis-Innovation   *165*
erzeuge und teste-Prozess   *93*
Exzellenz   *69*
    Streben nach   *69*

F

Face Magazin   *89*
Fadell, Tony   *203*
Fairbairn, Doug   *109*
Falcon Northwest   *87*
Farber, Dan   *216*
F&E-Investitionen   *171*
F&E-zu-Umsatz-Verhältnis
    Apples   *171*
File-Sharing   *60*
Findet Nemo   *104*
Fiorina, Carly   *147*
FireWire   *200*
FireWire-Anschluss   *178*
Flagship Stores   *192*
Foden, Athol   *210*
Ford, Henri   *18*
Fortune-500-Liste   *14*
Fortune-Magazin   *144*
F.O.S.   *153*
Frankston, Bob   *74*
Frog Design   *49*
Führungsstil
    in Krisensituationen   *148*

G

Gadgets 57
Garageband 199
Gartner Inc 44
Gassée, Jean Louis 23
Gates, Bill 14, 39, 163
Gateway 35
Gateways Läden 185
Geheimhaltung 128
Geheimhaltungsmaßnahmen 129
Genius Bar 193
gesteved werden 36
Gilbert Amelio 22
Godin, Seth 133
Goldstein, David A. 186
Goodbye Silverstine 131
Google 15
Gore, Al 145
Grinyer, Clive 88
Großzügigkeit 146
    Jobs 146
Guidelines 57
Gulfstream V Jet 16

H

Hardwaregeschäft
    Apple und das 44
Hartmut Esslinger 75
Heathkits 13
Heiligenschein-Effekt 178
Held-Arschloch-Achterbahn 150
Held-Blödmann-Achterbahn 142
Herkunft
    Jobs 13
Hertzfeld, Andy 78, 108
Hewlett-Packard 73
Hierarchien
    bei Apple 153
Hoddie, Peter 29, 155
Horn, Bruce 108

I

IBM 22, 33
iBook 37, 39
iCEO
    Jobs als 27
iLive-Anwendungen 224
iLive-Suite 225
iMac 10, 39
    Verkaufszahlen des 39
iMovie 199
Incredibles Die Unglaublichen 105
Innovation
    und Apple 161
    und Forschungsetats 170
    und kommerzielle Verwertung 162
Innovationstalent 165
    Jobs' 165
Instant-Messaging 17
Institute of Design 63
Institute of Technology
    Illinois 63
Intel 116
iPhone 10, 11
iPhoto 199
iPod 11, 197
    Entstehung des 197
    Namensgebung des 207
    Zugänglichkeit des 178
iPod Shuffle 211
iPod-Silhouette 132
iSync 225
iTunes-Jukebox-Software 12
iTunes-Läden 10
iTunes Music Store 12
iTunes-Online-Store 12
Ive 85
Ive Jonathan 18
Ive, Jonathan 38, 85, 102

Index

J
Jim Oliver *103*
Jobs, Steve *9*
Johnson, Breadly *118*
Johnson, Ron *111*
Jonathan Ive *37*

K
Kaiser, Henry J. *12*
Kalifornien *13*
Kauferfahrung
  in Apple-Stores *189*
Kawasaki, Guy *17*
Kay, Alan *116*
Killerapplikation *48*
Killer-Applikation *74*
Klongeschäfts
  Beendigung des *32*
Kontrollfreak.
  Jobs als *214*
Kottke, Daniel *220*
Kramer, Roderick *147*
Kreativität
  vs. Protektionismus *178*
Kultur
  produktorientierte *169*

L
LaBarre, Polly *105*
Land, Edwin *18*
  Jobs und *160*
Lasseter, John *18*
Leidenschaft
  als praktischer Nebeneffekt *141*
  als Überlebensstrategie *140*
Levis *32*
loyal *142*
Loyalität *142*
Lucas, George *15*

M
Mac *9*
Macintosh
  Betriebssystem für *22*
Mac-Kamin *213*
Mac Mini *158*
Mac OS *47*
  Steve Jobs über *50*
Mac OS 8 *49*
Mac OXS *15*
Mac-Team
  das ursprüngliche *108*
MacWeek *129*
Maffei, Gregory *31*
Magnetismus
  Verwendung des *175*
Mag-Safe-Netzteile *175*
Managementprinzipien
  Jobs *110*
Mandich, Mitch *38*
Manock, Jerry *72*
Manovich, David *31, 111*
Marita, Akio *63*
Marktbefragungen
  Jobs und *64*
Materialien und Herstellungsprozesse *95*
Mavericks at Work *105*
McKenna, Regis *121*
McNamara, Robert *147*
McNichol, Tom *127*
Meetings
  aggressive Auseinandersetzungen auf *115*
Meine Karriere bei PepsiCo und Apple *123*
Mercer, Paul *205*
Micromedia Director *51*
Microsoft *12*
  Verhandlungen mit *31*
Mitarbeiter
  Jobs und seine *101*
  produktorientierte *170*
Moore, Geoffrey *112*

Mossberg, Walt   157
Motorola   22, 32, 33
Motto
   Jobs   138
Mountain View   13
MP3-Player   11
Myhrvold, Nathan   171

N

Napster   15
National Inventors Hall of Fame   72
Nelson, Randy F.   105
Netscape   31
Newcastle Polytechnic   88
Newton-PDA   27, 34
New York Times   23
NeXT   14, 23, 24, 25, 26, 27, 28, 30, 38
   Kauf von   23
NeXTstep   48
Nike   19, 32
Nixon, Richard   147
Nomad Jukebox   202
Nur-im-Web-Strategie   187

O

Office-Suite
   für den Mac   31
Oliver, Jim   29
Olivio, Allen   135
On-Demand-Produktionsprozess   163
one more thing   128
One more thing   166
Open-Licensing-Modell   19
Oppenheimer, Peter   111
Orlowski, Andrew   134
Osborne   16
Osborne-Effekt   56
OS X   49
Oyama, Terry   76

P

Palo Alto   16, 24, 31
Patrick Whitney   63
Pepsi-Generation   122
Performa 5200CD   27
Performa 5210CD   27
Performa 5215CD   27
Performa 5220CD   27
Performas   27
Perot, Ross   153
Pixar   12, 25, 104
PlaysForSure   222
Plug and Play-Gerät   74
Plug-and-Play-Prinzip   173
Polaroid   160
PowerBook   27
Power Computing   22, 32
Power Mac   27
PowerMac G4 Cube   157
PowerMac G4 Tower   158
Power Macintosh G3   39
PowerPC-Chips   33
Produkteinführung   127
   Strategien bei der   127
Produktentwicklung
   Steve Jobs und die   52
Produktkaiser   113
Produktlinie   67
   Einführung einer neuen   67
Produktpipeline
   Apples   33
Produktpräsentationen
   Jobs'   125
Produktzyklen
   verkürzte   159
Psychopath
   Jobs als   154

Q

Quadras   27

Index

R

Rams, Dieter *113*
Raskin, Jef *108*
Ratzlaff, Cordell *48*
Realitätsverzerrungsfeld *151*
Rice, Garret L. *23*
Rubinstein, John *111*
Rubinstein, Jon *31, 38*

S

Samsung *41*
Schiller, Phil *51*
Schmidt, Eric *15*
Schnittstelle
    digitale *168*
Scrollbars *52*
Scrollrad
    Idee des [s] *206*
Sculley, John *14, 17*
Sears *183*
SEC *16*
Serlet, Bertrand *49*
Signierparty *79*
Silicon Valley *13, 24, 26*
Smartphone *172*
Smith, Burrell *80, 108*
Sneaks *127*
Snow-White-Design *75*
Sobotta, David *152*
Software-Community
    OS X und die *55*
solution zones *191*
Sonoma, Williams *189*
Sony *11*
Special Events *125*
Spicer, Dag *64*
Spitzenmanagement
    Veränderung im *30*
Stachelschweinärger *148*
Starr, Kevin *12*
Stockholm-Syndrom *154*
Streben nach Einfachheit
    Jobs und das *60*

T

Tangerine Design-Kollektiv *89*
Target 31 *189*
Taylor, William C. *105*
TBWA/Chiat/Day *32, 116*
Terrorregime *101*
Tessler, Larry *148*
Tevanian, Avadis Avie *31*
Tevanian, Avie *38, 111*
The Gap *182*
The Register (Arthur) *154*
Think-different-Kampagne *134*
Think Different-Kampagne *32, 120*
Tiffany, Louis Comfort *176*
Time *15, 25*
Tim Wasko *58*
Toystory *12*
Toy Story *25*
Toy Story 2 *104*
Twin-shot-Kunststoff *97*

U

Umax *22, 32*
Universal Serial Bus
    und Apple *173*
Unternehmen der Welt *161*
Upside-Magazin *149*
USB-Schnittstelle
    erster Rechner mit *40*

V

Verlust *22*
VisiCalc *74*
Vision
    Apples *166*
Volkscomputer *76*
VTI *109*

W

Walker, Rob *160*
Walkman *11*

Wall Street Journal *157*
Wal-Mart *12*
Warnock, John *28*
Waschmaschinendebatte *85*
Webvan *169*
Weinstein, Harvey *147*
Werbebudge *123*
West Coast Computer Faire *73*
Widgets *57*
Windows-Betriebssystem *31*
Windows-PC *14*
W-LAN-Drahtlosnetzwerk und Apple *173*
World Wide Developers Conference *171*
Wozniak, Steve *14, 102, 103*

X

Xbox-Spielkonsole *19*
Xerox PARC *162*

Y

Yoffie, David *126*
YouTube
    Parodien auf *117*

Z

Zeitalter
    der Produktivität *167*
    des digitalen Lebensstils *167*
    des Internets *167*
Zuckerbrot als auch Peitsche *146*
Zuckerbrot und Peitsche *146*
Zulieferer
    -verträge *33*
Zune *228*
Zune-MP3-Player *19*

Karin Kneissl
Die Energiepoker
Wie Erdöl und Erdgas
die Weltwirtschaft
beeinflussen

ISBN 978-3-89879-187-8
Preis 29,90 Euro (D),
30,80 Euro (A), sFr. 49,90
248 Seiten

Daniel Nissanoff
Future Shop
Konsumgesellschaft
im Wandel

ISBN 978-3-89879-259-2
Preis 29,90 Euro (D),
30,80 Euro (A), sFr. 49,90
248 Seiten

Michael Brückner
**Uhren als
Kapitalanlage**
Status, Luxus,
lukrative Investition

ISBN 978-3-89879-152-6
Preis 34,90 Euro (D),
35,90 Euro (A), sFr. 59,00
294 Seiten

: : : Lust auf mehr? www.ftd.de/bibliothek : : :

Adrian Gostick
Chester Elton
**Zuckerbrot statt
Peitsche**
Wie man mit einer täg-
lichen Dosis Anerken-
nung sein Unternehmen
nach vorn bringt

ISBN 978-3-89879-374-2
Preis 34,90 Euro (D),
35,90 Euro (A), sFr. 59,00
234 Seiten

Bernard Baumohl
**Die Geheimnisse
der Wirtschafts-
indikatoren**
Von den Anfängen der
Finanzmeile bis zum
Untergang Enrons

ISBN 978-3-89879-261-5
Preis 34,90 Euro (D),
35,90 Euro (A), sFr. 59,00
407 Seiten

Steffen Klusmann (Hrsg.)
**Die 101 Haudegen
der deutschen
Wirtschaft**
Köpfe, Karrieren und
Konzepte

ISBN 978-3-89879-186-1
Preis 29,90 Euro (D),
30,80 Euro (A), sFr. 49,90
471 Seiten

Jeffrey K. Liker
Der Toyota Weg
14 Managementprinzipien des weltweit erfolgreichsten Automobilkonzerns

ISBN 978-3-89879-188-5
Preis 34,90 Euro (D),
35,90 Euro (A), sFr. 59,00
432 Seiten

Jeffrey K. Liker
David P. Meier
Praxisbuch Der Toyota Weg
Für jedes Unternehmen

ISBN 978-3-89879-258-5
Preis 34,90 Euro (D),
35,90 Euro (A), sFr. 59,00
601 Seiten

Jeffrey K. Liker/ David P. Maier
Toyota Talent
Erfolgsfaktor Mitarbeiter – wie man das Potenzial seiner Angestellten entdeckt und fördert

ISBN 978-3-89879-350-6
Preis 34,90 Euro (D),
35,90 Euro (A), sFr. 59,00
359 Seiten

::::: Lust auf mehr? www.ftd.de/bibliothek :

Rolf Elgeti
Der kommende Immobilienmarkt in Deutschland
Warum kaufen besser ist als mieten

ISBN 978-3-89879-373-5
Preis 34,90 Euro (D),
35,90 Euro (A), sFr. 59,00
252 Seiten

Michael Brückner
Megamarkt Luxus
Wie Anleger von der Lust auf Edles profitieren können

ISBN 978-3-89879-376-6
Preis 34,90 Euro (D),
35,90 Euro (A), sFr. 59,00
212 Seiten

Howard Moskowitz /
Alex Gofman
Selling Blue Elephants
Wie man Produkte kreiert, von denen der Konsument heute noch nicht weiß, dass er morgen nicht mehr auf sie verzichten kann

ISBN 978-3-89879-349-0
Preis 34,90 Euro (D),
35,90 Euro (A), sFr. 59,00
272 Seiten

Wenn Sie **Interesse** an **unseren Büchern** haben,

z. B. als Geschenk für Ihre Kundenbindungsprojekte, fordern Sie unsere attraktiven Sonderkonditionen an.

Weitere Informationen erhalten Sie bei Sebastian Scharf unter +49 89 651285-154

oder schreiben Sie uns per E-Mail an:
sscharf@finanzbuchverlag.de

FinanzBuch Verlag